行政法总论

（第二版）

General
Administrative Law
(2th Edition)

主　编　杨建顺
副主编　刘　艺　张步峰
撰稿人（以撰写章节先后为序）
　　　　高秦伟　赵银翠　杨建顺　张步峰
　　　　刘　艺　王丹红　许　兵

图书在版编目(CIP)数据

行政法总论/杨建顺主编.—2版.—北京:北京大学出版社,2016.8
(21世纪法学规划教材)
ISBN 978-7-301-27378-4

Ⅰ.①行…　Ⅱ.①杨…　Ⅲ.①行政法学—中国—高等学校—教材　Ⅳ.①D922.101

中国版本图书馆CIP数据核字(2016)第186552号

书　　　　名	行政法总论(第二版) XINGZHENGFA ZONGLUN
著作责任者	杨建顺　主编
责任编辑	邓丽华
标准书号	ISBN 978-7-301-27378-4
出版发行	北京大学出版社
地　　址	北京市海淀区成府路205号　100871
网　　址	http://www.pup.cn
电子信箱	law@pup.pku.edu.cn
新浪微博	@北京大学出版社　@北大出版社法律图书
电　　话	邮购部62752015　发行部62750672　编辑部62752027
印刷者	北京鑫海金澳胶印有限公司
经销者	新华书店
	787毫米×1092毫米　16开本　23.5印张　572千字 2012年8月第1版 2016年8月第2版　2016年8月第1次印刷
定　　价	45.00元

未经许可,不得以任何方式复制或抄袭本书之部分或全部内容。
版权所有,侵权必究
举报电话: 010-62752024　电子信箱: fd@pup.pku.edu.cn
图书如有印装质量问题,请与出版部联系,电话: 010-62756370

作者简介及本书编写分工

主编

杨建顺 法学博士,中国人民大学法学院教授、硕士·博士研究生导师,《法学家》副主编,比较行政法研究所、日本法研究所、海关与外汇法律研究所所长,中国行政法学研究会副会长,中国法学会法学期刊研究会副会长,北京市法学会行政法学研究会副会长,北京市人民政府立法工作法律专家委员会委员,北京市人民政府行政复议委员会非常任委员。1980年考入中国人民大学法律系,1981年于中国赴日本国留学生预备学校学习,1982年赴日留学,1986年毕业于筑波大学,获社会科学士学位;1988年、1992年分别获一桥大学法学硕士、法学博士学位;1992年至1993年于一桥大学从事博士后研究。1993年起任教于中国人民大学法学院。主要著作有:《日本行政法通论》,独著,中国法制出版社1998年版;《日本国会》,编著,华夏出版社2002年版;《行政规制与权利保障》,独著,中国人民大学出版社2007年版;《比较行政法——方法、规制与程序》、《比较行政法——给付行政法原理及实证性研究》,主编,中国人民大学出版社2007年版、2008年版;《行政强制法18讲》,中国法制出版社2011年版;《行政法总论》、《行政救济法》和《行政组织法》,〔日〕盐野宏著,独译,北京大学出版社2008年版;《行政法》(第六版),〔日〕南博方著,独译,中国人民大学出版社2009年版;《行政法总论》,主编,中国人民大学出版社2012年版;等等。主要论文有:《规制行政与行政责任》,载《中国法学》1996年第2期;《宪政与法治行政的课题——宪法与行政法学领域的"现代性"问题研究》,载《人大法律评论》2001年第1辑;《行政裁量的运作及其监督》,载《法学研究》2004年第1期;《论经济规制立法的正统性》,载《法学家》2008年第5期;《行政法视野中的社会管理创新》,载《中国人民大学学报》2011年第1期;《论给付行政裁量的规制完善》,载《哈尔滨工业大学学报(人文社科版)》2014年第5期;等等。

撰写本书第七章。

副主编

刘 艺 法学博士,西南政法大学行政法学院教授、硕士·博士研究生导师,中国法学会行政法学研究会理事,中国人民大学比较行政法研究所研究员,华东政法大学兼职教授,重庆市第五中级人民法院咨询委员,重庆市人民检察院四分院咨询委员,最高人民检察院民事行政检察厅副厅长(挂职)。1992年入读四川师范学院外语系,1996年毕业获文学学士学位;1996年考入西南政法大学法律系,1999年毕业获法学硕士学位;2002年考入中国人民大学法学院,2005年获法学博士学位。2007—2010年在西南政法大学经济法博士后流动站工作。2009年获加拿大政府资助赴加拿大约克大学、多伦多大学访学。先后获"重庆市中青年骨干教师""金平教育基金会优秀教师"等荣誉。主要著作有:《行政诉讼法精要与依据指引》,人民出版社2005年版。主要论文有:《高校被诉的行政法思考》,载《现代法学》2001年第2期;《知情权的权利属性探讨》,载《现代法学》2004年第2期;《认真对待利益》,载《行政法学研究》2005年第1期;《公物法中的物、财产和产权》,载《浙江学刊》2010年第2期;等等。

撰写本书第九章、第十一章和第十二章。

张步峰 法学博士,中央民族大学法学院教授、硕士研究生导师,兼任中国人民大学比较行政法研究所秘书长、中国行政法学研究会理事、北京行政法学研究会理事、北京教育法学研究会理事、北京市人民政府行政复议委员会非常任委员。1997年考入中国人民大学社会学系,2001年毕业获法学学士学位,同年考入中国人民大学法学院,2004年获法学硕士学位,2007年获法学博士学位。2007年起任教于中央民族大学法学院。主要著作有:《正当行政程序研究》,清华大学出版社2014年版。主要论文有:《程序正义的理论与课题辨析》,载《人大法律评论》2003年卷;《论行政程序的功能》,载《中国人民大学学报》2009年第1期;《强制治疗精神疾病患者的程序法研究》,载《行政法学研究》2010年第4期;《男女退休不同龄制度的宪法学思考》,载《法学家》2009年第4期;《论受教育权的具体权利性》,载《预防青少年犯罪研究》2012年第10期;等等。

撰写本书第八章、第十章和第十三章。

撰稿人(以撰写章节先后为序)

高秦伟 法学博士,中央财经大学法学院教授、硕士·博士研究生导师,中国行政法学研究会理事,中国行政法学研究会政府规制专业委员会副会长,美国哥伦比亚大学法学院访问学者(2010—2011年),中国人民大学比较行政法研究所研究员。1995年、2002年、2005年于中国人民大学分别获得学士、硕士与博士学位。主要著作有:《行政法规范解释论》,中国人民大学出版社2008年版;《法国行政法》,[英]L.赖维乐·布朗等著,合译,中国人民大学出版社2006年版;《剑与天平——法律与政治关系的省察》,[英]马丁·洛克林著,独译,北京大学出版社2011年版;等等。主要论文有:《社会自我规制与行政法的任务》,载《中国法学》2015年第5期;《私人主体的行政法义务?》,载《中国法学》2011年第1期;《私人主体的信息公开义务》,载《中外法学》2010年第1期;等等。

撰写本书第一至三章。

赵银翠 法学博士,山西大学法学院副教授,中国人民大学比较行政法研究所研究员。1994年毕业于山西经济管理学院,获经济学学士学位;2002年毕业于中国人民大学法学院,获法学硕士学位;2008年毕业于中国人民大学法学院,获法学博士学位。自2002年起任教于山西大学法学院。主要论文有:《公民参与行政决策研究——以电动自行车为例》,载《山西大学学报(哲社版)》2006年第4期;《行政复议和解制度探讨》,载《法学家》2007年第5期;《论行政行为说明理由制度——以行政过程为视角》,载《法学杂志》2010年第1期;等等。

撰写本书第四至六章。

王丹红 法学博士,西北政法大学行政法学院副教授、硕士研究生导师、行政法应用研究中心研究员,陕西知行地方治理研究中心专家,中国人民大学比较行政法研究所研究员。1988年考入西安外国语学院日语系,1992年获日本语言文学学士学位;2004年获西北政法大学法学硕士学位,并留校任教;2007年获中国人民大学法学博士学位。曾在日本国立大阪大学法学院、美国乔治城大学法学院访学。主要著作有:《日本行政诉讼类型法定化制度研究》,专著,法律出版社2012年版;《私人行政——法的统制的比较研究》,〔日〕米丸恒治著,合译,中国人民大学出版社2010年版;等等。主要论文有:《诉讼类型在日本行政诉讼法中的地位和作用》,载《法律科学》2006年第3期;《日本行政诉讼法新增加的诉讼类型:课赋义务诉讼》,载《南昌大学学报(人文社会科学版)》2006年第37卷第4期;《美日行政纠纷解决机制比较研究》,载杨建顺主编:《比较行政法——方法、规制与程序》,中国人民大学出版社2007年版;《社保给付受领权的性质和法律根据》,载《人民论坛》2009年11月(中);《论公共企事业单位的信息公开》,载《法制与社会》2009年第10期;等等。

撰写本书第十四章、第十五章和第十七章。

许　兵 法学博士,司法部司法研究所副研究员,中国人民大学比较行政法研究所研究员。1994年毕业于华东政法学院法律系,获法学学士学位;2003年获中国人民大学法学硕士学位;2006年获中国人民大学法学博士学位。2006年至今在司法部司法研究所工作。主要论文有:《社会保障制度中的政府职能比较研究》,载《政法论丛》2004年第4期;《试论法国的行政法院》,载《中国司法》2007年第5期;《劳动教养制度与行政法治》,载《中国司法》2008年第2期;等等。

撰写本书第十六章和第十八章。

第二版前言

借我国2014年《行政诉讼法》修改之良机,总结初版三年多以来教学实践的经验,我们对《行政法总论》进行了全面修改,推出了《行政法总论》第二版。

编写一本好用的行政法学教科书,需要坚持确认、承继和发展的理念。

《行政法总论》第二版秉持了这种基本理念,尽可能做到在书名、篇章结构、概念内容和引论规范上保持《行政法总论》既成的品位,注重教材体系的严谨性、内容的承继性、理论的务实性。

在篇章结构上,本书依然由5编18章构成。其中,在章节体例架构上进行了较大调整的有如下3处:

其一,第三编"行政作用法"之第九章"行政立法"在节的构成上进行了相应调整,由原来的"委任立法与行政立法""法规命令""规章"和"行政规则"的架构,改为"委任立法与行政立法""行政法规""规章"和"行政规则"的架构。这种架构,在注重属性分析的基础上,突出了形式意义上行政立法的分析,更有助于学生理解实定法内容。

其二,第四编"行政的程序统制"之第十四章的标题由原来的"行政信息公开"改为"政府信息公开"。这样修改,在内容上更注重对《政府信息公开条例》的全面解读,有助于为将来全面展开行政信息管理制度分析提供规范解释参考。

其三,第五编"行政救济法"之第十七章"行政诉讼",在内容上按照2014年修订的《行政诉讼法》进行了全面修订,同时在节的构成上也进行了相应调整,由原来的"行政诉讼概述""行政诉讼的类型""行政诉讼的审理及裁判"和"客观诉讼"的架构,改为"行政诉讼制度概述""行政诉讼的类型""行政诉讼的起诉和立案"和"行政诉讼的审理与裁判"。

此外,根据2014年修订的《行政诉讼法》关于"协议"等规定,在第三编第十二章之第三节"行政合同"部分增加了"行政协议"的讨论。作为节的标题,没有采纳以"行政协议"取代"行政合同"的观点,将有助于引导相关理论研究注重实务并推进实务发展的正确价值观。

除了《行政诉讼法》修改之外,近年来已有相当数量的法规范次第修改,相关理论研究成果也不断涌现。本教材添加了相应的新法规范和参考文献等。在法规范表述上,尝试采用了省略全称和简称交代、直接表述为简称的方式。例如,《中华人民共和国公务员法》,省略"中华人民共和国",直接表述为《公务员法》。多次涉及的重要的司法解释则依然采用全称和简称交代的方式(最初出现时有全称,括号内交代简称,之后统一用简称)。

在内容阐述风格方面,对第一章至第三章以及第七章进行了较大调整,充实了注释、删除了部分内容,省略了德文括注等表述,使内容更加凝炼,各章之间的协调性进一步增强。

本教材的体例构架坚持以追求行政法学体系的系统完整性为目标,建构了一套以"行政行为"概念为核心,以"行政行为的形式论"为基础,并以"行政过程论"为视角的逻辑严密的当代行政法总论体系。全国人民代表大会常务委员会《关于修改〈中华人民共和国行政诉讼法〉的决定》明确规定:"将本法相关条文中的'具体行政行为'修改为'行政行为'",这使本教材的相关概念架构具有了实定法层面的支撑,佐证了2012年本教材初版时所确立的行政行为概念与此次改革所确立行政行为概念的一致性。可以说,本教材所阐述的行政行为的概念与制度理念,也为2014年修订的《行政诉讼法》之下行政行为的理论和制度重构提供了重要参考。

本教材定位为法学本科教材,也可以成为宪法学与行政法学研究生阶段的指定用书。一方面,本教材将引注的规范性问题视为一个重要的问题来对待,力图向学生展现学术研究的严谨性和规范性;另一方面,本教材对行政法学基础性问题进行了重新界定和体系架构,同时注重理论发展的延续性,无论是对行政作用法的全面梳理,还是对公物法的全面系统而深入的经典阐释,都为我国该领域的研究拓展奠定了体系性和基本原理性的支撑。

《行政法总论》第二版的出版,得到北京大学出版社及邓丽华编辑的鼎力支持。在此表示衷心感谢!

杨建顺

2015 年 12 月 1 日

于中国人民大学明德法学楼研究室

第一版前言

一

编写一本好用的行政法学教科书,是我们的一个夙愿。基于长期以来的教学、科研及参与立法和相关行政纷争处理的实践,我们完成了这本教材。

本书以"行政行为"这一概念为核心,以"行政行为的形式论"为基础,融入"行政过程论"的视角,展示了我们在行政法学研究中不断探索的新成果,构筑起一种新的逻辑严密的当代行政法总论体系。

本书由 5 编 18 章构成。第一编行政法绪论(行政与行政法、行政法的基本原理和行政法的基础规范);第二编行政组织法(行政组织法概论、国家行政机关组织法、公务员法、公物法);第三编行政作用法(行政作用法概述、行政立法、行政行为、保障行政实效性的制度、保障行政科学民主性的制度);第四编行政的程序统制(行政程序、行政信息公开);第五编行政救济法(行政救济法概述、行政复议、行政诉讼、行政补偿与行政赔偿)。正文部分共 18 章,每章由 4 节构成,全书 40 余万字。这种章节结构安排和简明处理,将有助于读者鸟瞰行政法的体系结构,掌握行政法的基本知识,领会行政法学的精髓。

本书的上述体系架构,目标在于追求科学行政法学体系的系统完整性,既是对"行政法学之父"奥特·玛雅①所创立的传统大陆法系国家行政法学体系的继承,也是对经美浓部达吉初步建立、由田中二郎发展成熟、后经盐野宏、南博方等学者反思发扬的日本行政法学体系的借鉴,同时是在融入中国行政法问题意识基础上对传统大陆法系国家行政法体系的一种发展和创新。

本书在体系建构方面对法科研究生具有重要的参考价值,尤其是对于行政法领域的硕士生、博士生乃至行政法教学和科研的从业者来说,本书提供了一种新的行政法总论体系,具有检证、剖析、探讨和借鉴的意义。

本书注重行政法学研究的承继性,尝试使用诸如行政作用法、法规命令、行政规则、公物法等概念术语,并以中国行政法内容为素材进行诠释和整合,体现了行政法"学"的浓郁氛围。

---

① Otto Mayer,奥特·玛雅,又译为"奥托·迈耶"等,如〔德〕奥托·迈耶著,刘飞译:《德国行政法》,商务印书馆 2002 年版。本书除直接引用外,一律采用"奥特·玛雅"的译法。参见杨建顺著:《行政规制与权利保障》,中国人民大学出版社 2007 年版,第 18 页注①。

本书注重引注规范，重视明确作者对相关文献的著、编、主编、编著、译等不同作用，尤其强调对译者和执笔者的尊重。不是将译者姓名置于作品题目之后，而是将其和著者相并列，置于作品题目之前——是原著者和译者共同的创作，为我们提供了用中文表述的相关文献题目，而不是原著者自己使用中文表述了该文献题目；不是仅列出主编者或者编者，而且还尽量具体地在后面的括号中标明执笔人；对论文集形式的文献中的撰稿人，则以著者的形式加以标注。希望这些做法能够得到我国学界更多同仁的理解和支持，以共同推进严谨、科学的学术研究规范的完善。

本书主要是作为本科生的教材来定位的，因此，除了突出严谨的体系性之外，从内容上将行政法总论的全部领域网罗其中，立足于对行政法学基本知识的论述，力求简练明确，对前沿性的问题只是稍加阐释和延伸。

二①

行政法学就是研究行政和行政法的学问。所以，学习行政法学，对于大学本科生来说，首先要熟悉、了解和正确认识行政和行政法，了解行政的运作状况和行政法规范，理解行政法存在的根本价值，明确学习行政法学的意义。在此基础上，才能形成对行政法学的憧憬，才能致力于学习运用行政法和行政法学，培养自己的发现、分析和解决纷繁复杂的行政案件的能力。

1. 正确认识行政

从行政法学方法论的角度来看，中外行政法学研究最为共通的一种研究方法就是首先从行政的定义及介绍有关行政的各种观点入手，然后引出行政法的概念界定及相关问题的探讨。换言之，要正确认识行政法，其核心问题在于正确认识行政这一概念及其范围和实质内容。长期以来，中外学者在界定行政的概念方面作出了积极的努力，但依然存在诸多困难，因而也使得把握行政的实质内容更加具有重要的意义。

什么是行政？既然几乎所有行政法教科书中都有探讨，在这里就不予以展开了。但是，需要明确的是，一个人从出生到死亡，只要其从事社会生活，就不能与行政无关，包括租税、治安、邮政、卫生、教育、交通、环境保护、城镇建设、工资、福祉、结婚、生儿育女、年金、保险，等等，行政渗透到人们生活的几乎所有领域和阶段。所以，为了享受充实的社会人的生活，就必须全面而深入地了解行政，切实地掌握行政的运作规律。

2. 正确认识行政法

什么是行政法？行政法表现为哪种形态（法源）？行政法有哪些类型？行政法的特征是什么？行政法上所适用的概念术语及制度架构分别具有什么实质内容？这些概念及制度是依赖什么样的条件和环境才得以发生或者存在呢？一般的行政法教科书都会通过上述问题的探讨和研究，来说明"什么是行政法"或者"行政法是什么"。

在对行政的概念进行梳理和归纳总结的基础上，再来探讨什么是行政法的问题，就会变

---

① 引自杨建顺著：《行政法学方法论——写给本科大学生》，载王亚新等著：《迈入法学之门》，中国人民大学出版社2008年版，第124—132页。

得容易多了。行政法,顾名思义,就是关于行政的法,是有关行政的法规范群的总称。对于某些人来说,可能会因为不常听说而认为其并不重要,但是,行政法在现代国家的法律体系中占有无可替代的重要地位,和民事法、刑事法相并列称为三大基本法律领域。

行政法,除了行政组织法、行政程序法、行政许可法、行政处罚法、行政强制法、信息公开法、行政复议法和行政诉讼法等一般法之外,还有大量的重要的法规范,诸如城市规划法、环境法、水法、大气污染防治法、森林法、运输法、道路交通安全法、治安管理处罚法、教育法、社会保障法等。现行法律中大部分是与行政法相关的法律,至于行政法规、规章层面,则可以说几乎全部都是行政法规范了。

涉及行政法的范围问题,有关公法和私法二元论、行政私法等概念的把握,则可能要花费不少的精力。至于行政法的表现形式、渊源即"行政法法源"的问题,只要根据各国的实践状况展开阐述即可。

从行政法所调整的内容来看,包括国家行政主体的创设、存续和消灭,国家行政主体相互间的权限分工和纠纷解决,行政主体与公务员的关系,公务员的权利、义务和责任,更重要的是包括行政主体及其公务员与行政相对人之间的关系。行政主体与行政相对人地位的不对等性,以均衡、调和及保护公共利益和个人利益为目的,这两点构成了行政法规范体系区别于其他法规范体系的鲜明特征。对这些加以正确认识和切实理解,则是正确认识行政法的重要保障。

从行政法的效力方面来看,一般都会区分不同种类进而分别加以说明。虽然人们的表述不尽一致,但是,有必要充分认识行政法的效力与民事法的效力相比具有诸多优先性,因而有必要充分认识公共生活的形式、公共利益和个体权利的形态,乃至各种权利、利益所形成的纷争形态,并能够判断是否需要适用行政法,以及应该适用哪些行政法,如何适用行政法。

行政法与我们的生活处于非常强烈且紧密结合的关系之中。因此,不应仅仅停留在对一般层面上的内容和效力的了解,还应当进一步了解行政法。于是,行政行为、行政立法、行政许可、行政征收、行政征用、行政强制、行政处罚、行政复议、行政诉讼、行政赔偿和行政补偿等一系列概念术语和制度,便成为学习的当然内容。至于行政法学与行政诉讼法学是否要进行分离的问题,很难达成一致的意见,对于此类有关体系架构的争议有所关注是必要的,但是,需要强调指出的是,无论在其名称上进行怎样的分离或者组合,"行政诉讼法(学)"作为"行政法(学)"的重要组成部分而存在,这种定位当是不会改变的,因而对行政诉讼法等行政救济法规范的学习便成为了必要。

3. 正确认识行政法存在的根本价值

从行政法政策学的角度看,学习行政法的目的并不仅仅限于了解行政法的存在及其内容,而且还要认识行政法的应然状态或者理想状态,将行政法分为不同的阶段,从实然和应然的层次分别展开探讨,为行政立法提供相应的合理性支持。这种行政法政策学的视角不仅对于立法者来说是重要且有价值的,而且对行政法学者来说也是基本的必备知识。当然,要把握行政法存在的根本价值,则有必要具备相应的判断基准。

行政法是为了实现公共利益和个体利益而通过行政手段来统制行政权力运作和社会秩序的法规范群所组成的综合系统。换言之,行政法没有一部系统、完整、包罗万象的法典,是由无数的、繁杂的法规范集结而成的,所以,如果不能确切而系统地把握行政法的体系,就不可能进行适当、准确的解释,也不能准确把握行政法存在的根本价值。行政法是"关于行政的法",但是,如果仅限于对"行政"的概念、"公法与私法""行政行为"等概念定义的解说,这种方法论往往难以回应瞬息万变的现代社会发展的需求,难免令人对行政法的存在价值产生疑问。因此,要正确认识行政法存在的根本价值,就需要对既有体系和观点予以全面把握,在此基础上,有必要从解释论、立法论和立法政策论的角度出发,探讨其不合理的地方,揭示其改进和完善的方法和途径。简言之,确立行政法政策学的视角,对于正确认识行政法存在的价值具有重要的意义。

在不同的国家、不同的时代,行政法存在的根本价值是不同的。在现代民主法治国家,行政法存在的根本价值在于规范行政权力的行使,保障个人的基本权利,确保国家对人民的给付义务,维护社会秩序,实现普遍的社会正义理念。不过,行政法是由无数的、繁杂的法规范集结而成的法规范体系。所以,各类规范的具体价值也存在差异性。例如,行政许可法规范主要体现为事前统制,行政征收和行政征用法规范主要体现为对实现公共利益的条件保障及对个体财产的取得和限制,行政给付法规范直接体现为国家对人民的给付义务,而行政处罚、行政强制等法规范则更明显地体现为对违法者的惩处和行政目标的强制实现,至于行政复议、行政诉讼、行政赔偿和行政补偿等法规范,主要是对行使行政权力的监督制约和对行政相对人权益的救济。不同领域或者阶段的法规范,其直接价值或者目的有所不同,达成目的或者实现其价值的方法、方式自然也存在一定的差异性,但是,作为行政法规范的组成部分,它们的根本价值是一致的,甚至可以说,即使是与行政相对人没有直接关系的行政组织法法规范,其最终的目的价值也与其他行政法规范具有一致性。

基于对行政法存在的根本价值的这种理解,在探讨具体的行政案件时,就可以避免单纯以侵益(不利)性和授益性为标准进行笼统的取舍,就可以自觉地导入多维、多元的视角,在充分考虑民意基础和多元利益衡量的基础上,从行政法政策学层面以及行政法规范实际执行和运用层面,分别作出适宜的法解释,确保行政法规范的阶段性价值和根本价值的一致性,确保公共利益和个体利益的最大限度的实现。这就需要充分借助于行政法学研究成果了。

4. 学习行政法学的意义

行政法规范纷繁复杂,在形式上不存在以"行政法"命名的统一法典,所以,对于行政法根本价值的实现来说,行政法学研究具有无可替代的重要意义。

例如,城市规划法与人们的生活息息相关,尤其是在当前城市化建设不断推进,房屋拆迁、土地征收和征用大量实施的情况下,如果没有正确地理解行政法的一般理论,则无法正确地理解城市规划法,也就无法正确地认识房屋拆迁、征收和征用中的权利义务关系。

又如,对于企业经营者来说,法律事务的处理是一个事关企业兴衰的重要课题,当然,其中民事法尤其是商法是至关重要的,但是,在现代法治国家,企业活动必须应对各种行政规

第一版前言

制,因而行政法也具有不可替代的重要作用。由于行政规制很复杂,因而有必要深入地学习这些规制,运用行政法学基本原理进行分析研究。很简单的道理就是,知法守法,会给企业带来巨大的利益;违法则会给企业带来严重的损害。所以,应该熟知相关行政法规范,做到防患于未然。如果信赖既有的行政规制而采取行动,一旦相关规制的方针政策发生改变,若不能运用行政法学原理作为指导,将会遭受难以预料的不利。虽然说可以根据信赖保护原则来追究行政主体的责任,但是,其中的利弊得失往往不是用一般的成本效益公式能够计算出来的。在这里,经常对行政规制进行研究,确切地把握其是否可以信赖,以此判断作为企业经营中战略性决策的基础,便是不可或缺的了。换言之,尽管各级政府不断地为决策的民主化、科学化和法制化而努力,但是,依然难以避免的是行政规制中存在不合理的因素,甚至行政规制本身就是不合理的。伴随着企业的法治理念和维权意识的增强,请求行政复议甚至提起行政诉讼已成为人们选择的重要手段或者途径。

于是,对于企业来说,掌握能够对抗行政恣意的行政法规范,运用能够维护自身合法权益的行政法学原理,便成为了重要的课题。行政复议、行政诉讼和行政赔偿等程序本身是重要的,要掌握这些程序也并不十分困难。对于律师来说,即使不精通行政法,没有相应的行政法学知识,只要委托学过行政法的其他律师协助,问题就可以搞定了,就可以避免犯程序方面的低级错误。但是,牵涉到实体问题,往往就不那么容易了,因为实体行政法非常复杂,比较难以掌握,尤其是要在寻求救济过程中说服行政机关或者法院,相应的行政法学知识便成为必备的条件。

一旦产生争议,行政法学者往往会致力于争议事实的确认、证据材料的收集和梳理、相关法规范的活用以及法解释的思考。可是,对于接受行政规制的企业家来说,为了避免自己的企业受到行政规制的妨碍,为了避免受处罚或者被强制,重要的是从法令服从的角度来看问题。在法律问题上几乎不可能存在满分的答案,即使有名律师帮助维权,最后取得胜利,往往也难免留下难以治愈的创伤。也就是说,对于企业家来说,重要的是在实务中尽量摆脱信息不对称、不充分的困境,以坚实的行政法学知识来指导企业运营,尽量做到少受伤、多获利,追求最接近满分的答案。

在现代民主法治国家,行政法是关于在人民主权之下、由人民监督和参与之行政的法,一切行政特权的优越性都必须服从法治行政原理的制约,因而,行政法的主要课题是如何保障和增进自下而上的国民权利和自由。具有这种性质的行政法,对于具有积极的求知欲的学生来说,无疑是非常具有魅力的法学领域,值得花大力气潜心钻研。特别是作为行政实务者,在政府机构的日常事务中,必定有机会重新认识现实的行政及行政法的本质,因而需要回归行政法研究、学习的原点,特别是要求在整个法学体系中来把握行政法的地位,研究作为公法一环的行政法和成为其上位概念并为其提供法根据的宪法的关系,进而与构成行政法的体系、内容的诸问题相关联,要求探讨必然发生的与相邻各法学的关联。既然行政法不是仅进行形式上的、逻辑性的法解释学探讨便可以完结的,不可以忽视行政的概念和实际形态,那么,行政法学研究就必须对行政法的活生生的、丰富的、实际的内容及其存在基础予以必要的重视,并进行相应的探讨。因此,学习行政法时,也应该抛弃抽象思维,在学习和掌握行政法学一般理论的前提下,尽量多地接触具体案例,结合有关案例的剖析,培养一般理论的应用能力。①

一般说来,行政法学研究成果具有提供人们合理解决行政法问题的作用,可以帮助人们正确地认识及适用行政法规范。通常情况下,行政法学理论的改变,不但反映了当代行政法制的内容和发展动态,而且表现出学者本人所试图构建的行政法理念和体系,尤其是渗透着其对行政实定法的批判与反省。所以,我们应该全面地了解、正确地理解和善待行政法学研究成果,不仅要学习既有的成果,而且要及时捕捉新出的研究成果。

要建设法治国家,建设法治政府,建设法治社会,依赖于年轻学人对法学的重视与掌握,也依赖于年轻学人对行政法学的重视、掌握和精到运用。大学本科生都有自己为之奋斗的各种目标,无论是想成为公务员以从事行政工作,还是希望通过司法考试成为律师、检察官或者法官,乃至作为企业家发展实业,切实地掌握行政法及行政法学知识,都将为你享受充实的社会人的生活提供坚实的支撑。法学专业的大学毕业生走上社会后,大部分都要面对无数的行政法相关法规范以及行政部门的相关解释和指导。因而,在大学本科阶段认真学习行政法,不仅是很好地完成学业,使自己的大学生活更加充实的重要手段,而且也是为实现自己将来的人生目标奠定坚实基础的重要途径。

三

引述了 2007 年写给大学本科生的前述文字,聊作本书"前言"的重要组成部分,意图为读者使用本书乃至学习行政法提供一点儿方法上的"导读",唯愿这些对读者学习和研究行政法能够有所裨益。

本书期冀达到如前述"导读"所揭示正确认识行政、行政法和行政法学之目的,在体系架构、引注规范和概念术语的使用等方面进行了一种尝试和创新,其中不足之处在所难免,祈请读者多予包容,并不吝赐教,以促我们在不久的将来进一步修订完善。

本书执笔过程中参考借鉴了诸多前辈和同仁的研究成果,在此一并致谢!

杨建顺

2012 年 1 月 3 日

于北京世纪城寓所

---

① 参见〔日〕南博方著,杨建顺、周作彩译:《日本行政法》,中国人民大学出版社 1988 年版,第 2 页;〔日〕南博方著,杨建顺译:《行政法》(第六版),中国人民大学出版社 2009 年版,"初版序"第 2 页。

目录

第一编 行政法绪论

3　第一章　行政与行政法

- 3　第一节　行政
- 7　第二节　行政法
- 13　第三节　行政法的法源
- 16　第四节　行政法的效力及解释适用

21　第二章　行政法的基本原理

- 21　第一节　基本原则与基本原理
- 22　第二节　行政法上的基本原则概观
- 24　第三节　行政法的基本原则
- 30　第四节　行政法基本原理的构成

37　第三章　行政法的基础规范

- 37　第一节　行政上的法律关系
- 41　第二节　公法与私法
- 44　第三节　行政法上的法律要件及法律事实
- 50　第四节　"特别权力关系"的批判及借鉴

第二编 行政组织法论

57　第四章　行政组织法概论

- 57　第一节　行政组织法概述
- 61　第二节　行政组织法的基本原则
- 64　第三节　行政组织的类型
- 67　第四节　行政主体

第五章 国家行政机关组织法 ... 73

第一节 国家行政机关组织的一般理论 ... 73
第二节 中央行政组织与地方行政组织 ... 79
第三节 独立行政机关 ... 86
第四节 国家行政机关组织规范体系及其完善 ... 90

第六章 公务员法 ... 92

第一节 公务员的概念、范围及分类 ... 92
第二节 公务员关系 ... 97
第三节 公务员的招录及任职 ... 100
第四节 公务员的义务、权利与责任 ... 104

第七章 公物法 ... 112

第一节 公物法概述 ... 112
第二节 公物地位与公物管理权 ... 122
第三节 公物的使用关系 ... 129
第四节 营造物的使用关系 ... 134

第三编 行政作用法

第八章 行政作用法概述 ... 139

第一节 行政作用的概念及种类 ... 139
第二节 秩序行政作用 ... 144
第三节 给付行政作用 ... 147
第四节 整序行政作用 ... 150

第九章 行政立法 ... 154

第一节 委任立法与行政立法 ... 154
第二节 行政法规 ... 162
第三节 规章 ... 164
第四节 行政规则 ... 167

第十章 行政行为 ... 173

第一节 行政行为的概念及要件 ... 173

177	第二节 行政行为的分类与附款
182	第三节 行政行为的生效及效力
185	第四节 行政行为的瑕疵及其后果

189 第十一章 保障行政实效性的制度

189	第一节 行政处罚
197	第二节 行政强制
207	第三节 行政调查
211	第四节 行政法上的其他制裁手段

215 第十二章 保障行政科学民主性的制度

215	第一节 行政计划
218	第二节 行政许可
228	第三节 行政合同
235	第四节 行政指导

第四编 行政的程序统制

241 第十三章 行政程序

241	第一节 行政程序概述
244	第二节 行政程序法及正当程序理念
248	第三节 行政程序法的基本制度
252	第四节 行政基准与程序违法的效果

257 第十四章 政府信息公开

257	第一节 政府信息公开概述
260	第二节 政府信息公开的对象及范围
266	第三节 政府信息公开的程序
270	第四节 政府信息公开的保障制度

第五编 行政救济法

275 第十五章 行政救济法概述

| 275 | 第一节 行政争讼与救济体系 |

278　第二节　行政监察与信访
282　第三节　行政仲裁与行政裁决
287　第四节　行政协调及其他简易救济手段

292　第十六章　行政复议

292　第一节　行政复议概述
300　第二节　行政复议的类型
302　第三节　行政复议的申请与受理
304　第四节　行政复议的审理与决定

306　第十七章　行政诉讼

306　第一节　行政诉讼制度概述
312　第二节　行政诉讼的类型
315　第三节　行政诉讼的起诉和立案
322　第四节　行政诉讼的审理与裁判

331　第十八章　行政补偿与行政赔偿

331　第一节　国家补偿的理念与体系
332　第二节　行政补偿
338　第三节　行政赔偿
345　第四节　行政补偿制度的展望

348　主要参考文献

354　第一版后记

355　第二版后记

第一编　行政法绪论

第一章　行政与行政法
第二章　行政法的基本原理
第三章　行政法的基础规范

第一章

行政与行政法

第一节 行　　政

行政法是有关行政的法。但是,什么是"行政"？关于其定义,存在诸多不同观点。如奥特·玛雅采用了消极说,把"行政"界定为:"国家在其法律制度范围内,为实现国家目的而进行的除司法以外的活动。"①而福尔斯托霍夫则主张:"行政可以阐述但不可定义"。②

一、行政的概念界定

"行政"本来有"执行、管理、经营"的意义,无论国家、社会、私人企业都存在行政管理的问题。行政有公行政和私行政之分。行政法学所讨论的行政是公行政。"行政"在行政法领域具有多义性,一般从两个方向切入研究:一是指称从事行政作用的"组织";另一是行政"行为(作用)"本身。在此基础之上,"行政"分为"组织意义的行政""形式意义的行政"及"实质意义的行政"三种,而后者又可分为"消极说"与"积极说"两种界定方式(参见图1-1)。

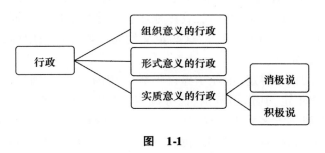

图　1-1

（一）组织意义的行政

组织意义的行政是指在构造上、功能上及法律上自成体系,可以和其他国家作用领域有所区隔的组织整体,即行政组织或者行政主体,有时也被称为"制度意义的行政"。组织意义的行政仅呈现出行政组织的形式,而未触及行政作用的层面,故而对于行政概念的掌握实有不足。

---

① Otto Mayer, Deutsches Verwaltungsrecht, 3. Aufl. Bd. 1, S. 1—13. 转引自杨建顺著:《日本行政法通论》,中国法制出版社1998年版,第99页。另参见〔德〕奥托·迈耶著,刘飞译:《德国行政法》,商务印书馆2002年版,第14页。

② 参见〔日〕盐野宏著,杨建顺译:《行政法总论》,北京大学出版社2008年版,第3页;〔德〕哈特穆特·毛雷尔著,高家伟译:《行政法学总论》,法律出版社2000年版,第4页。

（二）形式意义的行政

形式意义的行政是指组织意义的行政所从事的各种活动，而不问是否具有管理的性质，亦即只要是行政机关的活动就是行政。形式意义的行政，以组织方式作为划分标准，将是否为代表国家实行行为的主体作为行政活动的判断标准。这一定义亦不具完整性，因为并非行政机关的行为才是行政，立法机关或者司法机关中亦有行政作用的存在。比如说立法机关、司法机关对其内部的人、财、物管理属于实质行政的范畴。① 毛雷尔指出，在特定情况下，议会（议会行政、预算事务、计划行为）和法院（司法行政、非诉案件主管权）等也可以以行政的方式进行活动。② 西冈久鞆等认为，国会决定惩罚议员，最高法院管理法官的人事，都是实质意义上的行政。③

（三）实质意义的行政

实质意义的行政是指行政作用，亦即处理行政事务的国家活动，一般不论其是否由组织意义之行政为之。而关于行政事务的范围，学说上有"消极说"与"积极说"两种界定方式。

1. 消极说

消极说又称"控除说"或者"蒸馏说"，系从权力分立的视角出发，将从所有的国家作用中除去立法和司法之后，所余下的其他国家作用称为行政。此说可以配合传统权力分立理论，将行政纳入国家权力整体的架构来考量，但也有不足：国家权力整体除立法、司法等，还有国家行为或者统治行为（如国防、外交以及国家元首的行为）；行政机关也会实施不具有行政管理性质的活动。更为重要的是消极说无法让人确知行政的内涵，故而对研究行政法的指导意义有限。

2. 积极说

积极说是就行政的作用内涵予以正面定义。如田中二郎认为："行政，是指在法之下，受法的规制，现实中为了积极地实现国家目的而进行的、整体上具有统一性的、连续性的形成性国家活动"。④ 在德国，晚近的学说认为实质意义的公共行政是指在特定条件下或者为了特定的目的，对外自主地以决定的方式，具体地或者创造性地执行共同体事务的各种活动，以及共同体为此而任用的工作人员。⑤ 这些定义均无可避免地使用抽象的用语，未能清楚地、积极地赋予行政以定义。

总之，对于行政的概念界定，虽经学界百年努力，仍未获完全满意结果。其中的一个重要原因在于行政变化不定，其作用范围、任务设定、组织功能等极为繁杂，难以用概念来掌握。因此，各国的教科书大多采用了描述的态度，并不做精确界定。但是，这并不影响行政法及行政法学的研究，如盐野宏所指出：我们"应该努力不懈地追求行政的概念。但是……坦率地承认关于行政的积极定义是不可能的，停止对行政勉强定义的做法，这本身就是做学问的态度。""关于这种情况下行政具有何种特色的问题，不是学问的入口问题，而是学问的

---

① 参见王名扬著：《法国行政法》，中国政法大学出版社1988年版，第4—10页。
② 参见〔德〕哈特穆特·毛雷尔著，高家伟译：《行政法学总论》，法律出版社2000年版，第4页。
③ 参见〔日〕西冈久鞆著，贾前编译：《现代行政与法》，载《国外法学》1985年第5期。
④ 转引自〔日〕南博方著，杨建顺译：《行政法》（第六版），中国人民大学出版社2009年版，第4页。
⑤ 参见〔德〕汉斯·沃尔夫、奥托·巴霍夫、罗尔夫·施托贝尔著，高家伟译：《行政法》（第1卷），商务印书馆2002年版，第25页。

出口问题。"①

二、行政的特征

正是基于以上的定义争论,对于行政特征的描述显得极为重要。行政的特征大致可以归纳为以下五点:

(一)行政具有形成性、延续性与未来性

行政的作用在于处理公共事务,形成社会生活,进而实现国家目的,所以行政乃是一种不断面向未来形成而作出的、有延续性的一系列社会形成过程。当然,行政不仅是为过去服务,同时也是为现在,甚至为将来而服务的国家功能。相对而言,立法机关制定法律,虽具有形成性与未来性,但是,因为立法机关受到届数限制等,使得其相对不具有延续性。行政针对个别案件、适用法律、对于特定人作出具体的决定。相对而言,司法机关虽然也是针对具体事件的国家作用,由法官就具体诉讼案件,认定事实、适用法律,并作出对当事人具有拘束力的裁判,但是,由于其一般是以追求当事人之间的"个案正义"为目的,使得其不如行政具有综合性、延续性和未来性。行政机关除对个案进行考量之外,还要对社会作整体观察,从总体上拟定与实施远景规划(如交通行政、城市计划等),结合个案对整体予以均衡和考量,层层关联、绵延不断。

(二)行政具有积极性与主动性

行政的作用在于形成社会生活、实现国家目的,特别是在社会国家或者福利国家中,国家的任务更是纷繁复杂,行政往往必须积极、主动地介入社会、经济、文化、教育、交通等各种关系人民生活的领域。当然,行政也有被动的部分,如许可证的颁发或者行政复议等事项,须先经由相对人的申请,行政始能有所作为,但这并不影响行政具有积极主动的本质。这一特征恰好与司法"不告不理"的被动性形成对比。

(三)行政具有公益性

行政旨在实现国家目的,常以"公共利益"为导向。但"公共利益"并非恒定,它会随时代的发展而演变,在所处的时代中也经常充满冲突。而在民主法治国家中,公共利益与私人利益并非完全处于对立的关系,私人利益有时也会成为公共利益,如在涉及基本人权与人性尊严的情况之下。面对公益内涵的不确定性,现代国家先通过立法机关以法律作抽象的规定,再由行政机关通过行政立法或者具体决定的形成,予以实现。不过,需要注意的是行政的公益性取向,并非仅限于法律的执行,其还需在不抵触法律的范围内,考量各种社会因素,主动形成利益均衡的理想状态。

(四)行政具有应受法拘束性

行政与法原不相关,但近代各国纷纷确立了法治国家原理,因此行政应受法的拘束。② 党的十八届四中全会作出了全面推进依法治国的决定,并对推进依法行政、建设法治政府提出了具体的要求。③ 不过与司法的作用相比较,行政解释法律、适用法律除了必须合法之外,还要考虑其所追求的行政目的。特别是进入社会法治国家时期之后,"无法律即无行政"的

---

① 〔日〕盐野宏著,杨建顺译:《行政法总论》,北京大学出版社2008年版,第4页。
② 参见〔日〕南博方著,杨建顺、周作彩译:《日本行政法》,中国人民大学出版社1988年版,第9—11页。
③ 参见《〈中共中央关于全面推进依法治国若干重大问题的决定〉辅导读本》,人民出版社2014年版,第15页。

观念已被扬弃,积极形成社会秩序、实现社会正义的行政需要有一定程度的"自由性",这一特征表现在行政法规范中对"不确定法律概念""行政裁量"的把握。当然,行政的合目的性并非毫无界限,仍须受到法治国家原则的拘束。

(五) 行政具有整体性与层级性

行政代表国家实现公共利益,形成社会生活,其运作方式通常力求相互配合,以完成行政任务,故在组织构造上,行政具有整体性①,上下隶属,层层节制,且以首长负责制为组织运营模式;在运作上,上级机关对下级机关有指挥监督的权限,下级机关则有服从上级机关的义务。这样的制度设计旨在能够随时应对社会的变化,快捷、明确地作出决定,进而顺利实现行政目的。当然,在现代多元的社会之中,为因应专业性并兼顾不同的利益,行政机关也有以合议制为组织形态的,如美国的独立规制机构。

三、行政的分类

将行政予以分类,不仅可以弥补行政概念无法定义的缺点,而且可以作为理论探讨与学说发展的基础。行政的分类基本上可以从"行政组织"与"行政作用"两个角度来进行。首先从行政组织角度的分类包括直接行政与间接行政,这是从执行职务的主体进行的区分,中央政府所属部委的行政可称为直接行政,地方自治团体的行政则为间接行政。间接行政又分自治行政与委托行政。② 其次以职务运作的效力面向可分为内部行政与外部行政。本部分主要探讨从行政作用的角度进行的分类,主要内容如下。

(一) 干预行政与给付行政

依照"行政手段"对于公民权利所产生的法律效果以及影响强度,将行政区分为干预行政(又称干涉行政或者侵害行政)与给付行政两种。干预行政主要是干涉公民的权利,对公民赋加义务及负担,限制其自由权或者财产权,如禁止营业、公用征收等。给付行政通常有两种含义:一是描述行政活动的内涵,以给付作为"行政目的",又称服务行政;另一则是指涉行政的行为形式,以给付作为"行政手段",提供公民给付或者授予其他利益。给付行政通常不以命令或者强制的手段实现。

区分二者的意义,主要体现在行政受法拘束程度的问题上。一般而言,干预行政受严格的法律拘束,而给付行政受法规范拘束的密度则较为宽松。

(二) 秩序行政、给付行政、税捐行政、需求行政与计划行政

依照国家行政的功能与目的,可以将行政区分为"秩序行政""服务(给付)行政""税捐行政""需求(后勤)行政"与"计划行政"五种。秩序与服务是行政任务的两个主轴,税捐、后勤则是支撑前述两项任务的"财政、人力及物力上"的基础,而计划则是实现前述四项行政任务的"工具性""功能性"行政作用。

(三) 公权力行政与私经济行政

依照行政行为所适用的法规范性质,行政可分为公权力行政与私经济行政。前者系以公法的方式实现行政任务,又称"高权行政""公法行政",乃是传统行政作用中最主要的一

---

① 参见翁岳生编:《行政法》(上册),中国法制出版社2002年版,第20页(翁岳生执笔"行政的概念与种类")。
② 参见李建良、陈爱娥、陈春生、林三钦、林合民、黄启祯著:《行政法入门》(第2版),台湾元照出版公司2004年版,第12—14页。

种类型;后者则是基于私法规定从事行政活动,又称"国库行政"。其一般可分为下列三种:以私法方式辅助行政的行为;行政营利行为;以私法方式达成行政任务的行为。

二者区分的意义在于,在公权力行政之外,另行承认私经济行政的类型,就国家任务的达成而言,可因应各不同事务的特性选择私法形态达成行政目的。①

（四）执行法律的行政与非执行法律的行政

依照行政对法律的依附程度,可以将行政略分为执行法律的行政与非执行法律的行政。而在执行法律的行政范围之内,又以其受法拘束的程度,分为羁束行政与裁量行政两种。羁束行政指行政机关于个案中,一旦达到法律所确定的构成要件,即必须作成决定。如最低生活保障金,主管机关必须依公民的申请发给符合该法律要件完备者。裁量行政则是指法律所定构成要件完备时,主管机关仍有一定的裁量决定的空间,如警察对于构成危害社会秩序的行为作出处罚决定,可能在法律适用、事实认定以及程序选择、时限方面都具有裁量权。

相对以上内容,在若干的给付行政领域中,法律保留原则并非完全适用,此时行政即非单纯地执行法律,而是带有自发性或者创造性的行政活动,如设立公共公有设施。但也有法律界限的问题,如要受到管辖规定、基本权利保障、行政法上的一般原则的拘束。例如,对在何处、是否及如何修筑道路,法律并无规定时,道路交通主管机关因此享有决定权,但在实现其决定时,仍应遵守道路交通方面的法规范。

此外,还有依照行政任务领域而分的教育行政、文化行政、交通行政、经济行政等,亦值得关注。

第二节 行　政　法

对行政法的概念可以有多种定义方式,例如,从行政法的目的出发定义,根据行政法的调整对象定义,或者根据行政法包含的主要内容定义。② 但是,行政法是有关行政的法,行政所到达之处,即行政法所延伸的"疆域"。所以,对行政法的理解,需要应对现代行政范围日益扩大而进行调适。

一、行政法的概念

行政法一般是指适用于公行政的各种成文及不成文法规范的总称。首先,行政法以行政权为其规范对象。其次,行政法是关于行政权之组织、作用、程序以及救济的法规范。再次,行政法一般为国内法,其内容主要是规定一国之内行政组织、权限及与公民关系的法规范。

由于对行政概念理解的不同,人们对行政法概念、对象与范围的理解也不同,学术界因此出现了众多学说。不过,为了尽可能广泛地拓展行政法的范围,我们只要立足于形式意义

---

① 相关规定可参见《基础设施和公用事业特许经营管理办法》(国家发展和改革委员会、财政部、住房和城乡建设部、交通运输部、水利部、中国人民银行令第25号)的规定。我国2014年修订的《行政诉讼法》也将"协议"纳入司法审查的范围,参见该法第12条第1款第11项的规定:"认为行政机关不依法履行、未按照约定履行或者违法变更、解除政府特许经营协议、土地房屋征收补偿协议等协议的",属于行政诉讼的受案范围。

② 参见应松年主编:《当代中国行政法》(上卷),中国方正出版社2004年版,第8—9页(马怀德执笔"行政法概述")。

上的行政观,将"关于行政的法"全部视为行政法就足够了。① 这样的观念有助于以一种开放的、动态的、立体的视角研究和学习行政法。

行政法与其他部门法相比,无论在形式上还是内容上均具有自己的特征②:

1. 形式上的特征

行政法由于涉及领域较广且法源种类繁多,所以没有统一完整的实体行政法典,但目前世界多国颁行了统一的行政程序法典。总体而言,行政法在形式上以成文法为主要法源,便于公民知晓行政法规范,亦有利于推动依法行政的展开。

2. 性质上的特征

行政法在性质上与民法不同,强调强行性,且为了顺利实现行政目的,亦兼具技术性、合理性与方针政策性。

3. 内容上的特征

行政法的内容涉及领域广泛、丰富,且随着社会的变迁颇具变动性。行政法常集实体规范与程序规范于一身,强调公共利益优先性、行政主体优越性以及行政法的整体统一性。

二、行政法的发展

行政是国家的重要作用之一,行政法是关于行政的法,其内涵的生成、演变均受到经济社会等外界环境的影响。因此,行政法的学习,必须要关注行政及其外在环境的变迁,并研究行政法的发展历史。

(一) 国家理念的变迁

近代国家目的的变迁过程可分为三个阶段及三大类型,即从传统以维护国内和平为主要目的的"警察国家",历经近代以保障公民自由财产为重心的"(自由)法治国家(Rechtsstaat)",以及现代以实现社会正义为目标的"社会法治国家"或者"给付国家"。这些不同的国家理论给行政法的发展带来了巨大的影响。③

"警察国家"约发端于17世纪末18世纪初,当时逐渐形成了近代意义上的民族国家,由于个人的地位日渐提升,国家不仅要提供安全保护,还要提供社会服务,如城市建筑、公共设施、用水供应、交通道路、医疗设施等,由于公民对国家的依赖,导致公民能够自主活动的范围极为有限。这种"有官权而无民权、有治民之法而无治官之法"的专制国家,被称为"警察国家"。当时警察的概念与现代不同。"所谓警察,在学术上,是指为维持公共秩序而限制私人的自由和财产的权力性活动"。④ 警察(Polizei)一词的含义也成为"国家良善秩序"的代名词,当时以及此前的行政均是围绕"警察"概念而展开,凡为建立国家的良善秩序,君主均可以警察处分实施,且有完全的裁量权。

到19世纪初,自由主义思潮兴起,公民对自由及民主的需求日益强烈,对国家高度监督与管制不满,认为国家的行政作用仅仅局限于社会秩序的维护就足够了,且应该受到人民代表制定的法律的拘束。至此,"自由法治国家"的理念产生,其主要要素有:立宪主义、干预行

---

① 详细内容参见杨建顺著:《行政规制与权利保障》,中国人民大学出版社2007年版,第58—60页。
② 参见胡锦光、杨建顺、李元起著:《行政法专题研究》,中国人民大学出版社1998年版,第12—18页。
③ 参见陈新民著:《德国公法学基础理论》(上册),山东人民出版社2001年版,第3—36页。
④ 〔日〕盐野宏著,杨建顺译:《行政法总论》,北京大学出版社2008年版,第54页。

政的法律保留原理、行政的合法律性、权力分立原理、个人自由权利保障原理。

19世纪末20世纪初，社会工业化程度日益加深，人口大量集中于都市，传统家庭结构逐渐解体，战争、经济危机等导致贫富差距日趋扩大，于是个人对于国家的需求又体现了出来。在此背景之下，国家行政从消极转向积极，向个人提供生存保障，此即为"给付国家"或者"社会法治国家"，其目的在于以法治国家为基础，实现社会的整体正义。

时至今日，环境问题、风险问题、民主问题、国际化问题等也给国家理念带来了新的挑战，为了回应，理论上又出现了"环境国家""风险社会""合作国家"等新的概念，这些国家理念的意涵及其对行政法的影响，成为21世纪行政法的重要研究课题之一。①

（二）主要发达国家行政法的发展

作为近代意义上的行政法大约是19世纪才开始出现，现已为几乎所有的国家所建立②，从世界范围来看，主要可以划分为大陆法系行政法与英美法系行政法。当然，由于两大法系相互借鉴，各国行政法虽因国家制度相异而不同，但相同之处仍然较多。

1. 大陆法系国家的行政法③

在法国、德国等大陆法系国家，设置了特别的行政法院，为了明确其与通常的普通司法法院的管辖权限不同，一般是明确地规定应当由行政法院进行裁判的法律关系，这种法律关系被划入公法领域而构成了独自的公法理论体系。不过，法国、德国虽均为大陆法系国家，但两个国家的行政法又各具特色：法国行政法以公共服务为核心概念构建相关制度，其特色在于，以自由主义的市民社会为背景，以其自身为自由主义的行政法院的判例理论为基础，不仅试图维护行政权的优越地位，而且是以确保行政的公共机能性，尊重和保护人民的自由与权利为重点发展起来的；德国则以国家权力行为、公权力行为等为核心概念构建相关制度，其特色在于以尊重国家权威、确保行政权的优越为目的，将国民作为应该服从国家权力的一方，将规范国家和个人的权力服从关系的法作为行政法来构筑。④

2. 英美法系国家的行政法⑤

虽然先前在英国并不承认行政法的理论⑥，但事实上已经出现了法的公法化倾向，除加强以前通过司法程序解决问题的方式外，还强化了对行政程序等制度的关注。而在美国，伴随着国家的积极干预，形成了新的行政法与行政程序观念。行政领域出现了新的机关形态即独立规制委员会(Independent Regulatory Commission)，独立于立法机关、司法机关与一般的行政机关，同时拥有准立法机能、司法机能与传统的行政机能，其为美国经济发展发挥了巨大的作用。但由于行政扩权也引起人们对规范和统制行政权的重视⑦，至1946年制定《联邦行政程序法》，巩固了美国行政法的基础。一般认为，英国与美国行政法发展背景是基于

---

① 参见黄锦堂：《行政法的概念、起源与体系》，载翁岳生编：《行政法》（上册），中国法制出版社2002年版，第60—69页。
② 关于行政法的产生与发展史，参见〔德〕米歇尔·施托莱斯著，雷勇译：《德国公法史（1800—1914）——国家法学说和行政学》，法律出版社2007年版，第292页以下。
③ 参见杨建顺著：《行政规制与权利保障》，中国人民大学出版社2007年版，第18页以下。
④ 参见胡锦光、杨建顺、李元起著：《行政法专题研究》，中国人民大学出版社1998年版，第7页。
⑤ 参见杨建顺著：《行政规制与权利保障》，中国人民大学出版社2007年版，第22页以下。
⑥ 参见应松年、袁曙宏主编：《走向法治政府：依法行政理论研究与实证调查》，法律出版社2001年版，第2页（包万超执笔"英国的行政法治之路"）。
⑦ See Rosenbloom, David H., "The Evolution of the Administrative State and Transformations of Administrative Law", in *Handbook of Regulation and Administrative Law*, Marcel Dekker, Inc., 1994, p.8.

自由放任主义无法回应20世纪初复杂的经济社会变迁而产生的一种调适,这种以新型行政机关的权限、其行使权限的程度及控制这些权限和程序的法为中心而发展起来的行政法,目的在于从公共福祉的角度维护民众的利益。另外,由于在英美法系国家中,由普通法院审理行政案件,所以在其制度架构上行政法的独特性并不那么显著,而其关于规范行政权的行政程序理念却对世界各国产生了巨大影响。

3. 两大法系行政法的融合——日本行政法①

两大法系行政法的区别甚大,如大陆法系国家由与普通法院不同的行政法院审理行政诉讼,在这种法律制度下对行政实行统制;而英美法系国家则由普通法院对行政实行统制,关于行政案件,也类推适用在私法上适用的原则。此外,在大陆法系行政法中,关于行政组织及公务员的法和关于个别行政作用的法等,成为行政法对象的大部分;而在英美法系行政法中,立法部门对行政部门的权限委任、行政程序以及司法审查成为其主要对象。虽然两大法系相互学习借鉴,但真正的融合是极为困难的。不过,日本行政法却是先学习德国行政法,后引入美国行政法,在此基础上,经过数十年的发展,已经基本成为可以和原来的两大法系并驾齐驱的、独具特色的新型行政法。其重视行政实体法且关注行政程序、废除行政法院但实行诉讼程序的双轨制等均为我们提供了很好的借鉴素材。②

(三) 中国行政法的发展

与发达国家相比,中国行政法的发展有着独特的路径。③ 尤其是改革开放以来,以《行政诉讼法》的颁行为起点,开始了行政法的快速发展。这不仅体现于各种立法方面,如国家赔偿、行政复议、行政许可、行政处罚;也体现于行政管理之中,国务院更是倡导要建立"法治政府",全力推行依法行政。这些情况均促进了中国行政法的整体、全面发展。当前,中国行政法所面临的课题,既有与各国相一致的问题,如全球化、信息化、民营化等给行政法带来的挑战;也有其自身独有的问题,包括如何借鉴国外的成熟经验并将其应用于中国实践,如何破解事业单位改革的难题,等等。中国共产党十八届四中全会提出深入推进依法行政、加快建设法治政府,其中许多的问题值得中国行政法予以关注。

三、行政法的分类

学说上关于行政法的分类繁多,且随国家任务的变迁、各时代的关注点不同也有不同。以下仅介绍三种较具讨论价值的分类。

(一) 一般行政法(行政法总论)与特别行政法(行政法各论)

以行政法所规范的事项为标准,行政法可以区分为一般行政法(行政法总论)与特别行政法(行政法各论)。前者指适用于所有行政法领域的法规范、理论与原则以及相关的制度(一般行政法所规范的内容主要涉及行政组织、行政作用、行政程序、行政补偿和赔偿以及行政争讼等),其具有横向跨越个别行政领域的特性,以此为研究对象的行政法学,一般称为"行政法总论"(本书即是如此)。后者则以个别行政事项或者任务领域为规范内涵,其通常

---

① 参见杨建顺著:《行政规制与权利保障》,中国人民大学出版社2007年版,第24页以下。
② 关于日本行政法的特色,参见杨建顺著:《日本行政法通论》,中国法制出版社1998年版,第67—87页。
③ 具体的历史发展过程,参见杨建顺著:《行政规制与权利保障》,中国人民大学出版社2007年版,第26页;姜明安主编:《行政法与行政诉讼法》,北京大学出版社、高等教育出版社2007年版,第80—95页。

以特别法的方式予以呈现,如公务员法、建筑法、财政法、交通法、国防法、环保法、经济行政法、都市计划法等,研究此一领域的行政法学,称为"行政法各论"。

行政法总论与各论的分类,对于行政法的深入研究具有极为重要的意义。总论可以一般原理体现行政法学的总体指导作用,各论则为总论提供足够的"养分"并扩展行政法的适用范围。

(二) 行政实体法与行政程序法(含行政诉讼法)

以法的实质与施行手续为标准,可以将法律区分为实体法与程序法。前者系指规定权利义务实质内容的法律,后者是关于其运用手续的规定。如刑法为关于刑事的实体法,而刑事诉讼法则是辅助刑法施行的程序法。民法与民事诉讼法亦是如此。在行政法领域也有如此的划分,但行政法的程序法则较民刑法有很大不同:其一,行政法的程序法范围较广,广义的行政程序法由作出行政行为的程序法和对行政行为进行监督救济的程序法构成,除类似民刑程序法的行政诉讼法外,还包括了供行政机关适用的程序法,有行政行为的事前和事中程序法以及行政复议法。① 其二,行政法问题的讨论与处理,通常兼及实体法与程序法。实体权利的实现,往往有赖于程序法与实体法的配合。

(三) 内部法与外部法

以行政法规范的对象为标准,行政法可以分为内部法与外部法。前者是规范行政内部事务的法规范,如有关行政组织结构、机关任务的规定,或者公务员法等。由于国家内部法律关系的性质不同于国家与公民的法律关系,因而除可以法律及法规命令等形式作为法源予以规范外,行政规则也可以成为其法源。但经由行政自我拘束的法理,内部法性质的行政规则有时也可能产生间接的对外效力。后者指规范行政与公民间法律关系的法规范,如法律规定公民不得作出破坏环境的行为,主管机关对于违反此义务的公民应该进行处罚。行政法规范主要来源于外部法,原则上外部法的法源限于法律及法律授权制定的法规命令。行政法总论所讨论的事项,除行政组织之外,皆为外部法的问题。

四、行政法与其他法律的关系

在现代国家,一般采取的法律部门划分方法是首先确立宪法这一最高法规范,然后将刑法、民法与行政法并列作为三大法律部门②,这足以说明行政法的地位。而同时,学习行政法与其他法律的关系,对于明确行政法的意义与特殊性,明确有关实际问题的法律适用意义非凡。

(一) 行政法与宪法的关系

行政法和宪法是两个紧密联系,但又相互独立的法律部门,一般认为行政法是仅次于宪法的独立部门法。1959 年原联邦德国行政法院院长 Fritz Werner 曾说:"行政法是具体化的宪法","宪法确定一个国家生存的准则,并欲实施这一准则时,必须且恰恰要在本身意义上规范行政。但它必须留给立法者和行政宽阔的活动空间,使之在遵守宪法基本原则的前提

---

① 关于"理解行政程序概念的多重视角",参见杨建顺著:《行政规制与权利保障》,中国人民大学出版社 2007 年版,第 766 页。
② 参见同上书,第 64 页。

下,能继续有效地进行行政活动,保留技术性权利的使用。"①

两者最为主要的区别在于:首先,一般的关于国家机构的组织和活动以及政治生活中的重要原则属于宪法范围,行政机关的具体组织和活动属于行政法范围,二者在调整对象、法律表现形式、法律规范强制性、法的稳定性上均有区别。其次,行政法从属于宪法,其制定和实施不得违反宪法原则和精神。现代行政法基于现代宪政理论而产生,宪法中确认了一系列行政法规范和原则,对其他行政法规范具有统帅的作用。盐野宏认为:"行政法是实现宪法价值的技术法。"②日本学者在论述行政法的时候一般都要先引出宪法学原理和规范,因为宪法和行政法同属公法学范畴,两者有着难解难分的联系。宪法确立起行政法律制度的蓝图、行政组织机构的雏形,行政权力的运作、行政程序的设计,都不能违反宪法制度和宪法原则的规定。这被称为"宪法原则的投射现象"。③ 当然,行政法对于宪法仍有一定的独立性,因宪法与政治理念结合较为密切,时局变化常引起宪法的剧烈变动。而行政法则较为关注现实的社会生活条件,有着一些不受时代或者宪法左右的特殊任务与结构规范。

(二) 行政法与民法的关系

从发生史的角度来看,民法产生较早;行政法是一门年轻的学科,在其发展过程中,很多概念和制度受到民法学的启发。例如,行政法中的行政行为、意思表示、行政主体、行政合同等概念,都受到了民法上类似的概念和制度的启发。某些行政法上的一般原则,也脱胎于民法学上相应原则和原理的规定。毛雷尔认为,以私法形式表现出来的法律规范或者在私法领域形成的法律概念,可以为公法所"借用"。"借用"的前提在于法律关系具有相同特征,私法已有规定,而公法仍然存在明显漏洞。④ 在这种意义上说,"对民法知识的系统、扎实的学习,是学习行政法的基础。"当然,两者的区别也是很明显的:首先,行政法调整的是行政关系,而民法调整的是民事关系。其次,行政法调整手段的一般特征是权力性、命令性和双方当事人地位的不平等性,而民法调整手段的一般特征是平等、等价、有偿。最后,民事制裁手段必须由法院代表国家依照民事诉讼程序来运用,至少也要通过仲裁机构的仲裁才能付诸实施;而行政制裁手段,在绝大多数情况下,则是由行政主体依法对违法者采用,除一些已经转化为行政诉讼的案件外,不必经法院审判而由行政主体强制执行。⑤

就双方的相互影响层面来讲,行政采用私法方式执行行政任务时,可能也适用民法规范,产生行政私法现象。如治安管理中的人身侵权赔偿纠纷、环境管理中的环境污染赔偿纠纷等,不仅要援引对行政职权与程序的特别规定,还要一并引用民法中的相关规定。而行政法对民法的规范效应则体现在行政法规范或者行政行为可以成为民事法律关系的构成要件,影响民事法律关系的产生、变更与消灭。如我国《合同法》第52条第5项规定,违反法律、行政法规的强制性规定的合同无效。

(三) 行政法与刑法的关系

从理论层面来讲,行政法与刑法的区分是很明显的。不过在实践之中,行政处罚与刑事处罚仍具有一定的关联性,从而在某种意义上可以说行政处罚和刑罚共同构成了一个完整

---

① 〔德〕平特纳著,朱林译:《德国普通行政法》,中国政法大学出版社1999年版,第43—44页。
② 〔日〕盐野宏著,杨建顺译:《行政法》,法律出版社1999年版,"中文版序"第Ⅲ页。
③ 杨海坤、章志远著:《宪法与行政法良性互动关系之思考》,载《东吴法学》2000年号,第104页。
④ 参见〔德〕哈特穆特·毛雷尔著,高家伟译:《行政法学总论》,法律出版社2000年版,第50页。
⑤ 参见杨建顺著:《行政规制与权利保障》,中国人民大学出版社2007年版,第69、70—71页。

的制裁体系,两者之间更多的并非"质"的差异,而只是因"量"的轻重在立法政策上所作的区别。① 为此在探讨行政处罚的适用技术时,要较多地去参照刑法学的原理。另外,有时行政法规范还要作为刑法构成要素来解决问题,这称为行政法对刑法的规范效应,或者称为行政法对刑法的"先决效力"、刑法的行政从属性,其意蕴在于将行政法的概念吸收到刑法之中,以行政法规范或者行政处理作为刑法的构成要件要素。② 例如,刑法中有生产销售假药罪,而对于假药的界定,则要依照相应的行政法规范来确定。

（四）行政法与经济法的关系

经济法学者认为经济法与行政法既有联系,又有区别,同属于国内法体系,它们之间是并列关系,而不是从属关系、交叉关系。③ 不过从其调整的法律关系来看,一部分属于民法调整的对象,另一部分则属于行政关系。因此,任何纵向的经济法规范均可以称为行政法规范。德国学者扶柏最早提出,经济法可以作为行政法的一部分,他在1932年出版的著作《经济行政法》中指出:"经济法,其在法的表现形式中,最初是私法,并且尽管其现在也仍是私法,但是,其已经发展成了与私法相并列的经济行政法。"④不过,我们认为由于各国对于经济的重视与干预,导致大量"经济法"出现与发展,因而将其列为一个独立的法律部门是有一定重要意义的。⑤ 一方面可以加强对经济法实践与理论的研究,另一方面对于行政法学研究来说,经济行政法是一个重要的部门法领域,应该得到更加系统化的研究。

第三节 行政法的法源

法源是法律渊源的简称,可分为成文法法源与不成文法法源两种。在行政法法源这里,关于行政规则的问题,特别值得注意。

一、行政法法源的含义

有关法源的概念及其内涵,学界有各种不同的解释。⑥ 本书主要采用法存在形式说,把法源界定为各法律部门法的表现形式,也即各法律部门法规范的来源、出处,而行政法法源是指行政法的表现形式,行政法法规范的来源、出处。由于行政法所规范的内容,包含了行政组织、行政程序、行政行为、行政诉讼、行政赔偿及行政补偿等各种行政内部与外部的事项,因此,行政法的法源兼及外部法与内部法的法源。

"法源"与"法规范"的概念,互为表里。前者系就"形式"而言的,而后者系就"内容"而言的,是法源中所表现的具体规定。也就是说"法源"是法所以成立及表现的形式,而"法规范"必须经由法源才能够成立及表现。研究行政法实质是借由行政法法源对行政法规范展开的研究,解释适用亦是如此。

---

① 参见吴庚著:《行政法之理论与实用》,中国人民大学出版社2005年版,第296页;吴景芳著:《刑事法研究》(第1册),台湾五南图书出版公司1999年版,第5—13页(行政犯之研究)。
② 参见葛克昌、林明锵主编:《行政法实务与理论》(一),台湾元照出版公司2003年版,第33—45页(许宗力执笔"行政法对民刑法的规范效应")。
③ 参见杨紫烜主编:《经济法》,北京大学出版社、高等教育出版社1999年版,第49—50页。
④ 转引自王为农著:《经济法学研究:法理与实践》,中国方正出版社2005年版,第6—7页。
⑤ 参见杨建顺著:《行政规制与权利保障》,中国人民大学出版社2007年版,第74页。
⑥ 参见姜明安主编:《行政法与行政诉讼法》,北京大学出版社、高等教育出版社2007年版,第39页。

二、行政法的成文法源

行政法的成文法源通常包括宪法、法律、行政立法、其他法规范、国际法等。

1. 宪法

宪法一般都是成文的,英国宪法虽然在总体上不是成文的,但其中也有不少制定法文件,如《自由大宪章》《权利请愿书》《权利法案》《王位继承法》《议会法》等。宪法作为行政法的法源,主要确立行政法的基本原则,规定行政权的范围和行政权行使的一般要求等重大问题。

2. 法律

法律是行政法与其他部门法的最重要法源。法律一般由国家最高立法机关,如国会、议会、联邦会议、全国人民代表大会及其常务委员会等制定,在联邦制国家,法律除由联邦立法机关制定外,联邦组成单位(如州、邦、加盟共和国等)立法机关亦可制定法律。地方性法规是从属于法律的规范性文件,通常由地方议会制定。行政立法作为法源,亦从属于法律,其通常由中央政府及其组成部门和地方政府制定。

3. 行政立法

行政立法一般包括法规命令与行政规则。法规命令,是指行政机关基于法律授权,对多数不特定人民就一般事项所作的抽象的、对外发生法律效果的规定。其主要特征在于依据法律授权所定,且旨在规范人民与国家之间的法律关系,所以其是实质意义上的法律。行政规则,是指上级机关对下级机关,或者首长对公务员,依其权限或者职权而制定的规范机关内部制度及运作,并非直接对外发生法律规范效力的抽象规定。其不须法律授权,也不规范人民与国家之间的关系,原则上仅在行政内部有效力。不过,行政规则经由行政自我拘束而有间接的对外效力,法官也会加以适用,此时行政规则可成为外部法的补充法源。[①]

4. 其他法规范

在实行地方自治的国家,自治立法与行政立法并列,是重要的行政法法源。例如在日本,都道府县市町村各议会制定的条例、各地方政府首长制定的规则等,皆是根据自治权而制定的被称为自治立法的法规范,是重要的成文法法源。

在中国,拥有地方立法权的各级地方权力机关制定的地方性法规具有独特的定位,是重要的法源。除了前述归入法规命令和行政规则的规章以上的法规范外,还有大量所谓"其他规范性文件"存在。这些规范性文件中有些具有法规范属性,便是行政法的法源。并且,有些规范性文件并非行政机关所发布,或者是由其他机关和行政机关共同发布的,尽管在主体方面存在争议,但从实质上看,其甚至具有法规命令的性质,亦可以作为法源予以承认。[②]

5. 国际法

主要包括国际条约与国际协定。有关国内行政的条约和协定的内容,皆成为行政法的法源。只是实务上一般需要相应的国内法将相关内容加以转化。此外,领事条约中关于领事馆的设立、领事的职权、护照和签证的颁发、同派遣国的联系等,都涉及国家行政管理,甚至调整着一定领域的行政关系。这些条约与协定均会成为法源。

[①] 有关行政规则的对外效力,具体探讨参见本书第三编第九章第四节"行政规则"。
[②] 参见〔日〕南博方著,杨建顺译:《行政法》(第六版),中国人民大学出版社2009年版,第9、70—74页。

三、行政法的不成文法源

行政法的不成文法源通常包括习惯法、判例法、行政法的一般原则等。

1. 习惯法

在一个社会中,对特定的未经法律明文规定的事项,长期以来皆遵循一定的行为方式处理,并确信其为法律所要求或者许可的内容,该行为方式即成为习惯法。习惯法的承认与适用,以欠缺成文法规范为前提,行政法领域的多数事项要求依法行政,适用习惯法可能会对法律保留及依法行政原则造成减损。不过,由于社会变迁过快,法律亦有穷尽之时,所以承认与适用习惯法在行政法领域已无障碍,只是适用时要考虑法律的界限,且不宜将其作为限制人民基本权利的依据。

2. 判例法

经过法官造法活动建立的裁判原则,经常被适用及遵守的,即是学理上所说的"判例法"。这些原则,在未来司法以及行政实务中将成为决定标准,无论是法院还是行政机关均不得无正当理由而任意违背。不过在一些大陆法系国家,学说中关于判例是否可以作为法院审判依据仍有争议,有的认为基于审判公正、合乎正义目的可以承认,但有的持否定主张。未来中国可能也会遇到这样的问题,如何借鉴英美国家的判例制度是今后的重要课题。

3. 行政法的一般原则

从各国的实践来看,行政法的一般原则也可以作为行政法的法源予以援引。行政法的一般原则是指适用于所有行政法领域,而非仅局限于特定事务的原则性学说。其来源有多种,如习惯法、宪法规范与原则的具体化(如平等原则、法律保留原则、比例原则)和由其他法律推导而出的[如由民法上的诚实信义(信用)原则推导的信赖保护原则]等。作为法治后发国家的中国,行政法的一般原则还有一个重要来源是外国法。近年来,正当程序原则、成熟性原则等外国行政法原则也进入中国的行政审判实践之中,例如北京市海淀区人民法院审理的"田永诉北京科技大学案"一度成为人们探讨的焦点。在该案的判决书中法院写道:"退学处理的决定涉及原告的受教育权利,从充分保障当事人权益原则出发,被告应将此决定向本人送达、宣布,听取当事人的申辩意见。而被告既未依此原则处理,尊重当事人的权利,也未实际给原告办理迁移学籍、户籍、档案等手续。"这里显然就适用了"正当程序原则",即被告作出退学处理决定时,应当听取当事人的申辩意见。《最高人民法院公报》在公布本案判决时,海淀区人民法院一审判决的前述内容被改为:"按退学处理,涉及到被处理者的受教育权利,从充分保障当事人权益原则出发,作出处理决定的单位应当将该处理决定直接向被处理者本人宣布、送达,允许被处理者本人提出申辩意见。北京科技大学没有照此原则办理,忽视当事人的申辩权利,这样的行政管理行为不具有合法性。"[①]有学者提出,这里除了文字性修改外,有两点改动值得注意:一是"原告""被告"的称呼分别被改成"被处理者""作出处理决定的单位",反映了最高人民法院试图使个案中适用的原则成为一项普遍适用的要求;二是《公报》在重申作出退学处理决定时应当遵守的程序原则的同时,以坚定、清晰的语言明确了违反该原则的法律后果,即"这样的行政管理行为不具有合法性"。在经

---

① 《田永诉北京科技大学拒绝颁发毕业证、学位证行政诉讼案》,载《最高人民法院公报》1999年第4期。

过最高人民法院精心修饰过的理由阐述中,正当程序原则的运用变得更为明确,对正当程序原则的强调更突出了。①

四、法源的位阶

行政法法源种类繁多,其相互之间因效力等级不同呈现一定的顺序关系,这称为法源的位阶。位阶概念的提出对于研究法源的效力与解释适用是有益的。

依照法源位阶理论,在不同位阶法源之间,适用上位法优于下位法的原则。高位阶的法源如果废止,那么其下位阶法源通常情况下也是无效的。如成文法源各国一般在宪法中有规定,宪法优于一切其他法律和法规命令,国家法规范优于地方法规范(包括自治立法),上级法规范(法规命令、其他法规范)优于下级法规范(法规命令、其他法规范)。我国《宪法》明确规定:宪法"是国家的根本法,具有最高的法律效力"。我国《立法法》专设"适用与备案审查"一章,系统规定了不同位阶法源的效力规则。②

在行政法不成文法源方面,其位阶并非固定,如行政法的一般原则,其如果源自宪法的基本原理,则具有宪法位阶;如果来自法律的体系解释,则仅具有法律位阶。

不同位阶法源适用时的顺序:一般因较低位阶法规范通常具体详细,所以在具体事件适用法规范时先适用较低位阶的法规范。在法律规定或者其他规定有疏漏时,才可以适用宪法规定。

同位阶法源发生冲突时,以后法优于前法、特别法优于普通法、母法优于子法(如土地管理法与土地管理法实施细则)的原则展开适用。

第四节 行政法的效力及解释适用

一、行政法的效力③

(一) 时间上的效力

行政法如明文规定自公布日或者发布日生效的,则自公布日或者发布日发生效力。也有特别规定施行日期的情况。行政法因时间经过(如该法明确规定有效时期)、明示废止、新法取代、有权机关宣告无效等而失效。

基于法治国家原则的法安定性与人民依赖保护的要求,行政法原则上并不具有溯及力,从而维持尊重人民的既得权利与其他既定法律关系,维护法律生活的安定。

(二) 空间上的效力

成文法规范是由制定机关依照一定的程序而颁行的。因此,成文法规范的"空间效力"或者"地域效力",应依照制定机关的地域管辖而确定,一般及于该机关地域管辖的全部范围,但有特别规定时,也可以是部分范围。

---

① 参见何海波著:《通过判决发展法律——评田永案件中行政法原则的运用》,载罗豪才主编:《行政法论丛》(第3卷),法律出版社2000年版,第451—452页。
② 参见我国《立法法》第87—102条。
③ 参见杨建顺著:《日本行政法通论》,中国法制出版社1998年版,第158页以下。

（三）对人的效力

行政法原则上实行属地主义，对于该地区内全部的人，不论是本国人还是外国人、自然人或者法人一律加以拘束。但也有例外情形，如该法明确适用于本国人或者外国人时，再如享有治外法权的外国元首等也可能不适用。

二、行政法的解释

（一）概述

法规范是由"构成要件"与"法律效果"两部分组成的一种条件式命题。如法律规定："醉酒的人违反治安管理的，应当给予处罚。"[①]其中，"醉酒的人违反治安管理的"为构成要件规定，"应当给予处罚"为法律效果规定。不过，法律规定一般都较为抽象，必须将其适用于具体的生活事实，并对其赋予一定的法律效果，才能真正发挥规范的作用。行政法的适用一般要经过以下几个程序：

- 事实的调查与认定：是否发生或者存在什么样的事实？
- 法律构成要件内容的解释与认定：法律构成要件是如何规定的？
- 涵摄：所认定的事实与法律构成要件的要素是否相当？
- 法律效果的确定：赋予什么样的法律效果？

法律的适用，是指以普遍抽象的法律规定，"涵摄"具体个别的生活事实，最终确定法律效果的过程，形式上较为类似逻辑学上的"三段论法"。法规范的构成要件是"大前提"；具体生活事实符合法律构成要件，成为法律所规定的事实，是"小前提"；而赋予的法律效果则为"结论"（参见图1-2）。

大前提（构成要件）	若 P（法律构成要件）则 Q（法律效果）
小前提（事实）	S 是 P（涵摄）
结论（法律效果）	若 S 则 Q（适用法律效果）

图 1-2

如此理解较为简洁，但法律文字含义常有不明确之处，所以"解释法律"显得极为重要。有时现行法对有关的事项欠缺必要的规定，形成法律漏洞，则会产生"补充法律"的问题。且在适用法律过程之中，每个环节都较为复杂，值得注意的是：第一，如何将具体的生活事实转换为法律上的事实，这对于涵摄意义重大。第二，就法律效果而言，有时法律确定了明确且固定的效果，适用法律时仅能赋予该效果（羁束行政），有时法律规定则具有弹性，容许执行者在该范围内选择对个案最适当的效果（裁量行政）。第三，无论在解释一般法律概念还是不确定法律概念时，要补充法律漏洞，均须遵循法律价值、原则的指导。[②]

（二）行政法的解释

"徒法不足以自行"。法律是定分止争、维护社会秩序的工具，因而法律必须运用，而有运用必有解释，因为只有通过解释才能将抽象的法律条文适用到具体的案件上。行政法的解释是行政法适用的基本问题，在方法论上法律解释有"主观说"与"客观说"的争议。前者

---

① 我国《治安管理处罚法》第15条第1款。
② 有关裁量与不确定法律概念的问题，参见本书第一编第三章第三节。

在于探求立法者的意思,后者在于阐释法律本身所蕴涵的意旨。主观说较为符合民主原则,而客观说则较具弹性,能够适应社会变迁,作出符合公平正义的解释。目前学者多采用折中说,以客观说为主体,主观说为辅助,同时考量其他的一些因素。如我国《行政复议法》第30条第1款就是按照主观说解释法律的典型实例。该条款规定:"公民、法人或者其他组织认为行政机关的具体行政行为侵犯其已经依法取得的土地、矿藏、水流、森林、山岭、草原、荒地、滩涂、海域等自然资源的所有权或者使用权的,应当先申请行政复议;对行政复议决定不服的,可以依法向人民法院提起行政诉讼。"从实际情况来看,涉及自然资源所有权或者使用权的行政行为种类很多,包括行政裁决行为,如《土地管理法》规定的土地确权行为;行政处罚行为,如《城镇国有土地使用权出让和转让暂行条例》第17条规定的对于未按照合同规定的期限和条件开发、利用土地的行为作出的无偿收回土地使用权的处罚;还有其他一些行政行为,如《土地管理法实施条例》第7条规定的土地使用权有偿使用合同约定的使用期限届满后土地管理机关注销登记的行为。如果按照文义解释方法解释,公民、法人或者其他组织认为以上这些行政行为侵犯其依法取得的土地所有权或者使用权的,均适用《行政复议法》第30条第1款的复议前置规定。但是,最高人民法院《关于适用〈行政复议法〉第三十条第一款有关问题的批复》(法释〔2003〕5号,以下简称为《适用行政复议法问题的批复》)没有简单地采取文义解释,即:"根据《行政复议法》第三十条第一款的规定,公民、法人或者其他组织认为行政机关确认土地、矿藏、水流、森林、山岭、草原、荒地、滩涂、海域等自然资源的所有权或者使用权的具体行政行为,侵犯其已经依法取得的自然资源所有权或者使用权的,经行政复议后,才可以向人民法院提起行政诉讼,但法律另有规定的除外;对涉及自然资源所有权或者使用权的行政处罚、行政强制措施等其他具体行政行为提起行政诉讼的,不适用《行政复议法》第三十条第一款的规定。"显然,该《适用行政复议法问题的批复》将《行政复议法》第30条第1款规定的"侵犯其已经依法取得的土地……等自然资源所有权或者使用权"的行政行为,限定为"行政机关确认土地……等自然资源的所有权或者使用权的具体行政行为",而将"涉及自然资源所有权或者使用权的行政处罚、行政强制措施等其他具体行政行为"排除于该款规定的适用范围之外。

目前常用的解释方法主要有以下几种:

1. 文义解释

又称文理解释,系依照通常的语言使用方法,阐明法律文字与用语的意义。文义是法律解释的开端,也是终点。通常用语应当按照其通常含义进行解释。例如,2000年2月29日最高人民法院《关于如何适用〈治安管理处罚条例〉第三十条规定的答复》(行他字〔1999〕第27号)对"卖淫嫖娼"的含义解释如下:"《治安管理处罚条例》第三十条规定的'卖淫嫖娼',一般是指异性之间通过金钱交易,一方向另一方提供性服务以满足对方性欲的行为。至于具体性行为采取什么方式,不影响对卖淫嫖娼行为的认定。"这里显然是按照日常生活中"卖淫嫖娼"的通常含义进行的解释。不过,应该看到文义解释因汉语变迁不定亦有不足,所以其只是法律解释的开始,还需要其他方法的配合。

2. 体系解释

又称逻辑解释,是指以各该条文所在位置及与其他相关条文的关联,探求法律规定的内涵。法律体系可以分为外在体系与内在体系,前者指法律的编制与体例,如我国《行政程序法》可分总则、行政行为、行政契约、法规命令与行政规则、行政计划、行政指导及附则等章;

后者是指法律秩序的内在构造、原则及规范目的。条文在内部体系中处于不同的位置时,解释亦有不同。如行政程序法中正当程序的要求规定在总则部分则可能拘束所有行政作用,而只规定于行政行为部分,则原则上仅对该行政行为适用。根据体系解释有时可能对文义范围予以扩大(扩张解释),也可能缩小(限缩解释)。另外,最近几年学说以及实务强调法律解释还必须符合宪法,即有"合宪解释",事实上其可以归入体系解释的范畴。

3. 历史解释

是指借由法律形成的沿革以及立法资料,探求立法者制定法律时考虑的因素与规范宗旨。适用这种解释方法要注意不能过于拘泥于立法者主观意思,尤其是立法资料的价值,应随着社会的变迁与演进而有所取舍。

4. 目的解释

法律有明确的目的,但有时也未明确列出。如果未明确列出,则应探求与解释。根据法律的外在体系以及立法沿革所展开的解释,就是目的解释。从内容来看,其既是一种方法,也是法律解释的终极目标,且与前述几种解释方法相互关联,从而得出法律真正的目的。特别是在解释法律时,经由文义解释、体系解释、历史解释的方法初步获得阐释,仍要以法律规范目的来加以检验。

三、行政法漏洞的补充

所谓法律漏洞,是指"实证法(制定法或者习惯法)的缺陷,在被期待有具体的事实行为规定时,明显地缺少法律的调整内容,并要求和允许通过一个具有法律补充性质的法官的决定来排除。因此,漏洞产生于制定法没有、习惯法也没有对一个法律问题给出直接回答的地方"①。法律漏洞无疑是任何国家都存在的法律现象,所以对漏洞的补充是适用法律的题中之义,亦成为法律解释的继续。漏洞补充的方法主要有以下两种。

(一)类推适用

所谓类推适用是指将法律上的明文规定,适用到不是该法律规定所直接规范的情形,但其法律上的重要特征是与法律所明文规定者相同的类型。② 尽管奥特·玛雅先前曾明白表示:"不应以类推方式援引民事法律规定来改善和补充行政法。法律类推只是在解释法律本意时才可以适用,而民事法规的本意与公法关系之间并无相似性。"③不过行政法上意思表示的生效、撤销等问题确实需要援引民法相关规定才能解决。目前是否能够类推适用已无多大问题,争议较大的是如何认定拟处理案件与法律明文规定案型的相同性。另外,类推适用并不仅以民法规定为限,如有的法律中规定,机关送达公民公文可准用民事诉讼法有关送达的规定。

(二)目的论缩减

法律文义针对某个具体案件有时显得过于宽广,以至可能将不同的案件置于一个法律规定之下,进而造成"不同的案件,相同的处理"。为消除此种情况的发生,依照法律目的将

---

① 〔德〕卡尔·恩吉施著,郑永流译:《法律思维导论》,法律出版社2004年版,第171页。
② 参见翁岳生编:《行政法》(上册),中国法制出版社2002年版,第207页(陈清秀执笔"依法行政与法律的适用")。
③ 〔德〕奥托·迈耶著,刘飞译:《德国行政法》,商务印书馆2002年版,第122页。

原为法律文义所涵盖的案型，排除于该法律适用范围之外，学说上称为"目的论缩减"或者"目的性限缩"。例如，某项法律规定，法院对于散布的猥亵物品应判令被告销毁，但在某个案件中，该物品可能极具艺术价值，因此可能适用目的论缩减，从而满足法律目的。

行政法漏洞的补充，是行政机关和法院的权限与义务，为填补法律漏洞，必须对于法律继续贯彻其基本思想，尤其应考虑法律的价值秩序及其内在目的以及其内部体系，坚持民主原则与法治国原则，有限度地进行。

第二章

行政法的基本原理

第一节 基本原则与基本原理

基本原则和基本原理是既有区别亦有联系的两个重要概念。若将基本原则与基本原理等同,将行政法的基本原则定义为"指导行政法律的制定,规范行政权力的运作,以及提供行政权力的监督者判断标准的基本原理,则是值得商榷的"①。

"法律的基本原则不创设任何确定的、具体的事实状态,没有规定具体的权利和义务。但是,它指导和协调着全部社会关系或某一领域的社会关系的法律调整机制。""基本原则体现着法的本质和根本价值,是整个法律活动的指导思想和出发点,构成法律体系的灵魂,决定法的统一性和稳定性。"②行政法极为重视基本原则的问题,尤其是在中国,一般认为行政法的基本原则是指指导行政法制定、执行、遵守以及解决行政争议的基本准则,贯穿于行政立法、行政执法、行政司法和行政法制监督的各个环节之中。③ 它是对行政法规范的精神实质的概括,体现着行政法的价值和目的。④

基本原则反映了人们对法律基本规律的认识和把握,更多地包括了人们对法律的普遍性价值的追求,往往具有非常抽象、较为稳定、覆盖面广的特点。其主要的功能在于为法律规则提供基础,对法律制定与法律规则理解提供指导,甚至可以直接作为执法与适用的依据。⑤ 从这个层面来讲,基本原则属于规范范畴,即根本性的规则或者准则。这一点从其可以作为法源加以适用、且许多的基本原则已经明确具体为法律规则(规范)等情况均可以佐证。

基本原理就是某一领域或者学科中最为根本的理论,属于理论范畴。法的基本原理是指该法的基本理论主张,显然要比基本原则更具根本性。原理有时也被泛称为理论体系,但二者仍然是有区别的,理论体系强调体系性与系统性,而行政法的原理特别是行政法的基本原理主要是指行政法理论体系中最为根本的理论。

---

① 陈新民著:《中国行政法学原理》,中国政法大学出版社2002年版,第32页。当然这种情况绝非中国行政法学独有的现象,其他如民法、刑法亦是如此,将基本原则与基本原理等同。参见孔祥俊著:《法律规范冲突的选择适用与漏洞填补》,人民法院出版社2004年版,第126页。
② 〔美〕迈克尔·D.贝勒斯著,张文显等译:《法律的原则——一个规范的分析》,中国大百科全书出版社1996年版,译后记。
③ 参见应松年主编:《行政法学新论》,中国方正出版社1998年版,第37页。
④ 参见张树义主编:《行政法学新论》,时事出版社1991年版,第48页。
⑤ 参见张文显主编:《法理学》(第2版),高等教育出版社2003年版,第96页(周永坤执笔"法的要素")。

当然,基本原则与基本原理也是有着一定的联系的。基本原则经过长期的解释适用以及学术界的深入探讨,也有可能转变为基本原理的重要因素。基本原理由于没有直接的规范效力,可能在某种程度上需要借助其他的原则、规范来实现,所以其对基本原则具有极为重要的指导意义。

第二节 行政法上的基本原则概观

行政法上的原则众多,什么样的原则可以确立为基本原则,不仅涉及基本原则的含义,也涉及基本原则的构成。中国行政法学界对基本原则的探讨也为我们深入了解这一问题提供了经验与反思的维度。

一、行政法基本原则的定义

尽管学界对行政法基本原则的定义很多,但对于行政法的基本原则是指贯穿在行政法规范之中,并由它们所确定或者体现的基本精神,是行政主体在行政中必须遵循的基本行为准则这一点并无多大争议。中国行政法学之所以如此重视行政法的基本原则,主要原因在于其具有统一和稳定的作用,协调诸多行政法规范之间的关系,可以直接适用以补充行政法规范的不足。[1]

二、行政法基本原则的确立标准

行政法基本原则的确立标准,一般包括"基本"性、"法律"性和"特殊"性共三个判断要素。

(一)行政法基本原则的"基本"性

行政法基本原则作为一种"基本"的法律准则,不同于具体的行政法规范(规则)。一般情况下,行政法基本原则并不预设任何具体的事实状态和法律后果,也不为行政法主体设定任何具体的权利和义务,因而它不是具体的行为准则即行政法规范,而是对行政法规范的概括与抽象。而行政法基本原则一旦被概括、抽象出来之后,反过来又被用以指导行政法规范的制定、解释和适用。因此,行政法基本原则是一种比较宏观和抽象的指导性准则。同时,"基本"性还体现在行政法基本原则不是某一行政法领域的具体原则。例如,支配行政组织、行政诉讼的原则,支配某一特定部门行政法领域的原则,不应构成行政法的基本原则。

(二)行政法基本原则的"法律"性

行政法的基本原则作为"法"的原则,首先必须是一种法律准则,而不是一种纯粹的理论或者原理。行政法基本原则和具体的法律规范一样,是一种法律准则,是法的基本构成要素之一,因此必须得到普遍遵守和贯彻执行,违反行政法基本原则的行为也构成一种违法行政行为,这就是行政法基本原则的"法律"属性,所以说"不能导致法律后果的原则不能成为行政法的基本原则"[2]。目前中国的行政法基本原则多是通过理论加工而形成的,但是真正的

---

[1] 参见朱新力主编:《行政法学》,高等教育出版社2004年版,第54—55页(金伟峰执笔"行政法的基本原则")。
[2] 张正钊主编:《行政法与行政诉讼法》,中国人民大学出版社2007年版,第24页(李元起执笔"行政法的基本原则")。

行政法基本原则不是主观的、人为的法律理论原理,而仍是一种法律准则。这一点可从西方国家行政法的基本原则的发展得到佐证,其主要是通过法官的判例发展而来的。例如,英国行政法上的合理性原则,德国行政法上的比例原则、信赖保护原则等,都是通过判例发展而成的,学理更多的是对法官思路的梳理或者对法官判词的整理。①

(三) 行政法基本原则的"特殊"性

行政法基本原则应是行政法所特有的基本原则,而不同于法的一般原则。法的一般原则如民主、自由、法治、人权等原则,也是在行政法制定和实施中所应遵循的原则,但是这些原则并非行政法所特有的,而是行政法与其他部门法共同的基本原则。或者说这些原则作为行政法的原则还需要经过特殊的加工。例如,法治原则在行政法领域表现为依法行政原则,民主原则在行政法领域表现为行政参与、行政公开等原则。当然也不能对这种特殊性作机械的理解,"行政法基本原则的内容不仅应反映行政法自身的特点,同时还应反映其他法律部门的共同要求","是法律原则共性与个性的统一"②。

三、中国行政法基本原则研究概况

(一) 中国行政法基本原则学说概述

中国行政法学发展初期,学界对行政法是否存在自己特有的基本原则一度持怀疑态度;之后又出现将宪法原则或者行政的原则视作行政法基本原则的情形。③ 再后来的行政法学界逐步取得共识:行政法应当有自己独立的原则,并提出行政法的基本原则应当是"贯穿于全部行政管理之中"的原则或者"贯穿于行政法律关系"的原则,但对如何贯穿却并不明确。此后,行政法学者又提出了行政法基本原则应当具有"普遍性"与"法律性"的观点。这一主张对于正确理解行政法的基本原则具有关键性的意义,因为任何法律原则都必须是"普遍的法律性的原则";但其不足是未能结合行政法展开思考。具体而言,自20世纪80年代以降,中国行政法学先后出现了若干有关"行政法基本原则"的主张,以时间为序列举如下:

(1) 恢复法制建设以来中国最早的行政法教材列举了行政法的"七项原则",即在党的统一领导下实行党政分工和党企分工的原则;广泛吸收人民群众参加国家行政管理的原则;民主集中制原则;精简原则;各民族一律平等原则;按照客观规律办事,实行有效的行政管理的原则;维护社会主义法制统一和尊严,依法办事原则。④

(2) 随后出版的著作列举了"三项原则",即贯彻党的方针、政策的原则;社会主义民主原则;社会主义法制原则。⑤

(3) 在相当长时间内堪称通说的"两项原则"说,将行政法的基本原则归纳为行政合法性原则与行政合理性原则。⑥

另外还有许多其他主张,后来这些观点根据其主张的原则数量被总结为一原则说、二原

---

① 参见周佑勇著:《行政法基本原则》,武汉大学出版社2005年版,第124—125页。
② 许崇德、皮纯协主编:《新中国行政法学研究综述》,法律出版社1991年版,第104页。
③ 参见张尚鷟主编:《走出低谷的中国行政法学——中国行政法学综述与评价》,中国政法大学出版社1991年版,第98页。
④ 参见王珉灿主编:《行政法概要》,法律出版社1983年版,第43—60页。
⑤ 参见应松年、朱维究著:《行政法学总论》,工人出版社1985年版,第112—114页。
⑥ 参见罗豪才主编:《行政法学》,中国政法大学出版社1989年版,第34—45页。

则说直至七原则说。① 这说明了关于原则问题的研究成果十分丰富,但也说明了问题的复杂性:观点林立,不但不利于问题的澄清,而且不利于行政法基本原则发挥应有的功能。

(二) 中国行政法基本原则的重新确立

随着合法性原则与合理性原则的提出,20世纪90年代之后,中国行政法学著作几乎均采用两原则说。其间,有的学者主张除合法性原则与合理性原则外还有责任行政原则、行政公开原则、行政效率原则等,但基本上仍然是围绕着合法性原则与合理性原则来展开的。

但到了20世纪90年代末,此种状态有所改变,主张将合法性原则与合理性原则作为行政法基本原则的观点受到了许多学者的质疑与批评②,许多学者纷纷提出对中国行政法基本原则的重新确立。如有学者主张行政法的基本原则只有一项,就是"依法行政原则"。另有学者借鉴德国的经验,将行政法的基本原则总括为行政法治原则,具体包括如下几项:依法行政原则(行政合法性原则并包括法律优先与法律保留)、信赖保护原则、比例原则等。③ 所有这些关于中国行政法基本原则的各种认识,虽然在内容上有若干区别,但从总体上仍旧是将行政法基本原则集中定位于"行政法治原则"或者"依法行政原则",然后对来自西方发达国家行政法的原则进行借鉴(如对美国的正当程序原则的引入),从而形成了目前极为"繁荣"又"繁杂"的状态。

我们主张依照前述构成标准,行政法上的基本原则有合法性原则与合理性原则就足够了,其他的诸多原则更适合于作为某个特定领域的原则,或者作为两个基本原则的具体构成要素,如比例原则、信赖保护原则均可以作为合理性原则的下位原则。另外,如果要列出第三个原则的话,那么公开原则可以作为行政法基本原则来把握,主要的原因在于:其一,公开原则是行政立法、行政作用等几乎所有的行政法领域均必须坚持的原则,从节约资源以及便利性的角度出发应将其作为行政法基本原则来架构。其二,从理论研究与立法实务来看,无论是合法性原则抑或是合理性原则,其内容要求中均包含了公开的因素,说明公开的原则本身内在于合法性原则与合理性原则之中,从这个逻辑讲似乎不应单列。但公开原则不仅仅是合法性原则与合理性原则的重要组成部分,更为重要的是,公开是公平、公正、平等理念得以实现的保证,是合法性原则与合理性原则得以贯彻遵循的重要保障,也是民主主义与法治主义得以实现的前提性准备。④

因此,中国行政法基本原则应包括三项:合法性原则,合理性原则,以及公开原则,具体内容将在下节展开探讨。

第三节 行政法的基本原则

行政法的基本原则包括合法性原则、合理性原则与公开原则。其中合理性原则又包括许多的下位原则。

---

① 关于中国行政法基本原则的各家学说,参见陈骏业著:《行政法基本原则导论》,苏州大学2006年博士学位论文,第11—14页。这里只介绍其中具有代表性的数种。
② 参见孙笑侠著:《法律对行政的控制》,山东大学出版社1999年版,第179页。
③ 参见周佑勇著:《行政法基本原则》,武汉大学出版社2005年版,第119—120页。
④ 参见杨建顺著:《行政规制与权利保障》,中国人民大学出版社2007年版,第114—121页。

一、合法性原则

（一）合法性原则的概念

合法性原则又称"依法行政原则"，是指行政权力的存在、运用必须依据法规范、符合法规范，不得与法规范相抵触。① 作为行政法的基本原则，它在行政法中具有不可替代的作用，系现代各法治国家所普遍采用的根本原则之一。当然，时至今日，这一原则的内涵也发生了一系列的演进与变化。在资产阶级革命胜利之后，各国确立的合法性原则中的"法"仅指议会制定的法律，因为当时人民主权、民主主义的理念以及权力分立的制度框架要求行政必须依法律进行活动。但随着行政作用的日益增强，委任立法的大力推进，依"法律"行政的内容逐渐改变，行政不仅应遵循宪法与议会制定的法律，而且还应遵循行政立法。在我国，行政合法性原则要求行政机关进行行政活动时必须遵循宪法、法律、行政法规、地方性法规、自治条例与单行条例等。有关规章以及其他规范性文件是否包含在这里所讲的"法"之中的问题长期以来争议极多。不过，随着中国行政法实践的发展以及行政法学理论的深入展开，人们对于合法性原则的理解也逐渐趋于一致。

行政法规范是诸多层次的、效力各异的规范组合而成的。当人们针对行政系统整体探讨依法行政的问题时，这里所指向的"法"可能是宪法或者狭义层面的"法律"，但事实上在实务运作中的依法行政不仅包括了宪法、法律，更包括了诸多的行政立法，以及尚未被涵盖于行政立法之中的"其他规范性文件"。理解这一点是极其有益的。"应该说，其他规范性文件对依法行政还是有积极作用的，一方面给行政主体提供了执法依据，另一方面也是行政自我拘束的一种手段。承认其他规范性文件为实质法律的问题，与对其合法性、合宪性的承认问题是两码事。承认它，并不等于就不要对其合法性、合宪性进行审查。"②

（二）合法性原则的内容

（1）行政主体的设立必须合法。行政主体是能以自己的名义拥有和行使行政职权，并能以自己的名义为行使职权的行为产生的后果承担法律责任的机关或者组织。行政主体是行政职权的拥有者和行使者，行政行为均必须由行政主体直接作出或者由其他行为主体以行政主体的名义作出；行政行为产生的法律后果也均必须由行政主体直接承担或者由其他行为主体以行政主体的名义承担。因此，合法性原则要贯彻实施，首先就必须保证行政主体的合法性。

（2）行政职权的拥有应当合法。行政行为均以行政职权为基础，无职权便无行政。但行政职权的拥有必须要有法规范的依据，"行政机关是法律的产儿"③。法律是行政机关赖以生存的基础，行政机关是由代议机关通过相关法律而创设的。在没有法律依据的情况下，行政主体不应自行设立包括议事协调机构、临时性执法机构在内的各种机构。

（3）行政职权的行使应当合法。行政主体行使行政职权，作出行政行为，是实现国家行政职能、保障公民权益的重要手段。因此，行政主体必须依据法定的实体内容与程序要求，全面行使行政职权。行政主体不得随意放弃行政职权，否则将构成行政不作为；同时，不得

---

① 参见杨建顺著：《行政规制与权利保障》，中国人民大学出版社2007年版，第115页。
② 韩大元、王贵松著：《中国宪法文本中"法律"的涵义》，载《法学》2005年第2期。
③ 〔美〕伯纳德·施瓦茨著，徐炳译：《行政法》，群众出版社1986年版，第141页。

随意转授行政职权,行政权的授权和委托,应严格符合法律规定的条件。

(4) 违法行使行政职权应当承担法律责任,即责权统一。行政主体必须合法行使行政职权,如果违法行使职权,作出行政行为,侵犯了公民、法人和其他组织的合法权益,均应当承担相应的法律责任,公民、法人和其他组织有权依法取得行政救济。违法必究,要求违法行使行政职权的行为受到法律追究,承担相应的法律责任,这是保证合法性原则全面贯彻必不可少的一部分。

另外,根据公共利益的需要,在某些紧急情况下行政主体采取的非法定的行为可以有效。这被称为行政法上的应急性原则。例如,在战争、自然灾害等情况下,有时出于维护公共利益的目的,作出的行为的必要性可能会超过合法性的要求,这时的行政活动即使没有明确的法定依据,甚至违反既有的法规范,也常常是有效的。从这个角度来讲,应急性原则其实是合法性原则的例外原则。不过,因实施紧急措施也需要法律上的授权来确认,所以它仍是合法性原则的组成部分。①

二、合理性原则

(一) 合理性原则的概念与内容

"合理"这一概念往往和适当、正当、公平、正义、平等和公正等概念具有相近的意义。在中国行政法学理论和实践中,合理性原则多是指行政决定的内容要客观、适度与符合理性,也称适当性原则。国务院《全面推进依法行政实施纲要》指出:合理行政是指"行政机关实施行政管理,应当遵循公平、公正的原则。要平等对待行政管理相对人,不偏私、不歧视。行使自由裁量权应当符合法律目的,排除不相关因素的干扰;所采取的措施和手段应当必要、适当;行政机关实施行政管理可以采用多种方式实现行政目的的,应当避免采用损害当事人权益的方式"。根据这一规定以及其他的学理,可以将合理性原则的内容归纳为以下几点:②

(1) 行政活动应当遵循公平公正的原则,平等对待,一视同仁。

(2) 行政活动的动因应符合行政目的(法律目的),建立在正当考虑的基础之上,排除不相关因素的干扰。

(3) 为了实现行政目的,行政活动的措施和手段应当是多样化的,并不仅限于行政行为。

(4) 行政措施与手段的选择取舍应当必要、适当,遵循比例原则,以避免损害当事人权益。

由此可见,合理性原则作为行政法上的一个基本原则,在我国具有丰富的内涵,容纳了所谓的公平原则、公正原则、平等原则、合乎目的原则、必要性原则、效率(益)原则、比例原则和最小侵害原则等(其具体架构参见图2-1)。正是因为这样的包容性,我们认为将其他原则与合理性原则并列作为行政法基本原则的做法是不符合逻辑的,相反会导致原则体系的混乱。本节限于篇幅的关系,仅重点介绍平等原则、比例原则以及信赖保护原则。

---

① 参见杨建顺著:《行政规制与权利保障》,中国人民大学出版社2007年版,第118页。
② 同上书,第119页。

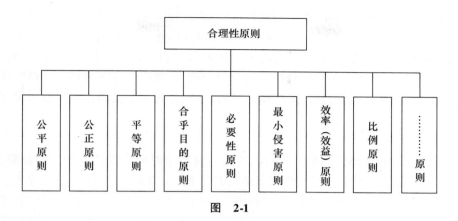

图 2-1

（二）合法性原则与合理性原则的关系

一般认为合理性原则产生的主要原因在于行政裁量权的广泛存在与日渐扩大。这部分行政相对于羁束行政较少地受到法律的拘束,且常处于被滥用的危险境地。为此,合理性原则的主要目的就在于通过从实质方面(内容的要求)对行政裁量权的行使进行拘束,使其内容客观、适度与符合理性。① 就二者之间的关联而言,主要有以下几点：

（1）合法性原则与合理性原则并存于行政法之中,缺一不可,均是现代法治社会对行政主体制定、实施行政法规范提出的基本要求。行政主体的活动必须既合法又合理,合法与合理两个方面不可有所偏废,任何只合法不合理或者只合理不合法的行为均应当予以纠正。

（2）合法性原则与合理性原则互为前提、互为补充,共同为完善行政法治发挥功效。从行政的目的来看,任何行政法规范的制定与实施,均应当符合客观规律,符合正义、公平的理性原则,符合国家与人民的根本利益。因此,合理性原则应当是行政追求的最高原则,是行政合法性的前提。同时,客观规律,正义、公平的理性原则,国家与人民的根本利益等,只有通过制定成行政法规范,并为行政主体所实施,方能得到真正的实现。严格依合理的行政法规范办事,是使行政符合合理性要求的根本途径。因此,又可以说行政合法性原则是行政合理性原则的补充。但如果没有界限空谈合理,会导致行政职权行使中的混乱,只有在坚持行政合法的前提下,才能探讨行政合理的问题。总之,合法性原则与合理性原则互为前提、互为补充,既有利于行政法规范的立、改、废,消除其不合理因素,又有利于保证行政主体适当行使裁量权,实现合理行政。

但二者之间也有区别,值得关注②：

（1）合法性原则主要是从成文法上演化而来的原则,而合理性原则主要是执法上的原则,可以说二者起源是不相同的。

（2）合法性原则在行政法上是全方位、整体性适用的原则,而合理性原则主要适用于裁量领域。通常,一种行为如违反了合法性原则就不再追究其合理性问题;而一种行为如果属于裁量行为,即便未触犯合法性原则也会引发合理性问题。

（3）随着国家立法进程的推进以及人们认识的深入,合理性原则的问题可能会转变到

---

① 参见杨建顺著：《行政规制与权利保障》,中国人民大学出版社 2007 年版,第 119 页。
② 同上书,第 119—120 页。

合法性原则的层次之中。例如,关于行政拘留的期限,我国原《治安管理处罚条例》规定的是1日至15日,之后颁布实施的《治安管理处罚法》则将其进一步划分为5日以下、5日以上10日以下和10日以上15日以下3个层次,并且明确规定:行政拘留处罚合并执行的,最长不超过20日。这就极大地缩小了行政机关的裁量空间,导致许多原属裁量合理性的问题转换为适法合法性的问题。当然,从广义理解,合理性原则作为一个法律原则本身也属于合法性原则。

（三）平等原则

平等原则是行政主体针对多个相对人实施行政决定时应遵循的原则。国务院《全面推进依法行政实施纲要》规定:"行政机关实施行政管理,应当遵循公平、公正的原则。要平等对待行政管理相对人,不偏私、不歧视。"我国《行政许可法》第5条规定:"设定和实施行政许可,应当遵循公开、公平、公正的原则","符合法定条件、标准的,申请人有依法取得行政许可的平等权利,行政机关不得歧视"。从学理上考察,平等对待包括同等情况同等对待、不同情况区别对待。

根据平等原则还可以推演出"行政自我拘束原则"。[1] 行政自我拘束的产生,通常是基于行政机关在行政活动中实际长期坚持的"行政惯例",或者虽然事实证明没有长期坚持的行政惯例,但行政机关为确保公平执法而制定的行政规则也可能构成一种自我拘束的效力。长期坚持的行政惯例,主要是反复适用而形成一种具有拘束力的系统,从而行政机关仅能以相同方式作出行为,否则将构成对平等原则的违反。

（四）比例原则

在德国,比例原则是源于宪法上的法治国家思想的一般法律原则,具有宪法层次的效力,该原则拘束行政、立法及司法等行为。因此,行政机关在选择达成行政目的的手段时,所作出的行为必须符合比例原则。这一原则作为行政法原则被其他国家广为接受。行政法上的比例原则主要是从"方法"与"目的"的关联性来考量行政行为的合宪或者合法性的,主要包括三个下位原则:

（1）适当性原则:是指限制相对人权利的措施必须能够达到所预期的目的,又称适合性原则或者妥适性原则。如我国《行政处罚法》第4条第2款规定:"设定和实施行政处罚必须以事实为依据,与违法行为的事实、性质、情节以及社会危害程度相当。"

（2）必要性原则:是指在适合达到目的的多种手段之中,应选择对相对人权利侵害最小的手段,又称"最小侵害原则"。如在张其信诉夏阁镇人民政府案中,被告的拆迁行为是合法的,"但是原房屋所处位置整体上并不影响规划的实施,不需要全部拆除,原告只要拆除超出的部分就符合规划的要求。而且原告原房宅基地位置较好,其历史上长期使用该宅基地,在规划安排时应考虑原告对其老宅基地享有优先使用权。被告在作出具体行政行为时,对上述应当考虑的相关因素不予考虑,导致其具体行政行为超越了适当的程度,不适当地扩大了相对人的损失,实际构成了对相对人合法权益的侵害。所以被告的行政处罚决定显失公正"。[2]

---

[1] 参见杨建顺著:《论行政裁量与司法审查——兼及行政自我拘束原则的理论根据》,载《法商研究》2003年第1期。

[2] 叶必丰著:《行政合理性原则的比较与实证研究》,载《江海学刊》2002年第6期。

(3) 狭义比例原则:是指对相对人权利的侵害程度与所欲达到的目的之间,必须处于一种合理且适度的关系。此项原则主要着重于权衡"受限制的法益"与"受保护的法益",期望达到利益平衡的目的。①

(五) 信赖保护原则

信赖保护原则,是指受国家权力支配的相对人,如信赖公权力措施的存续而有所规划或者举措者,其信赖利益应受到保护。这一原则根植于法治国原则的法定性要求,据此衍生出法不溯及既往、行政行为的撤销与废止限制、行政机关承诺或者保证效力以及"行政计划担保责任"等原则。② 信赖保护原则的实质是为了保护行政相对人对授益性行政行为的信赖利益,必须对该行为的撤销或者废止予以限制。不过其适用是有条件的:

(1) 存在信赖基础。行政机关须有表现于外的行为或者措施,构成相对人信赖的基础,否则无信赖可言。如我国《行政许可法》第8条明确规定,行政机关不得擅自改变的就是"已经生效的行政许可"。

(2) 信赖表现。指相对人基于对授益性行政行为的信赖而采取的具体行为,如安排其生活或者处置其财产。

(3) 信赖值得保护。即值得保护的信赖须是"正当的信赖"。所谓"正当的信赖"是指"人民对国家之行为或法律状态深信不疑,且对信赖基础之成立为善意并无过失;若信赖之成立系可归责于人民之事由所致,信赖即非正常,而不值得保护"③。如我国《行政许可法》第69条第2款规定:"被许可人以欺骗、贿赂等不正当手段取得行政许可的,应当予以撤销。"不适用信赖保护原则的主要事项包括:行政行为因相对人采用欺诈、胁迫、贿买或者其他不正当手段作出;相对人对重要事项为不正确或者不完全的说明;相对人明知行政行为违法,或者应知其违法但因重大过失而不知其违法;行政行为显然错误;行政机关预先保留变更权。

综合德国、日本等国和我国台湾地区的实践,信赖保护原则主要适用于行政机关依职权撤销违法的行政行为、行政行为的废止、法不溯及既往、行政计划的废止和变更、行政法上的承诺变更或不履行,以及公法上的权利失效等情形。④

三、公开原则

公开原则的内涵要求行政的行为或者活动的过程应当公开,涉及国家秘密和依法受到保护的商业秘密、个人隐私的除外;行政的行为或者活动,应当注意听取各有关方面的意见,并切实履行说明理由的责任。第二次世界大战之后,人类从法西斯统治的教训中认识到社会公众、新闻媒体等对政府行为监督的极端重要性,提出了"政府公开""情报自由""阳光下

---

① 该原则又称合理性原则、衡量性原则或者期待可能性原则。参见李建良、陈爱娥、陈春生、林三钦、林合民、黄启桢著:《行政法入门》(第2版),台湾元照出版公司2004年版,第83—84页。值得注意的是,这里所谓"合理性原则"不是我国行政法基本原则意义上的概念。

② 参见[德]哈特穆特·毛雷尔著,高家伟译:《行政法学总论》,法律出版社2000年版,第277—278页。

③ 城仲模主编:《行政法之一般法律原则》(二),台湾三民书局1997年版,第241页(吴坤城执笔"公法上信赖保护原则初探")。

④ 参见何海波著:《通过判决发展法律——评田永案件中行政法原则的运用》,载罗豪才主编:《行政法论丛》(第3卷),法律出版社2000年版,第458—460页。

的政府""提高政府透明度"等口号,并陆续制定了各种相应的法规范。① 在此影响之下,我国也颁行了《政府信息公开条例》。长期以来,许多学者将公开原则仅视为行政程序法的基本原则,但事实上随着法治与民主建设的不断推进,参与型行政逐渐得到广泛运用。② 这对行政公开提出了更高的要求,要求行政机关不仅要决定公开,还要过程公开、依据公开与职权公开,从而使公开贯穿于行政法的各个领域,事实上行政公开已经成为行政法的基本原则,开始对整个行政活动发挥调整作用,故我们认为公开原则也是行政法基本原则之一。公开原则的主要内容包括行使行政权的依据公开、行政过程公开以及行政决定结果公开共三项。

(一)行使行政权的依据公开

此处的依据有两个层面的内容:一是如果行使行政权的依据是具有普遍性的,必须以法定形式向社会公布。二是如果行使行政权的依据是个别具体的,则必须在行政过程中乃至作出决定以前将该依据以法定形式告知相关的行政相对人。如我国《行政处罚法》第31条规定:行政机关在作出行政处罚决定之前,应当告知当事人作出行政处罚决定的事实、理由及依据,并告知当事人依法享有的权利。

(二)行政过程公开

过程公开,是指行政主体应当将行政决定的形成过程的有关事项向行政相对人和社会公开。相对人要保障自己的权益,必须以了解行政活动的有关内容为基础。只有公开行政过程,相对人才谈得上了解;只有了解活动中所涉及的权利义务关系,并参与这一活动过程,相对人才谈得上保护自己的权益。行政过程是行政决定的形成过程,因此,它的公开对行政相对人维护自身的合法权益和社会监督行政主体依法行使行政权具有重要的法律意义。行政相对人了解、掌握行政资讯,是其参与行政程序、维护自身合法权益的重要前提。行政主体根据行政相对人的申请,应当及时、迅速地提供其所需要的行政信息,除非法律有不得公开的禁止性规定。

(三)行政决定结果公开

行政决定结果公开,是指行政主体作出影响行政相对人合法权益的行政决定之后,应当及时将行政决定的内容及理由以法定形式向行政相对人公开。行政决定是行政主体对行政争议在行政程序中作出的一个具有可执行性的结论,对行政相对人具有强制力。行政决定结果公开的内容包括要向行政相对人公开结果和要向行政相对人公开决定理由。

第四节 行政法基本原理的构成

行政与法原本毫无关联,只是到了资产阶级革命胜利之后,各国确立了法治国家的原理,从而使行政受到了法的支配。③ 时至今日,行政的内容与目的发生了巨大的变化,有关行政的法,也已经不再仅仅是抑制行政权的行使并划定界限的法律,其还必须揭示行政的目

---

① 参见姜明安主编:《行政法与行政诉讼法》,法律出版社2007年版,第74页。
② 参见杨建顺著:《政务公开和参与型行政》(上),载《法制建设》2001年第5期。
③ 参见〔日〕阿部照哉、池田政章、初宿正典、户松秀典编著,周宗宪译:《宪法:总论篇、统治机构篇》(上册),中国政法大学出版社2006年版,第68—70页。

的,规定行政的基准。探讨这样一些命题的内容就是行政法的基本原理问题,其与行政法基本原则相比更具有根本性,对于行政法的基本原则以及行政法学的理论体系更具有指导意义。而就宪法与行政法的关系而言,行政法基本原理可以继承宪法原理与精神,体现宪法作为最高法的意旨;同时,行政法基本原理又结合自身领域的特点,以丰富的内容指导行政法规范、基本原则的运用。研究行政法基本原理的意义可能正是在于此。一般而言,行政法基本原理的构成主要包括四大原理,即民主主义的原理、法治主义的原理、法制监督与司法保障的原理以及正当行政程序的原理。①

一、民主主义的原理②

民主是现代国家的立国精神和基本目标、基本价值。所谓的民主主义原理,是立足于个人主义、人文主义与理性主义世界观之上的政治原理,其核心是人民必须掌握政治的主导权,落实这一原理就是要尽量广泛地承认人民的参政权。③ 随着社会规模的扩大,直接民主主义模式失去了其存在的基础,间接民主主义模式成为不可避免的历史发展趋势。这种模式之下,选举制度至关重要,而代表人民意志的议会的一项主要任务就是通过制定法律来监督行政。

民主主义主张积极地确保个人参与国家权力的运作,体现了对人权的尊重,尤其是对有关生命与自由发展的人格权的尊重,体现了国家主权由人民所有、权力分立、责任政治、行政必须合法、法院独立等理念。在现代法治国家,为了在行政权的运行中正确贯彻和实现以人民主权为核心的民主主义原理,必须防止自由主义的弊端和民主政治原则的腐化,努力做到如下五点④:

第一,国家行政必须基于全体人民的总体意思表示,以政府责任的形式进行。现代法治国家均在宪法中明确规定了这一原则,我国也不例外。

第二,应当尽可能地实行地方自治或者民族自治。目前地方自治的理论与制度不仅受到联邦国家,而且也受到单一制国家的关注与运用,以分权制约行政权的专横。我国《宪法》上规定有民族区域自治制度,而地方与中央的关系仍有待从行政法的角度进行进一步探讨。

第三,具体实施行政的公务员必须是人民的"服务员"。我国《宪法》以及《公务员法》等相关法规范为保障公务员制度的民主性,规定了一系列法制度与法原则。如《公务员法》第12条规定公务员要"全心全意为人民服务,接受人民监督"。

第四,必须从宪法上保障人民具有广泛的参政权。我国《宪法》规定,人民依照法律规定,通过各种途径和形式,管理国家事务,管理经济和文化事业,管理社会事务。这意味着我国人民的参政权在《宪法》上得以确立。

第五,人民参政必须有切实可行的程序保障。听证、听取当事人意见、陈述和申辩等制度目前已经在许多的法律中被确立,人民参与行政的机会或者权利正在逐步实现。

---

① 参见胡锦光、杨建顺、李元起著:《行政法专题研究》,中国人民大学出版社1998年版,第32—41页。
② 参见同上书,第33—34页。
③ 参见杨建顺著:《行政规制与权利保障》,中国人民大学出版社2007年版,第88页。
④ 参见胡锦光、杨建顺、李元起著:《行政法专题研究》,中国人民大学出版社1998年版,第33—34页。

二、法治主义的原理

法治主义包括机械的法治主义与实质的法治主义两种形态。机械的法治主义观主要产生于大陆法系国家。在机械或者形式的法治主义观之下,强调行政权的行使必须要有法律的依据,但事实上许多的基本人权仍然得不到充分的保障,又没有救济的途径。与此相对,在英美法系国家发展出了法的支配(rule of law)的原理,其内涵有三个方面的内容:"1. 法的支配,即法至上,是指相对于恣意的权力,普通法具有绝对优越的地位;2. 法的支配,即法律面前人人平等,包括政府在内的一切人,都必须服从国家的同一法律和同一法院,即接受普通司法法院的审判;3. 法的支配,不仅意味着法和行政之间的形式上的关系,而且意味着对行政内容的规制。也就是说,不得以行政权对人民的权利和自由加以限制或侵害,否则,可以从法院获得救济。"[①]这两种观点在以前是存在差异的[②],但在现代国家中,一般均确立了实质上的法治主义,这是两大法系理念相互融合的结果。实质法治主义观是指依据"法"拘束和限制权力,保障人或者国民的自由和权利,不仅要求国家权力在形式上,而且要求其必须从内容上承认个人尊严为最高价值,并通过法院的权威来保障个人的基本人权的国家观。这种观点是对形式上的法治主义观不足的克服。但时至今日,世界各国均出现了行政权优越的倾向,这给法治主义观,特别是行政的法拘束性理念带来了挑战,值得关注。[③]

作为对行政权进行法律性拘束的原理,法治主义原理逐渐为行政法学界所关注。在接受形式法治主义原理方面,经过奥特·玛雅的架构,形成了法治行政的基本原理。该原理是由如下三个主要内容构成的:其一是法律的支配,意味着议会制定的法律拘束其他国家机关,只承认法律具有法规范创造力,源于行政权的命令无论在什么情况下都不得与法律相抵触(法律优先);其二是法律的保留,指由国家权力对国民的权利义务进行侵害的事项,应该保留给通过立法权制定的法律,不允许由行政权对其侵害;其三是行政法院管辖,即对违反法律的行政行为,不是由通常的司法法院管辖,而是由特别设立的行政法院负责审查。[④] 但这种"无法律即无行政"的原理可能过于褊狭,在发展过程中日渐受到人们的诟病。在接受实质法治主义观方面,各国均通过作为人民总体意思表示的法律,积极地赋予行政以任务及实现该任务的手段。为了在促进行政活动的同时,保证行政活动的公正,确保其程序的适当与正确,对行政活动实行一系列规制,使其服从于民主的统制,进而形成了现代意义上的法治行政原理。其主要内容包括了三个方面:法律优先、法律保留与司法审查。以下就前两个原理详细论述,而司法审查原理要求行政上的一切纠纷均服从法院审判的规范制约。公民具有不可剥夺的提起诉讼的权利,法律上的利益受到违法行政活动侵害者可以向法院提起诉讼,谋求权利保护,纠正违法行政。[⑤] 司法审查原理主要涉及行政诉讼制度,在此不作过多论述。

---

① 胡锦光、杨建顺、李元起著:《行政法专题研究》,中国人民大学出版社1998年版,第35页。参见〔日〕齐藤寿等:《基本掌握行政法》(增补版),日本法学书院1983年版,第6页。
② 参见陈新民著:《德国公法学基础理论》(上册),山东人民出版社2001年版,第37—114页。
③ 参见〔日〕大桥洋一著,吕艳滨译:《行政法学的结构性变革》,中国人民大学出版社2008年版,第23—60页。
④ 参见杨建顺著:《行政规制与权利保障》,中国人民大学出版社2007年版,第81页。
⑤ 参见胡锦光、杨建顺、李元起著:《行政法专题研究》,中国人民大学出版社1998年版,第35页;〔日〕南博方著,杨建顺、周作彩译:《日本行政法》,中国人民大学出版社1988年版,第10—11页。

第二章 行政法的基本原理

（一）法律优先原理

法律优先原理，也称为法律优越原理，要求任何行政活动都不得违反法律，且行政措施不得在事实上废止、变更法律。法律优先原理的具体内容包括：

（1）行政应受宪法的直接拘束。

（2）行政应受一般法律原则的拘束。

（3）行政应受法律的拘束。

（4）对违反法律优先原理的行政活动进行审查。

（二）法律保留原理

法律保留原理要求行政活动必须有议会制定的法律根据。换言之，行政必须要有法律的授权才能作出行政行为。对于法律保留的范围，是及于全部还是部分行政领域，有各种理论学说[①]：

（1）侵害保留说。法律保留原理是君主立宪时代的产物，当时行政仅以干预行政为主，所以法律保留的范围也仅仅要求在行政权侵害国民权利自由或者对国民课予义务负担等不利的情形下要有法律依据。其他行政作用则无须法律依据。

（2）全部保留说。此说依据民主原则认为一切行政包括给付行政都应受到民主立法者意思的支配，所以法律保留就是全部的保留。此说的不足在于如无实定法上的根据规范，行政即不得作出任何行为，势必影响行政的回应性。

（3）重要事项保留说（社会保留说）。此说为德国联邦宪法法院所采用，认为基于法治国家原理与民主主义原理，给付行政原则受法律保留原理的拘束，但凡涉及人民基本权利的以及涉及公共利益尤其是影响共同生活的"重要的基本决定"均应予以保留。

（4）权力保留说。此说认为，只要采取权力性行为方式，单方面决定人民的权利和义务，不管是侵害人民的权利和自由，还是授予人民以权利、免除人民的义务，都要求根据法律的授权而进行。在法治发达国家，认为行政权力作用需要法律授权的权力保留说成为通说。不过，在给付行政领域，关于法律根据的必要性还存在争议。[②]

我们认为，从实践来看重要事项保留说较为合理，但该原理又涉及立法与行政的功能，所以在解释重要事项时要注意议会的民主性与行政的专业性的特点。另外，与法律保留原理相关的还有两个概念：一是国会（议会）保留，二是行政保留。所谓国会保留是要求立法就特定事务无论如何必须"亲自"以法律制定，不得委任他人。因其属法律保留中禁止授权的部分，所以被认为是法律保留的"核心"。不过如何界定国会保留事项与可委任事项是立法学上的一个难题，我国《立法法》的做法是明确规定。也有学者认为宜采用排除方法，即列出不适用国会保留的事项来解决这一问题。[③] 行政保留并不完全与法律保留相对应，在权力分立原理之下，尚有司法保留。行政保留是指行政作为一个整体，其应有自己自我负责的领域，不受立法、司法的干涉。之所以提出这一概念，是试图在立法、司法的双重监督之下为行政找到自我负责从而不受干预的空间。因此目前德国的通说是基于民主主义原理与法治主

---

① 参见翁岳生编：《行政法》（上册），中国法制出版社2002年版，第180—183页（陈清秀执笔"依法行政与法律的适用"）；杨建顺著：《行政规制与权利保障》，中国人民大学出版社2007年版，第103页以下；杨建顺著：《行政强制法18讲》，中国法制出版社2011年版，第125—132页。

② 参见杨建顺著：《行政强制法18讲》，中国法制出版社2011年版，第131页。

③ 参见许宗力著：《法与国家权力》（二版），台湾月旦出版有限公司1995年版，第201页以下（论法律保留原则）。

义原理,行政保留并没有空间,如不确定法律概念、裁量、行政组织的管辖事项等均可以随时被立法者收回或者取消。不过,随着社会规模的扩大,专业技术事项的增多,行政保留空间绝对化的思想也逐渐发生了动摇。

三、法制监督与司法保障的原理[①]

基于民主主义与法治主义原理,从行政受法拘束以及更好地为人民提供公共服务这样的行政目的来观察,行政组织内部首先应该严格地纠正违法行政,其次则是必须为人民提供一系列的救济手段,保障或者弥补受到侵害的人民的自由与人权。这是法制监督与司法保障原理的内涵,其与宪法上的权力分立原理和人权保障原理均有着密切的关联。

有关监督的方式与制度大体可以分为政治监督、行政内部监督、舆论监督、会计审计监督检查与法制监督(一般分为行政补偿与行政救济两大类)等。其中在行政法上重点探讨的是行政内部监督、行政补偿以及行政争讼。[②]

所谓行政内部监督,是指在近代法治国家,上级行政机关对下级行政机关的自律性、预防性监督的机制,具体制度则包括了行政监察员、行政咨询、来信来访、苦情处理等,其可以提供的监督较为直接、简便、快捷、专业,进而可以很好地实现对行政违法与不当的纠正或者弥补。但是,这一系列的监督机制从理论上来说,均违反了"任何人都不能成为自己案件的法官"这一自然正义的基本原则[③],因此无论如何精心设计其机制,在形式上都难以避免"自己案件的法官"的形象,也就难以期待其严格意义上的公正,需要其他外部的监督来予以消解,如来自议会的政治监督、舆论监督、会计审计监督检查均是极为重要的。

司法保障的原理要求违宪、违法地行使行政权或者行使违宪、违法的行政权,均必须服从独立的法院的审查。这一原理的确立,旨在防止人民的权利自由受到行政的侵害。

不过,在建立行政诉讼制度的国家,因各国政治体制、历史传统以及对司法作用的认识不同,行政诉讼事项的范围也不同,但目前总的趋势是法院审查范围呈现不断扩大的情形。有关司法保障原理的探讨,有助于我们架构更为合理的行政诉讼制度。

四、正当行政程序的原理

正当行政程序是确保权力公正行使的重要方式,而且其可以弥补司法资源的不足,提升行政的公正性。这种事前性的保障受到了各国立法的重视,许多国家相继制定了统一的行政程序法典。

关于行政程序的正当化课题,中国行政法学界一般将其置换为中国行政程序的法律化的课题。然而,行政程序的法律化并不意味着行政程序即被正当化,相反,欲毕其功于一役的法律化还可能损害其正当化。进一步讲,并不是所有的行政行为的程序都有必要或者被法律化。行政程序具有多样性,要求我们既要关注各种行政行为之间共同遵守的行政程序,也要关注每种行政行为所具有的特殊行政程序,必要时,也可能在统一的行政程序法典中加以特别规定,在适用时应当遵循特别行政程序优于普通行政程序的规则。但问题的关键是

[①] 参见胡锦光、杨建顺、李元起著:《行政法专题研究》,中国人民大学出版社1998年版,第40—41页。
[②] 本书将这些制度归于"行政救济法"的范畴进行系统研究,参见第五编第十五章"行政救济法概述"。
[③] 关于自然正义,参见王名扬著:《英国行政法》,中国政法大学出版社1987年版,第151—160页。

什么样的行政程序才是"正当"的,什么样的程序方可以称为"正当行政程序",以什么样的基准指导立法、行政与司法实践呢？这正是正当行政程序原理在行政法上的重要作用。

在回答以上几个问题时,英美法上的正当法律程序(due process of law)由于其承载着一定的价值理念,使法律程序具有某些实质性的内容,而成为建构各种程序的基准与指南。[①]行政程序并不必然是"正当行政程序",只有正当行政程序"才具有目前诸多论者所主张的价值,才是行政机关在行政过程中所必须遵循的准则,是为保障公民权益而由法律规范规定的、公正而民主的程序;而一般的行政程序则往往具有正负两方面的效应。实际上,人们在强调程序价值的时候,已经自觉或者不自觉地将正当程序视为其赖以主张的对象"[②]。因此,所谓的正当行政程序,从内容上来说,在价值层面就是行政程序作为一种行政法律制度能够达到一定的所谓"正当程序"或者"程序正义"的标准,在实然层面就是根据"正当程序"衍生出一系列"正当的"程序法制度安排;从形式上来说,就是行政程序作为一种行政法律制度或者法律技术在人们心目中得到普遍的认同和遵循。因此,当前学界、实务界主张要重视行政程序时的语义,其实不应是笼统地指一般的行政程序,而应是指正当行政程序。

正当程序不同于某些法则,它并不具有固定内涵,是不能不考虑时间、地点及情况等的技术性概念。正当程序非机械工具,亦非标尺,而是精细的调整过程,其间无可避免地将涉及宪法和法律授权对该调整过程具体建构和运用的判断。[③] 这段话以及上述几种模式的综合均说明了"正当程序"内涵变动不定、随个案而论断的本质。有鉴于此,我们在设计行政程序时,不应"统一制式",而应因地因事制宜。没有必要总是要求采用抗辩式的程序,当一些案件是由测试结果或者其他的科学数据决定的时候,就不需要证据式的听证[④],而要与具体规制的行政实践相融合,权衡利弊,择其最佳。

应该说,改革开放以来,随着我国民主法制建设的推进,行政程序建设已经有了初步的发展,如《行政处罚法》中规定的听证制度,统一的行政程序法典也由专家草拟而成。但是客观地说,尽管我们逐渐在摆脱程序工具主义的影响,但法律程序的建设还远远不能令人满意。制定出的"行政程序"并未包含"正当行政程序"的基本构成要素,这使得人们渐渐地失去对程序的信任,而这种信任也仅仅是刚刚建立起来的。所以,此种情形要求我们必须区分行政程序和正当行政程序,区分行政程序的存在与行政程序的正当性,树立正当行政程序理念,构建正当行政程序,从而提升行政行为运行的合法有效度。这种诉求极大地推动了对正当行政程序判断模式的研究,因为一方面这样的判断标准可以提高行政程序立法的质量,使得法定程序隶属于正当行政程序的范畴,从而充分发挥行政程序的积极作用,尽量避免和消除行政程序的负面影响。这是立法与行政机关所面临及需要解决的课题。

另外,在法律并无程序规定或者规定不明确、不具体、不合理的情况下,科学合理的判断基准无疑可以成为区分行政程序合法与违法的依据。在这里需要强调的是关于正当行政程序的判断主体问题。理论上对正当法律程序的判断主体是谁有两种说法,一为立法决定论,

---

[①] 有关正当法律程序的具体内容特别是在行政法上的应用,可参见王名扬著:《美国行政法》(上),中国法制出版社1995年版,第382—414页。
[②] 杨建顺著:《行政程序立法的构想及反思》,载《法学论坛》2002年第6期。
[③] See, Joint Anti-Fascist Refugee Committee v. McGrath, 341 U.S. 123 (1951) (Justice Felix Frankfurter).
[④] 美国《行政程序法》第554条第1节第3项对"仅依据检查、测验或评选就能作出决定的程序"排除了听证的要求。

一为司法决定论。① 前者认为,正当法律程序应由立法机关(包括拥有行政立法权的行政机关)通过具体的法律法规来决定;后者认为,法院有权力也有义务去判断具体法律法规中所提供的程序是否因为未达到宪法正当法律程序所要求的水准而违宪。中国的法律制度以成文法为主,所以在立法中应加强对正当行政程序的研究与规制,力争使法定的程序都具有正当性。事实上,由于历史的原因,在法定程序的严格度和明确度方面,中国比许多西方国家都需要走得更超前一些。但由于社会的变迁,行政程序法显然不能解决公共行政领域所有层面上的正当程序问题,加之"正当"概念的不确定性,强调一部法律规制所有的行政行为便显得有些勉强,因此司法机关参与构建正当行政程序亦是十分必要的。在这方面,中国有无借鉴国外经验的可能,司法机关与立法机关、行政机关之间的关系如何处理,均是行政法学界面临的课题。

总之,正当行政程序要表达的理念就是对行政程序的重视,通过行政程序约束行政权力,保障相对人权利,实现社会公正。但是,这种尊重并不仅仅限于重视"按法定程序"行使权利,更为重要的是要通过"正当"的行政程序行使权利。程序法已规定、未规定甚至未予考虑的问题,在正当行政程序的语境下都应成为我们必须认真对待的内容,这也是我们在作出价值判断时所遵循的原则和基准。

---

① 参见城仲模主编:《行政法之一般法律原则》(一),台湾三民书局1994年版,第77页(林国漳执笔"浅释行政法学上之'正当法律程序'原则")。

第三章

行政法的基础规范

第一节 行政上的法律关系

法律关系是法律发挥规范力,可以产生当事人之间权利与义务的关系。作为法律重要部门的行政法,其法律关系便是由行政法产生的权利与义务。之所以探讨这个问题,主要是要研究哪些发生在行政主体与公民之间的事务,可以运用依法行政的原则,从而可以依据行政救济的程序来维护行政法的拘束力。

一、概述

"法律关系"的观念,从历史渊源来看,最早源于罗马私法"债"的描述。按照罗马法的解释,债即法锁,这形象地描述了债作为私法关系存在的约束力与客观强制性。之后,法律关系一直依附于权利、义务概念。[①] 如今对其的理解是两个以上的法律主体,就具体事件,依法律规定而成立的法律上的关系。那么依行政法而成立的法律关系即是行政法律关系。行政法律关系与公权利有密切的关系,许多的行政法律关系是行使公权利的结果,如申请执照。当然,其核心仍然是权利与义务问题。[②]

行政法是关于行政之法,所以行政法律关系主要体现为行政机关与人民之间的关系,但除此之外在行政机关之间、国家与地方自治团体之间,甚至人民之间依法缔结行政合同时也可能产生行政法律关系。而有些基于特定身份的人,如军人、公务员、学生、犯人等与国家之间的关系,依照传统行政法学理论一直被视为"特别权力关系",不过时至今日又有新的发展,所以另以专节探讨。

理论与实务对行政法律关系的重视是经历了一个过程的。[③] 起初行政法主要关注行政行为,以此推动行政法治的发展。但随着国家理念以及给付行政的展开,行政机关开始享有较大的选择自由,可以通过多种多样的目的与内容来实施行为,显然过去的以行政行为为中心的观察方式不足以揭示现代行政的内涵,不足以反映各种形式的行政活动。而由于行政法律关系体现了参与主体的各方利益以及方式,因而日渐受到重视,甚至法律关系的概念也

---

① 参见张文显著:《法学基本范畴研究》,中国政法大学出版社1993年版,第159页。
② 参见袁曙宏、方世荣、黎军著:《行政法律关系研究》,中国法制出版社1999年版,第1页。
③ 参见杨解君著:《行政法律关系》,载应松年主编:《当代中国行政法》(上卷),中国方正出版社2004年版,第122—124页。

出现在一些法规范之中。

行政法律关系种类极为繁多，传统行政法学将以下三种分类作为研究重点[1]：第一种是实体性或者程序性的法律关系；第二种是持续或者短暂的法律关系；第三种是内部或者外部的法律关系。第一种是根据作为法源的法规范是实体法或是程序法而作的区分。不过目前的法律多为实体法与程序法的混合，因此这种区分的益处仅在于体现"实体从旧，程序从新"的原则。第二种是根据产生法律关系时间的长短进行的区分。持续的法律关系多半是涉及身份的关系，如公务员的任命；短暂的法律关系如警察的临时检查等。第三种是根据法规范的对象是对外还是对内进行的区分，对外的法律关系主要是行政主体与相对方之间；对内的则如行政机关与公务员之间。

二、公法上的权利与义务

（一）公法上的权利

公法上的权利，也称公法权利或者公权利。依法行政的重点固然在于拘束行政机关，但从相对方的角度出发，则比较关注是否因此而取得一定的"权利"，从而以此要求行政机关遵守法律规定，或者请求行政机关为一定的作为或者不作为。行政法学上的"公权利理论"即以此为研究重点。与民法不同，行政法规范上虽有关于相对方权利的规定，但多数情况下其多是以"人民的义务"与"行政机关的权限"为重心而作出的规范，此时如何认定相对方的公法权利呢？如环境保护法中有行政机关监督排污的规定，那么污染源的邻人是否有公法上的权利呢？通说认为公法权利的确认，应从探求相关法律的规范目的与内涵出发，如果该法的规范目的除保护公共利益之外，同时兼及保护个人的利益，则受保护的个人即因该法而享有公法上的权利，进而，行政机关如果违反该规定，受保护的个人即可以主张其权利受到侵害。反之，如该法仅着重于保护公共利益，此时相对方虽因法律规定而受有一定的利益，但这种利益只是法律的"反射性利益"[2]，而不是法律所赋予的权利，这一学说被称为"保护规范理论"或者"保护目的理论"[3]。

由此可以看出，公权利的产生必须兼具三个要件：一是必须是法规范所赋予的，并且赋予公权利具有强制性，也即行政主体因法规范的强制规定，而负担了具体的义务。二是权利人可由法规范确认拥有权利的范围，这一点要与反射性利益相区分。三是必须具有可救济性。一个公权利必须满足上述三个条件，才可以对行政主体主张其权利，以及最后请求法院救济。典型的如公民请求行政机关依法发放抚恤金、要求颁发许可证。但有时法规范所赋予的权利，不涉及行政机关的作为或者不作为，或者是公民仅有参与的机会或权利，如公民可参与政治职位的选举，虽属法规范所创设的权利，却无救济的机会，学说称这些权利为"广义的公权利"。而对于反射性利益，即在行政法规范之中，虽行政主体负有作出某些行为的义务来完成行政目的，但是公民并不因此而拥有请求行政主体具体执行的权利，救济也只能通过法律以外的途径，或者创设所谓的"民众诉讼"，允许公民就事不关己的公益案件提起

---

[1] 参见陈新民著：《中国行政法学原理》，中国政法大学出版社2002年版，第57—58页。
[2] 典型例子如公共道路的通行，政府赈灾中人民受救济的利益等。
[3] 关于这一理论的主要内容，参见陈敏著：《行政法总论》，自刊2007年版，第256—259页。

诉讼。①

一般而言,相对方的公权利主要包括支配权、请求权与形成权三种。支配权是指在法律范围内支配特定的客体(典型的如人、财、物),对其产生影响以及排除妨碍的权利。请求权是指要求特定人为一定行为的权利,如最低生活保障金给付请求权。形成权是指直接对法律状况产生影响,形成或者变更、消灭行政法律关系的权利,如行政合同的终止权。

(二)公义务

与公权利相对应的是公义务,即公民依照行政法规定,应服从行政的公权力,作成特定的作为、容忍甚至不作为,有时也称为行政法义务。其主要体现为对行政提供劳务、实物与金钱给付等,有时也称为"公负担"②。

三、公行政的权利义务

(一)公行政的权利

公行政的权利,亦即公行政权力,是指公行政主体在其与相对方的行政法律关系中,享有制定抽象的规定或者作出具体的行政决定,用以限制相对方的自由权利、授予相对方利益的权利。如相对方对其义务不履行时,公行政得以行政强制执行的手段,强制其履行或者实现与履行相同的状况(代执行)。公行政在行政法上至少有这样一些权利(权力):

(1)法规命令与行政规则的制定权。

(2)具体个案的处理与决定权。

(3)强制权,即相对方对其义务不履行时,公行政得以行政强制执行的手段,强制其履行或者实现与履行相同的状况(代执行)。

(4)公物的支配权,如对河流、山川或者其他公物进行开发、许可利用。

以上是针对相对方的权利,而针对其他行政主体的权利,则有以下几种情形:

(1)职务协助请求权。

(2)在提供了给付时要求补偿权。

(3)为了实现法律地位的程序权利。

(4)监督法上的权利。

(二)公行政的义务

公行政的义务多由法律明文规定,自当依照执行。此外的情况还有基于维护公共利益的原因而产生义务、由于相对方权利而产生行政法上的债务或者补偿均应执行,如果公行政主体违反义务,公民可以提起行政复议或者行政诉讼请求救济。不过,值得注意的是公行政主体的行政法义务并不只针对相对方,除此之外,一个机构的义务可能针对同一个行政主体的另一个机构,也可能针对另外一个行政主体。③

---

① 关于这一问题的继续探讨,参见本书第五编第十七章第二节;杨建顺著:《〈行政诉讼法〉的修改与行政公益诉讼》,载《法律适用》2012年第6期。

② 参见翁岳生编:《行政法》(上册),中国法制出版社2002年版,第265—266页(法治斌执笔"行政法律关系与特别权力关系")。

③ 参见〔德〕汉斯·J.沃尔夫、奥托·巴霍夫、罗尔夫·施托贝尔著,高家伟译:《行政法》(第1卷),商务印书馆2002年版,第482页。

四、行政上法律关系的成立、变更与消灭

(一) 行政法律关系的成立

行政法律关系的成立,是指行政法律关系主体之间实际形成特定的权利义务关系。行政法律关系的成立主要有以下几种方式:

(1) 依照法律、法规命令等直接规定而发生或者成立。这种法律关系不以当事人的意思为转移,如利用道路而应遵守道路交通规则的义务。

(2) 依照行政行为而成立。行政法律关系多数因行政机关对行政相对人作出有关的行政行为而发生或者成立。如建筑主管机关对违章建筑所有人下令拆除。有时还涉及第三人的利益,从而构成多极的行政法律关系。[①]

(3) 因缔结行政合同而成立。即行政机关之间、行政机关与相对方之间达成行政合同导致行政法律关系的发生或者成立。

(4) 因事实行为而成立。有时公行政或者相对方的事实行为也会导致行政法律关系的产生或者成立。如消防机关为灭火损坏第三人的财产,成立补偿法律关系。

(二) 行政法律关系的变更

行政法律关系的变更是指行政法律关系在其存续期间,因一定原因而发生部分变化的情形。行政法律关系变更主要有以下几种情形:

(1) 主体变更。主体是行政法律关系的重要构成要素之一,一般而言,行政法律关系主体不得移转,但在例外情况下,如原行政法律关系中的行政主体与另一个行政主体发生了合并或者自己发生分离,合并后的一个行政主体或者分离后的多个行政主体继续行使或者履行原行政法律关系中的权利与义务,此时凡属于与原行政法律关系保持同一性的主体变更,均为行政法律关系的变更。

(2) 客体变更。这里是指客体发生了不影响与原行政法律关系保持同一性的某种变化,如罚款被实物代替。

(3) 内容变更。内容即行政法上的权利义务。内容的变更仅限于内容指向对象的数量和行为的变更,前者如税收数额的增减;后者如某公民有拆除违章建筑的义务而不履行,建筑主管机关代执行,由义务人给付拆除费用,在这种变更中,双方主体不变,拆除义务的本质不变,仅是拆除行为发生变更。[②]

(三) 行政法律关系的消灭

行政法律关系的消灭是指原有行政法律关系因一定原因而不复存在,其本质上表现为原有行政法律关系主体之间权利义务关系的终结。行政法律关系的消灭主要有以下几种情形:

(1) 因履行而消灭。这是行政法律关系消灭的主要方式,如被处以罚款的相对方,按规定交纳了罚款后,原处罚关系消灭。

---

① 如建筑主管机关核发建筑执照,涉及相邻人的权益,此时的行政法律关系则呈现多极状态。在环境行政领域、社会保障行政领域,这种情形多有出现。

② 参见应松年主编:《当代中国行政法》(上卷),中国方正出版社2004年版,第154页(杨解君执笔"行政法律关系")。

（2）因法律关系标的物的灭失而消灭，如在公物利用法律关系中公物灭失。

（3）作出新的行政行为，导致原法律关系不再存在。

（4）因行政法律关系主体死亡或者解散而消灭。一般而言，行政法律关系所涉及的权利义务有专属性，故会因其主体死亡或者解散而消灭，如公务员死亡。有时如税收行政中缴税并不具专属性，所以纳税义务人死亡或者解散时，由其继承人承受而行政法律关系不必然消灭。

（5）因权利抛弃而消灭。这里的抛弃主要是指人民对于公权利的抛弃。

（6）因期间经过而消灭，行政法律关系均有一定的法定期限，如果时效完成就会当然消灭。

第二节 公法与私法

大陆法系国家的法律，传统上会以公法与私法进行二分①，并认为行政法是公法。② 但公法与私法应按照什么标准来划分的争议从未间断，且在现代民主法治国家之下，平等理念一直也在冲击着公法与私法的差异。而如果在区分公法与私法的基础之上，将行政法乃至行政法学研究的范围仅仅局限于公法部分是否全面在方法论上也颇值得商榷。③ 进一步分析由此再否定公法与私法分类的有用性，可能也存在一定的误解，因此均有必要加以澄清。

一、公法与私法区分的标准

关于公法与私法的界分标准人们一直争论不休，有代表性的观点主要是主体说、意思说、利益说、权力说与归属说等几种。④ 此处还需要注意的是在大陆法系国家界分公法与私法时有两种不同的语境：一是"法律条文的属性界分"，主要针对法规范展开定性；二是"法律事件的性质认定"，观察的对象是实际发生的具体事件。⑤ 由于法律事件的性质认定最终仍要回归到法律条文的适用之上，所以本节对前两种语境作同一处理，并仅对后三种比较重要的区分理论进行介绍。

（一）利益说

利益说是以法律所保障的利益为标准区分公法与私法的。公法是保障公共利益的法，私法是保障私人利益的法。这种区分虽然看似清晰，但公共利益与私人利益具有相对性，实难截然区分开来；公法的规定虽多以公共利益为保障重点，但也不乏保护私人利益的。

（二）权力说（隶属说）

权力说是依照当事人之间的关系为标准区分公法与私法的。公法是规范上下权力服从

---

① 参见〔美〕约翰·亨利·梅利曼著，顾培东等译：《大陆法系》（第2版），法律出版社2004年版，第十四章"法律的分类"。

② See L. Neville Brown, John S. Bell with the assistance of Jean-Michel Galabert, *French Administrative Law*, 5th edn., Oxford University Press, 1998, pp. 1—3. 也可参见〔日〕室井力编，吴微译：《日本现代行政法》，中国政法大学出版社1995年版，第29页。

③ 参见杨建顺著：《行政规制与权利保障》，中国人民大学出版社2007年版，第60—64页。

④ 关于这些标准的具体内容可参见〔日〕美浓部达吉著，黄冯明译：《公法与私法》，中国政法大学出版社2003年版，第23页以下。

⑤ 参见李建良著：《公法与私法的区别》（上）、（下），载《月旦法学教室》第5、6期，2005年3月、4月。

关系的法,私法是规范对等的权利义务关系的法。此学说因未能照顾现代行政之下产生的平等现象(如行政合同中双方当事人之间的关系),所以也受到人们的批评。

(三) 归属说(新主体说、修正主体说、特别法说)

归属说以法律所规定的权利义务的归属主体为区分公法与私法的标准。其认为仅限于以国家或者其他高权主体为归属的法律是公法,任何人均可以适用的法律则是私法。之所以称为新主体说或者修正主体说,是因为与以前的主体说不同的是私法中的任何人也可能包括国家在内。而公法相对于私法而言成了特别法,所以此说也被称为特别法说。此说虽对传统观点进行了修正,但何谓高权主体,如何界定又生问题。

总而言之,利益说方向正确,但失之笼统;权力说判断容易,但失之褊狭;归属说虽有改进,但也有逻辑上的困境。于是在这样一种情形下,公法、私法区分问题变得更为复杂。不过,需要提出的是,虽然标准未定,但公法与私法的二元区分却在法律史中发挥了极为显著的作用。公法与私法的区分,并非着眼于"整部"法律的属性,而应是个别条文的法律性质,这对于解释与适用法律是有意义的。且公法与私法的各种区分理论并不是非此即彼的关系,而仅是观察视角的不同,应综合进行判断。①

二、公法、私法区分对于行政法的意义

行政法一直被归为公法的一部分,所以对行政法概念的掌握应该涉及公法与私法的区分问题。从学术史的角度来看,区分公法与私法对行政法具有如下几项重要的意义②:

第一,行政法学的学术研究及体系的独立。我们知道,早期行政法学的基本概念大都源自民法学,如"行政行为""行政法律关系""公物"等,欲使学术具有体系性,欲使行政法学成为与民法学并肩共进的学科,需要借助"公法"这一道具概念,在公法和私法二分法中确立其独有的阵地。在方法论上,"采公法私法二元区分,行政与私人间之内部法与外部法之区分,行政与其决定相对人间之两面关系观察,行政法学以民法为模范以形成公法秩序之法学方法,使行政法学与民法秩序体系并立,构成公法秩序之公权、公义务体系,并努力解明其属性,同时与民法之法律行为对比,以确定行政行为,并基于适法性原理、意思优越性原理,强调行政法对于民法之特殊性"③。

第二,行政法在形式上不似宪法、民法、刑法等法律部门,并无统一的法典,因此,如何从法规范上解释并运用行政介入的法律关系(即行政法律关系),便成为行政法发展的关键所在。为了解决这些疑问,依据公法私法二元论的标准,确定某法律关系是公法关系还是私法关系,或者说确定调整该法律关系的法是公法还是私法,尤为重要。日本学者将公法关系分为支配关系与管理关系,前者又称权力关系,是行政主体站在优越的立场上对行政相对人发布命令实行强制的法律关系,仅适用公法;而后者则是行政主体站在与行政相对人对等的立场上施行行政作用的法律关系,典型如公企业的经营及公物管理,"除了有明确的法律规定,或者存在公共性的情况以外,均适用私法"④。

---

① 参见高秦伟著:《行政法中的公法与私法》,载《江苏社会科学》2007 年第 2 期。
② 参见〔日〕室井力编,吴微译:《日本现代行政法》,中国政法大学出版社 1995 年版,第 30 页。
③ 陈春生著:《行政法之理论与体系》(一),台湾三民书局 1996 年版,第 4—5 页。
④ 〔日〕盐野宏著,杨建顺译:《行政法》,法律出版社 1999 年版,第 23 页。

第三，便于行政诉讼的展开。大陆法系国家（地区）多设有行政法院，日本虽则于《日本国宪法》颁行之后废除了行政法院，司法权的概念内容发生了变化，但与其他大陆法系国家（地区）一样，其行政案件诉讼法是以公法与私法的区分为前提制定的，在公法支配的领域和私法支配的领域所适用的法规范、法原则均有所不同。在这一点上恰如学者所言："因此，若要决定某事件可否向法院起诉，就有先决定该事件究为公法关系之争讼抑为私法关系之争讼的必要。在尚未辨明其所属之前，想决定应否视该事件为合法的民事诉讼而受理，是不可能的事。"①

三、公法与私法二元论的修正

现代社会之下，出现了所谓的公法私法化、私法公法化的现象，从而导致公法与私法的界分越来越模糊，仅仅成为一种相对意义上的标准。"在社会福利国家的工业社会中，各种社会关系越来越复杂，它们无法再用公法或私法加以分门别类……法律的发展在一定程度上跟随社会的发展，从而导致了错综复杂的类型增加，这一现象一开始被称为'私法的公共化'；之后，人们从相对的视角看到了同一个过程的发生，亦即，公法的私人化：公法因素和私法因素彼此耦合，直至无法分辨清楚。……国家从公法中逃遁了出来，公共权力的职责转移到企业、机构、团体和半公共性质的私法代理人手中，与此同时，也出现了私法公共化的反向过程，亦即公法之私人化。公共权力即使在行使其分配与促进职能时也运用私法措施，公法的古典标准彻底失效了。"②那么，在这样的情况下，公法、私法二元论是否还能够适应现代社会的发展，如果需要，还要进行哪些方面的修正呢？

首先，我们来回答第一个问题。诚如人们所言，日益复杂的社会出现了公私法的混合，出现了所谓的"融合公法与私法、新的第三种法律关系"③，其确实很难归类到公法或者私法，但不要忘记我们结合具体事件、适用具体规范时，总是能够较为容易地回答它属于公法还是私法（这颇有点类似行政合同，需要针对合同的每一项条款进行分析），确切地说，作为道具的公法、私法二元论仍为存在，只不过变得不如先前那样绝对化而已。也就是说，这些所谓公私难辨的部门法不过是同时包括了公法规范与私法规范而已④，此种观点也印证了公法与私法的区别主要"在于法规范之个别性质之区别，而非法典性质之比较"的判断，社会法或者混合法域（gemichtes Rechtsgebiet）的出现，仅是指出了法秩序的结构变迁趋势，其本质仍在于公法与私法的总汇。⑤

其次，对于法规范层面公私法区别的有用性，盐野宏先生以其娴熟的解释技术进行了论证并予以否定⑥，认为只要依据法规范或者解释展开行政法的适用即可，不过若从立法政策

---

① 〔日〕美浓部达吉著，黄冯明译：《公法与私法》，中国政法大学出版社2003年版，第5页。
② 〔德〕哈贝马斯著，曹卫东等译：《公共领域的结构转型》，学林出版社1999年版，第178页。
③ See Georges Gurvitch, *The Problem of Social Law*, Ethics, Vol.52, No.1. (Oct., 1941). 也可参见〔日〕和田英夫著，倪建民等译：《现代行政法》，中国广播电视出版社1993年版，第52页；〔德〕卡尔·拉伦茨著，王晓晔等译：《德国民法通论》（上），法律出版社2003年版，第9页。
④ 参见〔日〕美浓部达吉著，黄冯明译：《公法与私法》，中国政法大学出版社2003年版，第40—41页。
⑤ 参见蔡志方著：《行政救济与行政法学》（二），台湾三民书局1993年版，第56—57页。在反思三元论的时候，也要反对力主撤废公私法二元论的观点，此种论者过于强调法的统一性，而忽略了法律概念的作用与任务，均有失偏颇。
⑥ 参见〔日〕盐野宏著，杨建顺译：《行政法》，法律出版社1999年版，第31—37页。类似的分析还可参见赖恒盈著：《行政法律关系论之研究——行政法学方法论评析》，台湾元照出版公司2003年版，第32—45页。

的层面来观察,划分公法、私法仍然必要,因为在具体问题的政策形成过程中,考量相关的公法原则、公法与私法不同的法理依然具有功效。不过,此时,公法、私法的划分不再绝对而转向相对。比如在构建社会保障制度时,针对不同的法律关系(社会保障关系中既存在行政机关与公民之间的法律关系以及行政机关与社会保障经办机构、社会保障服务机构、社会保障资金来源者之间的法律关系,也存在用人单位与劳动者之间的法律关系,以及各级政府及其社会保障主管部门与其他行政机关之间的法律关系,社会保障经办机构和服务机构与公民之间的法律关系,等等)可以有不同的设计,其中公法原则与私法原则均需要进行交叉运用。再比如,由行政机关实施的公证行为、认可认证行为、行政裁决、行政仲裁、行政调解、国家补偿也是如此,在立法政策选择时均不是公私法二元论所能够完整阐释的,而是需要二者的协力。

再次,协力导致公法与私法的区分从绝对变得相对化。所谓"相对",就是要根据行政事务的具体情况,以平等、比例、公正原则,来选择适用公法或者私法实现公共利益。在此时,公法与私法并非互相排斥、完全独立且封闭的法体系,可因具体个案法律关系类似于公法或者私法程度,引用或者参考彼此规定,从而使公法与私法形成相互参照、渗透的协调、整合的法体系。这是一种务实的做法,针对具体问题具体分析,要比刚一开始就定位是公法还是私法才去展开讨论更具有可操作性,不拘泥于公法还是私法,展开研究,可能对于现代行政法的发展更具有推动力。"这样一来,行政法的研究对象和视角,就不是和民法相并列地构筑关于国内行政的公法,而必须从总体上动态地考察行政过程中所出现的所有法现象,指出其中存在的问题点,并探究其解决的方法。"①从绝对化转向相对化,说明传统的公法、私法二元论难以适应现代行政的发展需要而进行了自我调适,在这一点上,人们将不再哀叹"公法与私法二元论,对于日本行政法学界,可谓影响最深远却最无实益之理论"②。或许前述两种公私法相互融合、渗透的现象对公私法二元论带来的挑战,不仅仅意味着让人沮丧的困境与挑战,同时也提供着让人振奋的机会。有鉴于此,将行政法及行政法学研究的范围扩展至公法以外,并不至于要去否定公法与私法二元论的价值,否定的只是试图硬性将事物归于其中任何一方,肯定的是相对化的思路,进而推动行政法的发展与行政法学研究的深入。

第三节 行政法上的法律要件及法律事实

行政法上的法律要件与法律事实均是行政法的基础规范,决定着行政组织的运行与行政作用的展开。行政法上的要件,也称为公法上的法律原因,是指成为行政法上一定法律效果发生原因的事实。③ 关于法律要件,在行政法上一般重点研究的是不确定法律概念及行政裁量,涉及概念、理论、形态以及司法审查的问题。而法律事实是行政机关作为或者不作为的基础与必要条件,不过传统行政法对此方面研究较少。④ 当然,这与现行行政法规范中对法律事实规定不足有关系,因此补充适用民法或者刑法的有关规定与原则也是有益的。

---

① 〔日〕盐野宏著,杨建顺译:《行政法》,法律出版社1999年版,第38页。
② 刘宗德著:《行政法基本原理》,台湾学林文化事业有限公司1998年版,第42页。
③ 参见胡锦光、杨建顺、李元起著:《行政法专题研究》,中国人民大学出版社1998年版,第49页。
④ 参见〔德〕汉斯·沃尔夫、奥托·巴霍夫、罗尔夫·施托贝尔著,高家伟译:《行政法》(第1卷),商务印书馆2002年版,第444—445页。

一、不确定法律概念

（一）不确定法律概念的含义与产生原因

法律构成要件是以文字表达出来的，那么也就面临着其内容精确程度不同的情况。精确的或者确定的法律构成要件在行政法解释适用上并不会产生多大问题，而不精确或者不确定的，则成为行政法研究法律要件时重点关注的问题。这在学理上称为"不确定法律概念"。所谓不确定法律概念是指那些未明确表示而具有流动的特征的法律概念，其可能包含一个确定的概念核心以及一个并不明确的概念外围。不确定法律概念属于构成要件的范畴。

不确定法律概念大体上被区分为"经验概念"与"规范概念"两种。经验概念涉及可以掌握、知觉或者经验的状况或事件。规范概念也称"须填补价值的概念"，是因为欠缺与真实事物的关联，在适用时必须要采取评价的态度，而不是单纯的知觉、认识或者推论，才能认识到其真正意涵。典型的如法律中经常出现的"公共安全""公共利益"。

不确定法律概念的产生主要来源于法律与社会之间的矛盾。首先，由于立法者不是万能的，所以在立法时，总会使法出现一些漏洞，在这方面主要体现于法律语言和法律概念上。①"不管我们的词汇是多么详尽完善，多么具有识别力，现实中始终会存在着为严格和明确的语言分类所无能为力的细微差异与不规则的情形"，"当人们形成和界定法律概念时，通常考虑的是那些能够说明某个特定概念的最为典型的情形，而不会严肃考虑那些难以确定的两可性情形"②。而法规范与法律语言和概念一样，"不可能也不应对一切社会现象都作出规定"③。法规范的有限性在无限的社会需要面前显得捉襟见肘，由于立法者的失误使得法规范经常显得模糊不清、不精确、相互矛盾，甚至滞后，而要解决这些问题，都将借助法解释伸展、扩张或者填补行政法规范的含义和内容，以适应发展变化了的社会。因此，可以这样说："制定法面向未来。因为立法者不能准确地说明未来发生的问题的形成以及预言如垄断贸易的新方式或新的消费问题，制定法只能使用总括性及灵活性的语言。"④

其次，面对社会变迁，法律以不确定法律概念规定无法精确预见或者定义的事实，可能会更加有效地适应社会，提升行政能动性。如许多法学家认为法律的不完全性不是什么缺陷，相反它是先天和必然的。"法律可能和允许不被明确地表达，因为法律为案件而创立，案件的多样性是无限的。一个自身封闭的、完结的、无懈可击的、清楚明了的法律（如果可能的话），也许会导致法律停滞不前。"⑤因此，立法者在立法时，总是故意使行政法规范模糊化⑥，

---

① See Russell L. Weaver, "The Emperor Has No Clothes: Christensen, Mead and Dual Deference Standards", 54 *Admin. L. Rev.* 173(2002); also see Russell L. Weaver, Judicial Interpretation of Administrative Regulations: An Overview, 53 *U. Cin. L. Rev.* 681(1984).

② 〔美〕博登海默著，邓正来译：《法理学——法律哲学与法律方法》，中国政法大学出版社1999年版，第486页。

③ 沈宗灵主编：《法理学》，北京大学出版社1999年版，第490页。

④ Lief Carter & Christine Harrington, *Administrative Law and Politics*, Addison Wesley Longman, Inc., 2000, p.33.

⑤ 〔德〕阿图尔·考夫曼、温弗里德·哈斯默尔主编，郑永流译：《当代法哲学和法律理论导论》，法律出版社2002年版，第186页。

⑥ 有时这种故意也是不得已而为之，因为立法是一种妥协的过程，未就某些问题达成一致时立法机关只得使用较为折中的语言。See Robert F. Blomquist, "Witches's Brew, Some Synoptical Reflections on the Supreme Court's Dangerous Substance Discourse, 1790—1998", 43 *St. Louis U. L. J.* 297, 378(1999).

从而给予执法者相当大的解释与裁量空间。① 这种行政法的模糊化现象甚至被法学家认为是公法与私法的区别之一。② "基于分权原则,国会制定概括性的政策与标准来确定法律范围,并让行政机关来细化那些标准,'弥补漏洞',或者将标准适用于特定案件。"③与立法机关相比,行政机关具有较强的适应性④,因此立法机关便放手让行政机关去填补法律漏洞、形成公共政策,此时不确定法律概念便有其存在的意义了。

可以说在法律内采用不确定法律概念,加上法解释的技术与方法,是可以有效实现行政目的的。但"在法律内采用不确定法律概念,以及法律有解释之必要,皆无损于法治国家法律应充分明确之要求。惟法律采用不确定法律概念时,不但有行政机关如何解释及适用之问题,更产生行政法院对行政机关之解释适用,得否在如何之程度予以审查之问题。后者关系行政与司法二者间之'功能分配'(Fuktionsverteilung)及法院之'审查密度'(Kontrolldichte)。"⑤其实这也说明了行政法为什么要比其他法律更重视研究不确定法律概念,也是行政法所具有的特殊之处。

(二) 不确定法律概念的司法审查

不确定法律概念的解释适用,主要涉及的是行政机关对于不确定法律概念的解释适用与法院对于不确定法律概念的解释适用之间的关系,换言之,法院能否审查以及如何审查。对该问题,学说上有下列几种观点⑥:

1. 全部审查说

这一观点主张法院的职责在于审查法律的解释与适用,且认为不确定法律概念属于法律规定的要件,于具体适用时只有一个正确的结果,行政机关无自行判断的余地,所以法院要完全审查。

2. 审查界限说

对于上述观点,有学者认为不确定法律概念既然是多义性的,那么解释适用自是无法具有唯一性。行政机关有一定的判断余地,法院审查有一定的界限。此说内涵各有不同:(1)适当性理论认为不确定法律概念的内涵具有模糊的"界限地带",在此范围内如果行政机关决定具有"适当性",法院就不宜加以审查。(2)评估特权理论认为不确定法律概念的解释与适用如果涉及行政专业上的评估或者预测则系其特权,法院应予以尊重。(3)判断余地理论认为有些事项行政机关有判断余地,法院应予以尊重。(4)规范授权理论认为立法者目的是让行政机关在授权范围内作出决定,法院应予以尊重。

事实上这几种理论大同小异,基本内容均在于确定行政机关的"判断余地",目前司法实务承认行政机关适用不确定法律概念享有"判断余地"的情形主要有:关于考试成绩的评定;

---

① See Bernard Schwartz, *Administrative Law*, 3rd edition, Little, Brown and Company, 1991, p.55.
② 美国法学家格伦顿等认为,行政法与私法"二者的不同还在于行政法模糊而易变的法律概念。但是私法的一般原则却可以常常被用于充实或填补行政法中的不足"。参见〔美〕格伦顿等著,米健等译:《比较法律传统》,中国政法大学出版社1993年版,第68页。
③ Industrial Dept. v. American Petroleum Inst., 448 U.S. 607, 675(1980) (Rehnquist, J., Concurring).
④ See Russell L. Weaver, "The Undervalued Nonlegislative Rule", *Admin. L. Rev. Vol.54*, No.2, Spirng 2002. ("不确定是行政程序不可避免的部分,正如谢弗林案中法院指出的,国会经常有意识地在规制方案中留有漏洞由行政机关负责填补"。)
⑤ 陈敏著:《行政法总论》,自刊2007年版,第195页。
⑥ 参见李建良、陈爱娥、陈春生、林三钦、林合民、黄启桢著:《行政法入门》(第2版),台湾元照出版公司2004年版,第133—136页。

具有"高度属人性"的决定(如主管机关对公务员的能力、资格的判断);由社会多元利益代表或者专家组成的委员会所作的决定;由独立行使职权的委员会所作的决定;具有预测性或者评估性的决定;具有高度政策性的决定。当然,这里只是笼统说明,一些情况还需结合具体案情来讨论,如考试成绩的评定程序有时也可能受到法院的审查。

二、行政裁量

(一)行政裁量的概念与种类

1. 行政裁量的概念

法律上的"裁量"是指形成决定的自由,无论是立法、行政还是司法均在一定程度上享有决定的自由,所以可以分别称为立法裁量、行政裁量与司法裁量。而行政裁量(administrative discretion)一般是指立法者赋予行政机关在实现某项目的时,享有依特定的方针,自己在斟酌一切与该案件有关的重要情况,并衡量所有的正反观点之后,决定其行为的自由。其表现在法律适用上就是行政经法律授权,在法律的构成要件实现的情况之下,有决定是否使有关的法律效果发生,或者选择发生何种法律效果的自由。

2. 行政裁量的种类

与这种行政裁量相对应的情况是,依法律规定,在法律的构成要件实现的情况下,仅只有单一的"法律效果",行政必须依规定而行为,否则就是违法或者不作为,学术将之称为"羁束行政"。针对羁束行为,行政机关必须严格按照有关法规范的一义性规定采取行动,一旦未按照法规范的规定来推行这种羁束行为,便构成违法,法院就可以判断其违法。不过,由于立法理念以及社会变迁,法规范之中裁量性的规定要比羁束性的规定多一些。这也正是学者们称行政法的精髓在于裁量的原因所在。①

传统的学说按照法院能够审查的范围将行政裁量行为分为法规裁量行为与自由裁量行为两种。② 法规裁量行为又称羁束裁量行为,是指法规范只对某种行为的内容、方式与程序作了一定范围与幅度的规定,允许行政主体在处理具体行政事项时,在法定的范围与幅度内,凭借自身的判断进行裁量的行为。法规裁量行为是法院的全面审查对象。自由裁量行为又称便宜裁量行为,是指法规范只规定了原则,授权行政主体在符合立法目的与法原则的前提下,自主采取相应的措施,作出裁断的行为。其一般因高度的专门性与技术性不受法院审查。③

现代的学说一般依照法律授权内容的不同,将行政裁量区分为"决定裁量"与"选择裁量"。所谓"决定裁量",就是行政机关决定究竟是否需要采取措施。所谓"选择裁量",是指行政机关在数个均属法律所允许的措施之中,决定采用哪一种措施,或者由行政机关在多数相对人中,选择决定对哪一个采取措施。两者合称为"效果裁量",是与"要件裁量"相对应的,效果裁量与要件裁量又被合称为广义的行政裁量。所谓的"要件裁量"也称为判断裁量,是指对法规范所规定的要件进行解释以及将行政主体所认定的事实适用于法规范所规定的要件时的裁量。在德国、日本等国,对于裁量行为意味着要件裁量(要件裁量论)还是效果裁

---

① 参见杨建顺著:《行政裁量的运作及其监督》,载《法学研究》2004年第1期。
② 参见胡锦光、杨建顺、李元起著:《行政法专题研究》,中国人民大学出版社1998年版,第53—54页。
③ 参见杨建顺著:《行政规制与权利保障》,中国人民大学出版社2007年版,第506页。

量(效果裁量论)的问题,展开过讨论,从前的通说及判例均不承认要件裁量,而现在不仅要件裁量论与效果裁量论的区别在理论上相对化了,而且在实践中的关系也不再是二者择其一的相互对立关系,而是从要件认定的裁量与关于处理决定的裁量两个方面探讨解释与适用,这无疑是很好的视点。

(二) 行政裁量的意义

行政的扩张必然引起行政裁量权的扩张,使得行政裁量具有非常显著的普遍性,甚至是"政府离开了裁量权就无法运作。……裁量权不可避免地存在于各级政府各个行政机关之中"[①]。这是因为完全通过法律来拘束所有行政活动的想法过于简单,可能导致行政出现僵化的危机。为了弥补法规范的不足(规定过于笼统、抽象)或者实现个案正义的需要[②]、回应行政能动性的变革,行政裁量便有了其特殊的有用性或者说存在的意义。

(三) 行政裁量的法律拘束

裁量如此之多,必然需要法律上的拘束。从立法统制角度来讲,要尽可能缩小行政裁量的范围,完善程序立法,确保行政裁量有程序可遵循。从司法统制的角度来讲,要尽量扩大行政诉讼的受案范围,区分事实审与法律审等。从行政统制的角度来讲,目前的一个发展趋向是行政权以自我拘束的方式限定裁量空间的制度形式。如日本 1993 年《行政程序法》第 5 条要求行政机关应制定和公布用于审查申请的行政裁量基准,以此从程序法的方面为行政机关进行自我拘束设定了一项成文法上的义务。[③] 这种裁量基准是上级颁布的,目的在于细化法规范,规定下级行政机关统一处理行政裁量,以便行政机关公平处理相类似的事务,并减轻行政机关进行裁量的负担与困扰,提高行政效率。不过如果裁量基准规定过于详细,则难免会有降低裁量功效之嫌。

(四) 裁量瑕疵

如果行政没有遵守裁量的法律拘束要求,一般称为"违法",便会产生"裁量瑕疵";反之,虽然遵守了裁量的法律拘束要求,但不合目的,没有作出其他更有意义或者更理想的决定,便是"不当",而不是违法。前者可以进入行政诉讼之中,而后者只能通过行政内部救济方式来解决。

裁量瑕疵可以分为三类:一是裁量逾越。裁量权在运行时于内容上超越了法律或者宪法所设定的界限(如法规范规定处罚 5000 元至 10 万元,而主管机关处罚 16 万元,即是逾越了法律的授权)。行政裁量权的法律拘束也可能包括法律原则(如比例原则、信赖保护原则等),有时可能裁量收缩为零。[④]

二是裁量滥用。行政机关作出决定时的动机是裁量的内部限制。滥用主要表现为以与事件无关的动机作为行政裁量的基础,或者对依法律规定应斟酌的事项未斟酌,如裁量不

---

① Kenneth Culp Davis, & Richard J. Pierce, *Administrative Law Treatise*, Vol. III, Little, Brown and Company, 3rd Edition, 1994, p.97.

② See K. C. Davis, *Discretionary Justice: A Preliminary Inquiry*, University of Illinois Press, 1971, p.25.

③ 关于裁量自我拘束原则,参见〔日〕恒川隆生著,朱芒译:《审查基准、程序性义务与成文法化——有关裁量自我拘束的一则参考资料》,载《公法研究》第 3 辑,商务印书馆 2005 年版,第 411—414 页;杨建顺著:《论行政裁量与司法审查——兼及行政自我拘束原则的理论根据》,载《法商研究》2003 年第 1 期。

④ 裁量原意在于通过法规范授权在一定界限内有选择与决定的自由,但有时在某一事件下,因该事件特殊,只有对其作出特定决定才没有裁量瑕疵,也就是说事实上仅有一种合义务裁量的结果,此时行政机关有义务选择唯一的无瑕疵决定,这就是"瑕疵收缩"或者"裁量缩减至零"理论。

足、思虑不周、权衡失误等情形。

三是裁量怠惰。是指法律虽然赋予了行政机关裁量权,但行政机关根本不考虑任何个案的情况,即作出决定。

(五) 裁量与不确定法律概念的关联

关于裁量与不确定法律概念有无区别,学说上有质的区别说、量的区别说以及无区别说三种。德国通说采质的区别说,认为行政裁量是对产生法律效果的选择,法院以不审查为原则,瑕疵裁量则属应受审查之例外情形;而认为不确定法律概念存在于构成要件之中,虽有多种解释或者判断的可能性,但只有一种是正确的,法院以审查为原则,但属于行政机关判断余地的,则尊重其判断。日本通说则承认构成要件的裁量,似乎是否定了不确定法律概念与裁量之间的区别。而我国台湾地区学者认为两者仅是量上的区别,认为在适用不确定概念时,行政机关所受法院的监督,或许较依据授权裁量的规定时要严格一些。

这种区别没有什么绝对的意义,尤其是对行政实务指导作用不大,只是与法院审查时的密度有关。应以实质案型加以考量,以案型所牵涉之法律性质、人民权益受侵害之情形、案件高度科技性或属人性之判断特色、案件之涉外特色、法院之能力、行政机关向来就各类型案件所发生弊案情形、国家社会转型需要等等加以考量。事实上,近年来,在德国和日本等国家,出现了建立与传统的行政行为论并列的行政裁量论,综合探讨各个行政领域中行政裁量问题的主张,值得关注。①

三、行政法上的法律事实

(一) 法律事实的概念

法律与事实二者既有区别又有联系。在多数情况下,一个人是否无照经营,是一个事实问题,而要裁定如何处理时,就是一个法律问题。② 不过,二者经常交织在一起,如认定无照经营可能仍然需要法律的规定。于是"法律事实"成了法律学习中的一个重要术语,因为并不是所有自然存在与人际实践和认识都会进入法律调整的范围,只有满足法律赋予的那些条件时,才能成为法律意义的事实,才可以作为定案的依据。所以法律事实的定义一般是指由法规范所规定的,而又经相关机关证明的"客观"事实。③ 就其特征而言,法律事实是一种规范性的事实,主要是由法规范预先设定的。法律事实是一种通过证据证明的事实,必须要有一个证明的过程才可以作为定案的依据。法律事实是一种具有法律意义的事实,能够引起法律关系的成立、变更与消灭。

(二) 行政法上的法律事实

行政法上的法律事实,是指行政法规范所规定的,能够引起行政法律关系的成立、变更与消灭的具体条件与事实根据。其特点在于:第一,行政法上的法律事实能够引起法律关系的成立、变更与消灭,即能够产生法律效果,具有法律意义。第二,行政法上的法律事实必须是行政法规范所规定的。其之所以能够产生相应的法律效果,即能否引起行政法律关系的变动,能引起何种行政法律关系的变动,以及是引起行政法律关系的成立还是变更甚至消

---

① 参见蔡震荣著:《行政法理论与基本人权之保障》(第二版),台湾五南图书出版公司1999年版,第365—366页。
② 参见杨建军著:《法律事实的概念》,载《法律科学》2004年第6期。
③ 参见陈金钊著:《论法律事实》,载《法学家》2000年第2期。

灭,完全取决于行政法规范的预先设定。

行政法上的法律事实按照是否以主体的意志为转移,通常可以分为法律事件与法律行为两大类。

1. 法律事件

法律事件,是指能够引起行政法律关系成立、变更与消灭,而不以人的主观意志为转移的客观事件。一般认为,法律事件主要包括地震、台风、洪水等自然灾害与战争动乱、流行病暴发、人的出生或者死亡等社会事件。例如,自然灾害可导致行政救助法律关系的成立;人的死亡能引起户籍管理与人事管理等行政法律关系的消灭及抚恤金管理等行政法律关系的成立。

2. 法律行为

法律行为,是指能引起行政法律关系的成立、变更与消灭的,行政法律关系主体有意志的行为。它主要是行政主体的行为,如行政征收、强制执行等;也可以是行政相对人的行为,如违章建筑。法律行为可以是作为的,也可以是不作为的,可以是合法的,也可以是非法的。

学界对于行政法上的法律事实很少关注,如何发现、认定与判断法律事实,也会因具体的行政机关而不同,这其中行政证据以及行政诉讼证据规则的运用方法值得关注。在认定某个行为或者结果是否是法律规定的要件事实时,应注意把握其因果关系,主要的观点有相当因果关系理论与关联性理论。①

第四节 "特别权力关系"的批判及借鉴

"特别权力关系"理论起源于德国,可以追溯到中古时期领主与其家臣的关系,但正式成为概括的概念,是19世纪末德国实行君主立宪国的理论产物。当时,公法学者拉班德为说明公务员担任公职而对国君具有的忠诚与服从关系,首先明确使用了"特别权力关系"这一概念,并创设了特别权力关系理论的雏形。后由奥特·玛雅将其扩张至其他领域,用以涵盖公务员关系、军人关系、学生与学校、犯人与监狱等营造物利用关系以及公法上的特别监督关系,从而建立了完整的理论体系。② 从19世纪末至第二次世界大战,特别权力关系理论不仅一直盛行于德国等欧陆国家,而且被引进至东亚,产生了极为深远的影响。虽然20世纪70年代德国行政法实务界开始限制或者否认特别权力关系,但这一曾经的学说到今天仍具影响力,因此,有必要对特别权力关系理论的沿革与发展以及借鉴问题进行探讨。

一、特别权力关系的概念与意义

(一) 特别权力关系的概念

"特别权力关系"是与"一般权力关系"相对而言称的,依照传统的行政法学理论,所谓的"特别权力关系"是指在特定行政领域内,为实现行政目的,由人民与国家所建立,并强化人民对国家从属性的关系。在特别权力关系中,人民被吸收进行政内部,不再适用在一般权

---

① 参见〔德〕汉斯·沃尔夫、奥托·巴霍夫、罗尔夫·施托贝尔著,高家伟译:《行政法》(第一卷),商务印书馆2002年版,第447—449页。

② 参见吴庚著:《行政法之理论与实用》,中国人民大学出版社2005年版,第143页。

力关系下所具有的基本权利、法律保留以及权利保护等,构成了一个"无法的空间"[①]。

之所以会出现特别权力关系及其理论,是因为伴随着经济自由主义的发展与政治自由主义的影响,德国于19世纪初开始实行法治国家原则。而伴随着君主立宪体制和权力分立理论的发展,行政权受到立法权限制的基本框架基本成型,法治原则在行政法领域中集中体现为依法行政原则。依法行政原则要求行政主体与公民之间的关系由法律规定,行政主体依法行使国家公权力,法无明文规定不得为,如此公民方可以预测行政机关的活动,并实现其权利保障。但是,为了行政纪律以及服从、效率的目标,有些事项不可能全部导入依法行政原则,所以确立了特别权力关系。

(二)特别权力关系的成立及范围

依照特别权力关系理论,特别权力关系既可由"任意"也可由"强制"而成立。前者如公民自愿参加考试而从事公职工作,自愿参观公立博物馆。基于后者成立的,一般须有法律作为依据,典型如人民应征服兵役,感染法定传染病强制接受治疗,犯人入监狱服刑等。

特别权力关系主要有下列几种:一是公法上的勤务关系,如公务员及军人与国家或者军队的关系;二是公营造物的利用关系,如公立学校的学生与学校之间的关系,强制治疗的传染病患者与医疗机构之间的关系,服刑的犯人与监狱之间的关系;三是公法上的特别监督关系,如自治团体受到国家的特别监督而形成的关系,国家对铁道、公共汽车事业、电力事业等特许企业者的监督关系;四是公法上的社团关系,如公共组合与组合成员的关系等。[②]

二、特别权力关系的特点

在特别权力关系与一般权力关系之中,人民均必须服从公权力主体,当事人之间的地位显然是不平等的。但是在特别权力关系之中,这一不平等更为明确,且在理论上人民被吸收到了行政内部。因此,特别权力关系在特点上呈现出以下四种态势[③]:

(一)无法律保留原则的适用

依照特别权力关系理论,即便在无法律授权的情况下,公权力主体仍然可以自己制定的行政规则来限制相对人的基本权利。这种情形显然与一般权力关系有极大的差异。

(二)行政相对人义务的不确定性

在特别权力关系之下,行政主体具有概括的命令权,只要是在为行政目的服务的范围之内,尽可以为相对人设置相当的义务,而相对人只有忠实服从的义务。义务之所以不确定,主要是因为行政主体可以不经法律授权自己制定行政规则,约束或者限制相对人的基本权利。

(三)法律救济途径的缺乏

特别权力关系理论认为公权力主体对其内部相对人的行为不同于对一般相对人的行政行为,所以不能因此提起任何外部救济。如对公务员的惩戒、责令学生退学及休学等,均不得提起司法救济,只能求助于内部来解决。

(四)特殊的惩罚措施

行政主体在特别权力关系范围之内,可以在无个别或具体法律依据的情况下,对违反义

[①] 参见陈敏著:《行政法总论》,自刊2007年版,第219页。
[②] 参见杨建顺著:《日本行政法通论》,中国法制出版社1998年版,第182—183页。
[③] 参见张剑寒著:《特别权力关系与基本权利之保障》,载《宪政时代》第10卷第1期,1984年7月。

务者加以惩罚。

三、特别权力关系理论的批判

从上面的分析可以看出,特别权力关系理论是作为权力主体对抗法治主义的手段被架构起来的。而在第二次世界大战之后,随着人权理念在行政法中的凸显,特别权力关系理论的合法性与正当性面临着巨大的挑战,受到了来自各个方面的批判。

如在日本行政法学界对从前的特别权力关系理论提出了诸多的质疑[①]：从理论上讲,既然以民主的法治国家为原则的《日本国宪法》要求所有的公权力行使均需要有法律授权,那么特别权力关系中排除法治主义的适用,是否是专制君主国家思想陈渣泛起的反映呢？这显然是违背《日本国宪法》精神的。而且从特定的领域如公务员、学校等来分析,承认特别权力关系的概念几乎没有什么实际意义,其已经失去了存在的基础。而在德国,出于对第二次世界大战的反省,战后的重要思潮就是大力强调对公民基本权利的保障,人权观念的复兴直接引发了对特别权力关系的批评。基于人权的普遍保障原理,即便是军人、公务员这些公权力主体的内部相对人的基本权利,也不应当受到法律的区别对待。传统特别权力关系理论消亡的一个重要标志是1972年3月14日德国联邦宪法法院的"刑事执行判决",该判决认为,监狱当局在未获得法律许可的情形下检查犯人的信件,是对犯人通信自由的侵犯。该案中,监狱主张依照传统的特别权力关系理论,主管机关制定的《监狱管理规则》可以作为检查信件的依据。联邦宪法法院对此予以否定,并判定此《监狱管理规则》违宪。该判决意味着法律开始进入传统的特别权力关系领域,而特别权力关系理论开始正式遭到废弃。[②]

尽管传统的特别权力关系理论随着时代的发展日渐被抛弃,但公权力主体与其内部相对人的关系毕竟不能完全等同,司法审查权全面介入特别权力关系领域,仅具有理论上的可操作性。事实上仍然有判例将诸如大学对学生作出的休学处分排除在司法审查之外[③],这似乎又在说明这一理论仍然具有存在的可能性。为此,学界在批判特别权力关系理论的同时,亦开始对该理论进行修正,以期在传统的特别权力关系理论与法律保留原则之间寻找到一个平衡点。这种修正表现为三个方面[④]：

(1) 特别权力关系范围缩小：德国学者奥特·玛雅认为公法上的勤务关系范围仍然不变,主要包括公务员关系与军事勤务关系两类,而对于营造物利用关系,如使用博物馆、图书馆等公共设施,均应排除于特别权力关系理论之外,理由在于这是一种短暂性的利用关系,不应该以特别权力关系来观察。

(2) 涉及基本权利限制的情况,也应有法律依据。德国学者汉斯·J.沃尔夫提出特别命令理论,主张将行政规则分为行政指令与特别命令,前者系长官对有服从义务的下级机关或者公务员的指示,有拘束力但不得视为法源；而特别命令则是单方面依公权力而发布,通常是由国家机关、自治团体或者自主营造物对特别权力关系所作的抽象与一般性的规定,从

---

① 参见杨建顺著：《日本行政法通论》,中国法制出版社1998年版,第185—186页。
② 参见〔德〕哈特穆特·毛雷尔著,高家伟译：《行政法学总论》,法律出版社2000年版,第170页；应松年主编：《当代中国行政法》(上卷),中国方正出版社2004年版,第157页(解君执笔"行政法律关系")。
③ 参见〔日〕渡边俊介编：《法学研讨会·宪法诉讼》,日本评论社1983年版,第56—57页。转引自杨建顺著：《日本行政法通论》,中国法制出版社1998年版,第186页。
④ 参见吴庚著：《行政法之理论与实用》,中国人民大学出版社2005年版,第146—148页。

而具备实质的法律性质。

（3）允许提起行政救济。各国实践证明特别权力关系事项并非全然不得争讼与寻求外部救济。为了厘清争讼与行政救济的界限，德国学者卡尔·H. 乌勒提出了"基础关系"与"管理关系（经营关系）"的二分法。其主张凡属于前者的行政上的处置，应视为行政行为，如有不服可以提起诉讼；属于后者范围的则不得提起诉讼。基础关系是指与设定、变更及终结特别权力关系有关联的一切法律关系，如公务员的任命、免职、命令退休、转任，学生入学、退学、开除、休学、拒绝授予学位等。而管理关系则指单纯的管理措施，如公务员任务分派、中小学或者大学生授课或学习安排有关的事项，并不是行政行为，不涉及相对人的个人身份。这一理论受到德国学界高度重视，并为联邦行政法院若干判决所引用。不过，这种二分法仍然存在许多的不足，如管理关系中公务员的调职虽未消灭公务员的基础关系，但对公务员的工作权益有着重大的影响。后来，德国联邦宪法法院通过前述1972年3月14日的"刑事执行判决"提出了所谓的"重要性理论"，认为只要涉及人民基本权利的重要事项，无论是传统的干涉行政还是现代的给付行政，均须由立法者以法律规定（国会保留）。换言之，在特别权力关系中，不仅"基础关系"事项应有法律的规定，且"管理关系"中涉及人民基本权利的重要事项也应有法律的规定。

四、特别权力关系理论的借鉴意义

时至今日，特别权力关系理论已经发生了相当程度的变化。有的学者主张不应再使用特别权力关系的名称，而改称"特别义务关系"或者"特别法律关系"；更有激进者直接要求废除特别权力关系理论。不过，本书认为"特别法律关系"可能更贴切一些，更符合修正后的理论及形态，因为特别法律关系与其他公法上的法律关系相比并无本质不同，但是为了维持行政有效运作，将这些法律关系加以特别对待与研究仍是有必要的。

中国行政法学起步较晚，在理论中并没有特别权力关系的研讨，但实践中存在着事实的"特别权力关系"，如公务员法制方面、学生与学校的关系、军人与军队的关系。但随着人权保障理念的日渐兴盛，相关的制度也受到了批判。那么，借鉴的意义可能在于对传统特别权力关系理论进行深入研读，并了解以及从实务方面学习大陆法系晚近的理论成果，进而构建符合中国国情的特别权力关系理论。

第二编 | 行政组织法论

第四章　行政组织法概论
第五章　国家行政机关组织法
第六章　公务员法
第七章　公物法

第四章

行政组织法概论

第一节 行政组织法概述

一、行政组织法的概念及范围

行政组织法,是指规定国家行政机关等行政组织的机构设置、管理体制、职责权限和活动原则等,规范和调整国家行政组织关系的各种法规范的总和。① 不过,行政组织法有狭义和广义之分,狭义的是仅针对行政机关②,而广义的则是以行政主体为规范对象。这里是从广义上来理解行政组织法这个概念的。

组织是指为了有效完成特定任务而对人的职能及相互关系所作出的一种制度性安排,是人们进行合作的制度性框架。任何一个国家的运作都离不开组织,国家必须通过特定的组织形式来实现对社会公共事务的管理。与三权分立的国家权力分配方式相适应,现代国家机构通常分为立法机构、行政机构与司法机构,由行政机构负责执行立法机构所制定的法律,组织实施对社会公共事务的管理,并接受司法机构的监督。

行政法学的基本内容是从行政法治的视角出发,研究行政权的运作及其法律规制与引导。行政组织是行政权的行使主体,行政法学对其进行研究的意义在于从行政法治的视角出发,通过对行政组织的机构设置、权限、相互关系等问题的研究,确定行为的责任承担主体,实现法治政府、责任政府的基本要求。

我国行政组织法的研究大致可以分为两个阶段。第一个阶段从20世纪80年代初至80年代末,是我国行政法学恢复和初步发展阶段,这一阶段行政组织法学研究的内容包括行政组织法的概念、行政机关的性质、分类、职能、行政组织结构、活动原则以及公务员管理制度等。这一阶段行政组织法学的研究未能与行政学、组织学区分开来,不能够体现行政法学的特色,其内容也多为对行政学、组织学研究成果的法律确认及法条注释。第二个阶段是从20世纪80年代末至今。以《行政诉讼法》的制定与颁布实施为契机,学者们开始对此前我国行政组织法的研究进行反思,开始主张从法学的角度对行政组织进行研究,认为"行政机关在行政法上处于机关法人的法律地位,行政机关同其他社会组织一样是法律上的人格。行政组织在行政法上绝不简简单单地是一种组织,行政组织法也并非简单地对行政组织加以规

---

① 杨建顺著:《行政规制与权利保障》,中国人民大学出版社2007年版,第193页。
② 参见〔日〕盐野宏著,杨建顺译:《行政组织法》,北京大学出版社2008年版,第3页。

范,行政组织在法律上是一种人格,行政组织法是对行政组织法律人格的确认"。① 行政法学界开始从行政主体的角度研究行政组织法,行政组织法也成为中国行政法学研究的核心问题之一。但是,行政主体概念强调名、权、责的一致性,这一视角的研究对促进行政法治、加强对行政权的外部监督具有重要意义,但这种视角的研究不是着眼于行政组织,而是着眼于行政作用,强调的是外部法律关系中行为的责任承担者,至于行政主体内部的组织结构与人员安排,行政主体理论并不关心。这种研究使得行政组织法的研究"缺少了必要的辅助性视角和维度",导致行政组织法的研究滞后于行政法治理论的研究,并制约我国行政法治理论的进一步发展。行政组织法的研究,应当在对现有研究成果充分肯定的基础上,从行政权的规律和行政组织的生态环境分析入手,对行政权和行政组织进行深入研究,探讨行政组织法的建构和完善问题。②

关于行政组织法的内涵,学界尚未达成一致认识。例如,有观点认为,行政组织法就是关于行政机关和行政机关工作人员的法律规范的总称,是管理管理者的法③;有观点认为,行政组织法是"规范和调整行政组织关系的法律规范的总和"④;有观点认为,行政组织法是"规范行政组织的法"⑤;有观点认为,行政组织法是"规范行政的组织过程和控制行政组织的法"⑥;有观点认为,行政组织法"是指规定国家行政机关等行政组织的机构设置、管理体制、职责权限和活动原则等,规范和调整国家行政组织关系的各种法规范的总和"⑦。

由于学界对行政组织法的内涵认识不同,因而有关行政组织法的范围的观点也各不相同。如有观点认为,行政组织法的范围包括三部分:一部分是关于行政组织的设立及职权职责的法规范,即行政机关组织法;一部分是关于行政组织的规模大小及人员和经费设备的法规范,即行政机关编制法;一部分是关于行政组织的组成人员的法规范,即国家公务员法。⑧也有观点认为,行政组织法的范围包括行政机关组织法、公务员法与公物法三部分。⑨

作为行使国家行政权的行政组织,必须具备三个要素,即组织机构要素、人的要素及物的要素,因此,本书认为,行政组织法的内容包括三个方面:一是狭义的行政组织法,包括行政组织机构的设置、种类、编制、权限、法律地位、不同组织之间的相互关系等;二是公务员法,因为行政权力的行使、行政任务的完成,必须依赖公务员才能得以实现,因此,公务员法也属于行政组织法的研究对象;三是公物法,公物是行政主体行使职权、完成行政任务的物质手段,因而也属于行政组织法的研究对象。因此,行政组织法的范围包括狭义的行政组织法、公务员法、公物法三部分内容。狭义的行政组织法以有关行政机关的设置及其权限为核心,同时也包括行政机关的编制、内部机构、行政机关的地位及相互之间的关系。公务员法以公务员关系为核心,规定公务员关系的设立、变更、解除以及公务员的权利、义务、责任等。

---

① 张尚鷟主编:《走出低谷的中国行政法学——中国行政法学综述与评价》,中国政法大学出版社1991年版,第77—78页。
② 参见杨建顺著:《行政规制与权利保障》,中国人民大学出版社2007年版,第188—189页;应松年主编:《当代中国行政法》(上卷),中国方正出版社2005年版,第169—181页(薛刚凌执笔"行政组织法概述")。
③ 参见应松年、朱维究著:《行政法总论》,工人出版社1985年版,第115—257页。
④ 张焕光、胡建淼著:《行政法学原理》,劳动人事出版社1989年版,第151页。
⑤ 周佑勇著:《行政法原论》(修订版),中国方正出版社2000年版,第128页。
⑥ 应松年主编:《行政法与行政诉讼法》,法律出版社2005年版,第61页(薛刚凌执笔"行政组织法的一般原理")。
⑦ 杨建顺著:《行政规制与权利保障》,中国人民大学出版社2007年版,第193页。
⑧ 参见周佑勇著:《行政法原论》(修订版),中国方正出版社2000年版,第128页。
⑨ 应松年主编:《行政法与行政诉讼法》,法律出版社2005年版,第73页(薛刚凌执笔"行政组织法的一般原理")。

公物法以公物作为规范对象,即以行政机关为实现其行政任务而向人民提供的公用财产为规范对象。由于各个国家关于公物的认识不同,因而公物法规范的对象也有所不同。

二、我国行政组织法的历史沿革

新中国成立以后,我国行政组织法的产生和发展大致可以划分为四个阶段,阶段不同,行政组织法所表现出来的特点也各不相同。

(一) 第一阶段:新中国成立初期到1954年

根据《中国人民政治协商会议共同纲领》,1949年9月27日中国人民政治协商会议第一届全体会议通过的《中央人民政府组织法》是我国第一部组织法规范,依据该组织法的规定,中央人民政府得以组建。此后,一直到1954年,中国人民政治协商会议和中央人民政府政务院颁布了一系列政府组织通则或部门组织条例,对行政机关的组织进行规范,其中包括《中央人民政府政务院及所属各机关组织通则》《大行政区人民政府委员会组织通则》《省人民政府组织通则》《大城市区人民政府组织通则》《县人民政府组织通则》《乡人民政府组织通则》;部门组织条例有《政务院人民监察委员会试行组织条例》《海关总署试行组织条例》《省市劳动局暂行组织条例》《各级人民政府民族事务委员会试行组织条例》,等等。

(二) 第二阶段:1954年到1956年

1954年9月20日,我国第一部《宪法》颁布实施,为我国组织法规范的制定与发展提供了宪法依据。1954年《宪法》对国务院、地方各级人民委员会、民族自治地方的自治机关等行政机关的组织作了规定。以此为依据,我国陆续制定了一系列政府组织法或者部门组织条例,如《国务院组织法》《地方各级人民代表大会和地方各级人民委员会组织法》《公安派出所组织条例》《城市街道办事处组织条例》,国家计划委员会、监察部、劳动部、国家体育委员会、国家计量局、国务院法制局、国务院专家局、国务院机关事务管理局等部门的工作条例或组织简则,《地方各级人民委员会计划委员会组织通则》。除此之外,国务院还颁布了一系列决定、规定、指示等规范性文件,对行政组织问题进行规范,如《关于设置市、镇建制的决定》《关于建立民族乡若干问题的指示》等。

这一时期政府组织立法的特点表现为:(1) 政府组织立法的主体,根据宪法的规定,由全国人大和国务院承担;(2) 中央与地方各级人民政府仅仅是各该级行政机关,其分类和性质比较明确;(3) 制定了统一的国务院组织法,并改变新中国成立初期分门别类地制定地方组织通则的模式,制定了统一综合的地方组织法;(4) 许多国务院部门制定了部门工作条例或组织简则。总体上看,这一阶段建立了以宪法为依据的各层级不同性质的各类组织法规范,为行政组织的设置、权限、相互关系等提供了较为完善的法规范。

(三) 第三阶段:1956年至1979年

在这一阶段,我国的行政组织立法基本停滞,原有的行政组织法规范遭到严重的破坏,以1954年《宪法》为基础而建立起来的国家行政组织也被破坏。这期间颁布的最重要的两部法规范是1975年《宪法》与1978年《宪法》。1975年《宪法》设国务院作为中央人民政府,负责管理各项事务,在地方则设立地方各级革命委员会,既是地方各级人民代表大会的常设机关,同时又是地方各级人民政府。1978年《宪法》则延续了这种行政组织的设置,但是将地方各级革命委员会定性为地方各级人民代表大会的执行机关,是地方各级国家行政机关,因而导致行政组织的设置极其混乱。

(四) 第四阶段:1979 年至今

以 1979 年 7 月 1 日全国人大制定并颁布的《地方各级人民代表大会和地方各级人民政府组织法》为始,我国行政组织立法进入第四阶段。1982 年《宪法》的制定与公布实施,为我国行政组织立法提供了宪法依据与基本的宪法架构,成为我国现行行政组织法规范的宪法基础。以此为依据,全国人大通过了《国务院组织法》,并通过了《关于修改〈中华人民共和国地方各级人民代表大会和地方各级人民政府组织法〉的若干规定的决议》,对 1979 年的组织法进行修正,该组织法此后分别于 1986 年、1995 年、2004 年进行了修正。在此阶段,相关的组织立法还有《国家公务员暂行条例》(已废止)、《国务院行政机构设置和编制管理条例》《国家公务员法》《地方各级人民政府机构设置和编制管理条例》等法律、行政法规,此外,还有相当数量的法律性文件以及行政规范性文件对行政组织的相关问题作了规定。

迄今为止,政府机构经历了 1982 年、1988 年、1993 年、1998 年、2003 年、2008 年、2013 年共 7 次改革。

1982 年政府机构改革的主要意义在于:(1) 开始废除领导干部职务终身制;(2) 精简了各级领导班子;(3) 加快了干部队伍年轻化建设步伐。但是,这次改革没有触动高度集中的计划经济管理体制,没有实现政府职能的转变。

1988 年的政府机构改革以转变政府职能为目标,强调政府的经济管理部门要从直接管理为主转变为间接管理为主,强化宏观管理职能,淡化微观管理职能。其内容主要是合理配置职能,科学划分职责分工,调整机构设置,转变职能,改变工作方式,提高行政效率,完善运行机制,加速行政立法。改革的重点是那些与经济体制改革关系密切的经济管理部门。经过改革,国务院部委由原有的 45 个减为 41 个,但在职能转变方面没有实现突破,而且由于经济过热,这次精简的机构很快又膨胀起来了。

1993 年的政府机构改革是在确立社会主义市场经济体制的背景下进行的,它的核心任务是在推进经济体制改革、建立市场经济的同时,建立起有中国特色的、适应社会主义市场经济体制的行政管理体制。这次改革的指导思想是,适应建立社会主义市场经济体制的要求,按照政企职责分开和精简、统一、效能的原则,转变职能,理顺关系,精兵简政,提高效率。改革的重点是转变政府职能。

1998 年政府机构改革的目标是建立办事高效、运转协调、行为规范的政府行政管理体系,完善国家公务员制度,建设高素质的专业化行政管理队伍,逐步建立适应社会主义市场经济体制的有中国特色的政府行政管理体制。按照社会主义市场经济的要求,转变政府职能,实现政企分开;按照精简、统一、效能的原则,调整政府组织结构,实行精兵简政;按照权责一致的原则,调整政府部门的职责权限,明确划分部门之间的职责分工,完善行政运行机制;按照依法治国、依法行政的要求,加强行政体系的法制建设。改革后除国务院办公厅外,国务院组成部门由原有的 40 个减少到 29 个,全国各级党政群机关共精简行政编制 115 万名。

2003 年政府机构改革是在加入世贸组织的大背景之下进行的,其主要目的是:进一步转变政府职能,改进管理方式,推进电子政务,提高行政效率,降低行政成本,逐步形成行为规范、运转协调、公正透明、廉洁高效的行政管理体制。

2008 年政府机构改革的重点在于:一是加强和改善宏观调控,促进科学发展;二是着眼于保障和改善民生,加强社会管理和公共服务;三是按照探索职能有机统一的大部门体制要求,对一些职能相近的部门进行整合,实行综合设置,理顺部门职责关系。改革后,除国务院办公厅外,国务院组成部门减至 27 个。

2013 年政府机构改革的重点是:紧紧围绕转变职能和理顺职责的关系,稳步推进大部门制改革,实行铁路政企分开,整合加强卫生和计划生育、食品药品、新闻出版和广播电影电视、海洋、能源管理机构。这次改革,国务院正部级机构减少 4 个,其中组成部门减少 2 个,副部级机构增减相抵数量不变。改革后,除国务院办公厅外,国务院设置组成部门 25 个。

三、行政组织法的任务

行政组织法的任务至少包括以下几个方面:

(1) 落实宪法关于行政组织的原则性规定。宪法从原则上规定了一个国家的基本组织结构,但是宪法规范大多是原则性的规定,需要借助低位阶的法规范将其具体化。行政组织法除了要对宪法的具体规定进行细化之外,还必须体现宪法所规定的基本原则,行政组织法规范不得背离宪法的基本原则。

(2) 通过行政机构的设置、人员的任用、公物的提供等手段,按照事务的性质、地域等标准将行政权在行政系统内部分配,行政机关形成了纵横交错、分工明确、权责一致的组织体,为行政活动的开展提供了机构、人员、公物等方面的条件,使得各项行政活动成为可能。

(3) 行政组织法规定了行政机关的职权划分以及彼此之间的关系,能够为明确行为的法律后果与法律责任提供组织法上的依据。

(4) 行政组织法能够为行政活动提供组织法上的依据,满足行政活动的创新需要。行政组织法规定了行政机关的职权范围,在行为法没有规定的情况下,行政机关在合目的性的前提下,可以在行政组织法所规定的权限范围内积极开展各类行政活动,如进行行政给付、通过私法的组织形式实现行政任务,等等。

第二节 行政组织法的基本原则

一、依法组织原则

在现代法治社会,行政组织权行使的基本要求即是依法组织原则。行政组织权是在法律上或者事实上组建国家行政机构的权力,其内容主要包括:(1) 国家行政机关的机构设置;(2) 行政机关事务管辖权与地域管辖权的确定;(3) 国家行政机关内部机构的设置及权限分配;(4) 行政机构的编制;(5) 行政机构的建章立制。

行政组织权的归属,即行政组织权是由议会还是由行政机关来行使,是研究行政组织法首先要面对的问题。换而言之,这是法律保留原则在行政组织法领域适用的程度问题,即行政主体在多大程度上享有组织权限,如何在保证行政组织权在法治轨道内运行的同时,为行政机关保留因应政治、经济、社会的变迁所必需的灵活性。

在不同国家或者地区的行政组织法领域,法律保留原则的适用程度不同。如在德国,法律保留原则的适用程度较低,内阁总理享有广泛的部会设立或者裁撤、合并权力,且不须经由联邦众议院或者联邦参议院同意;且德国行政组织法仅规定官署的任务,而不包括该官署的内部机构的数目、名称、编制等。而在我国台湾地区,法律保留原则的适用程度较高,一定级别的行政机关必须有组织法律,且每一部组织法律中都详细规定有该行政机构的任务、职掌、一级单位名称与数目、人员职等、职称与职位数目等。①

根据我国现行法规范,国务院及地方各级人民政府的产生、组织和职权实行法律保留,由法律规定②;国务院各部、各委员会的设立、撤销或者合并,经总理提出,由全国人民代表大会决定,在全国人民代表大会闭会期间,由全国人民代表大会常务委员会决定。③ 至于其他行政机关及内部机构的设置、行政机构的编制、行政机关的事务管辖权与地域管辖权(除法律另有规定的除外)、行政机构的内部规章制度等,则属于行政机关的权限范围,由行政机关按照其职权范围加以规定。

二、民主原则

行政组织法的民主原则主要包括两个方面:一是重要行政机构的产生、行政首长的产生,实行民主原则,由民意代表机关决定或者选举产生;二是在行政机构内部,也应实行行政民主。在我国,民主原则主要体现在以下几个方面:

(1) 国务院及地方各级人民政府的产生、组织和职权由全国人民代表大会或者全国人民代表大会常务委员会以法律的形式加以规定。④

(2) 国务院各部、各委员会的设立、撤销或者合并,经国务院总理提出,由全国人民代表大会决定,在全国人民代表大会闭会期间,由全国人民代表大会常务委员会决定。⑤

(3) 国务院总理的人选,根据国家主席的提名,由全国人民代表大会决定;国务院副总理、国务委员、各部部长、各委员会主任、审计长、秘书长的人选,根据国务院总理的提名,由全国人民代表大会决定;地方各级人民政府的省长和副省长、市长和副市长、县长和副县长、区长和副区长、乡长和副乡长、镇长和副镇长由本级人民代表大会分别选举。⑥

(4) 国家行政机构实行民主集中制的原则。⑦

三、行政分权原则

分权是现代国家权力配置的一项基本原则,即为避免权力的集中导致的腐败,不同性质的国家权力由不同的国家机关来行使。同样的,行政机关作为对社会公共事务进行管理的执行性机构,在其代表国家对社会事务进行管理时,也必须在行政机关体系内部进行合理的权力配置,各个不同的行政机关在其权限范围内开展各项行政活动,以保证行政权的协调、有序、高效运转。行政分权主要应从以下几方面着手:

(1) 不同行政机关之间的分权。由于行政机关体系是由不同层级和不同职能部门组成的纵横交错的组织体系,所以,行政机关的分权包括层级制的纵向分权和职能制的横向分权。层级制的纵向分权包括中央与地方行政机关之间、上下级行政机关之间的权限分工;职

---

① 参见翁岳生主编:《行政法》(上册),中国法制出版社2002年版,第321—322页(黄锦堂执笔"行政法之基本问题")。

② 参见《宪法》第86条、第95条;《立法法》第8条。

③ 参见《国务院组织法》第8条。

④ 参见《宪法》第86条、第95条;《立法法》第8条。

⑤ 参见《国务院组织法》第8条。

⑥ 参见《宪法》第62条、第101条第1款。

⑦ 参见《宪法》第3条第1款。

能制的横向分权包括同级行政职能部门之间在具体管辖事务方面的权限分工。

（2）行政机关内部的分权。为避免权力过分集中以及缺乏监督，在行政机关的内部，也应当适当分权，通过合理的职权配置，并明确其相互关系，实现行政机关内部的分工合作与相互监督。在行政机关内部，应建立决策权、执行权、监督权适当分离又相互监督的组织体制，不同的职能由不同的机构来行使[①]，形成科学合理的政府组织结构和权力运行机制，做到权责一致，提高行政效能，改进政府管理。

四、效率原则

在现代社会，行政机关作为执行机关，为了维护社会秩序、实现公共利益，承担着越来越多的行政事务，而且由于我国正处于制度转型的过程中，行政机关所面临的情况异常复杂，为了实现行政目标，有效利用行政资源，降低行政成本，提高行政效益，切实保护公民权益，行政组织的设置必须遵循效率原则，确保行政组织能够有效对社会生活的各个方面进行管理，灵活应对社会中出现的各种突发事件。提高行政效率、降低行政成本也是我国多年行政机构改革所设定的一个基本目标。

行政效率作为检查和衡量公共组织和公共行政管理活动有效性的一个重要标准，其主要包括人力、物力、财力和时间消耗的数量，行政机构能否充分发挥其行政职能、能否圆满地达成行政目标。行政效率要求公共组织和行政工作人员从事公共行政管理工作所投入的各种资源较少而取得的成果和效益较多。从行政组织结构的角度来看，行政机构的设置是否合理、分工是否明确、层次是否清楚、人员是否精干、领导是否统一等都直接制约着行政效率，因此，要实现行政组织的高效运作，要求行政机关内部分工明确、权责一致、彼此配合，防止权限争议。如若出现权限争议时，能够及时解决。

五、行政一体性原则

在行政系统内部，同一层级的不同行政机关、不同层级的部、委、厅、局、科等各自管辖的事务与权限均不相同，国家行政组织呈现出多元化、分散性的特点，但这种分散性的状态通过行政首长负责制以及组织上的层级体制，最终由最高行政首长协调与对外负责，使得行政机关整体上能够保持其统一性与协调性。

行政一体性原则包括行政机关系统的一体性与行政机关的一体性。不论是行政机关系统，还是具体的行政机关，行政首长通过组织、人事、预算、计划、指挥、命令等权力而实现行政一体性。例如，在行政机关组织权方面，国务院决定直属机构、国务院办事机构和国务院组成部门管理的国家行政机构的设立、撤销或者合并，决定中央和省、自治区、直辖市的国家行政机关的职权的具体划分，批准省级人民政府的工作部门设置；在人事权方面，国务院有权审定行政机构的编制，依照法律规定任免、培训、考核和奖惩行政人员；在预算权方面，国务院有权编制和执行国家预算；在计划权方面，国务院有权编制和执行国民经济和社会发展计划；在指挥、命令权方面，国务院统一领导全国各级国家行政机关的工作，领导教、科、文、卫、体、民政、公安等各项行政工作，有权撤销或者改变下级不适当的决定、命令等。

---

① 2001年中编办在深圳开展深化行政体制改革试点，提出了决策、执行、监督三种行政权力适度分离的试点。决策权、执行权、监督权既相互制约又相互协调，也是中国共产党十六大到十七大以来深化行政管理体制改革的一个重要思路。

行政一体性原则强调的是行政机关整体上的对外一致性与协调性,在行政机关系统内部,其组织机构的设置、权限的配置,必须遵循法治原则、分权原则、效率原则等行政组织法的基本原则,保证行政组织的合法、合理。

第三节 行政组织的类型

在现代社会,承担行政任务的组织类型多样,不仅行政机关可以依宪法与组织法的规定承担行政任务,许多行政机关以外的其他组织经由法规范的特别授权也获得了行使行政职权的权力;或者根据法规范的规定,行政机关可以将其行政职权委托给其他组织或者个人行使。与之相对应,承担行政任务的组织类型可以分为行政机关、被授权组织、受委托的组织和个人三类。

一、行政机关

行政机关是为了实现行政目的而依法设置的,可以以自己的名义对外行使国家行政权的国家机关。行政机关是在国家权力分立的宪政体制下执行国家行政权的机关,区别于执行国家立法权的立法机关与行使国家司法权的司法机关。在我国,行政机关包括各级人民政府、县级以上各级人民政府的职能部门、县级以上地方各级人民政府的派出机关。地方人民政府的派出机关,是由县级以上地方人民政府经有权机关批准,在其所辖区域内设立的派出机关。根据我国《地方各级人民代表大会和地方各级人民政府组织法》的规定,省、自治区人民政府经国务院批准,可以设立行政公署作为其派出机关;县、自治县的人民政府经省、自治区、直辖市的人民政府批准,可以设立若干区公所,作为它的派出机关;市辖区、不设区的市的人民政府,经上一级人民政府批准,可以设立若干街道办事处,作为它的派出机关。[①]地方人民政府的派出机关不是一级人民政府,但实际上履行着一级人民政府的职能,对其所辖区域内的行政事务享有管理权,能以自己的名义对外从事行政活动,并能对其行为后果承担法律责任。

二、被授权组织

被授权组织是经由法律、法规与规章的授权而获得行政职权的行政机关之外的其他组织。被授权组织大致包括以下几类:

(一) 行政机关的内设机构

行政机关内部根据职能分工原则,通常设立不同的行政机构具体负责不同的行政职能,但这些行政机构一般不具有独立的法律地位,只能以所在行政机关的名义对外行使职权,其法律后果也由所在行政机关承担。但是,在法规范有明确授权的情况下,行政机关的内设机构也可承担一定的行政任务,对外以自己的名义行使职权,其法律责任由自身承担。如公安机关消防机构,根据我国《消防法》的规定,负责实施本行政区域内的消防工作[②],可以以自己的名义对外行使职权,并承担责任。

---

① 参见《地方各级人民代表大会和地方各级人民政府组织法》第68条。
② 参见《消防法》第4条。

（二）政府职能部门的派出机构

政府职能部门的派出机构是指政府职能部门根据其工作需要在其所辖区域内设立代表其从事有关行政管理工作的工作机构。一般而言，派出机构只是职能部门的工作机构，不具有独立的法律地位，不能以自己的名义对外进行行政管理活动，只能以所在政府职能部门的名义从事行政管理活动，其法律后果也由政府职能部门承担。但是，在法规范授权的情况下，派出机构可以作为独立的行政主体对外行使行政职权并承担相应的法律责任。如公安派出所不具有独立的行政主体资格，但是，根据我国《治安管理处罚法》的规定，对处以警告、500 元以下罚款的治安行政处罚可以由公安派出所决定[①]，公安派出所在此权限范围内获得了行政主体资格。

（三）基层群众性自治组织

基层群众性自治组织是在城市和农村按居民居住地区设立的居民群众自我教育、自我管理、自我服务的组织，包括城市居民委员会和农村村民委员会。居民委员会和村民委员会根据需要设立人民调解、治安保卫、公共卫生等委员会，主要任务是办理本居住地区的公共事务和公益事业，调解民间纠纷，协助有关部门维护社会治安，开展精神文明建设，向政府反映居民群众的意见、建议和提出要求。居民委员会和村民委员会不是一级政权组织，其工作在区县或者乡镇人民政府的指导下进行，根据法律授权可以行使一定的行政职能，承担一定的行政事务。

（四）事业单位

在我国，事业单位是指国家为了社会公益目的，由国家机关举办或者其他组织利用国有资产举办的，从事教育、科技、文化、卫生等活动的社会服务组织。[②] 我国的事业单位涵盖的范围广泛、数量众多，其法律性质也不能一概而论。根据现有事业单位的社会功能，事业单位可以划分为行政性事业单位、公益服务性事业单位和生产经营性事业单位三大类。[③] 行政性事业单位，是指国家设立的依法行使行政职能，但在性质上被定性为事业单位的机构，如证券监督管理委员会、保险监督管理委员会、银行业监督管理委员会。公益服务性事业单位，是指依法从事教科文卫等公益性服务活动的机构，如公立大学、科研机构、国家图书馆、国家大剧院等。生产经营性事业单位是指依法自主经营、自负盈亏、从事生产经营活动的事业单位。事业单位依法律授权享有行政职权，作为行政主体对外行使行政权力，并依法承担相应的法律责任。

[①] 参见《治安管理处罚法》第 91 条。最高人民法院的司法解释也肯定了行政机关的内设机构或者派出机构在法规范授权的情况下具有诉讼主体资格，即最高人民法院《关于执行〈中华人民共和国行政诉讼法〉若干问题的解释》（以下简称《执行行政诉讼法问题的解释》）第 20 条第 2 款规定："行政机关的内设机构或者派出机构在没有法律、法规或者规章授权的情况下，以自己的名义作出具体行政行为，当事人不服提起诉讼的，应当以该行政机关为被告。"

[②] 参见《事业单位登记管理暂行条例》第 2 条第 1 款。

[③] 参见中央机构编制委员会办公室《关于事业单位分类及相关改革的试点方案》（征求意见稿）（2006 年 7 月）。该方案对事业单位改革提出了初步思路。对完全行使行政职能的事业单位，将根据具体情况，转为行政机构或进行其他调整；对承担部分行政职能的事业单位，将其行政职能和公益服务职能与其他单位分拆整合。今后，不再批准设立承担行政职能的事业单位。对现有从事生产经营活动的事业单位，下一步的改革方向是逐步转为企业，进行企业注册，并注销事业单位，核销事业编制。今后，不再批准设立从事生产经营活动的事业单位。至于从事公益服务的事业单位，则再划分为三个类别：不能或不宜由市场配置资源的，所需经费由同级财政予以保障，不得开展经营活动，不得收取服务费用；可部分实现由市场配置资源的，所需经费由财政按照不同方式给予不同程度的投入，鼓励社会力量投入；可实现由市场配置资源的，实行经费自理，财政通过政府购买服务方式给予相应的经费补助，具备条件的，应逐步转为企业，今后这类单位主要由社会力量举办。

（五）社会团体

所谓社会团体，是指中国公民自愿组成，为实现会员共同意愿，按照其章程开展活动的非营利性社会组织。[①] 目前我国的社会团体的外延非常广泛，大致可以分为两类，一类是准行政机构，另一类是民间机构。前者如中华全国总工会、中国共产主义青年团、中华全国妇女联合会、中国文联、中国科协等，这类社会团体尽管定性为非政府组织，但其任务、机构编制、领导职数等均由中共中央编制管理部门直接确定，并承担着部分行政职能；后者属于民办非企业单位，是由企业事业单位、社会团体和其他社会力量以及公民个人利用非国有资产举办的，从事非营利性社会服务活动的社会组织。[②] 民间机构的类型不一而足，但如果经法律授权，可以承担一定的行政职责，从事相应的行政管理活动。

（六）行政性公司

行政性公司是指以公司为组织形式，既从事经营活动，又承担某一方面行政管理职能的组织。在我国，行政性公司可以分为两类：一类是在我国行政改革过程中，随着政府职能的转变，原有的某些行政主管部门转制而改建为全国性专业公司或者行业集团，如中国船舶总公司、中国石化总公司、中国纺织工业总公司等即属于此类行政性公司。另一类是由国家成立的各类专业公司，如国家林业投资公司、金融性专业银行、各类国家专业投资公司等都属于行政性公司。例如，国务院批转国家计委和机构改革办公室《关于有关部门与国家专业投资公司职责划分意见的通知》明确规定了各国家专业投资公司所享有的行政性职能，明确规定了国家计委对各专业投资公司的领导关系以及行业归口部门对投资公司的指导关系。

（七）享有专营权的国营企业

专营是指国家通过法规范的形式指定某种商品只能由国家设立或者指定的机构生产、经营。在我国，烟草、食盐、化肥、农药等实行国家专营，这些专营企业在承担生产、经营任务的同时，也承担了一定的行政职能。如根据《烟草专卖法》的规定，全国烟草总公司根据国务院计划部门下达的年度总产量计划向省级烟草公司下达分等级、分种类的卷烟产量指标。省级烟草公司根据全国烟草总公司下达的分等级、分种类的卷烟产量指标，结合市场销售情况，向烟草制品生产企业下达分等级、分种类的卷烟产量指标。[③]

三、受委托的组织和个人

根据法规范的规定，行政机关可以将其行政职权委托给其他组织或者个人行使，其他组织或者个人因而获得了行使行政职权的权力。如在我国，税务机关可以依法委托有关单位和个人代征税款[④]，行政机关可以依法委托符合条件的事业单位代为实施行政处罚[⑤]，接受

[①] 参见《社会团体登记条例》第2条。
[②] 参见《民办非企业单位登记管理暂行条例》第2条。
[③] 参见《烟草专卖法》第14条。
[④] 《税收征收管理法实施细则》第44条规定："税务机关根据有利于税收征管和方便纳税的原则，可以按照国家有关规定委托有关单位和个人代征零星分散和异地缴纳的税收，并发给委托代征证书。受托单位和人员按照代征证书的要求，以税务机关的名义依法征收税款"。
[⑤] 《行政处罚法》第18条规定："行政机关依照法律、法规或者规章的规定，可以在其法定权限内委托符合本法第19条规定条件的组织实施行政处罚。行政机关不得委托其他组织或者个人实施行政处罚。""委托行政机关对受委托的组织实施行政处罚的行为应当负责监督，并对该行为的后果承担法律责任。""受委托组织在委托范围内，以委托行政机关名义实施行政处罚；不得再委托其他任何组织或者个人实施行政处罚。"

委托的单位或者个人有权在委托范围之内从事相应的行政管理活动。

行政机关将其行政职权委托其他组织和个人行使时,该组织和个人必须符合法规范规定的条件①,如法规范未就该条件作出明确规定时,行政机关选择受托人,必须符合行政裁量权行使的一般要求,且能够有效实现行政目的。委托不发生行政权限的转移,受委托的组织或者个人必须以委托行政机关的名义行使职权,且不得将受委托事项进行转委托。委托行政机关应当对受委托组织和个人实施委托事项的行为进行监督,并对该行为的后果承担法律责任。

第四节 行政主体

一、行政主体的概念及资格要件

行政主体是以德国为代表的大陆行政法学的重要概念,其意指"行政法上享有权利、负担义务,具有一定职权且得设置机关以便行使,并借此实现其行政上任务之组织体"②。行政主体概念的关键在于权利能力,即通过赋予特定行政组织以权利能力从而使其成为行政法权利义务的归属主体。在德国,行政主体的种类包括③:(1)国家;(2)具有权利能力的团体、公法设施和公法基金会;(3)具有部分权利能力的行政机构④;(4)被授权组织⑤。

我国的行政主体理论是在我国行政法制的发展过程中,由行政法学界借鉴大陆法系国家理论与制度而形成的,虽然二者使用的语词相同,但其内涵与外延大相径庭。根据我国目前的主流学说,行政主体是指享有国家行政权,能以自己的名义行使行政权,并能独立地承担因此而产生的相应法律责任的组织。行政主体的资格要件包括"权""名""责"三个方面,具体包括:

第一,行政主体是享有国家行政权的组织。是否享有行政权,是决定某一组织能否成为行政主体的一个决定性条件。该行政权可来源于宪法与组织法的规定,也可来源于法规范的授权。

第二,行政主体是能够以自己的名义行使行政权的组织。以自己的名义行使行政权,是指行政主体能够在法规范所设定的范围内,依照自己的判断作出决定、发布命令,并以自己的职权保障这些决定和命令的实施,独立采取行政行为等。是否能够以自己的名义行使行政权,是判断行政机关及其他组织能否成为行政主体的主要标准。

第三,行政主体是能独立承担法律责任的组织。能否独立承担法律责任,是判断行政机关及其他组织能否成为行政主体的一个关键性条件。能否独立承担法律责任,主要是指能

---

① 如《行政处罚法》明确规定了行政处罚的受托组织的条件。该法第19条规定:"受委托组织必须符合以下条件:(一)依法成立的管理公共事务的事业组织;(二)具有熟悉有关法律、法规、规章和业务的工作人员;(三)对违法行为需要进行技术检查或者技术鉴定的,应当有条件组织进行相应的技术检查或者技术鉴定。"
② 吴庚著:《行政法之理论与实用》(增订8版),中国人民大学出版社2005年版,第116页。
③ 参见〔德〕哈特穆特·毛雷尔著,高家伟译:《行政法学总论》,法律出版社2000年版,第498—501页。
④ 具有部分权利能力的行政机构是指根据公法设立、没有(完全权利能力的)公法人资格、根据授权自负其责地执行特定行政任务,并在此范围内享有独立权利义务的组织。该组织在其权利能力范围之内是行政主体。
⑤ 被授权组织是指在特定的、严格的条件下,国家可以放弃自行执行行政任务或者由公法组织执行行政任务,而授权私人在相应范围之内担任行使主体,被授权人独立地以主权方式执行特定行政任务,并承担相应的法律责任。被授权组织属于广义的行政主体。

否独立参加行政复议和行政诉讼活动,并承担由此而产生的法律责任。①

二、行政主体的职权

行政主体的职权是行政主体实现行政目的的基本条件。行政主体的职权一般来源于宪法与组织法的规定,同时其也可以根据其他法规范的授权而享有行政职权。行政主体享有的职权大致可分为以下几种②:

(一) 行政立法权

所谓行政立法权,是指行政主体根据宪法和法律的规定而享有的制定法规范(法规命令)的权力。并非所有的行政主体都享有行政立法权。根据我国宪法和法律的规定,享有行政立法权的主体包括:(1)国务院。国务院有权根据宪法和法律,制定行政法规。(2)国务院各部、委员会、中国人民银行、审计署和具有行政管理职能的直属机构。该类主体可以根据法律和国务院的行政法规、决定、命令,在本部门的权限范围内,制定规章。(3)省、自治区、直辖市和较大的市的人民政府。该类主体可以根据法律、行政法规和本省、自治区、直辖市的地方性法规,制定规章。

(二) 行政决策权

行政主体在法律规定的职权范围内,有就其管辖事项在未来一定期限内的行政目标、实施方案等作出决策并组织实施,或者在不确定条件下对各种突发性事件进行处理的权力。行政决策权是行政主体在法定权限范围内能动地实现行政管理目标的基本权限之一。

(三) 行政规则制定权

行政规则是指行政主体制订的只适用于行政系统内部的规范性文件。行政主体在行政管理过程中,除了要对各项行政事务进行管理之外,必须对其组织机构及其运行进行管理,以保证行政一体性及行政效率,上级行政机关对下级行政机关、行政主体对本组织体内部的工作人员,均可以制定行政规则的方式对其发布一般性抽象命令,下级行政机关以及内部工作人员均负有服从的义务。一般而言,行政规则属于内部规则,不涉及公民的权利义务,但在有的情况下,如行政规则的平等适用等问题,也会影响到公民权利义务。

(四) 行政命令权

行政主体在其权限范围内,可以命令行政相对人为或者不为一定行为,行政相对人必须予以服从。行政命令权突出体现了行政权的高权性。

(五) 行政处理权

行政主体在其权限范围内,有权对特定行政相对人的权利、义务作出处理决定。行政处理权是一个综合性概念,包括行政许可、行政给付、行政征收、行政处罚等多项权力。

(六) 行政强制权

行政主体为了实现行政目的,有权依法对特定行政相对人的人身、财产实行强制。行政强制权包括行政强制执行、即时强制以及行政调查中的强制。所谓行政强制执行,是指在行政法律关系中,行政相对人应履行而不履行其义务时,行政主体可以依法强制执行或者申请人民法院强制执行。所谓即时强制,是指在紧急情况下,行政主体为了实现行政管理目标,

---

① 参见罗豪才主编:《行政法学》,北京大学出版社 2000 年版,第 42—44 页(杨建顺执笔"行政法律关系主体")。
② 参见杨建顺著:《行政规制与权利保障》,中国人民大学出版社 2007 年版,第 134—141 页。

在没有发布命令的情况下直接对特定相对人的人身、财产所实施的强制,如我国公安机关对醉酒的人的强制性约束。① 即时强制不以相对人不履行义务为前提。所谓行政调查中的强制,是指为了实现行政目的,行政主体依其职权在对行政相对人进行检查、了解等信息收集活动过程中行使的强制性权力,如进入现场检查、对物品的查封、扣押等。

(七) 行政优益权

行政优益权是指行政主体在行使行政职权时,依法享有职务上的或者物质上的优益条件。职务上的优益条件称为行政优先权,物质上的优益条件称为行政受益权,二者共同构成行政优益权。行政优益权是国家为确保行政主体有效行使职权,切实履行职责,圆满地实现公共利益的目标,而以法律、法规等形式赋予行政主体享有各种职务上或者物质上的优益条件。

行政优先权是指国家为保障行政主体有效地行使职权而赋予行政主体许多职务上的优先条件,即行政主体与其他社会组织及公民个人的权利在同一领域或者同一范围内相遇时,行政权具有优先行使和实现的效力。行政优先权的内容主要包括以下几个方面:(1) 先行处置权。依法行政是现代法治社会的基本原则,行政主体必须依法行使行政职权,但是在紧急情况下,行政主体可以不受法规范的制约,行使先行处置权,以维护社会秩序与公共利益。(2) 获得社会协助权。行政主体在从事紧急公务时,有关组织或者个人有协助执行或者提供方便的强制性义务,否则将承担相应的法律责任。(3) 行政行为的推定有效,即行政行为具有公定力。为了保障行政秩序的稳定性和连续性,行政法规范承认行政行为具有公定力,即行政行为一经作出,在未经有权机关撤销之前,即使违法或者不当,也被推定有效。

行政受益权是指行政主体可以享受国家为其提供的旨在完成行政任务、实现行政目的的各种物质优益条件,如财政经费、办公条件、交通工具等。②

(八) 行政司法权

行政司法权是指行政主体依法解决纠纷的权力。解决纠纷在传统上是司法机关的权力,但在现代社会,立法机关越来越多地授权行政机关解决纠纷,行政机关在解决纠纷方面发挥着越来越重要的作用。行政机关解决纠纷的方式大致可以分为行政裁决、行政仲裁、行政调解和行政复议等。

(1) 行政裁决。行政裁决是在行政管理活动过程中,行政主体根据法律授权,依当事人申请而对平等主体之间的民事纠纷进行处理的行政行为。

(2) 行政仲裁。行政仲裁是指行政主体依法对民事主体提交的民事争议进行仲裁,依法解决民事纠纷的行政活动。

(3) 行政调解。行政调解是指行政主体在行政管理过程中,对其职权范围内发生的纠纷,以法律、政策、人情常理等为依据,通过居中进行沟通、调停、提供意见甚至调查事实等方式,促成当事人达成调解协议,从而解决纠纷的行政活动。

(4) 行政复议。行政复议是指行政相对人认为行政主体的行政行为侵犯其合法权益的,依法向行政复议机关提出复议申请,行政复议机关依法对被申请确认的行政行为进行审

---

① 《治安管理处罚法》第 15 条第 2 款规定:"醉酒的人在醉酒状态中,对本人有危险或者对他人的人身、财产或者公共安全有威胁的,应当对其采取保护性措施约束至酒醒。"

② 参见罗豪才主编:《行政法学》,北京大学出版社 2000 年版,第 45—49 页(杨建顺执笔"行政法律关系主体")。

查并作出行政复议决定的一种行政活动。行政复议是解决行政争议的一种具有司法性的行政权力,是实现行政系统内部监督与保护行政相对人合法权益的一项重要制度。

三、行政主体与行政组织之间的联系与区别

从上述行政主体理论可以看出,行政主体概念强调的是享有行政权的主体在对外行使职权时"权""名""责"的一致性,这一概念对于明确行政权的归属、促进行政权的公正行使、保障行政相对人的权利救济具有重大意义。与行政主体概念所特有的外在视角不同,行政组织法对行政组织进行研究,则是向内审视承担行政任务的主体的设立、组成、职权、内部机构、编制等要素。因此,行政主体与行政组织之间既有区别,又有联系。

(一)行政主体与行政机关

行政机关是依宪法或者组织法成立的行使行政权的国家机关,能够以自己的名义行使行政权并独立承担由此而产生的法律责任,因而行政机关都具有行政主体资格。但并非所有的行政主体都是行政机关。

(二)行政主体与被授权组织

被授权组织是根据法规范的授权而行使行政职权的组织,其只有在法规范授权的范围内才能成为行政主体,以自己的名义行使行政权并依法承担相应的法律责任。

(三)行政主体与受委托的组织与个人

受委托的组织与个人根据行政机关的委托行使行政职权,只能在受委托的范围与期限内以委托行政机关的名义行使行政权,且其行为的法律责任由委托行政机关承担,因此,受委托的组织与个人不是行政主体。

四、行政主体与行政相对人的关系

行政主体与行政相对人分别是行政法律关系的双方主体,行政主体与行政相对人之间的权利义务关系构成了行政法律关系。在该法律关系中,行政主体享有行政职权,依法实施行政管理活动,并对行政相对人的权益造成直接影响;行政相对人作为行政管理相对方,有义务接受行政主体的行政管理,并依法享有参与权、知情权、救济权等权利。行政法律关系是行政法规范的核心内容。

行政相对人是指在行政法律关系中与行政主体相对应的另一方当事人。行政相对人是学理概念而非法律概念,行政相对人在我国实定法规范中通常被表述为"公民、法人和其他组织"。行政相对人具有以下特征:

第一,行政相对人是行政法律关系中的一方当事人。离开了行政法律关系,就无所谓行政相对人。

第二,行政相对人是行政法律关系中与行政主体相对应的一方当事人。在行政法律关系中,可能是双方主体,也可能是多方主体,只有与行政主体相对应的另一方主体才可以被称为行政相对人。如在行政裁决过程中形成的法律关系,存在着三方主体,其中一方为行政裁决主体,另外两方为平等的民事主体。民事主体与行政裁决主体之间形成的法律关系是行政法律关系,因而成为行政法律关系中的行政相对人,而民事主体双方则是民事法律关系的主体。

第三,行政相对人是在行政管理过程中其权益受行政主体直接影响的当事人。行政主

体在行政管理过程中,其权力的行使会对众多主体的权益产生影响,该影响可能是直接的,也可能是间接的,只有受行政管理直接影响的主体才能成为行政相对人。

第四,行政相对人在行政诉讼法律关系中的地位恒定,即只能作为行政诉讼的原告。行政诉讼程序的启动,必须是作为行政相对人的公民、法人或者其他组织认为行政主体所作出的行政行为侵犯其合法权益而向人民法院提起诉讼,人民法院依法决定受理后,才进行行政审判。在行政诉讼中,行政诉讼的原告始终是行政法律关系中的行政相对人,而行政诉讼的被告始终是作出行政行为的行政主体,当事人的诉讼法律地位恒定。

行政相对人在行政法律关系中,享有如下权利:

(1) 自由权与财产权。自由权与财产权是近现代社会公民的一项基本权利。行政法上的自由权与财产权是指公民的人身自由与财产不受行政主体违法侵害的权利。在现代法治社会中,对公民人身自由的限制以及财产权的限制与剥夺,实行法律保留原则,行政主体只有在法律明确授权的情况下,才可以依法限制公民的人身自由,依法限制或者剥夺公民的财产权。

(2) 知情权。行政法上的知情权是指公民知悉与获取政府公共信息的权利。公民的知情权是公民参与行政活动、对行政活动进行监督的一项基础性权利,是现代行政民主的基本要求。公民只有在了解行政决策的相关信息的前提下,才有可能积极表达意见,献言立策,参与行政过程,否则不能有效参与行政决策过程。与公民的知情权相对应的则是行政机关的信息公开义务。行政机关在作出公共决策时,除法定保密事项之外,有义务全面、准确、真实地公布行政决策的基本目标、手段、事实根据、政策的形成过程、成本效益分析、替代方案等信息。"对于行政过程的参与机制来说,关键在于实现行政机关和公众对目标、过程和成果的共有,而其基础就是信息共享。"①

(3) 参与权。参与权是公民参与行政过程,对行政活动施加影响的权力。公民对公共生活的参与权是人民主权原则的体现。在传统行政法中,公民参与是通过选举民意代表机关的代表来实现的,公民通过定期选举的形式选举代表组成代议机关,由代议机关以立法的形式约束行政机关权力的行使,从而实现公民对行政机关的间接控制。在现代社会中,由于行政疆域不断拓展,立法机关通过大量的授权性法律授予行政机关广泛的裁量空间,民主的重心随之由通过立法实现的民主转向通过行政实现的民主,因此必须赋予公民广泛的参与权,包括行政决策过程的参与权、行政政策实施过程的参与权以及行政政策评价的参与权,其权利形态可以表现为投票权、参与听证权、陈述权、申辩权、表明意见权,等等。

(4) 受益权。受益权是指行政相对人依法通过行政主体获得某种权益的权利。受益权与行政主体通过授益性活动而直接促进社会成员利益的所有公行政活动——给付行政——密切相关。给付行政则是指伴随着国家职能的扩张,在行政机关与人民之间产生的一种服务性的法律关系,国家负有保障个人福祉的义务。公民个人的受益权在现代社会之下也得到很大的扩展,包括获得社会保障的权利、利用公共设施的权利、获得物质与非物质资助等权利。

(5) 行政监督权。行政相对人对国家行政机关及其工作人员享有监督权。对于国家行

---

① 杨建顺著:《行政法上的公共利益辨析——〈宪法修正案〉与行政法政策学的方法论》,载《修宪之后的中国行政法——中国法学会行政法学研究会2004年论文集》,中国政法大学出版社2005年版,第444—460页。

政机关及其工作人员,有提出批评和建议的权利;对于国家行政机关和行政机关工作人员的违法失职行为,有向有关国家机关提出申诉、控告或者检举的权利,但是不得捏造或者歪曲事实进行诬告陷害。

(6) 获得行政赔偿与行政补偿权。获得行政赔偿与补偿权是指公民的财产权或者人身权因受到行政主体职权行为的侵害、限制或者剥夺而导致损害结果发生时,可以依法请求行政机关予以赔偿或者补偿的权利。公民的人身权或者财产权因行政主体的违法职权行为而受到损害的,有要求获得行政赔偿的权利;公民因行政主体依法行使职权而使其人身权、财产权遭受特别损失时,有要求获得行政补偿的权利。

(7) 救济权。救济权是指公民、法人或者其他组织的合法权益因受到行政主体违法或者不当的职权行为的侵害时获得法律的救济的权利。在我国现有的制度设计中,公民、法人或者其他组织的合法权益受到损害时,有权依法提起行政复议、行政诉讼、行政申诉,依法确保其权利的实现。

第五章

国家行政机关组织法

第一节 国家行政机关组织的一般理论

一、国家行政机关组织的概念、特征及分类

国家行政机关组织即我国实定法意义上的国家行政机构,包括行政机关和行政机关的内设机构。

(一)行政机关

所谓行政机关,是指为实现行政目的而依法设置的,依法行使国家行政权,组织和管理国家行政事务的国家机关。行政机关具有如下特征:

(1)行政机关属于国家机关系统。现代法治社会中,国家权力一般都分为立法权、行政权和司法权,与此相对应,国家机关分为立法机关、行政机关与司法机关,各自分别行使相应的国家权力。在我国,行政机关是国家权力机关的执行机关,其基本职能就是执行国家权力机关制定的法规范以及作出的决议、决定。

(2)行政机关应依法设置。就行政机关的设置而言,应实行行政组织法律主义,即行政组织的设置应依据法律规定进行,但是对行政机关内部的组织机构等问题,则应赋予行政机关相当的裁量权,以使其能够根据行政任务的变化而适当调整组织机构。在我国,行政机关设置的主要依据是宪法、组织法以及全国人大的决定、国务院的决定等。

(3)行政机关的行政职权来源于法律授权。行政机关能够以自己的名义对外作出行政决定并具有国家强制力,其权力的行使必须有法律授权。未经授权,行政机关不得行使行政权力。

(4)行政机关在组织体系上实行命令与服从的层级体制。行政机关的行政管理职能决定了其在组织体系上必须实行命令与服从的层级体制,即上级行政机关领导下级行政机关,下级行政机关要服从上级行政机关并向其负责和报告工作,以保证行政管理的高度组织性与效率性。

(5)行政机关有权独立行使职权并承担相应的法律责任。尽管行政机关在组织体系上实行的是命令与服从的层级体制,但是,行政机关有权独立以自己的名义行使行政职权并承担相应的法律责任。

（二）行政机关的分类

1. 中央行政机关和地方行政机关

根据行政机关的事务管辖权及区域管辖权的不同，可以将行政机关分为中央行政机关和地方行政机关。中央行政机关所管辖的事务属于全国性事务，其管辖的区域及于全国行政区域，而地方行政机关的管辖范围仅限于其所辖区域的地方性事务。在我国，中央行政机关包括国务院、国务院的组成部门、国务院直属机构、国务院部委管理的国家局等，地方行政机关包括地方各级人民政府、县级以上地方各级人民政府的组成部门等。

2. 首长制行政机关和委员会制行政机关

根据行政机关的决策及负责体制，可以将行政机关分为首长制行政机关和委员会制行政机关。所谓首长制行政机关是指由行政机关首长作出决策并负领导责任的行政机关；委员会制行政机关是指由委员会集体决策并集体负责的行政机关。并非设有委员会的机关均为委员会制机关，一个行政机关是否是首长制行政机关，应以组织法规定的行政首长权限作为标准。在我国，根据《宪法》《国务院组织法》的规定，国务院实行总理负责制，各部、各委员会实行部长、主任负责制，由此可以判断，国务院、国务院各部、各委员会均属首长制行政机关。①

3. 层级制行政机关与职能制行政机关

根据行政机关的职权性质与范围，可以将行政机关划分为层级制行政机关与职能制行政机关。所谓层级制行政机关，是指根据行政机关的纵向分工而形成的行政机关，其主要特点表现为上级行政机关直接领导下级行政机关，行政指挥与行政命令按照垂直方向自上而下地贯彻执行。所谓职能制行政机关，是指根据行政机关的横向职能分工而形成的专业行政机关，其主要特点表现为职能制行政机关只负责某一具体领域的行政管理工作，一般而言，其只受本级人民政府的领导；除法律与行政法规另有规定之外，上级职能主管部门只能对其进行业务指导。

（三）行政机关内部机构

行政机关的内部机构根据其承担的具体职能不同，大体上可以分为决策机构、执行机构、监督机构、咨询机构、信息机构、办公机构等。决策机构，是在行政机关中承担领导、指挥、决策等职能的机构，是行政机关的核心机构；执行机构，是在行政机关中组织实施行政机关的决策并对外行使职权的机构；监督机构，是在行政机关中承担对本机关进行监督检查的职责，以预防与纠正违法违纪行为的机构；咨询机构，是在行政机关中负责为决策机构以及执行机构提供意见的机构；信息机构，是指在行政机关中，负责收集、处理行政机关在执行公共职能过程中获取的各类信息，并通过相关的信息分析，为行政机关的决策提供信息基础的

---

① 新中国成立初期，我国最高行政机关——政务院实行委员会制，政务院的会议必须有政务委员过半数出席才能举行，而且必须有与会政务委员过半数的同意才能通过决议。政务院各政务委员权力平等，政务院的最高决策权不属于总理一人，而属于全体政务委员。根据1954年《宪法》及相关组织法的规定，国务院与地方各级人民委员会实行委员会的集体领导制度，国务院总理与地方各级人民委员会的行政首长仅仅具有处理日常工作的权力，一切重大事务均由集体讨论决定。而国务院下属各部、委，及省、市人民委员会的工作部门（指厅、局、处、科等）则实行首长制。该体制对于促进我国经济的发展，完善社会主义民主与法制，均起到较大的积极作用。"文化大革命"时期，该体制遭到严重的破坏，1982年《宪法》明确规定，从中央到地方各级行政组织均实行首长负责制。关于委员会制行政机关，美国的州际商业委员会、联邦贸易委员会等行政委员会皆属于典型的委员会制行政机关，其运作机制具有重要的借鉴意义。该类委员会采用合议制的组织形式，其目的在于解决技术性问题，希望借助于不同的委员来源及专业知识，有效地解决问题并达成行政目的。

机构;办公机构,是在行政机关中负责本行政机关的日常行政事务的管理工作的机构。

二、国家行政机构的设置和编制

(一) 国家行政机构的设置

国家行政机构设置权的配置关系到立法权与行政权之间的关系,关系到国家行政组织的民主性控制问题。在我国,关于行政机构设置的规范,有宪法、法律、全国人大及其常委会的决定、行政机关的决定等。根据现行法规范,国务院及地方各级人民政府的产生、组织和职权由法律规定①;国务院各部、各委员会的设立、撤销或者合并,经总理提出,由全国人民代表大会决定,在全国人民代表大会闭会期间,由全国人民代表大会常务委员会决定。② 对于其他行政组织的设置,则属于行政机关的权限范围,由行政机关按照其职权范围加以设置。如国务院直属机构、国务院办事机构和国务院组成部门管理的国家行政机构的设立、撤销或者合并由国务院决定③;中央和省、自治区、直辖市的国家行政机关的职权的具体划分由国务院决定④;地方各级人民政府的工作部门由本级人民政府报请上一级人民政府批准,并报本级人民代表大会常务委员会备案⑤;县级以上地方各级人民政府在必要时,经上一级人民政府批准,可以设立派出机关。⑥

行政机关内部机构的设置,由行政机关根据其工作需要在其权限范围内加以决定。国务院可以根据工作需要和精简原则,设立协助总理办理专门事项的办事机构,如国务院法制办公室、国务院外事办公室、港澳事务办公室等⑦;国务院行政机构的司级内设机构的增设、撤销或者合并,经国务院机构编制管理机关审核方案,报国务院批准;国务院行政机构的处级内设机构的设立、撤销或者合并,由国务院行政机构根据国家有关规定决定,按年度报国务院机构编制管理机关备案⑧;地方各级人民政府行政机构根据工作需要和精干的原则,可以设立必要的内设机构;县级以上地方各级人民政府行政机构的内设机构的设立、撤销、合并或者变更规格、名称,由本级人民政府机构编制管理机关审批。⑨

(二) 国家行政机构的编制

国家行政机构的编制,是指行政机构的人员数量定额和领导职数。国家行政机构的编制关系到行政机构的规模及效率,关系到行政经费的开支大小,因此,国家行政机构的编制问题也是行政组织法的一个重要内容。行政机构的编制,在行政机关设立时,即应根据职能配置和职务分类,按照精简的原则加以确定,其内容包括机构人员定额和人员结构比例;机构领导职数和内设机构领导职数。国务院享有行政机构编制的决定权。国务院行政机构的编制,由国务院决定⑩;地方各级人民政府的行政编制总额,由省、自治区、直辖市人民政府提

---

① 参见《宪法》第 86 条、第 95 条;《立法法》第 8 条。
② 参见《国务院组织法》第 8 条。
③ 参见《国务院组织法》第 11 条;《国务院行政机构设置和编制管理条例》第 8 条。
④ 参见《宪法》第 89 条。
⑤ 参见《地方各级人民代表大会和地方各级人民政府组织法》第 64 条。
⑥ 参见《地方各级人民代表大会和地方各级人民政府组织法》第 68 条。
⑦ 参见《国务院组织法》第 11 条。
⑧ 参见《国务院行政机构设置和编制管理条例》第 14 条。
⑨ 参见《地方各级人民政府机构设置和编制管理条例》第 13 条。
⑩ 参见《国务院行政机构设置和编制管理条例》第 3 条。

出,经国务院机构编制管理机关审核后,报国务院批准。①

三、行政机关之间的一般关系

行政机关之间的关系可以从具有隶属关系的上下级行政机关之间的关系及不具有隶属关系的行政机关之间的关系两方面进行分析。

(一)上下级行政机关之间的关系

在层级制的行政机关组织结构中,上级行政机关有权指挥、命令、监督下级行政机关。这些权力大致可以分为以下几种:

1. 指挥、命令

为了保证行政机关的工作效率及行政的一体性,上级行政机关有权领导下级行政机关的工作,下级行政机关应接受上级行政机关的领导。上级行政机关制定的行政法规、规章、决定、命令等规范性文件,只要不存在重大且明显的违法情形,下级机关必须执行;上级机关也有权对下级机关的法律适用及具体事务的处理发布命令、指示,有权要求其汇报工作。例如,国务院有权统一领导各部和各委员会的工作,并且领导不属于各部和各委员会的全国性的行政工作,有权统一领导全国地方各级国家行政机关的工作②;县级以上地方各级人民政府应当执行上级国家行政机关的决定和命令,有权领导所属工作部门和下级人民政府的工作。③

2. 批准

对属于下级行政机关决策权限范围内的事项,如果法律规定应由上级行政机关批准的,下级行政机关在作出决定后,应当报请上级行政机关批准,否则,该决定不具有对外效力。例如,根据我国《宪法》第89条的规定,国务院有权"批准省、自治区、直辖市的区域划分,批准自治州、县、自治县、市的建置和区域划分";根据我国《地方各级人民代表大会和地方各级人民政府组织法》第64条第3、4款的规定,省、自治区、直辖市的人民政府的厅、局、委员会等工作部门的设立、增加、减少或者合并,由本级人民政府报请国务院批准,并报本级人民代表大会常务委员会备案;自治州、县、自治县、市、市辖区的人民政府的局、科等工作部门的设立、增加、减少或者合并,由本级人民政府报请上一级人民政府批准,并报本级人民代表大会常务委员会备案。

3. 监督

上级行政机关有权监督下级行政机关的工作,下级行政机关应接受上级行政机关的监督。上级行政机关对下级行政机关的监督属于行政系统内部的层级监督,是行政监督的主要方式之一。上级行政机关行使监督权,既可以通过日常监督检查的方式,也可以通过行政复议、行政申诉或者备案审查的方式。上级行政机关认为下级行政机关的决定违法或者不当时,有权撤销该决定,并责令其改正,或者自行进行纠正。例如,根据我国《宪法》第89条的规定,国务院有权"改变或者撤销各部、各委员会发布的不适当的命令、指示和规章",有权"改变或者撤销地方各级国家行政机关的不适当的决定和命令";根据《地方各级人民代表

---

① 参见《地方各级人民政府机构设置和编制管理条例》第16条。
② 参见《宪法》第89条。
③ 参见《地方各级人民代表大会和地方各级人民政府组织法》第59条。

大会和地方各级人民政府组织法》第59条的规定,县级以上地方各级人民政府有权"改变或者撤销所属各工作部门的不适当的命令、指示和下级人民政府的不适当的决定、命令"。改变或者撤销权是监督权的主要内容,是上级行政机关行使监督权的主要方式。

4. 业务指导

根据我国《地方各级人民代表大会和地方各级人民政府组织法》第66条的规定,县级以上地方各级人民政府的工作部门,除了应接受本级人民政府统一领导外,根据法律或者行政法规的规定,应接受上级人民政府主管部门的业务指导或者领导。因此,在依法具有业务指导关系的上下级行政机关之间,上级行政机关有权对下级行政机关的业务进行指导,下级行政机关应当接受上级行政机关的业务指导。例如,根据我国《公务员法》第10条的规定,上级公务员主管部门指导下级公务员主管部门的公务员管理工作,也就是说,上级公务员主管部门与下级公务员主管部门之间是指导与被指导的关系。

(二)互不隶属的行政机关之间的关系

1. 行政协助

基于事务专业性与工作效率性等考虑,行政机关的职能分工实属必需,不同的行政机关执行不同的行政职能,但基于行政目的的一致性与行政任务的整体性,各个行政机关彼此之间具有协力完成行政任务的义务。当某个行政机关完成其行政任务需要其他行政机关协助时,其他行政机关应予协助。行政协助既可能是人力、物力等方面的协助,也可能是行政机关以互相提供信息的方式进行行政协助。如根据我国《行政监察法》第22条的规定,监察机关在办理行政违纪案件中,可以提请公安、审计、税务、海关、工商行政管理等机关予以协助。

2. 代理

代理不仅可以发生在上下级行政机关之间,同样可以发生在互不隶属的行政机关之间。行政机关根据行政任务的需要,在有法律依据时,可以委托其他行政机关代理其执行行政职务。受委托行政机关行使委托职务时,应以委托机关的名义进行,而且行为的法律效果归属于委托机关。代理不发生职权的转移,但将行政职权委托他人行使,关系到行政机关职权法定主义,关系到行政相对人的权利保护,因此,应有法律依据。

3. 监督、评价

不具有隶属关系的行政机关之间的监督主要包括两类,一类是行政监察机关对国家行政机关的监察监督,另一类是审计机关对国家行政机关的审计监督。

监察机关是行使监察监督的专门机关,依照法律规定对国家行政机关、国家公务员和国家行政机关任命的其他人员实施监察,其目的在于保证政令畅通,维护行政纪律,促进廉政建设,改善行政管理,提高行政效能。

审计机关是行使审计监督的专门机关,依照法律规定对国务院各部门和地方各级人民政府及其各部门的财政收支,国有的金融机构和企业事业组织的财务收支,以及其他依照法律规定应当接受审计的财政收支、财务收支的真实、合法和效益进行审计监督,依据有关财政收支、财务收支的法律、法规和国家其他有关规定进行审计评价,在法定职权范围内作出审计决定,其目的在于维护国家财政经济秩序,提高财政资金使用效益,促进廉政建设,保障国民经济和社会健康发展。

4. 管理

对于某些综合性管理部门,如人事部门、财政部门等,因为各行政机关的运行均离不开公务员、均离不开相应的公共财政,各行政机关的人事、财政均受人事部门、财政部门的管理,由人事部门综合负责各行政机关公务员的管理工作,财政部门负责各行政机关公共财政的收入与支出等管理工作。

5. 业务指导

不具有行政组织上的隶属关系的行政机关之间,根据法律或者行政法规的规定,具有业务指导关系的,一方有权指导另一方开展相应的管理活动,而另一方应接受该业务指导。例如,根据我国《公务员法》第 10 条的规定,各级公务员主管部门有权指导同级各机关的公务员管理工作,而其他行政机关则应接受公务员主管部门的业务指导。

四、行政机关之间职权的委任、委托与代行

行政机关的职权来源于两个方面:一是宪法和组织法规范所授予的职权,二是行为法规范所授予的职权。行政机关可以根据法规范的规定,在其权限范围内将其职权通过委任、委托或者代行的方式由其他行政机关行使。一般而言,侵益性行政活动需要有行为法上的依据,而授益性行政活动在没有行为法授权的情况下,可以依据宪法和组织法规范所规定的权限范围开展相关的行政活动。

(一)行政职权的委任

行政机关可以根据法规范将自己权限范围内的一部分职权委任给其他行政机关行使,获得委任的行政机关以自己的名义行使该项权限,并承担相应的法律责任。因为行政机关实行职权法定主义,委任是将本属于特定行政机关的权限移交其他行政机关行使,所以,委任必须有法律依据,而且,委任机关不得将全部或大部分权限委任其他行政机关行使。如我国《审计法》第 28 条第 3 款规定:"上级审计机关可以将其审计管辖范围内的本法第 18 条第 2 款至第 25 条规定的审计事项,授权下级审计机关进行审计……"该条款中所谓的"授权"即属于行政权的委任,下级审计机关根据上级审计机关的委任行使相应的职权,并承担由此而产生的法律责任。

(二)行政职权的委托

行政机关在执行职务过程中,不能自行行使其职权时,可以根据法规范的规定,将其职权委托其他行政机关行使。委托行政机关应当将受委托行政机关及委托事项予以公布,应当对受委托行政机关实施委托事项的行为进行监督,并对该行为的后果承担法律责任。其他行政机关在代理委托行政机关的职权时,必须以委托行政机关的名义进行,且不得自行将委托事项进行转委托。委托不发生行政权限的转移,一旦委托事项完成或者委托期限届至,代理行政机关即不得再行使该职权。例如,我国《行政许可法》第 24 条规定:"行政机关在其法定职权范围内,依照法律、法规、规章的规定,可以委托其他行政机关实施行政许可。委托机关应当将受委托行政机关和受委托实施行政许可的内容予以公告。委托行政机关对受委托行政机关实施行政许可的行为应当负责监督,并对该行为的后果承担法律责任。受委托行政机关在委托范围内,以委托行政机关名义实施行政许可;不得再委托其他组织或者个人实施行政许可。"

(三)行政职权的代行

行政职权的代行,是指根据法律规定,某一行政机关代为行使其他行政机关的职权。行政机关在代为行使其他行政机关的职权时,应以代行行政机关的名义行使职权,其法律责任也应归属于代行行政机关。行政机关之间的权限分工,既包括平级行政机关之间的权限分工,也包括上下级行政机关之间的权限分工,因此,行政机关代行其他行政机关的职权时,必须有法律依据,否则会破坏行政机关之间的权限分工。例如,根据我国《行政监察法》第17条第1款的规定,上级监察机关可以办理下一级监察机关管辖范围内的监察事项;必要时也可以办理所辖各级监察机关管辖范围内的监察事项。根据我国《行政处罚法》第16条的规定,除限制人身自由的行政处罚权只能由公安机关行使外,国务院或者经国务院授权的省、自治区、直辖市人民政府可以决定一个行政机关行使有关行政机关的行政处罚权。

五、行政机关之间权限争议的处理

行政机关的权限范围,通常以地域管辖权与事务管辖权加以确定。地域管辖权是指行政机关所管辖的地域范围,事务管辖权是指行政机关所管辖的事务范围。行政机关之间的权限争议,通常也分为地域管辖权之争与事务管辖权之争。

对于如何解决行政机关之间的权限争议,在我国现行组织法规范中,并没有作出明确的规定,不过,根据现有的单行法规范以及行政机关层级制的组织体系和行政实践,对于上下级行政机关之间的权限争议,上级行政机关有权直接以决定的形式解决与下级行政机关的权限争议,下级行政机关有权越级向上级行政机关的领导机关请求处理,如国务院有权改变或者撤销不适当的部门规章和地方政府规章①;对于互不隶属的行政机关之间的权限争议,应由其共同的上级行政机关解决。如部门规章之间、部门规章与地方政府规章之间对同一事项的规定不一致时,由国务院裁决②;监察机关之间对管辖范围有争议的,由其共同的上级监察机关确定③。

第二节 中央行政组织与地方行政组织

一、中央行政组织

根据我国《宪法》和《国务院组织法》的规定,中央行政组织包括国务院、国务院组成部门、国务院直属机构、国务院办事机构、国务院部委管理的国家局和议事协调机构。

(一)国务院

国务院,即中央人民政府,是最高国家权力机关的执行机关,是最高国家行政机关,负责组织、领导、指挥、协调全国的行政管理工作,并在内政、外交上代表中国政府开展工作。国务院由总理、副总理、国务委员、各部部长、各委员会主任、审计长、秘书长组成,实行总理负责制。其职权主要包括:根据宪法和法律,规定行政措施,制定行政法规,发布决定和命令;向全国人民代表大会或者全国人民代表大会常务委员会提出议案;规定各部和各委员会的任务和职责,统一领导各部和各委员会的工作,并且领导不属于各部和各委员会的全国性的行政工作;统一领导全国地方各级国家行政机关的工作,规定中央和省、自治区、直辖市的国家行政机关的职权的具体划分;编制和执行国民经济和社会发展计划和国家预算;领导和管

---

① 《立法法》第97条第3项。
② 《立法法》第95条第3项。
③ 《行政监察法》第17条第2款。

理经济工作和城乡建设;领导和管理教育、科学、文化、卫生、体育和计划生育工作;领导和管理民政、公安、司法行政和监察等工作;管理对外事务,同外国缔结条约和协定;领导和管理国防建设事业;领导和管理民族事务,保障少数民族的平等权利和民族自治地方的自治权利;保护华侨的正当的权利和利益,保护归侨和侨眷的合法的权利和利益;改变或者撤销各部、各委员会发布的不适当的命令、指示和规章;改变或者撤销地方各级国家行政机关的不适当的决定和命令;批准省、自治区、直辖市的区域划分,批准自治州、县、自治县、市的建置和区域划分;依照法律规定决定省、自治区、直辖市的范围内部分地区进入紧急状态;审定行政机构的编制,依照法律规定任免、培训、考核和奖惩行政人员;全国人民代表大会和全国人民代表大会常务委员会授予的其他职权。

（二）国务院组成部门

国务院组成部门包括各部、各委员会、人民银行和审计署[①]，依法分别履行国务院某一方面的行政管理职能，可在本部门的权限内发布命令、指示和规章。

（三）国务院直属特设机构和直属机构

国务院直属机构由国务院按照工作需要和精简原则设立，主管国务院的某项专门业务，具有独立的行政管理职能[②]，可在其职权范围内，对外发布指示、规章。[③]

（四）国务院办事机构

国务院办事机构协助国务院总理办理专门事项，不具有独立的行政管理职能。[④] 根据国务院《关于机构设置的通知》（国发[2013]14号），国务院现有国务院侨务办公室、国务院港澳事务办公室、国务院法制办公室、国务院研究室等4个办事机构。

（五）国务院直属事业单位

目前我国国务院的直属事业单位共有14个。[⑤] 从其承担的事务性质而言，可分为三类：一是依法承担行政执法监管职能的机构，如中国证券监督管理委员会、中国保险监督管理委员会；二是承担的事务具有特殊重要性的机构，如新华社、中国科学院、中国社会科学院、中国工程院、全国社会保障基金理事会；三是承担的事务专业性特别强的机构，如中国地震局、中国气象局。一般而言，事业单位不具有行政管理职能，不是行政机构，不列入政府机构序

[①] 参见《国务院行政机构设置和编制管理条例》第6条第3款。根据2013年3月14日第十二届全国人民代表大会第一次会议审议批准的《关于国务院机构改革和职能转变方案的决定》和国务院《关于机构设置的通知》（国发[2013]14号），目前国务院的组成部门包括：外交部、国防部、国家发展和改革委员会、教育部、科学技术部、工业和信息化部、国家民族事务委员会、公安部、国家安全部、监察部、民政部、司法部、财政部、人力资源和社会保障部、国土资源部、环境保护部、住房和城乡建设部、交通运输部、水利部、农业部、商务部、文化部、国家卫生和计划生育委员会、中国人民银行、审计署等25个部、委、行、署。

[②] 参见《国务院行政机构设置和编制管理条例》第6条第4款。

[③] 根据《关于国务院机构改革和职能转变方案的决定》和国务院《关于机构设置的通知》（国发[2013]14号），目前国务院的直属特设机构只有一个，即国务院国有资产监督管理委员会；直属机构有15个，包括：海关总署、国家税务总局、国家工商行政管理总局、国家质量监督检验检疫总局、国家新闻出版广电总局、国家体育总局、国家安全生产监督管理总局、国家统计局、国家林业局、国家知识产权局、国家旅游局、国家宗教事务局、国务院参事院、国务院机关事务管理局、国家预防腐败局。

[④] 参见《国务院行政机构设置和编制管理条例》第6条第5款。

[⑤] 根据国务院《关于机构设置的通知》（国发[2013]14号），国务院直属事业单位包括新华通讯社、中国科学院、中国社会科学院、中国工程院、国务院发展研究中心、国家行政学院、中国地震局、中国气象局、中国银行业监督管理委员会、中国证券监督管理委员、中国保险监督管理委员会、国家电力监管委员会、全国社会保障基金理事会、国家自然科学基金委员会等14个单位。

列。但是,这些事业单位因其承担的事务特别重要,具有特殊性,故而作为国务院直属事业单位,列入国务院机构序列。

（六）国务院议事协调机构

国务院议事协调机构是国务院设立的负责特定任务的非常设机构,其主要承担跨国务院行政机构的重要业务工作的组织协调任务。国务院议事协调机构议定的事项,经国务院同意,由有关的行政机构按照各自的职责负责办理。如全国爱国运动委员会的具体工作由卫生部来承担,国家减灾委员会的具体工作由民政部来承担。在特殊或者紧急的情况下,经国务院同意,国务院议事协调机构可以规定临时性的行政管理措施。① 根据《国务院关于议事协调机构设置的通知》,目前国务院设立的议事协调机构有 29 个。②

（七）国务院部委管理的国家局

国务院部委管理的国家局负责主管特定业务,行使行政管理职能,对外发布行政命令和规章时,以组成部门的名义或由组成部门授权国家局对外发布。部委管理的国家局的设置与撤销由国务院决定,其负责人由国务院任免。目前,部委管理的国家局共 16 个,均为副部级。部委管理的国家局的内设机构,一般称司(室),数量一般在 5 个左右。司以下根据工作需要可设处,或者不设处。③

（八）中央行政机关在地方设立的分支机构

根据行政管理的实际需要,我国某些领域的中央行政机关在地方设立了分支机构,实行中央行政机关对地方分支机构的垂直领导,如海关、国税、边检、人民银行等。这些分支机构对所在行政区域内的本领域行政事务行使管理权,其财政、人事及业务均由中央负责,与地方政府没有直接关系。从组织法的角度来看,这些分支机构也属于中央行政组织的范畴。

二、地方行政组织

（一）地方各级人民政府

地方各级人民政府是地方各级国家行政机关。根据宪法和组织法的规定,我国地方各级人民政府分为省(自治区、直辖市)、市(自治州、直辖市的区)、县、乡(镇)四级。地方各级人民政府是所在区域的行政决策与指挥机关,负责本行政区域内的行政事务,并领导下级行政机关。地方各级人民政府实行"双重从属制",一方面,它们是本级地方国家权力机关的执行机关,要对本级人民代表大会及其常务委员会负责并报告工作;另一方面,它们又要对上一级人民政府负责。全国地方各级人民政府都是国务院统一领导下的国家行政机关,都服从国务院的统一领导。

（二）地方各级人民政府的工作部门

根据宪法和组织法的规定,县级以上地方各级人民政府可以根据工作需要和精干的原

---

① 参见《国务院行政机构设置和编制管理条例》第 6 条第 7 款。
② 国务院对议事协调机构进行清理一般与国务院机构改革配套进行。1998 年,国务院议事协调机构和临时机构设置 20 个、撤销 20 个。到 2003 年,国务院议事协调机构和临时机构由上届政府的 33 个减到 27 个。
③ 根据国务院《关于部委管理的国家局设置的通知》(国发[2013]15 号)的规定,国家部委管理的国家局有:国家信访局、国家粮食局、国家能源局、国家国防科技工业局、国家烟草专卖局、国家外国专家局、国家公务员局、国家海洋局、国家测绘地理信息局、国家铁路局、中国民用航空局、国家邮政局、国家文物局、国家中医药管理局、国家外汇管理局、国家煤矿安全监察局等 16 个。

则,设立必要的工作部门,承担某一方面的行政事务的组织和管理职能。其中,省级人民政府工作部门的设立、增加、减少或者合并,由本级人民政府报请国务院批准,并报本级人民代表大会常务委员会备案。市、县级人民政府工作部门的设立、增加、减少或者合并,由本级人民政府报请上一级人政府批准,并报本级人民代表大会常务委员会备案。地方各级人民政府的各工作部门受本级人民政府的统一领导,并根据法律或者行政法规的规定,受上级人民政府主管部门的业务指导或者领导。

(三) 地方各级人民政府的派出机关

地方各级人民政府,经上一级人民政府批准,可以设立若干派出机关。根据我国《地方各级人民代表大会和地方各级人民政府组织法》的规定,省、自治区、直辖市人民政府经国务院批准可以设立行政公署,县、自治县人民政府经省级人民政府批准可以设立区公所,市辖区、不设区的市人民政府经上一级人民政府批准可以设立街道办事处。地方各级人民政府的派出机关不是一级人民政府,但实际上却履行着一级政府的职能。①

(四) 地方各级人民政府工作部门的派出机构

政府工作部门可以根据工作需要在一定区域内设立派出机构,作为其工作部门在所辖区域内开展行政工作,如公安派出所、税务所、工商所等。一般来说,政府工作部门的派出机构没有独立的法律地位,不能以自己的名义对外行使行政权,但是,在法规范授权的情况下,可以以自己的名义行使行政权。

(五) 特别行政区的行政组织

香港、澳门特别行政区的行政组织也属于我国地方行政组织,但由于特别行政区实行不同于内地的政治、法律制度,对于特别行政区的行政组织在本书中不进行专门讨论。

三、中央行政机关与地方行政机关之间的关系

中央行政机关与地方行政机关之间的关系,从行政组织法的角度来看,包括两个方面:一是中央行政机关与地方行政机关之间的职权划分,二是中央行政机关对地方行政机关的领导、协调、监督、指导。

(一) 中央行政机关与地方行政机关之间的职权划分

根据我国宪法规定,中央和地方国家机构职权的划分,遵循在中央统一领导下,充分发挥地方的主动性、积极性的原则。② 中央行政机关与地方行政机关之间的职权划分,也要遵照这一原则,确立二者之间的命令服从与相互协作的关系,建立科学、合理的纵向职能划分。

一般而言,中央行政机关的主管事项有三类:第一类是中央行政机关的专属事项,由中央行政机关组织决策并予以执行。凡涉及国家重大利益的事项或者属于全国性行政管理事务,如国防、外交、金融、行政区划的调整、国民经济与社会发展计划等,应由中央行政机关负责。第二类是中央和地方的共管事项,由中央行政机关决策,地方行政机关予以执行。对于可以由地方行政机关组织实施的行政事项,但在全国范围内有必要实行统一政策的事项,如公安、民政、民族事务、计划生育、城乡建设等事务,可以由中央行政机关与地方行政机关共

---

① 需要注意的是,在不断推进的政府机构改革过程中,地区行政公署是省的派出机关,现在正在逐渐通过地改市以及地市合并等改革措施变成地级市,区公所通过并乡建镇改革正在逐渐被撤销。

② 参见《宪法》第3条第4款。

同承担。在具体实施过程中,通常是由中央行政机关提供政策支持与财政支持,由地方行政机关予以执行。第三类是有关跨省事务,如涉及两个以上省级行政机关地方性事务的协调问题,也应由中央行政机关管辖。

地方性事务,如地方性经济建设、教育、科学、文化、卫生、体育、环保、生活福利等,应由地方行政机关管辖。中央行政机关有权对其实施情况进行监督、指导。

(二) 中央行政机关与地方行政机关之间的关系

中央行政机关与地方行政机关之间的关系有两个方面:一方面,中央行政机关与地方行政机关各自在其职权范围内进行行政管理;另一方面,地方行政机关要接受中央行政机关的领导、协调、监督与指导。

四、垂直管理机构

(一) 垂直管理机构的特点

垂直管理是相对于属地化管理或者说分级管理而言的。属地化管理,是指政府职能部门实行地方政府和上级业务主管部门的"双重领导",上级业务主管部门负责管理业务,即"事权",地方政府负责管理"人、财、物",并纳入同级纪检部门和人大监督;而垂直管理是指政府职能部门直接由省级或者中央主管部门统筹管理"人、财、物、事",不受地方政府领导与监督,但地方政府及相关部门要对垂直管理部门的业务进行支持与协助。当然,不同部门的垂直管理机制在具体运作过程中,还有很多差别,如有的是部分业务职能独立出来实行垂直管理,有的则是全部事务实行垂直管理;有的垂直管理是从中央到地方实行垂直管理,有的则实行省级以下职能部门垂直管理。

垂直管理机构在我国行政体制中具有鲜明的特点:

(1) 非行政区划性。垂直管理机构中分支或者派出机构的设立,往往不以行政区划为根据,或者不严格按照行政区划而设立,而是根据该职能部门的特点和国家经济需要而设立。

(2) 管理的自上而下性。属于垂直管理的职能部门,其"人、财、物、事"均由直属中央行政主管部门或者省级行政主管部门管理,不受地方人民政府管理。

(3) 相对于地方政府的独立性。实行垂直管理的职能部门,其主管的事务与地方事务密切相关,但由于其实行垂直领导体制,不受地方政府的领导,因而,相对于其他实行属地化管理的政府职能部门而言,垂直管理部门具有相对的独立性。

(二) 垂直管理机构的类型

我国目前的垂直管理体制有中央垂直管理、省级以下垂直管理和特殊垂直管理等不同的形式,并形成了相应的中央垂直管理机构、省级以下垂直管理机构、特殊垂直管理机构等不同的垂直管理机构类型。

1. 中央垂直管理机构

中央垂直管理机构,是指由中央主管部门负责对本系统行政机关的人、财、物实行自上而下的垂直管理的机构。目前,安全机关、海关、国家税务机关、外汇局、粮食局、煤矿安全监察局、地震局、气象局、测绘局、出入境检查检验机关、烟草局、邮政局、物资储备局、海事局、中国人民银行、证监会、保监会、银监会等实行中央垂直管理。

2. 省级以下垂直管理机构

省级以下垂直管理机构,是指由省级人民政府职能部门对本系统省级以下相应机构的人、财、物实行自上而下的垂直管理的机构。我国省级以下垂直管理体制尚未成熟,处于不断变革尝试阶段。例如,2008年11月10日,国务院办公厅下发《关于调整省级以下食品药品监督管理体制有关问题的通知》(国办发[2008]123号),将现行食品药品监督管理机构省级以下垂直管理改为由地方政府分级管理;2011年10月10日,国务院办公厅《关于调整省级以下工商质监行政管理体制加强食品安全监管有关问题的通知》(国办发[2011]48号),将工商、质监省级以下垂直管理改为地方政府分级管理体制,业务接受上级工商、质监部门的指导和监督。领导干部实行双重管理、以地方管理为主。

3. 特殊垂直管理机构

特殊垂直管理机构是我国行政管理体制改革过程中出现的新的管理形式,由中央行政机关根据行政管理的实际需要,在全国设立特殊的管理机构,对相关行政事务进行监督管理。特殊垂直管理机构不按行政区划设置管理机构,而是根据实际需要设立。例如,针对环保执法的困境,2006年原国家环保总局组建11个地方派出执法监督机构,直接由国家环保部门垂直管理;针对土地管理中存在的严重问题,2006年7月国务院建立国家土地监察制度,在全国设立7个地方局,由国土资源部垂直领导。在目前的行政组织机构中,国家土地督察局、审计署驻各地特派办、财政部驻各地财政监察专员办、环保执法监督机构、统计局驻各省调查队等都属于特殊垂直管理机构。此外,随着我国督察制度的实行,又建立了来自不同中央部门的跨省区的大区机构,通过巡视、检查来督察中央政令在地方的实行情况,这也可以看成另外一种特殊的垂直管理形式。

(三) 垂直管理机构与地方政府之间的关系

垂直管理机构与地方政府之间的关系大致可以分为权限分工、监督与协助三个方面来理解。

1. 权限分工关系

垂直管理机构与地方政府之间的权限分工,其实质是中央与地方政府之间的权限分工,即属于中央管理事项的,由中央行政机关通过设立垂直管理机构的方式对相应区域内的行政事务进行管理;属于地方管理事项的,由地方政府负责管理。

2. 监督与被监督的关系

地方政府与垂直管理机构之间,存在着监督与被监督的关系。县级以上地方各级人民政府有权监督垂直管理机构遵守和执行法律和政策①,同时,垂直管理机构也有权对地方人民政府对相关行政事务的管理进行监督。②

3. 行政协助关系

省、自治区、直辖市、自治州、县、自治县、市、市辖区的人民政府有义务协助设立在本行政区域内的垂直管理机构开展工作。③

(四) 垂直管理制度的利弊

改革开放之后,我国行政管理体制改革基本上是以放权为主,从1980年的财税权下放,

---

① 参见《地方各级人民代表大会和地方各级人民政府组织法》第67条。
② 例如,我国实行国家土地督察制度。国务院设立国家土地总督察,授权国家土地总督察对各省、各自治区、直辖市和计划单列市人民政府土地利用和管理情况进行监督检查,落实耕地保护目标责任制,监督国家土地调控政策的实施。派驻地方的国家土地督察局,代表国家土地总督察履行监督检查职责。
③ 参见《地方各级人民代表大会和地方各级人民政府组织法》第67条;《税收征收管理法》第5条。

到1982年的部分立法权下放,再到1984年的投资决策权下放,分权是改革中央和地方关系的总方向和总趋势。原来由中央行使的管理权限不断下放,激发了地方政府的发展活力,调动了地方发展的积极性,促进了我国经济社会的快速发展。但是,随着地方权限的增多以及地方经济的发展,地方保护主义开始盛行,严重影响了市场经济建设与法制统一,为此,中央开始在部分行政管理领域实行垂直管理的制度,其意在打破现有行政格局,排除地方对中央监督调控的干预。这种变革,首先从经济和市场监管部门开始,1998年中央决定撤销中国人民银行省级分行,跨行政区域设立9家分行,加强金融宏观调控能力,以摆脱地方政府对金融业务的干预;1999年,国务院改革工商行政管理体制,省级以下机关实行垂直管理,随后,质量技术监督管理部门、国家食品药品监督管理部门、统计部门、土地管理部门、环境保护部门、通信管理部门等都进行了相应的管理体制改革,实行了不同形式的垂直管理体制。但之后又对管理体制进行了调整,例如,2008年将食品药品监督管理机构省级以下垂直管理改为由地方政府分级管理,2011年将工商、质监省级以下垂直管理改为地方政府分级管理。

实行部门垂直管理,可以增强中央宏观调控能力,消除地方保护主义,有利于资源的统一配置、人员调动、资金配备和设施增加等;对于地方而言,部门垂直管理通过保持垂直管理部门人事与财务上的独立,使其下级部门摆脱地方政府的各种干预,加强部门执法监管的权威性、统一性。但是,这种垂直管理所带来的体制上的弊端也是显而易见的,主要体现为:

其一,垂直管理部门设立的非规范性。垂直管理部门的设立权限集中在国务院,而是否设立垂直管理部门以及是否将原来属地管理的职能部门的管理权限收归中央行政主管部门,并没有明确的法律依据,具有任意性和非规范性。

其二,对垂直管理机关的监督不力。垂直管理部门只受上级行政业务主管部门的监管,而不受所在地方人大及政府的监管,因此,垂直管理部门虽然在一定程度上削弱了地方保护主义,但也使得垂直管理部门的监督制约机制弱化,为权力寻租留下制度空间。

其三,地方机构和职能的完整性受到破坏。根据我国《宪法》和《地方各级人民代表大会和地方各级人民政府组织法》的规定,地方各级人大及其常委会"讨论决定本行政区域内的政治、经济、教育、科学、文化、卫生、环境和资源保护、民政、民族等工作的重大事项",在"本行政区域内,保证宪法、法律、行政法规的遵守和执行","县级以上地方各级人民政府依照法律规定的权限,管理本行政区域内的经济、教育、科学、文化、卫生、体育事业、城乡建设事业和财政、民政、公安、民族事务、司法行政、监察、计划生育等行政工作"。通过多年的垂直管理体制改革,许多职能部门的管理权限由地方收归中央,许多地方性行政事务地方不再具有管理权,使得地方机构和职能的完整性受到破坏。

垂直管理部门与地方政府之间的关系本质上是中央与地方之间的权力划分问题。十七大报告提出了"加快行政管理体制改革,建设服务型政府"的政府改革新目标,其中明确指出要"规范垂直管理部门和地方政府的关系"。规范垂直管理部门与地方政府之间关系的首要前提是要明确中央政府与地方政府之间的权限分工,在此基础上,经过科学论证、民主决策,确定垂直管理事项,设立垂直管理机构,进而建立垂直管理机构与地方政府之间的监督、协调机制以及权限争议的处理机制。

五、中央与地方关系的制度化

（一）合理划分中央与地方的权限

合理划分中央和地方经济社会事务的管理权责是中央和地方关系制度化的前提。应按照中央统一领导、充分发挥地方主动性积极性的原则，明确中央和地方对经济调节、市场监管、社会管理、公共服务的管理权责。属于全国性和跨省（自治区、直辖市）的事务，由中央管理，以保证国家法制统一、政令统一和市场统一；属于面向本行政区域的地方性事务，由地方管理，以提高工作效率、降低管理成本、增强行政活力；属于中央和地方共同管理的事务，要区别不同情况，明确各自的管理范围，分清主次责任。根据经济社会事务管理权责的划分，逐步理顺中央和地方在财税、金融、投资和社会保障等领域的分工和职责。① 此外还应明确法律未规定事务的管理权，是属于地方还是中央。

（二）建立中央与地方行政机关之间的协调机制，并使之制度化

各级政府是由承担不同职能的政府部门组成的。由于经济社会事务的复杂性，即使行政机关间的权限划分再严密，法律再完备，也不可能完全消除政府权限划分中的模糊现象，部门之间的争夺管理权或者推诿管理权的现象不可避免，因此，有必要设立各种形式的专家委员会、议事协调机构、中央与地方权限纠纷处理委员会等机构，对中央与地方行政机关之间的关系进行协调、纠纷处理，以使中央与地方行政机关之间、垂直管理部门与地方政府之间能够互相配合，协调运转。

（三）反思垂直管理体制，完善相关制度建设

垂直管理是我国政府管理中的一大特色，而且在行政体制改革中作为中央对地方进行调控的重要手段有不断被强化的趋势。通过垂直管理可以加强对相关领域的监控，但如果体制、机制本身存在的问题不解决的话，也会产生新的弊端。因此，必须对垂直管理体制进行反思，合理确定适合进行垂直管理的领域。此外，需要从制度上解决垂直管理体制的两个问题：一是垂直管理体系在地方层级上的权力监督问题，二是与地方政府的决策相衔接的问题。垂直管理并不意味着完全的集权，垂直管理也可以是放权式的。

第三节 独立行政机关

独立行政机关是在传统的政府行政组织形式之外发展出来的新型行政组织类型，由美国首创，后为许多国家在经济领域、社会领域设立的独立规制机构，其被授予广泛的权力，对相关领域进行规制。独立行政机关的出现，打破了原有的三权分立体制，使得行政组织进一步多元化，同时也促进了行政法与行政法学的进一步发展。

一、美国的独立规制委员会

美国联邦政府中的独立机构可以分为三类：第一类是部内独立机构，属于部内的机构，不能完全摆脱部长的影响，但法律给予其很大的独立权力，在一定范围内可以单独地决定政策；第二类是隶属于总统的独立机构，这些机构对部完全独立，但由总统领导，其负责人由总

---

① 参见 2003 年 10 月 14 日中共十六届三中全会通过的《关于完善社会主义市场经济体制若干问题的决定》。

统任免,并向总统报告工作;第三类则是独立规制委员会,独立于总统与部,被称为"无头的第四部门",即立法、行政、司法以外的部门。美国的独立规制委员会的产生源于政府对经济进行规制的需要,联邦政府成立的第一个独立规制委员会是1887年成立的州际商业委员会。到20世纪30年代,随着美国经济危机的出现,政府成立了许多独立规制机构,加强对经济的规制,如证券交易委员会、联邦电讯委员会、国家劳动关系委员会等。到了60年代,政府规制的重点转向社会领域,1970年成立了职业安全和卫生审查委员会,受理对职业安全的控诉;1972年成立了消费者产品安全委员会,保护消费者免受产品的不合理危险,等等。美国的独立规制委员会具有如下特点:

(1) 组织机构上的独立性。

独立规制委员会采取委员会制,一般由5到7个委员组成,集体决定问题。委员由总统提名,经参议院同意后任命。委员会的任期超过总统的任期,一般为5到7年。委员会采取两党制,任何一党都不能在委员会中占多数。非经法定事由,委员不被免职。通过这种组织形式,独立规制委员会可以较大限度地摆脱总统的影响,超越党派利益,利用委员会各成员的专业知识,有效且中立地达成行政目的。

(2) 独立规制委员会享有广泛的权力。

独立规制委员会享有广泛的权力,包括准立法权、行政权和准司法权。在准立法权方面,独立规制委员会享有根据国会授权而制定行政法规的权力、制定各种执行标准的权力,有权就其管辖事务向国会提出制定法律或者修改法律的建议。在行政权方面,独立规制委员会享有广泛的行政执行权,包括行政许可、行政处罚、行政调查等权力。在准司法权方面,独立规制委员会对其管辖的对象是否违反法律,不仅有追诉的权力,而且有裁决的权力。这种权力传统上由法院管辖,但因委员会所辖事务具有高度的技术性和专业性,法官缺乏裁判此类事务的能力,故国会授权由执行该法律的机关来处理此类纠纷。这种权力也称为行政司法权。

(3) 对独立规制委员会的控制。

独立规制委员会具有很大的独立性,但并非不受控制,其权力的行使依然受国会与法院的控制,要遵循正当程序的基本要求。

其一,立法控制。行政机关的权力由法律授予,行政机关可以经由法律的授权而获得相应的立法权、执法权与司法权。有关立法权与司法权的委任,取决于现代行政发展的实际需要,而在理论上就有关授权是否违反三权分立原则,则经过多年争议,最终采取了实用主义路线,确立了立法权的委任与司法权的委任。有关立法权的委任,传统的立法权力委任理论要求行政立法权的授予必须遵循授权明确性原则,要求立法机关必须在授权法中规定明确的标准,其目的在于控制行政机关行使权力。但在实践中,在立法机关没有确立立法标准的情况下,也可以由行政机关制定相应的标准。有关司法权的委任,法院最终认为,司法权力的委任是否符合三权分立的原则,以是否接受司法审查作为标准,国会制定的司法权力委任的法律,只要没有排除司法审查,就不违背分权原则。[①]

其二,遵守正当程序。权力的行使应遵循正当程序,这是美国宪法确立的一项基本原则,也是行政机关在行使行政权力时必须遵循的基本原则。正当程序的基本要求包括听证、

---

① 参见王名扬著:《美国行政法》(上),中国政法大学出版社1995年版,第292—319页。

回避、职能分离、遵循先例、一事不再理等。

其三,司法审查。司法审查是通过法院的审查活动,监督行政机关的行为是否符合宪法和法律。独立行政机关的活动必须接受司法审查,司法审查是确保行政机关依法行政的具有严格程序保障的、具有权威性的外部监督手段。

二、我国的独立行政机关——以中国证监会为例

(一) 中国证监会的性质及职权

中国证券监督管理委员会(以下简称为"中国证监会")为国务院直属事业单位,是全国证券期货市场的主管部门。[①]

中国证监会依法行使下列职权[②]:

1. 立法权

(1) 行政规章制定权。中国证监会享有"依法制定有关证券市场监督管理的规章"的权力。[③]

(2) 规则、标准制定权。中国证监会有权"依法制定有关证券市场监督管理"的规则[④],有权制定投资咨询机构、财务顾问机构、资信评级机构从事证券服务业务的人员证券从业资格的标准和管理办法。[⑤]

(3) 起草法律、法规的权力。"起草证券期货市场的有关法律、法规",亦是中国证监会的职责。[⑥]

2. 行政执法权

(1) 监管权。中国证监会依法对证券市场进行监督管理,有权依法对证券的发行、上市、交易、登记、存管、结算进行监督管理;依法对证券发行人、上市公司、证券交易所、证券公司、证券登记结算机构、证券投资基金管理公司、证券服务机构的证券业务活动,进行监督管理;依法制定从事证券业务人员的资格标准和行为准则,并监督实施;依法监督检查证券发行、上市和交易的信息公开情况;依法对证券业协会的活动进行指导和监督。

(2) 行政审批权。中国证监会享有广泛的行政审批权,包括依法核准公开发行证券[⑦],依法审核、核准股票发行申请[⑧],依法批准证券交易所章程的制定与修改[⑨]、依法批准设立证券公司[⑩]、依法批准设立证券登记结算机构[⑪]、依法批准投资咨询机构、财务顾问机构、资信评级机构、资产评估机构、会计师事务所从事证券服务业务[⑫],等等。

---

① 参见经国务院批准的《中国证券监督管理委员会职能配置、内设机构和人员编制规定》(以下简称为中国证监会"三定规定")。
② 参见国务院《关于机构设置的通知》(国发[1998]5号)。
③ 参见《证券法》第179条第1项。
④ 参见同上。
⑤ 《证券法》第170条。
⑥ 参见中国证监会"三定规定"。
⑦ 《证券法》第10条第1款。
⑧ 《证券法》第22条、第23条。
⑨ 《证券法》第103条。
⑩ 《证券法》第122条。
⑪ 《证券法》第155条第2款。
⑫ 《证券法》第169条第1款。

(3) 行政强制权,包括检查权、调查权、查封、扣押、冻结权等。中国证监会有权依法采取相应的监管措施,对证券发行人、上市公司、证券公司、证券投资基金管理公司、证券服务机构、证券交易所、证券登记结算机构进行现场检查;进入涉嫌违法行为发生场所调查取证;询问当事人和与被调查事件有关的单位和个人,要求其对与被调查事件有关的事项作出说明;查阅、复制与被调查事件有关的财产权登记、通讯记录等资料;查阅、复制当事人和与被调查事件有关的单位和个人的证券交易记录、登记过户记录、财务会计资料及其他相关文件和资料;对可能被转移、隐匿或者毁损的文件和资料,可以予以封存;查询当事人和与被调查事件有关的单位和个人的资金账户、证券账户和银行账户;对有证据证明已经或者可能转移或者隐匿违法资金、证券等涉案财产或者隐匿、伪造、毁损重要证据的,经国务院证券监督管理机构主要负责人批准,可以冻结或者查封;等等。

(4) 行政处罚权。中国证监会有权"依法对违反证券市场监督管理法律、行政法规的行为进行查处"①。

3. 准司法权——行政复议权

中国证监会享有行政复议权,依法受理公民、法人或者其他组织认为中国证券监督管理及其派出机构、授权组织的行政行为侵犯其合法权益而提起的行政复议,对被申请行政复议的行政行为进行审查并作出决定。②

(二) 中国证监会的职权与现行法规范的不统一

就中国证监会的规章制定权而言,其权力来源于《证券法》的授权,但是根据我国《立法法》的规定,享有规章制定权的主体包括国务院各部、委员会、中国人民银行、审计署和具有行政管理职能的直属机构,而不包括国务院直属事业单位,因此,《证券法》的授权导致了法制的不统一。

就中国证监会的行政复议权而言,《证券法》第 235 条规定:"当事人对证券监督管理机构或者国务院授权的部门的处罚决定不服的,可以依法申请行政复议,或者依法直接向人民法院提起诉讼",但并没有规定复议机关。中国证监会制定的《中国证券监督管理委员会行政复议办法》规定了中国证监会作为证券监督管理争议的行政复议机关。根据《行政复议法》第 14 条的规定,"对国务院部门或者省、自治区、直辖市人民政府的具体行政行为不服的,向作出该具体行政行为的国务院部门或者省、自治区、直辖市人民政府申请行政复议",而证监会不是国务院的组成部门,从应然上说,证监会没有复议权,而中国证监会通过自我授权的方式取得行政复议权,其合法性问题不无疑问。

中国证监会在组织法上被定性为"事业单位",而在行为法上又被赋予广泛的行政权,包括规章制定权、行政执法权和行政复议权,从而与现行行政法律制度之间产生了诸多矛盾。这一制度性矛盾的产生源于我国 1998 年国务院机构改革的指导思想。1998 年国务院机构改革的基本原则之一是"按照精简、统一、效能的原则,调整政府组织结构,实行精兵简政",因此,将中国证监会定位为事业单位而不是行政机关,在形式上保证了国务院机构的精简。但是,这种定性与职能之间的错位使得我国行政组织法与行政行为法、行政复议法等之间出现了冲突与矛盾。问题的解决关键在于准确确定中国证监会的性质,在此基础上赋予其相

---

① 《证券法》第 179 条第 1 款第 7 项。
② 参见《中国证券监督管理委员会行政复议办法》第 2 条、第 3 条。

应的行政职能,理顺组织法、行为法、救济法之间的关系。

第四节 国家行政机关组织规范体系及其完善

一、国家行政机关组织规范体系

国家行政机关组织法的基本内容包括国家行政机关组织的设立、行政机关的地位及性质、行政机关的权限、行政机关内部机构的设立、行政机关的编制、行政机关之间的关系、行政机关之间权限争议的处理以及违法责任的承担等诸多方面。凡是对上述内容进行规定的法规范及其他规范性文件都属于国家行政机关组织规范,这些组织规范共同构成了我国的行政组织规范体系。

我国现行的行政组织规范体系包括以下几个层面:

1. 宪法

《宪法》作为国家的根本大法,其关于行政机构的设置与行政权限的划分是其他行政组织法规范的宪政基础,其他组织规范必须以此为基本依据,不得违反宪法或者与宪法规定相抵触。不过,宪法中的相关规定较为抽象,为行政组织的设置提供了较大的制度空间。

2. 法律及法律性文件

现行的有关国家行政组织的法律主要包括各组织法以及各单行法律中有关行政机关的设立和权限的规定。前者主要包括《国务院组织法》《地方各级人民代表大会和地方各级人民政府组织法》《民族区域自治法》;后者则散见于不同的单行法律之中。例如,有关海关总署的设立,并未在组织法中加以规定,而是1987年制定《海关法》规定设立的。该法第3条规定:"国务院设立海关总署,统一管理全国海关。国家在对外开放的口岸和海关监管业务集中的地点设立海关。"第4条(2000年修改后的第6条)规定:"海关可以行使下列权力……"该法可以视为设立海关部署的组织法规范。

除了法律之外,全国人民代表大会通过的有关国家行政组织的法律性文件也构成了我国行政组织规范体系的有机组成部分。国务院的历次机构改革,都是依据全国人民代表大会通过的有关国务院机构改革方案的决定进行的。如第十一届全国人民代表大会第一次会议《关于国务院机构改革方案的决定》、第十二届全国人民代表大会第一次会议《关于国务院机构改革和职能转变方案的决定》,即属此类文件。这些法律性文件同样体现了国家权力机关对重要国家行政组织的民主控制。

3. 行政法规及国务院的相关规定

国务院根据宪法以及组织法的规定,可以在其权限范围内以行政法规或者行政规范性文件的形式对行政组织的设置、权限、编制等作出规定。例如,《国务院行政机构设置和编制管理条例》《公安机关组织管理条例》《地方各级人民政府机构设置和编制管理条例》等均属于行政法规;国务院《关于议事协调机构设置的通知》(国发[2008]13号)、《关于机构设置的通知》(国发[2013]14号)、《国务院工作规则》《商务部主要职责、内设机构和人员编制规定》《国家人口和计划生育委员会主要职责、内设机构和人员编制规定》等国务院部门"三定"规定①均属于行政规范性文件。这些国务院制定的行政法规及行政规范性文件均属于我国行政机关组织规范体系的有机组成部分。

4. 地方性法规

较大的市以上的地方各级人民代表大会及其常务委员会可以在其权限范围内,根据宪法、法律、行政法规,结合本地实际,制定地方性法规,对本行政区域内行政机构的设置和编制管理等作出具体规定。例如,《广东省行政机构设置和编制管理条例》《青海省行政机构设置和编制管理条例》等均属于省人大或者常委会通过的地方性法规,是地方行政机构的设置和编制管理的依据。

5. 政府规章及行政规范性文件

国务院各部、委员会、中国人民银行、审计署和具有行政管理职能的直属机构以及较大的市以上的地方人民政府可以在其权限范围内,根据法律、法规,结合本地实际,制定行政规章或者行政规范性文件,对其管辖权限内的行政组织的设置、编制管理等作出规定。如工商行政管理总局发布的《工商行政管理所条例》、安徽省人民政府发布的《安徽省行政机构设置和编制管理规定》、杭州市人民政府发布的《杭州市行政机构设置和编制管理规定》等均属于地方政府规章;山西省人民政府办公厅经省人民政府同意发布的《关于印发山西省人民政府议事协调机构和临时机构管理规定的通知》则属于行政规范性文件。

二、国家行政机关组织规范体系的完善

从上述国家行政机关组织规范体系可以看出,在我国,不仅宪法、法律、行政法规、地方性法规、地方政府规章等法规范可以就行政组织的相关问题作出规定,而且法规范之外的其他规范性文件也可以就其作出规定,行政组织规范体系呈现出多层次、多元化的特点,但是存在的问题也是显而易见的。在立法机关与行政机关之间、在不同位阶的规范之间、在法规范与其他规范性文件之间,其逻辑关系并不明确。行政组织规范的完善,必须在法制统一的原则下,在明确上述逻辑关系的前提下,从国家行政机关组织的设立、行政机关的地位及性质、行政机关的权限、行政机关内部机构的设立、行政机关的编制、行政机关之间的关系、行政机关之间权限争议的处理以及违法责任的承担等方面予以完善。

---

① 所谓国务院部门"三定"规定,是国务院部门主要职责、内设机构和人员编制规定的简称,是国务院部门履行职能的重要依据。"三定"规定主要包括六部分内容:一是职责调整,即明确部门取消、划出移交、划入和增加以及加强的职责。二是主要职责,即规定部门的主要职能和相应承担的责任。三是内设机构,即确定部门内设机构的设置和具体职责。四是人员编制,即核定部门的机关行政编制数、部门和内设机构的领导职数。五是其他事项,即明确与有关部门的职责分工、部门派出机构和直属事业单位的机构编制事宜等。六是附则,即明确"三定"规定的解释和调整事宜。参见《中央编办负责人就国务院部门"三定"工作答记者问》,载 http://www.chinaorg.cn/scopsr/scopsr/2008-07/17/content_5217322.htm,2008 年 10 月 21 日访问。

第六章

公 务 员 法

第一节 公务员的概念、范围及分类

一、西方国家公务员的概念及制度特征

现代公务员制度起源于英国①,是市场经济、民主运动、政党政治发展的结果,是行政管理专业化的必然要求。现代公务员制度的建立,推动了政府人事管理的制度化和科学化,提高了政府工作效率和政策的连续性。

(一) 西方主要资本主义国家公务员的概念②

英国的公务员是指中央政府行政部门中经公开考试择优录用,其薪俸由国家财政预算直接支付,不与内阁共进退的文职人员。经选举或者政治任命而产生的议员、首相、大臣、政务次官、政治秘书、法官和军人不属于公务员。

美国的公务员称为政府雇员,包括职类公务员和非职类公务员。前者主要是指通过公开竞争,经考试择优录用的中下级职业文官,以及经过限制性考试或者依法不需要通过竞争考试而由政府录用的律师、牧师、医生等专业技术人员、邮政系统人员等;后者包括政府系统中的民选官员、政治任命的官员和经过人事管理总署决定不经竞争考试而录用的机要人员、工作重而待遇低的劳务人员和临时人员等。

法国公务员分为适用公务员法的公务员与不适用公务员法的公务员两类。前者包括在中央政府及其驻外机构、地方行政机关和公立公益机构各级部门编制内正式担任常设职务的人员;后者包括议会工作人员、法官、军事人员、工商性质的公营机构的人员、市镇公职人员和依合同服务的公职人员等。

德国的公务员分为特别职公务员和一般职公务员。特别职公务员是由民选或者政治任命产生的,包括联邦总理、各部部长、国务秘书等,这类公务员不适用公务员法。一般职公务员是经过公开竞争考试择优录用,不与内阁共进退,适用联邦公务员法的公务员。

日本的公务员也分为特别职公务员和一般职公务员。特别职公务员经选举或者政治任命产生,包括内阁总理大臣、国务大臣、人事官、检查官、内阁法制局长官、政务次官以及其他任职须经选举或者国会议决与同意的官员、法官及法院的其他职员、国会职员、防卫厅职员

---

① 1870年6月4日,英国确立了"凡未经考试并持有文官事务委员会合格证书者,一律不得从事任何事务类官职"的原则,标志着近代文官制度的产生。
② 参见杨建顺著:《行政规制与权利保障》,中国人民大学出版社2007年版,第206—207页。

和国立、公立企事业单位的职员,这类公务员不适用公务员法。一般职公务员经公开考试择优录用,适用公务员法。日本公务员还分为国家公务员和地方公务员,分别适用《国家公务员法》和《地方公务员法》。①

(二) 西方国家公务员制度的特征②

尽管西方各国公务员概念的内涵与外延不同,具体的制度设计也有所区别,但却具有共同的制度特征。这些特征表现为:

(1) 公民从事公务的机会公平、平等原则。在现代民主政治之下,任何公民,不分民族、信仰、性别、社会身份、家庭出身、政治见解和政治所属关系,均有机会从事公务。

(2) 对公务员实行分类管理。将公务员分为政务类公务员与事务类公务员并实行不同的管理体制,是西方公务员制度通行的做法。政务类公务员实行任期制,通过选举方式产生或者由政府首脑任命,负责政党政策在政府工作中的贯彻执行;事务类公务员实行常任制,一般通过考试录用,主要负责执行政府的日常事务。政务类公务员与事务类公务员的产生和管理办法不同,适用的法律也不相同,且二者不得相互转任。

(3) 事务类公务员政治中立。在两党制或者多党制的西方国家,既要坚持"政党轮流执政",又要避免"政党分肥"或曰"政党分赃"的腐败现象,因而区分政务类公务员与事务类公务员。政务类公务员与政党共进退,而事务类公务员必须保持政治中立,必须忠于政府,不得带有党派倾向和其他政治倾向,不得参与党派活动,同时其管理也不受政党干预。

(4) 功绩主义原则。公务员的录用与晋升,在机会平等的前提下,必须经过公开的竞争性考试,根据能力、知识、技能等予以决定。功绩主义体现了"任人唯能""奖优惩劣"的思想。如美国《文官制度改革法》规定:"工作成绩良好者继续任职,工作成绩不好者必须改进,工作达不到标准者予以解职"。德国《公务员资历条例》规定:"公务员的录用、任用、授职、提职、晋升,只能依据公务员的资格、胜任工作的能力和工作成绩来决定","工作成绩就是按照工作要求对公务员的劳动成果所作的评定"。日本《国家公务员法》规定:"公务员的任用,依照本法和人事院规则的规定,根据考试成绩、工作成绩或者其他能力的考核结果进行","政府机关首长必须对下属公务员的工作进行定期评定,并根据评定结果采取适当措施"。

(5) 公务员身份保障原则。为保障公务员的合法权利,各国一般都在公务员法中对公务员的权利和义务进行明确规定,确立了事务类公务员的身份保障制度,未经法定事由与法定程序,公务员不得被解职,并设立专门的机构受理侵犯公务员权利的事宜,如美国设立了独立的人事委员会,英国设立了功绩制保护委员会,日本设立了公平审查委员会,法国设有对等委员会等。此外,许多西方国家还建立了公务员工会,作为公务员利益的代言人,就公务员的权益问题与政府谈判。

二、我国公务员制度的产生与发展

我国的公务员制度,是在继承我国干部人事制度的优良传统,在现行党政干部人事制度的基础上,借鉴国外公务员制度的经验,逐步得以完善的。

---

① 参见罗豪才主编:《行政法学》,北京大学出版社 2005 年版,第 84—85 页(杨建顺执笔"行政法律关系主体")。
② 参见杨建顺著:《行政规制与权利保障》,中国人民大学出版社 2007 年版,第 196—201 页。

我国的干部人事制度起源于民主革命时期的干部制度。在民主革命时期,中国共产党在革命斗争中逐步形成了党的干部路线、干部政策和干部制度。在新中国成立后,建立了与计划经济相适应的干部人事制度。改革开放之后,随着经济体制改革与政治体制改革的进行,原有的干部人事制度由于存在缺乏科学分类、管理权限过于集中、管理方式单一等问题而不能适应改革开放的要求,干部人事制度改革势在必行。1987年党的十三大报告首次正式使用"公务员"这一概念,提出要建立公务员制度,报告指出:"当前干部人事制度改革的重点,是建立国家公务员制度……"十三大报告为我国公务员制度的建立与发展提供了政策指导。1993年4月24日,国务院颁布了《国家公务员暂行条例》,并于1993年10月1日起施行。《国家公务员暂行条例》建立了考试录用为重点的公开、平等、竞争的公务员录用制度,强化了以公务员考核为中心的在职管理制度,建立了公务员的退出机制,明确了公务员的权利义务,建立了公务员权益的争议解决机制。该条例的颁布与实施,标志着我国行政机关公务员制度的初步建立,奠定了我国现代公务员制度的基础。

《国家公务员暂行条例》的实施,促进了我国人事制度的制度化、法治化建设,但在实施过程中也暴露出一些问题,同时由于《国家公务员暂行条例》层级较低,适用范围较窄,在实践中也暴露出一些不足与矛盾,需要作进一步完善。2002年正式启动了公务员法的起草工作,2005年4月27日第十届全国人民代表大会常务委员会第十五次会议审议通过了《公务员法》。我国公务员制度以法律的形式得以确立。

三、我国公务员的概念及范围

(一) 我国公务员的概念

在我国,公务员是指依法履行公职、纳入国家行政编制、由国家财政负担工资福利的工作人员。[①] 公务员资格包括以下三个要素:

(1) 公务员是在机关中依法履行公职的工作人员。在我国,公职人员包括在机关、国有企业、事业单位中从事公务的工作人员以及机关和国家企业、事业单位委派到非国有单位从事公务的人员。上述公职人员中,只有在机关履行公职的工作人员才属于公务员。在机关工作,但是其职责并非公共职责的工作人员,如工勤人员,也不属于公务员。

(2) 公务员是纳入国家行政编制的工作人员。编制是我国人事管理的重要制度。根据组织机构的性质、功能和与国家经济的关系,我国的人员编制大致分为行政编制、事业编制、企业编制和军事编制等类别。其中,行政编制是指执行国家职能及政治体系管理职能的机关所使用的人员编制,其经费由财政经费开支。编制是控制国家机构规模的一项组织制度,在国家机构设立时,其编制即已根据职能配置和职务分类,按照精简的原则予以确定。只有纳入国家行政编制的工作人员才能成为公务员。

(3) 公务员是由国家财政负担工资福利的工作人员。国家行政编制与国家财政负担工资福利密切相关。只有纳入国家行政编制的工作人员,其工资福利才由国家财政负担。

(二) 公务员的范围

根据我国《公务员法》以及中共中央、国务院发布的《关于印发〈中华人民共和国公务员法实施方案〉的通知》(中发[2006]9号)确定的《公务员法》的实施范围,我国公务员的范围

---

① 参见《公务员法》第2条。

包括下列机关中除工勤人员以外的工作人员：中国共产党各级机关；各级人民代表大会及其常务委员会机关；各级行政机关；中国人民政治协商会议各级委员会机关；各级审判机关；各级检察机关；各民主党派和工商联的各级机关。

（1）中国共产党各级机关的工作人员。包括中央和地方各级党委、纪委的领导成员；中央和地方各级党委工作部门和纪检机关的工作人员以及街道、乡、镇党委机关的工作人员。

（2）各级人民代表大会及其常务委员会机关的工作人员。包括全国人大常委会委员长、专职副委员长、秘书长、专职常委，地方各级人大常委会主任、专职副主任、秘书长，乡镇人大专职主席、副主席；各级人大常委会工作人员；各级人大专门委员会办事机构工作人员。

（3）各级行政机关的工作人员。包括各级人民政府的组成人员，各级人民政府工作部门及派出机构的工作人员。

（4）中国人民政治协商会议各级委员会机关的工作人员。包括政协各级委员会主席、专职副主席、秘书长；政协各级委员会工作机构的工作人员；政协专门委员会办事机构的工作人员。

（5）各级审判机关的工作人员。包括最高人民法院、地方各级人民法院、专门人民法院的法官、审判辅助人员和行政管理人员。

（6）各级检察机关的工作人员。包括最高人民检察院、地方各级人民检察院和专门人民检察院的检察官、检察辅助人员和行政管理人员。

（7）各民主党派和工商联各级机关的工作人员。各民主党派包括中国国民党革命委员会、中国民主同盟、中国民主建国会、中国民主促进会、中国农工民主党、中国致公党、九三学社、台湾民主自治同盟等八个民主党派。这些民主党派和工商联各级机关中属于公务员的有各级委员会主席（主任委员）、专职（驻会）副主席（副主任委员）、秘书长，以及职能部门和办事机构的工作人员。

在理解我国公务员的范围时，应注意下述两个问题：

（1）上述各类机关中的工勤人员不属于公务员。其主要原因在于，工勤人员的工作性质是为机关提供后勤服务，不属于依法履行公职，且不属于行政编制，其录用、考核、奖惩、职务升降等都不同于公务员。

（2）事业单位工作人员不属于公务员。我国事业单位种类繁多，其法律性质也不尽相同，因此，事业单位除了工勤人员以外的工作人员，有的是依法履行公职且工资福利由国家财政负担，如中国证监会的工作人员；有的虽然不属于履行公职的范畴，但其工资福利由国家财政负担，如高校教师，但由于其在编制上属于事业编制，所以不属于公务员。但是，根据《公务员法》的规定，对于法律、法规授权的具有公共事务管理职能的事业单位中除工勤人员以外的工作人员，经批准参照《公务员法》进行管理。[①] 该规定进一步明确了事业单位的工作人员不是公务员，但在管理上，经过有权机关批准，参照《公务员法》进行管理。

基于本书的研究主旨，本书将研究的对象限于行政机关公务员。

四、公务员的分类

根据不同标准，可以对公务员进行不同的分类。

---

① 参见《公务员法》第106条。

(一)综合管理类公务员、专业技术类公务员和行政执法类公务员

按照公务员职位的性质、特点以及管理方式的不同,可以将公务员划分为综合管理类、专业技术类和行政执法类。

所谓综合管理类公务员是指在机关中履行规划、咨询、决策、组织、指挥、协调、监督等综合管理以及内部管理职责的公务员。

所谓专业技术类公务员是指在机关中承担专业技术职责,为实施公共管理提供直接的技术支持和保障的公务员。

所谓行政执法类公务员是指在工商、税务、质检、环保等履行社会管理与市场监管职能的行政执法部门的基层单位的公务员。行政执法类公务员主要履行行政监管、行政处罚、行政强制、行政稽查等现场执法职责。

(二)领导职务公务员和非领导职务公务员

根据公务员的职务和职责不同,可以将公务员分为领导职务和非领导职务。

所谓领导职务的公务员,是指在各级各类机关中,具有组织、管理、决策、指挥职能的公务员。领导职务层次分为:国家级正职、国家级副职、省部级正职、省部级副职、厅局级正职、厅局级副职、县处级正职、县处级副职、乡科级正职、乡科级副职。综合管理类的领导职务根据宪法、有关法律、职务层次和机构规格设置确定。

所谓非领导职务的公务员,是指在各级各类机关中,不具有组织、管理、决策、指挥职能的公务员。非领导职务层次在厅局级以下设置。综合管理类的非领导职务分为:办事员、科员、副主任科员、主任科员、副调研员、调研员、副巡视员、巡视员。综合管理类以外的其他职位类别公务员的职务序列,根据《公务员法》由国家另行规定。

(三)选任制公务员、委任制公务员、聘任制公务员和考任制公务员

根据公务员任用方式的不同,可以将公务员划分为选任制公务员、委任制公务员、聘任制公务员和考任制公务员。

所谓选任制公务员,是指通过民主选举的方式而产生的公务员。我国公务员中的各级人民政府的组成人员,是由各级人民代表大会及其常委会选举产生或者决定任命的,因而属于选任制公务员。

所谓委任制公务员,是指任免机关在其权限范围内,直接确定并委派某人担任一定职务而产生的公务员。

所谓聘任制公务员,是指行政机关根据工作需要,按照平等自愿、协商一致的原则,通过合同方式聘用的公务员。在我国,行政机关聘任公务员,必须经省级以上公务员主管部门批准,且所聘职位属于不涉及国家秘密的专业性较强的职位和辅助性的职位。

所谓考任制的公务员,是指通过公开考试和考核的方法,择优录用而产生的公务员。在我国,录用担任主任科员以下及其他相当职务层次的非领导职务公务员,都采取公开考试、严格考察、平等竞争、择优录取的办法。

(四)政务类公务员和业务类公务员

根据公务员产生的方式、管理依据、承担责任等的不同,可以将公务员分为政务类公务员和业务类公务员。很多国家,如英国、美国、法国等都采用这种分类方式,但我国在立法上并没有采用这种分类方式。

所谓政务类公务员,又称政务官,一般是指由选举产生或者政治任命,具有严格的任期,

与内阁共进退的公务员。

所谓业务类公务员,又称事务官或者文官,一般是指通过公开竞争考试,择优录用,无过失则长期任职,不与内阁共进退的公务员。其录用、考核、奖惩、任免、培训、退休、监督、保障等均有一系列法律制度具体规范,国家公务员制度主要就是指对事务官的管理制度。

第二节 公务员关系

一、公务员关系的概念和性质

(一) 公务员关系的概念

所谓公务员关系,也称为勤务关系,是指公务员因担任国家公职、执行国家公务而与任职行政机关之间产生的权利义务关系。自公务员任职之日起,公务员与行政机关之间的公务员关系即产生。公务员关系产生之后,随着公务员法律关系主体、内容、客体诸要素的变化,公务员关系会发生变更或者消灭。

(二) 公务员关系的性质

传统的大陆法系将公务员关系视作特别权力关系,以区别于公民与行政机关之间的一般行政法律关系,认为行政机关在一定的范围内,对公务员享有概括命令的权力,而公务员具有高度服从义务。特别权力关系排除法律保留原则的适用,公务员不得就处分行为提起行政诉讼。随着民主化及法治国理论的发展,这一理论受到质疑。1956年乌勒教授提出了基础关系与管理关系二分法,前者可以提起行政诉讼,而后者不得提起行政诉讼。所谓基础关系,是指与设定、变更、终结特别权力关系有关联的一切法律关系;而后者是指单纯的管理措施,不涉及相对人的个人身份,其法律地位亦不受影响。此理论发表后,颇受德国学界重视,联邦行政法院判决也加以引用,但目前联邦宪法法院已不采取基础关系与管理关系作为尺度,其主要原因在于此一区分标准并不明显,而且该理论依然具有维护特别权力关系之意图。在特别权力关系日益受到质疑的情况下,该理论已失去了其学术上的说服力。就联邦行政法院处理调职事件而言,不再以是否属于基础关系或管理关系为判断依据,而系以相关措施是否产生某种法律效果,足以影响个人地位为准。[①] 理论界也提出各种新的理论,如特别义务关系、人事结合关系、特别法律关系等,以取代特别权力关系理论。

从我国现行的实定法来看,在公务员关系的制度设计上,体现了特别权力关系理论的制度特征。如我国《行政诉讼法》明确规定,"行政机关对行政机关工作人员的奖惩、任免等决定"的争议不属于人民法院的受案范围,人民法院不得受理[②],公务员只能通过行政系统内部的人事争议解决机制加以解决。

本书认为,应根据公务员关系的不同性质进行分类研究,在此基础上建立相应的制度,应区分公务员招录、解职法律关系与任职内法律关系等不同的法律关系。公务员招录、解职涉及公务员身份的确立与解除,对公民的身份产生决定性的影响,而任职内法律关系不涉及身份,属于内部管理关系,属于传统特别权力关系。对于前者,应赋予相对人提起行政诉讼

---

① 参见吴庚著:《行政法之理论与实用》(增订8版),中国人民大学出版社2005年版,第147页。
② 参见《行政诉讼法》第13条。

的权利;而对于后者,建立行政系统内的救济机制即可。

二、公务员关系的成立

公务员作为代表国家行政机关行使职权的公职人员,其与国家行政机关之间公务员关系的成立,必须依照法定的程序、资格条件、程序等进行。我国目前公务员任用的方式分为考任、调任、聘任与选任四种方式。

(一) 考任

所谓考任,是指行政机关通过公开考试与考察的方法择优录用公务员。考任是世界各国任用公务员最广泛使用的一种方式,体现了现代公务员任用的公开、平等、竞争等原则。在我国,录用担任主任科员以下及其他相当职务层次的非领导职务公务员,即采取公开考试、严格考察、平等竞争、择优录取的办法。具体分析详见下节。

(二) 调任

所谓调任,是指行政机关将行政系统之外的从事公务的人调入行政机关任职的一种公务员录用制度。在我国,调任有严格的限制,被调任的人员必须是在国有企业事业单位、人民团体和群众团体中从事公务的人员,被调任的职位是领导职务或者副调研员以上及其他相当职务层次的非领导职务。调任人选应当具备《公务员法》规定的资格条件,并具备拟任职位所要求的资格条件。调任机关应当根据上述规定,对调任人选进行严格考察,并按照管理权限审批,必要时可以对调任人选进行考试。

(三) 聘任

所谓聘任,是指行政机关根据工作需要,经省级以上公务员主管部门批准,对不涉及国家秘密的专业性较强的职位和辅助性职位,按照平等自愿、协商一致的原则以合同的方式聘用公务员。聘任制公务员与行政机关之间的权利义务关系,不是由法律直接规定,而是由双方协商确定。双方按照平等自愿、协商一致的原则签订书面聘任合同,明确合同期限、职位及职责要求、工资、福利、保险待遇、违约责任等条款。

(四) 选任

所谓选任,是指根据民主选举的方式任用公务员。我国公务员中的各级人民政府的组成人员,由各级人民代表大会及其常务委员会选举产生或者决定任命,属于选任制公务员。

三、公务员关系的变更

公务员关系的变更,是指公务员法律关系的主体、内容或者客体发生了一定的变化,但这种变化尚未达到消灭公务员关系的程度。导致公务员关系发生变更的情形包括:

(一) 转任

转任,是指国家公务员因工作需要而在国家行政机关系统内跨地区、跨部门调动,或者在同一行政机关内的不同职位之间进行转换任职。国家实行公务员交流制度,转任是公务员交流的一种形式。公务员转任应当具备拟任职位所要求的资格条件,在规定的编制限额和职数内进行。转任如果是跨地区、跨部门、跨单位进行的,则将改变公务员的行政隶属关系,导致公务员关系主体的变更,必须按规定办理人事调动手续。如果是在行政机关内部进行转任,则导致公务员关系内容的变更,但无须办理人事调动手续。

（二）挂职锻炼

挂职锻炼，是指为了培养锻炼公务员，行政机关可以选派公务员到下级机关或者上级机关、其他地区机关以及国有企业事业单位从事一定期限的工作。公务员在挂职锻炼期间，由于其所从事的公职发生变化，导致公务员关系的内容的变更，但不改变与原机关的人事关系。

（三）职务升降

职务升降是实行功绩制度的具体表现。公务员晋升职务，应当具备拟任职务所要求的思想政治素质、工作能力、文化程度和任职经历等方面的条件和资格。公务员晋升职务，应当逐级晋升。特别优秀的或者工作特殊需要的，可以按照规定破格或者越一级晋升职务。公务员在定期考核中被确定为不称职的，按照规定程序降低一个职务层次任职。不论公务员职务的晋升或降级，均属于公务员关系内容的变化，从而导致公务员关系的变更。

（四）级别升降

公务员级别是反映公务员的资历、学历等条件和工作岗位等情况的重要标志，同时又是与其职务高低相联系的。在职务不变的情况下，主要根据年度考核决定级别晋升，这反映了功绩制原则。级别升降也会导致公务员关系内容的变化，从而导致公务员关系的变更。

（五）辞去领导职务

担任领导职务的公务员，因工作变动依照法律规定需要辞去现任职务的，应当履行辞职手续。担任领导职务的公务员，因个人或者其他原因，可以自愿提出辞去领导职务。领导成员因工作严重失误、失职造成重大损失或者恶劣社会影响的，或者对重大事故负有领导责任的，应当引咎辞去领导职务。领导成员应当引咎辞职或者因其他原因不再适合担任现任领导职务，本人不提出辞职的，应当责令其辞去领导职务。辞去领导职务不同于辞职，只是辞去现任领导职务，其还可以从事其他公职。不论何种原因辞去现任领导职务的，只是导致公务员关系内容的变更，而不会导致公务员关系的消灭。

（六）行政机关的合并或者分立

行政机关在机构改革过程中，如果分立为两个或两个以上的行政机关或者两个或两个以上的行政机关合并为一个行政机关时，原行政机关公务员的身份保持不变，但行政法律关系主体中的行政主体一方会发生变化，从而导致公务员关系的变更。

四、公务员关系的消灭

公务员关系消灭是指公务员与行政机关之间的权利义务关系的终止。

公务员关系消灭的原因有多种，主要有以下几种情形：

（一）退休

公务员达到法律规定的年龄或者法律规定的其他条件，依法应当或者可以退休。根据我国《公务员法》第87条与第88条的规定，公务员达到国家规定的退休年龄或者完全丧失工作能力的，应当退休。公务员符合下列条件之一的，本人自愿提出申请，经任免机关批准，可以提前退休：(1) 工作年限满30年的；(2) 距国家规定的退休年龄不足5年，且工作年限满20年的；(3) 符合国家规定的可以提前退休的其他情形的。

（二）辞职

公务员在公务员关系存续期间，主动向任免机关提出辞去公务员职位的，属于辞职。公务员辞去公职，应当向任免机关提出书面申请。任免机关应当自接到申请之日起30日内予以审批,其中对领导成员辞去公职的申请,应当自接到申请之日起90日内予以审批。但是,公务员有下列情形之一的,不得辞去公职:(1) 未满国家规定的最低服务年限的;(2) 在涉及国家秘密等特殊职位任职或者离开上述职位不满国家规定的脱密期限的;(3) 重要公务尚未处理完毕,且须由本人继续处理的;(4) 正在接受审计、纪律审查,或者涉嫌犯罪,司法程序尚未终结的;(5) 法律、行政法规规定的其他不得辞去公职的情形。

(三) 辞退

公务员在公务员关系存续期间,在符合法定条件的情况下,可以由任免机关予以辞退。辞退公务员,由任免机关按照管理权限决定。辞退决定应当以书面形式通知被辞退的公务员。公务员有下列情形之一的,予以辞退:(1) 在年度考核中,连续两年被确定为不称职的;(2) 不胜任现职工作,又不接受其他安排的;(3) 因所在机关调整、撤销、合并或者缩减编制员额需要调整工作,本人拒绝合理安排的;(4) 不履行公务员义务,不遵守公务员纪律,经教育仍无转变,不适合继续在机关工作,又不宜给予开除处分的;(5) 旷工或者因公外出、请假期满无正当理由逾期不归连续超过15天,或者一年内累计超过30天的。

对有下列情形之一的公务员,不得辞退:(1) 因公致残,被确认丧失或者部分丧失工作能力的;(2) 患病或者负伤,在规定的医疗期内的;(3) 女性公务员在孕期、产假、哺乳期内的;(4) 法律、行政法规规定的其他不得辞退的情形。

(四) 开除公职

开除公职是对违法违纪公务员的一种行政处分,是《公务员法》所规定的行政处分中最为严厉的一种,其直接的法律后果是公务员关系的消灭。

(五) 任期届满

选任制公务员均有一定的任期,任期届满后不再连任的,其公务员关系消灭。

(六) 罢免

选任制公务员由选举机关民主选举产生,其在任期内被选举机关依法罢免的,公务员关系消灭。

(七) 聘用期限届满

聘任制公务员的任职时间均以聘任合同的形式予以约定,约定的合同期限届满后,其公务员关系消灭。

(八) 丧失国籍

国籍是取得公务员资格的前提条件,公务员丧失国籍的,公务员关系消灭。

(九) 被判处刑罚

公务员在任职期间因犯罪而被判处刑罚的,丧失担任公务员的资格,其公务员关系消灭。

(十) 死亡

公务员在公务员关系存续期间死亡的,其与行政机关之间的公务员关系消灭。

第三节　公务员的招录及任职

公民个人与国家行政机关之间建立的公务员关系,始于公务员的招录与任用。现代公务员,一般需要遵循公开、公平、竞争、择优的原则,由行政机关通过考试等方式任用,由此才能在公民个人与国家行政机关之间建立公务员关系。

一、公务员的招录

公务员的招录,是指公务员的招考与录用。在现代社会,公开招考是录用低职位层次公务员的主要方式之一。在我国,录用担任主任科员以下及其他相当职务层次的非领导职务公务员,采取公开考试的方式择优录用。我国公务员的职务分为领导职务和非领导职务,主任科员以下非领导职务,包括办事员、科员、副主任科员和主任科员四个职务层次,"其他相当职务层次的非领导职务"包括担任专业技术类、行政执法类中相当于主任科员以下非领导职务的公务员。因此,招录制度适用于下列人员:一是担任综合管理类主任科员以下非领导职务的人员;二是担任专业技术类、行政执法类中相当于主任科员以下职务层次的人员。担任领导职务和相当于副调研员以上非领导职务的公务员,不采取招录的方式,而是通过内部晋升、调任等方式进行补充,或者通过公开选拔的方式予以录用。

(一) 公务员招录的原则

1. 公民担任公职的机会平等原则

公民具有平等的担任公职的机会,任何公民,只要符合公务员的任用条件,不能被排除于任用范围之外,不得因性别、年龄、民族、信仰等区别对待,职位有特殊要求的除外。公民担任公职的机会平等权利是宪法确认的公民的基本权利。我国《宪法》第2条第3款规定:"人民依照法律规定,通过各种途径和形式,管理国家事务,管理经济和文化事业,管理社会事务。"第33条第2款规定:"公民在法律面前一律平等。"

2. 公开原则

公开原则要求公务员招录的整个过程公开,拒绝暗箱操作,保证公务员招录过程的公开、透明。公开原则要求:(1)公务员的招考公告应公开,以便广大民众能够了解招考信息;(2)公务员的考试、录用标准应公开;(3)最终的录用结果应公开。

3. 竞争原则

通过公开竞争、择优录取的方式,保证最优秀的人才能够加入公务员的队伍,确保公务员的素质与能力。

4. 法治原则

人事管理制度的法治化是行政法治的一个基本内容,公务员的招录必须遵守法治原则,依法进行。

5. 德才兼备原则

德才兼备是选拔与录用公务员的基本条件。在德与才的关系上,应坚持德才兼备、以德为先的原则。

(二) 公务员的资格条件

公务员的资格条件是指在具备何种条件的情况下,个人具有担任公务员的资格。从事公务机会的公开、平等的原则,要求从事公务的机会必须平等地向一国所有公民开放,也就是说,一国公民皆享有成为公务员的机会。但是,这并不意味着所有的公民都可以成为公务员。对社会公共事务进行管理,需要具备相当的知识与能力,特别是现代社会的发展对公务员的素质提出了越来越高的要求,因此,成为国家公务员必须具备相应的资格条件。

公务员的资格条件分为公务员的基本条件和所报考职位的资格条件要求。

公务员的基本条件由公务员法作出统一规定,职位要求的资格条件一般由招录机关提出,经省级以上考试录用主管部门批准后予以公布。报考者应当同时符合基本条件和职位要求的所有资格条件方可报考。

公务员的基本条件可分为积极条件与消极条件,前者指必须具备的条件,后者指不应具备的条件,有消极条件者不得录用为公务员。根据我国《公务员法》第 11 条及第 24 条的规定,我国公务员资格的积极条件包括以下几个方面:(1) 具有中华人民共和国国籍;(2) 年满 18 周岁;(3) 拥护中华人民共和国宪法;(4) 具有良好的品行;(5) 具有正常履行职责的身体条件;(6) 具有符合职位要求的文化程度和工作能力;(7) 法律规定的其他条件。[①]

公务员主管部门和招录机关不得设置与职位要求无关的报考资格条件。

(三) 公务员招录的程序

公务员录用的程序是公务员招录制度的重要内容。我国《公务员法》第四章明确规定了公务员招录的程序,依次包括发布招考公告、报名与资格审查、考试、考察与体检、提出拟录用人员、审批或者备案等六项程序。

(1) 发布招考公告。招考公告由录用主管部门负责发布,一般应当载明下列内容:招考的职位、名额,报考的资格条件,报名的方式、时限等,考试内容和科目、时间、地点和区域分布,报考需要提交的申请材料,其他注意事项。招考公告一般在考试前一段时间,通过报纸、电视、互联网等媒体向社会发布,以便广大公民及时了解招考信息。

(2) 报名与资格审查。考生必须在规定时间之内向规定机关提出考试申请,并提交相应的申请材料。招录机关在接到报名申请材料后,应当在规定时限内进行审查,确定是否符合公务员的基本条件与报考职位的资格条件,经审查符合条件的,由录用主管部门发给准考证,参加考试;不符合条件的,应在一定时间内及时予以答复并说明理由。

(3) 考试。考试在资格审查合格的人员中进行。公务员录用考试采取笔试和面试的方式进行,考试内容根据公务员应当具备的基本能力和不同职位类别分别设置,其目的是测试报考者的知识水平以及适应职位要求的素质和能力。

(4) 考察与体检。考察是在考试的基础上进行的,其对象是考试合格者。考察的主要内容包括:政治思想、道德品质、工作能力、工作表现和实绩、廉洁自律以及是否需要回避等。考察工作按照录用主管部门的统一要求,由招录机关组成考察组组织实施。体检是在考试和考察基础上,对报考者适应职位要求的身体条件的检查。体检的项目和标准根据职位要求确定。

(5) 提出拟录用人选。根据拟任职位的要求,综合报考者的考试、考察和体检结果,经招录机关领导研究讨论同意,确定拟录用人员名单。拟录用人员名单由公务员主管部门或者招录机关以适当形式予以公示。在公示期间内(公示时间一般为 7 天),有异议者可以按照规定向招录机关或者录用主管部门举报。招录机关和录用主管部门接到举报材料后,要认真调查核实,确有问题的,应当取消录用。

[①] 我国人事部制定的《公务员录用规定(试行)》第 16 条将公务员的基本条件进一步规定为:(1) 具有中华人民共和国国籍;(2) 年龄为 18 周岁以上,35 周岁以下;(3) 拥护中华人民共和国宪法;(4) 具有良好的品行;(5) 具有正常履行职责的身体条件;(6) 具有符合职位要求的工作能力;(7) 具有大专以上文化程度;(8) 省级以上公务员主管部门规定的拟任职位所要求的资格条件;(9) 法律、法规规定的其他条件。前述第(2)(7)项所列条件,经省级以上公务员主管部门批准,可以适当调整。

（6）审批或者备案。公示期满,对没有问题或者反映问题不影响录用的,由招录机关将拟录用人员名单按照规定报录用主管部门审批或者备案。中央一级招录机关将拟录用人员名单报中央公务员主管部门备案;地方各级招录机关将拟录用人员名单报省级或者设区的市级公务员主管部门审批。对有严重问题并查有实据的,不予录用;对反映有严重问题,但一时难以查实的,暂缓录用,待查实并作出结论后再决定是否录用。

中央机关及其直属机关将拟录用人员名单报中央公务员主管部门审批。备案或者审批同意后,由公务员主管部门印发录用通知,招录机关给报考者办理录用手续。

（四）招录法律关系

招录法律关系是指行政机关在招录公务员过程中与报考人员之间形成的行政法律关系,其不同于公务员关系。在招录公务员的行政法律关系中,行政主体是招录机关,行政相对人是公务员的报考人员。在招录过程中发生纠纷的,可以以招录机关为对方当事人提起行政争讼。①

二、公务员的任职

（一）公务员任职的概念

公务员的任职,是指行政机关依据有关法律法规,在其权限范围内,通过法定程序任命公务员担任某一职务的法律制度。

新录用的公务员实行试用期制度。根据我国《公务员法》的规定,新录用的公务员试用期为1年。试用期内,由招录机关对新录用的公务员进行考察,并安排必要的培训。试用期满合格的,予以任职;试用期不合格的,取消录用。中央机关取消录用的,报中央公务员主管部门备案。地方各级机关取消录用的审批权限由省级公务员主管部门规定。

自公务员任职之日起,公务员关系成立。

（二）公务员任职的要求

（1）公务员任职必须在规定的编制和职数内进行,并有相应的职位空缺。根据我国机构编制管理制度的规定,对行政机关实行"定职能、定机构、定编制",并在此基础上设置职位。各机关的领导职务和非领导职务,都是根据该机关所负担的职能任务、工作性质、机构规格、编制总数、各级职务的比例关系等因素进行确定,其编制数额与职位数额都是确定的,其目的在于保证机关因事设职、以职选人、精简高效。因此,任何机关任命公务员职务,都必须在本机关的编制数额和职数限额之内进行,绝不能随意突破。

此外,任命公务员,必须有相应的职位空缺。行政机关职数确定,一方面是指职位的总数确定,另一方面是指职位的具体分配也是确定的,任命公务员必须有相应的职位空缺,否则,即使不突破单位职位总数的限额,也不能任命。其目的在于保证机关内设机构职位管理科学,人员构成合理,有效完成承担的职能,避免机关职位管理混乱、履行职能不平衡。

---

① 在司法实践中,虽然以招考机关为录用主体(被告)作出了一些判决,但是,也有相当数量的判决不承认招录机关的录用主体(被告)资格。例如,在被媒体称为"海南乙肝歧视第一案"的诉讼中,一审法院就以被告某厅拒绝录用原告黄某的行为不是被告履行本身行政职能的行政行为为由驳回起诉;在"广西年龄歧视第一案"的诉讼中,一审法院亦以原告所报考的被告某厅作为录用单位未对原告作出具体行政行为,被告不适格为由驳回起诉;在山西省赵鸿亮与晋中市食品药品监督局公务员录用纠纷中,二审法院撤销了以录用单位为被告的一审法院的判决,并以晋中市食品药品监督局不具有录用决定权即被告不适格为由驳回起诉。

（2）公务员应符合相应的任职条件。公务员的任职条件，是指公务员主管部门设定的与招录机关根据其职能、规格、编制限额、职数以及结构比例所设置的职位、职责的工作需要紧密联系的条件。公务员的任职条件由省级以上公务员主管部门加以规定。从理论上讲，公务员的任职条件包括积极条件与限制性条件两个方面。

第一，积极条件。积极条件是指公务员必须具备的条件，包括政治条件和业务条件。其中，政治条件包括拥护中华人民共和国宪法、具有良好的品行等；业务条件包括具有正常履行职责的身体条件、具有符合职位要求的文化程度和工作能力。具体任职条件，如专业知识、操作技能、特殊岗位的体格或者语言能力要求等，可以由用人单位根据实际情况规定。

第二，限制性条件。一是符合回避要求。我国实行公务员任职回避制度。根据《公务员法》的规定，公务员之间有夫妻关系、直系血亲关系、三代以内旁系血亲关系以及近姻亲关系的，不得在同一机关担任双方直接隶属于同一领导人员的职务或者有直接上下级领导关系的职务，也不得在其中一方担任领导职务的机关从事组织、人事、纪检、监察、审计和财务工作。此外，公务员担任乡级机关、县级机关及其有关部门主要领导职务的，应当实行地域回避，法律另有规定的除外。二是符合担任该层次领导职务的最高任职年龄的规定。三是公务员不得在企业和营利性事业单位兼职。

（3）实行一人一职原则。公务员任职原则上实行一人一职的原则，公务员因工作需要在机关外兼职，应当经有关机关批准，并不得领取兼职报酬。

（4）公务员的任职必须按法定程序进行。

第四节 公务员的义务、权利与责任

公务员的权利、义务是指在公务员关系中，公务员作为一方主体对所属行政机关所享有的权利与承担的义务。公务员责任即是违反公务员的义务所应承担的法律后果。

一、公务员的义务

公务员的义务就是国家法规范对公务员必须作出一定行为或者不得作出一定行为的约束和限制。设定义务的目的是保证公务员能在国家法规范所规定的范围内准确行使职权，忠实执行国家公务，减少或者避免权力滥用。

（一）模范遵守宪法和法律的义务

由于国家行政机关的行政管理活动具有广泛性、经常性、直接性、指令性和裁量性等特点，保证国家行政机关在行政管理活动中严格遵守宪法和法律，对于保障广大人民群众的根本利益具有特别重要的意义。公务员模范地遵守宪法和法律的义务，是其履行职责的根本前提。[①]

（二）按照规定的权限和程序认真履行职责，努力提高工作效率的义务

依法行政是现代法治国家的基本要求，要求行政机关必须在法定的权限内按照法定的程序行使职权。在对外关系中，公务员是以所在行政机关的名义行使职权，因此行政机关是

---

① 参见杨建顺著：《行政规制与权利保障》，中国人民大学出版社 2007 年版，第 221—222 页。

否依法行政,取决于公务员是否能按规定的权限和程序行使职权。不过需要注意的是,公务员的权限不同于行政机关的权限。公务员的权限是行政机关内部的职责分工,而行政机关的权限是相对于与其他国家机关的分工而言的。如果公务员行政职权超越其职责权限而没有超越行政机关的职责权限的,对外部法律关系而言,行政机关没有超越其权限范围,其行为合法;但是对于内部关系而言,公务员超越其规定的权限范围行使职权的,则要受行政机关内部的纪律处分。

(三)全心全意为人民服务,接受人民监督的义务

我国的国体和政体的性质决定了公务员必须全心全意为人民服务,接受人民的监督。《宪法》第 27 条第 2 款明确规定:"一切国家机关和国家工作人员必须依靠人民的支持,经常保持同人民的密切联系,倾听人民的意见和建议,接受人民的监督,努力为人民服务。"《公务员法》关于"全心全意为人民服务,接受人民监督"义务的规定,即是宪法规定的义务的具体化。

(四)维护国家的安全、荣誉和利益的义务

在国家行政管理活动中,由公务员代表国家行政机关依法执行公务,履行公共管理职责,公务员的特殊身份和职责决定了其必须与其所代表的国家行政机关的意志保持一致,从而与国家意志保持一致,在其履行公职时必须维护国家的安全、荣誉与利益。为此,公务员的集会、结社、游行、示威等政治自由、言论自由等均受到一定程度的限制。我国《公务员法》明确规定,公务员不得散布有损国家声誉的言论,不得组织或者参加旨在反对国家的集会、游行、示威等活动;不得组织或者参加非法组织,组织或者参加罢工;不得泄露国家秘密或者工作秘密;不得在对外交往中损害国家荣誉和利益。《宪法》第 54 条规定:"公民有维护祖国的安全、荣誉和利益的义务,不得有危害祖国的安全、荣誉和利益的行为。"《公务员法》关于"维护国家的安全、荣誉和利益"义务的规定,即是宪法规定的公民义务的具体化。

(五)忠于职守、勤勉尽责、服从和执行上级依法作出的决定和命令的义务

忠于职守、勤勉尽责是公务员作为国家机关工作人员的基本义务。该义务要求公务员应把工作时间和职务上的注意力全部用于完成本职工作,原则上禁止公务员兼任其他官职[①],禁止公务员从事或者参与营利性活动,以及在企业或者其他营利性组织中兼任职务。[②]

服从和执行上级依法作出的决定和命令的义务,是现代公务员制度的一个基本特点。现代公务员制度是一种官僚结构,自上而下形成一个层级组织,层次愈高人数愈少,最后可能集中于一人。每一个官僚受其上层官僚的支配,也可以支配下级官僚。[③] 这样的组织结构有利于行政秩序的形成与行政效率的提高。但是,服从与执行并不意味着盲从,公务员在特定的情况下享有抵抗权,即抵抗明显违法的决定和命令的权利。我国《公务员法》第 54 条明确规定:"公务员执行公务时,认为上级的决定或者命令有错误的,可以向上级提出改正或者撤销该决定或者命令的意见;上级不改变该决定或者命令,或者要求立即执行的,公务员应当执行该决定或者命令,执行的后果由上级负责,公务员不承担责任;但是,公务员执行明显违法的决定或者命令的,应当依法承担相应的责任。"

---

① 参见《公务员法》第 42 条。
② 参见《公务员法》第 53 条第 14 项。
③ 参见王名扬著:《美国行政法》(上),中国政法大学出版社 1995 年版,第 222 页。

（六）保守国家秘密和工作秘密的义务

保守国家秘密是我国宪法规定的公民的基本义务①，对于公务员而言，由于其职务之便，其在工作过程中会接触到许多国家秘密与工作秘密，其范围、密级、保密期限等根据国家的保密制度予以确认，公务员有义务保守这些秘密。该项义务甚至会延伸到公务员关系消灭之后，甚至影响到公务员其他权利的行使。如我国《公务员法》第81条明确规定，公务员"在涉及国家秘密等特殊职位任职或者离开上述职位不满国家规定的脱密期限的"，不得辞去公职。

（七）遵守纪律、恪守职业道德、模范遵守社会公德的义务

"遵守纪律、恪守职业道德、模范遵守社会公德"是保持行政机关的组织性、权威性、公信力的重要保证，我国《公务员法》对公务员的纪律与职业道德作了明确规定，规定公务员不得有下列行为：(1) 散布有损国家声誉的言论，组织或者参加旨在反对国家的集会、游行、示威等活动；(2) 组织或者参加非法组织，组织或者参加罢工；(3) 玩忽职守，贻误工作；(4) 拒绝执行上级依法作出的决定和命令；(5) 压制批评，打击报复；(6) 弄虚作假，误导、欺骗领导和公众；(7) 贪污、行贿、受贿，利用职务之便为自己或他人谋取私利；(8) 违反财经纪律，浪费国家资财；(9) 滥用职权，侵害公民、法人或者其他组织的合法权益；(10) 泄露国家秘密或者工作秘密；(11) 在对外交往中损害国家荣誉和利益；(12) 参与或者支持色情、吸毒、赌博、迷信等活动；(13) 违反职业道德、社会公德；(14) 从事或者参与营利性活动，在企业或者其他营利性组织中兼任职务；(15) 旷工或者因公外出、请假期满无正当理由逾期不归；(16) 违反纪律的其他行为。②

（八）清正廉洁，公道正派的义务

公务员作为国家权力的行使者，其代表所在行政机关行使公共权力。而"一切有权力的人都很容易滥用权力，这是万古不易的一条经验"③。因此，必须建立起完善的权力制约机制，以免权力滥用。但是，任何制度都会有漏洞，任何权力都会有一定的裁量余地，因此，除了建立起外部的权力监督机制之外，公务员自身的道德素质、工作作风也是实现良好治理的必要条件。公务员在行使公权力的过程中，应克己奉公，秉公办事，遵守纪律，不徇私情，不以权谋私，不贪赃枉法，应平等对待当事人、依法行使权力、合理行使权力。

（九）法律规定的其他义务

公务员作为国家公职人员，其义务如何确定，既关系到公务员本人的切身利益，同时也关系到国家行政机关行政管理职能的开展与持续，因此我国实行公务员义务法定原则，即公务员的义务只能由法律加以规定。对于《公务员法》没有明确列举的义务，只能以法律的形式加以规定，其他法规范形式不得规定公务员的义务。

二、公务员的权利

（一）身份保障权

公务员身份一经确立，非因法定事由和经法定程序不得被免职、降职、辞退或者开除公

---

① 参见《宪法》第53条。
② 参见《公务员法》第53条。
③ 〔法〕孟德斯鸠著，张雁深译：《论法的精神》，商务印书馆1961年版，第154页。

职。所谓法定事由,是指公务员的行为确实触犯了国家的法律和公务员的纪律,构成了被依法免职、降职、辞退或者开除的法律事实。所谓法定程序,是指法律、法规等法规范所规定的公务员免职、降职、辞退或者开除的必须经过的相应的法律过程。需要注意的是,公务员的身份保障权并不限于保有公务员身份的权利,其中也包含保有其现有职位的权利。

根据我国《公务员法》第 13 条第 2 项的规定,公务员享有"非因法定事由、非经法定程序,不被免职、降职、辞退或者处分"的权利。

(二) 工作条件保障权

行政机关所享有的一切公权力必须由公务员来行使,公务员根据其职责代表所在行政机关行使公共管理职能,行政机关应为其提供相应的工作条件,以保障其顺利开展工作,履行职责。根据我国《公务员法》第 13 条第 1 项的规定,公务员享有"获得履行职责应当具有的工作条件"的权利。

(三) 财产性权利

公务员有获得工资报酬、享受福利、保险待遇、退休金等财产性权利。在工资制度方面,我国实行工资法定制度、正常增资制度、物价补偿制度、平衡比较制度。我国实行国家统一的职务与级别相结合的公务员工资制度。公务员工资制度贯彻按劳分配的原则,体现工作职责、工作能力、工作实绩、资历等因素,保持不同职务、级别之间的合理工资差距。在此基础上,我国建立了正常增资制度、物价补偿制度、平衡比较制度以及法律保障制度。

所谓正常增资制度,是指国家根据公务员的年功定期增加公务员工资,使公务员的工资随年功的增长而增加,形成公务员的激励机制。国家应建立公务员工资的正常增长机制。公务员的工资水平应当与国民经济发展相协调、与社会进步相适应。①

所谓物价补偿制度,是指国家根据物价指数的变动,适时调整公务员的工资,使公务员的工资增长率等于或者高于物价上涨率,以保证公务员的工资水平不因物价上涨而下降。

所谓平衡比较制度,是指公务员的工资水平应当与国民经济发展相协调、与社会进步相适应。我国实行工资调查制度,定期进行公务员和企业相当人员工资水平的调查比较,并将工资调查比较结果作为调整公务员工资水平的依据,以使公务员的工资水平与国有企业职工的工资水平大体相当。通过工资分配的公平合理使优秀人才在国家机关与企业之间流动。②

所谓公务员工资的法律保障制度,是指国家公务员的工资、保险、福利待遇等权利受法律保障,除国家法律、法规和政策规定外,国家行政机关不得以任何形式增加或者扣减公务员的工资,也不得提高或者降低公务员的保险和福利待遇。担任一定职务和级别的公务员,必须承担相应的责任和义务,同时享有领取工资报酬的权利。与公务员享有的其他权利一样,领取工资报酬的权利是基于公务员的身份发生的,并受国家法律的保障。

(四) 参加培训权

通过培训获得自身发展的机会是公务员的权利。参加培训不仅是国家机关对公务员的要求,而且也是公务员自身发展的需要,国家行政机关应建立公务员培训制度,确保公务员能够不断补充新知识,更新知识结构,提高业务能力,保证公务的有效执行。

---

① 参见《公务员法》第 73 条。
② 参见《公务员法》第 75 条。

（五）批评建议权

公务员对机关工作和领导人员提出批评与建议是促进依法行政与民主行政、改进工作作风、提高工作效率的重要制度保证。根据我国《公务员法》第13条第3项的规定，公务员享有"对机关工作和领导人员提出批评和建议"的权利。

（六）不利处分的申诉、控告权

公务员的申诉权利，是指公务员对涉及本人的人事处理决定（包括行政处分的决定和被降职、被辞退的决定）不服时，可以向原处理机关申请复核，同时有权向同级公务员主管部门或者作出该人事处理的机关的上一级机关申诉，其中对处分决定不服的，也可以向监督机关提出申诉。公务员的控告权利，是指公务员对于机关及其领导人员侵犯其合法权益的行为，有权向上级机关或者有关的专门机关提出控告。公务员的申诉、控告权是公务员保护其权利的内部救济手段。

（七）辞职权

辞职权是指公务员不愿意继续担任公职的，有权向任免机关提出辞职。公务员关系成立后，公务员不愿意继续担任公职的，有辞去公职的权利。公务员辞去公职，应依法定程序进行。根据我国《公务员法》的规定，公务员辞去公职，应当向任免机关提出书面申请。任免机关应当自接到申请之日起30日内予以审批，其中对领导成员辞去公职的申请，应当自接到申请之日起90日内予以审批。一般来讲，辞职以自愿为原则，是公务员的一项权利，但是，由于公务员地位和职务的特殊性，该权利的行使受到一定的限制。根据我国《公务员法》的规定，公务员有下列情形之一的，不得辞去公职：(1) 未满国家规定的最低服务年限的；(2) 在涉及国家秘密等特殊职位任职或者离开上述职位不满国家规定的脱密期限的；(3) 重要公务尚未处理完毕，且须由本人继续处理的；(4) 正在接受审计、纪律检查，或者涉嫌犯罪，司法程序尚未终结的；(5) 法律、行政法规规定的其他不得辞去公职的情形。[①]

（八）法律规定的其他权利

与公务员的义务一样，公务员的权利也具有法定性，公务员的权利只能由法律加以规定。公务员除享有《公务员法》明确列举的权利外，还可以享有法律规定的其他权利。

三、公务员的责任

公务员的责任，是指公务员违反纪律与义务时所应承担的责任。根据我国《公务员法》的规定，公务员的责任包括惩戒责任、引咎辞职或者责令辞去领导职务、赔偿责任、刑事责任等。

（一）惩戒责任

惩戒责任，是指公务员违纪违法时所承担的行政责任，也叫行政处分。行政机关公务员依法履行职务的行为受法律保护，非因法定事由，非经法定程序，不受处分。对行政机关公务员给予处分，由任免机关或者监察机关（以下统称处分决定机关）按照管理权限决定。

1. 惩戒责任的形式

惩戒责任的形式分为：警告、记过、记大过、降级、撤职、开除。

(1) 警告。警告属于申诫处分，公务员存在违纪行为，但情节轻微危害不大的，处分决

[①] 参见《公务员法》第80条、第81条。

定机关对其处以警告处分,以书面形式警戒其不得再犯。警告适用于轻微的行政违法行为,是行政处分中最轻的一种。警告的处分期为 6 个月。根据《公务员法》的规定,公务员受警告处分期间,不得晋升职务和级别,但可以晋升工资档次。①

(2) 记过、记大过。这是两种程度有所区别的行政处分。一般来说,记过、记大过适用于国家工作人员的行为违法违纪,给国家和人民造成了一定的损失,给予警告处分过轻,给予降级处分过重的情况。二者的主要区别在于:在适用方面,给予记大过处分的公务员比给予记过处分的公务员具有更大的主观过错,而且其行为所造成的不利影响要比后者更严重;在处分期限方面,记过为 12 个月,记大过为 18 个月。

(3) 降级。降级是指降低公务员的职务级别。我国公务员的职务级别分为 15 级,给予降级的行政处分就是由原来的职务级别降为较低职务级别,同时,对公务员工资中的级别工资也要予以相应的降低。降级处分期限为 24 个月,在受降级处分期间,公务员不得晋升职务和级别,也不得晋升工资档次。解除降级处分不视为恢复原级别。②

(4) 撤职。国家公务员的行政违法行为,给国家和人民利益造成重大损失,不适合继续担任行政职务的,可以给予撤职处分。受撤职处分的,同时降低级别和职务工资。撤职处分期限为 24 个月。受撤职处分期间,不得晋升工资和级别,也不得晋升工资档次。解除撤职处分不视为恢复原职务。③

(5) 开除。开除是指受处分人违法违纪情节严重,不适合继续担任公职,由处分决定机关取消其公务员资格并责令其离开的处分形式。开除是最严厉的一种处分,开除的行政处分不能解除。

2. 惩戒程序

任免机关或者行政监察机关(以下称为处分决定机关)对涉嫌违法违纪的行政机关公务员的惩戒,应当遵守法定程序。根据我国《行政机关公务员处分条例》的规定,惩戒程序包括以下环节:

(1) 调查。公务员涉嫌违法违纪的,由任免机关有关部门对需要调查处理的事项进行初步调查,认为需要进一步查证的,经任免机关负责人批准予以立案,对该公务员违法违纪事实做进一步调查,包括收集、查证有关证据材料,听取被调查的公务员所在单位的领导成员、有关工作人员以及所在单位监察机构的意见,向其他有关单位和人员了解情况,并形成书面调查材料,向处分决定机关负责人报告,并根据事实与法律初步决定是否给予公务员行政处分。

(2) 告知。处分决定机关在作出行政处分决定之前,应当将调查认定的事实及拟给予处分的依据告知被调查的公务员本人,并告知当事人依法享有的权利。

(3) 听取陈述和申辩。当事人有权进行陈述和申辩。行政处分决定机关应当听取当事人的陈述和申辩,并对其所提出的事实、理由和证据进行复核,记录在案。被调查的公务员提出的事实、理由和证据成立的,应予采信。

(4) 作出决定。处分决定机关对于立案调查的案件,经调查、听取当事人的意见等程序

---

① 参见《公务员法》第 58 条。
② 参见《公务员法》第 58 条、第 59 条。
③ 同上。

后,认为不存在违反行政纪律事实的,或者不需要追究行政纪律责任的,应当予以撤销立案;行政机关公务员违纪行为情节轻微,经过批评教育后改正的,可以免予处分;违法违纪事实清楚、证据确凿的,依法决定予以行政处分。

(5) 送达。处分决定机关作出处分决定的,应当以书面形式通知公务员本人,并在一定范围内宣布。处分决定自送达之日起生效。

(6) 备案。处分决定机关应当按照管理权限,及时将处分决定报公务员主管部门备案。

(二) 引咎辞职或者责令辞去领导职务

引咎辞职或者责令辞去领导职务是领导成员承担行政责任的一种方式。根据我国《公务员法》的规定,领导成员因工作严重失误、失职造成重大损失或者恶劣社会影响的,或者对重大事故负有领导责任的,应当引咎辞去领导职务。领导成员应当引咎辞职或者因其他原因不再适合担任现任领导职务,本人不提出辞职的,应当责令其辞去领导职务。[①]

(三) 赔偿责任

公务员的赔偿责任,可以分为民事赔偿责任与行政赔偿责任两种情形。民事赔偿责任是指公务员负有管理特定财物的义务,但却因其故意或过失造成财物损失的,由其根据民法上的等价原则进行赔偿。行政赔偿责任是指行政机关因公务员违法行使职权而承担国家赔偿责任后,有故意或者重大过失的公务员应承担部分或者全部赔偿费用。根据我国《国家赔偿法》的规定,国家机关和国家机关工作人员违法行使职权侵犯公民、法人和其他组织的合法权益造成损害的,受害人有取得国家赔偿的权利。在对外赔偿责任中,行政机关为赔偿义务机关,向受害人履行赔偿义务。但是由于其违法行为导致行政机关的赔偿责任的,正是行政机关工作人员的作为或者不作为,因此,赔偿义务机关赔偿损失后,应当责令有故意或者重大过失的工作人员承担部分或者全部赔偿费用。[②]

(四) 刑事责任

公务员的刑事责任也可以分为两类:一类是违反刑法而构成职务犯罪所应承担的刑事责任,一类是违反公务员法的规定而构成犯罪所应承担的刑事责任。[③] 追究公务员的刑事责任,依刑事诉讼法的有关程序进行。

四、人事争议处理机制

对于有关公务员的人事争议,我国现行法规范区分聘任制公务员与非聘任制公务员而设定了不同的人事争议处理机制。

(一) 聘任制公务员人事争议处理机制

对于行政机关与聘任制公务员之间因履行聘任合同而发生人事争议的,当事人可以协商解决;不愿协商或者协商不成的,可以向主管部门申请调解;不愿调解或者调解不成的,可以向人事争议仲裁委员会申请仲裁。当事人也可以直接向人事争议仲裁委员会申请仲裁。当事人对仲裁裁决不服的,可以向人民法院提起诉讼。[④]

---

① 参见《公务员法》第 82 条第 3 款、第 4 款。
② 参见《国家赔偿法》第 2 条、第 7 条、第 14 条第 1 款。
③ 参见《公务员法》第 101 条、第 104 条。
④ 参见中共中央组织部、人力资源和社会保障部、总政治部 2011 年修订公布的《人事争议处理规定》第 3 条。

(二) 非聘任制公务员人事争议处理机制

公务员对行政机关所作出的人事处理不服的,包括处分、辞退或者取消录用、降职、定期考核定为不称职、免职、申请辞职、提前退休未予批准、未按规定确定或者扣减工资、福利、保险待遇等不服的,可以自知道该人事处理之日起 30 日内向原处理机关申请复核;对复核结果不服的,可以自接到复核决定之日起 15 日内,按照规定向同级公务员主管部门或者作出该人事处理的机关的上一级机关提出申诉;也可以不经复核,自知道该人事处理之日起 30 日内直接提出申诉。

对省级以下行政机关作出的申诉处理决定不服的,可以向作出处理决定的上一级机关提出再申诉。行政机关公务员对处分不服的,也可以向行政监察机关申诉。其申诉程序按照《行政监察法》的规定办理。[1]

公务员认为行政机关及其领导人员侵犯其合法权益的,可以依法向上级机关或者有关的专门机关提出控告。受理控告的机关应当按照规定及时处理。[2]

---

[1] 参见《公务员法》第 90 条。
[2] 参见《公务员法》第 93 条。

第七章

公 物 法

第一节 公物法概述

一、公物法与公物法论的定位

（一）公物法的概念

公物法，是指行政主体为了增进公共福祉而以公物的设置、管理及经营等方式，提供给公共之用的所有公物的相关法规范和法原则的总称。①

对公物的概念界定多种多样，各国学者在理论上也难有统一的定论。如同研究行政法要首先准确把握行政的概念一样，研究公物法同样要首先准确把握公物的概念。

（二）公物的概念

行政的终极目的是通过完成行政上的"公"的任务来实现服务于人民的公共利益。为了完成这些"公"的任务，除了需要设置行政组织、确立行政主体并设立行政机关外，还有必要确保相应的路径和手段。"人"的手段（承担该任务的公务员和其他相关人员）、"物"的手段（间接用于行政目的的私物和直接用于该目的的公物）以及"人"与"物"相结合的手段（营造物法人、营造物等）都是不可欠缺的。

"公物"（öffentliche Sache, öffentliche Sachen）这个概念源自对法国法上"公产"（domaine public）的借鉴，但它不同于"公产"。法国法上的"公产"，包括海滨、道路、公共图书馆的图书、政府机关的办公大楼等，适用不同于民法上的私所有权的公所有权法理。奥特·玛雅借鉴"公产"创立了德国行政法学上概括性的公物概念，形成了公物的特别法理②，广义上包括所有直接供大众福祉或者行政主体自身（持续）使用的财产，它们受公法通过命名所确定的目的性约束，尤其是受公物支配权的约束。③ 如同行政法起源于法国、成熟于德国、发展于日本、普及于其他国家和地区一样，公物法的发展也基本沿袭了这样一种路径。如同以德国、日本为代表的行政法（理论）与法国独特的行政法（理论）之间存在巨大差异性一样，公物法理论与公产法理论虽然原理基本相同，但其具体制度和内容架构存在较大差异性，法国有关公物的法规范完全属于公法范畴，并无私法适用问题（一元论），而以德国为代表的公物法既

---

① 参见〔日〕原龙之助著：《公物营造物法》，日本有斐阁1974年版，第45页。
② 参见〔日〕盐野宏著，杨建顺译：《行政组织法》，北京大学出版社2008年版，第236页。
③ 〔德〕汉斯·J. 沃尔夫、奥托·巴霍夫、罗尔夫·施托贝尔著，高家伟译：《行政法》（第二卷），商务印书馆2002年版，第455—456页。

第七章 公 物 法

包括公法亦适用私法(二元论)①,故而不宜将两者等同视之。

日本法上的公物概念主要来自于德国法。美浓部达吉将奥特·玛雅的德国公物法理论引入日本,形成了将公物作为行政法的一个领域来探讨的主流公物法学说②,其关于公物的概念界定被一直维持至今。③ 中国学者曾引入日本的公物法理论来架构公物这一概念④,中国台湾地区公物法理论基本承继了日本主流公物法学说,近年来也呈现出较强的直接从德国导入的倾向。新中国成立后,中国大陆行政法学界长期没有使用公物法意义上的"公物"概念,更没有对公物法展开研究,虽然后来在行政法译作或者外国行政法著述中陆续有关于公物法的介绍和研究,但是,在 2010 年之前,"公物法"不曾被纳入行政法教材体系。2010年出现了将"公物法原理"作为单独一编来架构的教材⑤,这表明中国大陆行政法学研究在教材体系架构方面已经开始关注公物法。

基于对公物法源流的前述确认,本书认为,宜借鉴德国、日本经典理论来对公物作如下概念界定:公物,是指行政主体为了公共目的而直接提供于公共用或者公用的有体物。⑥ 对这个概念可以从如下几个方面来把握⑦:

(1)公物是由行政主体提供的物。由行政主体提供,这是公物的主体要件。这里所说的行政主体是指行政组织法上的行政主体,所以,由私人提供给公共之用的物并不因其供于公共之用而成为公物。⑧ 不是公物便不能适用公物法的基本原理,不得对私人的这种物科以更多的公法上的限制,它就应该能与其他民法上的物一样受民法的调整,可以自由地处分、设置各种物权,也能够依法予以征收征用。

(2)公物是行政主体拥有支配权的物。作为行政手段的公物,它应该能够达到行政上的目的或者完成行政上的任务,所以,要求行政主体拥有对该物的支配权(权利根据);既然是以能否实现行政上的目的或者完成行政上的任务为判定公物的依据,就并不一定要求行政主体对该物拥有所有权。⑨ 换言之,私人拥有所有权的物,行政主体对其拥有管理权、支配权或者占有权的,亦可以成为公物。

(3)公物是直接提供于公共用或者公用的物。公物的公共目的性是公物中最关键的要素,是公物产生和存在的根本。但是,仅表述为公共目的性,尚构不成公物之独特构成要素。要成为公物,须是直接用于公共目的,即直接提供于公共用或者公用的物。间接用于公共目的的物(国家拥有的财产、普通财产,作为国民的共有物,须保证管理的公正性)也具有公共

---

① 参见吴庚著:《行政法之理论与实用》(增订 8 版),中国人民大学出版社 2005 年版,第 135 页。
② 参见〔日〕盐野宏著,杨建顺译:《行政组织法》,北京大学出版社 2008 年版,第 235 页。
③ 参见〔日〕美浓部达吉著,杨开甲译:《日本行政法撮要》(下卷),上海民智书局 1933 年版,第 108 页;〔日〕盐野宏著,杨建顺译:《行政组织法》,北京大学出版社 2008 年版,第 237 页。
④ 参见范扬著:《行政法总论》,中国方正出版社 2005 年版,第 136—137 页。
⑤ 参见姜明安、余凌云主编:《行政法》,科学出版社 2010 年版,第十一编(王贵松执笔"公物法原理",以下引用该书有关公物法的内容皆源于此部分)。该书并未给出公物的概念,只是归纳了公物三要素:有体物、行政主体提供和供公共目的使用(第 681—682 页),并"将公物作一个广义的理解,包括公共用物和公务用物,包括公共营造物的物"(第 687 页)。
⑥ 参见〔日〕盐野宏著,杨建顺译:《行政组织法》,北京大学出版社 2008 年版,第 235、237 页。
⑦ 经典理论认为公物包含以下四个方面的要素:提供于公共之用;需要有权利根据;由行政主体提供;是有体物。参见〔日〕盐野宏著,杨建顺译:《行政组织法》,北京大学出版社 2008 年版,第 244—246 页。
⑧ 参见同上书,第 245 页。
⑨ 同上书,第 244 页;吴庚著:《行政法之理论与实用》(增订 8 版),中国人民大学出版社 2005 年版,第 135、137 页。

目的性,即使行政主体对物曾经具有某种权利根据,只要该物没有提供于公共用或者公用,那就不是公物。① 公物具有公共目的性,但公共目的性与直接提供于公共之用或者公用并非完全重合,二者不可以互换。

(4) 公物是有体物。"物"有动产和不动产之分,又作有体物和无体物之别。虽然公物一般法通则主要是以不动产的公物为对象而构成的,但是,公物既可以是动产(例如,公立图书馆的书籍类),也可以是不动产;公物在"物的概念"上是有体物,而不能是无体物。公物一般是有体物,这被认为是基于本来不能成为支配管理的对象这种属性而定的。但是,确实提供于一般公众的利用,并且国家也实施管理的电波却没有进入公物法的范畴,甚至连存在概括性公物概念的德国、法国和日本也是一样,没有一个国家将电波作为公物从正面展开论述的。② 要成为公物,属于有体物是必要条件,因此,利用的结果被消费掉了的矿物、石油等不是公物。

公物必须为有体物这种理解越来越受到质疑。有人认为,在现代社会,公物的概念不应再局限于实际提供人民或者行政机关使用,以直接达成特定公共目的的物,公物的概念尚应包括构成公务执行标的(内容)的物,以符合行政目的多元化与行政职能的扩张趋势,确保现世人民生活需求及未来世代生存发展福祉的需要。③ 时代在发展,公物的范围不可避免地会受到影响。但是否要扩大公物的概念,扩大到何种程度,还需要进一步研究方能作出判断,而不是轻易地跟随历史的发展而想当然地得出肯定的结论。值得强调的是,如果说将部分像电波这样的无体物归为公物的范畴,只要实定法上完成立法政策的转化即可,故而是可以接受的话,那么,不加区分地将无体物作为公物来把握的观点则是值得商榷的。

公物范围的界定与物的稀缺性、权利的范围等问题是相关的。在思考扩大公物的范围时,需要从如下两个方面着手,其一,传统的公物法原理是否可以适用于其中,换言之,新的"公物"是否具备传统公物法所规范对象的共同特征;其二,是否有必要因新的"公物"的出现而对传统公物法原理进行部分修改甚至重大调整。

二、公物的种类

关于公物,存在诸多从不同的观点和角度出发所进行的不同分类。由此也可以大致管窥公物制度之复杂性的特质。本书以经典理解为基础④,同时也对其他相关分类予以关注,以全面系统地把握公物的分类。

(一) 公共用物和公用物

根据公物所供使用的对象或者使用主体,可以将公物分为公共用物和公用物。

公共用物,亦称公众使用的公物、外部使用(民用)的公物,是指以维持和增进公共福祉为目的,行政主体直接提供于公众之用,即任何人都有权利使用,但没有权利排他使用的公

---

① 参见〔日〕盐野宏著,杨建顺译:《行政组织法》,北京大学出版社 2008 年版,第 244 页;吴庚著:《行政法之理论与实用》(增订 8 版),中国人民大学出版社 2005 年版,第 135 页。
② 参见〔日〕盐野宏著,杨建顺译:《行政组织法》,北京大学出版社 2008 年版,第 245 页。
③ 参见林腾鹞著:《公物概念之研究》,载《东海大学法学研究》第 16 期,2001 年 12 月,第 13—14 页。
④ 参见〔日〕盐野宏著,杨建顺译:《行政组织法》,北京大学出版社 2008 年版,第 246—249 页。盐野宏指出,尽管可以从各种不同的角度对公物进行分类,但是,通常进行的分类包括:公共用物、公用物;自然公物、人工公物;国有公物、公有公物、私有公物;自有公物、他有公物;动产公物、不动产公物。除了前述标准的公物分类之外,还须注意法定外公共用物和预定公物。

物。例如,道路、桥梁、广场、公园、港湾、湖沼、河川、海岸等,皆可由不特定的公众使用。

公用物,又称内部(机关)使用公物、行政使用公物、行政用物或者行政财产,是指行政主体直接提供其自身使用的公物。例如,政府办公楼等建筑物及其占地、警察装备、消防车辆、公务员的宿舍、公立学校的校舍、用地等。①

需要特别注意的是,此种分类着眼于"公共"和"公"的区别,不可将两者混同使用。"公共用"所指向的是行政外部即一般社会公众使用,而"公用"所指向的是行政内部使用,即通常所说的"公家"使用。虽然二者的区别有时仅是相对的,在有些情况下并不能明确地区分开来②,但是,将公物分为公共用物和公用物,这种分类方法有助于把握公物的使用关系。③

(二) 自然公物和人工公物

根据公物的形态,可以将公物分为自然公物和人工公物。

自然公物,是指保持其自然存在形态而供于公共之用的公物,如河流、海岸等。

人工公物,是指需经人为加工后而提供于公共之用的公物,如道路、公园等。对自然公物的观念注入"资源"的要素,有助于考虑管理、利用的存在方式。④

当然,这种分类也是相对的,有些情况下很难作出归于哪一类的判断。例如,河流一般被划归自然公物的范畴,可是,供于公共之用的河流往往并非完全保持自然形态,而是或多或少地被施以一定工程,故而亦可划归人工公物的范畴。

(三) 国有公物、公有公物和私有公物

根据公物所有权的归属不同,可以将公物分为国有公物、公有公物和私有公物。⑤

国有公物,亦称官有公物,是指所有权属于国家的公物。

公有公物,是指所有权属于各级地方政府的公物。

私有公物,是指所有权属于私人拥有却由行政主体提供于公共之用因而受公法支配的公物。例如,由国家文物主管部门租借用于提供给公众观展的私有文物⑥等。

这种区分是以私人拥有所有权的物也能够成为公物为前提的,这与公物法的概念内涵相一致。⑦ 当然,私人拥有所有权的物须经由行政主体直接提供公共之用,才能够成为公物。

(四) 自有公物和他有公物

以国有(官有)公物、公有公物和私有公物的区分为前提,根据公物的管理主体和所有权归属是否一致,可将公物分为自有公物和他有公物。⑧

自有公物,是指管理主体和所有权归属一致即管理主体拥有所有权的公物。国家和各

---

① 此类公物着眼于使用者的身份,而不是仅限于"公务",所以将其表述为"公务用物"并不适宜。主张"译之为'公务用物'可能更加明确"(参见姜明安、余凌云主编:《行政法》,科学出版社2010年版,第687页)的观点,是值得商榷的。
② 参见〔日〕盐野宏著,杨建顺译:《行政组织法》,北京大学出版社2008年版,第246页。
③ 同上书,第263页以下;〔日〕原龙之助著:《公物营造物法》,日本有斐阁1974年版,第66—67页。
④ 参见〔日〕盐野宏:《行政组织法的诸问题》,日本有斐阁2001年版,第315页以下(自然公物之管理的课题和方向)。
⑤ 参见〔日〕盐野宏著,杨建顺译:《行政组织法》,北京大学出版社2008年版,第247页。分为"公有公物和私有公物"(参见蔡志方著:《行政法三十六讲》(全新增订再版),台湾成功大学法律学研究所法学丛书编辑委员会编辑,1997年版,第143页)或者表述为"官有公物、公有公物和私有公物"的分类方法,其实质上属于此种分类方法。所以,本书不再予以专门阐述。
⑥ 参见《文物保护法》第五章"私人收藏文物"。
⑦ 参见〔日〕盐野宏著,杨建顺译:《行政组织法》,北京大学出版社2008年版,第250页。
⑧ 参见同上书,第247页;〔日〕柳濑良干著:《行政法教科书》,日本有斐阁1969年版,第229页。

级地方政府管理的公物中属于国有公物和公有公物的,即是自有公物。

他有公物,是指管理主体和所有权归属不一致即管理主体不拥有所有权的公物。他有公物主要包括两类情形:其一是国家管理的公物中的公有公物或者私有公物;其二是各级地方政府管理的公物中的国有公物或者私有公物。他有公物以取得相应的使用等权源为其成立前提。

(五)法定公共用物和法定外公共用物

根据其管理是否法定,可以将公共用物分为法定公共用物和法定外公共用物。①

法定公共用物,是指由法规范规定将其作为公共用物进行管理的公物。

法定外公共用物,是指在制定法上的公物管理法规定之外的、不能成为个别公物管理法的适用对象的公物。

此种分类虽可以简称法定公物和法定外公物,但由于其分类的对象是公共用物,从避免混乱的角度考虑,宜采用法定公共用物和法定外公共用物的表述方法。

(六)其他分类方法

除了上述五种经典分类方法以外,以下几种分类方法也应予以关注。

(1)动产公物和不动产公物。这种分类方法不很流行,却有一定的意义。因为公物法通则基本上是以这里所说的不动产公物为对象来架构的。②

(2)根据使用者范围与使用目的和条件的不同进行分类。有人将外部使用(民用)的公物分为公众使用的公物、特别使用的公物和公共设施(营造物用物)③;也有人在外部使用(民用)的公物之下将各类公物类型予以并行排列为:公众使用的公物,特别使用的公物,公共设施(营造物的使用),公有公物、私有公物,自然公物和人工公物。④

这些分类方法在方法论上是否科学姑且不论,其中表述方法上有些须进行统一化或者规范化处理,例如,所谓公众使用,通常称为一般使用。⑤ 尤其值得注意的是,其中所涉及的几种公物类型是前述经典分类方法中所未能涵盖的,值得予以关注。

第一,特别使用的公物,是指原则上供人民使用,但并非任何人都可自由使用,而是必须经过主管机关许可或者承诺才能够有代价或者无代价地使用的公物。例如道路的使用原为通行,但是,如果要在路上开设烟花爆竹销售点,则非道路一般使用的目的,必须先经过特别的申请,构成特别使用的公物许可(特许)后方可。

第二,公共设施(营造物的使用),又称营造物(Anstalt)或者公共营造物(öffentliche Anstalt),是指由行政主体提供用于特定的公共目的的人的及物的手段的综合体。⑥ 例如国立、公立的公园、文化会馆、学校、博物馆、图书馆和医院等。营造物不是指各个设备,而是指综合了具有一定目的的设施的整体。营造物主要是以国民的生活考虑为目的的,它伴随着给

---

① 参见〔日〕盐野宏著,杨建顺译:《行政组织法》,北京大学出版社2008年版,第247—249页。
② 同上书,第247页。
③ 参见李震山著:《行政法导论》,台湾三民书局1999年版,第140页,图示。
④ 参见蔡志方著:《行政法三十六讲》(全新增订再版),台湾成功大学法律学研究所法学丛书编辑委员会编辑,1997年版,第143—144页。
⑤ 参见本章第三节第二部分"公共用物的使用关系"。
⑥ 参见〔日〕南博方著,杨建顺译:《行政法》(第六版),中国人民大学出版社2009年版,第23页;〔日〕盐野宏著,杨建顺译:《行政组织法》,北京大学出版社2008年版,第273页。O. Mayer, Deutsches Verwaltungsrecht, Bd. Ⅱ, 3. Aufl., 1924, S.268.

付行政的进展而呈现出数量增加、种类多样的趋势。行政主体以增进居民的福祉为目的,为提供给居民利用而设置的公共设施,按照不同于一般公物的使用规则而提供给大众使用。公共设施大多与公物法上的公共用物相对应①,营造物和公共营造物所指向的是同一标的。营造物和公物的区别在于:公物法作为对象的物本身,构成营造物概念的要素的一部分。②

(3) 既定公物和预定公物。预定公物,是指尚未成为公物,但预定将成为公物,对其管理处分予以公共规制的物。预定公物的概念,是以作为制定法的公物管理法为前提的,例如,公园预定地、河川预定地、道路预定地等。只是预定其将成为公物,毕竟还不是公物,并且,"既定公物"这个概念也是笔者为了与"预定公物"相对应而架构的概念,并非此前就有用这样的排列来作为分类方法论述的,故而这种分类实质上并不是"公物"的分类。③ 虽然这种分类所划分的对象已超出了"公物"范畴,但是,其有关"预定公物"的概念界定对于完善公共规制具有重要意义。

(4) 按照公物的范围来把握公物的分类,最广义的公物分为财政财产、行政财产与公用财产,狭义的公物则仅指行政财产和公共用物两种④,最狭义的公物则是指直接供公众使用的公用财产。⑤ 此种分类方法是受法国法上公产法理论影响的产物,将公物和公产同一对待⑥,这在方法论上是值得商榷的。⑦

(5) 根据公物所处的地理空间不同,可分为海洋公物、河川湖泊等公物、空中公物和地面公物。⑧ 作为公物的分类方法,这样的分类并非此前就存在,而是笔者借用既有的其他研究成果而架构的,故难免有值得商榷之处。但是,它也在一定程度上提示了分类方法的视角,值得予以关注。论者并不是以公物的"种类""类型"或者"形态"来探讨的,而是根据法国"公产的构成"之介绍⑨,套用那里的架构,以"公物的构成"展开论述的。这种套用亦是受法国法上公产法理论影响的产物,故而亦是值得商榷的。

三、公物的特质

公物亦是物,与私交易秩序有着密切关系。私法上的物既可以被占有、使用、收益和处分,亦可以被买卖、赠与、继承,还可以成为行政征收、征用、强制执行的对象或者取得时效的标的物。为了维持公物的效用,要求公物尽量独立于私交易秩序。公物只有被提供于公共之用,才能成其为公物。提供于公共之用,这体现了公物的公共目的性,也成为公物产生和存在的依据。换言之,没有这样的公共目的性,则公物不能成其为公物。为了实现或者维持

---

① 参见〔日〕盐野宏著,杨建顺译:《行政组织法》,北京大学出版社2008年版,第150页。
② 同上书,第273页。
③ 同上书,第249页。
④ 参见范扬著:《行政法总论》,中国方正出版社2005年版,第136—137页。
⑤ 参见姜明安、余凌云主编:《行政法》,科学出版社2010年版,第685—686页。
⑥ 参见〔日〕盐野宏著,杨建顺译:《行政组织法》,北京大学出版社2008年版,第246页。国有财产、公有财产分为普通财产和行政财产,行政财产进而分为公用财产和公共用财产。这些公用财产和公共用财产,是和公物分类学上的公用财产和公共用财产相对应的。
⑦ "公产法"偏重于物的产权归属等法律属性,"公物法"偏重于物的使用等功能属性,一些没有明确产权归属但可供使用的物可能属于"公物",却无法构成"公产";公物,从概念规定来看是有体物,而公产不限于有体物,有实用性的权利(如知识产权)也可以成为公产;公产是与行政主体的私产相对的概念,而公物侧重于其作为公用设施的性能。
⑧ 参见姜明安、余凌云主编:《行政法》,科学出版社2010年版,第687—688页。
⑨ 参见王名扬著:《法国行政法》,北京大学出版社2007年版,第242—244页。

公物的公共目的性,有必要在一定限度内对公物予以特殊规制。这些特殊规制因公物种类的不同而存在一定的差异性,但是,在总体上排除私法的适用,而适用不同于私法规范的特殊的法规范,从而形成了公物的特质。基于前面对公物所作的概念界定及对其构成要素的分析,可以将公物的特质归纳为如下几点[①]:

(一) 公物融通的限制性

公物因提供于公共之用而具有了公共目的性。为了保护公物的公共目的性,在有些情况下便有必要对公物的买卖、赠与、转让和地役权设定等融通(私法交易)予以相应的限制。这种限制被称为"公物的不可融通性"或者"公物的不融通性"。不过,公物的这种不融通性并不是全部源自公物本身为不融通物的性质(性质的不融通物),其中有些公物其本身性质上属于融通物,却由于法规范的规定而使其成为不融通物(法定的不融通物)。既然是为了维持公物的效用而对其融通进行规制,那么,在不妨碍提供于公共之用的情况下,某些公物的一定程度的融通就应当被允许。例如,在对其用途予以限定的基础上,允许其所有权的转让。鉴于此,宜将此特质的描述称为公物融通的限制性。

公物融通的限制性,是指为了实现公物的公共目的,在必要限度内排除某些公物进入私法交易,只允许某些特殊的交易进行。例如,公物在不废除提供于公共之用的使命这个前提下可以转让,但是,须有受让人接受将其提供于公共之用的使用限制。也就是说,公物融通的限制性意味着在某些情况下某些公物也能转让或者设定抵押权,只是公共使用目的不能处分,受转让的人仍须将其土地继续供诸公用,不能充作私用[②],且在融通之后仍然受公物法或者提供于公共之用的限制。

(二) 公物取得时效的限制性

根据民法上取得时效的规定,以一定期间内平稳地而且公然地持续占有为其要件,便可取得不动产或者动产的所有权。关于公物是否适用民法上取得时效的规定的问题,存在不同见解。[③]

否定说(明示的公用废止说)认为,公物以提供给公共之用而实现其公共目的,所以,除非经明示的意思表示予以公用废止,否则,公物就不能成为时效取得的对象。在民法上所规定的时效期间内以所有的意思平稳、公开占有,要满足这种要件,这在理论上和实际上都与公物的存在目的以及对其应有的管理制度安排是不能两立的。

默示的公用废止说认为,提供于公共之用从而实现行政目的的公物显然不得适用民法规定而成为取得时效的对象,但是,特定人在一定期间内平稳且公然地以不同于公物目的的目的而持续地支配该物,从而满足了作为动产或者不动产取得时效要件的话,则是以废止公物的默示的意思表示为其前提的。公物的主体长期默认他人占有的状态,应该可以承认其客观上具有公物废止的意思。

[①] 参见〔日〕田中二郎著:《新版行政法》(中卷,全订第2版),日本弘文堂1992年版,第310—311页;姜明安、余凌云主编:《行政法》,科学出版社2010年版,第689—692页;蔡志方著:《行政法三十六讲》(全新增订再版),台湾成功大学法律学研究所法学丛书编辑委员会编辑,1997年版,第142—143页。

[②] 参见范扬著:《行政法总论》,中国方正出版社2005年版,第140页;吴庚著:《行政法之理论与实用》(增订8版),中国人民大学出版社2005年,第136页;翁岳生主编:《行政法》(上册),中国法制出版社2002年,第466页(李惠宗执笔"公物法")。

[③] 参见〔日〕原龙之助著:《公物营造物法》,日本有斐阁1974年版,第166—169页;姜明安、余凌云主编:《行政法》,科学出版社2010年版,第690—691页。

限制的时效取得说(限制性肯定说)认为,公物在融通限制所允许的范围内原则上可以成为时效取得的对象,但是,在时效取得之后仍然要受到提供于公共之用的公法上的限制。

完全时效取得说认为,综合周围的事情可以客观地推断公用废止意思的存在,就应该将其理解为默示的公用废止;当公物的形体要件丧失,社会上普遍认为其已经不可恢复,这时公物的性质当然也就失去了,它就恢复到初始的非公物的状态,也就得承认时效取得制度的适用。

概而言之,原则上公物不适用民法上有关取得时效的规定,但是,在强调时效取得不得影响更不得排除公物之作为公物的作用的基础上,应当承认私有公物因民法上的时效取得而成为他人的所有物。

(三) 公物民事强制执行的限制性

关于是否可以依据民事诉讼法对公物实施强制执行的问题,有否定说和肯定说之分。

否定说认为,公物既然是提供于公共之用的物,那么,为了不妨害公物的公共目的,就不得对其强制执行。

肯定说认为,公物属于不可融通物,自然应该以不得成为民事强制执行的标的为原则,但是,只要在认可融通性的限度内,对公物亦可以进行强制执行。由于对国有、公有公物不允许设定私权,所以国有公物和公有公物均不能成为强制执行的对象,只有私有公物才能成为强制执行的对象。同样,对私有公物依据强制执行而取得所有权的,依然要接受该公物作为公物的有关限制。

(四) 公物行政征收的限制性

关于公物是否可以成为行政征收的对象,也存在不同的见解。

否定说认为,公物的公共目的性体现在提供于公共之用,对公物实施行政征收即违背这一目的,所以,不得对公物实施行政征收。行政征收是对未提供于行政目的的资源予以征集并配置于行政目的的作用,故而要将提供于公共之用的公物提供给其他的行政目的,实现从一个方面的行政目的向另一个方面的行政目的配置资源,不应适用行政征收,而须在事先进行公用废止。简而言之,提供于公共之用的公物不能基于其他行政目的而实施行政征收。

肯定说认为,为了尽可能地维持提供于公共之用的目的,公物原则上不能作为行政征收的目的物,但是,公物在一定范围内或者一定条件下可以成为征收的对象。例如,在提供给更重要的公益事业有必要时,即使没有事先实施公用废止,也可以对私有公物实施行政征收。

一般而言,公物之所以成其为公物,关键在于其提供于公共之用。所以,公物原则上不能成为行政征收的对象,这样理解才是妥当的。前述对公物的这些限制虽然也是相对的,只要能确保公物的公共目的性,公物的限制就可以有某种程度上的松动。这里的"某种程度"具有较强的法规范限定性,须根据各实定法上的规范来具体把握。需要再度强调的是,理解公物的特质,最为关键的是全面、客观而深入地把握提供于公共之用的各种形态不同的公物所具有的独特目的性。

四、公物法论的定位和公物法的法源

(一) 公物法论的定位

如前所述,公物法是有关公物的法规范和法原则的总称。在明确了公物的概念、种类和特质的基础上,再返回来探讨公物法论的定位问题,应当有助于对这个问题的准确把握。关

于公物法论在行政法上的定位问题,大多著述将其纳入行政组织法论之中,有些著述则将其纳入行政作用法论之下,还有的将其作为公共设施法来架构行政法各论。

1. 公物法与行政组织法

将公物法纳入广泛意义上的行政组织法中,和有关行政主体及其权限的组织、有关公务员的人的手段相并列,将公物作为物的手段来架构,主张行政组织法"是关于使得组织活动成为可能的一切人的手段和物的手段的法"。① 这源于行政过程论和行政手段论的视角,其着眼点在于围绕公物的法现象进行考察,而公物法理论的重要侧面在于公物的使用关系。所以,基于公物法与机关的设置、构成和权限等机构层面性质是不同的这种共识②,在将公物法作为广义的组织法来定位的基础上,其中也论述利用关系这一行政过程论的问题。③

2. 公物法与行政作用法

既然公物法理论的重要侧面在于公物的使用关系,那么,将公物法论置于作用法领域中展开,而将组织法上的问题仅作为其附带性的问题来处理,这种体系架构或许更有利于对相关问题的全面展开。④ 例如,将公物法作为行政各个领域的法之一,在"警察法""保护及统制的法"之后,以"公企业及公物的法"来定位⑤;将给付行政法分为公物营造物(公企业)法、社会保障法和资金助成法⑥;将公物置于给付行政之中,作为"供给行政"的重要组成部分之一来定位⑦;将"公物使用"作为"给付行政中主要的法机制"之一来探讨⑧;将公物法置于"给付行政法"之下,将其与"公企业法""社会保障法"并列架构⑨;等等。

3. 公物法与行政法各论

将公物法作为行政各个领域的法之一来架构,这本身丰富了行政法各论的素材。因为难以在行政过程论中全面论述公物法,所以,为了实现从理论和实务两方面来论述"公物"的目的,就有必要在行政法各论层面拓展研究。但是,将营造物法和公物法并列来论述⑩,在方法论上是值得商榷的。这是因为,公物法作为对象的物本身,构成营造物概念的要素的一部分,二者不是并列关系。并且,营造物法论的主要观点是利用关系的存在方式和营造物组织法的观点,而营造物的组织法上的问题宜在行政主体论中探讨,营造物的利用关系的问题宜委任给个别的法解释论,不宜对营造物使用关系进行公法的一元化把握,至于实定法上关于

---

① 〔日〕田中二郎著:《新版行政法》(中卷,全订第2版),日本弘文堂1992年版,第12—13页。参见田村悦一著:《公物法总说》,载〔日〕雄川一郎、盐野宏、园部逸夫编:《公务员·公物》(现代行政法大系·9),日本有斐阁1988年版,第241、246页注(4)。此外,从组织法上来把握公营造物的,Vgl. Gierke, Deutsches Privatrecht, Bd. I, 1895, S. 635 ff., 645 ff.; F. Endemann, Einfuhrung in Studium des bürgerlichen Gesetzbuchs, Bd. I, 3. Aufl., 1897, S. 218.

② 参见〔日〕田村悦一著:《公物法总说》,载〔日〕雄川一郎、盐野宏、园部逸夫编:《公务员·公物》(现代行政法大系·9),日本有斐阁1988年版,第241—242页。

③ 参见〔日〕田中二郎著:《新版行政法》(中卷,全订第2版),日本弘文堂1992年版,第298页以下、第320页以下;〔日〕佐藤立夫著:《新版行政法总论》(3订版),日本前野书店1980年版,第303页以下、第310页以下;〔日〕盐野宏著,杨建顺译:《行政组织法》,北京大学出版社2008年版,第272—273页。

④ 从作用法上来把握公营造物的,Vgl. O. Mayer, Deutsches Verwaltungsrecht, Bd. II, 3. Aufl., 1924, S. 270.; F. F. Mayer, Grundsatze des Verwaltungsrechts, 1862, S. 12, 194 ff., 231 ff.

⑤ 参见〔日〕美浓部达吉著:《日本行政法》(下卷),日本有斐阁1940年版;柳濑良干著:《行政法教科书》,日本有斐阁1969年版。这两部经典著作的体系架构反映了明治时代公物法在日本行政法上的定位。

⑥ 参见〔日〕原龙之助著:《公物营造物法》,日本有斐阁1974年版,第45—47页。

⑦ 参见〔日〕南博方著,杨建顺译:《行政法》(第六版),中国人民大学出版社2009年版,第32页。

⑧ 参见〔日〕宇贺克也著:《行政法概说I·行政法总论》(第2版),日本有斐阁2007年版,第107—109页。

⑨ 参见〔韩〕金东熙著,赵峰译:《行政法II》(第9版),中国人民大学出版社2008年版,第189页以下。

⑩ 参见〔日〕田中二郎著:《新版行政法》(中卷,全订第2版),日本弘文堂1992年版,第325页以下。

营造物(公共设施)的规定,宜在具体的领域或者层面具体地展开法规范解释论①,完善相应的保障机制。② 换言之,将公物法、营造物法、公企业法和公用负担法一并纳入"公共设施法"的范畴,进而将"公共设施法"置于行政法分论中的"生活环境行政法"之中来架构③,这种主张在体系逻辑性上亦是值得商榷的。

纯粹的概念争论或许并不具有建设性,但是,前面所提及的三种视角都是非常重要的,从广义的行政组织法上展开物的手段研究,无疑是最基础的方法论;从给付行政作用的角度探讨公物法的充实与完善,有助于推进和保障不断扩大的公共服务及相关环境的整备;从其他行政各论的层面分别来把握公物法,则必将为公物法通则的发展和完善提供重要的素材和视角方面的"补论"。

(二) 公物法的法源

如前所述,公物法是有关公物的法规范和法原则的总称。尽管理论上可以将以公物法一般理论为基础而形成的有关公物法的通则性规范作为公物法通则来架构④,但是,目前各国皆不存在关于公物的统一的法典,"公物"乃至"公物法"也没有作为法令用语使用,而只是学术上的用语,作为公物法通则来架构的有些法理和法原则也有待于今后的解释来进一步充实和完善。在这种背景下,要理解公物法的法源,除了对制定法进行归纳总结外,还有必要从立法政策层面探讨相关法规范体系建构和完善的目标和路径,以推进概念形成性行政法学的发展,服务于未来制定法规范的解释指导。⑤

公物法不存在统一的法典,与公物有关的法规范由诸多个别法规定。中国在法律、法规、规章和其他规范性文件层面都有关于公物的相关规范。例如,《公路法》规定,公路按其公路路网中的地位分为国道、省道、县道和乡道四种。这样,《公路法》便成为"公路"这种公物的一般法。概括而言,公物法的法源与行政法的法源在层次上是一致的,包括法律(如《铁路法》《土地管理法》《渔业法》《草原法》《海域使用管理法》等)、法规(《公共文化体育设施条例》等行政法规)、规章和其他规范性文件,并且,与一般行政法法源以成文法主义为原则,很少承认习惯法相比较,有关公物的习惯法亦属于公物法的法源。除了有关供于公共之用的公共用物的公物法外,还有供于机关公用的公用物的公物法(如《企业国有资产法》《行政单位国有资产管理暂行办法》《事业单位国有资产管理暂行办法》等),亦属于公物法的法源,是对行政单位、事业单位的资产的管理法。

关于公物的管理,只要制定了公物管理法规范,就要适用该法规范。对于适用公物管理法之外的个别公物,便存在如何完善相关立法的问题。在形成相关决策和立法过程中,若相关法规范已确立了法律主义,则应坚持法律主义;若确立了行政法规主义或者法规主义,则应坚持相关规定。在没有相关规定的情况下,则应坚持公平正义和民主正当的价值追求,为公物管理的相关法规范的完善提供法制和法治的支撑。相关法规范的制定既要与公物特殊性质相对应,在其制定过程中又必须注意以公物法一般理论为前提。

此外,如前所述,公物具有很多与民法上的物不同的特质,因而适用不同于民法上规定

---

① 参见〔日〕盐野宏著,杨建顺译:《行政组织法》,北京大学出版社2008年版,第272—273页,第198页以下。
② 参见翁岳生主编:《行政法》(上册),中国法制出版社2002年版,第470页(李惠宗执笔"公物法")。
③ 参见〔日〕和田英夫著,倪健民、潘世圣译:《现代行政法》,中国广播电视出版社1993年版,第156页。
④ 参见〔日〕盐野宏著,杨建顺译:《行政组织法》,北京大学出版社2008年版,第244页以下。
⑤ 同上书,第244、237页。

的特殊法规范。但是,公物也是物,除了适用公物法一般理论上的法原则、公物管理法、财产管理法以外,还必须注意有必要考虑适用民法的可能性。这是保持法制统一的重要的立法政策学课题。

第二节 公物地位与公物管理权

一、公物地位的形成

公物的特质源于公物的特殊地位或者身份,公物法即是公物的身份法。[①] 公物成立的行为称为"公用开始"或者"供用开始",通过公用开始行为,该物被赋予了作为公物的法地位,在和私人的关系上,便发生时效取得、利用关系等各种各样的效果。公用开始行为既不宜作为单纯的事实上的行为来把握,也不宜作为法规范的制定来理解,而应当将其视为一种法的行为形式——以私人(公众)为名义人的行政行为。形成公物地位的公用开始行为需要满足一定的要件。在相关法规范就公用开始行为的形式作出规定的情况下,依照相关规定实施;即使不存在相关规定,公共用物也应该履行一定的公开表示程序。[②] 当然,公物的成立要件和成立形式依公物的种类不同而有所差别。

(一) 自然公物的成立

自然公物就是依据其自然状态而供于公共之用的,所以,自然公物的成立不需要特地设置其他物件,这一点是毋庸置疑的。甚至可以说,对于自然公物来说,根本就不存在成立的观念。[③] 但是,对于自然公物的成立是否需要行政主体的意思表示这个问题,却存在不同观点。否定说认为,自然公物的特质决定了其成立不需要行政主体特别的意思表示。肯定说则认为,自然公物的成立依然需要行政主体的意思表示。未经公用开始行为的意思表示,即使具有自然状态,该物一般也不属于公物。

其实,根据公物的概念界定,公物的本质特征在于行政主体将其提供于公共之用,所以,或者是通过行政行为,或者是通过成文的法律、法规、规章乃至不成文的习惯法,总之是需要有"提供于公共之用"的行政主体的意思表示。

(二) 人工公物的成立

关于提供于公众的一般性利用的公共用物,由于在其成立的同时,公众就可以自由地利用该物,所以,将这种事实予以明确化的行为,就是公物成立的要件。通过公用开始,法意义上的人工公物便告成立。但是,人工公物要有效地成立,行政主体对该物必须享有权利根据。[④] 人工公物的成立,一般要求具备形体要件和行政主体的意思表示两个要件。

(1) 形体要件。公共用物之人工公物应当经人为的加工,使之具有可以直接提供于公共之用的形体结构,方可以宣告成立。例如,道路、公园等。若尚不存在必要的形体结构,那

[①] 参见蔡志方著:《行政法三十六讲》,(全新增订再版),台湾成功大学法律学研究所法学丛书编辑委员会编辑,1997年版,第145页。
[②] 参见〔日〕盐野宏著,杨建顺译:《行政组织法》,北京大学出版社2008年版,第252—253页。
[③] 同上书,第252页。
[④] 参见同上书,第252、253页。

么,即使将该物指定为公物,那也只能是"预定公物"①,在法律上一般依"准公物"加以处理。② 预定公物虽未成为公物,但其将来所供用的目的既已决定,在其将来目的的必要限度内,须与公物遵守同一的规定。③ 换言之,在预定公物阶段须按照预定公物的要求具备相应的形体结构,将来作为正式公物成立,则同样要具备其所供于公共之用的特定目的所要求的必要形体结构。

(2) 意思要件。形体要件具备之后,还需要注入行政主体的意思表示——"公用开始行为",有了这种表明行政主体开始提供于公共之用的意思表示,公共用物之人工公物方可成为公物。公用开始行为可以依法律规定,也可以通过行政行为指定,还可以依法律事实完成,而人工公物的命名是行政主体意思要素的重要形式,例如我国《公路法》第17条规定的国道的命名和编号等,就是在国道上注入了公法的因素,而使该国道成为公物。④ 既然将公用开始行为定性为以私人(公众)为名义人的行政行为,那么,作为公用开始行为的前提,就需要行政主体对该物具有一定的权限。法谚云:没有任何权利根据情况下行使的公用开始行为尽管不是无效的,但却是违法的。这一点从本书对公物的概念界定中也可得到体现。

(三) 公用物的成立

公用物是提供给行政主体自己使用的物,所以其成立和运作均适用行政组织法上的规范。国家为确保行政主体有效地行使职权,切实地履行职责,圆满地实现公共利益的目标,而以法律、法规等形式赋予行政主体享有各种物质上优益条件的资格,这称为行政受益权。行政受益权在性质上不属于行政职权,但它和行政优先权共同构成行政优益权,与行政职权具有密切联系,是行政职权有效行使的保障条件。⑤ 换言之,为了实现行政目标,应当按照相关组织法规范配置相应的保障条件,这是行政手段论的内在要求。所以,此类公用物的成立不需要特别的意思表示行为,但是,仍需具备相关形体要件才能成立。例如,行政主体的办公大楼,虽然可以根据内部性规范来决定从何时开始让其利用者(行政主体的职员)使用该办公大楼⑥,但是,其正式成立仍需以具备与作为办公大楼相适应的形体结构并开始使用为准。如果是他有公物,则需要取得对该物的支配权,即需要有权利根据。

(四) 公用开始行为的形式

公物是直接提供于公共之用的物,根据各种公物所对应的具体目的不同,形成公物的方式也存在一定的差异性。为了切实保障所有公民的社会福利和基本权利,有必要致力于相关法律的制定和完善,最起码要为常态下的公物设置提供法律依据。⑦ 但是,如前所述,目前世界各国都不存在统一的公物法典,所谓公物法通则也只是以公物法一般理论为基础而形成的有关公物法的通则性规范。⑧ 这种现象本身揭示了在该领域制定统一法典的困难性或者不可行性。一般而言,设置公物当然要符合法治原则,但不一定要强调严格意义上的法律

---

① 〔日〕盐野宏著,杨建顺译:《行政组织法》,北京大学出版社2008年版,第249页。
② 参见李震山著:《行政法导论》,台湾三民书局1999年版,第138—139页注15。
③ 参见〔日〕美浓部达吉著,杨开甲译:《日本行政法撮要》(下卷),上海民智书局1933年版,第111页。
④ 参见姜明安、余凌云主编:《行政法》,科学出版社2010年版,第698页。
⑤ 参见罗豪才主编:《行政法学》,北京大学出版社2005年版,第57页(杨建顺执笔"行政法律关系主体")。
⑥ 参见〔日〕盐野宏著,杨建顺译:《行政组织法》,北京大学出版社2008年版,第252页。
⑦ 参见王贵松著:《支配给付行政的三大基本原则研究》,载刘茂林主编:《公法评论》(第1卷),北京大学出版社2003年版,第199—204页。
⑧ 参见〔日〕盐野宏著,杨建顺译:《行政组织法》,北京大学出版社2008年版,第244页。

保留原则。① 公用开始行为可以依法律规定,也可以通过行政行为指定,还可以依法律事实完成,如张贴公告、发布使用或者管理规则等,还有些公用开始行为是通过启用典礼、仪式或者命名、编号等事实行为来完成的。一般而言,公物地位的真正确立需依据法规范的规定或者公物的指定②,但是,仅有法规范的规定或者公物的指定,往往尚不够充分,还须有事实上的供公用作为补充。③

二、公物地位的变更

(一) 公物的升级

公物的升级,是指较低层级的公物升格为较高层级的公物的公物地位变更。④ 它与下述公物的降级相对应,包括公物的作用、机能与归宿有提升的所有情形。作为公物,首先要维持提供于公共之用的目的,并接受相应公权力的支配。不同层级的公物,其管理与使用的层次亦不同;公物地位的升级,意味着对其管理的主体和其提供于公共之用的对象或者范围将随之改变,甚至其公益追求的素质也会产生改变或者提升。例如,县道经过扩充、整修后成为省道或者改作高速公路而变为国道等。公物的升级行为是一种行政行为(对物行政行为)。

(二) 公物的降级

公物的降级,是指较高层级的公物降格为较低层级的公物的公物地位变更。它与上述公物的升级相对应,包括公物的作用、机能与归宿有下降的所有情形。例如,原属于省道的公路,因为其附近新辟了省道,故而被降格为县道甚至乡道,就是公物的降级。不过,公物的降级要求它仍然维持公物的地位,如果公物变成私物,则属于后述公物的消灭或者废止,而不是固有意义上的降级。公物的降级行为也是一种行政行为(对物行政行为)。⑤

(三) 公用范围或者方式的限制

公物在初次指定时或者指定后,也可以对其公用范围及公用的方式条件予以指定。扩大或者缩小其公用的范围,以及改变其公用的方式或者条件,皆涉及其作为提供于公共之用的公物地位的变化,涉及对使用者的权利保护和救济等事宜,应当适用相关公物管理的法规范,接受公法上的相应规制。⑥

三、公物的消灭

公物的消灭,是指公物丧失其作为公物的性质和地位。公物的消灭包括两种情形:其一是公物的永久确定性灭失(自然灭失);其二是因废止公物的行为(Entwidmung)而失去继续

---

① 关于法律保留的诸学说及其反思,参见杨建顺著:《行政规制与权利保障》,中国人民大学出版社2007年版,第103—113页;〔日〕大桥洋一著:《法律保留学说的现代性课题》,载《国家学会杂志》第98卷第3·4号,昭和60(1985)年,第241页以下。
② Widmung,又译为"提供公用",指因公法上的法律行为而成立公物者。参见吴庚著:《行政法之理论与实用》(增订8版),中国人民大学出版社2005年版,第138页。
③ 参见蔡志方著:《行政法三十六讲》(全新增订再版),台湾成功大学法律学研究所法学丛书编辑委员会编辑,1997年版,第145页。
④ 同上书,第149页。
⑤ 参见同上书,第150页。
⑥ 同上。

作为公物的性质和地位(法定废止)。依照公物原先使用的目的,认为已没有存在的必要时,便依法定的程序废止公物的行为称为"公用废止"或者"供用废止"。

和公用开始行为一样,公用废止行为既不宜作为单纯的事实上的行为来把握,也不宜作为法规范的废止来理解,而应当将其视为一种法的行为形式——以私人(公众)为名义人的行政行为。① 公用废止行为又包括暂时废止和永久废止两种类型。根据公物的种类不同,公物的消灭亦有所不同。

(一) 自然公物的消灭

自然公物依据其自然状态的永久确定性灭失而当然地消灭,不需要以行政主体特别意思表示为要件。自然公物的自然状态并未永久确定性灭失的,依行政主体的公用废止行为而废止。相关行政主体负有善后应对乃至规制指导的义务。

(二) 人工公物的消灭

人工公物依据行政主体的公用废止行为而废止,不以其形体结构永久确定性变化为要件。依据公用废止行为,该人工公物丧失其作为公物的性质和地位,附着于该公物的公用关系便随之消灭。当公共用物的形体要素消灭时,如果法规范明确规定要求意思表示,则应当遵照该规定执行;如果法规范没有特别规定,依然需要明确的意思表示。② 这是因为,行政主体对该公物的设置和管理负有义务和职责,对该公物的废止予以明确宣告当是其职责的内在要求,并且,既然前面有公用开始行为,后面就应当以公用废止行为与之对应,这也是行政职权和职责的统一性所要求的。同理,若只是部分消灭公物地位,则涉及前述公物地位的变迁或者公用范围或者方式的限制,亦须接受公法上的规制,履行相应的程序。

公物依公用废止行为而丧失继续作为公物的性质和地位,不再适用公法规范,成为适用民事法有关规定的对象。③

(三) 公用物的消灭

一般认为,公用物的消灭不需要行政主体特别的意思表示,而是通过停止事实上的使用即丧失公物的性质。不过,和前述公用开始行为一样,无论是作为行政主体的受益权问题,还是作为公物管理的问题,要求明确的或者默示的公用废止行为,或许更具有妥当性。

四、公物管理权

(一) 公物的管理与公物管理权

1. 公物管理的概念

公物管理,是指公物的管理者为了实现公物的目的而对公物进行维持、修缮、保管,赋课必要的公用负担,将公物提供于公共之用,以及进行专用许可,预防、消除各种妨碍公物目的的实现的事由的全部活动。

有的公物其存在本身已经被提供于公共之用,不需要添加任何人工,因而不存在施以管理活动的必要。但是,包括自然公物在内的大多公物需要相应的管理活动,以增进其目的或者防御妨碍实现其目的的情形发生。这一系列的公物管理作用,全部都可以作为公物管理

---

① 参见〔日〕盐野宏著,杨建顺译:《行政组织法》,北京大学出版社 2008 年版,第 252—253 页。
② 参见〔韩〕金东熙著,赵峰译:《行政法Ⅱ》(第 9 版),中国人民大学出版社 2008 年版,第 196—197 页。
③ 参见〔日〕美浓部达吉著,黄冯明译:《公法与私法》,中国政法大学出版社 2003 年版,第 232—233 页。

权体现出来。① 研究公物管理制度,从行政法的角度来看,最重要的问题之一是研究公物管理权。

2. 公物管理权的概念及其根据

公物管理权,是指行政主体为了实现公共目的而依法享有将公物提供于公共用或者公用,并对公物进行维持、经营、规制等概括性管理和具体事务处理的权能。②

关于公物管理权的法根据,在公物法一般理论上存在公所有权说、私所有权说、概括性管理权能说和所有权及其他利用权说的观点对立。③

公所有权说认为,属于私人的所有权是为了自己的私人目的而支配物的权利,公所有权则是为了行政主体所特有的公共目的而支配物的公权,是以公法性效果为内容的权利,必然地必须是属于公权性质的权利。④

私所有权说认为,自有公物中公所有权和私人的所有权本来是相同的。

概括性管理权能说认为,公物管理权是与所有权不同的对公物的概括性管理权能,它不是作为物本身的所有权及其他私法名义的效果而得以承认的,而是根据公物法的规定(实定法或者惯例)被赋予的。⑤

所有权及其他利用权说认为,在作为制定法的个别公物管理法上规定了管理权限的情况下,作为法的根据,是没有必要特地溯及所有权的;在没有相关公物管理法的情况下,仅将惯例视为其法根据还不够,还应当主张对于物的另外的权利根据,即所有权及其他利用权是管理权的根据,只要制定了公物管理法,管理权的根据就被该管理法所吸收。

3. 公物管理权的主体

公物的种类繁多,公物管理权的主体也有所不同。总体而言,在公物管理法上,公物管理权的主体(公物管理者)是行政主体,该管理者拥有公物管理权限,承担公物管理的职能。为了实现公物管理的经济性、效率性等目的,也存在着根据个别的法律而赋予营造物以法人格的情形。⑥ 经依法授权,被授权者便成为公物管理权的主体。行政机关的公物管理权,应该依据组织法的权限分配规定行使;授权组织的公物管理权,除了参照组织法以外,还要根据授权规定行使。公物管理者所实施的公物管理作用,也可以通过事业计划或者协定来委托其他组织(民间事业者)实施。因为这种行政作用的委托与公权力的行使相关,所以需要有相关的法规范根据。受委托者只能在被委托的范围内实施公物管理,其法律后果归属于委托的行政主体,所以,受委托者不能成为公物管理者,不是公物管理权的主体,而只能成为实施公物管理的实施者。换言之,在这种情况下,公物管理权的主体依然是行政主体。

简而言之,公物管理权原则上由公物管理主体(行政主体)来行使,也可以委托给第三人来行使。⑦ 委托的范围根据个别公物管理法的规定而定。即使没有特别的法律根据,公权力

---

① 参见〔日〕盐野宏著,杨建顺译:《行政组织法》,北京大学出版社2008年版,第254页。
② 同上书,第255页。
③ 同上书,第254—257页。
④ 参见〔日〕美浓部达吉著:《日本行政法》(下卷),日本有斐阁1940年版,第785页。
⑤ 参见〔日〕田中二郎著:《新版行政法》(中卷,全订第2版),日本弘文堂1992年版,第316—317页。被认为采取了概括性管理权能说的有:〔日〕原龙之助著:《公物营造物法》,日本有斐阁1974年版,第219页;〔日〕松岛谆吉著:《公物管理权》,载〔日〕雄川一郎、盐野宏、园部逸夫编:《公务员·公物》(现代行政法大系·9),日本有斐阁1988年版,第299页。
⑥ 参见〔日〕南博方著,杨建顺译:《行政法》(第六版),中国人民大学出版社2009年版,第24页。
⑦ 参见〔日〕盐野宏著,杨建顺译:《行政组织法》,北京大学出版社2008年版,第85页以下。

的行使以外的事实行为也可以通过委托等方法来实施。

（二）公物管理权的内容

公物的种类繁多，公物管理权的内容也非常广泛，因公物的不同而有所不同。抽象地说，公物管理权的内容是使公物适合于公共目的的作用，包括使其适合于该目的的制度作用和调整公共用物的公共利用的作用。[1] 以实现公物目的为其目的的公物管理权的适用范围就是公物的范围。在公物通则法上作为一般的范围来探讨的具体内容，大致包括如下共通性[2]：

（1）公物管理规则的制定。为了规范对公物的日常管理，明确管理者和使用人应遵循的规则，维护公物管理的正常秩序，提升公物的物的效用和财产保存的质量，公物管理者可以依据公物管理法规范和公物管理权制定公物管理规则。所谓公物管理规则，是指公物的日常管理和运营的具体实施规范，不包括法规、规章等法规范。在这层意义上，制定公物管理规则不要求全部都有法律依据。在没有公物管理法规范依据的情况下，依据公物管理权制定规则，是积极行政和善政（good administration）的内在要求。虽然对相关规则是否承认其法规范性是有争议的，但是，一旦该领域制定了相关法规范，关于公物管理者制定公物管理规则的权限和该规则所规定的内容便被相关法规范所吸收，可以肯定的是，相关规则的制定实施有助于该领域公物管理法规范的建立和完善。

（2）公物范围的确定。公共用物范围的确定，又称为公物界线的划定或者划界，是指行政主体对应公物用于公共目的的范围而确定公物的范围和界限的活动。划界行为的性质因公物的种类而异，但总体来说，行政主体作出范围确定或者区域指定的决定，是对公物管理权的确认性行政行为，一般应采取告示等方式予以公布。

（3）对公物邻接区域的规制。为了实现公物的公共目的或者满足公物的特定效用，公物管理法有时会规定对于公物邻接区域一定范围内的规制（公用限制），包括对一定行为的限制或者禁止，以及赋课一定的作为义务。公物管理权的主体依法实施相关公用限制，该区域范围内的相关人员及设施则负有一定的作为、不作为或者忍受的义务。[3] 在公物管理法没有特别规定的情况下，对公物邻接区域的规制可以类推适用民法上有关相邻关系的规定。

（4）公物的登记。在公物法规范没有特别规定的情况下，行政主体设立、变更、转让和消灭公物的，应当依照法律规定履行登记程序。[4]

（5）对公共目的的供用。将公物提供给公共用或者公用，保证所有人的公平使用，或者为特定人设定使用权或者占用权（亦属于使用关系的规制）等，寓管理于服务提供之中，这是公物管理权的主要内容。

（6）公物的维持、修缮、保存。公物的维持、修缮和保存是实现公物本来功能的重要管理行为。[5]

（7）防止和消除对公物的障碍。公物管理的目标就是确保公物实现其提供于公共用或

---

[1] 〔日〕盐野宏著，杨建顺译：《行政组织法》，北京大学出版社2008年版，第257—258页。
[2] 同上书，第258、239—240页；〔韩〕金东熙著，赵峰译：《行政法Ⅱ》（第9版），中国人民大学出版社2008年版，第204、202页；姜明安、余凌云主编：《行政法》，科学出版社2010年版，第700—703页。
[3] 参见《公路法》第28条、第34条、第47条，《河道管理条例》第24条。
[4] 参见《物权法》第14条、第15条。
[5] 参见《公路法》第35条、第40条。

者公用之目的,确保公物充分发挥其应有的效用,所以,防止和消除对公物正常发挥其效用可能构成或者已经构成妨碍的各种因素,本应内在地包含在公物管理权之中。① 但是,防止妨碍一般采取事前规制的形式,如禁止或者限制一定型号的车辆通行等,这种事前规制往往涉及行政许可,若公物管理法上有明确规定,那自然不成问题,若没有这样的特别规定,那么,包括公物管理规则的制定在内的公物管理权要进行相关规制,往往会遇到法律依据不充分的难题。同理,消除已有的妨碍,往往涉及清障、修复等强制性措施,若公物管理法上有明确授权自无争议,若没有这样的授权规定,那么,关于公物管理权的一般规定乃至公物管理规则能否成为消除障碍的依据便成为争议的焦点和难点。该问题既是公物管理法领域的课题,亦是行政强制法领域的课题。②

(8) 使用费及赔付金的赋课、征收。公物管理所需费用原则上由提供公物的行政主体承担③,根据法规范的规定,针对特殊使用可以征收负担金、使用费等。④ 换言之,当某种使用超过了一般人正常使用的范围或者限度时,使用人则应承担公物管理所多付出的费用。基于公共目的的需要,公物管理者依法向获得公物的使用、占用许可的使用人、占用人征收费用,对于擅自使用、占用等违反公物管理法乃至公物管理规则的,赋课制裁性的赔付金等,这些均为公物管理权的重要内容,也是使用关系规制的重要组成部分。

(9) 公用负担的赋课。行政主体在实施公物管理的过程中,为了确保达到公物的公共目的,依法对人民课以公用负担⑤,如强制使用他人的财产⑥,临时出入、使用他人的土地等,这也是公物管理权内在的组成部分。

(10) 使用关系的规制。对使用关系的规制是公物管理权中占有核心地位的内容,宜在后面专门展开论述。

(11) 变更和消灭公物地位的决定。新的公物的设置权,有的由公物管理权的主体行使,有的是设置之后才产生公物管理权及其主体。无论是哪种情形,设置新的公物一般不作为公物管理权的内容来探讨,而是将其置于公物成立的范畴。公物的改建、改良等会引起公物地位的变更,须强调有助于增强公物的效用和功能,确保公物的正常运营和合理使用,而公物的消灭则意味着公物丧失公物地位,自然灭失或者丧失了提供于公共用或者公用的目的。所以,公物地位的变更或者公物的消灭,原则上需要有公物管理者的意思表示,且作出相关决定须接受公物管理法上的规制。⑦

(三) 公物警察

公物警察,是指警察权的主体为维持公物的安全和公物使用关系的秩序,预防或者消除有关公物使用所发生的对社会安全、秩序的危害,而依据一般警察权实施规制的作用。⑧ 公物管理作用和公物警察作用既有区别(包括目的、权力发动的范围、对违反行为的制裁及强制手段等),又有密切的联系。公物管理与公物警察都是针对公物而行使的,有时两者之间

---

① 参见《航道管理条例》第17条,《河道管理条例》第36条、第37条。
② 参见《行政强制法》第44条、第52条。
③ 如《航道管理条例》第15条。
④ 参见《行政许可法》第58条,《航道管理条例》第25条、第26条。
⑤ 参见〔日〕美浓部达吉著:《行政法撮要》(下卷),日本有斐阁1932年版,第288—289页。
⑥ 如《河道管理条例》第24条,《公路法》第28条。
⑦ 参见《公路法》第3条,《铁路法》第38条,《公路法》第32条,《公共文化体育设施条例》第27条。
⑧ 参见〔日〕田中二郎著:《新版行政法》(中卷,全订第2版),日本弘文堂1992年版,第319页。

的界限也不是那么清晰,甚至会对同一公物竞合性行使。维持和增进有关公物本来效用的作用是公物管理作用,而不是公物警察作用;在为了预防和消除对社会公共安全、秩序发生危害的限度内,可以成为公物警察权发动的对象。由于两种作用各自具有独立的效力,一方面要建立和完善相互尊重、协调合作的公务合作机制,另一方面则需要进行内部权力配置的合理化,以避免给人民带来既要得到公物管理者许可、又要获得警察许可之类的双重负担。尤其需要强调的是,在公物管理者没有被授权行使警察权的情况下,便不能采取实力强制,而必须等待一般的警察权的行使。

（四）公物管理权的性质与自力救济

根据公物的种类不同,与之对应的各种公物管理权在性质上亦是不同的,既有法行为,也有事实行为;既有权力性行为,亦有非权力性行为;既有利用规制、许可,又有给付、服务;既有行政规则的制定,又有具体处理措施的实施。不过,作为公物管理权的恢复原状命令、退却命令等命令行为,行政上的强制执行、物件的交还和腾出等直接强制的实力行使,乃至与民事上的自力救济限度的关系,等等,这一系列的问题都值得针对不同的公物管理领域和阶段展开深入的探讨。

第三节 公物的使用关系

一、公物使用关系的概念、范围及分类

公物使用关系,是指公物主体与使用者之间发生的有关公物使用的法律关系。

公物的主要目的就是提供于公共之用,但使用的形态多种多样,而使用所形成的法律关系以及使用的请求权或者支配权也是有差别的。公物使用关系可分为三大类:公共用物的使用关系、公用物的使用关系和营造物的使用关系。

根据公共用物、公用物和营造物的不同,公物使用关系的具体构成也有所不同。公共用物以提供于不特定多数的公众之利用为其本质,公物法一般理论就是以这种公共用物为中心,对公物的使用关系进行了分类整理①,并在发展变化中被个别公物管理法所采用,对相关理论研究产生了重要影响。公用物以由限定范围内的人利用为前提,却不存在特别管理法,作为法律问题来论述公用物使用关系,仅限于行政财产的目的外使用即供于外部利用的问题。而营造物的使用与单纯公物的使用也不相同。

二、公共用物的使用关系

关于公共用物的使用关系,存在诸多不同见解。按照使用权源的不同,有人采取四分法,将其分为一般使用、许可使用、特许使用和私法上的使用权②;有人则采取五分法,将其分为一般使用、许可使用、特许使用、习惯使用和私法使用③。按照使用人是否按照公物设定的

---

① 参见〔日〕美浓部达吉著:《日本行政法》(下卷),日本有斐阁1940年版,第815页。
② 参见〔日〕田中二郎著:《新版行政法》(中卷,全订第2版),日本弘文堂1992年版,第320—325页。
③ 参见翁岳生编:《行政法》(上册),中国法制出版社2002年版,第477—482页(李惠宗执笔"公物法")。

目的使用,有人主张将公物分为一般使用与特别使用。[①] 根据公物法一般理论,公共用物的使用关系宜分为三种类型:一般使用、许可使用和特许使用。在与一般使用相对照的意义上,许可使用和特许使用都是特别使用。[②]

(一) 一般使用

一般使用,又称为自由使用、普通使用或者基本使用,是指不需要任何意思表示,而根据公物的本来目的对公众承认公物利用的情形。公共用物的一般使用,正如提供于公共之用为目的这一公共用物的概念要素所示,这应当是、实际上也是公共用物的基本存在方式。一般不特定人可以在平等原则之下,有对价或者无对价地使用该公物。一般使用的另一名称是自由使用,但并不是完全自由,其限度为不妨害他人共同使用,只要在该限度内,就不需要许可或者其他特别行为。当然,一般使用要服从公物管理法、公物管理的限制及公物警察的限制。

关于公共用物的一般使用在公法上是权利还是反射性利益的问题,取决于对公权利的理解。如果将事实上直接使用公物视为公权利内容并作为请求权与受益权来把握,那么,公众的使用也就属于权利,此时,不特定的公众即为使用权人。与此相对,对具有邻接道路等公物的住宅或者商店的人(临街、沿线或者沿岸居民),基于宪法的生存保障,认可其对该公物具有超越一般人之一般使用权的"高度的一般使用权"或者"升级的公共使用权",称为邻接居民权。[③] 例如,在长安街上的路口禁止一般车辆左转或者掉头,却允许该路口附近拥有住宅或者商店的人的车辆左转或者掉头。至于此类公物使用权的性质,可以作为个别人对公物的使用权来把握,不过,一般认为应当从本质上将其视为一般使用权的类型之一。公共用物的个别或者个人利用权,不能仅以个人基本权利,尤其是不能仅以一般行为自由权来寻求其宪法基础,而有必要诉诸制度性保障。

(二) 许可使用

许可使用,基本上也属于自由使用的范畴,不过,是在事先设定行为禁止,基于申请予以许可而解除该禁止的制度之下的使用。关于该许可,概念上也存在作为公物管理作用的许可和作为公物警察的警察许可两种。

(三) 特许使用(公物使用权的特许)

特许使用,是指从公物管理者那里获得特别使用权的设定而使用公物的情形。此类特许使用是就该公物对特定人承认特定的排他性使用,虽然该排他性是有界限的,但它不是自由使用。

(四) 公共用物使用关系中的自由与规制

许可使用和特许使用都是超过公共用物的公共使用范围,进行附加的、异常的使用,在与自由使用的关系上来论述,构成公物的特别使用。只有特定的人才能使用的,就属于特别使用的公物,而不是这里所说的公共用物的特别使用。特别使用仍要符合平等原则下取得

[①] 参见〔德〕汉斯·J.沃尔夫、奥托·巴霍夫、罗尔夫·施托贝尔著,高家伟译:《行政法》(第2版),商务印书馆2002年版,第405—514页。

[②] 参见〔日〕盐野宏著,杨建顺译:《行政组织法》,北京大学出版社2008年版,第264页;〔日〕柳濑良干著:《行政法教科书》,日本有斐阁1969年版,第236页。

[③] 参见蔡志方著:《行政法三十六讲》(全新增订再版),台湾成功大学法律学研究所法学丛书编辑委员会编辑,1997年版,第154页。

第七章 公 物 法

许可,或许要经过行政机关的裁量,有时经过裁量,即使符合资格者亦不一定获得许可。除邻接居民的特别权利外,只有在不妨碍一般正常使用的情况下才能允许公共用物的特别使用。这种特别使用符合公用指定目的的中断性介入,基本上要适合社会正当性。

许可使用和特许使用的区别在于前者是自由的恢复而后者是权利赋予,这类似于行政行为论上的营业许可和公企业特许的区别。不过,在某些情况下该区别也是不明确的,个别公物管理法上也没有明文采用这种区别。若将自由使用、许可使用和特许使用的区别作为是否公共用物本来用法的区别来说明[1],则有不协调的感觉。

在公物的使用关系中,自由使用是公共用物的使用形态的原型,它构成了公共用物的最大特色。该自由使用是以公共用物现实上被提供于公共之用为前提而创设的,是"限于对一般人承认使用的自由,而不是设定使用的权利的"。[2] 但是,自由使用权的内容本身是并不确定的,是随着场所和时代的变化而可变的。自由使用以外的使用形态同样是可以存在而且是应当存在的。有必要将许可使用和特许使用作为许可使用(使用许可)内容的不同种类来把握,以不妨害他人的自由使用为基本前提,并以社会发展、价值多样化为前提,对自由使用的内容进行灵活解释。

公共用物与人民的生活品质有着密切的联系,所以,在公共用物的使用关系上往往适用缔约强制,公物提供者不能随意决定他的缔约对象和条件,不能设定使用公物的规则等。这也涉及制定公物管理规则的定位问题。缔约强制的规定普遍存在于公用事业等给付行政领域,其目的是要确保利用人的基本生活水平。

为了实现公共用物提供于公共之用的最大效用,赋予了公物管理权以对邻接地规制的内容。土地使用应当与公物连接,这称为"连接及使用的强制",基于环保、卫生方面的要求而强制使用公物,或者排除原先公物的使用目的而用于临时的其他特殊用途的使用等,这些都需要有明确的法规范依据,并且,在强制方式的选择及补偿方面需要有更具体的法规范依据。

公用废止并不属于管理者的完全裁量,"由于管理者负有维持、保存公物,使该公物适合于其公共目的的义务,所以,不能自由地废止其公用,只有在其失去应该提供于公共目的之必要的情况下,才能废止其公用"。[3] 但是,在公共用物的使用许可中附加附款,则应当是公物管理权所内在的裁量作用。因为公物及公物使用者的关系存在诸多形态,根据利用形态的不同,对某些使用者或者使用形态的特殊利益和公众的一般利益进行比较衡量,按照公物的公共目的,使其发挥应有的最大效用,这是期限、占用费和使用费以及许可撤回等行政行为的附款论发挥作用的最适当的领域。[4] 当然,关于附加附款尤其是对公物使用者赋课占用费及使用费的缴纳义务等公共负担的问题,涉及是否需要特别的法律根据的问题。我国《行政许可法》规定只能依照法律、行政法规收取费用,对其他附款的附加亦予以严格限制。[5] 在个别公物管理法上设置了有关占用费征收的特别规定的这种情况下,占用费的赋课已不再是附款的问题。有必要根据公物管理领域自身的规律,对附款问题展开深入的研究。

---

[1] 参见〔日〕原龙之助著:《公物营造物法》,日本有斐阁1974年版,第252、270页。
[2] 〔日〕美浓部达吉著:《日本行政法》(下卷),日本有斐阁1940年版,第817页。
[3] 同上书,第795页。
[4] 关于一般附款论,参见〔日〕盐野宏著,杨建顺译:《行政法总论》,北京大学出版社2008年版,第119页以下。
[5] 参见《行政许可法》第58条、第30条。

三、公用物的使用关系

公用物的管理者就是占有该公用物的行政主体,这决定了公用物的使用关系大多适用行政组织法上的规范。行政主体为了实现行政目的,除了按照行政组织法规范提供公用物的使用外,有时也可以使用提供于公共之用的公物,服从公共用物的使用关系。同样,有些公用物除了行政主体使用外,也可能提供于公共使用,构成公共用物的目的外使用关系。简而言之,按照使用的类型,公用物的使用关系分为两种类型:公用物的目的内使用和目的外使用。

(一) 公用物的目的内使用

公用物是为了确保行政主体切实地完成其所承担的行政任务,为了特定行政目的而提供行政主体使用的公物,一般人不得随意使用。公用物的目的内使用,是指公用物被用于其本来的目的,包括行政上使用和财政上使用,故又称公用物的本来的使用。行政主体的办公大楼、警车等,作为行政目的使用的财产,一般人不得随意使用。依财政收支划分法的分配,作为行政上支出用的资金,属于财政目的使用的财产,必须依法由各级行政主体使用,其他行政主体及其他组织皆不得随意使用。

公用物的管理者对公用物享有与"看家权"类似的规制措施权,同时负有对公用物进行符合该目的的管理的义务。至于秩序警察权,则不是全部公用物管理者都拥有的。进入该公用物的人则负有服从管理者的管理权的义务。管理权的行使并不是完全属于裁量,在和勤务者的关系上,作为勤务条件的内容,成为措施要求权的对象。

(二) 公用物的目的外使用

公用物的目的外使用,一般称为行政财产的目的外使用(的许可),是指公用物管理者在不妨碍该公用物本来的用途或者目的的限度内,转变公用物的功能,许可他人对该公用物的使用或者收益。

关于公用物的管理,并没有制定特别的管理法。私人对公用物的使用要受到一定的限制,但在不影响公务使用的前提下,应当平等地准予私人根据一定规则使用。公用物一旦实施目的外使用,便会具有部分公共用物的性质;涉及公共用物的,则被相关公物管理法上的许可制度所吸收,即其使用关系要遵循公共用物的规则。所以,作为行政财产的公用物的目的外使用制度所涉及的,只有法定外公共用物及公用物。

顾名思义,公用物的目的外使用是脱离了该公用物本来的目的,改变了公用物本来的功能,是公用物管理者针对他人的申请而允许其使用或者收益的许可。换言之,公用物的目的外使用是以申请—许可为主要形式的典型的行政行为,虽然往往以契约的形式实施,但它不属于私法上的契约关系。公用物的目的外使用既然是以申请—许可形式作出的行政行为,它当然适用行政行为论,适用关于行政行为的附款论、撤回论等一系列公法原理。

公用物目的外使用的具体使用形态具有多样性,往往难于将其与本来的公用(或者准同于公用的使用)区别开来。公用物目的外使用也可以依法征收使用费。

行政财产的有效利用,这既是公用物的本来的使用的制度目的,也是公用物目的外使用的制度目的。但是,公用物的目的外使用必须以不影响其本来的使用即行政主体自己的使用为限度,否则不仅将构成对相关组织法规范的违反,而且该公用物也就不成其为公用物了。

公用物目的外使用存在各种不同的形态,行政机关的公用物与其他行政主体的公用物之目的外使用,适用不同的法规范。所以,公用物管理者除了根据行政组织法和公物管理法的相关规范进行具体的管理外,还可以或者毋宁说应当制定一般的管理规则。

行政主体所管理的公用物,只要是将其供于该法人的公用,就适用公物法一般法理,该行政主体便是行使了公物管理权,而目的外使用的许可之类的财产的使用关系,基本上全部适用民事法的规定。公用物的目的外使用,在使用方法上受该行政主体的公物的实体法上的制约,这是公物法理的归结。至于违反该制约所设定的使用关系具有什么法效果的问题,目前尚无定论。

四、研究公物规制与权利救济的意义

公物规制,是指在公物管理过程中,为了实现公物的公共目的及提升公物的效用性,公物管理者对公物的使用者等实施的规制措施。

从公物的产生,到公物的管理和使用,一直到公物的消灭,在这些过程中都有可能或者有必要实施各种各样的规制,也会产生公物规制相关方面寻求权利救济的问题。

提供于公共目的使用,是公物的功能所在。为了实现公物本身的功能,充分实现公物的效用性和公物行政的公正性,公物管理法上赋予公物管理者在公物提供于公共之用的过程中诸多规制权能及各种方法和手段;同时,为了确保公物管理者依法、合理地履行其公物管理职能,调整各种使用关系,保障公物使用人的权益和公共利益,公物管理法对公物管理者本身设置了诸多规制,对公物管理权的运行设置了诸多规范。换言之,公物管理者要依法适用规制法规范,对公物使用者等实施诸种规制;同时,公物管理者自身要接受法规范和相关管理规则的规制。这些规制都牵涉到如何确保权力运行和寻求权利救济的问题,值得在充实公物法规范之际予以特别重视。不过,对公物管理者的相关规制,一般宜于从权力制约的角度来把握,而不宜置于公物规制和权利救济的层面来探讨。

伴随着给付行政作用增大,公物的目的以及行为形式多样化,公物的设置、提供、管理和运营等行政作用(给付行政作用)的特殊性反映于公物的利用关系之中,进而,促进了行政组织法上的公用物和营造物概念的发展,也为行政救济法的健全和完善提供了重要的素材,提出了一系列课题。除了运用一般行政法原理来探讨与公物相关的法规范的健全和完善,加强对公物管理过程中的一系列公物规制活动的监督、控制等事前和事中程序外,还要针对公物管理或者规制自身的基本规律,深入探讨公物规制活动在给付行政领域中的地位和作用,探讨其在行政作用法上的特质,建构具有实效性又符合现代行政法治原理的事后制约和权利救济制度。在这层意义上,研究公物规制与权利救济,不仅有助于丰富和充实公物利用关系法理论,而且对于建构和发展科学的行政法体系亦具有重要的素材提供和视野拓展的意义。

公用物是提供于行政主体自己使用的,使用人和公物管理者系属于同一机构,在法律上亦存在隶属关系,故而其使用较少会发生法律上的纷争,即使发生纷争,大多依据行政组织法上的有关规范来处理。公用物的目的外使用也涉及公物规制层面的问题,如前所述,这部分大多被公共用物的相关规范所吸收。

公共用物是提供于一般公众使用的,公物管理或者规制往往会给使用者等带来一定的影响和负担,引起相应的争议。公物规制在该领域以诸多不同形态出现,该领域的纷争较多发生。

营造物是人和物的综合体,与公用物和公共用物相比,它具有更复杂、更多样的使用关系,其运营过程中的诸多规制经常会引起纷争。营造物规制既有依法实施的,又有在没有法律规定的情况下,依据营造物管理规则实施的,相关权利救济往往根据各领域的不同而呈现出较强的专业性。

第四节 营造物的使用关系

一、营造物使用关系的概念界定

营造物是由行政主体提供用于特定的公共目的的人的及物的手段的综合体。营造物的使用关系,是指行政主体为实现特定公共目的所配备的人的手段和物的手段各自发挥作用以及其作为综合体进行运营过程中所产生的各种使用关系。

在法性质上,营造物属于行政机构的一种类型,公物在这里只是行政的配备(行政受益权的保障),属于一种物的手段。所以,营造物的使用既要适用营造物法,又要适用公物法。一般认为,营造物的成立含有将其所属的一切设备物同时指定为公用物的作用。营造物的成立,应确保公众的最低限度需求,它的公用指定属于行政行为,具有对外效力,而内部使用则属于行政组织法上行政受益权的分配问题,适用行政组织法上的相关规定。营造物的使用关系比较复杂,它与一般公物的使用关系存在一定的差异性。

二、营造物使用关系的性质

许多情况下,关于营造物目的、利用条件等基本的事项,并不存在实定法的规定。在20世纪20年代以前的德国,奥特·玛雅关于营造物使用关系是公法关系的观点被广泛接受。至20世纪60年代,通说一直固守着营造物的使用属于特别权力关系的观点,同时也开始了限定特别权力关系的成立范围的尝试。[①] 1972年以后,德国行政法学说对营造物领域中的法律保留的妥当范围进行了论述,作为特别权力关系来架构的营造物概念便失去了其妥当性。

在现代德国,营造物领域中法律保留的妥当范围,原则上作为一般给付行政的一环,根据关于国民的权利、义务的本质性事项需要有法律保留的本质性理论乃至重要事项保留说来作出判断。[②] 营造物属于现代给付国家的重要给付行政方式。营造物的使用,可以采取公法的方式或者私法的方式,也可以采取公私法结合的方式,也就是双阶段理论所说的先公法、后私法形式的方法。至于采取哪一种方法,如果法律已有规定,则从其规定;若法律没有规定,则营造物主体有选择权。[③] 不过,如果是属于利用强制的情形,关于营造物主体能否再选择法律方式的问题,存在争议。值得注意的是,对于某些生存考虑的组织形态的选择,跟利用秩序的选择不可以彼此互换,以私法形式或者国库行为方式来处理营造物的使用,也必

---

① Vgl. C. H. Ule, Das besondere Gewaltverhältnis, VVDStRL 15 (1957), S.152.
② Vgl. W. Löwer, Die öffentliche Anstalt, DVBl. 1985, S. 938.; C. Schäfer, Benutzungsregelung gemeindlicher öffentlicher Einrichtungen auf der Grundlage des § 35 Satz 23. Alternetive VwVfG, 1986, S.153 ff.
③ 参见菊井康郎著:《官公行政机关办公楼的管理、使用》,载〔日〕雄川一郎、盐野宏、园部逸夫编:《公务员·公物》(现代行政法大系·9),日本有斐阁1988年版,第324—333页。

须注意国库受基本权利限制的问题。对于人民依赖参与给付的程度较深的领域,允许契约上利用的条件必须受到严格的规制。

总体而言,将营造物的使用关系作为公法关系乃至特别权力关系来把握的奥特·玛雅的理论,似乎已经不适合于现代营造物的使用关系。但是,由于给付的多样性或者营造物与使用者之间关系的复杂性,决定了通过立法对营造物使用关系进行完全规制是不可能的且是不适切的,营造物行政伴随着在这种作用法意义上的独立性是不可避免的,只要存在不基于法律而对使用者进行的特别拘束,那么,不是作为一般理论而是作为营造物使用的一种类型的奥特·玛雅的特别权力关系论就是适当的。①

法律优位原则本来在营造物领域也是妥当的,营造物使用关系也不是由行政进行的单方性的支配关系,而是营造物主体和使用者的一系列的权利和义务关系,所以,有必要通过营造物的管理、运营中利害关系人的参与,或者通过直接基本权来拘束行政等方法,来确保营造物的民主统制。不过,需要再次确认的是,在营造物领域,其作用的多样性决定了通过立法进行规制只能是停留在概括性的层面,难免存在着不基于法律而对使用者进行的特别拘束。于是,确保营造物行政的平等性、公正性便成为营造物行政的重要课题。

三、营造物的使用形态

（一）营造物的许可使用

允许使用营造物,有的是默示许可,例如不收费允许自由进出使用,除非使用人被禁止,否则不容易看出形式化的许可;有的较正式,例如较长期间的使用或者需要耗掉较多资源的,那就需要用授益行政行为或者私法契约的方式来形成使用权基础。营造物的设置本身并不直接赋予公众立即拥有请求使用的权利,除非法律或者营造物规则有所规定,否则,通常只产生受益的法律反射,必须进一步获得许可,才取得使用权。如果营造物与人民基本生活有密切关系,那么,即使相关法律没有缔约强制的规定,从宪法保障的生存权与自由权中也可以导出缔约强制的结果。如果人民有请求许可使用的权利,那么在设施有限的情况下还是可以基于限额决定谁可以使用。关于许可进入营造物是否即意味着可以使用全部设施的各个部分的问题,应当视相关设施性质与规定而定。至于公物管理法上规定的连接与利用强制,基本上是必须先有连接的许可(行政行为),经检验合格后才能而且必须使用相关公物。

（二）使用、特别使用与使用规则

营造物依照它的使用目的供使用,如果允许使用的性质是突破使用规则所规定的常规,那么便构成特别使用,必须先获得特别的许可才能允许使用,以保障相关使用被控制在该营造物所能承载的范围之内。对依法获得的营造物使用许可,如有法定原因即可按照法定程序予以废止(Widerruf),这就是许可权的撤回。许可权的撤回须考虑依法补偿的问题。

关于营造物的使用关系,如前所述,虽然特别权力关系论受到批判,但是,作为一种方法论,特别权力关系论依然有助于准确理解和把握营造物的使用关系。需要强调和确认的是,并非一切营造物的使用事项都是特别权力关系,也并非一切营造物的使用关系都适合于以法律规制。营造物使用规则是营造物管理和运营的重要支撑。关于营造物使用规则的法律

---

① Vgl. Wolfgang Rüfner, Die Nutzung öffentlicher Anstalten, DV 1984, S. 36, S, 33 f.

性质,一般认为,除了已规定于相关法规范的情形外,都属于构成特别权力(利)关系基础的特别规则,属于行政内部制定的行政规则。当然,这种行政规则须服从法治主义原理,其制定和实施必须符合营造物的使用目的与功能的设定及相关法规范的规定。一般而言,如果与营造物相关的法规范已有规定,那么行政规则仅能予以补充规定。

四、营造物使用费的课征

营造物依照它的使用目的供使用,在很多情况下都会涉及收费及其规制的问题。一般说来,为了谋求营造物的正常维持、使用和经营,营造物的使用实行使用者付费原则。很显然,行政法上的受益者负担原则和原因者负担原则在该领域具有广泛的适用空间,但是,相关收费标准必须适当,并且,根据该营造物与人们日常生活关系的密切程度不同,其所受规制的程度亦有差异。以公法关系形成的,如使用的许可决定,收取使用规费(Gebühren);以私法契约的方式形成的,则计收对价(Entgelt)。营造物的使用收费,既要坚持法定的原则[①],又需要强调适当性原则(Aquivalenzprinzip)。也就是说,规费的收取需要以成本相敷的原则(Kostendeckungsprinzip)为基本原则,以营造物自身的维持和发展为重要的参数,在相关法规范允许的范围和幅度内,科学合理地确定与营造物经营成本、服务品质及设施目的相符合的比例关系(比例原则)(Verhältnisprinzip),不得有显不相当的课征。

[①] 参见我国《行政许可法》第58条、第59条。

第三编 | 行政作用法

第八章　行政作用法概述
第九章　行政立法
第十章　行政行为
第十一章　保障行政实效性的制度
第十二章　保障行政科学民主性的制度

第八章

行政作用法概述

第一节 行政作用的概念及种类

一、行政作用及行政作用法的概念

行政作用,是指国家行政机关、法律法规规章授权组织等行政主体,为实现其设立的固有的行政目的而进行的各种行政活动的总称。规范行政作用的法,被称为行政作用法。行政作用法是与行政组织法和行政救济法相对应的概念,三者共同构成了现代行政法的完整体系。行政作用的主要形式是行政行为,但在现代国家,行政作用还包括更为广泛的活动形式(参见图8-1)。

二、行政作用及行政作用法体系的变迁

(一) 行政作用的变迁

行政主体发挥行政作用的范围和类型,不仅因时代的不同而不同,而且由于各国的政治体制、经济、文化、社会、历史条件的不同而千差万别。

作为行政法滥觞地的欧洲,在19世纪至20世纪初的自由放任主义国家形态下,基于有限政府的理念,政府管得越少越好,那时的国家形态俗称"夜警国家",意思是国家的任务仅仅在于像夜警那样维持治安。因此,行政权对社会经济生活的干预被认为应限制在必要的最低限度内,行政作用被限定在为维持国家的存在而必不可少的外交、国防、财政等方面,以及为维持社会的存在所必需的治安保障、基础设施建设等方面。

20世纪初叶之后,自由放任的政策导致工业文明迅猛发展的同时,社会不公开始凸现,贫富分化日趋严重,劳资对立日益尖锐。终于,自由放任主义国家形态随着第一次世界大战的到来而崩溃。战后民生凋敝,社会动荡不安,革命潮流在欧洲蔓延,世界大战的毁灭性导致了人们对自由放任主义的深刻反思,形成了社会国家或者福利国家理念。新理念强调国家应对社会经济进行积极干预,以限制自由市场所带来的弊病,通过宏观调控振兴经济,抑制贫富分化,扶助社会中下层,保障国民人人都能够过上有尊严的生活。在这种理念之下,国家不再是消极的角色,为了增进国民的福利而应该积极作为,行政权随着这种理念的扩张而急剧膨胀,针对社会的各种新的需要,行政权为面向未来形成理想的秩序而开展了非常广

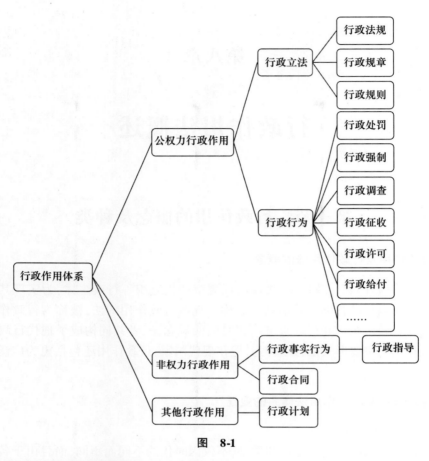

图 8-1

泛的活动,行政作用的范围变得几乎没有边际。①

(二) 行政作用法体系的变迁

行政作用法,原则上必须以有关上述行政作用的法为对象。但是,将现代庞杂的行政作用都囊括进来是不现实的,从学科的体系化上来看也是不理想的。因此,只能根据不同时代和国家,有限度地、合理地构筑行政作用法体系。总体上,以何种体系来构筑行政作用法,既随着行政作用的变迁而变迁,同时也与行政法学自身的发展紧密相连。

率先将行政法学作为一个独立的法学部门予以体系化的是奥特·玛雅。在此前的德国,行政法学的研究是以国法学的方法开展的,其特色在于按照行政学的框架将有关行政的法规加以分类、综合并形成体系。② 在这种框架下,行政作用法体系包括内务行政、外务行政、军事行政和财政行政。这种行政作用法只是按照行政部门进行分类并加以说明,缺乏法学价值。

奥特·玛雅在 1895 年和 1896 年出版的《德国行政法》一书中,以法学的方法,将有关行政的固有法,以法律性质为基准确立了行政法的体系,包括行政法总论和分论。总论阐述的

---

① 参见杨建顺著:《日本行政法通论》,中国法制出版社 1998 年版,第 292 页。
② 关于 19 世纪的德国国法学、行政法学的发展,参见〔德〕米歇尔·施托莱斯著,雷勇译:《德国公法史(1800—1914)》,法律出版社 2007 年版,第八章、第九章。

是德国行政法的历史发展、行政法制的基本特点和行政事务中的法律保护;分论包括两部分,第一部分设警察权和财政权两章,第二部分设公物权法、特别给付义务、特别的接受和有权利能力的行政四章。① 从该书的内容可以看出,总论是以行政行为为核心概念构筑的行政行为法和行政救济法,分论则是以法律关系的性质为标准加以体系化,第一部分对应的是公权力行政作用,第二部分对应的则是非权力行政作用。这样,奥特·玛雅建构了行政法的基础体系,后来的学者对其加以继承和发扬;在这一基础体系中的行政作用法体系,则更大意义上是对自由放任主义国家形态的行政作用的一种归纳。

奥特·玛雅的行政法学体系,被日本学者美浓部达吉学习和借鉴。后者在1926年和1940年分别出版了《日本行政法》上卷和下卷,创立了日本明治宪法下的日本行政法学。该著作上卷由三编构成,分别是总则、行政组织法和行政争讼法,下卷为第四编行政各部的法,即行政法分论,由以下六章构成:警察法、保护及统制的法、公企业及公物的法、公用负担法、财政法和军政法。作为美浓部达吉的高足,田中二郎则将行政作用法的类型划分为警察法、规制法、公企业法、公用负担法、财政法等五个部门。②

可见,在行政法学体系以总论、分论的二元划分之下,行政作用法是作为分论而存在的,在分论中将行政作用区分为若干个类型,分别论述其基本特色、特有的法原理及行为方式。不过,行政作用法的类型则因国家和学者观点的不同而不同。

在20世纪,随着现代行政的作用领域和活动范围的显著扩大,行政的内容进一步复杂化,出现了传统行政作用法所无法囊括的新的作用类型,而且,过去曾作为某种共同作用类型的法现象,现在必须以不同的法理来加以说明。例如,过去认为规制作用侵害国民的自由和权利,当然应该服从严格的法律制约,但现在,为了保护和增进社会公共福利,对国民的自由和权利施加严格的规制,从社会国家理念上来说,是理所当然的事情。再如,过去基于自由放任主义,国家的职责在于维持公共秩序,个人幸福则属于个人自治的范畴,国家不加干涉,但是,在进入社会国家或者福利国家之后,行政主体应该积极地展开行政给付行为,以履行国家所负有的积极地增进国民福利的义务。当作为国家恩惠的给付转而变成国民享有向国家请求给付的权利时,给付行政作为一种独立的新型行政作用便诞生了。③ 1938年,德国学者福尔斯托霍夫发表《作为给付主体的行政》一文,标志着给付行政理论的首次系统化。④

伴随着行政作用领域的扩大,行政作用的方式也越来越多,除了传统的行政行为和行政立法,行政协议、行政计划、行政指导等手段在所有的行政领域中被广泛运用。因此,重新构筑行政作用法体系便成为必要。

在20世纪中叶之后,行政作用范围的极度扩大,导致曾经作为行政法分论而存在的行政作用各领域进一步分化,内容变得极为庞杂,详细叙述其内容实际上已经变得不可能,大学讲授行政法时区分总论与分论的必要性不再存在,因此,行政作用法便成为行政法总论的

---

① 参见[德]奥托·迈耶著,刘飞译:《德国行政法》,商务印书馆2002年版,目录、附录二。
② 参见杨建顺著:《日本行政法通论》,中国法制出版社1998年版,第69、295页。
③ 同上书,第295—297页。
④ 关于福尔斯托霍夫的给付行政理论的详细介绍,参见陈新民著:《公法学札记》,中国政法大学出版社2001年版,第46—83页("服务行政"及"生存照顾"概念的原始面貌);另可参见张步峰著:《福尔斯托霍夫给付行政理论的反民主倾向及其批判》,载杨建顺主编:《比较行政法——给付行政法原理及实证性研究》,中国人民大学出版社2008年版,第103—111页。

一部分,成为与行政组织法和行政救济法相并列的概念。行政作用法的内容在于叙述行政作用的主要行为形式,一般包括行政立法、行政行为、行政协议、行政指导、行政计划等作用形式,将过去构成总论部分的行政行为形式论囊括进来,进而形成行政的行为形式论。传统的行政行为形式论,是以行政行为为核心概念,在对其进行分类研究的基础上,对同类行政行为的典型特征进行提炼和固化,最终以种属关系为骨架形成行政行为概念体系和理论体系。现代的行政的行为形式论,同样是以行政行为为核心,但对行政的其他行为形式的法特征和法原理展开深入研究,将其共同纳入行政作用法的框架下。

在这种新型的行政作用法的体系下,行政法学上过去作为分论的行政作用法的繁杂内容被简略的行政作用法概述所取代,后者只是简单地对几种具有代表性的行政作用类型的特点和法原理加以概述,这正是本章的内容。

三、行政作用的种类

经过行政法学者对传统行政作用法体系的反思和拓展,对于如何划分现代社会国家或者福利国家的行政作用的类型,具有代表性的主要有以下几种观点。

(一)秩序行政作用、给付行政作用和整序行政作用[1]

秩序行政作用,是指以维持国家或者公共团体的存续为目的的行政作用,如警察行政、财政税收行政等。

给付行政作用,是指以保障国民的生活而提高给付为目的的行政作用,如社会保障行政、公用事业行政等。

整序行政作用,是指以整备和形成秩序为目的的行政作用,如环境行政、经济行政等。

(二)秩序行政作用、给付行政作用、引导行政作用、税务行政作用和后备行政作用[2]

秩序行政作用,是指排除有关危险,以保障公共安全和公共秩序的行政作用。如道路交通管理、流行病防治等。

给付行政作用,是指一方面通过为个人提供特定目的的支持(如社会救助、助学金),另一方面通过建设公共设施(交通企业、养老院、学校、医院等),保障和改善公民的生活条件的行政作用。

引导行政作用,是指对社会、经济和文化生活的全部领域进行广泛、适时的促进或者引导的行政作用,如区域规划、资助文化事业等。引导行政作用的典型手段是计划,以及补贴。

税务行政作用,是指通过向公民征收税金和其他费用,为国家提供必要的金钱手段的行政作用。

后备行政作用,是指为执行行政任务所需的人力和物力随时可供使用而进行的行政作用。

(三)秩序行政作用、给付行政作用、分配行政作用和征调行政作用[3]

秩序行政作用,是指为维持或者整备社会公共秩序而对私人追求利益的行为施加规制

---

[1] 参见〔日〕南博方著,杨建顺译:《行政法》(第六版),中国人民大学出版社2009年版,第25页以下。
[2] 参见〔德〕哈特穆特·毛雷尔著,高家伟译:《德国行政法学总论》,法律出版社2000年版,第8—9页。
[3] 参见〔日〕成田赖明、荒秀、南博方、近藤昭三、外间宽著:《现代行政法》,日本有斐阁1982年版,第205页,转引自杨建顺著:《日本行政法通论》,中国法制出版社1998年版,第298—299页。

性限制的行政作用。

给付行政作用,是指以积极地改善社会成员的生活为目的,而提供金钱、物品、服务等的行政作用。

分配行政作用,是指为形成社会而投入人力、物力,在社会中进行正确分配的行政,主要以劳动行政、租税行政、住宅供给行政等为内容。

征调行政作用,是指行政主体为达到行政目的而征调、管理必要的人力、物力的行政作用。

(四) 干涉行政作用、给付行政作用和计划行政作用①

干涉行政作用,或者称为侵害行政作用,是指以公权力的强制手段为特征,采取命令、禁止或者确认等方式而进行的行政作用,如征税行政、土地征收行政、警察行政等。干涉行政作用,通常会对私人的自由或者权利形成侵害,因而应受到法律的严格约束,但其目的在于维持社会秩序和增进公共福利,因而又是现代行政所必不可少的利器。

给付行政作用,是指通过行政上的措施,改善国民的生存环境和生活条件,从而实现国家所负有的对国民进行生存照顾的义务。这里的给付行政作用,与前述给付行政作用的内涵与外延并无不同,只是在这种分类之下,更强调其运用的方式或者手段。给付行政作用的方式或者手段,可以是公权力的运用,如授益行政行为或者行政协议,也可以是行政主体所实施的私经济活动。

计划行政作用,是指为了实现行政上的预定目标,在兼顾各种利益和斟酌各种情况之后,准备或者鼓励将各种手段及资源进行合理运用的行政作用。现代社会复杂多变,依赖国家事后的干预或补救,或者完全由个人自由发挥,都无法适应高度变动的社会需求,因而必须未雨绸缪,对未来可能出现的情况进行预测并加以规划,筹集相应的资源以准备应对。计划行政作用的性质复杂,可以是法律(如中央政府的年度预算)、行政立法(以行政立法形式颁布的各类方案和计划)的性质,也可以是行政行为(城市规划或者土地规划的具体变更行为)、行政协议(以行政协议的方式实施的各种计划)的性质。

(五) 公权力行政作用和私经济行政作用②

公权力行政作用,又称为高权行政作用,是指行政主体基于国家统治权适用公法规定而实行的行政作用。这是最传统和最典型的行政作用,其表现形态是公民必须服从的公权力行为。高权行政,主要以体现行政主体单方面意思的行政行为方式进行,也会以行政立法以及行政协议等方式进行。

私经济行政作用,又称为国库行政作用,是指行政主体不运用公权力而采用私法方式来实现行政目的的行政作用。这种行政的特点在于,行政主体处于与公民平等的地位,运用财政收入所形成的国库,遵循私法的规定进行各种民事活动,以直接或者间接达成行政目的。如对学生提供助学贷款、采购办公用品等。

从以上的分类可以看出,秩序行政作用和给付行政作用,虽然对其概念构成有不同表述,却是公认的现代社会国家行政作用的主要类型,而其他的行政作用则相对处于辅助的地位。

---

① 参见吴庚著:《行政法之理论与实用》(增订8版),中国人民大学出版社2005年版,第13—17页。
② 参见陈新民著:《行政法学总论》,台湾三民书局1991年版,第27—31页。

第二节　秩序行政作用

秩序行政作用旨在维持国家和社会的存续，主要包括防卫、警察和财政。

一、防卫

防卫，是指为防备和抵抗侵略，制止武装颠覆，保卫国家的主权、统一、领土完整和安全所进行的行政作用。①

中国的武装力量，由中国人民解放军现役部队和预备役部队、中国人民武装警察部队、民兵组成。中国人民解放军现役部队是国家的常备军，主要担负防卫作战任务，必要时可以依照法律规定协助维护社会秩序。预备役部队平时按照规定进行训练，必要时可以依照法律规定协助维护社会秩序，战时根据国家发布的动员令转为现役部队。中国人民武装警察部队在国务院、中央军事委员会的领导指挥下，担负国家赋予的安全保卫任务，维护社会秩序。民兵在军事机关的指挥下，担负战备勤务、防卫作战任务，协助维护社会秩序。②

全国人民代表大会决定战争与和平的问题；全国人民代表大会常务委员会决定战争状态的宣布，决定全国总动员或者局部动员；国家主席根据全国人民代表大会的决定和全国人民代表大会常务委员会的决定，宣布战争状态和发布动员令。③

国务院领导和管理国防建设事业，行使下列职权：编制国防建设发展规划和计划；制定国防建设方面的方针、政策和行政法规；领导和管理国防科研生产；管理国防经费和国防资产；领导和管理国民经济动员工作和人民武装动员、人民防空、国防交通等方面的有关工作；领导和管理拥军优属工作和退出现役的军人的安置工作；领导国防教育工作；与中央军事委员会共同领导中国人民武装警察部队、民兵的建设和征兵、预备役工作以及边防、海防、空防的管理工作；法律规定的与国防建设事业有关的其他职权。④

中央军事委员会领导全国武装力量，行使下列职权：统一指挥全国武装力量；决定军事战略和武装力量的作战方针；领导和管理中国人民解放军的建设，制定规划、计划并组织实施；向全国人民代表大会或者全国人民代表大会常务委员会提出议案；根据宪法和法律，制定军事法规，发布决定和命令；决定中国人民解放军的体制和编制，规定总部以及军区、军兵种和其他军区级单位的任务和职责；依照法律、军事法规的规定，任免、培训、考核和奖惩武装力量成员；批准武装力量的武器装备体制和武器装备发展规划、计划，协同国务院领导和管理国防科研生产；会同国务院管理国防经费和国防资产；法律规定的其他职权。⑤ 同时，中华人民共和国的武装力量受中国共产党领导。⑥

中国的主权、统一、领土完整和安全遭受威胁时，国家依照宪法和法律规定，进行全国总动员或者局部动员。国家根据动员需要，可以依法征收、征用组织和个人的设备设施、交通

---

① 参见我国《国防法》第 2 条。
② 参见我国《国防法》第 22 条。
③ 参见我国《国防法》第 10 条、第 11 条。
④ 参见我国《国防法》第 12 条。
⑤ 参见我国《国防法》第 13 条。
⑥ 参见我国《国防法》第 19 条。

工具和其他物资；对被征收、征用者因征收、征用所遭受的直接经济损失，按照国家有关规定给予适当补偿。国家依照宪法规定宣布战争状态，采取各种措施集中人力、物力和财力，领导全体公民保卫祖国，抵抗侵略。①

二、警察

这里所说的警察②，并非形式意义上的警察，即《人民警察法》所规定的警察职责和作用，而是指实质意义上的警察，即维持社会公共秩序和安全，排除妨碍社会公共秩序和安全的行为和事态的行政作用。这种意义上的警察作用，是根据维持公共秩序的性质进行的一种学术上的归纳，不仅警察机关具有，卫生、交通、水务等其他行政机关同样具有。

警察作用的目的在于维持社会公共秩序和公共安全。③ 社会公共秩序，是指社会生活正常运转的状态；社会公共安全，是指参与社会生活的国民生命、财产不受侵犯的状态。

警察作用的方式通常是行政机关为了维持社会公共秩序和安全，对相对人发布命令以及实施强制，以限制其自由。具体来说，实现警察作用的手段主要有四种：警察命令、警察许可、警察强制和警察罚。

警察命令是指对国民课以一定作为、不作为或者忍受义务的命令，如营业的禁止、手续费的缴纳等。警察许可是指在法定条件下解除一般禁止的行为，如许可在一定道路上进行游行。警察强制包括两种形态：对不服从命令者，以实力迫使其服从的强制执行，如对违法建设予以强制拆除；以及从警察目的看出现了不良的状态，为解除这种状态而采取的即时强制，如对马路上的醉酒者进行保护性约束。警察罚是对警察法上的义务违反者进行制裁而采取的行政处罚，如对违章停车者科处罚款。

警察作用通常是通过采取权力性手段以限制国民自由的方式来达成，警察作用是一把双刃剑，一方面可以维持公共秩序和公共安全，另一方面，如果不加以制约和限制，则会给人民带来伤害。因此，原则上警察权的行使要遵循依法律行政的原则、消极目的原则、公共性原则和比例原则。

依法律行政的原则是指警察作用不仅要求存在组织法上的根据，还要求有行为法上的根据，如关于新型疾病尚没有特别的规制，根据《传染病防治法》的规定，只要属于传染病便属于卫生部门的管辖事务，但如果需要对疑似患者或者患者进行强制隔离或强制治疗，仅仅存在法律上有关管辖的规定是不够的，还必须存在将强制隔离或强制治疗授权给行政机关的规定。④

消极目的原则是指警察作用的目的仅仅在于为了维持公共秩序和安全而排除妨碍，只要法律没有明确规定，警察作用的目的只能限制在这种消极目的，不允许为增进社会公共福利而积极地展开。

公共性原则是指只有在国民的行为影响到社会公共秩序和安全时，警察作用才能实施。反之，如果国民的行为仅限于私人，与社会秩序无关，警察作用则不得实施，以防止行政权随

---

① 参见我国《国防法》第 48 条、第 49 条。
② 关于警察概念的沿革，参见杨建顺著：《日本行政法通论》，中国法制出版社 1998 年版，第 302 页。
③ 参见我国《人民警察法》第 2 条、《治安管理处罚法》第 1 条。
④ 参见〔日〕盐野宏著，杨建顺译：《行政法总论》（第 4 版），北京大学出版社 2008 年版，第 46—47 页。

便干预国民的私生活。

比例原则是指警察权力的行使必须限于实现其目的所必要的最低限度,其条件和形态必须与秩序违反的程度相当。警察作用常常以权力性行为来限制国民自由和权利,因此强烈地要求遵循比例原则,所以一般称为"警察的比例原则"[①]。如《人民警察使用警械和武器条例》第 4 条规定:"人民警察使用警械和武器,应当以制止违法犯罪行为,尽量减少人员伤亡、财产损失为原则。"

不过,近年来,为了实现警察目的,采用告诫、建议、劝告、引导、调解等非权力性手段的情形正在增多。

三、财政

财政,是指国家取得其存在所必需的财力,以及对财物进行管理经营的行政作用。其内容大致包括收入、支出及财产管理。

我国目前已经颁布了大量的财政法律和行政法规,财政法律体系已经初步形成。包括法律如《预算法》《税收征收管理法》《个人所得税法》《企业所得税法》,行政法规如《增值税暂行条例》《城镇土地使用税暂行条例》《印花税暂行条例》《资源税暂行条例》《房产税暂行条例》《烟叶税暂行条例》等。至今为止,我国的税收法律偏少,主要的征税依据仍然是行政法规,与《立法法》第 8 条所确立的税收法定的原则,仍然存在不小的差距。[②]

我国财政收入由一般性财政收入和特殊性财政收入构成。目前,我国的一般性财政收入形式主要有:

(1) 税收。我国税收收入占财政收入的比重在 90% 以上,是最主要的财政收入形式。

(2) 国有资产收益。国有资产收益是国家凭借国有资产所有权获得的利润、租金、股息、红利、资金使用费等收入的总称。

(3) 政府收费。政府收费是政府以特许使用权或者提供直接服务为基础而取得收入的形式。

(4) 专项收入。专项收入是根据特定需要由国务院或者经国务院授权由财政部批准设置、征集并纳入预算管理的有专项用途的收入。如教育附加费、矿产资源补偿费、排污费等。

(5) 其他收入。其他收入是指前面各项收入以外的其他财政收入,主要包括罚没收入、利息收入、捐赠收入、外事服务收入等。

我国财政收入中的特殊收入有两类:一类是专用基金收入,如养老保险基金收入、基本医疗保险基金收入等;另一类是政府债务收入。

财政的行政作用,分为财政权力作用和财政管理作用两种类型。财政机关为了实现财政上的目的,可以对国民发布财政命令,要求国民作为(纳税申报)、不作为(禁止私人印制发票)、忍受(税务检查)等,或者实施财政许可(许可指定企业印制发票);对义务的不履行,可以实行强制执行(国税的直接强制征收,对迟延纳税人处以滞纳金);对违反该义务的,处

---

① 参见杨建顺著:《日本行政法通论》,中国法制出版社 1998 年版,第 310—321 页。
② 我国《立法法》第 8 条规定:税种的设立、税率的确定和税收征收管理等税收基本制度,只能制定法律。有关税收法定原则,可参见〔日〕阿部照哉、池田政章、初宿正典、户松秀典编著,周宗宪译:《宪法》(上册),中国政法大学出版社 2006 年版,第 425—428 页。

以财政罚(对偷税者处以罚款)。

财政机关为了管理其所属的财产、经营财物,促使国有财产的增值保值,制定有《企业国有资产法》《会计法》《审计法》等法律法规,在中央政府和地方政府设有专门的行政机关——国有资产监督管理委员会[①],分别对所属的国有资产进行监管。

第三节　给付行政作用

给付行政作用旨在以授益性行政活动促进国民福利,主要包括供给行政、社会保障行政和资助行政。[②]

一、供给行政

供给行政,是指提供日常生活中必不可少的公共服务的行政作用。供给行政,是通过公共用物、公共设施、公企业等的设置和经营来实现的。

公共用物,是指行政主体直接提供给公众使用的公物,比如道路、河流、公园、广场等。公共用物的特征有三:一是提供给公众使用的主体是行政主体;二是直接提供给公众使用,非直接提供给公众使用的如国有股份等,一般被称为国有财产,而不称为公物;三是行政主体在将某种物提供公众使用时,需要拥有对该物的支配权,即需要有权利根据,但该权利根据并不一定要求是所有权,如行政主体租下某个地库作为城市停车场供公众使用,则该地库也构成公共用物。[③]

公共设施,也称为公共营造物,是指行政主体提供给公众使用的人和物的设施综合体,如学校、医院、图书馆、博物馆等。公共设施不是指各个设备或者各个工作人员,而是指具有一定行政目的的设施的整体。公共设施与传统的行政组织不同,前者是为促进国民福利而承担给付目的的组织,后者则是实施命令强制作用的权力组织。

公企业,是指国家经营的、有关生活必需品的生产和分配的营利性企业,如国营的邮政、自来水、铁道、公共汽车、燃气、电力、广播电视等。城市化的现代生活,国民的日常生活必需品都不能自给。传统上,为了保障这些生活必需品的稳定供给,通常由国家设立国有企业来承担向国民提供必需品的公共服务。从经济性和供给的持续性角度考虑,国有企业同样具有一定的营利性,但基于其设立的公共目的,这种营利性要受到限制。

公共用物、公共设施和公企业的利用关系,既可以是公法关系,也可以是私法关系,如果法律没有明确规定,则由利用规则来决定。如果其利用是通过行政主体和私人之间的民事行为如租赁、买卖的方式来实现,则属私法关系;如果其是通过行政主体向私人作出行政行为如许可的方式来实现,则属公法关系。当然,大多数情况下,利用规则一般采用的是私法的方式,但是,鉴于这种利用关系的公共性,即便适用私法,有时也应承认修正适用私法。

[①] 例如,根据国务院《关于机构设置的通知》(国发[2008]11号),设立国务院国有资产监督管理委员会,为国务院直属特设机构。国务院《关于机构设置的通知》(国发[2013]14号)对此予以保留。

[②] 参见〔日〕南博方著,杨建顺译:《行政法》(第六版),中国人民大学出版社2009年版,第32—33页。

[③] 参见〔日〕盐野宏著,杨建顺译:《行政组织法》(第4版),北京大学出版社2008年版,第244—245页;吴庚著:《行政法之理论与实用》(增订8版),中国人民大学出版社2005年版,第135页。

二、社会保障行政

社会保障行政,是指行政主体为保障国民能够过上最低限度的、健康的文明的现代生活而进行的给付活动。在我国,社会保障行政包括社会救助、社会保险、社会福利和社会优抚四种类型。

社会救助是指社会成员因自然灾害、意外事故和个人生理、心理等原因陷入生存危机导致不能维持最低限度的生活水平时,国家依法给予一定的物质或者资金帮助和扶助,以使其基本生活得到保证的行政作用。中国现行的社会救助体系主要由两部分组成,即作为一般制度实施的最低生活保障制度和作为特殊制度实施的失业救济制度、灾害救助制度以及对特殊对象的救助制度等。在社会救助方面,我国制定有《防震减灾法》《城市居民最低生活保障条例》《城市生活无着的流浪乞讨人员救助管理办法》等法律法规。

社会保险是指国家通过保险技术,针对威胁国民生活的疾病、伤亡及导致其他临时性财产上的负担的事故,以分散风险和减轻其可能承受的生活上和经济上的威胁及痛苦为目的,所建构的一系列政策和制度的总称。中国现行社会保险体系主要包括养老保险、医疗保险、失业保险、工伤保险、生育保险、住房保险等。在社会保险方面,我国2010年颁布了作为社会保险基本法的《社会保险法》,并颁行了一些行政法规,有《社会保险费征缴暂行条例》《失业保险条例》《工伤保险条例》《住房公积金管理条例》等。

社会福利是指国家为了保障和实现社会成员的社会福利受给权,而运用国家行政权力,组织、开展社会福利的行政活动和制度。中国现行的社会福利体系主要包括教育福利、卫生福利、职业福利、针对特定人群的福利等。在社会福利方面,有《妇女权益保护法》《残疾人保障法》《未成年人保护法》《母婴保健法》《老年人权益保障法》《义务教育法》《职工带薪年休假条例》等法律法规。

社会优抚是针对军人及其家属所建立的社会保障制度,是指国家对军人及其家属所提供的各种优待、抚恤、养老、就业安置等待遇和服务的保障制度。我国《宪法》第45条第2款明确规定:"国家和社会保障残废军人的生活,抚恤烈士家属,优待军人家属。"这是社会优抚的宪法依据。为实施宪法的上述规定,我国制定了《国防法》《兵役法》《预备役军官法》《军人抚恤优待条例》《优抚对象医疗保障办法》等多部法律法规,形成了较为完备的社会优抚法律制度体系。

社会保障行政的特点在于:

第一,社会保障行政中的给付主体与受领人之间的给付关系多是通过行政行为单方面地形成的,这是社会救助、社会福利和社会优抚的共同特点。如在社会救助的给付关系中,通常是给付机关在接到申请人提出的申请后,依据法定程序和条件作出是否给付金钱或者其他财物的行政决定,这种给付决定虽然可能会受到申请人的影响,但仍然是单方行为,因而这种给付关系属于公法关系。不过,社会保险则有所不同。在社会保险的给付关系中,向被保险人、雇用被保险人的单位等征收的保险金具有强制征收的性质,因而也可能存在权力性手段的运用;但是,原则上,只要法律上没有特别规定,社会保险的给付关系应当作为私法上的关系来把握。

第二,给付关系形成之前和建立之后受到行政的广泛干预。社会保障行政涉及的事务极为细琐,手续非常繁杂,而且政策性很强,容易变动,因而,在给付关系形成之前,给付主体应该及时全面地对当事人进行指导,告知当事人主管社会给付的给付主体的名称、获得给付的法定条件、给付手续的办理流程、需要准备的材料等等;在给付关系形成之后,给付主体应对受领人的情况进行调查核实,根据实际情况再进行调整,以保障达到给付目的,持续性给付尤其与情势变更紧密联系。例如,城市居民最低生活保障的给付机关应当对享受城市居民最低生活保障待遇的城市居民的家庭收入情况定期进行核查,据此停发、减发或者增发城市居民最低生活保障待遇。①

三、资助行政

资助行政有广义和狭义之分。广义上包括青少年的保护和培养、知识和技术的提供等非经济性的内容;狭义的资助行政主要是指资金补助行政。资金补助行政,是指行政主体为了保证经营的安定,满足公共性需要,对社会团体、私人、企业提供资金及其他财产性利益的行政作用。资金补助行政,主要包括行政主体进行的资金补贴、资金借贷、债务担保、损失补偿等。②

目前,相关法律对资金补助行政大多没有规定,因而国家进行政策裁量的幅度非常大。而且,作为经济、产业政策的手段而进行的资金补助,大多是向企业交付的。所以,在资金补助行政中,要赋予国民的请求以权利性以及给付主体一般性的作为义务,都十分困难。

不过,如果说资金补助决定等实体性权力在很大程度上被委任给行政主体的裁量判断的话,那么,从程序层面看,资金补助行政所追求的公共利益的实现,是对宪法性价值的实现,无论是基于民主主义宪法体制,还是根据基本权保护的观点,都应当对接受资金补助的主体所具有的参与权予以肯定,肯定其对行政主体的公益判断决定过程的参与,包括事前的或者事后的程序上的参与权。

在补助金行政中,关于国家赋予消费性补助金的交付决定的法性质,虽然也可以从私法的角度进行考察,将其视为私法上的附负担的赠与契约,但是,实定法上常常采用"审核""审批"这类术语,实际上使得其具有了行政行为属性。如《中关村科技园区创业投资企业风险补贴暂行办法》第12条规定:"投融资促进中心对申请补贴的创业投资企业的投资行为和报送的材料进行核准、确认,并出具初审意见,将符合规定的风险补贴项目报中关村科技园区管理委员会审核后办理拨款手续。"再如,北京市劳动和社会保障局、北京市财政局颁发的《鼓励用人单位招用本市农村就业困难人员的岗位补贴和社会保险补贴办法》第11条规定:"区县劳动保障局于受理用人单位申请材料十个工作日内进行初步审核,将有关信息录入计算机管理系统,核实无误后上传市劳动保障局。市劳动保障局审核后,对拟批准享受补贴的用人单位及人员名单在劳动保障网上公示五个工作日,无异议的……下达批复文件,并按照有关规定拨付用人单位补贴;有异议的,经区县劳动保障局核实后,再提出审批意见。"因此,可以在将补助金的本质视为赠与契约的同时,将交付决定视为形式上的行政行为,确立和完善给付规则,为公正地实施补助金的交付提供保障。

关于资金交付等行政的给付活动,许多情况下没有法律根据,即使法律规定了给付的根据,有时也只是概括性的规定。在现实的给付中,通常是行政机关自行制定交付规则。补助

---

① 参见我国《城市居民最低生活保障条例》第7条、第8条、第10条。
② 参见〔日〕南博方著,杨建顺译:《行政法》(第六版),中国人民大学出版社2009年版,第33页。

金的交付,只要法律上没有具体的规定,关于多少金额以及交付给谁等问题便被委任给行政主体进行裁量判断。这种给付规则,由于没有接受法律的委任,所以,从依法律行政原理来看,不是法规命令,只不过是给付主体应该依据的大致基准,相对人并不能以此规则为根据而具有补助金等的请求权。但是,从补助金行政中所适用的平等对待原则来看,没有合理的理由而给一方给付,不给另一方给付,也可能产生违法的问题。在这种限度内,也可以在一定程度上承认相对人的请求权。①

第四节 整序行政作用

整序行政作用旨在通过对现代社会的基础领域进行整理和保护来形成社会秩序,以促进社会健康、可持续地发展,主要包括环境整序行政、经济整序行政和空间整序行政。②

一、环境整序行政

环境整序行政,是指以防止对自然环境造成危害、保护国民的生活和健康、维持生态环境的可持续性为目的的行政作用。环境整序行政的目的,不仅仅是单纯防止危害的消极目的,还具有保护国民的生活和健康、维持生态环境协调发展的积极目的。

我国现行《宪法》第26条规定:"国家保护和改善生活环境和生态环境,防治污染和其他公害。"该条为环境整序行政提供了宪法依据。在《宪法》之下,我国制定了一系列环境保护方面的法律法规。作为环境整序行政依据的基本法,有《环境保护法》;作为环境保护的技术法,有《环境影响评价法》;作为环境整序行政依据的单行法,有《海洋环境保护法》《水污染防治法》《大气污染防治法》《环境噪声污染防治法》《水法》《水土保持法》《矿产资源法》《野生动物保护法》《森林法》《草原法》《渔业法》等。

环境整序行政的特点在于:

第一,通过制定规划和标准,来实现对环境的长远保护。环境规划是行政主体为使环境与经济社会协调发展而对社会活动和环境所做的空间和时间上的合理安排,其目的是指导国民进行各项环境保护活动,按既定的目标和措施合理分配排污削减量,约束排污者的行为,促进环境、经济和社会的可持续发展。环境规划如果是单纯的综合性规划或者指导性规划,则不一定需有法律根据;但如果环境规划具有限制国民权利(如设置禁渔期、限制建筑等)的效果,则需要法律根据,这类环境规划具有行政立法的性质。环境规划按照不同的标准可以进行不同类型的划分:按环境要素可分为污染防治规划和生态规划两大类,前者还可细分为水环境、大气环境、固体废物、噪声及物理污染防治规划,后者还可细分为森林、草原、土地、水资源、生物多样性、农业生态规划;按规划地域可分为国家、省域、城市、流域、区域、乡镇乃至企业环境规划;按照规划期限划分,可分为长期规划(大于20年)、中期规划(15年)和短期规划(5年);按照环境规划的对象和目标的不同,可分为综合性环境规划和单要素的环境规划;按照性质划分,可分为生态规划、污染综合防治规划和自然保护规划。

环境标准是行政主体为了维护环境质量,控制污染,保护国民健康和生态平衡而制定的

---

① 参见〔日〕盐野宏著,杨建顺译:《行政法总论》,北京大学出版社2008年版,第67页。
② 参见〔日〕南博方著,杨建顺译:《行政法》(第六版),中国人民大学出版社2009年版,第29—32页。

各种技术指标和规范的总称。环境标准具有行政立法的性质,是具有法规范性质的技术规范,是制定环境目标和环境规划的依据。环境标准按照不同的标准可以进行不同类型的划分:按照制定主体的不同,可以分为国家环境标准和地方环境标准,国家环境标准由国务院环保部门制定,地方环境标准由省级环保部门组织制定,报同级人民政府审批、颁布和废止,地方环境标准可高于但不得低于国家环保标准;按照内容划分,环境标准可分为环境质量标准(如《生活饮用水卫生标准》《大气环境质量标准》等)、污染物排放标准(如《造纸工业水污染物排放标准》《钢铁工业污染物排放标准》等)以及基础标准和方法标准(如《制定地方水污染物排放标准的技术原则与方法》《汽油车怠速污染物测量方法》等)。①

第二,不仅仅通过发布强制命令,还经常运用协议、指导、资助等非权力行政手段,以创造出一个安全、舒适、良好的自然环境和生活环境。一方面,环境整序行政运用传统的权力性强制手段,如许可(排污许可)、处罚(对超标排放污染物进行罚款);另一方面,也经常运用非权力行政手段包括协议(如签订《环境保护协议书》②)、指导(如引导企业采用清洁能源)、资助(如对新能源汽车购买者提供补贴)等。

二、经济整序行政

经济整序行政,是指为了促进国民经济的协调发展,对经济秩序进行调控,对经济活动进行规制的行政作用。经济整序行政的目的在于通过积极的调控保护经济秩序的稳定,与警察作用的消极目的不同。

作为经济整序行政的法律依据,有《反不正当竞争法》《反垄断法》《消费者权益保护法》《城市房地产管理法》《商业银行法》《招标投标法》《产品质量法》《银行业监督管理法》《证券法》《公司法》《工会法》《劳动法》《劳动合同法》《价格法》等。

经济整序行政的特点在于:

第一,法律大多只是阐明国家经济措施的方针政策,授权行政主体制定具体的经济规划。我国现行《宪法》规定:国务院负责编制和执行国民经济和社会发展计划,全国人民代表大会及其常务委员会审查和批准国民经济和社会发展计划和计划执行情况的报告;国务院领导和管理经济工作。可见,即使是规划国家整体发展蓝图的国民经济和社会发展计划都是由行政主体负责编制和执行,具体的经济规划及其执行也都是行政主体负责。比如,2015年为发展战略性新兴产业,加快推进我国增材制造(又称"3D打印")产业健康有序发展,工业和信息化部、发改委、财政部研究制定了《国家增材制造产业发展推进计划(2015—2016年)》。

第二,经常运用经济规制手段,如通过资格准入、进出口许可、价格规制、财务干预、信息披露等手段,行政权广泛介入经济的运行过程中。③ 比如,行政主管部门会对某些企业并购

---

① 参见周珂著:《环境法》,中国人民大学出版社2000年版,第27—28页。
② 如我国2006年颁布的《海口市河道管理规定》第14条规定:"实施河道采砂的单位或个人在领取《河道采砂许可证》时,应当与区水行政主管部门签订《河道采砂环境保护协议书》,并按约定缴纳河道采砂保证金,作为采砂场周边道路、河堤等设施损坏及环境污染赔偿的保障。"
③ "规制",是日本学者从英文 regalation 或者 regulatory constrain 翻译而来的术语,其含义是"规范、制约"或者"根据规范的管理",该译名为中国学界所接受。依规制的内容是社会性的或是经济性的,可分为社会性规制和经济性规制。参见杨建顺著:《论经济规制立法的正统性》,载《法学家》2008年第6期。

行为进行反垄断审查,以预防和制止垄断行为,保护市场自由公平竞争;再比如,根据商品和服务的垄断程度、资源稀缺程度和重要程度,政府在必要时可以对一些商品和服务实行政府指导价和政府定价。

第三,为了达到经济调控的目的,也经常运用非权力性的指导、劝告、补贴等手段。比如,政府可以通过给汽车企业提供技术帮助、市场信息、银行优惠贷款甚至进行直接补贴的方式,引导和鼓励汽车企业发展更加环保的新能源汽车。

经济整序行政,被中国政府广泛运用到国民经济的各个产业领域中,对于实现国内的产业发展、价格稳定、经济持续快速增长三十余年,发挥了巨大的作用。不过,政府对市场的干预,各种各样的经济规制手段,也具有诸多的弊端,如形成了对特定产业及既得利益者的保护,妨碍了国内外企业的自由竞争,使市场部分丧失了其本来应该具备的活力。所以,经济整序行政对于经济的发展必不可少,但是政府对市场的干预必须限定在一定的范围和程度。至于每个领域的经济整序行政的具体界限,则需要具体情况具体分析。

三、空间整序行政

空间整序行政,是指对应当予以保护的地域或者其他空间(地上或地下空间),有计划地进行保护、开发和利用的行政作用。

作为空间整序行政的法律依据,有《土地管理法》《物权法》《城乡规划法》《建筑法》等。

空间整序行政的特点在于:

第一,空间整序行政经常运用行政计划手段。空间整序行政,要求以综合性视野对各个行政部门的具体措施进行统筹安排,使利害关系人有可能预测行政目标,并据此调整自己的行为,因此强调可预见性和计划性。《土地管理法》第三章专门规定了土地利用总体规划。土地利用总体规划是在一定区域内,根据国家社会经济可持续发展的要求和当地自然、经济、社会条件,对土地开发、利用、治理、保护在空间上、时间上所作的总体的战略性布局和统筹安排。它是从全局和长远利益出发,以区域内全部土地为对象,合理调整土地利用结构和布局;以利用为中心,对土地开发、利用、整治、保护等方面做统筹安排和长远规划。目的在于加强土地利用的宏观控制和计划管理,合理利用土地资源,促进国民经济协调发展。

第二,空间整序行政经常运用权力性手段。空间整序行政,是以地域空间尤其是土地为对象的,因此,从公共利益出发开展空间整序行政,必定会对私人土地权益及其他财产权益形成限制。为此,空间整序行政比经济整序行政更为经常运用权力性手段,一般使用公用征收、公用征用、公用限制、公用权利变换等手段。

公用征收,是指为了提供给公共事业使用,行政主体强制取得私人财产权的行政作用,典型例子是土地征收。如我国法律规定:为了公共利益的需要,依照法律规定的权限和程序可以征收集体所有的土地和单位、个人的房屋及其他不动产;在进行公用征收时,应当进行损失补偿。[1]

公用征用,是指对私人财产权强制设定使用权。如为了地质勘查的需要,征用集体所有的土地作为临时用地。公用征收和公用征用的共同之处在于,都是为了公共利益需要,都要经过法定程序,都要依法给予补偿。不同之处在于,公用征收改变所有权的权属,公用征用

---

[1] 参见我国《物权法》第42条。

则不改变所有权的权属。

公用限制,是指为了公共利益限制私人权利。如《北京市闲置土地处理办法》规定,私人或者企业依法取得国有建设用地,却将土地闲置达一定时间的,为了提高土地的利用率,行政主体可以进行处理乃至收回。

公用权利变换,是指强制性地对有关土地的权利实行分合、交换等,或者将有关土地的权利转换为建筑物设施的一部分。前者如河北省国土资源厅2007年3月26日颁发的《土地置换办法》中规定:土地置换完成后,要依法办理土地权属和地类变更登记。后者如某些地方在推进城市化过程中,强制性要求农民以农村宅基地换房屋,让农民离开现居住地,集中居住到政府压缩宅基面积后的多层楼房和双层住宅,农民丧失了宅基地使用权,置换后的楼房住宅没有大产权,只是集体土地使用证,不准买卖。[①]

[①] 参见曾向荣著:《山东诸城撤并行政村背后:农民"被城市化"》,载《广州日报》2010年8月26日。

第九章

行政立法

第一节 委任立法与行政立法

一、委任立法概述

（一）委任立法的概念

委任立法（delegated legislation），是指国家立法机关在一定条件下将自己的立法权及立法责任委任给其他国家机关,授权后者在一定范围内制定法律规范的活动。

1. 委任立法的政治基础

在英国,委任立法是指所有的非主权立法,是建立在议会至上基础之上的、非完整意义上的或者说程序上不完整的议会委托的立法。在以权力分立为政治基础的国家里,立法权应当属于议会是宪法的基本原则。因此,行政的立法权原则上都应是立法机关委任的。

在英国,议会立法与委任立法的不同在于:首先,委任立法是基于议会委托的权力而制定,而不是基于主权而制定;其次,与议会立法不同,委任立法的生效无需经过女王及上下院共同组成的三位一体的立法主体批准;再次,与议会立法不同,委任立法不具有至上权威,它受到司法审查的监督。①

2. 委任立法的起源与盛行

英国的"委任立法"有着比较悠久的历史。但是,因其范围狭窄,内容不重要,数量不多,长期未引起公众的注意,只有少数公法学者研究。1929 年保守党政府中卫生部长张伯伦（Neville Chamberlain）向国会提出极复杂的地方政府法案（The local Government Bill, 1929）,请求国会授予卫生部长以极为广泛的命令权,"委任立法制"才引起了国会的注意。②

在美国,委任立法从联邦政府成立时起就已存在。③ 最早因委任立法违背宪法分权原则的争议案件是 1813 年布里格奥罗拉货船案。④ 1825 年,美国最高法院首席法官马歇尔对委任立法的合宪性问题作了明确的说明:"国会能够把严格的专属于立法的权力授予法院或其他任何裁判所。无疑地,国会也可以把正当的由立法机关本身行使的权力委任于其他机

---

① A. W. Bradley & K. D. Ewing, *Constitutional and Administrative Law*, 13edn., Longman, 2003.
② 陈之迈著:《英国宪法上的两大变迁——"委任立法制"及"行政司法制"》,载《清华学报》1934 年第 4 期,第 955—956 页。
③ 王名扬著:《美国行政法》（上）,中国法制出版社 1995 年版,第 292 页。
④ The Cargo of Brig Aurora Burnside v. United States, 3L. ed. 378（1813）.

关……究竟哪些重要事项必须完全由立法机关自己决定,哪些次要事项立法机关只作大体规定,由被授权执行的人补充细节,这个界限的划分没有完全精确的规定"。① 1904 年的案件②中,联邦最高法院对 1897 年 3 月 2 日批准的法令授权财政部长可以根据专家委员会的建议把美国进口茶叶分为 1—17 个等级标准是否合宪进行了审查③,提出:"在确定法令是否合宪时,我们必须从审查规则的原意去推导其有效性。这些规则必须与宪法保持一致,除非其与宪法的规定存在明显的矛盾。"④1928 年案例⑤中,最高法院指出"如果国会在授权法中,对被授予权力的人或者团体规定了一个必须遵守的明确的原则时,这样的立法行为不是被禁止的立法权力的委任"。⑥ 从早期案例可见,法院虽然声称根据分权原则立法权力属于国会,不能委任其他政府部门行使,然而却并未简单确认国会授予行政机关立法权力的法律违宪。因为在既定的宪法框架中,立法、行政、司法三个分支的活动范围和途径,必须根据常识和三个分支的内在协调和具体要求来决定。⑦ 1935 年巴拿马案⑧和谢克特案⑨之后,美国国会授权给行政机关立法权力的法案数量飞速增长,美国法院坚持以"预先确定与发布"作为指引进行委任立法审查最终被摈弃。行政机关必须拥有某些立法权力也被认为是时代的需要,是行政职能发展和科学技术进步的产物。⑩

(二) 委任立法制度

在强调权力分立的国家,委任立法观念十分普及,但各国的委任立法制度却有着明显的差异性。

1. 概念辨析

(1) 委任立法与授权立法。委任立法主要指权力的委任,而授权立法是指行使委任立法权的过程和结果,强调通过宪法或者法律授予立法权的结果。人们更多的是将通过委任立法获得立法权的机关的立法活动及结果称为授权立法。

(2) 委任立法与委托立法。在我国,有"委托立法"的提法和做法⑪。所谓委托立法,通常指享有立法权的行政机关或者经授权的行政机关,将立法工作,如草案的起草工作、立法调研等具体的立法工作委托给其他非权力组织或者个人,如学术团体、行业协会、专家、学者等,而享有立法权的机关,如政府则在立法过程中回避,不参与立法。这种委托主要是有权机关将特定立法工作职能委托给其他机关、组织或者个人行使,但立法的审议、批准和发布仍由享有立法权的机关行使。委托立法若能界定在立法起草环节则是立法活动中的一种有

---

① Wayman v. Southard, 23 U.S. 1, 15—16(1825).
② Butterfield v. Stranaham 192 U.S. 470 (1904).
③ Butterfield v. Stranaham 192 U.S. 494.
④ Butterfield v. Stranaham 192 U.S. 492.
⑤ J.W. Hampton, Jr. & Co. v. United States, 276 U.S. 394,405 (1928).
⑥ 转引自王名扬著:《美国行政法》(上),中国法制出版社 1995 年版,第 295 页。
⑦ J.W. Hampton, Jr. & Co. v. United States, 276 U.S. 394,407 (1928).
⑧ Panama Refining Co. v. Ryan, 293 U.S. 388 (1935).
⑨ A.L.A. Schechter Poultry Corp. v. United States, 295 U.S. 55(1935).
⑩ 参见王名扬著:《美国行政法》(上),中国法制出版社 1995 年版,第 303 页。
⑪ 2002 年 9 月 25 日颁布的《重庆市物业管理条例》是全国首个由律师事务所起草的地方法规。该条例的制定开创了我国委托律师立法和政府立法回避的先河。有趣的是,该条例的"寿命"并不长。2009 年 10 月 1 日新的《重庆市物业管理条例》实施,2002 年 9 月 25 日重庆市第一届人民代表大会常务委员会第四十二次会议通过的《重庆市物业管理条例》同时废止。

益的辅助形式。但是,不能将委托立法泛化为转让立法权,更不能将委托立法视为应被推广的立法方式。①

(3) 委任立法与行政立法。各国公法深深根植于各国的社会、政治、经济和历史背景。所以,理解公法概念的前提是了解各国复杂的政治话语和政治结构。

以我国为例。我国实行议行合一制,与西方的三权分立政治体制有所不同。社会主义国家实行委任立法,符合马克思主义关于无产阶级专政的国家政权学说与社会主义国家机构组织和活动的基本原则。② 我国人民代表大会与行政机关之间不是相互分立与制衡,而是民主与集中的高度统一,是在民主集中制基础上的分工与合作关系。行政机关从属于权力机关,国务院从属于全国人大。国务院由全国人大产生,对它负责,受它监督。所以,全国人大授权国务院等行政机关行使部分立法权也存在宪法基础和现实依据。因为全国人大授权国务院或者其他行政机关后,能够对其实行有效的监督和指导,使行政机关的立法活动服从于人民的统一意志。而经授权的行政机关的立法活动,则是国家整个立法活动中的一个过程、一个阶段。③

从各国政治结构以及权力分类和来源等角度考察可知,"行政立法"概念与"委任立法"概念有重合的地方,但并非完全等同。

从权力来源看,行政立法的权力并非都来自权力机关的委任。行政立法权力既可基于委任的立法权,也可基于宪法授予的行政自主立法权。比如在法国,政府不需要法律的授权就享有制定自主的条例和补充的条例的权力。④ 在我国,有大量的委任立法(授权立法)。如1985年全国人大通过的《关于授权国务院在经济体制改革和对外开放方面可以制定暂行的规定或者条例的决定》。根据《宪法》,国务院和特定的行政机关除享有全国人大授予的立法权外,还享有自主立法权。因此,在我国,广义的"行政立法"用于概括行政机关的委任立法和自主立法活动。

从权力范围看,委任立法权既可委托给行政机关,也可委托给行政机关之外的其他机关。其他机关制定的法律并非是行政立法。在英国,接受委任立法权的主体,并不只限于国家行政机关,还包括法院、教会、社会团体,甚至下议院等其他机关。⑤ 但是,在德国,委任立法就是指将立法权委任给行政机关行使的结果。

从理论基础看,委任立法理论能保证立法的统一性,也为行政立法提供了正当性基础。但是,通过宪法、法律授权的行政自主立法权,也有合法性基础。各国也设定了行政立法的审查机制,保证行政立法与宪法、法律的统一性。

2. 委任立法的要求

(1) 委任立法的范围。各国委任立法的内涵不同,其委任立法的范围也有所不同。在英国,委任立法制度的核心是委托立法权,但广义的委托立法也包括委任行政权或司法权。如英国的委任立法既包括英国议会委任给下议院制定和通过的委任立法,也包括委任给苏

---

① 参见杨建顺著:《"政府立法回避"不宜全面推广》,载《法制日报》2007年7月20日。
② 参见杨泉明、李敬军、袁吉亮著:《授权国务院的决定与委任立法》,载《吉林大学社会科学学报》1985年第5期。
③ 杨泉明、李敬军、袁吉亮著:《授权国务院的决定与委任立法》,载《吉林大学社会科学学报》1985年第5期,第74页。
④ 参见王名扬著:《英国行政法》,中国政法大学出版社1987年版,第108页。
⑤ 参见王名扬主编:《法、美、英、日行政法简明教程》,山西人民出版社1991年版,第202页。

格兰议会制定的苏格兰范围内的法律。① 而德国在1949年颁布的《基本法》第80条第1项中规定的委任立法制,明确规定授权制定法律实施细则的要件和授权的内容、目的与范围都必须由法律来确定。② 可见,德国的委任立法权是指联邦议会通过法律把自己的一部分立法权转交给行政机关行使。而德国行政机关之外的公法人也有经法律授予的立法权,但这类立法权授予不属于委任立法。而日本的委任立法是指由行政机关进行立法,且只限于为了执行法律而发布命令(执行命令),以及基于法律的委任而制定命令(委任命令)。③

（2）委任立法的种类。委任立法的种类可根据委任立法的组织形态、外在表现形式等来划分。

在德国,按委任立法的组织形态可将委任立法分为行政委任和自治委任。前者是指立法权委任给行政机关,后者是指立法权委任给自治组织。④ 在英国,根据委任立法的外在表现形式,将委任立法分为:成文法律规范(Statutory instruments)、枢密院令(Orders in Council)⑤、部门法规(Regulation)⑥、附属立法(By-laws)⑦及其他种类的委任立法(如英国国教的宗教会议)等。而澳大利亚委任立法种类包括:委员会中总督(或州总督)或者部长制定的法规;以及由政府部门、法令权威部门或者公共官员制定的委任立法,具体指法规、规则、命令、训令、附属法律、声明、许可、计划等。⑧

（3）对委任立法的审查。虽然不同国家的委任立法都是立法权的再委任,但其存在方式、范围、界限、种类等有诸多区别。而且,各国对委任立法也并非毫无限制。委任立法的合法性在于议会虽然将权力委托其他机关行使,但事实上,这种权力本身是属于议会的。任何时候,议会认为行政机关行使不当或者愿意自己行使,都可以将委托出去的权力收回来;而且,委任立法受议会授权法的限制,它不能超越授权法的授权范围,亦不能滥用所授权力;否则,将导致委任立法无效。

立法机关在委任立法时,通常会设立种种限制,如委任的范围、形式等。即使遵守法律保留原则,委任立法范围还是十分广泛。但是,为了保障立法的民主性基础,各国都会对委任立法进行审查,而具体的审查机制和方式则由各国政治体制和宪政结构所决定。

在德国,审查委任立法除有宪法的规定外,还体现在法律上对行政机关或者自治组织行

---

① 参见张越编著:《英国行政法》,中国政法大学出版社2004年版,第553页。
② 参见[德]康拉德·黑塞著,李辉译:《联邦德国宪法纲要》,商务印书馆2007年版,第406—407页。
③ 参见杨建顺编著:《日本国会》,华夏出版社2002年版,第78页。
④ 参见汪全胜著:《德国委任立法制度探讨》,载《德国研究》2000年第4期,第22页。
⑤ 主要是由政府在紧急状态下制定的,实际上由相关的中央政府部门起草,经枢密院批准并由国王签署。枢密院令对于宪法重要性的规范化是一种非常有用的工具。有些枢密院令来源于皇室的特权。一件成文形式的枢密院令就是一件成文法律规范,然而特权枢密院令来源于英王特权。
⑥ 部门法规的权力由成文法授予,部长亲自制定法规。议会通过授予部长广泛的权力,允许政府部门制定法规、命令和规则等。
⑦ 附属立法是由英国地方当局、公共机构及国有化机构制定的,必须经过中央政府的批准。
⑧ 现在,澳大利亚已将各种名称加以区别使用,"法规"被用来指包含联邦总督(或州总督)或者部长制定的实体法方面的委任立法;"规则"被用来指称规定程序(如法院规则)方面的委任立法;"附属法律"非常适合用来指称那些虽然在本质上是实体法,但实际上只在某个特定的区域或场合(如地方政府的附属法律、大学的附属法律、铁道的附属法律)适用的条款;"训令"用来指称在联邦地区的立法(在新南威尔士,也指地方政府的委任立法);"命令"这个词被用来指称各种立法文件和行政命令;"声明"是由联邦总督或州总督发布的某些文件;"许可"和"计划"通常指城镇规划中适用的文件。参见朱应平著:《澳大利亚委任立法制度研究》,载《人大研究》2004年第5期,第45页。

使委任立法权时进行的程序上的制约及司法控制。① 日本学界一般认为宪法中没有设置委任立法的界限问题。但是,从法治原则来看,委任立法是议会将权力委托给行政机关行使。这种委托的权力本质上还是属于议会。议会认为行政机关行使不当或者愿意自己行使,也可以将委托出去的权力收回来。② 这种收回就是议会监督的结果。英国对委任立法的审查包括议会监督、政治控制和司法审查等多个方面。美国最高法院1983年在"移民和归化局诉查德"(INS v. Chadha)案③中,反对立法机关对行政裁决的否决权,而且反对立法机关对一切立法享有否决权。④ 但是,这个案件只是一个特例。美国国会同样可运用其他方式及法院司法审查制度审查委任立法的合宪性、合法性。

二、行政立法

(一)行政立法的概念

我国传统的行政法理论有行政立法、行政执法和行政司法之分。⑤ 这种划分主要是用于概括立法权、司法权向行政领域渗透,而产生的特定行政活动的表现形态。行政立法是行政机关行使立法权制定具有普遍约束力的规范性文件的活动。如果说立法活动是国家代议机关对权利和义务进行的初始的、抽象的、基本的界定,那么,行政立法活动就是对这种界定进行具体配置、细化的过程。⑥ 行政立法活动所涉范围广泛,不能受行政法研究的限制,单单只将行政立法视为行政行为。⑦

"行政立法"的概念可分为广义和狭义两种⑧。广义的"行政立法"是指,国家行政机关制定和颁布具有法律效力的规范性文件的活动。⑨ 具体是指国家行政机关制定行政法规、规章和其他规范性文件的活动。而狭义的"行政立法"是指,国家行政机关制定、颁布行政法规和规章的活动。⑩ 两者所指范围的差异在于是否将制定其他规范性文件的活动归入行政立法活动中。而更关键的问题是"其他规范性文件"是否被视为具有法律效力的法律规范文件。

要区分这个问题,首先应明确我国是如何界定法律规范的。遗憾的是,我国的法理学教材通常不对法律规范进行界定。在德国,法律规范是指外部法的法律条款,可以界定为设立、变更或者撤销公民或者其他法律主体权利义务的,普遍—抽象的措施,或者具有普遍约束力的规则。即所谓的"实质意义上的法律"。⑪ 因为德国强调法律规范的外部性,因此,作

---

① 参见汪全胜著:《德国委任立法制度探讨》,载《德国研究》2000年第4期,第23页。
② 参见〔日〕盐野宏著,杨建顺译:《行政法总论》,北京大学出版社2008年版,第62页。
③ Immigration and Naturalization Service v. Chadha, 462 U.S. 919 (1983).
④ 参见王名扬:《美国行政法》(上),中国法制出版社1995年版,第379页。
⑤ 参见许崇德、皮纯协主编:《新中国行政法学研究综述》,法律出版社1991年版,第201—445页。
⑥ 参见杨建顺著:《行政规制与权利保障》,中国人民大学出版社2007年版,第230—231页。
⑦ 参见杨建顺著:《关于行政行为理论与问题的研究》,载《行政法学研究》1995年第9期。
⑧ 行政管理领域中,经常使用的"行政立法"概念是指国家机关制定行政管理方面的法律规范的活动。这是以制定的法律规范的性质来界定。制定主体不仅包括各级行政机关,也包括全国人大、地方各级人大。
⑨ 张尚鷟主编:《走出低谷的中国行政法学——中国行政法学综述与评价》,中国政法大学出版社1991年版,第167页。
⑩ 参见姜明安主编:《行政法与行政诉讼法》,北京大学出版社、高等教育出版社1999年版,第171页(叶必丰执笔"行政立法")。
⑪ 参见〔德〕哈特穆特·毛雷尔著,高家伟译:《行政法学总论》,法律出版社2000年版,第56页。

为内部法的行政规则和章程,不被视为行政法渊源。这类规则若要成为法律规范,需具有外部属性。日本也将具有外部效果还是内部效果作为法规命令和行政规则的分类基准。法规命令和行政规则都被归纳为行政立法。① 这一点与德国有所不同。在法国,有执行力的决定(也叫单方面行政法规)是一种由国家行政当局单方面实施,经利害关系人同意,为第三人确定权利、义务的法律文件。人们可以从形式上对有执行力的决定进行分类。但这类单方行政法规的法律效力要通过考察政府是否遵守合法性原则并符合法定程序和形式才能决定。② 也就是说,如何认定有执行力的决定的效力及归属,单单从外在形式是很难判断的,需对其实质内容进行分析后才能确定。

我国法律仍采用形式法划分标准来区分法律、行政立法与其他规范性文件。行政机关制定的其他规范性文件也可能具有外部法律效力,实践中不对其内在属性进行分析,而多依据其外在表现进行分类。这里所探讨的行政立法,主要是指狭义的、形式意义上的行政立法,即国家行政机关制定、颁布行政法规和规章的活动。

(二) 行政立法的特点

1. 行政立法的主体是特定的行政主体

行政立法不是仅指国家机关制定行政管理方面的法律规范的活动,也不是指被授权机关的所有立法行为,而是特指国家行政机关和法律、法规授权组织行使被授予的立法权和自主立法权,依据特定程序,制定具有普遍约束力的法律规范的活动。而特定的行政立法机关并不是指所有的行政机关。根据我国行政立法的分类,制定行政法规和规章的行政机关才是行政立法的主体。如享有地方规章制定权的行政机关有:省、自治区、直辖市和设区的市、自治州的人民政府③。法律、法规授权组织的立法权在《立法法》中未予以明确。但在实践中,国务院直属的部分事业单位,如中国保险监督委员会,中国证券监督委员会,经法律授权有权制定部门规章。

2. 行政立法是行政主体制定具有普遍约束力的法律规范的活动

行政立法是一种立法活动。其活动的目的是制定适用于不特定公民、法人或者其他社会组织的普遍性法律规范。作为行政立法的行政法规和规章是我国行政法的法律渊源。法律渊源含义众多,其中一种含义是指众多法律规范建立的秩序因素,而该秩序与法律的产生及外在表现形式密切相关。

3. 行政立法活动应依法定权限和程序制定

行政立法是对国家权力机关立法活动的一种有益补充。其正当性不仅是因为行政立法的立法权来自权力机关委任或者宪法的授权,也因为其活动的主体、权限、程序均具有明确的法律依据。

我国《宪法》在规定国务院行使的职权时,明确列举了"根据宪法和法律,规定行政措

---

① 田中:《行政法》(上卷),第158页;藤田:《行政法I》,第283页。转引自〔日〕盐野宏著,杨建顺译:《行政法总论》,北京大学出版社2008年版,第59页。
② 参见〔法〕让·里韦罗、让·瓦利纳著,鲁仁译:《法国行政法》,商务印书馆2008年版,第493—539页。
③ 我国《立法法》第82条第1款规定:省、自治区、直辖市和设区的市、自治州的人民政府,可以根据法律、行政法规和本省、自治区、直辖市的地方性法规,制定规章。第4款规定:除省、自治区的人民政府所在地的市,经济特区所在地的市和国务院已经批准的较大的市以外,其他设区的市、自治州的人民政府开始制定规章的时间,与本省、自治区人民代表大会常务委员会确定的本市、自治州开始制定地方性法规的时间同步。

施,制定行政法规,发布决定和命令"和"全国人民代表大会和全国人民代表大会常务委员会授予的其他职权"。① 《立法法》第 8 条、第 9 条进一步细化了全国人民代表大会授权国务院的立法事项:"……尚未制定法律的,全国人民代表大会及其常务委员会有权作出决定,授权国务院可以根据实际需要,对其中的部分事项先制定行政法规,但是有关犯罪和刑罚、对公民政治权利的剥夺和限制人身自由的强制措施和处罚、司法制度等事项除外"。

我国《立法法》还原则性地规定了我国授权立法的目的、范围及期限,要求"授权决定应当明确授权的目的、范围;被授权机关应当严格按照授权目的和范围行使该项权力;被授权机关不得将该项权力转授给其他机关","授权立法事项在经过实践检验后,制定法律的条件成熟时,由全国人民代表大会及其常务委员会及时制定法律。法律制定后,相应立法事项的授权终止"。②

除《宪法》《立法法》及组织法的规定外,我国还制定了《行政法规制定程序条例》和《规章制定程序条例》。这两部条例都是自 2002 年 1 月 1 日起施行,除了规定行政法规和规章的原则及相关名称等内容外,还详细规定了行政法规、规章制定程序中的步骤、顺序、方式和期限:即立法的立项、起草、审查、决定和公布、解释与备案等程序。

(三) 行政立法的原则

1. 遵循宪法和坚持法制统一原则

行政立法坚持法制统一的原则,防止立法的任意性。行政立法必须在宪法、法律或者上位法授权的范围内进行,不得与上位法规范相抵触。这就要求行政立法必须与立法机关和上级行政机关的立法保持一致;互不隶属的行政机关制定的行政立法应当协调一致;一个行政主体所制定的多个行政法规之间、行政法规或者规章与内部规范性文件之间更应保持一致。因此,行政法规应根据宪法和法律制定。规章应根据法律、行政法规、地方性法规制定。在我国,《行政处罚法》在处罚设定时规定,在已有上位法的规定时,行政法规、规章必须在上位法给予的处罚行为、种类和幅度的范围内规定③;《行政许可法》规定:"法规、规章对实施上位法设定的行政许可作出的具体规定,不得增设行政许可;对行政许可条件作出的具体规定,不得增设违反上位法的其他条件"。④

我国并未强调立法权的专属性。如宪法中还规定了行政机关的自主立法权(也被称为职权立法权)。实践中还存在等级较高的法律规范在没有授权时进行非职权立法的情况。学界研究的关注点一直都集中在如何防止行政立法与上位法相抵触的情形;以及上位法未进行规范,行政立法是否可以创设新规定的情况。⑤ 其实,无论是依职权还是依授权的行政立法,都是因立法机关认为正式立法条件尚未成熟,而交由行政机关制定法规、暂行条例和规章。行政立法先行摸索、积累经验,待条件成熟后,再由立法机关制定为正式法律。所以,行政立法比较偏向于执行性立法⑥,它所制定的法律规范内容多以上位法为依据。但在上位法没有进行规定的情况下,允许行政立法的创制性并非毫无根据。只是立法机关应加强对

---

① 我国《宪法》第 89 条第 1 项、第 18 项。
② 我国《立法法》第 10 条第 1 款,第 11 条。
③ 我国《行政处罚法》第 10 条。
④ 我国《行政许可法》第 16 条第 4 款。
⑤ 参见杨建顺著:《行政规制与权利保障》,中国人民大学出版社 2007 年版,第 243 页。
⑥ 参见我国《立法法》第 65 条第 2 款、第 3 款,第 80 条第 2 款。

创制性立法的监督与审查,防止创制的行政立法违反法治统一原则。

2. 民主立法的原则

在纷繁复杂的现代社会,利益关系越来越多元化,仅仅依赖选举制度、代表制度来实现民主,已经无法充分满足社会公众政治参与的需求。特别是在行政机关拥有越来越多立法权力的行政国家时代,公民参与立法过程,已成为保障公民民主权利的重要方式和途径之一。许多国家都在探索如何使行政立法更加民主化的途径。我国《立法法》第5条①明确要求我国行政立法应符合这一民主化潮流。②

行政立法贯彻民主立法的原则,要求行政机关在制定一般性行为规范、准则和原则时,应当保障人民通过多种途径参与规范制定活动,尽可能地听取和尊重行政相对人,尤其是利害关系人的意见。为了贯彻实施这一原则,我国相继建立了一系列行之有效的制度,如公开制度、咨询制度、听证制度等。③

3. 科学立法的原则

社会学界开始关注"风险社会"理论后,人们普遍认为"风险社会"很好地诠释了现代社会的发展和现代化进程。"风险社会"意指人类面临威胁其生存的风险,正是由社会所制造的风险。西方的经济制度、法律制度和政治制度不仅卷入了风险制造,而且参与了对风险真相的掩盖。我们身处其中的社会充斥着组织化、不负责任的态度,尤其是风险的制造者常以风险牺牲品为代价来保护自己的利益。

欧洲启蒙运动的社会哲学认为,以惩罚和防止犯罪为目的和对人性的科学理解指导下所进行的立法,可以成为社会进步的伟大工具。④ 但是,在复杂社会和风险社会里,不确定性取代了有差异的、有等级的确定性。人类理性的力量面临着挑战,洞悉一切的立法理性屡屡在复杂社会中败下阵来。

立法活动应从实际出发,遵循客观规律,科学合理地规定公民、法人和其他组织的权利与义务,国家机关的权力与责任。行政立法活动的科学性,也要求行政立法机关必须注意调查研究,遵循经济和社会发展规律,维护公共利益和社会秩序,促进经济、社会和生态环境协调发展,切实保障行政相对人的基本人权,公平行政,尽可能地以最低的成本制定出最高质量的行政法规范。⑤

(四) 行政立法的分类

本书认为我国行政立法包括两类:行政法规和规章。另外,本书分析了国务院作出的具有普遍约束力的决定、命令是否具有归入行政法规的可能性。国务院所制定具有广泛而普通的重要性的立法,不仅仅有"条例""办法",也有"决定""命令""规定"等名称。国务院制定的决定、命令并非都不是行政法的法源。但受我国传统上法律规范形式性判断标准的限制,现在未被归入行政法的法源。根据宪法的授权,国务院有权作出决定、命令。但为什么国务院作出的决定、命令不属于行政法的渊源呢?本书拟对此问题作出初步的解答。

---

① 我国《立法法》第5条规定:"立法应当体现人民的意志,发扬社会主义民主,保障人民通过多种途径参与立法活动。"
② 参见杨建顺著:《行政规制与权利保障》,中国人民大学出版社2007年版,第244页。
③ 同上书,第244—245页。
④ 参见〔英〕边沁著,时殷弘译:《道德与立法原理导论》,商务印书馆2000年版,第5页。
⑤ 参见杨建顺著:《行政规制与权利保障》,中国人民大学出版社2007年版,第245—248页。

第二节 行政法规

一、行政法规的概念

行政法规是国务院根据全国人民代表大会及其常务委员会以及法律的授权，按照法定程序，制定和颁布的具有法律约束力的法律规范之总称。

行政法规的名称一般为"条例"，也可以称其为"规定""办法"等。国务院根据全国人民代表大会及其常务委员会的授权决定制定的行政法规，通常使用"暂行条例"或者"暂行规定"等名称。行政法规由国务院总理签署国务院令公布。全国人民代表大会及常务委员会通过的法律由国家主席签署主席令予以公布。行政法规的效力仅次于法律，高于地方法规、规章。这是我国法律优先原则的体现，即行政应当受现行法律的约束，不得采取任何违反法律的措施。但《立法法》规定，全国人民代表大会及其常务委员会授权制定的行政法规与法律规定不一致，不能确定如何适用时，由全国人民代表大会常务委员会裁决。也就是说，根据授权制定的行政法规，在法律确定的范围和框架之内针对具体问题而制定，此时其效力应当准同于法律。

二、行政法规的宪法地位和意义

我国宪法分别赋予国务院享有自主的立法权和经全国人大及其常委会授予的立法权。① 国务院依据宪法授权，在职权范围内制定的行政法规，可称为职权立法；而依据由全国人大及其常委会专门的授权决议②，或者依据单行法律授权后制定的行政法规，可称为授权立法。职权立法的范围主要是指为执行法律的规定需要制定行政法规的事项，如《宪法》第89条规定的国务院行政管理职权的事项；授权立法的范围主要指针对《立法法》第8条规定的事项尚未制定法律的，全国人民代表大会及其常务委员会有权作出决定，授权国务院可以根据实际需要，对其中的部分事项先制定行政法规的情形。但是有关犯罪和刑罚、对公民政治权利的剥夺和限制人身自由的强制措施和处罚、司法制度等事项不属于国务院的授权立法范围。当然，职权立法与授权立法的不同还在于根据授权决定制定的行政法规必须符合授权的目的、界限和范围。这就要求全国人大及其常委会的授权决定应当明确授权的目的、事项、范围、期限以及被授权机关实施授权决定应当遵循的原则等。③ 被授权机关应当严格按照授权决定行使被授予的权力。被授权机关不得将被授予的权力转授给其他机关。④ 授权的期限不得超过5年，但是授权决定另有规定的除外。被授权机关应当在授权期限届满的6个月以前，向授权机关报告授权决定实施的情况，并提出是否需要制定有关法律的意见；需要继续授权的，可以提出相关意见，由全国人民代表大会及其常务委员会决定。⑤ 授权立法事项，

---

① 参见我国《宪法》第89条第1项、第18项。
② 如1983年9月全国人大常委会通过了《关于授权国务院对职工退休退职办法进行部分修改和补充的决定》；1984年9月全国人大常委会通过了《关于授权国务院改革工商税制和发布试行有关税收条例（草案）的决定》；1985年4月全国人大通过了《关于授权国务院在经济体制改革和对外开放方面可以制定暂行的规定或者条例的决定》。
③ 我国《立法法》第10条。
④ 我国《立法法》第12条。
⑤ 我国《立法法》第10条。

经过实践检验,制定法律的条件成熟时,由全国人民代表大会及其常务委员会及时制定法律。法律制定后,相应立法事项的授权终止。① 全国人民代表大会及其常务委员会可以根据改革发展的需要,决定就行政管理等领域的特定事项授权在一定期限内在部分地方暂时调整或者暂时停止适用法律的部分规定。②

据统计,从 1979 年五届全国人大起至 2008 年 2 月底止,全国人大及其常委会共制定了现行有效的法律 229 件;国务院共制定了现行有效的行政法规 600 余件。③ 这些立法成果表明,国务院承担了大量的立法工作。行政法规已经成为现代行政国家进行管理的必不可少的工具。另一方面,行政立法已不再单单只用于补充法律。行政立法已有自己独立的立法计划、职责、结构及领域。而且,行政立法的程序也日渐严格,向民主、公开的立法程序靠近。《行政法规制定程序条例》中规定了一系列制度来保障立法的民主基础,如向社会征求意见制度、深入基层的实地调查研究制度、专家论证会(座谈会)制度、听证制度。④ 但是,行政立法的直接民主基础还需进一步加强和完善。国家也应加强对行政法规的备案审查机制,保证社会主义法制的统一。

三、行政法规的制定程序

行政法规的制定程序分为四个步骤:

(一) 立项

国务院法制机构应当根据国家总体工作部署拟订国务院年度立法计划,报国务院审批。国务院年度立法计划中的法律项目应当与全国人民代表大会常务委员会的立法规划和年度立法计划相衔接。国务院法制机构应当及时跟踪了解国务院各部门落实立法计划的情况,加强组织协调和督促指导。国务院有关部门认为需要制定行政法规的,应当向国务院报请立项。⑤ 国务院有关部门在立项申请中应当说明立法项目所要解决的主要问题、依据的方针政策和拟确立的主要制度。而立项申请是否列入国务院年度立法工作计划,需审查行政法规项目是否符合以下条件:(1) 适应改革、发展、稳定的需要;(2) 有关的改革实践经验基本成熟;(3) 所要解决的问题属于国务院职权范围并需要国务院制定行政法规的事项。⑥

(二) 起草

行政法规由国务院有关部门或者国务院法制机构具体负责起草,重要行政管理的法律、行政法规草案由国务院法制机构组织起草。行政法规在起草过程中,应当广泛听取有关机关、组织、人民代表大会代表和社会公众的意见。听取意见可以采取座谈会、论证会、听证会等多种形式。行政法规草案应当向社会公布,征求意见,但是,经国务院决定不公布的除外。⑦

起草行政法规,起草部门应当就涉及其他部门的职责或者与其他部门关系紧密的规定,

---

① 我国《立法法》第 11 条。
② 我国《立法法》第 13 条。
③ 毛磊著:《民主法治 30 年:中国立法转向攻坚克难期》,载《人民日报》2008 年 11 月 19 日。
④ 参见《行政法规制定程序条例》第 19—22 条。
⑤ 我国《立法法》第 66 条。
⑥ 参见《行政法规制定程序条例》第 7 条。
⑦ 我国《立法法》第 67 条。

与有关部门协商一致,但涉及有关管理体制、方针政策内容时,起草部门还是应报国务院决定。起草结束后,起草部门应向国务院报送由起草部门主要负责人签署的送审稿。送审稿应对立法的必要性、确立的主要制度、各方面对送审稿主要问题的不同意见、征求有关机关、组织和公民意见的情况等作出说明。有关材料主要包括国内外的有关立法资料、调研报告、考察报告等。

(三) 审查

国务院法制机构负责审查报送国务院的行政法规送审稿。行政法规起草工作完成后,起草单位应当将草案及其说明、各方面对草案主要问题的不同意见和其他有关资料送国务院法制机构进行审查。国务院法制机构应当向国务院提出审查报告和草案修改稿,审查报告应当对草案主要问题作出说明。[1]

(四) 决定、公布、备案

经国务院法制机构审查的行政法规草案,由国务院常务会议审议,或者由国务院审批。国务院法制机构应当根据国务院对行政法规草案的审议意见,对行政法规草案进行修改,形成草案修改稿,报请总理签署国务院令公布施行。行政法规由总理签署国务院令公布。有关国防建设的行政法规,可以由国务院总理、中央军事委员会主席共同签署国务院、中央军事委员会令公布。[2]

行政法规签署公布后,及时在国务院公报、中国政府法制信息网以及在全国范围内发行的报纸上刊登。行政法规应当自公布之日起 30 日后施行;但是,涉及国家安全、外汇汇率、货币政策的确定以及公布后不立即施行将有碍行政法规施行的,可以自公布之日起施行。行政法规在公布后的 30 日内由国务院办公厅报全国人民代表大会常务委员会备案。

第三节 规　　章

一、规章的概念和分类

规章,包括部门规章和地方政府规章。部门规章是指国务院各部、各委员会、中国人民银行、审计署和具有行政管理职能的直属机构(以下简称国务院部门),或者法律、法规授权的组织,根据法律和国务院的行政法规、决定、命令,在本部门的职权范围内依照法定程序制定的规范性文件的总称。地方政府规章是指省、自治区、直辖市和设区的市、自治州的人民政府根据法律、行政法规和本省、自治区、直辖市的地方性法规,依照《规章制定程序条例》制定的规章。规章的名称一般称"规定""办法",但不得称"条例"。

在我国,规章属于行政立法,但规章立法权并非直接源于代议机关委任,而是由宪法、法律授予给特定行政机关的自主立法权力。另外,德国的行政法将"规章"归入行政立法活动中。但在德国,规章是指公法人为了管理自己的事务而制定的法律规范。德国公法人的范围广泛,主要包括乡镇、县,另外还包括大学、工业和商业协会、医师协会、社会保险机构、广播电视设施等。这些公法人是法律上独立的,属于国家成员的组织。[3] 日本的行政立法从实

---

[1] 我国《立法法》第 68 条。
[2] 我国《立法法》第 70 条。
[3] 〔德〕哈特穆特·毛雷尔著,高家伟译:《行政法学总论》,法律出版社 2000 年版,第 60 页。

质上分为法规命令和行政规则。在这种分类中,所重视的是相关规范是否对外具有法规范效力。在根据法形式的分类中,不仅相当于我国"行政法规"的"政令"及相当于我国"规章"的"内阁府令、省令"都是重要的行政立法形式,而且相当于我国"直属机构"制定的规章的"外局规则""独立机关的规则"乃至相当于我国"部委"的决定、命令的"告示、训令、通知",也都属于行政立法。依据日本《地方自治法》第 15 条,地方公共团体首长制定的是规则①,却不是行政规则,也不是行政立法,而被归入与行政立法并列的"自治立法"之中。② 当然,将地方政府首长制定的规则作为"自治立法"而不是作为"行政立法"来定位,这与日本政治体制中实行地方自治有关。我国在立法规范中,并未将公法人等制定的自治章程或者规则视为法律规范,实践中也未对其进行深入的研究。这一现状使得依法行政原则在贯彻和落实过程中遇到诸多无法解决的难题。③

二、制定规章的依据和界限

首先,制定规章应当遵循法制统一原则。规章的内容应符合宪法、法律、行政法规和其他上位法的规定。国务院各部、委员会、中国人民银行、审计署和具有行政管理职能的直属机构,可以根据法律和国务院的行政法规、决定、命令,在本部门的权限范围内,制定部门规章。部门规章规定的事项应当属于执行法律或者国务院的行政法规、决定、命令的事项。省、自治区、直辖市和设区的市、自治州的人民政府,可以根据法律、行政法规和本省、自治区、直辖市的地方性法规,制定地方政府规章。地方政府规章可以作出规定的事项应是为执行法律、行政法规、地方性法规的规定需要制定规章的事项或者属于本行政区域的具体行政管理事项。应当制定地方性法规但条件尚不成熟的,因行政管理迫切需要,可以先制定地方政府规章。规章实施满两年需要继续实施规章所规定的行政措施的,应当提请本级人民代表大会或者其常务委员会制定地方性法规。④ 没有法律或者国务院的行政法规、决定、命令的依据,部门规章不得设定减损公民、法人和其他组织权利或者增加其义务的规范,不得增加本部门的权力或者减少本部门的法定职责。⑤

其次,无论是地方政府规章,还是部门规章,其效力只在特定地域或者职权范围内有效。如地方政府规章只能在本级人民政府管辖区域内有约束力;部门规章只能在本部门职权范围内有法律效力。设区的市、自治州的人民政府制定的地方政府规章,限于城乡建设与管理、环境保护、历史文化保护等方面的事项。已经制定的地方政府规章,涉及上述事项范围以外的,继续有效。⑥

再次,地方政府规章的法律效力低于本级人大制定的地方性法规,而高于下级人民政府制定的地方政府规章。

最后,《立法法》对规章的冲突解决规则有特别规定。规章的法律效力虽在法律、行政法

---

① 〔日〕盐野宏著,杨建顺译:《行政法总论》,北京大学出版社 2008 年版,第 37 页。在日本,地方公共团体首长即是地方政府首长。
② 参见〔日〕南博方著,杨建顺译:《行政法》(第六版),中国人民大学出版社 2009 年版,第 66—74 页。
③ 参见刘艺著:《从"立法治教"到"依法治教"——高等教育与法律关系的"反身法"考察》,载《社会科学家》2006 年第 5 期。
④ 我国《立法法》第 82 条第 5 款。
⑤ 参见我国《立法法》第 80 条。
⑥ 我国《立法法》第 82 条第 3 款。

规、地方性法规之下,但部门规章与地方性法规之间的规定不一致,不能确定如何适用时,并非直接适用地方法规,而是由国务院提出意见,国务院认为应当适用地方性法规的,应当决定在该地方适用地方性法规的规定;认为应当适用部门规章的,应当提请全国人民代表大会常务委员会裁决。而规章之间的规定不一致时,有关机关按以下规则处理:(1)同一机关制定的新的一般规定与旧的特别规定不一致时,由制定机关裁决;(2)部门规章之间、部门规章与地方政府规章之间对同一事项的规定不一致时,由国务院裁决。

三、规章的制定程序

（一）立项

规章制定工作由国务院部门,省、自治区、直辖市和设区的市、自治州的人民政府负责领导。规章的立项报请机关与行政法规不同,部门规章立项的报请机关是国务院部门内设机构或者其他机构;地方政府规章的报请机关是省、自治区、直辖市和设区的市、自治州人民政府所属工作部门或者下级人民政府。

（二）起草

部门规章由国务院部门组织起草,地方政府规章由省、自治区、直辖市和设区的市、自治州的人民政府组织起草。具体负责起草工作的机构可以是一个或者几个内设机构（部门）或者其他机构,也可以是部门或者人民政府的法制机构。与行政法规不同的是,规章起草不仅可以邀请有关专家、组织参加,也可以直接委托有关专家、组织起草。

起草规章,应当深入调查研究,总结实践经验,广泛听取有关机关、组织和公民的意见。听取意见可以采取书面征求意见、座谈会、论证会、听证会等多种形式。《规章制定程序条例》第15条还详细规定了听证会的程序。

起草单位应当将规章送审稿及其说明、对规章送审稿主要问题的不同意见和其他有关材料按规定,经起草单位主要负责人签署后报送审查。

（三）审查

规章送审稿由法制机构负责统一审查。法制机构应当将规章送审稿或者规章送审稿涉及的主要问题发送有关机关、组织和专家征求意见,并应该深入基层进行实地调查研究,听取基层有关机关、组织和公民的意见;涉及重大问题的,法制机构应当召开由有关单位、专家参加的座谈会、论证会,听取意见,研究论证;规章送审稿直接涉及公民、法人或者其他组织切身利益,有关机关、组织或者公民对其有重大意见分歧,起草单位在起草过程中未向社会公布,也未举行听证会的,法制机构经本部门或者本级人民政府批准,可以向社会公布,也可以举行听证会。

有关机构或者部门对规章送审稿涉及的主要措施、管理体制、权限分工等问题有不同意见的,法制机构应当进行协调,达成一致意见;不能达成一致意见的,应当将主要问题、有关机构或者部门的意见和法制机构的意见上报本部门或者本级人民政府决定。

法制机构起草或者组织起草的规章草案,由法制机构主要负责人签署,提出提请本部门或者本级人民政府有关会议审议的建议。

（四）决定、公布、备案和施行

部门规章应当经部务会议或者委员会会议决定。地方政府规章应当经政府常务会议或者全体会议决定。法制机构应当根据有关会议审议意见对规章草案进行修改,形成草案修改稿,报请本部门首长或者省长、自治区主席、市长或者自治州州长签署命令予以公布①。部门规章应在国务院公报或者部门公报和中国政府法制信息网以及在全国范围内发行的有关报纸及时予以刊登。地方政府规章应当在本级人民政府公报和中国政府法制信息网以及在本行政区域范围内发行的报纸及时刊登。②

规章应当自公布之日起 30 日后施行;但是,涉及国家安全、外汇汇率、货币政策的确定以及公布后不立即施行将有碍规章施行的,可以自公布之日起施行。

部门规章和地方政府规章报国务院备案;地方政府规章应当同时报本级人民代表大会常务委员会备案;设区的市、自治州的人民政府制定的规章应当同时报省、自治区的人民代表大会常务委员会和人民政府备案。

第四节 行政规则

一、概念

其他规范性文件是指国家行政机关为实施法律、法规和规章而制定的具有普遍约束力的法律文件。学界对"其他规范性文件"的称谓较多,有称为行政规范性文件,有称为一般规范性文件,有称为行政措施,有称为行政规定。③ 我国《行政处罚法》和《行政许可法》生效后才明确了"其他规范性文件"的专业术语地位。其他规范性文件中的"其他"是排除在法律、行政法规、规章这些法律规范范围之外,效力低于规章的行政文件。但是,这些文件的具体范围却并不明确。学界也一直对其他规范性文件具体指哪些行政文件的问题存在争议。有学者认为其他规范性文件是指"行政机关及被授权组织为实施法律和执行政策,在法定权限内制定的除行政法规和规章以外的决定、命令等普遍性行为规则的总称"。④ 有学者则认为,其他规范性文件是指没有行政法规和行政规章制定权的国家行政机关为实施法律、法规和规章而制定的具有普遍约束力的决定、命令、行政措施。⑤ 两种界定的差异性在于其他规范性文件的制定主体不同。前者既包括行政立法的主体,也可包括其他规范性文件的制定主体;而后者的主体特指除了行政立法主体之外的其他行政机关。制定主体不同,其他规范性文件的范围自然也有所不同。

其实,学界对"其他规范性文件"的争论主要集中在"其他规范性文件是否属于法律渊源"这个问题上。而我们认为解决这些争议首先需要法理学和行政法学对"法律规范"予以界定。从现实情况来看,其他规范性文件的制定主体多样,调整范围广泛,外在表现形式复杂。其是否有规范性质,进而论及其是否属于行政法的渊源也不能一概而论。有学者将"其他规范性文件"等同于行政内部文件或者行政机关公文,即俗称的"红头文件"。《国家行政机关公文处理办法》将行政公文(电报)界定为"行政机关在行政管理过程中形成的具有法

---

① 参见我国《立法法》第 85 条。
② 参见我国《立法法》第 86 条。
③ 参见朱芒著:《论行政规定的性质——从行政规范体系角度的定位》,载《中国法学》2003 年第 1 期。
④ 参见姜明安主编:《行政法与行政诉讼法》(第 2 版),北京大学出版社、高等教育出版社 2005 年版,第 211 页(叶必丰执笔"抽象行政行为")。
⑤ 应松年主编:《行政法学新论》,中国方正出版社 2004 年版,第 157 页。

定效力和规范体式的文书"。① 根据这一界定,行政公文并不一定具有外部法定效力和法律规范性。因为,法的概念限于独立的权利主体——在行政法领域是国家和公民——之间的关系②,因此,行政公文(其他规范性文件)被排除在法律规范之外是有道理的。但是,在行政公文中是可以区分出纯粹的行政公文与其他规范性文件来的。前者如国务院《关于武汉市城市总体规划的批复》、国务院《关于发布第七批国家级风景名胜区名单的通知》。后者如国务院办公厅《关于施行〈中华人民共和国政府信息公开条例〉若干问题的意见》。可见,"其他规范性文件"是指行政机关发布的,对公民、法人或者其他组织产生一定影响的行政公文。与我们同属于大陆法系的德国、日本等法域都将这类行政指令称为"行政规则"。③ 而我国若用"行政规则"的名称称之,即可与其他法域统一名称,促进相互之间的交流与学习,也利于弥补"其他规范性文件"所指含糊的不足,更利于进一步区分其他规范性文件与行政公文的差异。综上所述,本书采用行政规则来称谓由行政机关作出的用于处理行政内部事务的具有法律效力的文件。④

二、行政规则的法律性质

学界对行政规则是否具有法律规范效力、是否属于行政法的法律渊源的问题一直争论不休。其实,法律规范不仅存在于外部行政法律关系中,用于界定和明确权利与义务;也存在于行政机关内部,用于调整和实现机关法人的各项活动和职能。但行政法学习惯于将调整外部行政法律关系的法律规范称为法律规范,并作为行政法的法律渊源。而那些调整行政内部关系的规则,则被称为内部法律关系的法律渊源和规范。

判断行政规则是否具有法律规范性质,可借鉴大陆法和英美法的标准。

在德国,行政规则是否具有法律规范性质,需要界定行政规则具有的是内部效果还是外部效果。⑤ 如果行政规则具有外部效果,其规范效力则无需待言。即使是只具有内部效果的行政规则,由于它也产生内部人际上的准主观权利,行政机构为此可以向主管的宪法法院或者行政法院起诉。⑥ 德国的行政规则不是行政法的法源。德国行政法学教材不在法律渊源部分讨论行政规则问题,而在行政组织部分专门研究行政规则。

日本传统行政法学理论认为行政规则是行政机关制定的规定,但与国民的权利、义务不直接发生关系,即是不具有法规范性质的规定。⑦ 关于行政规则的纷争通常不能由法院裁断。基于此种认识,行政机关可以在没有法律根据的情况下自由地制定行政规则。从上世纪90年代起,行政规则在日本社会中发挥着巨大作用。行政规则的外部化现象也逐渐引起学界对于其定义的反思。目前,日本通过区分行政规则的内容和形式来区分其外部性效果。⑧

---

① 《国家行政机关公文处理办法》第2条。
② 参见〔德〕哈特穆特·毛雷尔著,高家伟译:《行政法学总论》,法律出版社2000年版,第591—592页。
③ 在德国,行政规则是指上级行政机关向下级行政机关、领导对下属行政工作人员发布的一般抽象的命令。在日本,"行政规则,是指行政机关制定的不具有法规性质的、一般抽象的规定"。参见杨建顺著:《日本行政法通论》,中国法制出版社1998年版,第344页。
④ 法律效力与法律规范效力不同。
⑤ 参见〔德〕哈特穆特·毛雷尔著,高家伟译:《行政法学总论》,法律出版社2000年版,第591—612页。
⑥ 〔德〕汉斯·J.沃尔夫、奥托·巴霍夫、罗尔夫·施托贝尔著,高家伟译:《行政法》(第1卷),商务印书馆2002年版,第246页。
⑦ 参见〔日〕南博方著,杨建顺译:《行政法》(第六版),中国人民大学出版社2009年版,第102页。
⑧ 参见〔日〕盐野宏著,杨建顺译:《行政法总论》,北京大学出版社2008年版,第64—65页。

英美法是以审判认定和适用的规范总体作为认定法律规范的标准。而我国在 2000 年实施的最高人民法院《关于执行〈中华人民共和国行政诉讼法〉若干问题的解释》(法释[2000]8 号,以下简称《执行行政诉讼法问题的解释》)第 62 条第 2 款就规定了司法审判文书可援引合法有效的其他规范性文件。从司法实践来看,法院在审理行政案件时将技术标准类行政规则视为判断认定事实的基准,将已公布的产品分类等行政规则视为行政审判依据的案件也不算少。① 可见,法院对部分行政规则的外部法律效果是认同的。但是,我国立法机关一直未对此问题作明确的规定,学界对此问题的争议也只能一直持续下去了。

三、行政规则的形式

行政规则的外在表现通常是以行政公文的形式出现。根据《国家行政机关公文处理办法》的规定,我国行政机关的公文种类分为 13 种,即命令(令)、决定、公告、通告、通知、通报、议案、报告、请示、批复、意见、函、会议纪要。根据《党政机关公文处理工作条例》的规定,行政机关的公文种类有 15 种,增加了决议、公报两种形式。当然,不同形式的行政规则是基于行政管理的不同情形和需求而作出的。由于行政管理的情形复杂,不同行政规则的内容及效力差异很大。总体上,可以依行政规则的内容将其分为两类:有内部效力的行政规则和有外部规范效力的行政规则。

(一) 有内部效力的行政规则

(1) 关于组织方面的规定。组织性规则是指行政机关在组织权力范围内,制定有关内部事务、组织结构、职权管辖以及程序规制方面的规定。如国务院《关于同意成立保障性安居工程协调小组的批复》。

(2) 关于管理事务的纲要性规定。纲要性规定是国家行政机关对管理领域进行的指导性规定。与组织方面的规定不同,这方面的规定是指导性的、非权力性的规定。如国务院《关于进一步繁荣发展少数民族文化事业的若干意见》《关于开展新型农村社会养老保险试点的指导意见》。

(二) 有外部规范效力的行政规则

(1) 解释性规则。因法律、法规、规章等法律规范用语过于抽象、概括,执法机关可能作不同的解释,而易造成执法不公。行政主管机关或者制定该法律规范的行政主体发布规则,解释不确定概念或者补充法律的相关规定。如国家税务总局《关于明确个人所得税若干政策执行问题的通知》。

(2) 补充性规则。法律、法规、规章等法律规范存在空白或者遗漏,执法时无规则可循,由行政机关制定针对法律规范的补充性规则,如国土资源部《关于申请新立和扩大勘查范围探矿权报件清单的公告》。

(3) 裁量性规则。行政机关对执法时的裁量空间设定细化的裁量准则或者提供科学技术标准,如环境标准、技术标准、产品标准等。如北京市人民政府办公厅《关于分解 2009 年空气质量目标任务的通知》《关于调整基本医疗保险参保人员待遇标准有关问题的通知》。

---

① 参见中国高级法官培训中心、中国人民大学法学院编:《中国审判案例要览(1992 年卷)》,中国人民大学出版社 1993 年版。

四、行政规则的制定程序

2004年国务院《全面推进依法行政实施纲要》中将作为行政管理依据的规范性文件与法律、法规、规章一起进行了规制。如第14条、第16条、第18条分别对规范性文件的内容、起草程序、定期清理和备案制度进行了规定。全国各级行政机关也相应地颁布了其他规范性文件制定程序的文件。如《江苏省规范性文件制定和备案规定》(省政府令54号)、《安徽省行政机关规范性文件制定程序规定》(省政府令第149号)。截至2008年10月,31个省级政府制发了规范性文件制定和备案监督的规章。[①] 2012年1月1日实施的《山东省行政程序规定》专章规定了其他规范性文件的制定程序。

从这些已制定的文件中可以发现,行政机关对其他规范性文件的制定程序采用了与行政法规、规章相同的步骤、顺序和期限,贯彻了国务院在《全面推进依法行政实施纲要》中将行政法规、规章、其他规范性文件统一进行规定的要求。

五、国务院的决定、命令

(一) 概念

国务院的命令,是指由国务院依照有关法律公布行政法规和规章,宣布施行重大强制性行政措施,嘉奖有关单位及人员等与公务相关的意思表示的总称。如国务院令第558号等。国务院的决定,是指国务院对重要事项或者重大行动作出安排,奖惩有关单位及人员,变更或者撤销下级机关不适当的决定事项等制定行为规则活动的总称。如国务院决定2008年5月19日至21日为全国哀悼日。

传统行政法学理论将国务院的决定、命令视为其他规范性文件。所谓其他规范性文件是指行政机关及被授权组织为实施法律和执行政策,在法定权限内制定的除行政法规和规章以外的决定、命令等普遍性行为规则的总称。[②] 虽然,能制定其他规范性文件的主体只能是国家行政机关或者被授权组织两类,但这两类主体的数量却十分庞大。从国家最高行政机关——国务院,到国家基层政府——乡镇人民政府;从国务院各部委所属局、司,到地方各级人民政府的下属机构等都可以成为其他规范性文件的制定主体。可见,其他规范性文件的制定主体十分广泛。同时,因为制定主体在行政体系中层级不同,其他规范性文件的效力也存在不同,总体上呈多位阶特点。但是,下级规范性文件不能与上级规范性文件内容相抵触,并且都以行政机关制定的相应行政法规、规章为依据。[③]

(二) 国务院决定、命令的宪法地位和意义

根据《宪法》第89条第1项规定[④],我国宪法授权国务院有权采取规定行政措施、制定行政法规与发布决定命令三种活动。而《宪法》第90条第2款规定:"各部、各委员会根据法律和国务院的行政法规、决定、命令,在本部门的权限内,发布命令、指示和规章。"可见,国务院的决定、命令是国务院各部委制定的规章的依据之一。依据《宪法》,规章既不得与宪法、法

[①] 秦佩华著:《备案审查:从源头把关"红头文件"》,载《人民日报》2009年11月4日第17版。
[②] 参见姜明安主编:《行政法与行政诉讼法》(第2版),北京大学出版社、高等教育出版社2005年版,第211页(叶必丰执笔"抽象行政行为")。
[③] 参见应松年主编:《行政法学新论》,中国方正出版社2004年版,第158页。
[④] 我国《宪法》第89条第1项规定:国务院"根据宪法和法律,规定行政措施,制定行政法规,发布决定和命令"。

律、法规相抵触,也不得与国务院的决定、命令相抵触。基于法制统一原则,作为规章依据的国务院的决定、命令是规章的上位法,其位阶也应高于规章。

《宪法》第 89 条第 1 项直接授权国务院享有发布决定和命令的权力。而《地方各级人民代表大会和地方各级人民政府组织法》第 59 条第 1 项规定,县级以上的地方各级人民政府除了执行本级人民代表大会及其常务委员会的决议外,还要执行上级国家行政机关的决定和命令,规定行政措施,发布决定和命令。即地方各级人民政府行使权力时要依据上级政府的决定、命令。此处的决定和命令虽然对下级人民政府的活动有约束力,但并不一定就是对下级机关行为产生约束力的法律规范。但这样的规定,是否意味着上级人民政府的决定、命令的法律效力高于下级人民政府制定的规章?从现行法律规定中并不能得出明确结论。但是,我们可以从现行法律的规定推测出国务院的决定、命令与其他规范性文件的不同,具有高于规章的效力。如《行政复议法》第 7 条提出了"行政规定"概念。复议机关可在审查行政行为合法性、合理性时,附带审查行政规定的合法性。学界将《行政复议法》中的"行政规定"概念等同于其他规范性文件概念。但《行政复议法》第 7 条对行政规定范围的罗列并不包括国务院作出的规定,只包括了国务院部门的规定。该条的规定明确了行政复议机关不能在审查行政行为时附带审查国务院作出的规定。因此,国务院的规定(包括决定、命令)与其他规范性文件的差异性在此突显出来。比如《立法法》第 80 条第 1 款规定:"国务院各部、委员会、中国人民银行、审计署和具有行政管理职能的直属机构,可以根据法律和国务院的行政法规、决定、命令,在本部门的权限范围内,制定规章";第 2 款则明确要求:"部门规章规定的事项应当属于执行法律或者国务院的行政法规、决定、命令的事项。没有法律或者国务院的行政法规、决定、命令的依据,部门规章不得设定减损公民、法人和其他组织权利或者增加其义务的规范,不得增加本部门的权力或减少本部门的法定职责"。该条表明,国务院的决定、命令是规章的上位法。再比如《行政许可法》第 14 条至第 17 条规定了设定行政许可的法律规范。能设定行政许可的法律规范有:法律、行政法规、国务院的决定、地方性法规、地方政府规章。而《行政许可法》第 17 条特别强调,除国务院的决定外,其他规范性文件一律不得设定行政许可。根据以上规定,有个问题需要注意,作为法律规范的部门规章无权设定行政许可,而作为其他规范性文件之一的国务院决定却可以设定行政许可。虽然这行政类许可是临时性的,国务院应及时提请全国人民代表大会及其常务委员会制定法律或者国务院自行制定行政法规加以规范,但在行政许可领域,国务院决定的调整范围明显大于部门规章。

结合上面谈到的法律的相关规定,我们认为应对国务院决定、命令的效力和位阶进行重新的审视。国务院的决定、命令如果规定的是重要事项,且具有对外广泛而普遍的效力时,不应被一概归入其他规范性文件。如果国务院的决定、命令有宪法、法律授权,或者虽然没有宪法、法律授权,但是由国务院依据职权单方面作出的,而且该决定、命令中含有直接、真实的规范内容,对公民、法人或者其他组织具有执行力,并公开发布,这类国务院的决定、命令应归为行政法的法源,并且其位阶应高于规章,可归为行政法规的范畴。如国务院《关于在我国统一实行法定计量单位的命令》,以及《突发事件应对法》第 8 条规定的"国务院在总理领导下研究、决定和部署特别重大突发事件的应对工作"和第 10 条规定的"有关人民政府及其部门作出的应对突发事件的决定、命令"。而国务院作出日常性或者针对性、非执行性的决定、命令,应归入其他规范性文件。如国务院《关于稳定消费价格总水平保障群众基本生活的通知》。因此,对国务院的决定、命令不能一概依据形式意义上的名称予以归类。

(三) 国务院决定、命令的效力

综上所述,国务院决定、命令可以是否具有普遍性约束效力为标准,分为行政法规类文件与其他规范性文件类文件。前者指普遍的、非个体性的决定、命令。如国务院《关于在我国统一实行法定计量单位的命令》等。后者指具有针对性的决定、命令。如"国务院决定成立能源领导小组"。这些决定可能是确定自然人和法人的权利或者权力的决定,也可能是要求公民和法人履行给付、作为或者不作为之义务的决定等。总之,行政法规类的国务院决定、命令与其他规范性文件类的国务院决定、命令不同,它可能直接或者间接地产生法律效果。因此,如何对其进行有效的监督,还有待深入研究。

第十章

行 政 行 为

第一节 行政行为的概念及要件

一、行政行为的概念

"行政行为"一词,是行政法学的核心概念,是行政法学体系的基石。可以说,整个行政法学体系是围绕"行政行为"这个概念构筑起来的。

(一) 行政行为的概念史

一般认为,"行政行为"这一概念是由大革命后的法国最先创造的,法语中称其为 acte administratif。后来,这一概念被奥特·玛雅在德国行政法学中引入,并首次进行了理论上的系统化,德语中称其为 Verwaltungsakt。奥特·玛雅揭示了行政行为的本质特征,对后世产生了决定性的影响,他将行政行为定义为:"行政机关对相对人在具体事件中作出的决定其权利的优越性的宣示。"[1]1976 年,原联邦德国《行政程序法》使用"行政行为"这一术语并对其进行了明确界定——"行政行为是行政机关为规范公法领域的个别情况而采取的具有直接对外效力的处分、决定或者其他正式措施"[2],从而使这一学术术语成为实定法上的法律术语。

明治宪法下的日本行政法学引进了这一概念,将其翻译为"行政行为",至今仍然作为日本行政法学研究中的核心概念,形成了"行政行为论"这一最为重要的行政法学领域。可见,"行政行为"这一概念虽然源于法国和德国,但是,实为日本人所翻译创造。不过,在日本实定法上,大多称其为"行政处分"或者"行政厅的处分","行政行为"一词至今依然是学术上的概念。我国台湾地区基本上沿用了德国和日本的行政法学理论体系,将行政行为作为行政法学的核心概念来把握,但人们在行政法实践和行政法学研究中,大多亦采用"行政处分"这一概念。在英美等普通法系国家,与"行政行为"这一概念相对应的是 administrative act,或者是 administrative action。[3] 不过,以"行政行为"为核心概念来建立严密的行政法学体系,只是大陆法系行政法学的重要特点,相比较而言,普通法系行政法学更加重视"行政程序"和"司法审查"。

在新中国,行政行为的概念最早出现于 1983 年出版的《行政法概要》一书中,以后绝大

---

[1] 转引自〔德〕哈特穆特·毛雷尔著,高家伟译:《德国行政法学总论》,法律出版社 2000 年版,第 181 页。
[2] 联邦德国《行政程序法》第 35 条。
[3] 参见杨建顺著:《行政规制与权利保障》,中国人民大学出版社 2007 年版,第 278 页。

多数行政法著作相继沿用了这一概念。该书提出，"行政行为，是国家行政机关实施行政管理活动的总称，它是国际公认的研究行政法学的专用词，实际上是行政管理活动的代称"。①1989年4月颁布、1990年10月1日正式实施的《行政诉讼法》，首次在立法中采用"具体行政行为"的概念，使"行政行为"一词不再仅是学术概念，而且成为我国实定法上的术语。根据该法的规定，最高人民法院于1991年发布《关于贯彻执行〈中华人民共和国行政诉讼法〉若干问题的意见(试行)》[法(行)发(1991)19号,《行政诉讼问题的意见(试行)》]，对"具体行政行为"作出明确的概念界定。2000年发布的《执行行政诉讼法问题的解释》并没有沿用前述"具体行政行为"的概念界定，而是同时使用了"行政行为"和"具体行政行为"两个概念术语，其第1条将"具体行政行为"的限定词去掉直接使用"行政行为"这一概念，这与《行政诉讼法》第2条的规定存在一定的差异，表达了最高人民法院试图扩大行政诉讼受案范围的一种倾向。2014年修订的《行政诉讼法》，则直接采用"行政行为"这一概念取代了过去的"具体行政行为"。

（二）行政行为的定义

如何定义行政行为，在不同国家和不同历史时期，各不相同，而且在我国学界，也一直众说纷呈。不过，近年来各种学说渐渐趋于一致，目前影响最大的主要有以下两种见解：

1. 广义说

该学说认为，行政行为是行政主体(主要是国家行政机关)为实现国家行政管理目标而行使行政权力，直接或者间接产生法律效果的行为，主要指国家行政机关的一切法律行为。在这种意义上，行政行为主要是行政法律行为的简称，与民事法律行为相对应。其外延既包括抽象行政行为，也包括具体行政行为。我国原《行政诉讼法》以及《行政诉讼问题的意见(试行)》对具体行政行为的有关规定，乃至《执行行政诉讼法问题的解释》同时使用具体行政行为和行政行为两个概念的规定方法，基本上是这种观点的反映。该学说是法国和目前中国行政法学界较为通行的观点。②

2. 狭义说

该学说认为，行政行为是指行政主体为实现国家行政管理目标而依法行使国家行政权，针对具体事项或者事实，对外部采取的能产生直接行政法律效果，使具体事实规则化的行为。③ 该学说着眼于确立"行政行为"概念的基础，试图揭示这部分行为特有的共同性质及其所适用的特殊法规，并服务于行政诉讼制度。这种意见将"行政行为"的外延基本等同于过去中国实定法上的"具体行政行为"，将其与行政立法相并列，将行政立法行为和行政司法行为排除在"行政行为"之外。该学说沿袭了奥特·玛雅确立这一概念的精神，是当今德国、日本和我国台湾地区行政法学上的通说。

本书采用狭义说，因此本书中所使用的"行政行为"这个概念与过去中国实定法上的"具体行政行为"这个概念基本上重合。除了直接引用或者阐释法规范的情况外，本书一律使用"行政行为"这个术语。

---

① 王岷灿主编：《行政法概要》，法律出版社1983年版，第97—100页。
② 参见王名扬著：《法国行政法》，中国政法大学出版社1989年版，第132页；罗豪才主编：《行政法学》，北京大学出版社1996年版，第105页。
③ 参见杨建顺著：《关于行政行为理论与问题的研究》，载《行政法学研究》1995年第3期。

二、行政行为的要件

行政行为的要件,是指行政行为这一概念的基本构成要素。对传统意义上的行政行为概念进行分析,可将其基本构成要件概括为以下五个方面①:

(一) 主体要件——行政行为是行政主体所作的行为

所谓行政主体,是指依据有关法律规定的条件和程序设立的,享有国家行政权,并能以自己的名义实施行政权,承担因此而产生的法律责任的行政机关以及接受法定授权的组织。在一般情况下,只有行政机关才能作出行政行为,行政机关以外的社会团体、企事业单位等其他组织不能作出行政行为。行政机关以外的其他组织在法律、法规授权的范围内,行政机关委托的组织或者个人,在其被委托的范围内,也可以作出行政行为。

(二) 职能要件——行政行为是作为公权力的行使而采取的单方行为

所谓公权力的行使,是指行政主体单方面地认定事实、解释并适用法规范的行为。行政主体的活动,大体可分为两大类:一类是从事民事活动,如办公用品的购买、办公楼建筑合同的签订等;另一类是行使公权力的活动,是为了一定的行政目的运用行政权力的单方行为,如颁发驾照、拆除违章建筑、对交通违章者进行罚款等。所谓单方行为,是指行政机关在作出行政行为时,不受相对人意思的拘束,可以依据职权自行单方作出决定。缺乏单方性的民事行为及行政合同不是行政行为。②

此外,行政机关行使公权力的行为中,如果是最高国家行政机关作出的、具有高度政治性、关系到国家统治之根本的,则被称为"国家行为",排除司法审查,因而也不属于这里的行政行为概念范畴。

(三) 目的要件——行政行为是调整具体事项或事实的行为

根据法律或者法规的规定,私人和行政主体之间存在抽象的权利义务关系。但是,法律的目的在于实施,这种抽象的权利义务关系要向具体的权利义务关系转化,主要便是通过行政行为来实现的。因而,行政行为总是针对具体事项或事实作出的,其目的在于使具体的事实规则化。相反,一般性的、抽象性的行政立法,则不是行政行为。由于行政立法和行政行为同样是行政机关作出的,有时候二者的区分界限并非十分清晰,我国《执行行政诉讼法问题的解释》所确立的区分标准有两个:"针对的对象是否特定"和"是否可以反复适用"。③ 据此,如果针对的对象特定且不能反复适用,则是行政行为,反之则不是。④

(四) 范围要件——行政行为是对外部作出的行为

行政行为是对外部作出,即对行政机关以外的个人或者组织作出的。因此,行政主体的内部行为不是行政行为。⑤ 行政机关的内部行为是指行政机关对其所属机构及其工作人员所实施的不直接涉及行政相对人权益的有关组织、指挥、协调、监督等行为。如内部人事管

---

① 参见杨建顺著:《行政规制与权利保障》,中国人民大学出版社 2007 年版,第 282—285 页。
② 参见〔日〕南博方著,杨建顺译:《行政法》(第六版),中国人民大学出版社 2009 年版,第 38 页。
③ 参见《执行行政诉讼法问题的解释》第 3 条。
④ 关于确定行政行为的事项或事实"具体"的标准的更为详细的讨论,可参见〔德〕哈特穆特·毛雷尔著,高家伟译:《德国行政法学总论》,法律出版社 2000 年版,第 186—189 页;翁岳生主编:《行政法》(上册),中国法制出版社 2000 年版,第 658—664 页(许宗力执笔"行政处分")。
⑤ 从这个意义上来说,学界经常使用的"内部行政行为"的概念不能成立。

理、财务管理、内部机构设置等行为。通常该类行为只涉及行政机关的内部事务,只影响行政机关内部,而不会对外部产生直接法律效果,即不会对行政相对人的权利义务产生直接影响。如上级行政机关对下级行政机关作出的批准、通知等行为都不是行政行为。

(五)法效果要件——行政行为是产生直接行政法律后果的行为

行政行为必须是对外部产生直接行政法律效果的行为,即依据该行为而对相对人的权利义务产生直接的影响。第一,必须为相对人所知晓。行政行为处于行政主体内部的意思决定阶段,尚不具备为外部所认识的形态时,行政行为尚未作出,自然不能对相对人产生法律效果。因此,行政行为要对相对人产生直接行政法律效果,必须使相对人乃至相关人知悉、了解和掌握行政行为的内容。第二,必须具有行政法律效果。行政行为的实施,不仅可以引起行政相对人某种权利和义务的获得、丧失或者变更,而且行政相对人对这种获得、丧失或者变更具有服从的义务;如果行政相对人对行政行为不服,依照有关法律规定可以申请行政复议、提起行政诉讼或者请求国家赔偿。第三,法效果必须直接表现出来。行政主体的能够产生法律效果的行为并不限于行政行为,其法律效力和后果有时直接地表现出来,有时则间接地表现出来,是直接还是间接,是区别行政行为和行政立法行为乃至其他规范性文件的标准。因此,不能对外部产生直接行政法律效果的单纯的报告、通知、调查、工事及其他事实行为,都不是行政行为。[①]

行政行为一旦具备了上述五个构成要件,便意味着行政行为已经成立,这是该行政行为生效的前提条件,也是行政相对人请求对行政行为的权益救济以及有关机关对行政行为实施法律审查的基础。

三、行政行为与相关概念辨析

长期以来,对行政行为进行广义的定义,将行政立法(抽象行政行为)作为行政行为的一种类型来把握,是我国行政法学界通常的观点。在此基础上,提出了"行政立法行为、行政执法行为和行政司法行为"以及"抽象行政行为和具体行政行为"的分类方法。由于本书对行政行为采取狭义的定义,因而这里有必要将行政行为与相关概念进行比较分析。

立法、行政、司法,是现代国家三种主要的国家作用方式,分别由立法机关、行政机关和司法机关承担。20世纪以来,行政权逐渐膨胀,向立法权和司法权渗透,出现了行政立法行为和行政司法行为,即行政机关充当类似于立法机关和司法机关的角色。正如美国行政法学家施瓦茨所指出的:"由于当代复杂社会的需要,行政法需要拥有立法职能和司法职能的行政机关,为了有效地管理经济,三权分立的传统必须放弃。""这样的结果是行政机关典型地集立法权与司法权于一身。它们有权制定具有法律效力的规章,这是立法性权力;有权裁判案件,这是司法性权力。"[②]

1. 行政立法行为(抽象行政行为)不是行政行为

行政机关制定普遍性规则、规范的行为,称为行政立法行为。如果对行政行为采用广义说的定义,则行政立法行为也属于行政行为。正因为此,目前中国行政法学界的许多学者坚持将行政立法行为划归行政行为概念之列,将行政立法行为作为抽象行政行为来理解。所

[①] 参见杨建顺著:《行政规制与权利保障》,中国人民大学出版社2007年版,第284—285页。
[②] 〔美〕伯纳德·施瓦茨著,徐炳译:《行政法》,群众出版社1986年版,第6—7页。

谓"抽象行政行为",指的是国家行政机关在行使行政权过程中,制定和发布普遍性行为规则或者规范的行为,包括本书所界定的行政立法行为以及制定和发布其他规范性文件的行为。

这种观点的根据是我国1989年《行政诉讼法》第2条和第11条规定受案范围时使用了"具体行政行为"一词,按照哲学和逻辑学,有具体便有抽象,因而将行政行为划分为具体行政行为和抽象行政行为。可见,将行政立法行为也作为行政行为从广义上来理解,在过去是有其实定法依据的。

我们认为,行政立法行为(抽象行政行为)虽然属于行政主体所为,但是从行为性质和特点上看,行政立法行为与立法行为更为接近,遵循的都是立法程序,其表现形态都是具有普遍性的规范性法律文件,能够对不特定人反复适用,产生间接的法律效力。行政行为则是行政主体将普遍的规则直接适用到具体的个案,通常是一次性适用,与行政立法具有不同的性质和特点。因此,行政立法行为不宜作为行政行为的一个下位概念来定位。

2. 行政执法行为基本等同于行政行为

当行政机关将抽象、普遍的规范性法律文件适用到具体个案,与特定公民、法人和其他组织之间形成单一的对应关系时,称为行政执法行为。行政执法行为是一种对公民的权利和义务产生直接影响的行为。可见,所谓行政执法行为基本上与行政行为的概念相一致。

3. 行政司法行为是特殊的行政行为

行政司法行为是指行政机关作为第三人,依照法律、法规乃至规章,解决公民、法人和其他组织相互间的各种民事纠纷的行为。此时,行政机关处于中立地位,与争议双方的关系是三方关系,类似于司法程序,故如此命名,如行政调解、行政仲裁、行政裁决、行政复议等。[①] 行政司法行为的外在表现是行政行为,其内在实质是裁决民事纠纷。它是以行政行为的手段出现,却以解决民事纠纷为目的。因此,行政司法行为与传统上单纯执行法律、影响和决定特定对象权益的行政执法行为有区别,一般仍将其视为是一种特殊的行政行为。不服行政司法行为的诉讼表面上是行政纠纷,实质为民事纠纷,或者说是行政纠纷与民事纠纷的竞合。所以,在诉讼救济上,起诉行政执法行为的可以单纯地适用行政诉讼程序;起诉行政司法行为的,从不服行政司法行为这部分来说,可以适用行政诉讼程序;但对民事纠纷的解决来说,则要考虑到行政诉讼与民事诉讼程序的衔接问题。[②]

第二节 行政行为的分类与附款

现代行政,内容庞杂、范围广泛,行为形式极为多样化和复杂化,因而对行政行为进行科学分类并加以类型化,具有十分重要的意义。实际上,传统行政法学理论体系的基础便是以"行政行为"为核心的行政行为形式论[③],而行政行为的类型化是行政行为形式论的一个重要内容。因此,本节介绍几种基本的行政行为分类,并阐述其类型化。

---

① 参见杨建顺著:《行政规制与权利保障》,中国人民大学出版社2007年版,第141、287—292页。
② 对于解决这类行政与民事问题交织的案件,日本的当事人诉讼可以作为参考借鉴的一种制度。参见本书第十七章第二节;以及杨建顺著:《土地规制、房屋拆迁与权利救济》,载《法律适用》2010年第6期。
③ 参见[日]盐野宏著,杨建顺译:《行政法总论》(第4版),北京大学出版社2008年版,第55—57页。

一、行政行为的分类

(一) 依行为启动依据的分类

根据行政主体启动行政行为是否依据行政职权这一标准,行政行为可以分为依职权行政行为和应申请行政行为。

依职权的行政行为,是指依据行政主体所具有的法定行政职权,不需要行政相对人的申请即可作出的行政行为。如税务机关依法征税的行为、交通警察机关依法处罚违章行为的行为等。

应申请的行政行为,是指行政主体根据行政相对人申请才可作出的行政行为。一般说来,非基于行政相对人的申请,行政主体不能主动作出这种行政行为。如工商机关发放营业执照的行为、民政部门发放抚恤金的行为等。

这种分类的意义在于,为行政职权启动的合法性判断提供参考。需要注意的是,应申请的行政行为,相对人的申请只是行政职权启动的原因,但对行政决定的作出并不产生影响,应申请的行政行为仍然是行政主体的单方行为。

(二) 依行为形式的分类

根据行政行为作出的形式要求,行政行为可以分为要式行政行为和非要式行政行为。

要式行政行为,是指必须具备行政法规范要求的特定形式或者必须遵守特定程序,才能产生法律效果的行政行为。例如,行政处罚行为要求必须书面作出,并在处罚决定书上加盖处罚机关的印章。

非要式行政行为,是指不需要具备特定形式或者遵守特定程序,只需行政主体自由选择适当的方式将意思表示公布于外部即可产生法律效果的行政行为。非要式行政行为可以增加行政的弹性和机动性,较不重要的或者需紧急处置的事项,多以非要式行政行为处理。

这种区分的意义主要在于,对于要式行政行为,应当遵守法定形式,行政机关如果没有严格遵循法定形式,便可能产生无效的行为;但是,由于行政行为具有公定力的原因,并不一定产生无效的法律后果。

(三) 依行为效果的分类

根据行政行为对相对人产生的法律效果,行政行为可以分为授益行政行为和侵益行政行为,以及在此基础上衍生出来的混合行政行为和复效行政行为。

授益行政行为,是指给相对人赋予一定权益的行政行为。如规划部门发放建筑工程许可证的行为、社会保障部门发放社会保险补贴的行为等。

侵益行政行为,是指给相对人造成权益损害的行政行为。如税务机关征收税金的行为、公安机关进行治安处罚的行为等。

混合行政行为,是指对相对人同时产生授益和侵益效果的同一行政行为。如强制接种疫苗的行为、强制国民加入社会养老保险的行为等。

复效行政行为,是指对相对人来说是授益,而对第三人来说则是侵益的行政行为。如建筑许可,对相对人来说是授益行政行为,对其相邻的人来说则可能具有侵益效果。[1]

这种分类的意义在于,在分析行政行为的法律保留、撤回、裁量、听证等问题时,可以提

---

[1] 参见蔡志方著:《行政法三十六讲》,自刊1997年版,第200页。

供大致的判断标准。例如,一般来说,授益行政行为并不要求严格的法律保留,而侵益行政行为则要求严格的法律保留。

(四) 依行为效果意思的分类

根据行政行为作出时的效果意思,行政行为可以分为法律行为性行政行为和准法律行为性行政行为。这是借鉴民法的法律行为论而进行的分类。

法律行为性行政行为,是指行政机关作出意思表示的行政行为。行政机关的意思表示,是指行政机关有希望某种法律效果发生的意思(效果意思),并将这种意思向外部表示的行为(表示行为)。

准法律性行政行为,是指根据行政机关的意思表示以外的判断或者认知的表示,基于法律规定而产生法律效果的行政行为。

这种分类的意义在于,为是否承认行政机关的裁量以及是否可以添加附款提供判断标准。如果按照行政机关的效果意思而承认其法律效果的发生,则意味着法律承认行政机关的裁量,并允许行政机关在其裁量权范围内添加附款。①

(五) 依行为内容的分类

根据行政行为的内容,行政行为可以分为命令性行政行为、形成性行政行为和确认性行政行为。

命令性行政行为,是指行政机关以命令或者禁止令的形式对相对人赋加特定作为、不作为或者忍受义务的行政行为。如公安机关命令违法的游行示威解散的行为、规划部门命令违建人拆除违法建设等。命令性行政行为为相对人设定了义务,如果相对人不履行该义务,行政机关便可以据此强制执行。

形成性行政行为,是指行政机关设定、变更或者消灭某种具体法律关系的行政行为。如交警部门颁发驾照的行为、卫生部门撤销卫生许可证的行为等。形成性行为的特点在于,行政行为一经作出,即直接形成法律关系发生、变更或者消灭的效果,无需经过执行。

确认性行政行为,是指行政机关确定某种法律事实或者法律关系是否存在的行政行为。如交警部门进行的道路交通事故责任认定行为、教育部门对学历资格的确认等。行政机关作出行政确认行为,只是对某种法律事实或者法律关系进行认知表示,但这种确认一经作出,便具有法律上的拘束力和规制法律关系的效果,无需执行,因此属于行政行为的范畴,并非准法律行为或者事实行为。②

这种分类的意义在于,命令性行政行为存在执行的问题,而形成性行政行为和确认性行政行为均不存在执行的问题。③

(六) 其他分类

依照其他标准,还可以对行政行为进行其他分类。例如,根据行为特征不同,可以分为行政许可、行政强制、行政处罚、行政征收、行政给付、行政确认、行政奖励等;根据行为性质不同,可以分为实体性行政行为和程序性行政行为;根据行为的时间效力是否持续,可以分

---

① 参见杨建顺著:《日本行政法通论》,中国法制出版社1998年版,第367页;〔日〕盐野宏著,杨建顺译:《行政法总论》(第4版),北京大学出版社2008年版,第76—77页。
② 参见杨建顺著:《道路交通事故责任认定的可诉性研究》,载《法制日报》2000年8月20日。
③ 参见翁岳生主编:《行政法》(上册),中国法制出版社2000年版,第664—668页(许宗力执笔"行政处分")。

为一次性行政行为和继续性行政行为;根据行为是否附加条件生效,可以分为附条件行政行为和不附条件行政行为;等等。

二、行政行为的附款[①]

(一) 概述

行政行为的附款,是指行政机关对行政行为的本体意思表示进行进一步补充或者限制而附加的从属性意思表示。当法规范直接规定对行政行为效果以附款予以限制时,该附款称为法定附款。但在探讨行政行为的附款时,一般是指法定附款以外的附款,即法律既定事项之外的附加。因为如果法律明确规定了,便会产生拘束行政机关和相对人的效力,再以附款来加以论述便没有意义。

既然附款是法律既定事项外的附加,那么,附款增加了行政行为的灵活性和弹性,使行政行为能够适应复杂多变的现代社会。比如说,当仅仅满足了法律规定的要件,行政机关在作出某项许可时仍然基于某种公益的考虑而犹豫不决,便可以通过添加附款的方式来应对。同时,附款可以避免启动新的行政程序,有助于提高行政效率。这些都是附款的重要功能。[②]

(二) 附款的类型

行政行为的附款,根据其内容,可分为期限、条件、负担和撤回权的保留四种类型。

期限,是指行政行为效果的发生或者消灭限定于特定的时间的意思表示。期限又可分为始期、终期和期间。规定行政行为从一定时日开始生效的,称为始期,如"从某月某日开始许可";规定行政行为的效果从一定时日终止的,称为终期,如"至某月某日予以许可";规定行政行为的效果在一定时日内有效的,称为期间,如"许可从某月某日至某月某日从事某事项"。期限具有确定性和必然到来的特征,使其区别于条件。

条件,是指行政行为效果的发生或者消灭系于尚未确定发生的未来事实的意思表示。此类行为所附加的条件既可以是特定的事实,也可以是一定的行为,但必须是行政行为作出时尚未发生的,并且是可能发生也可能不发生的事实,否则就不成其为条件。条件又可分为停止条件和解除条件两种。因该事实的发生而导致行政行为效果发生的,称为停止条件,如"从道路工程开始之日起,禁止通行";因该事实的发生而导致行政行为效果消灭的,称为解除条件,如"直到道路工程完工之日,禁止通行"。

负担,是指行政机关作出授益行政行为时,另外赋予相对人履行特别义务的意思表示。例如,在许可外国人居留中国的同时,规定被许可人不得在中国打工;在作出占道经营的许可中,命令被许可人缴纳一定的占道费。需要注意的是,一方面,负担是从属于授益行政行为的主行政行为的一部分,当主行政行为不生效时,负担也不发生效力。但另一方面,负担又具有一定的相对独立性,当负担所附加的义务得不到履行时,并不当然导致主行政行为效力的消灭,一般采取撤回该行政行为,或者通过行政强制执行来强制其履行义务。而且,从形式上看,负担满足行政行为的每一个概念特征,而且负担本身是可以独立地强制实施的命令性行为,因而单独就负担提起行政诉讼,也是可能的。[③] 负担具有相对的独立性,这一点是

[①] 参见〔日〕南博方著,杨建顺译:《行政法》(第六版),中国人民大学出版社2009年版,第46—49页。
[②] 参见〔日〕盐野宏著,杨建顺译:《行政法总论》(第4版),北京大学出版社2008年版,第120—121页;〔德〕沃尔夫、巴霍夫、施托贝尔著,高家伟译:《行政法》(第2卷),商务印书馆2002年版,第53—54页。
[③] 参见〔日〕南博方著,杨建顺译:《行政法》(第六版),中国人民大学出版社2009年版,第47页。

负担与其他附款所不相同的地方。

撤回权的保留,是指行政机关在作出行政行为时,附加以保留在特定情况下撤回该行政行为的权能的意思表示。关于在什么情况下可以采取这种附款形式的问题,一般法律上没有明确的规定,但在实务上,鉴于行政行为的特殊使命,当行政行为的持续有可能危及公共利益时,常常可以附加撤回权的保留。不过,即使保留了撤回权,在行使有关撤回权时,也必须满足撤回的一般性要件,严格遵循信赖保护的原则。尤其是因撤回使得善意的相对人及直接利害关系人的合法权益受到侵害时,要依法予以补偿。

(三)附款的界限

附款,或多或少会给行政行为的相对人带来不利影响,还可能因为附款的过度限制而使得主行政行为失去意义。因此,一般说来,只有法律行为性行政行为才可以附加附款。并且,即使对法律行为性行政行为,原则上也不允许行政主体无限制地附加附款,需要遵循以下限制:

首先,如果法律明确规定可以附加附款(法律用语一般是"条件"和"要求"),则依据该规定;如果法律没有明确规定,则在法律赋予行政机关以裁量权的情况下可以附加附款;对于羁束行为,基于依法行政原理,原则上不允许行政机关附加附款,只有在为了行为要件的具体实现而有必要的情况下,才可以附加附款。如果法规范中不存在可以附加附款的根据,并且,将一定条件下采取一定行为规定为行政机关的义务时,行政机关便不得根据自己的任意意思,附加那些限制法规范效果的附款。如果行政机关在这种情况下依然附加附款,则该附款只能是无效的。如《行政许可法》第27条规定:"行政机关实施行政许可,不得向申请人提出购买指定商品、接受有偿服务等不正当要求。"

其次,附加附款必须遵循比例原则,即附款不得背离主行政行为所追求的目的,同时必须限定在为实现该行政行为的目的所必要的限度内。超出一定限度而附加附款是违法的。不过,该附款是否超出其界限而成为违法的附款,通常情况下一般私人并无直接判断权,而需要经过一定的争讼程序由有权机关来予以认定。只有经过争讼认定其违法之后,该附款才是无效的。①

(四)附款的瑕疵及其后果

当附款存在瑕疵时,其后果如何以及如何进行法律保护,应区分不同的情况。

一般来说,由于负担是具有相对独立于主行政行为的命令性行为,因此,可以单独对负担提起撤销诉讼。对于其他附款来说,应当将附款作为行政行为的一部分,因而可以就附款的部分诉请部分的撤销;但是,如果附款对行政行为非常重要,没有附款行政机关便不会作出该行政行为,那么,附款的瑕疵应该视为行政行为的瑕疵,不能提起仅仅针对附款的撤销诉讼,而应该提起针对整个行政行为的撤销诉讼。

当该附款被撤销时,如果该附款对于实施行政行为来说是重要的要素时,附款被撤销的话,则导致主行政行为本身的效力被撤销。相反,当该附款对于实施行政行为来说不是重要的要素时,则该附款被撤销并不影响其所附属的行政行为作为未附加附款的行政行为而发生效力。由于附款瑕疵而应予撤销的情况下,直至其被撤销,应被视为有效的有附款的行政行为。②

---

① 参见杨建顺著:《行政规制与权利保障》,中国人民大学出版社2007年版,第299—300页。
② 参见〔日〕南博方著,杨建顺译:《行政法》(第六版),中国人民大学出版社2009年版,第49页;杨建顺著:《行政规制与权利保障》,中国人民大学出版社2007年版,第301—302页。

第三节　行政行为的生效及效力

一、行政行为的生效

行政行为的生效,是指行政行为在具备了构成要件即成立之后,其规制内容对外发生法律上的效果。在一般情况下,行政行为一旦具备了构成要件之后,只要不存在无效的情形,便可发生预定的法律效力。但是,行政行为要在现实中产生效力,仅在行政主体内部达成意思表示一致还不够,还必须在与外部的关系上将该意思表示置于相对人能够知悉的状态之下。换言之,行政行为因告知而生效。

（一）关于告知

行政行为因告知而生效,只是一种笼统的说法。具体来说：

（1）告知必须是作出行政行为的行政主体以法定方式作出。如果是相对人通过其他途径知悉行政行为的内容,如通过公务员的私下透露、刺探或其他偶然方式得知,只要不是行政主体以自己的名义遵循法定方式进行,都不属于这里的告知,行政行为也未生效。

（2）行政行为的对象如果为多数相对人,则行政主体必须对所有相对人一一个别告知。从而,行政行为分别从告知各相对人之时起开始生效。另外,对于某些涉及第三人重大利益的行政行为,行政主体除了告知相对人之外,还应该告知相关人。如将对某建筑物的强制拆除命令仅仅告知作为相对人的建筑物所有者,而不告知作为相关人的建筑物承租者,显然将不利于建筑物承租者的利益保护。[①]

（3）告知的方式,可以是口头或者手势方式,也可以是书面方式。原则上,行政行为的告知应采用书面方式；对于需要紧急处置、当场作出行政行为的情形,有时可以采用口头或者手势方式,这构成了书面告知的例外。

（二）生效的种类

根据告知方式的不同,行政行为的生效可以分为以下几种：

1. 即时生效

即时生效指行政行为作出的同时告知相对人,并即时产生法律效力。即时生效的行为因为是当场作出,立即生效,一般适用于紧急情况下所作出的需要立即实施的行为。如公安机关对醉酒的人强制进行人身约束的行为等。

2. 受领生效

受领生效,亦称送达生效,是指书面作出的行政行为须为相对人受领才开始生效。所谓受领,是指行政机关将行政行为书面告知相对人,并为相对人所接受。受领并不意味着必须得到相对人同意,相对人同意与否并不影响行政行为的生效,只要行政机关告知相对人,从行政行为的法律文书到达相对人所在地,即开始生效。为保障行政效率,受领生效采取"到达主义"的立场,相对人是否实际拆阅行政行为的法律文书,在所不问。受领生效适用的对象为具体的确定的相对人。

[①] 参见杨建顺著：《行政强制中的和解——三环家具城案的启示》,载《南通师范学院学报（哲学社会科学版）》2002年第1期。

3. 公告生效

公告生效是指行政机关将行政行为的内容采取公告或者宣告等有效形式,使相对人知悉、明了行政行为的内容,该行政行为对相对人才能开始生效。公告的形式主要有发布公告、布告、通告,可以利用现代传媒如电台、电视台、报刊等。公告生效的时间,一般就是公告发布日。与受领生效不同,公告生效适用的是相对人不够明确或者相对人的住所、居所等不明确时,从而使行政行为的内容无法一一告知或者难以具体告知。

4. 依附款生效

依附款生效,亦称延迟生效,是指有附款的行政行为只有当其附款所规定的条件、期限和负担等得以满足以后,该行政行为才发生法律效力。依附款生效,不是依据"告知"这一程序要件得到满足而生效,而是依据行政行为附属内容的实现而生效,因此可以说是行政行为因告知而生效的例外。

二、行政行为的效力

行政行为生效之后,行政行为的规制内容便对外发生法律效果,但这种法律效果是一种内容具体的效果,其效力指向和拘束的对象也是具体的。作为这种具体的法律效果的效力基础,还存在着行政行为的一般性效力,即所谓的"行政行为的效力"。

行政行为的效力,是指行政行为所固有的一般法律效力。这是对行政行为的所有具体法律效力的一种理论抽象,其效力内容是普遍的和一般的,是绝大部分种类的行政行为都具有的。可以说,行政行为的效力是行政行为的生命,是行政行为区别于其他法律行为的特色所在。

一般而言,行政行为一经作出,便具有公定力、拘束力和执行力,这是绝大部分种类的行政行为所具有的法律效力。有些行政行为除了具有前述三种效力之外,还具有不可争力和不可变更力。

(一) 公定力

行政行为的公定力,是指行政行为一旦成立,除了其成立具有重大且明显的瑕疵,因而被认为绝对无效的情形以外,原则上推定其有效乃至合法,且在有权行政主体或者法院予以撤销、废止或者变更之前,相对人、行政主体以及法院,都必须将其作为合法、有效的行为加以尊重和服从,而不能否认其效力。

行政行为的公定力,是一种即使行政行为违法仍推定其有效乃至合法的法律效力,这是由行政行为的本质属性和使命所决定的。行政行为不同于私人的意思表示,是行政主体执行法律而实施的行为,其目的在于达成法律规定的公益目的,其权威也来自于法律本身。因此,通过授益性行为而获得直接利益的相对人对行政行为的信赖,以及通过侵益性行为而间接获得利益的一般公众对行政行为的信赖,都有必要得到充分保护。如果允许随意地否定行政行为的效力,将会严重损害行政行为信赖者的预期的稳定性,从而影响法律秩序乃至社会的安定。这构成了行政行为公定力的实质性根据。[①]

(二) 拘束力

行政行为的拘束力,是指行政行为具有法律规定的或者行政主体决定的法律效果,当事

---

① 参见〔日〕南博方著,杨建顺译:《行政法》(第六版),中国人民大学出版社2009年版,第51页。

人即行政主体和行政相对人都必须对这种法律效果予以尊重并遵守的效力。

一方面,行政行为拘束行政主体。行政行为作出后,只要没有法律根据,不按法定程序,任何机关、组织或者担任任何职务的公务员都不得予以撤销或者变更。在行政行为未被依法撤销、撤回或者变更前,作出行政行为的行政主体负有执行该行政行为的义务,任何机关、组织或者担任任何职务的公务员,都不能干预这种执行,都应受该行政行为的拘束。

另一方面,行政行为也拘束行政相对人。行政相对人对合法成立并已生效的行政行为,负有服从的义务,必须按照行政行为所规定的义务而予以积极的履行,不能推诿、拖延或者代替、转移。

(三) 执行力

行政行为的执行力,是指行政主体以自身的力量强制实现行政行为内容的效力。

具有执行力的一般限于命令性行政行为。当行政行为设定了义务,而行政相对人不履行该义务时,依照法律规定,行政主体可强制其实现该义务的履行。这种行政强制执行是由行政主体依职权所作的执法行为的一种,不需要事先得到法院的判决。如行政机关对相对人发出限期拆除违法建设的命令,相对人不服从该命令拆除违法建设时,行政机关可以亲自或者委托第三人来拆除,从而实现该义务。我国《行政复议法》和《行政诉讼法》规定,即使在复议期间或者诉讼期间,也承认行政行为的执行力,容许进行强制执行。[1] 当法律有明文规定时,可以停止或者延缓行政行为的执行。[2] 这种制度的目的,在于行政行为的内容和目的的早期实现,以及减轻法院的负担。[3]

(四) 不可争力(形式性确定力)

行政行为的不可争力,又称形式性确定力,是指一旦超过对行政行为提起复议和诉讼的期限[4],行政相对人等便不得就该行政行为提起争议的效力。这种拒绝争议的效力是以争讼期限的超过为前提的,而不是行政行为成立之初便具有的。根据我国《行政诉讼法》第46条的规定,起诉期间一旦经过,行政行为所形成的法律关系,就在形式上得到确定,私人不得再对其效力提起争议。这实际上赋予了行政行为以特权,来保障行政行为所形成的法律关系的尽早确定。不过,这种效力只是对行政相对人通过提起争讼请求的拒绝,并不妨碍行政主体依职权撤销违法或者不当的行政行为。

(五) 不可变更力(实质性确定力)

行政行为的不可变更力,或者称为实质性确定力,是指对于某些行政机关作为中立第三方而作出的具有纠纷裁断性质的行政行为来说,有权行政机关一旦作出判断,自己便不能推翻该判断的效力。

原则上,行政行为的不可争力并不妨碍行政机关依职权撤销行政行为。不过,有的行政行为是作为纷争裁断作用而进行的,为了避免争讼中的法律关系的不安定,只要当事人无异议,即使事后判明该裁断是错误的,也不允许裁断人自己推翻已经作出的裁决。[5] 如争讼裁

---

[1] 参见我国《行政复议法》第21条、《行政诉讼法》第56条。
[2] 参见我国《行政复议法》第21条但书、《行政诉讼法》第56条但书、《治安管理处罚法》第107条。
[3] 参见〔日〕盐野宏著,杨建顺译:《行政法总论》(第4版),北京大学出版社2008年版,第102页。
[4] 参见我国《行政复议法》第9条、《行政诉讼法》第45—48条。
[5] 参见杨建顺著:《日本行政法通论》,中国法制出版社1998年版,第379页。

决行为,即"法律规定由行政机关最终裁决的行政行为"①,行政机关不能依职权随意撤销、撤回或者变更。如果纠纷的裁断机关三番五次地推翻自己已经作出的裁断,一而再再而三地重新作出裁断,就会导致纠纷裁断行为的权威丧失,不利于稳定当事人的预期,同时会导致纠纷的无法解决。

第四节 行政行为的瑕疵及其后果

行政行为一经作出,就具有法律效力。但是,有些行政行为作出后,存在这样或者那样的瑕疵,阻碍行政行为的效力的发生。因此,有必要系统阐述行政行为的瑕疵及其法律后果。

一、行政行为瑕疵概述

妨碍行政行为发生效力的原因,称为行政行为的瑕疵;具有这种瑕疵的行政行为,称为有瑕疵的行政行为。

根据程度不同,行政行为的瑕疵可以分为:违法和不当。从而,有瑕疵的行政行为可以分为违法行政行为和不当行政行为。违法行政行为是指违反法规范或者法原则而作出的行政行为;不当行政行为是指虽不违反法规范或者法原则,但却违反内部规则或者裁量判断有错误的行政行为。违法和不当的行政行为同样具有公定力,在有权机关撤销前,都具有合法有效的推定效力。

在德国、日本等国行政法上,存在着将有瑕疵的行政行为区分为无效行政行为和应予撤销的行政行为的分类理论。如果行政行为的瑕疵是重大且明显地违反法规范或法原则,即从外观上一望而知违法,从内容上看严重违法,那么就属于无效行政行为。这类行为不具有公定力,自始便不能产生预期的法律效果,相对人不经有权机关确认便可废弃和抵抗该行为,且对无效行政行为的救济没有时效限制,任何人在任何时间都可以主张其无效。②

但是,我国至少在现阶段尚没有适用该理论的可能。虽然我国立法上已经出现了"无效"和"不成立"等法律术语,但其内涵与前述外国行政法上的"无效行政行为"理论中的"无效"的含义并不一致,即便行政主体作出了重大且明显违法的行政行为,我国现行法也没有赋予所有机关、组织和个人自行进行判断以及进行抵抗的权利。③ 例如,我国《行政处罚法》第3条第2款规定:"没有法定依据或者不遵守法定程序的,行政处罚无效。"但该法律并没有规定私人是否可以自行判断"处罚机关没有法定依据或者不遵守法定程序",导致"行政处罚无效",从而私人可以采取抵抗措施。实际上,是否具有法定依据或者遵守法定程序等,都需要由有权机关作出判断,才能够宣布该行政行为是否无效。又如,该法第41条规定:"行政机关及其执法人员在作出行政处罚决定之前,不依照本法第三十一条、第三十二条规定向当事人告知给予行政处罚的事实、理由和依据,或者拒绝听取当事人的陈述、申辩,行政

---

① 我国《行政诉讼法》第13条第4项。
② 参见〔德〕哈特穆特·毛雷尔著,高家伟译:《德国行政法学总论》,法律出版社2000年版,第252—254页;〔日〕盐野宏著,杨建顺译:《行政法总论》(第4版),北京大学出版社2008年版,第105—108页。
③ 参见姜明安主编:《行政法与行政诉讼法》(第2版),北京大学出版社、高等教育出版社2005年版,第240页(叶必丰执笔"具体行政行为")。

处罚决定不能成立。"该法律并没有规定私人是否可以判断"行政处罚决定不能成立"并不服从该行政处罚决定。

所以,有瑕疵的行政行为的效力问题,在我国目前只能求助于有权机关(行政复议机关和法院)作出判断。行政复议机关可以审查违法行政行为和不当行政行为,法院可以审查违法行政行为以及一部分不当行政行为。当不当行政行为的瑕疵属于裁量权的逾越和滥用时,法院可以予以救济,如当行政处罚显失公正时,法院有权予以变更。[①]

二、有瑕疵行政行为的撤销

一般说来,有瑕疵的行政行为不能产生预期的法律效果,但只要其瑕疵未达到"严重且明显"的程度,则仍然具有公定力,也并不当然地无效,在行政机关作出撤销决定、法院作出撤销判决之前,仍然作为有效的行政行为具有事实上的约束力,拘束行政相对人及有一定利害关系者。因此,对于有瑕疵的行政行为,行政相对人及其他有一定利害关系者,可以在争讼提起期限内请求行政复议和提起行政诉讼,请求行政机关及法院予以撤销。

行政行为的撤销,是指有效成立的行政行为,经有权的行政机关或者法院,以其成立存在瑕疵为理由,依法定程序作出决定或者判决,使其从成立时起就丧失法律效力。撤销的效力以溯及既往为原则,但如果所撤销的行为溯及既往会对公共利益或者其他利益产生重大影响时,应根据具体情况考虑是否要溯及既往。

行政行为的撤销,可以分为争讼撤销和依职权撤销两种。

所谓争讼撤销,是指有权机关(行政复议机关或者法院)依申请人或者原告的争讼请求,对有瑕疵行政行为进行审查,并作出是否予以撤销的判断。争讼撤销,需要具备一定资格者(请求行政复议资格、原告资格)在争讼期限内提出撤销请求,只要撤销理由(违法性、不当性)存在,那么,复议机关及法院就可以作出撤销决定或者判决,除非撤销会严重影响公共利益和其他利益的保护。[②]

所谓依职权撤销,是指有权行政主体直接依其职权对有瑕疵行政行为进行审查,并作出撤销决定。有权行政主体包括作出行政行为的行政机关和上级行政机关。从理论上说,撤销有瑕疵的行政行为,尤其是有瑕疵的侵益行政行为,无论是否超过争讼期限和有无明文规定,行政主体均可依职权予以撤销,从法治行政的角度来说是理所应当的。但是,行政行为,尤其是授益行政行为一旦实施之后,会形成一定的法律关系,若撤销有瑕疵的行政行为,可能会给相对人及第三人的权利利益带来损害,甚至严重损害公共利益。

因此,依职权撤销有瑕疵的行政行为,应受到如下限制:

其一,必须进行利益衡量,即必须衡量比较撤销有瑕疵的行政行为与因撤销而蒙受损害的相对人的权利利益保护的必要性的轻重,只有撤销所获得的利益更大时,才能撤销;其二,原则上,授益行政行为的职权撤销效果不溯及既往,只面向将来否定行政行为的效力;其三,依职权撤销给相对人的合法权益造成损害时,受害人可以提出补偿请求;其四,行政行为是复效行政行为,其内容对相对人是授益性的,而对第三人是侵益性的情况下,应当在考虑第三者的信赖利益的基础上,考虑撤销权是否应该行使;其五,撤销权者在相当长时期不行使

---

① 参见我国《行政诉讼法》第70条。
② 参见《行政诉讼法解释》第58条。

撤销权,其结果使得相对人产生信赖,以为撤销权不再会被行使,相对方基于该信赖而采取了某种准备活动或者行为的情况下,该撤销权不得再行使。①

三、有瑕疵行政行为的补正和转换

行政行为自成立之初便存在瑕疵,如果从行政经济和法的安定性的角度考虑,与其予以撤销而后作出同样的行政行为,不如维持原行政行为的效力。基于这种考虑,便出现了有瑕疵行政行为的补正和转换这样的行政法技术。

有瑕疵行政行为的补正,是指行政行为作出后,进行追加、补充其所欠缺的要件,从而消除其成立时存在的程序及形式方面的轻微瑕疵,实现瑕疵的治愈,从而成为一个合法的行政行为。例如行政行为应附理由说明而未附,补充理由说明即属于有瑕疵行政行为的补正。

有瑕疵行政行为的转换,是指某种行政行为在成立时存在瑕疵,但是,作为另外一个行政行为来看,却满足了合法的要件,便将该行政行为视为另外一个行政行为来维持其效力。例如,以死者为相对人的土地征收行为,其继承人收到时,将其继承人视为相对人,从而维持原土地征收行为的效力。

不过,有瑕疵行政行为的补正和转换制度,如果一般性地予以承认,将难免导致行政便宜的泛滥,有违依法行政和程序公正的原理。因此,应该只有在例外的情况下才能允许有瑕疵行政行为的补正和转换。一般来说,当行政行为的瑕疵属于程序及形式方面的轻微瑕疵,且该程序及形式的功能只是在于促使行政机关作出正确的决定,重新履行程序对行政行为的内容不可能带来任何变化的时候,才可以承认有瑕疵行政行为的补正和转换,以提高行政效率。②

四、行政行为的撤回

行政行为的撤回,也称为行政行为的废止,是指行政行为在成立时并无瑕疵,有权机关根据事后的情况变化,解除行政行为的效力。

面向未来解除行政行为效力的撤回,在实践中常常亦被称为"撤销",但其与行政行为的撤销具有性质上的不同。行政行为的撤回与撤销的区别在于:前者以事后的情况变化使行政行为已不适应新的形势为基础,后者以行政行为的原始瑕疵(违法或者不当)为理由;前者仅限于已经生效的行政行为只面向未来失去效力,后者则具有溯及力;前者依职权撤回的主体限于作出行政行为的行政主体,后者则可以是作出行政行为的行政主体及其上级主体。

行政行为一经作出,便因此而形成新的法律关系和法律秩序,若无限制地承认撤回自由的原则,便有破坏既成法律秩序的可能。因此,为了维护既成法律秩序,基于信赖保护的原则,必须对撤回权加以一定的限制。

其一,侵益行政行为的撤回,原则上可以自由地进行,因为这样只会给相对人带来利益,除非法律上明文地或者暗示地规定不可撤回。对于复效行政行为,由于涉及第三人的权益保护问题,要求在充分考虑各方面的利益并进行利益衡量的基础上,决定是否可以撤回。其

---

① 参见杨建顺著:《行政规制与权利保障》,中国人民大学出版社2007年版,第332—336页;〔日〕南博方著,杨建顺译:《行政法》(第六版),中国人民大学出版社2009年版,第60页。
② 参见杨建顺著:《日本行政法通论》,中国法制出版社1998年版,第401—402页。

二,对授益行政行为,原则上不允许撤回,因为这种撤回只会给相对人的权利和利益造成损害,除非法律明确规定允许撤回。其三,对附加有负担的行政行为,当受益者在一定期限内不履行附加的负担时,可以撤回。其四,因情况的变化或者法令的改变,行政行为的继续存在已不符合事实关系或者不合法,而且,不予撤回将有可能严重危害公共利益时,可以撤回。在这种情况下,受益者因撤回而蒙受的损失应予以补偿。[①]

关于行政行为撤回权的限制,在我国实定法上已经存在典型的立法例,如《行政许可法》第 8 条第 2 款规定:"行政许可所依据的法律、法规、规章修改或者废止,或者准予行政许可所依据的客观情况发生重大变化的,为了公共利益的需要,行政机关可以依法变更或者撤回已经生效的行政许可。由此给公民、法人或者其他组织造成财产损失的,行政机关应当依法给予补偿。"

[①] 参见〔日〕南博方著,杨建顺译:《行政法》(第六版),中国人民大学出版社 2009 年版,第 63 页;杨建顺著:《行政规制与权利保障》,中国人民大学出版社 2007 年版,第 337—339 页。

第十一章

保障行政实效性的制度

第一节 行政处罚

一、行政处罚的概念与特征

行政处罚,是指特定行政主体对公民、法人或者其他组织违反行政法律规范,尚未构成犯罪的违法活动进行法定制裁的行为。它包含以下特征:

(1) 行政处罚的主体是依法享有行政处罚权的行政主体。处罚权是一种公权力,主要用于惩戒违反行政管理秩序的行政管理相对人。由于行使该权力会对公民、法人或者其他组织的权利义务产生影响,因此,行政主体是否享有行政处罚权、享有何种行政处罚权以及行政处罚的适用范围等,都需要法律、法规和规章的明确授权。通常,行政处罚主体包括具有行政管理职权的行政机关和经法律、法规或者规章授权的事业组织。

(2) 行政处罚的相对人是违反了行政法律规范,并能以自己的名义承担法律责任的组织或者个人。行政处罚的对象通常是与行政处罚主体没有组织隶属关系的公民、法人或者其他组织,因此,行政处罚适用于外部行政法律关系,而非内部行政法律关系。

(3) 行政处罚的前提是公民、法人或者其他组织违反了行政法律规范,侵犯了行政管理秩序。行政处罚的制裁性使其与行政强制执行的外在表现存在诸多相似之处。由行政机关实施的行政强制执行和行政处罚行为都是对相对人具有处分性、最终性的行为,但是二者在行为目的、方式等方面有诸多不同。

(4) 行政处罚的目的是多元的。行政处罚既是为了有效地管理,维护公共利益和公共秩序,保护公民、法人或者其他组织的合法权益;也是基于教育民众、防患于未然的目的,对违反行政法律规范的行为予以惩处。

二、行政处罚的种类

我国《行政处罚法》第 8 条明确列举的行政处罚形式有 6 种,即警告,罚款,没收违法所得、没收非法财物,责令停产停业,暂扣或者吊销许可证、暂扣或者吊销执照,行政拘留。除了《行政处罚法》规定的处罚方式外,其他法律、法规还规定了其他的行政处罚方式,如《职业病防治法》中规定的"取消担任职业病诊断鉴定委员会组成人员的资格,并从省、自治区、直辖市人民政府卫生行政部门设立的专家库中予以除名"的处罚;《反不正当竞争法》中规定的"中标无效"的处罚;《广告法》规定的"消除影响"[1]等。"其他行政处罚"虽数量庞大、名目众多,但无论何种行政处罚,按照行政处罚客体的不同,都可归入申诫罚、财产罚、行为罚、人身罚四个种类中。

（一）申诫罚

申诫罚,又称名誉罚或者影响声誉罚,是指行政机关向违法者发出警诫,通过对其名誉、荣誉、信誉的影响而达到对行为人予以谴责和告诫的目的。具体形式分为:（书面）警告、训诫、通报批评、责令具结悔过等形式。例如我国《治安管理处罚法》第41条2款规定:"反复纠缠、强行讨要或者以其他滋扰他人的方式乞讨的,处五日以下拘留或者警告";《国家安全法实施细则》规定,国家安全机关对实施危害国家安全的行为,不构成犯罪的,可以处以警告、训诫或者责令具结悔过。[2]

警告和通报批评既可以适用于公民个人,也可以适用于法人或者其他组织;既可单处,也可与其他行政处罚同时适用。责令具结悔过主要适用于公民。

（二）财产罚

财产罚,是特定的行政主体对行政违法者采取的剥夺其财产的一种处罚形式。如强迫违法者交纳一定金钱或者一定数量的物品,或者是限制、剥夺其财产权益。财产罚的具体方式有:罚款、没收违法所得、没收非法财物。

1. 罚款

罚款是一种比较常用的处罚形式,是指行政主体依法强制违法相对人在一定期限内交纳一定金钱,以达到惩戒目的的一种处罚形式。因涉及相对人的财产权,罚款不能任意设定和实施。法律、法规可创设罚款方式。规章可依据上位法,对罚款内容作出具体规定。对法律、法规尚未制定的,部门规章和地方规章对违反行政管理秩序的行为,可以设定警告或者一定数量罚款的行政处罚。前者罚款的限额由国务院规定,后者罚款的限额由省、自治区、直辖市人民代表大会常务委员会规定。

为了防止行政机关权钱交易,法律规定作出罚款决定的行政机关应当与收缴罚款的机构分离,即除法定当场收缴的情形外,作出罚款决定的行政机关及其执法人员不得自行收缴罚款。除此之外,我国《行政处罚法》还规定了罚款必须全部上缴国库。

2. 没收

没收是指行政主体对违法相对人的违法所得和非法财产予以剥夺,并收归国有的一种处罚形式。违法所得是指违法行为人在从事违法行为时所获得的物质收益。非法财物是指违禁品（如冰毒、淫秽音像制品等）,或者是违法者从事违法行为时所借助的工具或物品（如违法捕捞时所用的渔具等）。如我国《消防法》第44条规定:"违反本法的规定,生产、销售未经依照产品质量法的规定确定的检验机构检验合格的消防产品的,责令停止违法行为,没收产品和违法所得,依照产品质量法的规定从重处罚",其中,不合格的消防产品是非法财物,而因生产、销售不合格消防产品获得的盈利属于违法所得。现有法律并未非严格区分违法所得与非法财物。两种处罚形式通常一并使用,除非该违法行为不以金钱盈利为目的,并且没有发生盈利,也就不存在没收违法所得的问题。

---

[1] 参见我国《广告法》第55条。
[2] 参见我国《国家安全法实施细则》第22条。

需要注意的是,在实践中没收的行政处罚容易被滥用。发生争议的理论困境在于:第一,应建立违法行为人的合法财产和违法所得划分标准。因为法律未就此进行详细规定,所以执法机关在该问题上有较大的自由裁量空间。如果从理论上区分两者的不同,应从理解罚款与没收的不同意义入手。罚款具有惩罚的意义,没收只是将被处罚人经违法行为而获得的"违法所得"取缔,让其恢复到之前的财产状态。因此,行政处罚中的没收只能适用于因违法行为而获得的、且在没收时仍存在的财产;而罚款剥夺的财产则无此限制。第二,我国对没收违法所得、非法财物的范围问题缺乏进一步的立法规范。如违法所得是否包括成本和利润,还是只包括利润不包括成本等问题,缺乏明确的规定。第三,虽然罚款和没收所得都需要上缴国库,但现有法律、法规却一直未对没收违法所得、收缴非法财物进行专门、具体的规范。现在各地关于罚没物资的管理、处理制度由各部委或者省级行政机关依照国家有关规定进行制定。如《工商行政管理机关行政处罚程序规定》授权省级工商行政管理机关依照国家有关规定制定罚没物资的管理、处理制度。但相应的制度并未细化,缺乏对实践活动的有效指导。

(三) 行为罚

行为罚,又称能力罚,是一种限制或者剥夺违法相对人特定行为能力或资格的处罚形式,是一种比较严厉的处罚方式。它通常会让违法行为人蒙受巨大损失。为了防止行政机关随意侵害相对人的合法权益,我国《行政处罚法》规定,在行政机关作出较大数额罚款、责令停产停业、吊销许可证和执照的处罚前,相对人有权申请听证。

(1) 责令停产停业。是指由行政机关实施的、通过在一段时间内剥夺从事生产经营的个人或者组织生产经营活动的权利,以达到惩戒其违法行为目的的处罚形式。它通过限制或者剥夺违法者的生产、经营等权利,暂时停止或者限制其从事生产经营活动的能力,以达到让违法行为人为自己的违法行为承担一定责任的效果,并借此机会促进违法行为人改正行为。责令停产停业期间,违法行为如果得到纠正,或者相对人履行了法定义务,经处罚机关审核批准后,生产经营者仍可以继续从事生产经营活动。法律、法规一般未规定责令停产停业期间,可由行政机关根据具体情况作出设定期限的责令停产停业决定。为了防止违法行为人不主动履行义务,法律、法规还直接授予行政机关强制执行权,促其执行。如我国《消防法》第70条规定:"当事人逾期不执行停产停业、停止使用、停止施工决定的,由作出决定的公安机关消防机构强制执行"。但"责令停产停业,对经济和社会生活影响较大的,由公安机关消防机构提出意见,并由公安机关报请本级人民政府依法决定。本级人民政府组织公安机关等部门实施"。

(2) 暂扣或者吊销许可证、执照(也包括资格证等)。持有某种许可证或者营业执照的行政相对人因不能正常或者合法地行使许可证或执照赋予的权利,实施了违法行为,行政主体对其课以扣留许可证或者直接取消某种资格的处罚形式。

"暂扣"是指一段时间内对许可证或者执照赋予相对人的资格和权利予以悬置。这意味着行政相对人的相应资格和活动能力被暂时限制。比如我国《道路交通安全法》第91条规定:"饮酒后驾驶机动车的,处暂扣6个月机动车驾驶证,并处1000元以上2000元以下罚款"。

"吊销"是指行政机关撤销违法行为人的许可证或者执照,相应地违法行为人的资格和权利被长期禁止。如果违法行为人想获得相应资格和权利,只能重新申请许可证或者执照。二者的区别在于"暂扣"的效力具有暂时性。若相对人改正其违法行为,或者将违法行为的危害性调整到合法范围内,行政机关会恢复相对人的许可证,并使相对人继续获得相应的资格和权利。而"吊销"的效力是决定性的。相对人只有在符合一定期限和特定资格的条件下,重新申请许可证或者执照后,才能获得相同的资格和权利。

（四）人身罚

人身罚,又称自由罚,是指限制或者剥夺违法行为人人身自由的行政处罚方式。人身自由权是我国《宪法》规定的公民基本权利。人身自由权受到限制或者剥夺,其他权利就难以保障。因此,我国《立法法》规定,限制人身自由的强制措施和处罚,只能由法律规定。我国《行政处罚法》规定,行政立法不得设定限制人身自由的行政处罚。而这类行为的实施机关限于公安机关(包括公安边防机关、交警)、国家安全机关等机关,其他行政主体无权实施人身罚,对公民的人身自由进行限制或者剥夺。

行政处罚中的人身罚种类有：

（1）行政拘留,又称治安拘留。一般适用于严重违反治安行政管理规范的相对人,通常在警告、罚款等处罚不足以达到惩戒目的时才适用。县、市公安局、公安分局或者相当于县一级的公安机关依法对实施行政违法行为的行政相对人,处以短期内限制或者剥夺其人身自由的制裁。行政拘留的期限为1日以上15日以下。但是对外国人作出行政拘留决定的,应由承办该案件的县级以上(含县级)公安机关决定并执行;该拘留决定应当包括外国人的姓名、性别、入境时间、护照或者其他身份证件号码,案件发生的时间、地点及有关情况,违法的主要事实,已采取的措施及其法律依据等相关内容;承办机关应当在规定期限内,将有关情况通知该外国人所属国家的驻华使馆、领馆,并通报同级人民政府外事部门。当事人要求不通知使馆、领馆的,可以不通知,但应由其本人提出书面请求。对县级以上的各级人民代表大会代表予以行政拘留的,作出处罚决定前应当经同级人民代表大会主席团或者人民代表大会常务委员会许可。

（2）驱逐出境。它是一种对违反我国行政法律规范的外国人、无国籍人(境外人员)强令其离开国境或者禁止其进入国境的处罚形式。驱逐出境的形式有：禁止入境、驱逐出境和限期出(离)境等。驱逐出境处罚可以单独适用,也可附加适用。例如对外国人处以罚款或者行政拘留,并处限期出境或者驱逐出境。对外国人需要依法作出限期出境、驱逐出境处罚的,由承办案件的公安机关逐级上报公安部或者公安部授权的省级人民政府公安机关决定,并由承办机关执行决定。

三、行政处罚的基本原则

（一）处罚法定原则

处罚法定原则是行政处罚最基本和最主要的原则。它是指行政主体行使处罚权,必须有法律依据。没有法定依据或者不遵守法定程序的,行政处罚无效。

1. 设定处罚法定

法律、行政法规、地方性法规及规章都可以设定行政处罚。限制人身自由的行政处罚只能由法律设定。行政法规可以设定除限制人身自由以外的行政处罚;对于法律已经作出的违法行为的行政处罚规定,行政法规需要作出进一步具体规定的,必须在法律规定的内容、种类和幅度的范围内规定。地方性法规可以设定除限制人身自由、吊销企业营业执照以外的行政处罚;但法律、行政法规对违法行为已经作出行政处罚规定,地方性法规需要作出具体规定的,必须在法律、行政法规规定的内容、种类和幅度的范围内规定。规章可以在法律、行政法规规定的内容、种类和幅度的范围内作出具体规定。其他规范性文件不得设定行政处罚。

2. 实施处罚主体法定

实施处罚的主体是指经法律、法规、规章规定,享有处罚权的行政机关或者法律、法规、规章授权的事业组织。除此之外,其他行政机关、组织和个人均不得行使行政处罚权。如作为协助国务院领导同志处理国务院日常工作的国务院办公厅就没有行政处罚权,不能实施行政处罚行为。

3. 实施处罚的内容、种类、程序法定

由于行政处罚行为的制裁性,极易对公民、法人或者其他组织的合法权益造成不利影响,行政机关行使处罚权应严格遵循法无明文规定不处罚的原则。凡法律、法规或者规章未规定予以行政处罚的,行政主体不能对其进行行政处罚。同时,具备处罚主体资格的机关和组织应依据法定职权,遵守法定的程序,实施行政处罚。如我国《行政处罚法》规定,违法行为的追究时限为2年。若行政主体在2年内未发现相对人的违法行为,不能再给予行政处罚。

(二) 公正、公开原则

公正处罚原则,是对处罚法定原则的补充。该原则主要体现在三个方面:其一,实施行政处罚时行政主体应做到"过罚相当"。即行政处罚必须以事实为依据,处罚应与违法行为的性质、情节及社会危害程度相当,防止罚重于过或者罚不抵过等情况。其二,平等原则的再现。在处理相同或相似的案件时,不得畸轻畸重,反复无常,否则有失公正。其三,程序上应公开、透明,避免歧视和不公正。该原则在处罚程序中的表现有:(1) 对于确有应受行政处罚的违法行为的,根据情节轻重及具体情况,作出行政处罚决定。对情节复杂或者重大违法行为给予较重的行政处罚时,行政机关的负责人应当集体讨论决定。(2) 行政处罚的调查、检查人员和行政处罚的决定人员应分离。防止调查人员因先入为主而影响了处罚的公正性。作出罚款决定的机关和收缴罚款的机构应分离。该制度防止执法人员受经济因素影响而枉法处罚。

处罚公开的原则,是保证行政处罚合法的前提条件。它包括:处罚依据公开、处罚过程公开、处罚结果公开等内容。只有在公开的前提下,相对人才能了解处罚行为,才能依法维护自己的合法权益。

(三) 处罚与教育相结合原则

实施行政处罚的目的之一是纠正违法行为。但不能通过一味加重制裁达到纠正违法行为的目的。行政处罚的制裁目的也应追求教育的效果,使违法相对人认识到行为的危害后果、严重性,才能真正减少违法行为。而只以制裁为目的的实施处罚,甚至是为追求部门利益最大化而实施处罚,不仅背离法律目的,而且会影响法律执行的效果。这样的处罚不再只是手段,而异化为制裁的目的。为了防止行政处罚的异化,处罚行为应追求制裁与教育的双重效果。不仅要制裁相对人的违法行为,还要教育相对人及其他公民、法人或者其他组织自觉守法。这就要求行政机关工作人员在实施处罚时,尽量促使违法行为人认识自身行为的违法性,通过处罚帮助其改过自省。但是,法律禁止行政主体以教育代替处罚,防止行政机关滥用以教育目的代替制裁目的的"柔性执法"。

（四）保障相对人权利原则

保障相对人权利原则是指行政处罚制度中相对人应享有陈述权、申辩权和申请救济权等权益。对行政机关所给予的行政处罚，相对人享有陈述权、申辩权；行政机关及其执法人员拒绝听取当事人的陈述、申辩的，行政处罚不能成立；但当事人放弃陈述或者申辩权利的除外。对行政处罚不服的，相对人有权依法申请行政复议或者提起行政诉讼；因违法行政处罚受到损害的，有权提出赔偿要求。实施行政处罚之后，行政机关必须告知相对人其权利救济的途径。

（五）一事不再罚原则

我国《行政处罚法》规定，对当事人的同一个违法行为，禁止给予两次以上罚款的行政处罚，即行政处罚的一事不再罚原则。该原则适用于针对同一违法行为进行处罚的情形。而同一违法行为是指以同一事实和同一依据，违反同一行政管理秩序的违法行为。该原则还解决了行政处罚不代替刑罚的问题。当违法行为构成犯罪时，行政机关必须将案件移送司法机关，依法追究刑事责任。人民法院对构成犯罪的违法行为，判处拘役或者有期徒刑时，行政机关已经给予当事人行政拘留的，应当依法折抵相应刑期；若人民法院判处罚金时，行政机关已经给予当事人罚款的，应当折抵相应罚金。另外，虽然我国《行政处罚法》只禁止了对同一个违法行为给予两次以上罚款，却并未禁止同时给予两次以上除罚款以外的其他类型处罚。所以，如果执法机关对同一个违法行为一次性处以罚款和其他类型的处罚方式，并不违反一事不再罚。但实践中，执法机关对同一违法行为先处以罚款，事后又针对同一违法行为处以其他类型的处罚，明显加重了行政处罚相对人的负担，也应视为违反一事不再罚原则。

四、行政处罚的程序

《行政处罚法》是我国第一部比较系统地规定行政程序的法律，被视为我国法治建设重大进步的标志，它规定了行政处罚的基本程序，包括行政处罚的决定程序和行政处罚的执行程序。

（一）行政处罚的决定程序

行政处罚的决定程序，是整个行政处罚程序的关键环节，是保障正确实施行政处罚的前提条件。行政机关作出行政处罚决定前必须查明事实；如果违法事实不清的，不得给予行政处罚。而且在行政处罚决定作出前，行政机关应当告知当事人作出行政处罚决定的事实、理由及依据，并告知当事人依法享有的权利。对于当事人的意见，行政机关必须充分听取，并进行复核；当事人提出的事实、理由或者证据成立的，行政机关应当采纳。行政机关不得因当事人申辩而加重处罚。然而，《行政处罚法》关于告知程序和相对人申辩、陈述的规定过于笼统，实践中也缺乏有效的监督。实务界对这些程序规定敷衍应付，背离了立法保护相对人权益的初衷。

行政处罚的决定程序包括简易程序、一般程序。而听证程序是一般程序中的可选择程序，只有在行政主体作出特定行政处罚决定、相对人申请举行听证时，才需遵循。

1. 简易程序

简易程序，也称当场处罚程序，是指行政处罚主体对于事实清楚、情节简单、后果轻微的行政违法行为，当场给予处罚的程序。情节简单和后果轻微，主要从处罚行为性质和处罚后果来判断。如违法事实确凿并有法定依据，对公民处以50元以下，对法人或者其他组织处以1000元以下罚款或者警告的行政处罚,可以当场作出行政处罚决定。法律、法规、规章对简易程序的适用条件另作规定的,适用特别法的规定。如《道路交通安全违法行为处理程序规定》(公安部令第105号)第41条规定,对违法行为人处以警告或者200元以下罚款的,可以适用简易程序。

执法人员当场作出决定时,应当向当事人出示执法身份证件,填写预定格式、编有号码的行政处罚决定书。行政处罚决定书应当当场交付当事人。行政处罚决定书应当载明当事人的违法行为、行政处罚依据、罚款数额、时间、地点以及行政机关名称,并由执法人员签名或者盖章。执行人员当场作出行政处罚决定,必须报所属行政机关备案。当事人对当场处罚决定不服的,可以依法申请行政复议或者提起行政诉讼。

2. 一般程序

一般程序,也称为普通程序,是指除法律特别规定应当适用简易程序情况以外的处罚所遵循的程序。一般程序比简易程序更严格、复杂,其步骤包括:

(1) 立案。对于属于本机关管辖范围内,并在追究时效内发现的行政违法行为或者具有重大违法嫌疑的行为,行政机关认为有调查处理必要的,应当正式立案。《行政处罚法》未对立案作出统一的明确规定,但立案是行政处罚程序的开始。符合立案条件的,主管执法人员应该填写立案审批表或者立案决定书,由行政首长批准,并指派专人承办。

(2) 调查取证。行政机关发现公民、法人或者其他组织有依法应当给予行政处罚的行为的,必须全面、客观、公正地调查,收集有关证据;必要时,依据法律、法规可以进行检查。行政机关在调查(检查)时,执法人员不得少于两人,并且应当向当事人或者有关人员出示证件。当事人或者有关人员应当如实回答询问,并协助调查或者检查,不得阻挠。询问或者检查应当制作笔录。行政机关在收集证据时,可以采取抽样取证的方法。在证据可能灭失或者以后难以取得的情况下,经行政机关负责人批准,可以先行登记保存,并应当在7日内及时作出处理决定。在此期间,当事人或者有关人员不得销毁或者转移证据。执法人员与当事人有直接利害关系的,应当回避。

(3) 决定。在案件调查终结后,行政机关负责人应当根据调查结果,作出处理意见。通常的处理结果是:对于确有应受行政处罚的违法行为,根据情节轻重及具体情况,作出行政处罚决定。情节复杂或者有重大违法行为需给予较重的行政处罚的,行政机关的负责人应当集体讨论决定。对于违法行为轻微,依法可以不予行政处罚的,不予行政处罚;违法行为是否属轻微由行政机关在法律的规定范围内裁量。如果法律有比较明确的限制性规定,则必须严格按该规定执行。对于经调查认定,违法事实不能成立的,不得给予行政处罚。为了防止行政机关滥用处罚权,对于证据不足的案件,应按无违法事实不予处罚的原则处理。如果行政机关对案件的调查给违法行为嫌疑人造成了不良影响,最后又确认违法事实并不成立时,行政机关应该通过适当方式为当事人消除影响。违法行为已构成犯罪的,移送司法机关。

(4) 说明理由并告知权利。行政机关在作出行政处罚决定之前,应当告知当事人作出行政处罚决定的事实、理由及依据;并告知当事人有获得救济的权利。告知权利的内容包括告知申请回避权、申辩权、陈述事实、提出证据权,申请行政复议、提起行政诉讼的渠道和时效等。

(5) 制作和送达处罚决定书。行政机关作出行政处罚决定,应当制作行政处罚决定书。

行政处罚决定书应当载明法定的事项。行政处罚决定书应当在宣告后当场交付当事人;当事人不在场的,行政机关应当在 7 日内依照民事诉讼法及相关行政法律规范的有关规定①,将行政处罚决定书送达当事人。行政处罚决定书一经送达,便产生一定的法律效果。当事人提起行政复议或者行政诉讼的期限,从送达之日起计算。

3. 听证程序

听证,是指行政机关以准司法程序的形式履行对当事人的告知义务,并听取当事人申辩的程序。在行政处罚程序中,行政机关在作出责令停产停业、吊销许可证或者执照、较大数额罚款等行政处罚决定之前,当事人有权要求举行听证,使处罚的事实、理由及依据在质证和辩论过程中更公正、明晰。听证程序是一般程序中的一个特殊环节,主要在相对人被科以较重处罚时才启动。

听证程序的具体规定有:

(1) 当事人要求听证的,应当在行政机关告知后 3 日内提出;

(2) 行政机关应当在听证的 7 日前通知当事人举行听证的时间、地点;

(3) 听证一般公开进行,涉及国家秘密、商业秘密或者个人隐私的除外;

(4) 听证只适用于作出责令停产停业、吊销许可证或者执照、较大数额罚款等行政处罚决定案件;法律、法规未授权相对人在其他形式处罚中有听证权利;

(5) 听证由行政机关指定的非本案调查人员主持;当事人认为主持人与本案有直接利害关系的,有权申请回避;

(6) 当事人可以亲自参加听证,也可以委托 1—2 人代理;

(7) 举行听证时,调查人员提出当事人违法的事实、证据和行政处罚建议,当事人可以进行申辩和质证;

(8) 听证应当制作笔录,笔录应当经当事人审核无误后签字或者盖章;

(9) 听证结束后,行政机关依据《行政处罚法》第 38 条作出处罚决定;

(10) 当事人不承担行政机关组织听证的费用。听证是保护相对人权益的程序性权利。相对人提出听证申请,由行政机关组织听证,相对人无需支付相关费用。

《行政处罚法》并未确立听证笔录的排他性效力,容易使通过听证形成的材料失去对行政处罚决定的约束,使听证流于形式,而无法产生实际的权利保障效果。

(二) 行政处罚的执行程序

1. 概念和基本原则

行政处罚的执行程序是为保证行政处罚决定所确定的当事人义务得以履行,由《行政处罚法》和《行政强制法》等法律规定的依法强制执行行政处罚的程序。行政处罚决定依法作出后,当事人应当在行政处罚决定的期限内予以履行,否则将引起行政强制执行。当事人对行政处罚决定不服申请行政复议或者提起行政诉讼的,行政处罚不停止执行,但法律另有规定的除外。

罚款的行政处罚坚持罚缴分离的原则,即罚款的收缴由法定的专门机构负责,作出行政处罚决定的行政机关及其执法人员不得自行收缴罚款。行政机关可以指定银行作为收受罚款的专门机构,当事人应当自收到行政处罚决定书之日起 15 日内到指定的银行缴纳罚款,

---

① 如《海关办理行政处罚案件程序规定》第 20—25 条。

银行应当收受罚款,并将罚款直接上缴国库。执法人员对当场收缴的罚款,也应当自收缴之日起 2 日内,交至行政机关;在水上当场收缴的罚款,应当自抵岸之日起 2 日内交至行政机关;行政机关应当在 2 日内将罚款缴付指定的银行。在下列情况下,执法人员也可当场收缴罚款:(1)执法人员当场作出 20 元以下罚款的;(2)不当场收缴事后难以执行的;(3)在边远、水上、交通不便地区,当事人向指定的银行缴纳罚款确有困难的,经当事人提出,亦可当场收缴罚款。

2. 行政处罚的强制执行

行政处罚相对人不履行行政处罚义务时,《行政处罚法》规定行政机关可以采用三种行政强制执行方式,促使相对人履行或者代其履行行政处罚义务:

(1)到期不缴纳罚款的,每日按罚款数额的 3% 加处滞纳金。这种措施称为执行罚,属间接强制执行手段,其目的在于迫使当事人迅速而及时地履行行政处罚决定。只要当事人履行了处罚决定所确定的义务,执行罚便停止。原则上,只要当事人不履行义务,执行罚可以一直不停止,法律也并未对滞纳金的上限作出限定。因此,实践中出了"天价滞纳金"的情况,即执行罚的金额远远高于罚款的本金。执行罚本是为促使行政处罚相对人尽快履行交纳罚款的义务,但不断加重的执行罚负担,甚至高出罚款本身,反而使行政处罚相对人更不愿意去履行义务,实际并未达到促使当事人履行义务的效果。2009 年 4 月 1 日起生效的《道路交通安全违法行为处理程序规定》就明确规定,我国交通执法领域不再允许加处罚款总额超出罚款数额情况的出现。

(2)根据法律规定,可将查封、扣押的财物拍卖或者将冻结的存款划拨抵缴罚款。采取这种措施必须有法律依据。拍卖查封、扣押的财物必须按照国家规定公开进行,或者按照国家有关规定处理;拍卖的款项必须全部上缴国库。任何行政机关或者个人不得以任何形式截留、私分或者变相私分;财政部门不得以任何形式向作出行政处罚决定的行政机关返还罚款、没收的违法所得或者返还没收非法财物的拍卖款项。没收的非法财物,除依法应当予以销毁的物品外,必须按照《拍卖法》的规定处理。

(3)申请人民法院强制执行。行政机关如在处罚决定的执行上有困难,可以申请人民法院强制执行。但当事人确有经济困难,需要延期或者分期缴纳罚款的,经当事人申请和行政机关批准,可以暂缓或者分期缴纳。

第二节 行政强制

一、行政强制概述

(一) 概念

行政强制,是行政机关为实施行政管理,对相对人的人身、行为及财产采取特定强制手段,以达到约束或者处置目的的行为。行政强制是有权行政机关最有影响力的管理手段和行为表现之一。我国有关行政强制的规定散见于法律、法规、规章之中,缺乏统一规制。2011 年 6 月 30 日,第十一届全国人民代表大会常务委员会第二十一次会议通过《行政强制法》(该法自 2012 年 1 月 1 日起施行)。自此,行政强制的设定、实施由法律来加以调整和规范。行政法领域又多了一部规范单个行政行为的法律。

行政强制包括行政强制措施与行政强制执行。

行政强制措施,是指行政机关在行政管理过程中,为制止违法行为、防止证据损毁、避免危害发生、控制危险扩大等情形,依法对公民的人身自由实施暂时性限制,或者对公民、法人或者其他组织的财物实施暂行性控制的行为。①

行政强制执行,是指行政机关或者行政机关申请人民法院,对不履行行政决定的公民、法人或者其他组织,依法强制履行义务的行为。②

(二) 相关概念比较

1. 行政强制措施与行政强制执行

行政强制措施是行政机关基于公共利益,或者基于行政任务,或者基于紧急情形,针对公民的人身自由或者公民、法人或者其他组织的财物采取的暂时性控制的行为。它与行政强制执行存在以下不同:

(1) 存在的前提不同。行政强制执行的前提是当事人处于可归责的地位,即行政强制执行必须以相对人逾期不履行已经生效的行政行为所确定的义务为前提;行政强制措施的发生并不以相对人违反了行政义务为前提,即行政强制措施是在出现紧急状态,且无法期待相对人自动履行时才采取的行为。

(2) 行为主体范围不同。行政强制执行机关不仅可以是行政机关,也可以是人民法院。而行政强制措施只能由行政主体作出,人民法院不能成为行政强制措施的主体。

(3) 适用情形不同。行政机关在行政管理过程中,为了制止违法行为、防止证据损毁、避免危害发生、控制危险扩大等而实施行政强制措施行为。一般情况下,行政强制措施与基础行为结合在一起,两种行为在时间上难以分离。行政强制执行必须以相对人逾期不履行已经生效的行政行为所确定的义务为前提实施。

(4) 程序要求不同。行政强制执行关系到行政义务的履行,因此,执行机关不仅要审查行政义务的合法性及是否存在不履行的前提,而且具体的执行程序也要求严格遵循法律规定。而行政强制措施是针对法定的、紧急的情形作出的行为,其程序的法定性要求不高,有灵活的补办性程序。如我国《行政强制法》规定,当情况紧急时,需要当场实施行政强制措施的,行政执法人员应当在24小时内向行政机关负责人报告,并补办批准手续。行政机关负责人认为不应当采取行政强制的,应当立即解除。

(5) 行为的目的不同。行政强制措施的主要目的在于维护法律、法规所确立的社会秩序和社会状态。一旦出现破坏行政管理秩序的行为,行政主体将立即采取强制措施。而行政强制执行的目的在于迫使相对人履行义务或者用代执行等方式达到与履行义务相同的状态,最终确保行政法上秩序的实现。

2. 行政强制措施与刑事强制措施

行政强制措施是为了维持社会秩序、防止违法犯罪产生、保护他人的利益,维护公共利益,而由行政机关采取的一种行政行为。刑事强制措施是国家为了保障侦查、起诉、审判活动的顺利进行,而授权刑事司法机关对犯罪嫌疑人、被告人采取的限制其一定程度人身自由的方法。我国的刑事强制措施是由《刑事诉讼法》明确授权的,主要包括拘传、取保候审、监

---

① 我国《行政强制法》第2条第2款。
② 我国《行政强制法》第2条第3款。

视居住、拘留、逮捕五种形式。这类行为虽然由公安机关作出,却属于司法性质的刑事强制行为。刑事强制措施行为与行政强制措施行为在授权法律、行为目的、行为方式等方面都存在许多不同,故被明确排除在行政诉讼受案范围之外。

3. 行政强制措施与行政措施

根据宪法和地方组织法的规定,行政措施是指县级以上各级人民政府为执行本级人民代表大会及其常务委员会的决议或者上级行政机关的决议或命令而采取的各种办法和措施的总称。① 县级以上地方人民政府根据宪法和地方组织法规定而采取的"行政措施"是指那些规范行政管理的程序、手段和方法。行政措施通常只是行政活动的一种形式,并不直接规定相对人的权利和义务;它与行政法律规范不同,不具有普遍规范性意义;与行政行为不同,通常不具有对外的法律效力。在这种意义上看,"行政措施"通常被归为行政公文或者行政规则。它与行政行为中的行政强制措施在法律效力、行为方式、行为性质等方面都存在不同。

二、行政强制的原则

(一) *法定原则*

行政强制的法定原则应包括行政强制设定权法定、实施主体法定、强制手段法定等几方面的内容。

行政强制是一种对相对人权益产生很大影响的行政行为。因此,行政强制的设定和实施应当依照法定的权限、范围、条件和程序。

根据我国《行政强制法》的规定,行政强制执行和行政强制措施由法律设定。② 法律对行政强制措施的对象、条件、种类已作出规定的,行政法规、地方性法规不得作出扩大规定。法律中未设定行政强制措施的,行政法规、地方性法规不得设定行政强制措施。③ 但是,尚未制定法律,且属于国务院行政管理职权事项的,行政法规可以设定除限制公民人身自由、冻结存款、汇款和应当由法律规定的行政强制措施以外的其他行政强制措施。尚未制定法律、行政法规,且属于地方性事务的,地方性法规可以设定查封场所、设施或者财物、扣押财物的行政强制措施。法律、法规以外的其他规范性文件不得设立行政强制措施。

行政强制措施的执行必须有法律、法规依据,在法定职权范围内依照法律规定的程序实施。如发生或者即将发生自然灾害、事故灾难、公共卫生事件或者社会安全事件等突发事件,行政机关采取应急措施或者临时措施,依照有关法律、行政法规的规定执行。④ 再比如行政机关采取金融业审慎监管措施、进出境货物强制性技术监控措施,依照有关法律、行政法规的规定执行。⑤ 而法律没有规定行政机关强制执行的,作出行政决定的行政机关应当申请人民法院强制执行。

虽然行政强制是行政管理中一种非常有效的手段,却并非任何行政主体都有权行使。行政强制措施应当由行政机关具备资格的行政执法人员实施,其他人员不得实施。行政强

---

① 我国《宪法》第89条第1项、《地方各级人民代表大会和地方各级人民政府组织法》第59条第1项。
② 我国《行政强制法》第10条第1款和第13条。
③ 我国《行政强制法》第11条第1款。
④ 我国《行政强制法》第3条第2款。
⑤ 我国《行政强制法》第3条第3款。

制执行由具有行政强制执行权的行政机关、由作出行政决定的行政机关申请的人民法院,或者受行政机关委托没有利害关系的第三人(代履行)依照法律规定实施。

(二) 适当原则

行政强制的设定和实施,应当适当。采用非强制手段可以达到行政管理目的的,不得设定和实施行政强制。[①] 行政机关及其工作人员不得利用行政强制权为单位或者个人谋取利益。实施行政强制应选择适当的方式,并且应当坚持教育与强制相结合,不得滥用行政强制。行政机关不得在夜间或者法定节假日实施行政强制执行,但是情况紧急的除外。行政机关不得对居民生活采取停止供水、供电、供燃气等方式迫使当事人履行相关行政决定。[②]

(三) 救济原则

行政强制行为的客体是相对人的人身、财产及行为。因其手段的强制性,可能会对相对人的人身、财产及行为产生影响或者损害。我国《行政强制法》规定,公民、法人或者其他组织对行政机关实施行政强制,享有陈述权、申辩权;有权依法申请行政复议或者提起行政诉讼;因行政机关违法实施行政强制受到损害的,有权依法要求赔偿。若人民法院在行政强制执行中有违法行为或者扩大强制执行范围导致损害的,公民、法人或者其他组织有权依法要求赔偿。

(四) 协助执行原则

协助执行原则是指行政强制法律关系之外的公民、法人和其他组织在自身的能力范围或者职责范围内为实现行政机关强制行为的目的而对行政强制机关提供帮助的行为。

原则上,行政强制由法律、法规规定的行政机关实施,其他任何行政机关或者组织不得实施,也不得将行政强制措施权委托给其他行政机关或者组织。但我国《行政强制法》规定,行政机关依照法律规定决定实施冻结存款、汇款的,应向金融机构交付冻结通知书。金融机构接到行政机关依法作出的冻结通知书后,应当立即予以冻结,不得拖延,不得在冻结前向当事人泄露信息。法律规定以外的行政机关或者组织要求冻结当事人存款、汇款的,金融机构应当拒绝。[③] 可见,协助执行仍是行政强制有效实施的重要前提。

行政机关并非无所不能,有时在行使行政强制手段也会遇到一些阻力或者无能为力的情形,需要借助其他组织或者个人的力量(协助执行)才能达成目的。当然,协助行政机关执行并不意味着这些协助执行的组织或者个人享有行政强制权。而且,协助执行原则不包括相对人因慑于行政行为的效力而自动履行义务的情况。因为行政强制执行之前,相对人自动履行义务,行政机关就不会采取行政强制执行行为。而实施行政强制执行时,相对人履行义务是迫于法律强制力不得不履行相应义务,而非基于协助执行的义务。

三、行政强制的形式

(一) 行政强制措施的形式

1. 限制公民人身自由

对人身自由的限制,应当由法律明文规定,并由法定的行政机关按照法律规定的程序实施。但为预防相对人作出危险行为,即使其未违反行政义务,也可采取一些强制措施限制其

---

① 我国《行政强制法》第5条。
② 我国《行政强制法》第43条。
③ 我国《行政强制法》第30条。

人身自由。为了公共安全和公共秩序,行政机关必须对个人自由进行一定程度的限制。如行政机关对精神病人、神志不清的酗酒人员或者吸毒人员采取强制管束手段。但是,这种强制措施对公民的影响应与其对社会公共安全和公共秩序的危害程度相吻合。依据法律规定,实施限制人身自由的行政强制措施应有一定期限,行政机关采取行政强制措施不得超过法定期限。如果实施行政强制措施的目的已经达到或者条件已经消失,行政机关应当立即解除对公民人身自由进行限制的强制措施。

2. 查封、扣押

行政机关为行政管理需要或者执行法定任务,可以强行进入场所,并对相关的设施进行强制检查。为了公共安全、公共卫生的需要,行政机关有权对疑似饮酒的车辆驾驶人员、进出口商品、机动车辆、仪器等物品进行强制检验、检测、检疫或者技术鉴定。强制检验、检测、检疫或者技术鉴定是典型的行政强制手段。但也有学者将这些行为归入行政检查行为。无论归属于何种行为,强制检测、检验、检疫或者技术鉴定应由法定机构实施,相关行为的费用应由行政机关承担。

行政机关在行使检查权时,若发现违法财物或者违禁物品,可对其进行查封或者扣押。查封、扣押应当由法律、法规规定的行政机关实施,其他任何行政机关或者组织不得实施。基于保护合法财产原则,查封、扣押限于涉案的场所、设施或者财物,不得查封、扣押与违法行为无关的场所、设施或者财物;不得查封、扣押公民个人及其所扶养家属的生活必需品。当事人的场所、设施或者财物已被其他国家机关依法查封的,不得重复查封。

因查封、扣押发生的保管费用由行政机关承担。对查封、扣押的场所、设施或者财物,行政机关应当妥善保管,不得使用或者损毁;造成损失的,应当承担赔偿责任。

3. 冻结存款、汇款

冻结存款、汇款应当由法律规定的行政机关实施,不得委托给其他行政机关或者组织;其他任何行政机关或者组织不得冻结存款、汇款。冻结存款、汇款的数额应当与违法行为涉及的金额相当;已被其他国家机关依法冻结的,不得重复冻结。

4. 其他的行政强制措施

法律、法规可以依据特别的需要,授权行政机关采取各种强制措施,例如我国《集会游行示威法》授权公安机关对违法聚集群众的驱散,并且可以使用警械。规章是否可以规定行政强制措施,法律并未予以明确的排除性规定。而实践中,大量的规章都在规定行政强制措施。如《国际船舶保安规则》规定:"经检查,海事管理机构有明显理由认为船舶不符合《国际海上人命安全公约》第 V、XI 章、《国际船舶和港口设施保安规则》A 部分和本规则要求的,海事管理机构可以对船舶采取进一步强制检查、责令船舶立即或者限期纠正、限制操作(包括限制在港内活动)、责令驶向指定地点、禁止进港、滞留船舶、驱逐出港等行政强制措施。"但我国《行政强制法》实施后,设定了行政强制的法律、法规之外的其他规范性文件应及时修改或者废止。

(二)行政强制执行的形式

行政强制执行的主体有两种:行政机关和人民法院。

行政机关作出的行政强制执行种类包括直接强制执行和间接强制执行。

1. 直接强制执行

直接强制是指行政机关通过直接采取强制手段处置相对人的财产或者限制相对人的行

为,以达到履行行政义务的目的。直接强制可分为对人身采取的直接强制和对财产采取的直接强制。我国《行政强制法》中规定的金钱给付义务的执行就是指针对财产采取的直接强制执行方式。这类行政强制执行的方式有:划拨存款、汇款,拍卖或者依法处理查封、扣押的场所、设施或者财物。其中,划拨存款是指将当事人在银行或者其他金融机构的存款予以冻结,并转移至新的所有权者的一种方式。拍卖是指行政机关委托拍卖机关依照《拍卖法》,将当事人的财产变价为金钱。如在法定期限内,当事人对行政机关的行为既不申请行政复议也不提起行政诉讼,经催告仍不履行的,在实施行政管理过程中已经采取查封、扣押措施的行政机关可以将查封、扣押的财物依法拍卖抵缴罚款。行政机关实施强制执行前,需要采取查封、扣押、冻结措施的,应参照《行政强制法》中关于查封、扣押、冻结的相关规定。对人身的直接强制,是对违反行政法律规范的行政相对人进行人身的限制或暂时剥夺,以期达到履行义务的状态。如我国《治安管理处罚法》规定的强制传唤、《传染病防治法》中规定的强制隔离等。

2. 间接强制执行

间接强制执行包括代履行和执行罚两种形式。

(1) 代履行。也称代执行,是指由行政机关在相对人依法负有履行排除妨碍、恢复原状等义务又逾期不履行,其后果已经或者将危害交通安全、造成环境污染或者破坏自然资源的情况下,行政机关代替相对人履行,或者委托没有利害关系的第三人代替相对人履行。① 如需要立即清除道路、河道、航道或者公共场所的遗洒物、障碍物或者污染物,当事人不能清除的,行政机关可以决定立即实施代履行;当事人不在场的,行政机关应当在事后立即通知当事人,并依法作出处理。代履行的费用按照成本合理确定,由当事人自己承担。但法律另有规定的除外。

(2) 执行罚。是一种间接执行方式,是指行政机关通过科以金钱义务而强迫相对人履行义务的方式。行政机关依法作出金钱给付义务的行政决定,当事人逾期不履行的,行政机关可以依法加处罚款或者滞纳金。加处罚款或者滞纳金的标准应当告知当事人,但是加处罚款或者滞纳金的数额不得超出金钱给付义务的数额。行政机关实施加处罚款或者滞纳金超过 30 日,经催告当事人仍不履行的,具有行政强制执行权的行政机关可以强制执行。采取这种方式必须以相对人不履行金钱给付义务为前提,因此,我国《行政强制法》中将加处罚款或者滞纳金称为金钱给付义务执行中的一种方式。

3. 申请人民法院强制执行

当事人在法定期限内不申请行政复议或者提起行政诉讼,又不履行行政决定的,没有行政强制执行权的行政机关可以自期限届满之日起 3 个月内,依法申请人民法院强制执行。《行政强制法》规定,行政机关申请人民法院强制执行前,应当催告当事人履行义务。催告书送达 10 日后当事人仍未履行义务的,行政机关可以向所在地有管辖权的人民法院申请强制执行;执行对象是不动产的,向不动产所在地有管辖权的人民法院申请强制执行。② 人民法院采取行政强制执行方式通常为直接强制,主要包括划拨、拍卖等方式。

行政机关申请人民法院强制执行,不缴纳申请费。强制执行的费用由被执行人承担。

---

① 我国《行政强制法》第 50 条。
② 我国《行政强制法》第 54 条。

人民法院以划拨、拍卖方式强制执行的,可以在划拨、拍卖后将强制执行的费用扣除。依法拍卖财物,由人民法院委托拍卖机构依照《拍卖法》的规定办理。划拨的存款、汇款以及拍卖和依法处理所得的款项应当上缴国库或者划入财政专户,不得以任何形式截留、私分或者变相私分。

四、行政强制措施的程序

（一）一般程序

实施行政强制措施的一般性程序规定有①：

（1）实施前须向行政机关负责人报告并经批准。实施行政强制措施须由行政机关负责人批准。但是,因情况紧急需要当场实施行政强制措施的,行政执法人员应当在24小时内向行政机关负责人报告。

（2）由两名以上行政执法人员实施。行政强制措施应当由两名以上具备资格的行政机关正式执法人员实施,其他人员不得实施。

（3）出示执法身份证件。即表明身份制度。行政执法时,执法人员应主动出示执法身份证件,表明身份。

（4）通知当事人到场。采取行政强制措施时,当事人应当在场,并应被告知相关事由。当事人不在场的,邀请见证人到场,由见证人和行政执法人员在现场笔录上签名或者盖章。

（5）当场告知当事人采取行政强制措施的理由、依据以及当事人依法享有的权利、救济途径;如遇特殊情况,也应及时告知当事人,并说明理由。如果当事人的违法行为涉嫌犯罪应当移送司法机关的,行政机关应当将查封、扣押、冻结的财物一并移送,并书面告知当事人。

（6）听取当事人的陈述和申辩。

（7）制作现场笔录。

（8）现场笔录由当事人和行政执法人员签名或者盖章,当事人拒绝的,在笔录中予以注明。

（9）当事人不到场的,邀请见证人到场,由见证人和行政执法人员在现场笔录上签名或者盖章。

（10）法律、法规规定的其他程序。

（二）特殊程序

1. 限制人身自由程序

依照法律规定实施限制公民人身自由的行政强制措施,除应当遵守行政强制措施的一般程序之外,行政机关还应当遵守下列规定②：

（1）当场告知或者实施行政强制措施后立即通知当事人家属实施行政强制措施的行政机关、地点和期限。

（2）在紧急情况下当场实施行政强制措施的,在返回行政机关后,立即向行政机关负责人报告并补办批准手续。

---

① 我国《行政强制法》第18条。
② 我国《行政强制法》第20条。

（3）严格遵守法定期限。实施限制人身自由的行政强制措施不得超过法定期限。实施行政强制措施的目的已经达到或者条件已经消失，应当立即解除。

（4）法律规定的其他程序。

2. 查封、扣押程序

行政机关决定实施查封、扣押的，应当履行行政强制措施的一般程序，制作并当场交付查封、扣押决定书和清单。查封、扣押清单一式二份，由当事人和行政机关分别保存。

（1）查封、扣押决定书应当载明的事项。决定书应当包括以下内容：当事人的姓名或者名称、地址；查封、扣押的理由、依据和期限；查封、扣押场所、设施或者财物的名称、数量等；申请行政复议或者提起行政诉讼的途径和期限；行政机关的名称、印章和日期。

（2）查封、扣押的期限。期限不得超过30日；情况复杂的，经行政机关负责人批准，可以延长，但是延长期限不得超过30日。法律、行政法规另有规定的除外。延长查封、扣押的决定应当及时书面告知当事人，并说明理由。

行政机关采取查封、扣押措施后，可采取如下处理方式：① 对违法事实清楚，依法应当没收的非法财物予以没收；② 法律、行政法规规定应当销毁的，依法销毁；③ 应当解除查封、扣押的，作出解除查封、扣押的决定。

（3）查封、扣押的解除。行政机关依法作出解除查封、扣押决定应符合以下任一条件：① 当事人没有违法行为；② 查封、扣押的场所、设施或者财物与违法行为无关；③ 行政机关对违法行为已经作出处理决定，不再需要查封、扣押；④ 查封、扣押期限已经届满；⑤ 其他不再需要采取查封、扣押措施的情形。

行政机关解除查封、扣押后应当立即退还财物；已将鲜活物品或者其他不易保管的财物拍卖或者变卖的，退还拍卖或者变卖所得款项。变卖价格明显低于市场价格，给当事人造成损失的，应当给予补偿。

3. 冻结程序①

冻结存款、汇款的，作出决定的行政机关应当在3日内向当事人交付冻结决定书。冻结决定书应当载明事项有：当事人的姓名或者名称、地址；冻结的理由、依据和期限；冻结的账号和数额；申请行政复议或者提起行政诉讼的途径和期限；行政机关的名称、印章和日期。

自冻结存款、汇款之日起30日内，行政机关应当作出处理决定或者作出解除冻结决定；情况复杂的，经行政机关负责人批准，可以延长，但是延长期限不得超过30日。法律另有规定的除外。延长冻结的决定应当及时书面告知当事人，并说明理由。

出现法定情形时，行政机关应当及时作出解除冻结决定。这些法定情形包括：（1）当事人没有违法行为；（2）冻结的存款、汇款与违法行为无关；（3）行政机关对违法行为已经作出处理决定，不再需要冻结；（4）冻结期限已经届满；（5）其他不再需要采取冻结措施的情形。

行政机关作出解除冻结决定的，应当及时通知金融机构和当事人。金融机构接到通知后，应当立即解除冻结。行政机关逾期未作出处理决定或者解除冻结决定的，金融机构应当自冻结期满之日起解除冻结。

---

① 我国《行政强制法》第29—33条。

五、行政强制执行程序

行政强制措施依据行政程序的一般规定执行。而行政强制执行可由行政机关执行,也可由法院执行。两者的程序规定存在一定差异。

(一)行政机关强制执行的一般程序

行政机关的行政强制执行,通常遵循以下程序:

1. 催告或者公告

行政强制执行一旦实施必然会对相对人的权益产生影响,所以,在行使强制执行行为前,行政机关应当事先催告当事人履行义务,作最后一次的督促和告知,使相对人明了相关后果。但是,对违法的建筑物、构筑物、设施等需要强制拆除的,行政机关应当予以公告,限期当事人自行拆除。当事人在法定期限内不申请行政复议或者提起行政诉讼,又不拆除的,行政机关可以依法强制拆除。

公告或者催告应当以书面形式作出。催告书应载明的事项有:履行义务的期限;履行义务的方式;涉及金钱给付的,应当有明确的金额和给付方式;当事人依法享有的陈述权和申辩权。

2. 相对人的陈述和申辩

当事人收到催告书后有权进行陈述和申辩。行政机关应当充分听取当事人的意见,对当事人提出的事实、理由和证据,应当进行记录、复核。当事人提出的事实、理由或者证据成立的,行政机关应当采纳。

3. 行政强制执行的作出

行政强制执行作出,只需具备以下两个条件中的一个即可:(1)经催告,当事人逾期仍不履行行政决定,且无正当理由的,行政机关可以作出强制执行决定;(2)在催告期间,对有证据证明当事人有转移或者隐匿财物迹象的,行政机关可以作出立即强制执行决定。

4. 作出执行决定并送达执行决定书

强制执行决定应当以书面形式作出,并载明以下事项:当事人的姓名或者名称、地址;强制执行的理由和依据;强制执行的方式和时间;申请行政复议或者提起行政诉讼的途径和期限;行政机关的名称、印章和日期。行政强制执行决定书应当直接送达当事人。当事人拒绝接收或者无法直接送达当事人的,应当依照《民事诉讼法》的有关规定送达。

5. 执行

实施行政强制执行中,行政机关可以在不损害公共利益和他人合法权益的情况下,与当事人达成执行协议。执行协议可以约定分阶段履行;当事人采取补救措施的,可以减免加处的罚款或者滞纳金。执行协议应当履行。当事人不履行执行协议的,行政机关应当恢复强制执行。行政强制执行不得在夜间或者法定节假日实施。但是,情况紧急的除外。

行政机关不得对居民生活采取停止供水、供电、供热、供燃气等方式迫使当事人履行相关行政决定。在执行中或者执行完毕后,据以执行的行政决定被撤销、变更,或者执行错误的,应当恢复原状或者退还财物;不能恢复原状或者退还财物的,依法给予赔偿。

如果发现当事人履行行政决定确有困难或者暂无履行能力的;或者第三人对执行标的主张权利,确有理由的;或者执行可能造成难以弥补的损失,且中止执行不损害公共利益的;或者行政机关认为需要中止执行的其他情形时,行政机关都应当中止行政强制执行。中止执行的情形消失后,行政机关应当恢复执行。对没有明显社会危害,当事人确无能力履行,中止执行满3年未恢复执行的,行政机关不再执行。

如果作为相对人的公民死亡,无遗产可供执行,又无义务承受人的;或者法人和其他组织终止,无财产可供执行,又无义务承受人的;或者执行标的灭失的;或者据以执行的行政决定被撤销的;或者行政机关认为需要终结执行的其他情形,行政机关应终结行政强制执行。

(二) 代履行的程序①

代履行应当遵守下列程序:

(1) 代履行前送达决定书,代履行决定书应当载明当事人的姓名或者名称、地址,代履行的理由和依据、方式和时间、标的、费用预算以及代履行人;

(2) 代履行3日前,催告当事人履行,当事人履行的,停止代履行;

(3) 代履行时,作出决定的行政机关应当派员到场监督;

(4) 代履行完毕,行政机关到场监督的工作人员、代履行人和当事人或者见证人应当在执行文书上签名或者盖章。

(三) 人民法院强制执行程序

当事人在法定期限内不申请行政复议或者提起行政诉讼,又不履行行政决定的,没有行政强制执行权的行政机关可以自期限届满之日起3个月内,申请人民法院强制执行。申请的具体程序为:

1. 催告

行政机关申请人民法院强制执行前,应当催告当事人履行义务。催告书送达10日后当事人仍未履行义务的,行政机关可以向所在地有管辖权的人民法院申请强制执行;执行对象是不动产的,向不动产所在地有管辖权的人民法院申请强制执行。

2. 申请

行政机关向人民法院申请强制执行,应当提供下列材料:强制执行申请书;行政决定书及作出决定的事实、理由和依据;当事人的意见及行政机关催告情况;申请强制执行标的情况;法律、行政法规规定的其他材料。强制执行申请书应当由行政机关负责人签名,加盖行政机关的印章,并注明日期。

3. 受理与受理异议

人民法院接到行政机关强制执行的申请,应当在5日内受理。行政机关对人民法院不予受理的裁定有异议的,可以在15日内向上一级人民法院申请复议,上一级人民法院应当自收到复议申请之日起15日内作出是否受理的裁定。

4. 裁定与裁定异议

人民法院对行政机关强制执行的申请进行书面审查,对符合申请条件的,且行政决定具备法定执行效力的,人民法院应当自受理之日起7日内作出执行裁定。

但依据我国《行政强制法》的规定,法院的审查不限于书面的形式审查;在必要时,还应在作出裁定前听取被执行人和行政机关的意见,对行政决定的事实、理由及其他证据进行调查,或进行公开的实质审查。法律规定的必要情形是指:(1) 明显缺乏事实根据的;(2) 明显缺乏法律、法规依据的;(3) 其他明显违法并损害被执行人合法权益的。

---

① 参见我国《行政强制法》第50—52条。

人民法院应当自受理之日起 30 日内作出是否执行的裁定。裁定不予执行的,应当说明理由,并在 5 日内将不予执行的裁定送达行政机关。存在下列情形之一的,人民法院可以裁定不予执行:(1) 行政机关作出的决定明显事实不清、没有法定依据或者违反法定程序的;(2) 执行违背社会公共利益的。

行政机关对人民法院不予执行的裁定有异议的,可以自收到裁定之日起 15 日内向上一级人民法院申请复议,上一级人民法院应当自收到复议申请之日起 30 日内作出是否执行的裁定。

5. 执行

法院作出强制执行的裁定,应该在 3 日内公告并送达当事人,限定当事人履行的时限。逾期不履行的,法院可以实施强制执行权。法院的公告是法院进行强制执行的先行程序。除非情况紧急,法院必须先行公告,才可进行行政强制执行。但因情况紧急,为保障公共安全,行政机关可以申请人民法院立即执行。经人民法院院长批准,人民法院应当自作出执行裁定之日起 5 日内执行。

第三节 行政调查

一、行政调查的概念和特征

(一) 行政调查概述

行政调查,是指为了实现行政目的,由行政机关或者经法律、法规授权、委托的组织依其职权,针对一定范围内的行政相对人进行的,能够影响该相对人权益的检查、了解、收集信息的活动。比如我国《反垄断法》第 39 条规定,反垄断执法机构可以依法进入被调查的经营者的营业场所或者其他有关场所进行检查;询问相关人员,要求其说明有关情况;查阅、复制被调查人员的有关单证、协议、会计账簿、业务函电、电子数据等文件、资料;查询经营者的银行账户等。

在法治社会中,行政机关作出任何决策或者决定之前,都需要首先获取充分的信息、取得相当的证据。因为拟作出行政行为的合法性取决于是否对案件事实进行了合法和深入的调查。因此,行政调查是一种非常重要的行政活动。但是,行政调查的性质却一直存在争议。

各国行政法因内部组成部分及其相互之间关系的差异,导致对行政调查的性质认定存在分歧。英美法系国家通常将行政调查视为行政机关取得信息的一种技术手段、措施,即一种辅助性的行政行为。而大陆法系国家则往往将行政调查视为行政机关为与其所联系、决定的行政行为收集信息的一种程序活动,即一种程序性的行政行为。我国学界关于行政调查性质的研究成果也颇多,但结论并不一致。本书认为,行政调查是行政管理过程中一个不可或缺的环节。它和行政立法、行政许可、行政处罚、行政强制执行等行政活动紧密相关,但行政调查并不必然依赖于哪一种行政活动,也不是与其他行政行为完全独立的一种行政行为。行政调查的具体性质应根据具体情形来确定,可以是行政调查手段,也可以是行政调查行为。根据不同的法律规范,行政调查也可以运用于内部行政法律关系中。如我国《行政监察法》第 20 条授权监察机关调查违反行政纪律的行为。行政调查还有可能作为独立的行政行为,如我国《知识产权海关保护条例》第 20 条规定,知识产权权利人请求海关扣留侵权嫌疑货物的,海关应当自扣留之日起 30 个工作日内对被扣留的侵权嫌疑货物是否侵犯知识产权进行调查、认定。该行政调查的结果可能会引起行政处分、行政处罚,也可能引起行政奖励、行政许可,也可能不引起任何其他行政活动。①

(二) 行政调查与相关概念比较

1. 行政调查与行政检查

1999 年出版的高等政法院校规划教材《行政法学》(修订本)中,提出监督行政主要是指用于督察行政主体及国家公务员是否合法、合理行使职权的一种内部行为,并将检查和调查视为行政机关内部上级对下级常用的两种监督手段。许多学者依据我国《行政处罚法》第 37 条第 1 款的规定,也认定行政检查与行政调查是两个不同的行为②,都是了解、收集信息的手段。

本书认为:行政调查是行政机关的一种活动方式。这种行政活动可以是外部的,也可以是内部的。而行政调查与行政检查的区分并非十分明晰。比如有学者提出调查着重于收集证据,而且调查实际上是先于其他行政行为的一种行为;而检查的主要目的是为了发现问题,找到解决办法,通常发生于行政行为之中或者之后。③ 但是,仔细分析不难看出,检查也有收集证据的功能。如我国《行政处罚法》第 36 条规定④,行政机关发现公民、法人或者其他组织有依法应当给予行政处罚的行为的,依照法律、法规的规定进行检查,应当视为收集证据,为之后的行政处罚做准备。同理,《海关法》第 6 条规定,海关可以检查进出境运输工具,查验进出境货物、物品;对违反本法或者其他有关法律、行政法规的,可以扣留。由此可见,"收集证据"这一特征不能从根本上区分行政调查与行政检查的不同。还有学者指出,行政检查还具有对被检查人是否守法的情况进行评价的功能,行政调查没有该功能。我们认为,根据《道路交通事故处理程序规定》第 30 条的规定⑤,行政调查也具有判断和评价功能。

从现有的立法例中,我国立法者通常将行政检查放在行政调查的内容之内,将其当成行政调查的一种手段来看待。⑥ 而在行政实践活动中,行政调查和行政检查并未被严格区分,两者的区别只具有局部意义。本书认为,从学理上看行政调查的外延大于行政检查,可以涵盖行政检查的定义,也可视两者为上下位的包含概念,行政调查可作为上位概念,行政检查可作为调查的一种方法或者手段。行政检查与询问、查阅与复制相关资料、鉴定方式等范畴一同被归入行政调查。

2. 行政调查与行政强制措施

多数行政法与行政诉讼法教材将行政调查直接视为行政强制措施的手段。⑦ 行政强制

---

① 参见杨建顺著:《日本行政法通论》,中国法制出版社 1998 年版,第 501—502 页。
② 杨海坤、郝益山著:《关于行政调查的讨论》,载《行政法学研究》2000 年第 2 期,第 72 页。
③ 王连昌主编:《行政法学》,中国政法大学出版社 1999 年版,第 312 页。
④ 我国《行政处罚法》第 36 条规定:"除本法第三十三条规定的可以当场作出的行政处罚外,行政机关发现公民、法人或者其他组织有依法应当给予行政处罚的行为的,必须全面、客观、公正地调查,收集有关证据;必要时,依照法律、法规的规定,可以进行检查。"
⑤ 我国《道路交通事故处理程序规定》第 30 条规定:"公安机关交通管理部门经过现场调查认为不属于道路交通事故的,应当书面通知当事人,并将案件移送有关部门或者告知当事人处理途径。公安机关交通管理部门在调查过程中,发现当事人有交通肇事犯罪嫌疑的,应当按照《公安机关办理刑事案件程序规定》立案侦查。发现当事人有其他违法犯罪嫌疑的,应当及时移送有关部门,移送不影响事故的调查和处理。"
⑥ 也有例外,但数量上不占优势。
⑦ 胡建淼著:《行政法学》(第 2 版),法律出版社 2003 年版,第 330 页。

检查措施是指行政机关为查清事实,依职权对有关公民采取的传唤、留置盘问和对相关场所、行驶车辆进行强制性检查等措施。行政强制检查措施不以相对人违法为前提,通常适用于事实尚不清楚的场合。但是,我国《行政强制法》并未明确行政强制检查是一种行政强制措施的种类。

仔细考察我国现有法律规定,行政调查与行政强制检查措施在行使方式、强制力等方面确有诸多重合之处。但是,两种行为的目的、行使状况和前提等方面还是存在较大的差异。行政强制检查措施是针对危急情况或者日常执法情况而采取的手段,其行为带有即时性、强制性等特点;而行政调查是行政机关收集情报和证据的行为,因此可能会使用强制手段,也可能不使用强制手段。

3. 行政调查与刑事调查

公安机关对行政案件和刑事案件都有调查权。根据宪政原则,调查权是由宪法授权给司法机关的。随着社会发展,行政管理活动更加复杂化、专业化,才使在司法实践中广泛使用的调查权也出现在行政领域。根据职权法定原则,行政机关的调查权必须严格依据法律,根据我国《公安机关办理行政案件程序规定》和《刑事诉讼法》等法律法规的规定,行政调查与刑事调查在目的、手段和程序等方面有较大差异:

(1) 目的不同。刑事调查的目的是为了追究刑事责任而收集证据。行政调查的目的是为了公安机关依照法律、法规和规章的规定对违法行为人作出行政处罚,以及强制戒毒、收容教育等强制措施的决定而进行的证据收集。一般情况下,行政调查过程中发现有违法犯罪的情况,会通知司法机关介入进行刑事调查。

(2) 方式不同。刑事调查的方式与行政调查的方式有所不同。《公安机关办理行政案件程序规定》中单列"调查"一章,规定行政案件的调查方式有当场盘问、勘验和检查、鉴定和检测、抽样取证、先行登记保存证据与扣押证据等。另外,"报告""登记"也是行政调查方式。"报告"是指在与治安行政管理密切相关的旅馆、典当、废旧金属回收等特种行业中,针对一些特定情由,如危险物品泄漏事故、火灾等治安灾害事故,负有义务的人员应当立即向公安机关反映情况。"登记"是指行政相对人按法律、法规、规章或者公安机关的要求填写有关表格,在公安机关进行登记或者是将相关的资料信息报送公安机关及保留相关的资料信息以备公安机关有需要时查验。而刑事调查方式不仅仅包括刑事侦查阶段的调查方式,还包括在庭审过程中的证据调查方式。对证据有疑问时,还可以进行庭外调查核实,采取勘验、检查、扣押、鉴定、查询和冻结措施。而《人民警察法》中规定的盘查则既可以是行政调查方式也可以是刑事调查方式,决定其性质的关键在于采取这种手段的法律授权规定、活动目的和结果。

(3) 程序严格程度不同。行政调查有多种分类,一般认为强制抽查和间接调查需要法律依据,并遵循法定程序;而任意调查、一般调查,是否必须严格遵循程序,还是待研究的课题。而刑事调查必须严格遵循《刑事诉讼法》及相关法律的程序规定。

(4) 引发的后续法律责任不同。行政调查是为作出进一步的行政行为而收集证据;刑事调查是为追究犯罪,打击犯罪而进行的证据收集工作。

(三) 行政调查的种类

(1) 根据目的的不同,行政调查可分为一般调查和特定调查。特定调查,是指行政主体为了特定的行政行为而进行的调查。一般调查,是指行政主体为了行政管理的一般目的而进行的调查。

（2）根据调查发生的时间和频率，行政调查可分为经常性调查、临时调查和突发调查。如我国《食品安全法》第106条规定了突发调查。"发生食品安全事故，设区的市级以上人民政府食品药品监督管理部门应当立即会同有关部门进行事故责任调查，督促有关部门履行职责，向本级人民政府和上一级人民政府食品药品监督管理部门提出事故责任调查处理报告。"

（3）根据调查是否伴随着强制力，行政调查可分为任意调查、强制调查和间接强制调查。任意调查是指在取得相对方协助的基础上进行的调查，一般不动用强制力。强制调查是指在调查面临相对方的抵抗时，行政机关采取强制力来达成调查的目的。间接强制调查，是指行政机关通过设置相应罚则或者其他行政强制措施来达成调查的目的。①

二、行政调查的限制

我国并没有关于行政调查的专门法。但行政法律、法规、规章中经常出现行政调查（检查）的规定。行政调查是为了履行特定行政管理职责，相对人必须服从，否则行政机关可采取强制性行政调查手段实施行政调查行为。行政调查会对相对人的权益造成限制或者影响。因此，行政调查应依法进行，并受到严格的限制。

（一）依法调查

行政调查应该获得法律的授权，并且由法律、法规规定其目的、原则与权责。如我国《产品质量法》第15条规定，"监督抽查工作由国务院产品质量监督部门规划和组织。县级以上地方产品质量监督部门在本行政区域内也可以组织监督抽查"。

虽然依法调查是一项基本原则，但行政机关基于管理职责享有不同方式的行政调查权。而强制性行政调查权必须由法律、法规授权。行政机关可以依法将调查权委任给其下级机关或者其他组织行使。但行政调查中使用如监视、搜查、监听、开拆信件等强制手段时，法律只授权特定行政机关享有强制权，除非将该调查委托给法律规定的有权机关，否则应禁止该行政调查被委托。

（二）行政调查理由必须充足，不能无故加重相对人的负担

调查必须有足够具体的理由，不得无理地加重相对人的负担。如我国《产品质量法》第15条规定，国家对可能危及人体健康和人身、财产安全的产品，影响国计民生的重要工业产品以及消费者、有关组织反映有质量问题的产品进行抽查。而"抽查的样品应当在市场上或者企业成品仓库内的待销产品中随机抽取"；"国家监督抽查的产品，地方不得另行重复抽查；上级监督抽查的产品，下级不得另行重复抽查"；"根据监督抽查的需要，可以对产品进行检验。检验抽取样品的数量不得超过检验的合理需要，并不得向被检查人收取检验费用。监督抽查所需检验费用按照国务院规定列支"。

（三）行政调查只是执行公务，不应成为特权行为

行政调查是依法执行公务的行为。行政调查时应尊重公民基本权利，也应防止因调查行为侵犯公民、法人或者其他组织的隐私或者商业秘密。行政调查结果的资料，不得用于法律规定之外的其他目的，例如不得用于犯罪调查。另外，行政机关在行使调查权时，不得强

---

① 以上分类参照了日本行政法中行政调查的种类。杨建顺著：《日本行政法通论》，中国法制出版社1998年版，第503页。

迫任何行政相对人证明自己的犯罪行为,即行政相对人可以拒绝回答可能显示其有罪的问题,拒绝提供在一连串的证据中不利于自己的关联因素。

三、行政调查的程序

行政调查程序应该由法律进行一般性规定。

(一) 一般调查程序

调查人员不应少于2名,并且应向相对人表明身份、说明理由。必要时可进行听证。行政调查主要采取职权法定主义原则和言词审理制度。行政调查应形成调查文书,并请被调查人签字。行政调查应严格遵循法定时限,防止调查扰民。

(二) 进入住所调查程序

需要对公民住所进行调查的,应事先取得有权机关签署的法律文件。如我国《公安机关办理行政案件程序规定》规定,检查公民住所必须持有县级以上公安机关开具的检查证。但是,安全检查不需要开具检查证。有证据表明或者有群众报警公民住所内正在发生危害公共安全或者公民人身安全的案(事)件,或者违法存放危险物质,不采取立即检查可能对公共安全或者公民人身、财产安全造成重大危害的,人民警察经出示工作证件,可以立即检查。①

(三) 告知的义务和信息获取的权利

行政机关有权获取与行政管理相关的信息、资料、文档,也应及时告知相对人调查所需信息的范围、获取这些信息的用途及返还期限,相关调查人员应配合行政机关的调查活动。若该信息涉及个人隐私、商业秘密时,行政机关应承担保密义务。

第四节　行政法上的其他制裁手段

我国法律规范中较少出现行政制裁的称谓。② 有些法律规范直接将行政制裁与行政处罚等同。③ 行政处罚、行政强制的确可归为行政制裁行为。但行政管理实践中,也确实存在除行政处罚、行政强制措施之外的其他行政制裁方式。

我国关于其他行政制裁的研究成果也不太多。一般认为,行政制裁是行政机关为了达到行政管理目的,依法要求公民、法人或者其他组织履行一定行政法上的义务,若相对人不服从对其科以的行政法上的义务或者不履行其在行政法上的义务,直接给公共利益带来损害时,行政机关依法给予的除行政处罚、行政强制以外的制裁。

一、公布违法事实

(一) 公布违法事实概述

公布违法事实是行政相对人不遵守公共管理秩序,行政机关采取公布相对人违法事实

---

① 《公安机关办理行政案件程序》第68条。
② 如国家工商行政管理局《关于实施〈消费者权益保护法〉的若干意见》中,提出"对经营者侵害消费者权益的违法行为,应依法予以行政制裁";《江苏省土地监察工作暂行规定》,将"土地监察"视为"土地管理部门为了实现其行政管理职能依法按照一定的程序和方式对一切机关、团体、单位和个人遵守土地管理法律、法规的情况进行监督检查和对违法者实施行政制裁的活动"。
③ 如《重庆市林业行政处罚条例》(2001年修订)、《技术监督行政案件现场处罚规定》(1996年9月18日国家技术监督局令第47号修正发布)。

的方式,以达到制裁相对人的目的。公布违法事实不仅仅包括公开违法事实及违法惩处的结果,也可以包括公布违法者的姓名、照片等。公布这些信息可以给违法行为人以精神或者心理的压力,并对行为人的名誉造成损害,从而达到制裁的目的。行政行为要遵循公开原则。特别是制裁行为都要以告知相对人为前提。但是,违法事实的公示、公开,不是制裁之前对相对人的告知,而是以制裁为目的的告知。它不是一般性的信息公开,而是带有惩罚目的的具体制裁手段。当然,公布违法事实多与其他制裁行为一同使用。比如在科以罚款等处罚时,增加更为严厉的公布违法事实的制裁。如我国《产品质量法》第17条规定,实施监督抽查的产品质量监督部门监督抽查的产品质量不合格的,需责令其生产者、销售者限期改正。逾期不改正的,由省级以上人民政府产品质量监督部门予以公告;公告后经复查仍不合格的,责令停业,限期整顿;整顿期满后经复查产品质量仍不合格的,吊销营业执照。

公布违法事实与行政处罚的申诫罚不同,公布违法事实除对违法行为人产生精神上的压力外,还可能会对相对人的物质利益等方面产生负面影响。而这种负面影响与直接加处财产罚虽有所不同,但对相对人造成的损害可能是难以估量的。如,"国家出入境检验检疫部门应当建立进出口食品的进口商、出口商和出口食品生产企业的信誉记录,并予以公布。对有不良记录的进口商、出口商和出口食品生产企业,应当加强对其进出口食品的检验检疫"。① 对食品类企业而言,商誉虽然看不见摸不着,又无法入账记录其金额,但实际上包括了企业各种未入账的无形资源。商誉受损,很难估算由此带来的企业形象、顾客好感以及劳资关系等受到的损害。而行政处罚中的财产罚的后果是比较容易确定的。如罚款明确了罚款金额,违法相对人的损失是可计算、可控制、可预知的。但公布违法事实所产生的后果比较难于估算。因此,公布违法事实一般适用于与公众利益紧密关联、公众依赖的行业或者领域,如医疗、食品药品、环境、产品质量、证券等领域;且是针对严重扰乱公共管理秩序的行为而给予的较为严重的制裁。如我国《食品安全法》第13条规定:"国务院卫生行政部门负责组织食品安全风险评估工作,成立由医学、农业、食品、营养等方面的专家组成的食品安全风险评估专家委员会进行食品安全风险评估。"《重庆市医疗机构管理条例》第53条规定:"市、区县(自治县)卫生计生主管部门应当建立医疗机构不良执业行为记分制度,对医疗机构的不良执业行为进行记录和评分,定期向社会公布医疗机构记录、评分和处理结果。医疗机构不良执业行为记分情况应当作为医疗机构校验的依据。"通过公布不良医疗机构记录、评份和处理结果,能达到整顿医疗服务市场、为公众就医提供指引信息的效果。

(二) 公布违法事实的原则

1. 依法行政原则

有制裁后果的公布违法事实不是一种事实行为,而是一种行政行为。行政机关运用该种手段时应严格遵循依法行政原则。2009年11月南京交通管理部门通过媒体曝光首批106人次的醉酒驾车者的信息。虽然该种曝光可以使醉驾者受到震撼,以后不敢再有类似行为,同时给其他司机以警示,但该行为于法无据,违反了依法行政原则。②

2. 明确性原则

公布违法事实将对公民、法人或者其他组织的权益造成重大影响。因此,行使公布违法

---

① 参见我国《食品安全法》第100条第2款。
② 参见杜文戈:《媒体曝光醉驾者是"二次处罚"》,载《检察日报》2009年11月11日第6版法辩栏目。

事实制裁,必须基于法律的明确授权。无法律明确授权,不能任意使用公布方式。需要注意作为事实行为的政府信息公开行为与作为制裁行为的公布违法事实行为二者存在区别。执法机关适用公布违法事实行为作为制裁手段时,一定要在证据确凿的情况下才能行使。另外,公布的违法事实、姓名、照片等一定要准确、清晰,禁止使用含糊用语。如公布中出现错误,行政机关应对受损害者承担补偿或者赔偿的责任。

3. 便宜原则

对于一些违法行为,应处以公布制裁,但基于特定的理由和事实,行政机关有权放弃行使公布的制裁方式或者采用其他制裁方式。这种执法时的便宜,主要是基于执法机关对违法行为的后果、情节等方面综合考量后,认为该违法行为对于行政管理秩序的危害较小,或者危害的发生有特定原因和背景,或者危害已经消失且公布会造成更大社会危害,采取公布制裁的方式已经没有必要时,可以依该原则进行执法。虽然该原则与法治原则有冲突,但符合秩序罚的目的。秩序罚主要用于防止行为人对行政管理秩序的破坏,不能因秩序罚加剧了行政管理秩序的混乱。

(三) 公布违法事实的效力

公布违法事实的制裁应受时效的限制。公布违法事实属于行政处罚的一种,故没有取得时效存在的余地,只有消灭时效。① 公布违法行为的制裁行为是行政制裁行为的一种,其对公民、法人或者其他组织的权益会造成重大影响,但行政机关若未在一定期间内追究违法行为,就不应再适用公布制裁行为。在我国,《行政处罚法》规定的"追诉时效"为 2 年,《治安管理处罚法》规定的"追诉时效"为 6 个月。如何规范公布制裁的追究时效,我国法律尚无规定。

公布制裁权的效力应根据不同违法事实和情节来确定。当公布违法事实的制裁不仅是为了行政制裁之目的,还要达到行政强制目的时,在行政机关采取进一步的制裁手段后,应当取消公布制裁。例如,我国 2010 年修订的《价格违法行为行政处罚规定》第 22 条规定:"任何单位和个人有本规定所列价格违法行为,情节严重,拒不改正的,政府价格主管部门除依照本规定给予处罚外,可以公告其价格违法行为,直至其改正"。该规章就未对公告制裁的时效作明确的规定。而《价格主管部门公告价格违法行为的规定》则规定,经营者改正其价格违法行为的,应当告知价格部门;价格主管部门应当对改正情况进行审查,确已改正的,停止公告;没有改正的,继续公告,直至改正为止。②

(四) 公布违法事实的程序

2002 年 10 月 1 日公布的《价格主管部门公告价格违法行为的规定》中对公布违法事实的程序作了一些规定:(1) 公告地点为经营者营业场地的公告栏、通道、窗口、柜台、摊位等显著位置;(2) 公告价格违法行为采取的方式是张贴公告书、在营业场地广播等方式;(3) 公告的内容应包括:经营者的姓名或者名称、地址、价格违法事实、价格行政处罚决定、经营者拒不改正的事实、经营者改正后告知价格主管部门的义务、作出公告的价格主管部门的名称和日期,公告书还必须盖有作出公告的价格主管部门的印章或者价格监督检查专用章;(4) 公告决定应当由价格主管部门案件审理委员会集体讨论决定。③

---

① 参见翁岳生编:《行政法》(下册),中国法制出版社 2002 年版,第 887 页(洪家殷执笔"行政制裁")。
② 《价格主管部门公告价格违法行为的规定》第 7 条。
③ 《价格主管部门公告价格违法行为的规定》第 3 条至第 6 条。

二、网络电话自动追呼

长期以来,人们利用城市街头的公共建筑物,随意地张贴、散发、喷涂小广告,达到谋利的目的。这种城市"牛皮癣"影响城市形象,对公物造成损害,增加了行政机关维护公物的成本,成为我国城市管理的"老大难"问题。我国于2003年开始在城市管理领域采用网络电话自动追呼系统(俗称"呼死你"系统)对城市"牛皮癣"行为进行治理。即利用通讯费用低廉的网络电话作为呼叫平台,采用国际先进网络电话通讯技术,方便地设置追呼任何一部、任何区域的固定电话及手机号码。该系统通过不断对小广告张贴者张贴的电话进行呼叫,达到制裁的目的。呼叫的内容主要是告知违反了有关城市管理法律规定的广告张贴者,限期去城管执法机关接受调查处理。违法行为人即便不接听电话,其电话也因呼叫而被占线,阻止了行为人利用张贴的电话来谋利的企图。宁夏银川、江苏南京、浙江杭州、广东深圳、北京等城市的城管执法机关使用过这种制裁手段,治理效果也较好。

作为一种制裁的手段,我国现有法律未对"呼死你"进行规定。有学者指出,依据法治原则,行政机关尚未获得法律授权,行使该制裁方式违法;并且认为行政机关是以恶对恶,利用优势地位对相对人作出不人道的侵权行为。[①]而在民事领域,"法无禁止皆自由",何况经过各地城管机关的"宣传",一般民众也纷纷去购买该系统,用于个人目的。学者担心这种软件如果不能被正当使用,会侵扰他人的通信自由权。本书认为,行政制裁的目的就在于维持行政管理秩序。"呼死你"系统在公法领域的正当使用与私法领域的正当使用是两个层次的问题。在政府管制的通信领域,"呼死你"这类系统的研发、生产、销售应由通信管制机关运用特许、审查等方式进行严格管制;审查软件的使用者资格及使用用途,禁止软件在市场自由流通。而关于行政机关采取这种方式是否适当,除应考虑制裁于法有据之外,还应重视这种手段的公正性,即过罚是否相当的问题。"呼死你"是对相对人权益造成影响的负担性行为,的确应依法行使。因此,这类制裁行为应严格遵守法治原则,当务之急是在公开的立法程序中讨论该手段的正当性问题。另外,城管机关基于管理需要作出该行为后,是否会造成"不人道"侵权的问题,也还需作深入的个案分析研究。

---

① 不人道,是指"呼死你"的限制功能,如遇人员伤亡等意外情况,电话连拨打110、120、119电话都受到阻碍的情况。

第十二章

保障行政科学民主性的制度

第一节 行政计划

一、行政计划的概念和特征

行政计划,也称行政规划,是指行政主体在实施各项行政管理职能和公共事业活动之前,综合地计划有关行政目标,设定规划和蓝图,制定进一步实现该综合性目标所必须具备的各项行政手段的行为总称。[①] 在很长一段时间里,因为忌惮计划对自由市场经济的冲击,西方国家避讳谈及公共计划或者行政计划。20世纪70年代后,人们发现在国家的各个层次和领域都出现了以不同方式呈现的行政计划,才开始正视行政计划和计划行政。面对复杂的、流动性的行政需要,单独实施个别的行政活动,可能会与其他行政活动之间产生摩擦或者冲突。为了减少和克服这种冲突,行政机关可以通过事先设定一定的目标,将社会生活引导到一定的方向上,以减少随意选择及其不确定性带来的摩擦。行政计划的必要性就在于可满足为实施各种活动提供适当的行政目的。行政计划化已然成为当代社会不可避免的现象。计划行政已经成为现代行政的一大特点。

行政计划通常具有以下的特点:

第一,行政计划的主体是行政主体。立法机关以立法的形式通过的关于某一领域事务的"计划"或者"规划"不是行政计划,如全国人民代表大会及其常委会编制五年立法规划不是行政计划,而湖南省人民政府进行的2009年立法计划编制,则属于行政计划。

第二,行政计划的目的是实现特定的行政目标。如加快城市的公共设施建设、促进经济的发展或者良性转型、推动城市布局的合理化、促进乡镇城市化改革等。

第三,行政计划具有政策性。行政计划需要行政机关对规划事项的未来做某种预测,再结合实际情况,作出行政政策性决定。在这层意义上,行政计划带有强烈政策性特点。

第四,行政计划是一种特殊的行政行为。行政计划通常是先于其他行为适用和实施的,它具有行政立法及准立法的一些特点。但行政计划并不是行政立法。行政立法中应具备一般性创设命题(条件)的要件,才能达到规范行为的目的。行政计划则是以具体的现实情况为基础,在对现状正确认识的基础上,考虑到可以动员、利用的行政及财政上的能力,设定一

[①] 参见杨建顺著:《日本行政法通论》,中国法制出版社1998年版,第562页;杨建顺著:《以法治思维完善计划行政》,载《检察日报》2015年10月14日第7版"建顺微思"。

定目标和年限。行政计划是对现实工作进程的细化或是设定的工作努力方向,只要努力通常可以达到具体行政目标的活动。

二、行政计划的种类

行政计划作为一种重要的行政手段,运用范围非常广泛。行政法理上可以将明确有法律授权的,并得到长期公认的,且具有法律约束力的计划初步分为以下几类。

(一) 具有普遍约束力的计划

(1) 禁止性计划,又称为阻止性计划,用来禁止违反计划的行为,而不是积极提倡一定的行为。如《三峡库区及其上游水污染防治规划(修订本)》(2008年1月)提出严格控制工业污染之总体目标。[①] 围绕这个总目标,具体措施不仅包括按期淘汰不符合国家产业政策的水污染严重企业和落后的生产能力、工艺、设备与产品等行为,也包括对区域内的造纸、化工、酿造、制药等行业进行产业优化升级,依法实行强制清洁生产审核等行为。这些行为中的积极行为是为了达到禁止违背目的的效果,而有些禁止行为是为了积极达到总目标。因此,这类计划也可称为积极性计划,它的特征主要是通过计划来调整传统的行为模式,防止特定行为对特定目标的侵害。

(2) 命令性计划,又称为创设性计划,一般用于规定国家应从事一定的行为。创设性计划具有开拓性,多是关于未来行动方向或者空白领域发展方向的规划。如根据《全国民用机场布局规划》,到2020年,我国民航运输机场总数将达到244个,并形成北方、华东、中南、西南、西北五大区域机场群的格局。因此,该计划是要求国家加快机场及相关设施的建设。又如国务院转发卫生部、发展改革委、财政部制定的《全国重点地方病防治规划(2004—2010年)(2004年9月)》提出的总目标是"到2010年,全国95%以上的县(市)要实现消除碘缺乏病目标,地方性氟中毒、地方性砷中毒、大骨节病等重点地方病的发病水平要显著降低"。该规划还从预防控制措施、治疗措施、保障措施、考核评估等方面设定了政府部门行动的具体方针和目标。

(二) 具有内部约束力的计划

具有内部约束力的计划,通常是各行业、各职能部门内部运用规划手段,对本行业、本职能领域的事项进行安排和部署的行为。这类的计划通常按行政体制的层级和行政职能的类别来划分。

(1) 不同层次的计划。如国家或者省级科技发展规划和高技术产业发展规划以及根据《土地利用总体规划编制审查办法》由各级人民政府组织依法编制的土地利用总体规划。

(2) 不同区域或者专业的计划。如水资源规划是为了开发、节约、保护水资源和防治水害,应当按照流域、区域统一制定的规划。按专业不同,它可分为防洪、治涝、灌溉、航运、供水、水力发电、竹木流放、渔业、水资源保护、水土保持、防沙治沙、节约用水等规划。

(3) 预算案。预算是以提供政府于一定期间完成任务所需经费为目的的计划行为。预算的编制及执行是以财务管理为基础,遵守总体经济收支平衡的原则。我国为了强化预算的分配和监督职能,健全国家对预算的管理,加强国家宏观调控,保障经济和社会的健康发

[①] 《三峡库区及其上游水污染防治规划(修订本)》由国务院同意,国家环境保护总局和国家发展和改革委员会发布。

展,实行一级政府一级预算制度。即设立中央、省、自治区、直辖市、设区的市、自治州、县、自治县、不设区的市、市辖区、乡、民族乡、镇五级预算制度。这里所指的政府预算与国家预算不同。各级政府预算是指政府在一定时期货币支出的计划或者估算。各级政府预算应当在本级人民代表大会举行的一个月前提交,预算年度为本年度公历1月1日起至12月31日止。

（三）影响性计划

影响性计划既不带有禁止性又不带有强制性,通过现状剖析、科学研究、政策解释等手段,助推某经济领域或者经济分支向良性方面发展。如农业部发布的《特色农产品区域布局规划(2006—2015)》,就在于引导特色农产品向最适宜区集中,促进农业区域专业分工,深化农业结构战略性调整,加快形成科学合理的农业生产力布局。

（四）信息性质或者远景规划

该规划行为通常不产生约束力,但应可促成一定的预测。

(1) 中长期计划。如《国家中长期教育改革和发展规划纲要》《重庆市涪陵区职业教育发展规划》(2007—2011)等。

(2) "改革行动"的预期期限。如国务院于2004年3月制定《全面推进依法行政实施纲要》提出,"经过十年左右坚持不懈的努力,基本实现建设法治政府的目标"。

(3) 社会计划。2008年8月国务院原则通过《汶川地震灾后恢复重建总体规划》。该总体规划围绕用3年左右时间使灾区的基本生活条件和经济社会发展达到或者超过灾前水平的重建目标,提出了灾后恢复重建的主要任务。

三、行政计划的制定程序

为了确保行政计划内容的合理性、正当性,行政计划的制定程序应以发挥民主集中的作用为目的,同时兼顾程序简化和便捷。民主集中化的行政计划程序,需要平衡利害关系人之间的利益,尊重基于各种专门知识的判断,协调行政之间的相互关系和多数行政计划间的相互关系以确保统一性。为此,在制定行政计划时,除了专业人士参与以外,还应兼顾和保护各方利害相关人的权益和意见。根据《政府信息公开条例》第10条规定,县级以上各级人民政府及其部门应当重点公开的事项中包括国民经济和社会发展规划、专项规划、区域规划及相关政策。信息公开是向公民提供作为判断的基础资料和参与机会的制度。在行政计划程序中还应明确政府应为方便公众参与或者知晓计划提供必要的信息。

因各种计划种类的不同,其计划程序也会存在诸多差异,我国关于行政计划制定程序的规定并未固定化、完备化,现有法律对行政计划程序的监管并不充分。我国现行法律规定的行政计划程序有如下几种:

(1) 立法机关决议、承认。《各级人民代表大会常务委员会监督法》第21条规定,国民经济和社会发展五年规划经人民代表大会批准后,在实施的中期阶段,人民政府应当将规划实施情况的中期评估报告提请本级人民代表大会常务委员会审议。规划经中期评估后需要进行调整的,人民政府应当将调整方案提请本级人民代表大会常务委员会审查和批准。

(2) 本级机关的调查、审核。如根据《抗旱条例》第13条规定,县级以上地方人民政府水行政主管部门会同同级有关部门编制本行政区域的抗旱规划,报本级人民政府批准后实施,并抄送上一级人民政府水行政主管部门。

（3）与有关行政机关达成的协议、谅解。根据我国《港口规划管理规定》第 5 条，港口规划应当符合城镇体系规划，并与土地利用总体规划、城市总体规划、江河流域规划、防洪规划、海洋功能区划、水路运输发展规划和其他运输方式发展规划以及法律、行政法规规定的其他有关规划相衔接、协调。

（4）听取有关地方公共团体的意见。我国《科学技术进步法》第 13 条规定，国家完善科学技术决策的规则和程序，建立规范的咨询和决策机制，推进决策的科学化、民主化。制定科学技术发展规划和重大政策，确定科学技术的重大项目、与科学技术密切相关的重大项目，应当充分听取科学技术人员的意见，实行科学决策。

（5）上级机关的审批或者备案。根据我国《城乡规划法》的规定，省、自治区人民政府组织编制省域城镇体系规划，报国务院审批。直辖市的城市总体规划由直辖市人民政府报国务院审批。省、自治区人民政府所在地的城市以及国务院确定的城市总体规划，由省、自治区人民政府审查同意后，报国务院审批。其他城市的总体规划，由城市人民政府报省、自治区人民政府审批。县人民政府组织编制县人民政府所在地镇的总体规划，报上一级人民政府审批。其他镇的总体规划由镇人民政府组织编制，报上一级人民政府审批。

（6）召开公听会，由居民、利害关系人提出意见书、同意书。如根据我国《历史文化名城名镇名村保护条例》的规定，历史文化名城批准公布后，历史文化名城人民政府应当组织编制历史文化名城保护规划。保护规划应当自历史文化名城、名镇、名村批准公布之日起 1 年内编制完成。保护规划报送审批前，保护规划的组织编制机关应当广泛征求有关部门、专家和公众的意见；必要时，可以举行听证。保护规划报送审批文件中应当附具意见采纳情况及理由；经听证的，还应当附具听证笔录。

第二节　行 政 许 可

一、行政许可的概念、特征及分类

行政许可是行政主体实施行政管理的重要职权和责任，也是行政机关使用最频繁、最普遍的管理手段之一。行政许可权介入经济和社会生活管制的各个领域，与个人或者组织的切身利益密切相关。我国《行政许可法》是一部全面规范行政许可制度的重要法律。它对于需要设定行政许可的事项，设定行政许可的主体，行政许可的申请与受理、审查与决定、办理期限等实施程序，行政许可的收费管理，行政机关对被许可人从事行政许可事项活动的监督检查，以及行政机关、被许可人等相关方面的法律责任等事项，都作出了比较完善的规定。

（一）行政许可的概念

行政许可，是指行政主体根据公民、法人或者其他组织提出的申请，经依法审查，准予其从事特定活动的行为。而有关行政机关对其他机关或者机关内部人事、财务、外事等事项的审批以及经登记确认特定民事权利义务关系、特定事实，不属于行政许可行为。

我国《行政许可法》对行政许可的界定包含两层意思：第一层意思是行政许可是依相对人的申请而作出的；第二层意思是行政机关批准相对人的许可申请，则意味着行政主体授予相对人从事某种活动或实施某种行为的资格或权利。因此，行政许可通常是一种对相对人的赋权行为。

(二) 行政许可的特征

(1) 行政许可是依申请的行政行为。行政主体只有在相对人提出许可申请的前提下才会作出行政许可决定。行政机关批准行政许可并不意味着行政机关与申请人之间达成一致。行政许可是一种单方行政行为,行政许可是否成立是基于行政主体的决定而非相对人的意志。许可程序中相对人的申请仅是一个程序性的形式要件。

(2) 行政许可存在的前提是法律的一般禁止。"一般禁止"是指非经过行政机关个别批准、认可或者登记,公民、法人或者其他组织不能从事相关活动的规定。它与"绝对禁止"是对称性概念。"绝对禁止"原则是指国家严格控制,不允许解除特定领域限制的规定。我国对卖淫嫖娼、赌博、买卖毒品活动是绝对禁止的,对娱乐场所经营、麻醉药品的种植、实验研究和生产则实行国家管制。我国《麻醉药品和精神药品管理条例》第9条规定:"麻醉药品药用原植物种植企业由国务院药品监督管理部门和国务院农业主管部门共同确定,其他单位和个人不得种植麻醉药品药用原植物。"行政许可是行政主体在法律一般禁止的领域内对符合条件的特定相对人解除一般禁止,允许其从事某种特定活动,授予其特定权利的一种行政行为。

(3) 行政许可是授益性的行政行为。行政许可成立后使行政管理相对人拥有了特定的资格或权利,与没有获得行政许可的相对人相比,行政许可带给相对人一定权益。

(4) 行政许可是要式行政行为。行政许可应遵循一定的法定程序,并应以正规的文书、格式、日期、印章等形式予以批准、认可和证明,必要时还应附加相应的辅助性文件。

(三) 行政许可的种类

我国《行政许可法》并未规定行政许可的种类。学界根据《行政许可法》第11—13条的规定,将行政许可的种类分为一般许可、特许、认可、核准、登记五大类。

1. 一般许可

一般许可是指申请人依法提出申请,经有权行政机关审查其是否符合法定申请条件,决定是否准予其从事该项活动的特定权利和资格。根据《行政许可法》第12条第1项,对于"直接涉及国家安全、公共安全、经济宏观调控、生态环境保护以及直接关系人身健康、生命财产安全等特定活动,需要按照法定条件予以批准的事项"可设定一般许可。一般许可通常无数量限制,申请条件也无特殊限制。如驾驶执照、经营执照等。

2. 特许

《行政许可法》规定的特许是指由行政机关代表国家向许可申请人授予某种特定的权利,主要指在有限自然资源开发利用、有限公共资源配置、直接关系公共利益的垄断性企业的市场准入等事项中的许可行为。这些事项大多涉及稀缺资源分配,有权机关颁布许可时有一定的数量控制,申请的条件严苛。为了防止权力寻租,许可法规定对以上的特许事项审批,应当通过招标、拍卖等公平竞争的方式决定是否予以特许。对于这些有数量限制的行政许可,行政机关也可应根据受理行政许可申请的先后顺序作出决定。①

3. 认可

认可是行政机关对申请人是否具备特定技能的认定方式,如对用于提供公众服务、直接

---

① 参见我国《行政许可法》第57条。

关系公共利益并且要求具备特殊信誉、特殊条件或者特殊技能的资格、资质事项的认定和审查。根据对象不同,行政机关的认可分别是以公民个人为颁发对象和以企业及其他组织为颁发对象。前者如教师资格证、律师资格证;后者如建筑企业资格资质证。行政机关通过组织考试或者采用定期考核和复核等方式来决定申请人是否具备特定技能。《行政许可法》规定,赋予公民特定资格,依法应当举行国家考试的,行政机关根据考试成绩和其他法定条件作出行政许可决定;公民特定资格依法由行政机关或者行业组织实施,应公开举行。赋予法人或者其他组织特定的资格、资质的,行政机关根据申请人的专业人员构成、技术条件、经营业绩和管理水平等的考核结果作出行政决定。但是,法律、行政法规另有规定的,依照其规定。

4. 核准

核准是由行政机关对某些事项是否达到特定技术标准、经济技术规范的判断、确定。这种许可方式主要适用于直接关系公共安全、人身健康、生命财产安全的重要设施的设计、建造、安装和使用,直接关系人身健康、生命财产安全的特定产品、物品的检验、检疫事项和领域。如定点屠宰的生猪应当经生猪产地动物防疫机构检疫合格,并加盖检验合格验讫印章才能放行出场。行政机关对这类事项的审核一般要按照技术标准、技术规范依法进行检验、检测,应根据检验、检测、检疫的结果作出行政许可决定。

5. 登记

登记是由行政机关确立个人、企业或者其他组织的特定主体资格。如企业法人登记和社会团体、事业单位、民办非企业单位登记等,用以确定申请人从事社会活动的资格。在实行自由市场政策的领域内,登记多是形式性的审查。只要申请人提交的申请材料齐全、符合法定形式,行政机关应当当场予以登记,赋予其特定主体资格。

二、行政许可的原则

（一）许可法定原则

行政许可权是行政主体的重要职权。行政许可的设定和实施,应当依据法定的权限、范围、条件和程序。

设定许可法定原则包括:(1) 行政许可由法律、法规、省级政府规章和国务院的决定设定;(2) 有权设定行政许可的机关,应当按照立法法规定的权限和行政许可法的规定设定行政许可;(3) 没有行政许可设定权的机关和组织,一律不得设定行政许可。

实施许可法定原则包括:(1) 遵守法定的权限,不得越权实施行政许可。(2) 遵守法定的条件。对符合条件的依法准予许可;不符合条件的,应当决定不予许可。(3) 遵守法定的程序。法定程序包括行政许可法规定的程序,也包括有关单行法律法规规定的特别程序。

（二）公开和公平、公正的原则

设定和实施行政许可应当遵循公开和公平、公正的原则。

1. 公开原则

制定设定行政许可的法律规范的活动应当公开。通过的设定行政许可的法律应及时在全国人民代表大会常务委员会公报以及在全国范围内发行的报纸上刊载;通过的设定行政许可的行政法规应及时在国务院公报和中国政府法制信息网以及在全国范围内发行的报纸上刊载;通过的设定行政许可的地方性法规应及时在本级人民代表大会常务委员会公报和中国人大网、本地方人民代表大会网站以及在本行政区域范围内发行的报纸上刊载；通过的设定行政许可的省级政府规章应及时在本级人民政府公报和中国政府法制信息网以及在本行政区域范围内发行的报纸上刊载。未经公布的行政许可规定，不得作为实施行政许可的依据。行政许可的实施过程和结果，除涉及国家秘密、商业秘密或者个人隐私，都应当公开，并接受公民、法人或者其他组织的监督。

2. 公平、公正原则

公平、公正原则要求行政许可的设定和实施主体在行使职权时，不偏私，平等对待当事人，且合理考虑相关因素，不专断。根据我国《行政许可法》的规定，在行政许可实施程序中，工作人员对于符合法定条件和标准的申请人应该一视同仁，不得实行歧视性待遇。行政机关实施行政许可，不得向申请人提出购买指定商品、接受有偿服务等不正当要求，不得索取或者收受被许可人的财物，不得谋取其他利益。在审查行政许可的申请过程中，发现行政许可涉及第三人利益的，应当告知第三人，并给予其陈述、申辩权利。作出不予许可的决定，应当说明理由、依据，并告知申请人有依法申请行政复议或者提起行政诉讼的权利。

为了防止地方保护主义，我国《行政许可法》规定，地方性法规和省、自治区、直辖市人民政府规章不得设定应当由国家统一确定的公民、法人或者其他组织的资格、资质的行政许可；不得设定企业或者其他组织的设立登记及其前置性行政许可。其设定的行政许可，不得限制其他地区的个人或者企业到本地区从事生产经营和提供服务，不得限制其他地区的商品进入本地区市场。①

（三）便民、及时原则

设定和实施行政许可应当遵循便民、及时的原则，减少环节、简化程序、提高办事效率，提供优质服务。

1. 便民原则

行政许可法在申请许可方式、申请办理过程等方面都体现了便民原则。我国《行政许可法》规定，行政机关应当将法律、法规、规章规定的有关行政许可的事项、依据、条件、数量、程序、期限以及需要提交的全部材料的目录和申请书示范文本等在办公场所公示，便于申请人知晓其申请时应当具备的条件、资料，也可减少行政机关在申请许可时的说明工作，利于行政机关审批的快捷和效率，既体了行政公开原则也体现了行政便民原则。

我国行政许可的数量很多，特别是在经济管理领域。一个项目往往需要几十个甚至上百个许可。为了提高行政管理效率，保护投资者的积极性，《行政许可法》创设了"一个窗口对外""一站式审批""并联审批"制度。如行政许可需要行政机关内设的多个机构办理的，应当确定一个机构统一受理行政许可申请，统一送达行政许可决定。或者依法应当由地方人民政府两个以上部门分别实施的行政许可，本级人民政府可以确定由一个部门受理行政许可申请并转告有关部门分别提出意见后统一办理，或者组织有关部门联合办理、集中办理。②

在《行政许可法》颁布之前，我国行政许可实施过程中存在滥收费的现象。一些行政机关通过收费养人，或者专门养人来收费，收费成为行政许可设定和实施泛滥的主要原因。为

---

① 参见我国《行政许可法》第 15 条第 2 款。
② 参见我国《行政许可法》第 26 条。

了从源头预防和治理行政许可领域的腐败,减轻许可申请人的负担,《行政许可法》规定实施行政许可原则上不收取费用。另外,行政机关对行政许可事项进行监督和检查,不得收取任何费用,除非法律、行政法规另有规定。行政机关依照法律、行政法规实施行政许可确需收取费用的,应当按照公布的法定项目和标准收费;所收取的费用必须全部上缴国库,任何机关或者个人不得以任何形式截留、挪用、私分或者变相私分。财政部门不得以任何形式向行政机关返还或者变相返还实施行政许可所收取的费用。

2. 及时原则

及时原则要求行政机关机构精简、分工明确、严格程序、严守时效,在行使职能时,注重行政行为的成本,减少对国家、社会、行政相对人的损害。

(四) 信赖利益保护原则

我国《行政许可法》第 8 条确立了信赖利益保护原则,对行政许可领域的信赖利益保护原则作出具体规定。

(1) 行政许可行为一经作出,非因法定事由并经法定程序不得随意撤销、废止或者改变。公民、法人或者其他组织依法取得的行政许可受法律保护,除法律、法规、规章有明确规定的外,行政机关不得擅自改变已经生效的行政许可。但申请人自愿放弃权益或者要求继续延续权益的情况,许可可以变更。

(2) 对行政相对人的授益性许可行为作出后,事后即使发现违法或者对政府不利,只要许可行为不是因为相对人过错所造成,一般不得撤销、废止或者改变。

(3) 许可行为作出后,如事后发现有较严重违法情形或者可能给国家、社会公共利益造成重大损失,必须撤销或者改变此种行为时,行政机关对撤销或者改变此种行为给无过错的相对人造成的损失应给予补偿。

(4) 行政许可决定所依据的法律、法规、规章修改或者废止,或者准予行政许可所依据的客观情况发生重大变化的,为了公共利益的需要,行政机关可以依法变更或者撤回已经生效的行政许可。但是由此对自然人、法人或者其他组织造成财产损失的,行政机关应当依法给予补偿。

2010 年 1 月 4 日生效的最高人民法院《关于审理行政许可案件若干问题的规定》(以下简称为《审理行政许可案件的规定》)第 9 条对《行政许可法》中信赖利益保护原则进行了补充:"人民法院审理行政许可案件,应当以申请人提出行政许可申请后实施的新的法律规范为依据;行政机关在旧的法律规范实施期间,无正当理由拖延审查行政许可申请至新的法律规范实施,适用新的法律规范不利于申请人的,以旧的法律规范为依据"。这一司法解释使行政许可领域的信赖利益保护原则不仅保护公民、法人或者其他组织对已取得的行政许可行为的信赖利益,还保护公民、法人或者其他组织对调整行政许可的法律规范的信赖利益。

(五) 行政许可不得转让原则

依法取得的行政许可,除法律、法规规定依照法定条件和程序可以转让之外,不得转让。由于行政许可的审查实质是对申请人是否符合法定条件和标准的判断过程,许可与否与申请人特定的情况和条件紧密联系,所以依法颁发的行政许可原则上不得转让。但是如果某些由申请人支付一定的价款,以公开、公平竞争方式取得的行政许可,可以转让。如以出让方式取得的土地使用许可在使用年限内可以转让、出租、抵押或者用于其他经济活动。矿产资源的采矿许可在探矿权人完成规定的最低勘查投入后,经依法批准,可以将探矿权转让他人。

(六) 监督检查原则

县级以上人民政府应当建立健全对行政机关实施行政许可的监督制度,加强对行政机关实施行政许可的监督检查。主要包括监察机关的监督、审计机关的监督以及上级行政机关对下级行政机关的监督。

行政机关也应当加强对公民、法人或者其他组织从事行政许可事项的活动实施有效监督。通过核查反映被许可人从事行政许可事项活动情况的有关材料,履行监督检查责任。行政机关应当依法采取抽样检查、检测、检验和实地检查的方式。对于举报、投诉的情况应该及时调查,行使监督权。

行政许可的设定机关应当定期对其设定的行政许可进行评价;对已设定的行政许可,认为符合《行政许可法》第13条规定的情形的,应当对设定该行政许可的规定及时予以修改或者废止。行政许可实施机关可以对已设定的行政许可的实施情况及存在的必要性适时进行评价,并将意见报告该行政许可的设定机关。公民、法人或者其他组织可以向行政许可的设定机关和实施机关就行政许可的设定和实施提出意见和建议。

(七) 救济原则

公民、法人或者其他组织对行政机关实施行政许可享有陈述权、申辩权。

公民、法人或者其他组织认为行政机关作出的行政许可决定以及相应的不作为,或者行政机关就行政许可的变更、延续、撤回、注销、撤销等事项作出的有关行政行为及其相应的不作为侵犯其合法权益,有权依法申请行政复议或者提起行政诉讼;其合法权益因行政机关违法实施行政许可受到损害的,有权依法要求赔偿。公民、法人或者其他组织对行政许可领域的信息公开行为不服,也可提起行政诉讼。如公民、法人或者其他组织认为行政机关未公开行政许可决定或者未提供行政许可监督检查记录侵犯其合法权益,提起行政诉讼的,人民法院应当依法受理。①

公民、法人或者其他组织的合法权益因行政机关违法实施行政许可受到损害的,有权依法要求赔偿。行政机关在实施行政许可过程中,与他人恶意串通共同违法侵犯当事人合法权益的,应当承担连带赔偿责任;行政机关与他人违法侵犯当事人合法权益的,应当根据其违法行为在损害发生过程和结果中所起作用等因素,确定行政机关的行政赔偿责任;行政机关已经依照法定程序履行审慎合理的审查职责,因他人行为导致行政许可决定违法的,不承担赔偿责任。在行政许可案件中,当事人请求一并解决有关民事赔偿问题的,人民法院可以合并审理。②

三、行政许可的设定范围、权力和要求

(一) 行政许可的设定范围

(1) 直接涉及国家安全、公共安全、经济宏观调控、生态环境保护以及直接关系人身健康、生命财产安全等特定活动,需要按照法定条件予以批准的事项。

(2) 涉及有限自然资源开发利用、公共资源配置以及直接关系公共利益的特定行业的市场准入等,需要赋予特定权利的事项。

---

① 参见《审理行政许可案件的规定》第2条。
② 参见《审理行政许可案件的规定》第13条。

（3）提供公众服务并且直接关系公共利益的职业、行业，需要确定具备特殊信誉、特殊条件或者特殊技能等资格、资质的事项。

（4）直接关系公共安全、人身健康、生命财产安全的重要设备、设施、产品、物品，需要按照技术标准、技术规范，通过检验、检测、检疫方式进行审定的事项。

（5）企业或者其他组织的设立等，需要确定主体资格的事项。

（6）法律、行政法规规定可以设定行政许可的其他事项。

（二）可以不设定行政许可的范围

（1）公民、法人或者其他组织能够自主决定的。

（2）市场竞争机制能够有效调节的。

（3）行业组织或者中介机构能够自律管理的。

（4）行政机关采用事后监督等其他行政管理方式能够解决的。

（三）法律、行政法规、国务院决定、地方性法规、省级政府规章的设定权

（1）法律可以设定行政许可，但受《行政许可法》第12条、第13条限制，只能在《行政许可法》第12条规定的6类事项范围内设定行政许可。

（2）行政法规可以在法律尚未制定许可的范围内设定行政许可。

（3）国务院在必要时可以采用发布决定的方式设定行政许可。实施后，除临时性行政许可事项外，国务院应当及时提请全国人民代表大会及其常务委员会制定法律，或者自行制定行政法规。

（4）地方性法规在法律、行政法规尚未制定的许可范围内，可以设定行政许可。

（5）省、自治区、直辖市人民政府规章在法律、行政法规和地方性法规尚未制定的许可范围内，因行政管理的需要，确需立即实施行政许可的，可以设定临时性的行政许可。临时性的行政许可实施满一年需要继续实施的，应当提请本级人民代表大会及其常委会制定地方性法规。

（6）地方性法规和省、自治区、直辖市人民政府规章，不得设定应当由国家统一确定的公民、法人或者其他组织的资格、资质的行政许可；不得设定企业或者其他组织的设立登记及其前置性行政许可。其设定的行政许可，不得限制其他地区的个人或者企业到本地区从事生产经营和提供服务，不得限制其他地区的商品进入本地区市场。

（四）设定行政许可的要求

（1）各级法律设定行政许可时都不得背离上位法的规定。行政法规可以在法律设定的行政许可事项范围内，对实施该行政许可作出具体规定。地方性法规可以在法律、行政法规设定的行政许可事项范围内，对实施该行政许可作出具体规定。规章可以在上位法设定的行政许可事项范围内，对实施行政许可作出具体规定。法规、规章对实施上位法设定的行政许可作出具体规定，不得增设行政许可；对行政许可条件作出具体规定，不得增设违反上位法的其他条件。

但是对于由行政法规设定的有关经济事务的行政许可，省级人民政府根据本行政区域经济和社会发展情况认为通过《行政许可法》第13条所列方式能够解决的，经国务院批准后，可以在本行政区域内停止实施行政许可。

（2）其他规范性文件一律不得设定行政许可。行政许可法禁止法律、行政法规、国务院决定、地方性法规和省级人民政府规章以外的规范性文件设定行政许可。

(3) 设定行政许可,应当规定行政许可的实施机关、条件、程序、期限。立法时要明确规定行政许可实施机关、条件、程序、期限,否则会影响设定行政许可的目的。

(4) 设定行政许可应当采取听证制度。起草法律草案、法规草案和省、自治区、直辖市人民政府规章草案,拟设定行政许可的,起草单位应当采取听证会、论证会等形式听取意见,并向制定机关说明设定该行政许可的必要性、对经济和社会可能产生的影响以及听取和采纳意见的情况。

四、行政许可的实施机关

行政许可的实施机关为具有行政许可权的行政机关和法律、法规授权的具有管理公共事务职能的组织。行政许可的委托关系只发生于行政机关与行政机关之间。行政机关在其法定职权范围内,依照法律、法规、规章的规定,可以委托其他行政机关实施行政许可。委托机关应当将受委托行政机关和受委托实施行政许可的内容予以公告。委托行政机关对受委托行政机关实施的行为进行监督,并对行为后果承担法律责任。受委托机关在委托范围内,以委托行政机关名义实施行政许可,且不得再委托其他组织或者个人实施行政许可。行政许可法还规定了相对集中实施行政许可权、一个窗口对外、一站式审批、并联审批等相关制度。

五、行政许可的实施程序

(一) 申请与受理

行政许可是依申请的行政行为,因此,许可申请人提出申请是许可决定存在的前提。行政许可法规定申请可由申请人提出,在没有法律特别规定的情况下可由申请人委托的代理人提出。申请可以通过信函、电报、电传、传真、电子数据交换和电子邮件等方式提出。行政机关受理行政许可的申请应遵循公开原则。即将法律、法规、规章规定的有关行政许可的事项、依据、条件、数量、程序、期限以及需要提交的全部材料的目录和申请书示范文本等在办公场所公示。不得要求申请人提交与其申请的行政许可事项无关的技术资料和其他材料。申请人要求行政机关对公示予以说明、解释的,行政机关应当说明、解释,提供准确、可靠的信息。

申请事项属于该行政机关职权范围,申请材料齐全、符合法定形式,行政机关应当受理行政许可申请。

(二) 审查、决定和期限

行政机关应对申请材料进行审查。根据法律、法规的规定,行政机关进行形式审查和实质审查。形式审查是指行政机关对申请材料的形式要件是否具备进行的审查,即审查其申请材料是否齐全,是否符合法定形式。实质审查则是指行政机关不仅要对申请材料的要件是否具备进行审查,还要对申请材料的实质内容是否符合条件进行审查。

行政机关对行政许可申请进行审查后,能够当场作出决定的,应当当场作出书面的行政许可决定。不能当场作出的,应当在法定期限内按照规定程序作出决定。行政机关作出的准予行政许可决定,应当予以公开,公众有权查阅。法律、行政法规设定的行政许可,其适用范围没有地域限制的,行政许可在全国范围内有效。

一般情况下,行政机关应当自受理行政许可申请之日起 20 日内作出行政许可决定。20

日内不能作出决定的,经本行政机关负责人批准,可以延长期限 10 日,并将延长期限的理由告知申请人。但是,法律、法规另有规定的除外。对于采取统一办理或者联合办理、集中办理的,办理的时间不得超过 45 日;45 日内不能办结的,经本级人民政府负责人批准,可以延长 15 天,并应当将延长期限的理由告知申请人。依法应当由下级行政机关审查再由上级行政机关决定的行政许可,审查期限为 20 天。但是,法律、法规另有规定的除外。

依法需要听证、招标、拍卖、检验、检测、检疫、鉴定和专家评审的,所需时间不计算在《行政许可法》规定的期限内。

对于符合申请条件的许可,行政机关应当作出准予行政许可决定,并应当自作出决定之日起 10 日内向申请人颁发、送达行政许可证件,或者加贴标签,加盖检验、检测、检疫印章。

（三）听证

继我国《行政处罚法》《价格法》之后,《行政许可法》是第三部规定了听证程序的法律。其中听证程序的相关内容与《行政处罚法》中的听证程序之内容有诸多相似之处。最重要的不同之处在于:许可听证发生的法定情形和听证笔录的效力。

1. 许可听证发生的法定情形

行政许可听证程序的启动必须符合行政机关应当举行许可听证的三种情形的任何一种,即:(1) 法律、法规、规章规定实施行政许可应当听证的事项;(2) 行政机关认为需要听证的其他涉及公共利益的重大行政许可事项;(3) 行政许可直接涉及申请人与他人之间重大利益关系的。发生前两种情形时,行政机关应当向社会公告,并举行听证;发生第三种情形时,行政机关在作出行政许可决定前,应当告知申请人、利害关系人享有要求听证的权利;申请人、利害关系人在被告知听证权利之日起 5 日内提起听证申请,行政机关应当在 20 日内组织听证。

2. 听证程序

听证按照下列程序进行:

(1) 行政机关应当于举行听证的 7 日前将举行听证的时间、地点通知申请人、利害关系人,必要时予以公告;

(2) 听证应当公开举行;

(3) 行政机关应当指定审查该行政许可申请的工作人员以外的人员为听证主持人,申请人、利害关系人认为主持人与该行政许可事项有直接利害关系的,有权申请回避;

(4) 举行听证时,审查该行政许可申请的工作人员应当提供审查意见的证据、理由,申请人、利害关系人可以提出证据,并进行申辩和质证;

(5) 听证应当制作笔录,听证笔录应当交听证参加人确认无误后签字或者盖章。

3. 许可听证笔录的效力

在《行政许可法》实施之前,我国的《行政处罚法》《价格法》以及一些法规、规章的听证程序规范中都缺乏关于听证笔录对行政决定的约束力的规定。实践中导致听证会听而不证的后果。这种状况也背离了立法机关想通过听证制度保护公民合法权益、保证行机关作出正确决定的初衷。所以,《行政许可法》对听证笔录对行政许可决定的约束力作出了明确的规定,即行政机关应当根据听证笔录,作出是否准予行政许可的决定。

六、行政许可的监督检查

我国长期存在重许可、轻监管的问题,《行政许可法》对此问题进行了调整,专章规定了对行政许可的监督检查问题。

（一）对行政许可实施机关的监督检查

针对我国行政体制的特点,上级行政机关对下级行政机关实施行政许可的监督是最重要、最具体和最实际有效的监督。

《行政许可法》规定,县级以上人民政府应当建立健全对行政机关实施行政许可的监督制度,加强对行政机关实施行政许可的监督检查。① 具体的要求包括,上级行政机关应当加强对下级行政机关实施行政许可的监督检查,及时纠正行政许可实施中的违法行为。②

（二）对被许可人的监督检查

1. 对被许可人进行监督检查的基本制度

行政机关应当建立健全监督制度,通过核查反映被许可人从事行政许可事项活动情况的有关材料,履行监督责任。对直接关系公共安全、人身健康、生命财产安全的重要设备、设施,行政机关应当督促设计、建造、安装,督促使用单位建立相应的自检制度。

行政机关依法对被许可人从事行政许可事项的活动进行监督检查时,应当将监督检查的情况和处理结果予以记录,由监督检查人员签字后归档。公众有权查阅行政机关监督检查记录。行政机关应当创造条件,实现与被许可人、其他有关行政机关的计算机档案系统互联,核查被许可人从事行政许可事项活动情况。

被许可人在作出行政许可决定的行政机关管辖区域外违法从事行政许可事项活动的,违法行为发生地的行政机关应当依法将被许可人的违法事实、处理结果抄告作出行政许可决定的行政机关。

2. 行政机关实施监督检查的权力和义务

被许可人未依法履行开发利用自然资源义务或者未依法履行利用公共资源义务的,行政机关应当责令限期改正;被许可人在规定期限内不改正的,行政机关应当依照有关法律、行政法规的规定予以处理。

取得直接关系公共利益的特定行业的市场准入行政许可的被许可人,应当按照国家规定的服务标准、资费标准和行政机关依法规定的条件,向用户提供安全、方便、稳定和价格合理的服务,并履行普遍服务的义务;未经作出行政许可决定的行政机关批准,不得擅自停业、歇业。被许可人不履行法定义务,行政机关应当责令限期改正,或者依法采取有效措施督促其履行义务。

行政机关可以对被许可人生产经营的产品依法进行抽样检查、检验、检测,对其生产经营场所依法进行实地检查。检查时,行政机关可以依法查阅或者要求被许可人报送有关材料;被许可人应当如实提供有关情况和材料。

行政机关根据法律、行政法规的规定,对直接关系公共安全、人身健康、生命财产安全的重要设备、设施进行定期检验。对检验合格的,行政机关应当发给相应的证明文件。

---

① 参见我国《行政许可法》第 10 条第 1 款。
② 参见我国《行政许可法》第 60 条。

个人和组织发现违法从事行政许可事项的活动,有权向行政机关举报,行政机关应当及时核实、处理。行政机关实施监督检查,不得妨碍被许可人正常的生产经营活动,不得索取或者收受被许可人的财物,不得谋取其他利益。

第三节 行政合同

一、行政合同的概念和特征

(一) 行政合同的多样性

在现代"给付国家",公法合同被赋予正当地位。作为合同一方当事人的国家企业、公共企业作为"给付主体"(行政主体)授益,作为另一方当事人的消费者大众(国民)作为"给付客体"参加活动的图式[①],使得行政合同成为新型的、重要的行政手段,各国(地区)应用行政合同的范围十分广泛。如法国、德国政府都可签订公共特许合同、独占使用权的共用公产合同、公共工程捐助合同等。由行政机关签订的这些合同,可能是公法合同,也可能是私法合同。但是,因各国公法理论的不同,对行政合同的界定也存在一些差异,而判断的主要依据则是行政机关是否是因执行行政职务而与其他行政机关、社会组织或者公民缔结的合同。在法国,只有公法合同行为才是行政合同行为。而德国根据《行政程序法》将公法合同分为两大类:协作性公法合同和从属性公法合同。协作性公法合同,是指行政主体之间为实施公务所签订的协议。从属性公法合同,是指行政主体与行政相对人之间,执行公务的行政机关和被管理一方的公民、法人之间为实现行政目标所签订的合同。德国的行政合同范畴包括这两类合同。而日本的行政契约范围与法、德有些差别。日本多将行政主体和私人之间缔结的契约视为行政合同,行政机关之间缔结的契约较少。[②] 我国台湾地区将公法合同称为行政契约。而台湾地区的行政契约可以根据双方当事人的地位不同分为对等契约和不对等契约。原则上公权力主体之间所缔结的协议属于对等契约;如果契约的缔结主体一方为公权力主体,而另外一方为人民则属于隶属契约(不对等契约)。[③]

(二) 我国行政合同的实定法基础

我国《合同法》制定时,民法学者普遍否定存在行政合同。[④] 也有学者提出:"即便存在行政合同,也要由合同法调整"。[⑤] 原《行政诉讼法》和最高人民法院相关司法解释中都没有明确规定行政合同属于行政诉讼的受案范围。但是,2004 年国务院《全面推进依法行政实施纲要》要求发挥行政合同等方式的作用。可见,随着我国国家职能和行政方式从管理型向服务型的转变,政府与公民之间除了管理与被管理的关系外,也开始产生了合作协商、服务与给付等关系。2004 年 1 月 14 日最高人民法院《关于规范行政案件案由的通知》(法发[2004]2 号)明确行政合同是行政诉讼的案由。2014 年《行政诉讼法》修改时,立法机关认

---

① 杨建顺著:《行政规制与权利保障》,中国人民大学出版社 2007 年版,第 386 页。
② 同上。
③ 余凌云著:《行政契约论》,中国人民大学出版社 2000 年版,第 82 页。
④ 参见梁慧星:《讨论合同法草案征求意见稿专家会议上的争论》,载《法学前沿》第 2 辑,法律出版社 1998 年版;参见梁慧星:《中国统一合同法的起草》,载《民商法论丛》第 9 卷,法律出版社第 1997 年版,第 29—30 页。
⑤ 王利明:《合同的概念与合同法的规范对象》,载《法学前沿》第 2 辑,法律出版社 1998 年版。

为将行政协议纳入行政诉讼受案范围有利于争议的解决。① 修改后的《行政诉讼法》第一次在法律上明确"协议"属于行政诉讼的受案范围②,却没有使用"行政协议"这个概念。而最高人民法院《关于适用〈中华人民共和国行政诉讼法〉若干问题的解释》(以下简称《适用行政诉讼法问题的解释》)将《行政诉讼法》上的"协议"定性解释为"行政协议"。③ 没有使用"合同"概念而使用"协议"概念,主要是因为合同法被称为统一合同法,却没有规定行政合同这种类型。另外还需要注意的是,纳入行政诉讼受案范围的行政协议只解决行政机关一方不履行协议的情况,没有将行政相对人一方不履行协议的问题纳入行政诉讼法予以解决④,法院审理行政协议争议时,在实体法方面应当优先适用有关法律、法规或者规章的特别规定,没有特别规定的,适用合同法。⑤ 可见,被纳入行政诉讼受案范围的"协议"或者"行政协议"只是行政合同的一部分,并不能替代行政法学上既有的"行政合同"概念。鉴于此,本节依然采用"行政合同"作为标题,并结合实定法的相关规定,对作为行政合同重要组成部分的"行政协议"进行重点讨论。

(三) 行政合同的概念

行政合同,是指行政主体为实现行政管理目的,在遵循依法行政原则的前提下,为达到特定行政法律后果与作为行政相对方的组织或者个人签订的意思一致的协议。在实定法上,"协议"和"行政协议"的用语,可以作为这里所探讨的"行政合同"来理解。

(四) 行政合同的特征

基于上述定义,行政合同具有以下特征:

(1) 行政性。行政主体借用合同形式实现行政目的。其行政性表现在:第一,行政合同的当事人一方必须是行政主体,即行政合同的一方必是有法定行政职权的行政机关或者法律、法规授权的组织。另外,行政合同当事人双方可都是行政主体,如两者基于职务关系签订契约。第二,合同的内容是针对公共事务或者公共利益,具有公益性。第三,行政主体与相对人的权利义务不对等,行政主体虽与相对方在协商一致的基础上签订行政合同,但是,为了保障合同的有效履行,行政主体在合同的缔结、变更和解除上享有行政优益权。

(2) 合意性。区别于其他行政行为的单方性,行政合同是以合同双方的协商一致为成立要件。这一特征决定了行政合同仍属于合同的范畴,并受合同一般原理指导。行政合同的合意性体现在:第一,行政合同的相对一方享有一定选择权,可对合同的订立、合同的内容进行一定选择,这是契约自由的表现;第二,在合法的前提下,行政合同的内容具有妥协性,即双方可对合同的具体内容进行协商,通过妥协达成一致意见。

行政合同一方面强调行政主体享有一些单方特权,如监督权、指挥权、合同变更或者解

---

① 参见全国人大常委会法制工作委员会行政法室编著:《中华人民共和国行政诉讼法解读》,中国法制出版社2014年版,第44页。
② 参见我国《行政诉讼法》第12条第1款第11项。
③ 参见《适用行政诉讼法问题的解释》第2条第6项、第11条、第13条。
④ 主要原因:一是因为这类争议主要是由行政机关一方不履行或未按照约定履行协议引起的。二是行政相对人一方不履行合同,行政机关一方可以通过其他途径解决。如对特许经营者不按照协议约定提供公共服务的,行政机关可以取消特许经营,这也是行政合同区别于民事合同的重要之处。三是如果规定行政机关可以作为原告,与行政诉讼法的性质不符合,与行政诉讼法的规定也不相适应。因此,本法修改只规定了行政相对人可以起诉行政机关。参见全国人大常委会法制工作委员会行政法室编著:《中华人民共和国行政诉讼法解读》,中国法制出版社2014年版,第44—45页。
⑤ 参见同上书,第45页。

除权等,且行政主体行使这些特权无需取得相对人同意。而另一方面行政合同又突出双方协商一致的合意性。两者看似矛盾,实则有实现的层次性。即行政合同是相对人在行政主体依法行政的前提下,与行政主体达成的一致。

(3) 法定性。行政合同订立、履行、变更和解除必须遵守法律,行政主体不得实施法律禁止的行政合同行为。因我国行政合同的立法不完善,较少有对行政合同直接禁止或者采用的法律规定。因此,对行政合同的法定性可从以下几个方面理解:(1) 除法律明文禁止,凡不需要行政主体以支配者的地位作出单方面处置的法律关系,行政主体为完成行政目的都可以在不违反依法行政的原则下选择协商式的行政合同形式。两个原则上处于平等地位的具有权利能力的行政主体,也可以采取合同方式处理相互之间的问题。(2) 行政主体在行政合同中的职权行使不因合同的合意性而不受监督,依法行政原则仍是行政合同应遵守的首要原则。

二、行政合同的种类

我国行政法理论根据不同的标准,对行政合同进行不同的分类。根据合同调整的行政关系范围,分为外部合同与内部合同。前者指行政主体与公民、法人或者其他组织之间签订的合同;后者指行政机关与行政机关之间或者行政机关与公务员之间签订的合同。根据行政合同的内容,分为特许经营合同(协议)、征收征用补偿合同(协议)、国有土地出让合同等。根据行政合同涉及的领域,分为粮食订购合同、治安管理承包合同、卫生管理承包合同、科技协作合同等。

我国目前几种常见的行政合同为:

(一) 政府特许经营合同(协议)[①]

政府特许经营合同,也称政府特许经营协议,是指在公共服务领域,政府以合同方式将通常应由其负责的全部或者部分对某种服务的管理职能委托给第三方,并由第三方承担风险的行为。与第三方签订政府特许经营协议,与政府的传统管理手段一样,都是政府行使职权的行为。

特许经营协议发生的主要原因是公共服务领域的投资大,回报期限长,管理成本居高不下,很多国家都将公共服务纳入政府垄断或者受特别法管辖的领域。随着社会力量的长成,越来越多的社会资本愿意投资公共服务,政府也可借助协议手段将某项公共事务的经营委托给社会资本,以达致实现行政职能,节约公共经费开支等功效。

特许经营协议的基础是政府特许权。因为政府对该领域的垄断,若私人要参与该领域投资或者管理,需要与政府签订特许经营协议,取得特许权。所谓特许权是指在达成的协议基础上,为向公众提供基本社会保障和基础设施服务的目的而拥有、经营、建造和改建国家和地方所有的不动资产的排他性权利。

政府特许经营协议的对象是公共服务。提供公共服务是政府的重要职能之一。但是我国宪法并未明确罗列公共服务的范围。从宪法文本中可以归纳出我国政府应在公共教育、科技、文化、卫生、基础设施、社会保障方面承担积极职能。

政府特许经营的授权方为政府。因为公共服务的公共性,提供和管理公共服务既是政

[①] 参见我国《行政诉讼法》第12条第1款第11项。

府的权力,也是政府的责任。而政府特许经营的被授权方为社会资本。政府可以自己承担公共事务的管理或者提供公共事务服务,也可委托社会资本参与公共事务管理或者让其提供公共事务的服务。政府在特许经营协议中享有一定程度的特权,可对协议进行监督、指挥、强制履行或者制裁。如果社会资本没有履行协议,政府可采取行政行为督促其履行合同义务,还可以通过民事诉讼程序对社会资本提起诉讼。在我国,政府不履行协议,社会资本可依据《行政诉讼法》第12条第1款第11项、《适用行政诉讼法问题的解释》第2条、第11条和第13条向人民法院提起行政诉讼,人民法院必须立案。

(二) 土地房屋等征收征用补偿合同(协议)

我国《行政诉讼法》第12条第1款第11项明确规定,土地房屋征收补偿协议属于行政诉讼的受案范围。因此,土地房屋等征收征用补偿协议属于行政合同已没有争议。

我国《宪法》规定,城市的土地属于国家所有。农村和城市郊区的土地,宅基地和自留地、自留山,除由法律规定属于国家所有的以外,属于集体所有。2004年《宪法修正案》第20条将《宪法》第10条第3款修改为:"国家为了公共利益的需要,可以依照法律规定对土地实行征收或者征用并给予补偿。"根据《土地管理法》第47条规定,征收土地的,按照被征收土地的原用途给予补偿。征收耕地的补偿费用包括土地补偿费、安置补助费以及地上附着物和青苗的补偿费。国家为了公共利益的需要,征收征用土地、房屋,以交易流通价格等作为参照标准补偿给予公民、法人或者其他组织,体现了公法行为的公正性。目前我国立法和行政实践中对行政征收征用的补偿适用适当补偿的原则。遵循该原则,被征收土地、房屋的公民、法人或者其他组织将获得抚慰性而非等价性的补偿。2011年1月21日施行的《国有土地上房屋征收与补偿条例》第25条规定,房屋征收部门与被征收人依照本条例的规定,就补偿方式、补偿金额和支付期限、用于产权调换房屋的地点和面积、搬迁费、临时安置费或者周转用房、停产停业损失、搬迁期限、过渡方式和过渡期限等事项,订立补偿协议。补偿协议订立后,一方当事人不履行补偿协议约定的义务的,另一方当事人可以依法提起诉讼。

(三) 国有土地有偿使用合同

国有土地有偿使用合同,是指各级人民政府或者土地管理行政机关以土地所有者身份将土地使用权在一定期限内出让或者租赁与土地使用者,并由土地使用者一次或者分年度向国家缴纳国有土地有偿使用的出让金或者租赁费用的合同行为。国有土地有偿使用合同包括出让国有土地使用权、租赁国有土地等内容。①

土地有偿使用合同是一种典型的行政协议。根据我国《宪法》《土地管理法》的规定,作为国有土地使用权有偿出让方的权限与行政划拨国有土地使用权的批准权限相同。② 用地单位和个人只享有国有土地的使用权,不享有所有权,不得擅自改变土地用途。合同内容是依法确定,并具有强制性,很大程度上没有协商余地。例如出让土地使用权,地下资源、埋藏

---

① 广州市《关于进一步规范我市国有土地有偿使用的意见(试行)》首次明确了土地有偿使用以国有土地使用权出让为主,国有土地租赁只是其中一个补充方式。国有企业改制中原划拨用地按规定符合租赁处置条件,以及原划拨用地上的临时建筑或临时变更用途的,可以实行国有土地租赁,但新批准使用的建设用地,仍应以国有土地出让为主。经营性房地产开发用地,无论是利用原有建设用地,还是利用新增建设用地,都必须实行出让,不实行租赁。

② 按照我国《土地管理法》等有关法律的规定,市、地级政府没有土地审批权限,审批权限一般由省一级政府实施。省级政府与国家土地管理部门之间的批准权限的划分标准为:省级政府有35公顷以下耕地审批权限,超过35公顷必须报国土资源部审批。省级政府有70公顷非耕地的审批权限,超过70公顷,必须报国土资源部审批。同时,如果占用基本农田,必须报国土资源部审批。

物和市政公用设施其所有权属于国家,是一项不可变更的基本原则,土地出让金的付款方式、转让、出让和抵押方式都由法律明确规定,必须严格遵守。[①] 作为出让方,土地管理部门对未按协议规定的内容或者期限进行开发、利用、经营的单位或者个人,有权予以纠正,并可进行行政处罚。除此之外,土地出让方还享有其他行政特权,如在土地出让合同中,行政机关享有监督检查权[②];土地出让方还享有单方解除和变更协议的权利。这种特征体现了国有土地有偿使用合同的行政性。

法律规定了国有土地有偿使用合同可以采用出让、拍卖和投标的方式签订。由于政府土地管理机关在这类协议签订中有着较大的自由裁量空间,在土地转让中采取公开、透明的招标拍卖出让方式极其必要。

(四) 各种专业管理合同

根据行政机关的职务范围不同,可将行政合同分为各种专业管理合同,如工业管理行政合同、交通管理行政合同、农业管理行政合同、文化管理行政合同、计划生育合同等。有些行政职能具有高权特征,不能运用合同方式实施。如税收征收管理、治安管理等。而有一些行政职能,强制性特点不明显,并具有一定灵活性和协商的余地。像这类行政职能的行使可采用合同的方式来保障其实施。在日本,这类专业管理合同中最典型的是公害防止协定。所谓公害防止协定,是指地方公共团体(相当于中国的地方各级政府)和有发生公害危险的事业者(企业生产主),就关于防止公害的措施进行交涉而签订的、以让事业者采取防止各种公害的措施为内容的协定。公害防止协定是在遵守大量的公害防止法律规范并经事业者同意且满足一些条件的基础上[③],通过协定对事业者赋以特定的制约行为。对于违反该协定的,一般认为可以通过裁判程序来强制协定的遵守。但因为是合意达成的责任,不能通过发动代执行及其行政强制来实现,也不能课处刑事罚。[④] 计划生育是我国的一项基本国策。具体的计划生育管理工作中,行政计划、行政奖励、行政指导、行政强制、行政处罚、行政合同等方式都在发挥作用。其中,计划生育合同最具有中国特色。

三、行政合同与依法行政原则

一般的行政活动以法律保留和法律优先为合法性要件。而行政合同是以"合同拘束"的私法原理为前提。在缺少法律根据的情况下,也不能当然否定行政合同的效力。这是因为行政领域内广泛的自由裁量为行政合同提供了一定的活动空间。因此在一些行政合同违反法律规定的场合,依有关法律目的、宗旨,的确存在一方面维持行政合同的效力,另一方面只追究一定的行政责任的情况。但随着行政法治的发展,行政法领域法律保留的扩展、自由裁量的法律化、司法审查的扩大,使行政合同的适用空间日渐狭小。这些不同于一般行政行为的特点昭示着行政合同与法治主义的必然冲突。

---

① 参见《城镇国有土地使用权出让和转让暂行条例》和各地有关国有土地有偿使用收入管理的规定,如《北京市人民政府办公厅关于北京市国有企业改革中划拨土地使用权管理若干意见》。

② 《城镇国有土地使用权出让和转让暂行条例》规定县级以上的人民政府土地管理部门依法对土地使用权的出让、转让、出租、抵押、终止进行监督检查。

③ 一系列条件包括该协定是为了公害防止所必要且合理的,不违反公序良俗,也不违背依法律行政的原理之精神等。

④ 参见杨建顺著:《行政规制与权利保障》,中国人民大学出版社2007年版,第393页。

20世纪初期以前,西方国家的行政职能仅限于对内维护秩序、对外抵御强敌,并且单一的国家职能被严格束缚在法定范围之内。那时绝对的、消极的、机械的"依法行政"原理无法包容以合意方式创设行政法权利义务的行政合同行为。

20世纪20、30年代以后,随着社会经济文化的发展,行政职能在行为目的、结构、程序等各方面发生了根本转变。福利国家、给付行政等新型国家目的观的出现,促使政府的职能从单纯的管理型向服务型方向转变。伴随行政职能的扩大以及公共管理结构的变化,公共服务观念和服务方式也随之得到发展,出现使用多种多样行政手段的倾向。行政合同因可减少行政机关与公民利益之间基于利益和目的的差异而带来的对抗性,且在立法不完备时具有的灵活性等特征,成为实现政府政策目标的新型手段,被广泛运用。行政机关通过该种形式,将公民看作一个对国家行政管理具有责任感且在法律上可确保对国家负责的合作伙伴,进而改变了公共服务的责任机制。①

行政合同与依法行政的关系可从两方面理解:首先,行政合同受法治主义的约束,行政合同生效的首要条件是行政机关必须有法律根据或者明确的法律授权,才能签订行政合同。另外,法治主义原则也要求行政合同的缔结不能超越行政权限,且内容必须合法、目的符合正当性原则。对于大多数国家而言,如果仅是协议签订权合法,还不足以保证协议合法有效。② 行政合同要合法有效,还必须遵循法律优先原则。但是,在法治主义基本原则之下,也允许灵活、个案的判断。如在行政主体之间,为变更法律所规定的事务分配及权限而缔结事务委托协议,或是为减轻、免除纳税义务而缔结事务委托协议,都必须有法律的依据。将单纯的技术性事务委托给私人而缔结事务委托协议,原则上不需要有具体的法律依据。③ 其次,行政合同行为享有大量的自由裁量空间,但应将这类行为纳入司法审查,才符合依法行政原则。具体而言,政府在援用行政合同手段时,可以在有法律依据的情况下要求相对人自愿接受限制其自身利益和自由以及政府享有特权的条款或者在自由裁量的范围内通过合意来确定行政法上具体的权利义务及其内容。而在没有法律依据的情况下,行政机关遵循行政法的基本原理,并且在保证契约自由的前提下,与相对人签订行政合同,且该行为受到司法审查的监督。这样既可达成与依法行政最低限度的契合,又体现了行政协议考虑个案的特殊性,有区别地实施灵活性和机动性等特点。行政协议的灵活性和机动性是在法治主义约束下,保证行政权完成政府职能。

四、行政合同与民事合同的关系

行政机关在社会活动中既可以以行政主体身份开展活动,也可以以私法主体身份开展活动。④ 由于我国区分了民事与行政的救济渠道,在许多具体的案件中区分行政机关签订的合同是行政合同还是民事合同就显得十分重要。寻找两者的异同可以确定应当适用的法律和确定责任的规则,合同履行的方式,以及发生争议时可以诉诸法律途径的种类。

(一)行政合同与民事合同的差异

(1)主体不同。行政合同是由行政主体与相对人签订的针对公共行政的协议,如县政

---

① 参见余凌云著:《行政契约论》,中国人民大学出版社2000年版,第86—101页。
② 参见姜明安主编:《外国行政法教程》,法律出版社1993年版,第118页。
③ 参见杨建顺著:《行政规制与权利保障》,中国人民大学出版社2007年版,第393页。
④ 我国政府采购协议就适用《合同法》。参见我国《政府采购法》第43条的规定。

府与建筑公司签订的高等级公路的建设协议。而民事合同是平等主体间所形成的针对民事权益的私法合同,如政府为改善职工住房条件与建筑公司签订的建房合同。

(2) 性质不同。行政合同具有鲜明的行政性,普通民事合同则不具备行政性。需要特别指出的是,对合同的性质应当从客观方面认定。合同当事人的主观认识不影响合同的性质,合同的法律性质取决于客体。合同的客体根据合同的内容确定,包括是否为了履行公共行政职责而签订的合同、合同约定的权利义务是否属于公法权利义务或者履行合同是否采取了行政行为等方面。具备下列情形之一的,通常是行政合同:第一,合同的目的是执行行政法律规范;第二,合同包含有作出行政行为或者其他职务行为的义务;第三,合同涉及公民、法人或者其他组织行政法上的权利义务。

(3) 适用法律不同。行政合同是以公共利益为目的而签订的合同。该合同受行政法调整。为达到公益目的,行政主体在合同关系中处于主导地位,对合同的履行行使监督权,并可单方面变更、终止协议。而民事合同是以意思自治原则为基础,合同双方在权利义务上是平等的。因民事合同发生争议通过民事诉讼法解决。这与行政合同争议通过行政法律解决纠纷不同。两种行为适用的法律也是不一样的。民事合同适用《合同法》和《民法通则》,而行政合同被排除在《合同法》调整范围之外。① 我国《行政诉讼法》第12条第1款第11项明确将政府特许经营协议、土地房屋征收补偿协议等协议纳入行政诉讼受案范围。《适用行政诉讼法问题的解释》第12—16条对人民法院审理行政协议适用法律的情况进行了细化规定。比如公民、法人或者其他组织对行政机关不依法履行、未按照约定履行协议提起诉讼的,参照民事法律规范关于诉讼时效的规定;而对行政机关单方变更、解除协议等行为提起诉讼的,适用行政诉讼法及其司法解释关于起诉期限的规定。② 对行政协议提起诉讼的案件,适用行政诉讼法及其司法解释的规定确定管辖法院。③ 人民法院审查行政机关是否依法履行、按照约定履行协议或者单方变更、解除协议是否合法,在适用行政法律规范的同时,可以适用不违反行政法和行政诉讼法强制性规定的民事法律规范。④ 原告主张被告不依法履行、未按照约定履行协议或者单方变更、解除协议违法,理由成立的,人民法院可以根据原告的诉讼请求判决确认协议有效、判决被告继续履行协议,并明确继续履行的具体内容;被告无法继续履行或者继续履行已无实际意义的,判决被告采取相应的补救措施;给原告造成损失的,判决被告予以赔偿。原告请求解除协议或者确认协议无效,理由成立的,判决解除协议或者确认协议无效,并根据合同法等相关法律规定作出处理。被告因公共利益需要或者其他法定理由单方变更、解除协议,给原告造成损失的,判决被告予以补偿。⑤ 对行政机关不依法履行、未按照约定履行协议提起诉讼的,诉讼费用准用民事案件交纳标准;对行政机关单方变更、解除协议等行为提起诉讼的,诉讼费用适用行政案件交纳标准。⑥

(4) 权利义务不同。其一,行政合同中,对行政主体和相对人一方的权利义务的配置取决于特定行政目的达成之需要。行政合同权利义务的配置往往是向行政机关(主体)倾斜

---

① 参见全国人大法制工作委员会民法室:《中华人民共和国协议法立法资料选》,法律出版社1999年版,第38页。
② 《适用行政诉讼法问题的解释》第12条。
③ 《适用行政诉讼法问题的解释》第13条。
④ 《适用行政诉讼法问题的解释》第14条。
⑤ 《适用行政诉讼法问题的解释》第15条。
⑥ 《适用行政诉讼法问题的解释》第16条。

的,表现为以行政机关居于优势地位为特征的双方地位的不平等。一般而言,不适用民事合同中的平等原则。其二,对于行政主体而言,权利和义务具有同一性,即权利和义务是合二为一的,行政法上的权利义务在法律上不能放弃或者免除,也不能随意转移给他人。行政主体签订行政合同的权利义务也遵循这一原则。如在土地使用权出让协议中,政府对土地使用者是否按协议规定的期限和条件开发、利用和经营土地有权进行监督,这种权力不单是为了政府更好地监督土地之利用、履行其职责而设,而且由于土地的有效、合法利用本身也构成包括土地使用者在内的所有社会成员的利益之所在,因此,这种权力也带有必须为社会成员的利益而受合法地、正当地行使的拘束,所以,这种政府权力之中也包含了义务,因而是必须行使的。而民法上的权利义务不同,民法上的权利是为权利者本身的利益而设的,即使该权利消灭,并不必然会对公共利益或者他人的利益造成损害。因此,民法上权利人可以放弃行使权利,义务人可以因权利人免除其义务的意思表示而免除义务。

（5）形式存在差异。根据我国《合同法》规定,"当事人订立协议,有书面形式、口头形式和其他形式"。而行政合同一般情况下必须采用书面形式。书面形式符合行政法的成文法性质,更重要的是书面形式便于监督行政机关,利于保障公民权利义务的明确性和可预期性。[①]

（二）行政合同与民事合同的共性

行政合同与民事合同虽有许多差异,但二者在外在形式方面却有诸多相似之处。与民事合同相同,行政合同的成立也要通过当事人合意的过程。在没有法律规定的情况下,行政合同的缔结、变更和解除的实体和程序规定可适用不与行政法原理相冲突的民法规定。

第四节　行政指导

一、行政指导的概念和特征

行政指导,是行政主体为了适应复杂多变的经济、社会、文化等诸多方面的需要,实现一定的行政目的,在其职权或者其所管辖的事务范围内,基于国家的法律规范、法律原则或者政策等,适时、灵活地采取说服、教育、示范、劝告、建议、协商、政策指导、提供经费帮助、提供知识、技术帮助等一系列非强制手段,获得相对人的同意或者协助,指导相对人采取或者不采取某种行为的行政管理形式。在市场经济不断完善、社会充分复杂化的当下,政府并不能事无巨细地调整或控制自由发展的市场经济和复杂的社会现象。比起用僵硬的、滞后的法律规制,政府的宏观调控和政策能对市场经济和社会发展发挥更好的引导作用。欧美学者发现战后日本的经济奇迹中有一种极具灵活性和实效性的行政指导在发挥作用。这一发现促使行政指导成为世界范围内行政法研究的热点问题。

行政指导行为具有以下特点：

（1）非强制性。不同于传统行政行为,行政指导行为并无法定的拘束力,相对人也无必须服从的义务。即行为成立并不需要以行政相对人接受作为要件。至于相对人从自身角度出发,自愿接受行政机关的指导及带来的相应后果,则另当别论。当然,基于行政机关的权

[①] 参见杨建顺著：《行政规制与权利保障》,中国人民大学出版社2007年版,第401页。

威地位及广泛的管辖职权,这类行为对行政相对人并不是没有威慑力。从实效上看,这类行为虽是通过非强制性形式实施的,但仍具有较强的约束力和很高的可实现性。特别是助成性行政指导,由于其本身的授益性,决定了其无须任何强制背景来保障其实效性,因而规制性行政指导和调整性行政指导,尽管原则上是否服从是任意的,但是,实际上往往由不得相对人任意选择。①

(2) 灵活性和多样性。行政指导行为的灵活性是指法律很难对行政指导行为作出明确的羁束性规定,多数情况都是由行政主体根据实际情况决定应该采取什么具体的指导方法。行政指导行为一般适用于灵活性大、协调性强的经济管理部门、科技管理部门和某些社会管理部门等领域。② 也因其灵活,该行为有很大的自由裁量空间。因此,其行为的行使方式也呈多样性。有学者将日本行政法上的行政指导方式提炼为"说服、教育、示范、劝告、建议、协商、政策指导、提供经费帮助、提供知识、技术帮助等"③。也有学者从行政法理论上将行政指导方法归纳为"指导、引导、辅导、帮助、通知、提示、提醒、提议、劝告、规劝、说服、劝诫、劝阻、建议、意见、主张、商讨、协商、沟通、赞同、表彰、提倡、宣传、推荐、示范、推广、激励、勉励、奖励、斡旋、调解、调和、协调;指导性计划(规划)、导向性行政政策、纲要行政和发布官方信息、公布实情"④。

(3) 职权行为与事实行为。行政指导一般不具有法律效力,行政主体与行政相对方之间不产生法律意义上的权利义务关系。当法律规定实行一定的权力限制之前必须采取行政指导时,行政指导便作为权力限制的事前程序,产生行政程序上的效果。也有些行政指导对相对人不产生法律效果,但对行政机关有道义的、政治的甚至法律的责任,可见,行政指导通常只具有间接法律效果,它的行使只是一种事实行为。

二、行政指导的实施

(一) 行政指导的实施原则

根据日本行政指导程序立法的经验,行政指导行为应遵循下列原则⑤:

(1) 不越管辖权原则。行政机关应当在其管辖权限内实施行政指导,这一原则保证了行政机关之间实施行政指导上的明确分工,避免发生行政指导上的冲突。

(2) 行政相对人自愿协助原则。只有在行政相对人自愿配合时,行政机关才能实施行政指导,以达成行政管理的目的。

(3) 不得强制原则。行政机关不得因为行政相对人不听从其行政指导而对其作出不利的处分。

(二) 行政指导的实施程序

参照行政程序法的理论和日本等国的立法经验,我国的行政指导程序立法亦应考虑确

---

① 参见杨建顺著:《行政规制与权利保障》,中国人民大学出版社2007年版,第416页。
② 同上书,第418页。
③ 参见杨建顺著:《日本行政法通论》,中国法制出版社1998年版,第536—537页。
④ 参见莫于川著:《行政指导论纲》,重庆大学出版社1999年版,第140—147页。
⑤ 参见姜明安主编:《行政法与行政诉讼法》(第2版),北京大学出版社、高等教育出版社2005年版,第344页(章剑生执笔"行政主体实施的其他行为")。

立如下程序①：

（1）告知。行政机关实施行政指导,应当将行政指导的内容通过告知程序让行政相对人知晓。告知原则上应当以书面形式进行,法律有特别规定的除外。对于需要行政相对人事先作相应准备的行政指导,行政机关应当提前告知行政相对人,并给予行政相对人合理的准备时间。

（2）听证。对于重大的或者对多数人实施的行政指导行为,在实施前可根据程序举行听证会,听取行政相对人的意见和建议。以增加行政活动的透明度,增强行政相对人的安全感。

（3）行政指导程序终止。行政机关在实施行政指导过程中,行政相对人如明显表示出不服从行政指导的,行政机关应当终止行政指导程序,不得强行要求行政相对人服从;如果行政机关强行实施行政指导,那么这种"行政指导行为"已经变质为行政行为,行政相对人可以通过法定程序获得救济。

（4）备案。对于重大的、具有较大影响的行政指导,行政机关应当事后向上一级机关备案,以接受上级机关的监督。

---

① 姜明安主编:《行政法与行政诉讼法》(第2版),北京大学出版社、高等教育出版社2005年版,第345页(章剑生执笔"行政主体实施的其他行为")。

第四编 | 行政的程序统制

第十三章　行政程序
第十四章　政府信息公开

第十三章

行政程序

第一节 行政程序概述

一、行政程序的概念

行政程序作为一种行政法上的制度被单独提出来,并加以强调,这是近现代西方行政法所衍生出来的一种现象。这种现象的一个十分明显的特征就是在实体与程序的二分法上,突出正当程序所具有的独立于实体的、其本身所固有的价值,强调法定程序的极端重要性,形成了行政程序独有的法理,并进行了系统化和法典化。

行政程序,简单地说,也就是行政行为的过程。这里的"行政"并非子曰"为政以德""道之以政"中的"政",而是指西方近代意义上的宪法产生、确立了民主政治以后的公共行政,这种意义上的行政是在实行三权分立后,相对于立法和司法、具有独特内涵和外延的一个概念。① "程序"一词大致可等同于"规程"和"法式"②,如《汉书·高帝纪下》颜师古注:"程,法式也。"在现代汉语的一般语境中,程序是指"按时间先后或依次安排的工作步骤"③,在这里是指法律意义上的程序,意指按照一定的方式、步骤、时间和顺序作出法律决定的过程。法律程序,主要包括选举程序、立法程序、审判程序、行政程序这几种主要类型。其中,对于在 20 世纪以来出现的"行政国家"中生活的人们来说,行政程序是最为重要和最为息息相关的。

行政程序是行政法上所构建的一个概念,一般有广义和狭义之分。广义上的行政程序,是与立法过程中应遵循的程序即立法程序,和司法过程中应遵循的程序即司法程序相对立的概念,是指行政过程中所必须遵循的一切程序。如果按照行政活动分类,行政程序可以分为行政立法程序、行政处罚程序、行政强制执行程序、行政许可程序、行政复议程序,等等。从狭义上讲,行政程序是指行政机关在采取行政行为时所应遵循的程序,即行政行为的事前程序④,这是与行政行为的事后行政性审查程序,即行政复议程序相对而言的。行政法学主要关心的是行政主体和行政相对人之间的关系,即外部程序,行政机关的内部程序制度则属于行政学的研究对象。因此,行政程序法上所研究的行政程序,主要是指行政行为的事前程

---

① 参见杨建顺著:《日本行政法通论》,中国法制出版社 1998 年版,第 90—105 页。
② 参见《辞源》第 3 卷,商务印书馆 1979 年版,第 2307 页。
③ 参见《辞海》,上海辞书出版社 1979 年版,第 4014 页,"程序"词条。
④ 参见杨建顺著:《市场经济与行政程序法》,载《行政法学研究》1994 年第 1 期,第 21 页。

序和外部程序。

二、行政程序的分类

广义上的行政程序大致包括以下一些常见的分类：

（一）内部行政程序和外部行政程序

这是以行政程序的适用范围为标准所作的分类。所谓内部行政程序，是指行政机关在内部管理中所采用的程序，凡是基于上下级行政机关的领导监督关系或对等行政机关的协调关系而实施有关行为所遵循的程序都属于内部行政程序，如行政机构的设置、工作人员的调配、行政机关内部的监督、上下级的信息沟通及反馈程序，等等。所谓外部行政程序，是行政机关在对外管理中所适用的程序，即行政机关与行政相对方基于行政管理关系而实施有关行为所遵循的程序，如行政强制程序、行政处罚程序等。外部行政程序一般与行政相对方的权利和义务密切相关。内部行政程序与外部行政程序的区分不是绝对的，它们常常紧密联系，相互交织，有时还可以互相转化。

（二）法定程序和裁量程序

行政程序以是否由法律加以明确规定为标准分为法定程序和裁量程序。所谓法定程序，是指由法律加以明确规定，行政机关必须严格遵守的程序。行政机关实施行政行为时，违反法定程序将导致该行为的被撤销。所谓裁量程序，是指行政机关在进行管理，实施行政行为时可以在法定范围内选择适用的程序，裁量程序的存在是由行政管理的多样性、客观情况的复杂性所决定的。法定程序与裁量程序的区分同样不是绝对的，根据管理的需要和民主、效率的要求，两种程序可以相互转化。

（三）事前行政程序和事后行政程序

这是以行政程序适用的时间为标准所作的分类。所谓事前行政程序，是指行政行为实施前或者实施过程中应遵循的程序，如行政处罚过程中的调查程序，行政许可过程中的听证程序等等。所谓事后程序，是指行政行为实施后，为确定其行为的合法性与正当性以及纠正违法、不当行为而适用的程序，如给予受害相对方补救的行政救济程序等。无论是事前程序还是事后程序，其目的都在于保障行政相对方的合法权益，监督控制行政权力。

（四）行政立法程序、行政执法程序和行政司法程序

这是以行政程序适用于不同的行政职能为标准所作的分类。国家行政机关具有行政立法、行政执法和行政司法的职能，这些不同类型的行政作用都必然要适用与其相应的行政程序。行政立法程序专指行政机关制定行政法律规范所适用的程序。行政执法程序是指行政机关及其工作人员依法行使行政职能，实施行政行为所适用的程序，包括行政决定程序、行政强制程序、行政处罚程序等，是行政程序的主要构成部分。行政司法程序是指行政机关以公断人的身份裁决行政主体与行政相对方的行政争议以及平等主体间民事争议所适用的程序，此种程序类似于人民法院处理争讼案件的程序，也被称为"准司法程序"。

三、行政程序的功能

行政程序对于法治国家和法治社会的功能，可以概括为以下六个方面[①]：

---

① 这里阐述的行政程序的功能，只是指一种一般意义上的功能，而不区分行政程序的法定功能和实际功能。

第十三章 行政程序

（一）促使行政过程民主化的功能

统治者的统治应获得被统治者的同意,这是现代民主政治的基本内容。在政治领域,国民通过选举民意代表来实现民主;在行政领域,国民则通过参与行政过程来实现民主。基于民主主义的原理,现代行政不仅要求依法行使行政权力,而且要求在行政权行使的过程中,必须尊重可能受到行政权作用的相对人的意见。通过行政程序制度,引导行政相对人有效参与行政过程,行政决定的作出尽量考虑相对人的意见,使行政过程具有足够的民意基础,从而增强行政的民主化。在民主政治不够成熟的国家,行政的民主化还能够促进政治的民主化。

（二）促进依法行政的功能

依法行政不仅要求行政主体作出行政行为的权限、主体、内容等方面合法,还要求行政主体作出行政行为的过程遵守法定程序;违反法定程序,将可能导致行政行为被确认违法或者被撤销。因而,通过行政程序的法定化,能够促进行政主体依法行政。

（三）保障公民权利的功能

从程序法与实体法相互作用的关系看,只有通过程序法的运作,实体权利和实体法的内容才能得到具体化。行政程序为实体结果的实现提供途径、方式、手段、步骤等,它们构成实体结果实现的过程。如果缺少行政程序的支撑,个人为行使或者实现其实体权利而必须享有的程序性权利得不到确认,则他们的实体权利将同样得不到保障。

（四）提高行政效率的功能

行政程序的一系列制度都能够提高行政效率,如时效制度保证了行政程序的各个环节有时间上的限制,简易行政程序、紧急处置程序等制度保证了特殊情况下的行政行为快速有效地作出,行政程序的标准化和规范化能够增强行政行为的格式化。[1]

（五）减轻法院对行政行为事后性的司法审查的负担的功能

在行政机关作出行政行为的过程中,如果让当事人有机会参与其中,表明意见,甚至对该决定的形成产生影响的话,则可以增强该决定的可接受性。这样,由于当事人的利益能够通过公正的行政程序得到考虑与保护,相对人和行政主体之间就会相互理解,二者之间产生纠纷的可能性也会大大降低,进而,相对人对司法救济途径的需求会得以缓解。所以说,行政程序通过对行政行为的事前预防监督,不仅可以使大量行政争议得以避免,而且可以减轻法院对行政行为事后性的司法审查的负担。[2]

（六）增强行政合法性、从而整合社会的功能

现代国家的合法性依据在于它是一种法理的权威,即通过法律程序设定国家行动的范围、界限及方式等,法、法律是国家权力的形式来源及其合法性、正当性的理由。现代行政程序作为法定程序,保障公民的参与权,让公民直接介入行政权的行使过程。在这个过程中,公民权成为行政权合法、正当伸展的一种外在规范力量,并随时可以对行政权是否合法、正当在法律范围内提出抗辩,并为行政机关行使职权提供一个反思的机会,行政机关如果发现

---

[1] 参见王万华著:《行政程序法论》,载《行政法论丛》(第3卷),法律出版社2000年版,第254—259页。

[2] 参见姜明安主编:《行政法与行政诉讼法》(第2版),北京大学出版社、高等教育出版社2005年版,第368—369页(章剑生执笔"行政程序");吴庚著:《行政法之理论与实用》,中国人民大学出版社2005年版,第335—337页;翁岳生主编:《行政法》(下册),中国法制出版社2002年版,第936—952页(汤德宗执笔"行政程序法")。

有不合法或者欠缺正当性的情况,即可以自动纠正,从而体现现代行政的合作、协商精神,增强行政行为的合法性。①

第二节 行政程序法及正当程序理念

一、行政程序法的概念与历史发展

(一) 行政程序法的概念

所谓行政程序法,是指规制行政主体作出行政行为的过程中所应遵循的程序的法规范和原则的总和。简言之,就是规定和规范行政程序的法。

行政程序法是行政决定作出之前的行政过程中所应遵循的规范,与规范行政决定作出之后的事后救济程序的行政复议法和行政诉讼法不同。

(二) 行政程序法的历史发展

现代意义上的行政法作为一门独立的部门法是大陆法的产物,最早出现于18世纪末19世纪初的法国。② 而行政程序作为一种行政法上的现象,从行政法诞生伊始就内含于行政实体法之中,但是从来没有作为一种独立的行政法制度而被加以强调,人们只是认为其对于行政实体法的实现具有辅助功能。但是,一方面,行政程序作为一种高度抽象化和程式化的制度安排,既可以为现代社会数量巨大的不同类型的行政行为提供抽象的程序模式,减少因为行政人员的自由裁量而带来的行政上的不确定性,增大行政的可预测性,又可以实现行政权运行的有序化和平稳化,从而减少摩擦,提高效率。另一方面,从行政权与行政法之间的形式关系来看,在近代行政法时期,行政权的运行几乎难越法律之雷池半步,行政机构和行政人员的数量也十分有限,法律很容易从实体上对行政权加以规制。但随着历史社会条件的转变,行政权的地位已非昔日可比,法律不得不赋予行政权以优越的地位,出现了广泛的委任立法、自行强制执行等现象。法律只能从实体上对行政权进行概括的规制,而对于行政行为的事后的司法审查相对于高速运转的行政权来说又显得滞后,这就需要另外一种形式的法律规制。

19世纪末至20世纪初,随着生产的高度社会化和垄断资本的发展,国家行政事务越来越趋向于复杂化,特别是科学技术的发展、大规模的经济危机、失业人数的增加等,诸多问题对社会产生越来越强烈的影响,迫使国家对社会生活进行广泛的干预,行政权力随之而不断扩大,行政裁量领域不断增加。这使得法律对行政权在实体方面难以监控,必然转为从程序方面对行政权加强法律控制,从而导致了行政程序法的兴起和发展。

1925年7月21日,奥地利颁布《行政程序法》《行政处罚法》《行政处罚程序法》和《行政执行法》等各类程序性法规范。其后,捷克斯洛伐克、波兰、南斯拉夫等国家相继效仿奥地利,分别制定了自己的行政程序法。日本行政法学界也翻译介绍了奥地利《行政程序法》。但是,由于世界大战的爆发及全球性的经济危机,世界局势动荡不安,奥地利《行政程序法》并没有得到世界性重视,没有产生其应有的影响。

---

① 章剑生著:《行政程序法基本理论》,法律出版社2003年版,第22—29页。
② 参见王名扬著:《法国行政法》,中国政法大学出版社1988年版,第11—15页。

第二次世界大战之后,随着民主原理的广泛普及和民主制度在世界各国相继建立,人们逐渐意识到在世界大战和经济危机蔓延期间,行政权已经迅速膨胀到令人恐惧的地步,于是开始反思如何控制日益强大的行政权。1946年,为了应对时代的需求,从行政程序的角度规制行政权并加以法典化,美国制定了《联邦行政程序法》。随后,受美国的影响,行政程序法典化成为了国际趋势。

在美国制定《联邦行政程序法》之后,意大利等相继制定了统一的行政程序法,而西班牙、捷克斯洛伐克、波兰、南斯拉夫、匈牙利等国也都修改或者重新制定了行政程序法,日本、原联邦德国等国也为制定统一的行政程序法而作出了各自的努力。大陆法系诸国传统上并不重视程序法,而更为重视实体法上的统制,因此在第二次世界大战之前只有少数大陆法系国家制定了行政程序法典。对于大陆法系行政程序法的发展历史来说,具有重要意义的是1976年作为大陆法系国家的典型代表的德国行政程序法的制定,它对大陆法系国家和地区的行政程序法典的制定产生了广泛影响。

20世纪90年代以来,为了适应信息时代和瞬息万变的国际国内形势,许多国家和地区相继制定或者重新修订颁布了行政程序法典,如日本于1993年,我国澳门地区于1994年,台湾地区于1998年分别制定了行政程序法典;奥地利于1991年,西班牙于1992年,葡萄牙于1996年,德国于1997年分别修订了行政程序法典。①

(三)我国行政程序法制建设

我国至今仍然没有进行统一的行政程序立法,但理论界和实务界日益认识到制定统一的行政程序法典对于建设现代法治国家的重要价值,开始了一些探索和初步的立法实践。在《行政处罚法》《行政许可法》《税收征收管理法》以及《政府信息公开条例》等法律法规中,对单一类型的行政行为的行政程序进行了立法规定;2008年颁行的《湖南省行政程序规定》作为地方政府规章,是我国首次对行政程序进行专门的行政立法;其后,一些省市先后制定了行政程序立法文件,如《山东省行政程序规定》《汕头市行政程序规定》《西安市行政程序规定》《海口市行政程序规定》《邢台市行政程序规定》等,这些地方性立法文件为我国制定统一的行政程序法典提供了有益的先行经验。

制定一部完备的行政程序法典、健全我国行政程序法体系,是我国行政法治必不可少的重要内容,也是我国行政法学界所应承担的历史责任。

二、正当程序的理念

正当程序的理念来源于英国普通法传统中古老的"自然正义"(natural justice)观念。这一原则包含着两条规则:一是任何人都不能成为与自己有关的案件的法官,二是应该听取双方意见。这一原理成为现代行政程序的渊源。② 这本来是司法程序中的规则,英国司法机构最初也是在对行政权运行进行司法审查的时候援引这条法律原则,后由于现代行政权运行过于迅捷及专业化和多样化,司法审查由于其滞后与时间漫长的缺陷而难以有效规制行政权,于是在事前与事中控制行政权的行政程序出现了,而"自然正义"原则就被移用到了行政程序中,成为英国行政程序的基本原则和基本内容。

---

① 参见杨建顺著:《行政规制与权利保障》,中国人民大学出版社2007年版,第776—780页。
② 参见杨建顺著:《日本行政法通论》,中国法制出版社1998年版,第786页。

自然正义最初是自然法上的一项内容,但在现代则成为了实定法上的一项法律原则。根据施特劳斯的考证,"自然"在原初意义上包括两点最重要的内涵:一是作为某一事物或者某类事物的本质特性,二是作为初始事物。世界因此被区分为"自然的"与"非自然的","自然的"意味着从来如此、处处如此的,而"非自然的"则意味着只是在某一时空中如此;"自然的"同时意味着"正确的"。因此,"自然正义"意味着自然的永恒正义与和谐。① 在中世纪,自然正义中所包含的要求裁判者不偏袒及公开听证的规则被视为事物永恒不变的秩序的一部分,因此即使是立法机关也不能改变。1610 年,英国著名大法官柯克说:"议会法律让某人作为自己的案件的法官或以别的方式触犯普通的理性,法院可以宣布该法无效。"同时期的另一位大法官霍巴特也说:"如果与自然平等观相冲突,例如使一个人成为他自己案件的法官,那么即使是议会的法律,本身也无效,因为自然法是不可改变的。"1710 年,另一位大法官霍特称许了这一观点:"那远非过激之词。这种说法是非常合乎情理的、千真万确的,即,如果议会法律命令同一个人既作为当事人又作法官……那就是无效的议会法律。"②

　　随着 19 世纪法律实证主义思潮的影响日益扩大,自然法逐渐式微。至 20 世纪,英国大法官丹宁这样叙述"自然正义":"我所说的'正当程序'指的不是枯燥的诉讼案例,它在这里和国会第一次使用这个词时所指的意思倒极其相似。它出现在 1354 年爱德华三世第二十八号法令第三章中:'未经法律的正当程序进行答辩,对任何财产和身份的拥有者一律不得剥夺其土地或住所,不得逮捕或监禁,不得剥夺继承权和生命'。"③在丹宁的言语中,自然法色彩已经完全消除了,只剩下了已经演变为实定法的两个法律规则。而 20 世纪的英国行政法学家韦德则直接否定了自然法意义上的"自然正义":"'自然'这个浪漫的语词'除了也许有点怀旧的痕迹外',不增加任何意义;而且'正义根本不是一个自然的观念——越进入自然状态,越少正义'。"他认为:"自然正义不得不谋求新的立足点,并发现它是实施制定法而不是推翻制定法的一个范式。它的基础现在存在于解释规则之中。法院可能认为议会授权时旨在使之得到正确合适的运用。鉴于议会不会作出相反规定,这给了法院相当余地可以设计出一套合乎时宜的公正行政程序法典。"④最终,自然正义的根基落在了实定法上,而自然正义也就演变成了正当法律程序。

　　与英国法一脉相承的美国法在其宪法修正案中将自然正义法定化了,确立了所谓的"正当程序条款"。美国宪法修正案第 5 条规定:"非经大陪审团提出报告或者起诉,任何人不受死罪或其他重罪的惩罚……任何人不得因同一犯罪行为而两次遭受生命或身体伤残的危害;不得在任何刑事案件中被迫自证其罪,未经正当法律程序,不得剥夺任何人的生命、自由或财产……"第 14 条规定:"……无论何州未经正当法律程序,不得剥夺任何人的生命、自由或财产,亦不得拒绝给予在其管辖下的任何人以同等的法律保护……"⑤

　　传统上,美国法院在适用"正当程序条款"时,认为"正当"的内涵仅指"听证",即当事人

---

① 参见[美]列奥·施特劳斯著,彭刚译:《自然权利与历史》,生活·读书·新知三联书店 2006 年版,第 83—84 页;[美]施特劳斯、科洛波西主编,李天然等译:《政治哲学史》,河北人民出版社 1998 年版,第 2—3 页。
② 前面提到的三位大法官的言语均转引自[英]威廉·韦德著,徐炳等译:《行政法》,中国大百科全书出版社 1997 年版,第 98—99 页。
③ [英]丹宁勋爵著,李克强、杨百揆、刘庸安译:《法律的正当程序》,法律出版社 1999 年版,第 1 页"前言"部分。
④ 参见[英]威廉·韦德著,徐炳等译:《行政法》,中国大百科全书出版社 1997 年版,第 99 页。
⑤ 引自[美]斯基德摩、特里普著,张帆、林琳译:《美国政府简介》,中国经济出版社 1998 年版,第 387、390 页。

第十三章 行政程序

在受到不利对待时,必须获得听证的权利或陈述意见的机会,才能实现宪法上所赋予的程序保障权利。20世纪70年代之后,美国联邦最高法院逐渐摒弃了这一见解,转而采取"利益衡量论",即综合考虑争讼问题的性质、争讼利益的本质、行政机关进行不利处分的程序导致错误的几率、增加程序保障可能发挥的效用以及行政机关因增加程序而加重的负担等因素后,决定"正当程序"的内涵。① 而美国行政法上通常认为,行政程序的正当性至少应符合三点要求:第一,合理的通知。所谓合理的通知,不仅指被处分人应受被处分事项的合理说明,同时还指被处分人应当在合理的时间内获得有关通知。这里的"合理",应当按照事件的性质作出客观的认定。第二,被处分人有提出证据和作出陈述的机会。至于这个过程是否应当公开,则视具体的情形而定。第三,公正的审判机关。这三点已被美国《联邦行政程序法》所吸收。②

对于正当行政程序的内涵,各国法律的规定各不相同,各国学者们的意见也各有差异。如有的主张正当行政程序应包括告知和听证、文书阅览、理由附记、处分基准的设定和公布四项内容③,有的主张正当程序包括受告知权、听证权、公正作为的义务和说明理由的义务四项内容④,诸如此类。不过,在各不相同的观点背后,存在着一种所谓正当程序的理念。

在传统社会,西方的基督教教义或中国儒家学说为人们所普遍接受,这些教义或者学说对法的正义内涵所进行的实体上的论证为人们提供了一个可靠的、终极性的基础,人们完全信赖这个根基,依靠这个根基安身立命,直到近代科学摧毁了这个根基。近代科学以理智化的形式,祛除了传统世界的神秘性,取代了宗教和哲学的地位。如韦伯所洞见:"我们的时代,是一个理性化、理知化、尤其是将世界之迷魅加以祛除的时代;我们这个时代的宿命,便是一切终极而最崇高的价值,已自社会生活隐没。"⑤当终极基础被破除之后,人们对法的正义内涵无法再从实体上给出统一的论证,于是转而从程序上进行论证,形成了所谓的程序正义论,即只有通过正当的程序才能达致正义。举例来说,当政府基于公共利益的需要对私人的土地和房屋进行强制征收和拆迁时,需要对什么是公共利益进行论证。然而,现在缺乏界定公共利益的统一基础,行政机关、相对人、利害关系人等对公共利益的看法各不相同,于是立法者在法律中规定一套程序,在这套程序中各方平等、无强制地表达各自的意见,在协商的基础上形成最后的行政决定。只要是在遵循这套程序之后所形成的行政决定,那么各方便会接受,因为各方已经信赖了这套法律程序;而人们之所以会信赖这套法律程序,是因为人们已经接受了制定法律所必经的立法程序。立法程序是一种多数决机制,预先并不设定结果,只要是按照多数决的程序形成的结果便是可以接受的。可见,法律程序本身的有效性也是由程序所保证的。正如德国思想家卢曼所认为的,法作为一种系统只能从它的功能后果上去寻求它的正当性基础:通过程序具有正当性。⑥

从自然法上的自然正义到实证法上的正当法律程序原则,正当程序的理念已经成为现

---

① 参见翁岳生编:《行政法》(下),中国法制出版社2002年版,第1072—1073页(汤德宗执笔"行政程序法")。
② 参见高秦伟著:《正当行政程序的判断模式》,载《法商研究》2004年第4期。
③ 参见〔日〕盐野宏著、杨建顺译:《行政法总论》,北京大学出版社2008年版,第178—180页。
④ 参见翁岳生编:《行政法》(下),中国法制出版社2002年版,第1082页(汤德宗执笔"行政程序法")。
⑤ 〔德〕韦伯著,钱永祥等译:《学术与政治》(韦伯作品集1),广西师范大学出版社2004年版,第190页。
⑥ 参见〔德〕阿图尔·考夫曼、温弗里德·哈斯默尔主编,郑永流译:《当代法哲学和法律理论导论》,法律出版社2002年版,第188—189页。

代行政法的一种价值追求,也应成为引导我国行政法发展的动力性因素。

第三节 行政程序法的基本制度

虽然各个国家的国情不同,其行政程序法典所规定的内容也不尽相同,但是,一些基本的程序制度为各国的行政程序法典所共有。归纳起来,大致包括三类:保障程序公正的制度、保障程序民主的制度和保障程序效率的制度。

一、保障程序公正的制度

保障程序公正,就是要在程序上平等对待当事人,排除各种各样可能造成不平等或者偏见的因素。保障程序公正的制度,包括回避制度、职能分离制度、禁止单方面接触制度、行政公开制度等。

(一) 回避制度

为了消除利益和偏私对程序中立的影响,回避制度应当成为正当行政程序的组成部分。当程序活动的主持者和裁判者受到或看起来受到某种直接或间接利益的影响,或者对程序活动中的法律、事实和当事人存在偏见时,这样的裁判者对该具体的程序活动来说就是不合格的,他们应当回避,当事人也有权提出回避申请。

(二) 职能分离制度

程序结构上的职能分离有两个层次:一是完全的职能分离,即把调查职能、审理职能和裁决职能完全分开,由相互独立的机构行使。二是内部的职能分离,指行政机关的调查、听证和裁决职能在实际中由不同的工作人员行使。职能分离的重要目的在于避免裁判者在作出决定之前就形成了"成见",从而影响程序中立。假如制作裁决的主体与主持调查的主体是合一的,可能在决定正式作出之前他就有了自己的结论;在听证和决定的制作时可能就很难接受与自己观点相反的意见,因而也就难以客观、全面地作出裁决。换言之,由于受到调查阶段有关信息的影响,裁判者作出决定时的独立性会受到质疑。另一方面,调查与裁决的功能混合,还可能导致裁判者"成为自己案件的法官"这种情形,因为从逻辑上讲,裁判者总是会极力维护自己在调查阶段形成的"确信"。上述情况都会影响程序活动的过程和结果的公正性。同理,规则的设定权、实施权以及相应的裁决权的混合也可能产生类似的影响。[1]

(三) 禁止单方面接触制度

行政机关处理两个以上相对人具有相互排斥利益的事项,或者裁决某些民事争议时,在作出决定或裁决前,不能在一方当事人不在场的情况下与另一方当事人单独接触,听取其陈述,接受其证据材料等。这是现代行政程序法上的一条重要规则。其目的在于避免偏袒或不公正交易的嫌疑,使行政决定或裁决不仅在实体内容上具有公正性,而且在程序上、在外观上也充分显示公平、公正和正义。这种原则的确立及其在实际行政过程中的贯彻实施,对于防止滥用职权和暗箱操作等具有极其重大的意义。

---

[1] 王锡锌著:《行政程序正义之基本要求解释:以行政程序为例》,载《行政法论丛》(第3卷),法律出版社2000年版,第297页。

（四）行政公开制度

英国大法官休厄特尝言："公平的实现本身是不够的。公平必须公开地、在毫无疑问地被人们所能看见的情况下实现。这一点至关重要。"①正因为此，行政程序的公开也构成保障程序公正的重要因素之一。行政公开是指在行政程序活动中，除涉及国家机密、个人隐私和商业秘密外，行政主体必须向行政相对人及社会公开与行政职权运行有关的事项。首先，行政程序的启动条件要公开。行政程序的启动条件包括行政机关启动行政程序的法定职权和法定条件，两者都要公开。其次，行政程序的过程公开，是指行政主体应当将行政决定的形成过程中的有关事项向行政相对人和社会公开。最后，行政程序的结果及其理由公开，是指行政主体作出影响行政相对人合法权益的行政决定之后，应当及时将行政决定的内容及其理由以法定形式向行政相对人公开。

二、保障程序民主的制度

保障程序民主，意味着行政程序要吸纳相对人的参与，使行政行为具有较强的民意基础，有利于增强行政行为的可接受性，创造一种政府和民众共同治理的新秩序。保障程序民主的制度主要有告知制度、行政听证制度、说明理由制度等。

（一）告知制度

告知，是指行政主体应将与相对人具有利害关系的行政决定告知行政程序的当事人。告知，依照其时间和作用，大致包括以下两类：第一类，预先告知。指行政主体在作出行政决定之前将有关事实、理由和法律依据告知行政相对人和利害关系人。我国《行政处罚法》第31条规定："行政机关在作出行政处罚决定之前，应当告知当事人作出行政处罚决定的事实、理由及依据，并告知当事人依法享有的权利。"预先告知的作用在于促使当事人及时采取程序行为，例如，陈述意见、申请听证等。第二类，事后告知。指行政主体将已经作出的行政决定告知行政相对人和利害关系人。事后告知的功能，一是在于使行政相对人明白行政决定的内容，并依照告知的内容对其发生效力；二是使行政相对人能够通过行政诉讼来维护其自身权益。②

（二）行政听证制度

行政听证的实质是行政相对人就行政主体的不利处分进行答辩防御。从法律程序的角度来看，这是体现程序的形式公正的最基本的要求。正如英国丹宁勋爵所言："一个真正的审讯往往必须包括'让争议当事人纠正或驳斥任何有损于他们观点的事情的公平机会，……如果被听取意见的权利要成为有价值的真正的权利，它必须包括让被控诉人了解针对他而提出的案情的权利。他必须知道提出了什么证据，有些什么损害他的说法；然后他必须得到纠正或驳斥这些说法的公平机会'。"③也正因为此，行政听证成为了正当行政程序的核心制度，是最具有普遍意义的。在英国，作为自然正义的内容，任何人不得成为与自己有关的案件的法官，必须对双方听证的法理，一直是适用的。在美国，听证被作为正当程序的重要内

---

① ［英］彼得·斯坦、约翰·香德著，王献平译：《西方社会的法律价值》，中国人民公安大学出版社1990年版，第97页。
② 参见汤德宗著：《行政程序法论》，台湾元照出版公司2000年版，第19—22页。
③ ［英］威廉·韦德著，徐炳等译：《行政法》，中国大百科全书出版社1997年版，第181页。

容。在德国《联邦行政程序法》中,法定听证也被作为重要的程序原则之一予以规定。在法国,听证作为制裁性处分中的防御权的法理,在判例上得以体现。①

行政听证分为正式听证和非正式听证。正式听证模仿司法程序,由听证主持人居中主持,行政主体和行政相对人处于两造对抗的态势。在听证过程中,行政相对人可以委任代理人、陈述意见、提出证据、对质证人、询问机关代表和鉴定人,等等。非正式听证则规则灵活,没有一定的定式。

一般而言,正式的听证程序由如下基本步骤构成:(1)通知。这是指行政主体在举行听证前将有关听证的事项书面告知相对人及其他利害关系人。通知是听证必不可少的程序,它是相对人获得听证权的一种首要的程序保障。它包括应将听证的内容以及有关事项告知相对人,如举行听证的时间、地点、性质,听证所涉及的事实问题和法律问题等,以及采取适当的方式将通知及时送达受通知人,如可通过公告、面告、邮寄的方式及时、迅速地将通知送达受通知人。(2)确定听证主持人。行政机关应当指定参与作出行政行为的工作人员以外的本机关行政人员作为听证主持人,申请人、利害关系人认为主持人与该行政行为有直接利害关系的,有权申请回避。(3)举行听证。它是相对人向行政机关陈述意见、递交证据以及行政机关听取意见和接纳证据的过程,听证活动由听证主持人主持进行,双方当事人可以相互辩论、质证,提出有关证据,提出回避申请,听从听证主持人的决定。(4)听证笔录。双方当事人通过理性而自由的辩论,互相质疑之后,排除了各自的主观因素,就辩论的客体达成了一致性结论。这一结论形成书面材料,便是听证笔录。听证笔录具有约束行政行为的法律效力,也就是说,经过听证之后的行政决定必须依据听证笔录作出。②

(三) 说明理由制度

说明理由制度是指在行政活动中,行政主体在作出对行政相对人合法权益产生不利影响的行政行为时,除法律有特别规定外,必须向行政相对人说明其作出该行政行为的事实因素、法律依据以及进行自由裁量所考虑的政策、公益等因素,以书面方式附记于作出行政行为的法律文书之后。行政行为说明理由,就内容而言,可以分为合法性理由和合理性理由。前者用于说明行政行为合法性的依据,如事实材料、法律规范;后者则是用于说明行政机关正当行使裁量权的依据,如政策形势、公共利益、惯例、公理等。行政程序中的说明理由制度是行政主体就其所作出的行政行为的合法性和合理性进行的一种法理上的论证和阐述,经过说明理由,可以增进行政相对人对行政行为的理解和接受度。

在今天,行政决定说明理由,已成为现代法治国家公认的一项原则,各国行政程序法都对此作了规定。德国《联邦行政程序法》第39条规定:书面或由书面证实的行政行为须以书面说明理由。③ 日本《行政程序法》规定有理由附记制度,即作出处分时,将其理由附带记录在处分书上,以告知相对人。④ 美国《联邦行政程序法》指示,正式裁决的"所有决定",无论是初审裁决还是最后裁决,"都应包括……调查结果和结论,以及依据所有记录在案的关于

---

① 〔日〕盐野宏著,杨建顺译:《行政法总论》,法律出版社2008年版,第178页。
② 我国1996年的《行政处罚法》并没有明确听证笔录的法律效力,但是,2003年通过的《行政许可法》则明确了"行政机关应当根据听证笔录,作出行政许可决定。"这一立法例推进了听证程序制度的完备。
③ 〔德〕平特纳著,朱林译:《德国普通行政法》,中国政法大学出版社1999年版,第233页。
④ 〔日〕盐野宏著,杨建顺译:《行政法总论》,法律出版社2008年版,第179页。

事实、法律或自由裁量而提出的理由或基础"。① 此外,关于行政主体在作出对行政相对人不利处分时必须说明理由的规定在荷兰、韩国以及我国台湾和澳门地区等都非常细致。我国大陆的成文立法中,要求行政主体向行政相对人说明合法性理由的也不少。如《行政处罚法》第 39 条规定,行政处罚决定书中应当载明"违反法律、法规或者规章的事实和证据"。

三、保障程序效率的制度

没有一定的行政效率,就无法适应瞬息万变的行政需要,就无法实现行政管理的目的。效率性是行政活动区别于其他活动的重要特征之一。但是,过分强调效率性又会影响行政程序的民主性。因此,为了达到提高行政效率而不损害相对人的合法权益,提高行政效率而不违反公平、公正原则的目的,有必要在坚持程序公正原则的同时,在效率和公正、有限集权和民主、专家决策和民众参与、正式程序和简易程序的适用关系等一系列价值之间确定一定的规则,进而建立一系列保障制度。行政效率原则的具体贯彻和实现,大致包括以下三方面的内容:

(一) 时限制度和时效制度

行政主体作出行政行为的过程,是由一系列不断运动、相互关联并具有承接性的程序环节和发展阶段构成的。以提高行政效率、提供优质服务为目的的时限制度,应当对行政主体作出行政行为过程中的各个关键环节、各方参与主体的行为加以时限规范,并尽量考虑到各种特殊情形,构建起完备周密、种类齐全的时限制度,包括一般时限或者称标准时限、申请人时限、第三人时限、延长时限、紧急时限、送达回执时限、转移时限、协商时限、作出决定时限、执行时限,等等。我国《行政处罚法》《行政复议法》和《行政许可法》等法律规范大多都规定了相应领域的各种时限制度。②

时效,是指一定的事实状态在经过一定的时间之后,便会依法发生一定法律效果的制度。不同的法律部门在时效的种类上存在差异,如民法上的时效分为取得时效和消灭时效,刑法上的时效分为追诉时效和行刑时效,而行政法上的时效则分为追究时效和执行时效。所谓行政法上的追究时效,是指行政主体对违法行为人依法追究法律责任应当遵循一定的期限(有效期限),如果超出这一期限,则不能再行追究。所谓行政法上的执行时效,是指行政处理决定作出后,如经过一定期间仍未执行,则可免予执行。行政法律关系一般比较强调尽快安定,以利于各种利益尤其是公共利益的实现。因此,行政法上有必要设置各种时效制度。对于行政法上的时效问题,我国的立法中一直缺乏普遍、统一的规定,只有个别单行法律、法规中对追究时效有所涉及。例如,我国《行政处罚法》第 29 条规定:"违法行为在二年内未被发现的,不再给予行政处罚。法律另有规定的除外。"

(二) 关于步骤、顺序的制度安排

行政程序是行政主体作出行政行为所应当遵循的步骤和顺序。在制度上对作出行政行为的步骤和顺序予以周密的安排,使得行政处理规范化、定型化、流程化,对于贯彻效率原则

---

① 〔美〕欧内斯特·盖尔霍恩、罗纳德·M.利文著,黄列译:《行政法和行政程序概要》,中国社会科学出版社 1996 年版,第 179 页。

② 参见我国《行政处罚法》第 37 条、第 40 条、第 42 条等,《行政复议法》第 9 条、第 17 条、第 18 条和《行政许可法》第 32 条、第 42 条、第 43 条等。

具有极其重要的意义。因此,行政程序法规范大多对行政主体的行为方式在时间上予以相关步骤和先后顺序的规定。作出行政行为需要经过相应的步骤,行为方式的环节顺序在时间上也需要有先后安排。例如,根据我国《治安管理处罚法》第四章规定,治安管理处罚程序需要经过调查、决定和执行三个环节,各个环节之间的顺序不可以颠倒,尤其是必须先调查、取证,最后作出决定。

(三)简易程序制度

在现代国家,行政事务纷繁复杂,各种行政需要层出不穷,政府职能的转换和国家、社会、个人的分野常常处于变动状态,而行政主体的重要使命决定了其必须应对变幻多端的形势,及时采取相应的措施,作出适宜的决定,不可能也没有必要对事事都采取正式的听证程序。因此,各国行政程序法在设置正式制度或者程序的同时,一般都规定了简易程序。在紧急情况下或者对于比较简单的事项,从行政效率的角度出发,可适用简易程序。尤其是对于大量规范化、定型化、流程化的工作来说,简易程序的广泛适用不仅是效率原则的要求,而且也是节省成本的经济原则的要求,亦是行政组织精简、效能和统一原则得以贯彻落实的基本环境条件。如我国《行政处罚法》第五章第一节规定了当场处罚的简易程序。①

第四节 行政基准与程序违法的效果

一、行政基准

在现代行政国家,行政机关作出行政行为,虽然存在法律依据,但是许多时候,法律并没有将行政行为的事实要件与效果要件都予以详细规定,而是委任给行政机关根据具体情况进行裁量判断。因此,为了谋求行政行为的内部统一,行政机关常常会制定一些行政基准,作为行政机关在适用法律过程中应遵循的行为标准。设定行政基准并加以公布,是正当行政程序原则的要求。②

(一)行政基准的概念

虽然行政法律规范通常都规定了事实要件和效果要件,但行政法律规范的规定一般都较为抽象,行政主体不足以据此直接获得处理具体行政案件的判断基准,因而行政主体在法定范围内或者按照立法目的将行政法律规范的事实要件和效果要件以一定的方法予以明确化,使行政主体获得直接处理具体案件的判断基准。该判断基准,通常被称为"行政基准"。

从这一概念可以看出,行政基准具有以下几个要素:

第一,制定行政基准的主体是行政主体,而不是行使立法权或司法权的其他主体。

第二,制定行政基准的前提是行政法律规范较为抽象,没有提供明确而具体的事实要件和效果要件供行政主体作为个案适用的判断基准。

第三,行政主体制定行政基准,既不能超越行政法律规范所规定的范围,也不能违背立法者制定该行政法律规范的立法目的。

第四,行政基准的内容,通常都是将行政法律规范的事实要件和效果要件按照一定的形

---

① 参见杨建顺著:《行政规制与权利保障》,中国人民大学出版社2007年版,第794—796页。
② 参见〔日〕盐野宏著,杨建顺译:《行政法总论》,北京大学出版社2008年版,第179页。

式逻辑予以明确化。

第五,行政基准通常都是对行政系统内部发生效力,用于指导行政机关及其行政人员的行政行为,一般不会对外部产生影响,即对行政相对人的权利义务并不直接产生影响。

(二) 行政基准的性质和功能

行政基准是行政机关为了确保行政的统一性而制定的内部规则,是行政机关对其执行的行政法律规范的具体化。

行政基准具有以下功能:

第一,行政基准能够增强行政的自我拘束。所谓行政的自我拘束,是指行政主体如果根据自身制定的基准在某个案件中作出一定内容的决定或者采取一定的措施,那么,在其后的所有同类案件中,行政主体都要遵循该基准,对有关行政相对人作出相同的决定或者采取相同的措施。

第二,行政基准的公布可以使国民对相应的行政行为具有预测的可能性,从而稳定国民的行为预期,有助于保障法的安定性和国民的利益。

第三,行政机关适用相应的行政基准来作出行政行为,可以减少行政机关在判断方面的随意性,从而保障行政行为的公正性。

第四,行政基准能够为司法机关对行政行为的司法审查提供一定的参考标准,行政机关是否合法地制定以及准确地适用自身制定的行政基准,能够为司法机关提供司法审查的方向和内容。[①]

(三) 行政基准的类型

行政基准的类型,依其重要性而言,主要包括裁量基准、解释基准和给付规则。

1. 裁量基准

所谓裁量基准,是指行政法律规范关于事实要件和效果要件的规定较为抽象,行政机关不足以直接据此获得将其适用到具体案件的判断基准,为了防止行政机关任意裁量,上级行政机关将行政法律规范的事实要件和效果要件以定量的方法予以细分化和明确化,并使细分后的事实要件和效果要件一一对应,从而使下级行政机关获得直接处理具体案件的判断基准。

例如,我国《治安管理处罚法》第 70 条的规定,以营利为目的,为赌博提供条件的,或者参与赌博赌资较大的,处 5 日以下拘留或者 500 元以下罚款;情节严重的,处 10 日以上 15 日以下拘留,并处 500 元以上 3000 元以下罚款。为了细化这一规定的事实要件和效果要件,《北京市公安局实施治安管理处罚法细化标准(试行)》规定了细化后的裁量基准:"赌博赌资较大的设定:(1) 处 500 元以下罚款赌资设定为:500 元以下;(2) 处 5 日以下拘留赌资设定为:500 元至 1500 元。"

裁量基准是行使行政裁量权的内部性基准,因此具有内部规则的性质,其设定一般不需要法律依据。通常情况下,为了确保行政裁量权的公正行使、平等对待相对人以及保护相对人的信赖,行政机关应该设定裁量基准并加以公布,并且行政机关应该按照裁量基准作出行政行为。不过,在例外的情况下,行政机关即使不按照裁量基准作出行政行为,也并不当然

---

① 参见王天华著:《裁量标准基本理论刍议》,载《浙江学刊》2006 年第 6 期;朱芒著:《日本〈行政程序法〉中的裁量基准制度》,载《华东政法大学学报》2006 年第 1 期。

违法,只是会产生是否适当的问题;如果行政机关能够给出合理的理由,则也是允许的,毕竟裁量基准不是法律。①

2. 解释基准

解释基准,是指在行政法律规范关于事实要件或效果要件的规定较为抽象时,为了防止进行行政行为时作出各不相同的对待,确保行政的统一性,上级行政机关对下级行政机关发布的对行政法律规范进行法令解释而形成的行政基准。裁量基准是以定量的形式细分事实要件和效果要件并使一一对应,而解释基准则是对不确定法律概念进行明确的界定,一般借助于形式逻辑、经验理性和语义分析的方法,以定义命题的方式设定。当然,由于解释基准与裁量基准都是对不确定的事实要件和效果要件的明确化,因此两者的界限有时候并非十分明显,当解释基准也以定量的方式来解释法规范的要件时尤其如此。

例如,根据我国《行政处罚法》第42条的规定,在行政机关作出较大数额罚款的行政处罚决定之前,当事人有权要求听证。该条款中使用了"较大数额罚款"这一不确定法律术语。《贵州省人民政府关于行政处罚较大数额罚款标准的规定》对该省行政处罚听证范围中"较大数额罚款"标准数额规定:(1)法律、法规、规章对某类违法行为罚款没有最高限额规定的,对非经营活动中公民的违法行为处1000元(含1000元)以上罚款、法人或其他组织的违法行为处5000元(含5000元)以上罚款为"较大数额罚款";对经营活动中公民的违法行为处3000元(含3000元)以上罚款、法人或其他组织的违法行为处1万元(含1万元)以上罚款为"较大数额罚款"……

解释基准,从形式上看,是上级行政机关对下级行政机关发布的命令。解释基准的制定权,在行政组织法论上,被视为上级行政机关所具有的指挥权和监督权的当然内容。全国人大常委会《关于加强法律解释工作的决议》中规定:"不属于审判和检察工作中的其他法律、法令如何具体应用的问题,由国务院及主管部门进行解释。"

解释基准能够拘束下级行政机关,但其效力一般仅限于行政系统内部,不能由法院作为基准来适用。在这种意义上,它不具备外部效果。也就是说,法院审查行政机关依据解释基准作出的行政行为时,应该以独立的立场来解释法律法规,判断行政行为是否合法,而没有必要考虑行政机关的解释基准。

3. 给付规则

给付规则,是指行政机关实施给付行政,对相对人提供金钱或物品时所遵循的给付规则。在我国,在资助行政、社会保障行政等给付行政领域,没有法律根据而实施的情况很多。而且,即使存在法律规定的给付根据,法律的规定通常也十分概括和抽象。因此,在现实的给付行政中,通常是行政机关制定内部的给付规则来予以实施。

例如,根据国务院制定的《失业保险条例》第10条的规定,失业保险基金除了用于失业保险事务外,还可以用于国务院规定或者批准的与失业保险有关的其他费用。为了应对国际金融危机、促进就业,国务院2009年2月3日下发的《关于做好当前经济形势下就业工作的通知》第7条规定:"各地要根据实际情况制定减轻企业负担稳定就业局势的措施办法……运用失业保险基金结余引导困难企业不裁员或少裁员等措施,稳定就业岗位。"据此,北京市人民政府2009年3月21日给下属机构下发了《关于实施稳定就业扩大就业六项措施

---

① 参见〔日〕盐野宏著,杨建顺译:《行政法总论》,北京大学出版社2008年版,第68页。

的通知》,规定以失业保险基金支出以下资金:"企业和职工参加失业保险并履行了缴费义务,受金融危机影响,企业面临暂时性生产经营困难,已采取在岗培训、轮班工作、协商薪酬等稳定就业岗位措施且没有裁员或少裁员的,可申请享受最长不超过12个月的稳定就业社会保险补贴和岗位补贴。社会保险补贴以本市上年度职工月平均工资标准的60%为基数,养老保险补贴20%、医疗保险补贴9%、失业保险补贴1%。岗位补贴按本市失业保险金最低标准,每人每月562元。对享受稳定就业社会保险补贴和岗位补贴的企业,组织职工开展待岗转岗技能培训的,按照每人每月100元的标准给予企业最长不超过6个月的稳定就业培训补贴。凡经过培训获得职业资格等级证书的,在每人每月100元的基础上,初级工每人每月再给予200元,中级工每人每月再给予300元,高级工及以上每人每月再给予400元的培训补贴。"

这种行政给付,并无明确的法律法规根据,因此关于补贴的具体数额、补贴条件、补贴对象等,都委任给行政机关判断。行政机关的内部下发行政规范性文件的方式规定了给付规则,但这只不过是行政机关实施给付行政时的行政基准,相对人并不能依据该给付规则享有补贴的请求权。当然,从资助行政所适用的平等原则来看,在同等条件下没有合理的理由对甲给付而对乙不予给付,则也可能产生违法的问题。①

二、程序违法的效果

根据我国《行政诉讼法》第70条的规定,人民法院对违反法定程序的行政行为判决撤销或部分撤销,并可以判决被告重新作出行政行为。这条规定表明,行政行为的程序违法可以单独构成撤销判决的适用条件。

《执行行政诉讼法问题的解释》第54条规定:"人民法院以违反法定程序为由,判决撤销被诉具体行政行为的,行政机关重新作出具体行政行为不受行政诉讼法第55条规定的限制。"《行政诉讼法》第71条(即1989年《行政诉讼法》第55条)规定:"人民法院判决被告重新作出行政行为的,被告不得以同一的事实和理由作出与原行政行为基本相同的行政行为。"这意味着人民法院以程序违法为由判决撤销行政行为、并判决被告重新作出行政行为的,被告在重新作出行政行为时可以作出与原行为相同的行为。换句话说,相对人对实体合法而程序违法的行政行为提起行政诉讼,并无实质意义。可以说,我国实定法的上述规定,既不利于保护相对人的权益,也不利于对行政行为的程序规制,同时也不利于行政经济和节约司法资源,在中国的行政法治建设过程中也无法凸显行政程序的重要性,反而会导致行政机关进一步倾向于漠视行政程序。

1976年制定的德国《联邦行政程序法》第46条规定:"对于不构成本法第44条规定之无效的行政行为,在同案中不存在作出不同决定的余地的,相对人不能只以该行政行为违反了关于程序、形式或者地域管辖的规定为由请求撤销该行政行为。"德国行政法学者Maurer是这样解释本条的——这一解释被认为是该条的通说性解释:"本规定乍看之下恐怕难于理解,但是需要注意,本规定实际上是在对行政机关的羁束行为与裁量行为加以区别,在此基础上排除了对有程序瑕疵的羁束行为的撤销请求。(a)相对人以程序瑕疵为由请求撤销羁束行为的,法院必须审查被诉行政行为实体上是否合法。审查的结果,如果该行政行为

---

① 参见〔日〕盐野宏著,杨建顺译:《行政法总论》,北京大学出版社2008年版,第66—69页。

合法,法院必须以相对人的请求缺乏理由为由驳回其诉讼请求。因为,该行政行为既然在实体上是合法的,那么即使行政机关遵守了那些程序规定,也不可能对同案作出其他决定。(b)相对人以程序瑕疵为由请求撤销裁量行为的,如果该裁量行为存在程序瑕疵,法院必须当即以此为由撤销该裁量行为。因为,我们不能排除这样一种可能,行政机关如果遵守了那些程序规定来行使其裁量权,则关于同案会作出其他决定。应该与裁量行为采取同样处理的是在判断余地的范围内作出的行政行为。但是,如果发生裁量收缩,则该裁量行为与羁束行为相同,法院必须采取与(a)相同的处理。"① 根据该解释,如果被诉行政行为在程序上存在瑕疵,那么是否最终被法院撤销,要根据该行政行为是羁束行为还是裁量行为而定。被诉行政行为如果是羁束行为,那么是否被撤销应根据该行为在实体上是否合法而定;如果是裁量行为,则直接撤销。

在日本,判例通常持有的立场是:如果相对人的程序权利构成了正当程序的内容,那么行政行为对这些权利的侵害,应该构成撤销的理由;如果行政行为的实体内容合法,而该行为并未侵害相对人独立的、重要的程序权利,那么即便存在程序瑕疵,也并不构成撤销该行为的理由。判例显然受到德国法的影响,在整体上重视实体的合法性,只有违反可能对结果合法产生影响的重要程序才构成行政行为撤销的理由。不过,学者一般则更倾向于重视程序的重要性,如盐野宏指出:"基本上应该立足于只有正确的程序才能产生正确的决定这一前提。……如果认为只要实体没有错误就可以的话,便会导致程序上的规制之保障手段失去其存在的意义"②。类似的观点认为:当程序法规范的宗旨不仅在于谋求行政行为的实体公正,而且在于谋求程序本身的公正时,以及仅以程序公正为目的时,不论实体公正与否,程序违法都构成撤销行政行为的理由。③ 换句话说,从立法目的来看,当程序法条款的目的在于追求程序正当时,该程序法条款中所规定的程序便是重要的行政程序,即便行政行为实体内容合法,但违反该程序条款便构成直接撤销的理由。因此,至少日本《行政程序法》上所规定的告知和听证、理由说明、文书阅览、审查基准的设定和公布四项基本程序义务的违反,应该构成撤销行政行为的理由。

程序违法的效果,应该在具体的个案中,区分下列情形而定:首先,程序法规范的目的如果包含或者仅仅为了追求程序公正,或者程序对于实体内容的实现具有重大影响,不经过该程序将可能导致不同的结果,则违反程序应构成撤销行政行为的理由;其次,程序法规范仅仅作为保障实体公正的手段而存在,或者程序对于实体内容的实现并不具有重大影响,不经过该程序也会导致相同的结果,则违反程序并不能独立构成撤销行政行为的理由,应结合实体内容是否存在瑕疵及其严重程度来决定是否最终撤销行政行为;再次,行政行为程序轻微违法,对原告权利不产生实际影响时,程序不具有独立的价值,欠缺这种程序的行政行为,应该确认该行政行为违法,但不撤销该行政行为。④

---

① 转引自王天华著:《程序违法与实体审查——行政诉讼中行政程序违法的法律效果问题的一个侧面》,载罗豪才主编:《行政法论丛》(第9卷),法律出版社2006年版。
② 〔日〕盐野宏著,杨建顺译:《行政法总论》,北京大学出版社2008年版,第214页。
③ 同上书,第215页注释④。
④ 参见我国《行政诉讼法》第74条第1款第2项。

第十四章

政府信息公开

第一节 政府信息公开概述

信息是人们认识事物、开展社会活动、实现社会治理的基础,掌控了信息就掌控了资源。因此,信息自由不论对于国家还是个人都具有极其重要的意义。而在政府掌控绝大多数信息的情况下,不论是出于规范行政权的目的,还是为了实现公民权利,实现政府信息公开都是实现依法行政的必然要求。

一、政府信息公开的概念和意义

(一) 政府信息公开的概念

所谓政府信息公开,是指将行政机关持有的信息向个人或者团体公开的活动或者制度。和传统的信息调查相比较,信息调查着眼于信息的取得,服务于行政机关;信息公开着眼于信息的社会共享,服务于社会与公民。

"信息公开是第二次世界大战之后行政发展的一个新趋势。"①过去的行政管理中,一方面,行政机关习惯于将行政管理看做政府专享的权能,行政活动被刻意笼罩在一层神秘的面纱之后,行政机关所掌控的信息被看作政府资产,公众无权分享。另一方面,为了提高行政效率,避免当事人对行政管理的干预,行政活动也常常以公共利益的名义,限制公民对行政的了解和参与权。第二次世界大战之后,面对日益扩张的行政权,通过程序控制行政权的程序控权论日益受到人们的重视。而民主思想的普及、公民权利地位的日渐提高也使人们认识到,政府信息是依靠行政权力所获取的资源,本属于公民的共有财产,应当取之于民、用之于民,并力争通过信息的公开,促进公民对行政的参与。这些都极大地推动了信息公开的法制化进程。②

(二) 政府信息公开的意义

总体来说,政府信息公开具有以下几方面意义:

---

① 王名扬著:《美国行政法》(下册),中国法制出版社 1995 年版,第 963 页。
② 在谈到信息公开时,人们常常将它和行政公开混在一起。实际上,行政公开和信息公开是两个既有联系,又有区别的概念。行政公开注重的是行政活动整体过程的公开,它是在实质理性日渐萎缩、形式理性日趋扩张的情况下,通过一种沟通、交流和参与的法律程序的设计,规范行政权的行使,以此谋求行政结果的理性化和正当性,保障公民权利不受国家权力的非法干预和侵犯。与之相比,信息公开更注重行政活动中所形成的各种资料的公开,其着眼点在于公民作为国家的主人,对政府掌控的信息享有的概括性的获取和了解权(the right to know),是人民主权理念在行政法中的集中体现。

(1) 监督依法行政,防止权力腐败。权力的两面性决定了任何权力都有被滥用的可能,而监督行政权依法行使的一个重要手段就是将行政权的运作置于阳光之下,通过公开政府所掌控的各类信息,提高行政立法和行政执法的透明度,让公众进行监督和检查,从而增强公务人员的责任心,督促其依法行政,防止信息垄断所造成的权力滥用和腐败。

(2) 促进公民参与,实现民主行政。程序控权论和民主政治要求提高公众参与行政的程度,通过公民参与促进行政的理性,加强对行政的监督。而公民参与的一个重要保障手段就是政府信息的公开,因为有效的参与是以公民知悉和了解相关情况为基础的。公民只有得到相关的信息资料,才能对将要参与活动的政策背景、法制状态、现实状况有更为详尽和专业的了解,才能在此基础上,避免盲目单纯的激情,更为理性、科学地参政议政,增强其参政的实效性。而有效的参与,必将进一步激发其参与的热情,促进人民主权的实现。

(3) 辅助学术研究,提供商业资讯。学术研究中经常需要大量的数据资料,这些资料许多为政府所收集和保有。例如,高速公路的使用和收费情况、各地证券期货交易简报和市场成交情况、居民消费价格指数和商品零售价格指数等,都对相关学术研究具有重要的参考价值。

另外,市场经济的发展需要信息,政府手中所掌握的信息全面而权威,具有巨大的经济价值。及时了解、掌握这些信息,有助于个人或者企业以最小的成本获得有效的信息,减少商业风险,创造更多的财富。

二、政府信息公开法治化的历史进程

政府信息公开虽然意义重大,但是,要保障个人和团体能够不受限制地合理使用政府的信息,必须以法律制度为后盾,使公民的信息公开请求权成为受法律保护和救济的权利。自20世纪中期开始,越来越多的国家开始制定专门的信息公开法,而20世纪90年代末至本世纪初,更是达到了信息公开法制化的高潮。①

1966年,美国制定了《信息自由法》(Freedom of Information Act),该法规定,除列举的9项免除事项外,所有的政府文件必须向公众公开,允许公众按照法定程序取得。公开的对象不限于和文件有直接关系的当事人,只要能指明所需文件,任何人都可以依法得到政府的文件。此外,该法还规定了相应的救济手段,当事人可以通过诉讼,请求法院命令行政机关公开所需文件。该法明确了信息公开请求权的法律地位,其较为完备的信息公开制度,对其他西方国家起到了示范作用。② 目前,英国、法国、德国、日本、韩国等60多个国家都建立了政府信息公开法律制度。③ 在国家层面立法的推动下,政府间组织所持有的公共信息也开始受到人们的关注,逐渐被纳入信息公开的制度体系之中。④

---

① 详细数据参见周汉华主编:《外国政府信息公开制度比较》,中国法制出版社2003年版,第10—12页。
② 参见王名扬著:《美国行政法》(下册),中国法制出版社1995年版,第954—957页。
③ 具体的,法国在1978年制定了《自由获得政府文件》的法律规范,韩国在1996年制定了《公共机构信息公开法》,日本在1999年制定了《行政机关持有信息公开法》,英国在2000年制定了《信息自由法》,德国在2005年制定了《联邦信息公开法》。
④ 例如,联合国开发计划署、部分国际金融机构均先后采用了信息公开政策,详细内容参见周汉华主编:《外国政府信息公开制度比较》,中国法制出版社2003年版,第7—10页。

和其他国家相似,我国的政府信息公开制度总体上经历了一个先政策、后法定化,先地方、后中央的发展历程。2003年"两会"期间,政务信息化等问题开始成为代表们评议的热点,与会代表们就政务信息化提出了相关的立法议案和建议。其后的 SARS 事件又使人们看到了政府信息公开与共享的紧迫性。2003年1月1日,《广州市政府信息公开规定》正式实施,成为全国第一个对政府信息公开进行立法的地方城市。2004年,地方的信息公开立法进入第一个高潮,2月,深圳开始实行《深圳市政府信息网上公开办法》,成为全国第一个网上公开政府信息的城市。5月1日,上海市政府1月公布的《上海市政府信息公开规定》开始施行。杭州、成都、武汉、重庆、南京、宁波等地方政府也陆续制定了政府信息公开的规定,还相继建立了新闻发言人、规章制度上网、信息公开联席会议等相关制度。

相对于地方立法,在中央层面,2003年,有关政府信息公开条例的立法被提交至国务院法制办,信息公开正式进入国家立法程序。2004年3月,国务院印发了《全面推进依法行政实施纲要》,将政府信息公开作为推进依法行政、建设法治政府的重要内容。同年6月,被列入国务院立法规划的《政府信息公开条例》草案起草完成。《政府信息公开条例》于2007年1月17日经国务院第165次常务会议通过,自2008年5月1日起施行。这是我国现阶段有关政府信息公开的最高层级的专门立法。除此之外,80多部法律、法规中也都涉及了信息公开的有关具体规定,构成信息公开的法源之一。[①]

除了法律法规,国务院的规范性文件也对政府信息公开工作进行规范和指导。例如,2010年国务院办公厅《关于做好政府信息依申请公开工作的意见》(国办发〔2010〕5号)和每年都有发布的当年政府信息公开工作要点(如《2015年政府信息公开工作要点》),都对政府信息公开工作具有重要的规范作用。

三、《政府信息公开条例》的立法目的与基本原则

目前,我国规范政府信息公开工作的专门性法规是《政府信息公开条例》。从基本框架看,《政府信息公开条例》共计38条,分为总则、公开的范围、公开的方式和程序、监督和保障以及附则5个章节,基本上是按照信息公开制度的逻辑发展过程进行组织架构的。

(一) 立法目的

《政府信息公开条例》第1条开宗明义地规定,立法的目的是为了"保障公民、法人和其他组织依法获取政府信息,提高政府工作的透明度,促进依法行政,充分发挥政府信息对经济社会活动和人民群众生产生活的服务作用"。其中,保障公民获得信息是该条例的直接目的,后三项内容则是通过信息公开所欲实现的更进一步的目的,是法治行政、民主行政、人民主权原则在信息公开制度中的具体体现。

(二) 基本原则

所谓信息公开的基本原则,是指贯穿信息公开法律制度始末,对信息公开立法和实施起

---

① 有关我国信息公开制度的发展过程,参见曹康泰主编:《中华人民共和国政府信息公开条例读本》,人民出版社2007年版,第2—3、26页;贺诗礼:《一个美国学者眼中的中国政府信息公开制度》,载《中国改革》2007年第4期,第33页。

指导和补充作用的基本精神和原则。《政府信息公开条例》第5条规定,行政机关公开信息,应当遵循公正、公平、便民的原则。这是我国关于信息公开原则的明确规定。其次,以公开为原则、不公开为例外是各国信息公开制度的一项基本制度要求,为遵循这一要求,《政府信息公开条例》对信息公开的对象范围作出了明确而详尽的规定,体现了依法公开的原则性要求。

1. 公正、公平、便民原则

程序公正是现代行政民主化的基本要求,它要求行政机关在信息公开过程中应事先公开有关信息公开制度的各项要求,针对公开申请作出处理决定时,要告知申请人决定的内容、理由和依据,并听取其意见,同时,还要告知其有关的救济途径。

公平原则的核心理念是程序的中立和平等。它首先要求信息公开程序的设定本身要保持中立,尽量做到行政机关和信息公开申请人之间法律地位的对等。同时,行政机关应平等对待各方当事人,排除各种可能导致偏私或者不平等的因素。其次,政府信息作为公共财产,任何人都有权获得和使用。只要不属于信息公开的例外事项,任何人都有权依照法定途径获得所需的信息。

便民原则是促进公民参与、提高信息公开制度实效性的重要保障。《政府信息公开条例》第9条至第12条规定的主动公开制度、第21条规定的口头申请形式、第15条、第16条规定的形式多样的信息公开方式等等,都是便民原则的具体制度体现。

2. 依法公开原则

鉴于信息公开所具有的重要意义,在各国,大多将"以公开为原则、不公开为例外"作为信息公开法律制度的基本原则。它是指,除非有法律明确规定,一般情况下,所有的政府信息均应向社会和公民公开。在规定模式上,常常表现为不规定应公开的内容,而仅仅规定不公开的内容,除了不公开的之外,其余的均应公开。

我国在制定《政府信息公开条例》时,并没有采用这一规定模式,而是采取了依法公开的原则。《政府信息公开条例》首先规定了主动公开的基本要求和公开的内容,规定了各级政府应公开的重点信息。其次,规定了公民、法人和其他组织有权依法要求政府公开信息。随后,规定了不能公开的三类信息,即涉及国家秘密、商业秘密、个人隐私的信息,除了这三类信息,其余的信息都可依法公开。这样的规定方式既保障了信息公开的原则性,也明确了政府公开的重点内容和主要义务,对各级政府及其工作部门具有很强的指导作用,有利于信息公开工作的顺利展开。

第二节 政府信息公开的对象及范围

行政机关持有的信息范围非常广泛,由于立法者的政策选择,并非行政机关持有的所有信息都属于制定法上的政府信息。即使属于政府信息,也不一定都在公开的范围之内,各国根据自己的实际情况,均将部分信息作为例外,排除在信息公开的范围之外。只有满足政府信息的法定要件,并且不属于不能公开的政府信息的,才是信息公开的适格对象。

一、政府信息的概念及构成要件

(一) 政府信息的概念

所谓政府信息,一般泛指国家机关、特别是行政机关所拥有和管理的信息。在各国立法中,政府公开的信息有的被称为信息①,有的被称为行政文书。② 根据称谓的不同,其公开对象的内涵和外延存在很大差异。就公开主体而言,有的仅指行政机关,有的还包括立法机关和司法机关;有的仅指中央行政机关,有的还包括地方行政机关。我国的《政府信息公开条例》将公开的对象称为政府信息。该《条例》第2条明确规定:"本条例所称政府信息,是指行政机关在履行职责过程中制作或者获取的、以一定形式记录、保存的信息。"

(二) 政府信息的构成要件

根据我国《政府信息公开条例》的上述规定,政府信息应该满足以下几方面的要件:

1. 主体要件

根据《政府信息公开条例》的规定,我国的信息公开义务主体包括三类,只有这三类主体掌控的信息,才是信息公开的适格对象。

第一类主体是狭义的行政机关,即依据宪法或者行政组织法而设立的、行使国家行政职权的国家机关,包括中央和地方各级人民政府及其工作部门。它们是《政府信息公开条例》最主要的规范对象。

第二类主体是法律、法规授权的、具有管理公共事务职能的组织,这类主体基于宪法、行政组织法之外的其他法律、法规的授权,有权在授权范围内行使行政职权,履行行政职责,构成政府的组成部分之一。国务院下设的直属事业单位如地震局、气象局、银监会等,均属于这类主体。

第三类是与群众利益密切相关的公共企事业单位,如电信、医疗、交通企业等。企事业单位本是民事主体,不具有行使行政职权的资格。但是,有些企事业单位,其事业内容和国计民生紧密相关,主要是为人民群众提供公共产品和公共服务,因此,成为政府履行公共服务职能的重要载体和平台。这类主体主要分布在用电、用水、用气、医疗、教育、住房、电信、市政等社会公用事业领域,具有极强的社会性和公共性色彩,构成广义的政府的周边组织。③从其事业内容与公共生活的密切联系以及政府活动透明、公开的角度看,具有公开其所拥有的相关信息的必要性。为此,《政府信息公开条例》第37条规定,公共企事业单位在提供社会公共服务过程中制作、获取的信息也应参照条例规定予以公开,从而成为信息公开的义务

---

① 例如美国、英国、德国,美国公开的信息具体包括公共信息、行政法规、裁决理由、裁定、记录、程序。参见王名扬著:《美国行政法》(下册),中国法制出版社1995年版,第1111页。英国公开的信息包括所有公共机构持有的信息。参见英国法律数据库 http://www.statutelaw.gov.uk/Home.aspx。德国信息公开的对象为概括性的信息,联邦机关和联邦设施在实施公法上的行政事务时,在职务上产生的信息均在其列。参见〔日〕市町村科学院监修:《信息公开和个人信息保护》,行政2004年版,第47—49页。

② 例如日本,根据日本的信息公开立法,其公开的对象是行政文书,而不是行政机关拥有的信息,其更强调信息的载体。参见日本电子政府综合窗口网站 http://law.e-gov.go.jp/cgi-bin/strsearch.cgi。

③ 许多公共企事业单位本身就是基于政府的法规范或者决定设立,属于政府独资或者控股公司。例如,北京市地铁集团有限公司和热力集团有限责任公司,它们作为企业法人,是依照北京市政府决定,由北京市政府投资设立的国有独资有限责任公司。国家电网公司则是经国务院同意进行国家授权投资的机构和国家控股公司。

主体之一。①

2. 职责要件

政府信息应该是与行政管理活动密切相关、在行政机关履行职责过程中形成的,和行政管理活动无关的信息,不属于《政府信息公开条例》规范的对象。例如,行政机关内部的人事管理档案,行政机关作为民事主体的活动信息,公共企业事业单位在提供公共服务之外的活动中收集、掌控的材料,均不属于政府信息。

3. 形成方式要件

政府信息的形成方式有两种,一种是行政机关在履行职责过程中自己制作的有关自身活动的信息,例如,行政机关对法规范所作的解释,行政机关制定的纲要或者规划,行政机关针对具体案件制作的行政处罚决定书,等等。另一种方式,是行政机关在履行职责过程中,从个人、团体或者其他行政机关处获取的信息。例如,不动产抵押人在进行抵押登记时,向行政机关提交的资料,纳税企业向税务机关报送年度企业所得税纳税申报表中所提交的资料,国家人口和计划生育委员会从统计局获取的有关国家人口的年度数据等。

4. 形式要件

政府信息不但要具有一定的内容,还需要以一定的物理的形式存载和固定。通常情况下,政府信息是以文书的形式记录和保存的。除此之外,根据国外的立法和实践,还包括图片、胶卷、磁带、磁盘等存载形式。近年来,随着计算机等信息化科技的普及和广泛运用,以计算机为媒介保存的信息也逐渐被列入政府信息的范围之中。② 没有载体的信息是不固定的信息,缺乏稳定性,法律无法控制,所以,不属于政府信息的范围。

对于政府信息的认定,现实中争议较大的主要有内部信息、过程性信息。在国务院办公厅《关于做好政府信息依申请公开工作的意见》(国办发〔2010〕5号)中规定:"行政机关在日常工作中制作或者获取的内部管理信息以及处于讨论、研究或者审查中的过程性信息,一般不属于《条例》所指应公开的政府信息。"不认为内部管理信息和过程性信息属于应公开的政府信息。然而,在国务院办公厅《关于印发当前政府信息公开重点工作安排的通知》(国办发〔2013〕73号)中,又将征收房屋调查结果、初步评估结果、补偿情况作为信息公开的重点,界定的标准逐步放宽。

二、政府信息公开对象的范围

(一) 规定模式

所谓政府信息公开对象的规定模式,是指在立法上采取何种方式规定信息公开对象的范围。规定模式的不同将直接影响信息公开的程度。从国外的立法例看,一般分为三种模式。

第一种模式是原则性规定加否定式列举的方式,仅对应公开信息的范围作原则性规定,除了法律明确规定的除外事项外,所有的信息均应公开。这种规定模式的特点是界定条件少、公开范围广泛,可以根据社会的发展,不断将新的信息种类吸纳进来,公民享有较高的信

---

① 关于三类主体的界定,参见曹康泰主编:《中华人民共和国政府信息公开条例读本》,人民出版社2007年版,第19页,第32—33页。
② 参见〔日〕原田尚彦著:《行政法要论》,日本学阳书房2005年版,第248页。

息公开请求权。这也是世界上多数国家采取的规定模式。①

第二种模式是肯定列举加否定列举的方式,即,具体而明确地将应公开的信息和除外事项分别列举出来的方式。这种模式的优点在于内容清晰明了,便于操作。缺点是容易挂一漏万,对社会发展和实践要求的适应性差。泰国的《官方信息法》采取的就是这种规定模式。②

第三种模式是对于应公开事项采取原则性规定与列举式规定相结合的方式,然后对不公开的除外事项予以说明。这种模式既能保障全面公开政府信息的基本要求,又能突出与公民生产生活关系最为密切的信息,明确政府信息公开的重点,对行政机关和公民都能起到较好的规范和指引作用。

我国的政府信息公开方式分为主动公开和依申请公开两种方式。对于主动公开的信息范围,我国采取的是原则性规定与具体列举相结合的方式,首先规定了关于主动公开的基本要求,然后在具体列举中,整合规定了各级人民政府及其部门应当重点公开的政府信息。对于依申请公开的信息范围,则作出了原则性规定。在明确了应公开的各类信息范围后,又以列举方式,规定了不予公开的三类信息的内容。

采用这种规定模式的原因在于,信息公开是保障公民参与、实现民主行政的重要方式,也是对行政活动进行程序统制的重要手段,这些都决定了信息公开必须具有普遍性,需作为行政活动中的一项基本要求加以贯彻实施。与此同时,必须看到我国信息公开制度起步较晚,各地、各部门对信息公开重要性的认识程度和实现能力参差不齐。为保障该制度的顺利实施,有必要将与行政活动密切相关的、群众最为关心的信息明确列举出来,以增加政府信息公开的主动性、时效性和针对性,防止政府公布信息的随意性,减少信息公开的成本。③

(二) 主动公开的信息范围

1. 有关主动公开信息的基本要求

我国《政府信息公开条例》第9条对于政府信息公开的范围,作出了原则性规定。内容包括:

(1) 涉及公民、法人或者其他组织切身利益的;

(2) 需要社会公众广泛知晓或者参与的;

(3) 反映本行政机关机构组织设置、职能、办事程序等情况的;

(4) 其他依照法律、法规和国家有关规定应当主动公开的。

凡符合上述情形之一,且不属于第14条规定的例外事项的,各级政府和部门均应主动公开。第9条规定的前三项事项内涵并不确定,外延模糊,政府因而具有较大的裁量空间。这种规定方式既明确了信息公开的基本要求,也有利于各级行政机关根据本地区、本部门的

---

① 例如,美国、英国、德国、日本等国采取的就是这种规范模式。有关美国的具体内容参见王名扬著:《美国行政法》(下册),中国法制出版社1995年版,第961—962页。英国的具体内容参见周汉华主编:《外国政府信息公开制度比较》,中国法制出版社2003年版,第156、159—164页。德国的具体内容参见〔日〕市町村科学院监修:《信息公开和个人信息保护》,行政2004年版,第47—49页。日本的具体内容参见〔日〕原田尚彦著:《行政法要论》,日本学阳书房2005年版,第248—249页;南博方著:《行政法》,日本有斐阁2004年版,第58—59页。

② 参见周汉华主编:《外国政府信息公开制度比较》,中国法制出版社2003年版,第377—382页。

③ 有关立法机关采取这种规定模式的原因,参见国务院法制办副主任张穹在2007年4月24日就《政府信息公开条例》答记者问中的讲话。参见曹康泰主编:《中华人民共和国政府信息公开条例读本》,人民出版社2007年版,第15—16页。

发展情况,确定符合自身政务公开水平的信息范围,保障信息公开制度稳妥有序地发展。但同时,要注意防止行政机关借此滥用裁量权,肆意限制信息的公开范围。

2. 各级行政机关重点公开的信息范围

各级人民政府的职能和承担的任务各不相同,为突出各自信息公开的工作重心,并与中央推进政务公开的政策协调一致,我国《政府信息公开条例》以县级以上、设区的市和县级、乡(镇)级三级为标准,分别规定了它们各自应重点公开的信息范围。

首先,《政府信息公开条例》第10条规定,县级以上人民政府及其部门重点公开的信息内容是:

(1) 行政法规、规章和其他规范性文件;
(2) 国民经济和社会发展规划、专项规划、区域规划及相关法规范政策;
(3) 国民经济和社会发展统计信息;
(4) 财政预算、决算报告;
(5) 行政事业性收费的项目、依据、标准;
(6) 政府集中采购项目的目录、标准及实施情况;
(7) 行政许可的事项、依据、条件、数量、程序、期限以及申请行政许可需要提交的全部材料目录及办事情况;
(8) 重大建设项目的批准和实施情况;
(9) 扶贫、教育、医疗、社会保障、促进就业等方面的政策、措施与实施情况;
(10) 突发公共事件的应急预案、预警信息及应对情况;
(11) 环境保护、公共卫生、安全生产、食品药品、产品质量的监督检查情况。

上述11项内容和第9条所规定内容之间是一种包容关系,即这11类信息是县级以上人民政府及其部门必须重点予以主动公开的。除此之外,只要是符合第9条要求的信息,行政机关也应主动公开。

其次,根据《政府信息公开条例》第11条的规定,设区的市级人民政府、县级人民政府及其部门还应重点公开的信息包括:

(1) 城乡建设和管理的重大事项;
(2) 社会公益事业建设情况;
(3) 征收或者征用土地、房屋拆迁及其补偿、补助费用的发放、使用情况;
(4) 抢险救灾、优抚、救济、社会捐助等款物的管理、使用分配情况。

设区的市级政府和县级政府及其部门是县级以上政府及其部门的一个组成部分,因此,它除了必须重点公开第10条规定的11类事项外,还必须进一步重点公开第11条规定的这4类事项,这4类事项是对第11条规定内容的补充。

最后,《政府信息公开条例》第12条规定,乡(镇)人民政府应重点公开的信息范围包括:

(1) 贯彻落实国家关于农村工作政策的情况;
(2) 财政收支、各类专项资金的管理和使用情况;
(3) 乡(镇)土地利用总体规划、宅基地使用的核查情况;
(4) 征收或者征用土地、房屋拆迁及其补偿、补助费用的发放、使用情况;
(5) 乡(镇)的债权债务、筹资酬劳情况;

(6) 抢险救灾、优抚、救济、社会捐助等款物的发放情况；

(7) 乡镇集体企业及其他乡镇经济实体承包、租赁、拍卖等情况；

(8) 执行计划生育政策的情况。

根据《政府信息公开条例》第12条的规定，乡镇政府应首先按照本级政府行政管理的职责范围，将第9条规定的4类原则性要求具体化，明晰和确定自己应该主动公开的信息范围。其次，在此基础上，重点公开本条规定的8类事项。

(三) 依申请公开的信息范围

按照影响对象的不同，行政机关掌控的信息分为两类，一类是与社会公众的生产生活联系密切、公众均应该普遍周知的信息，如政府的法规、政策、行政规划、政府机关的办事程序等。另一类只涉及特定的事项或者人群，和一般公众的生活不具有直接联系。例如某一房屋的所有权归属情况。对于前一类信息，我国《政府信息公开条例》要求政府必须主动公开，即使没有任何人的要求，行政机关也应主动履行职责，及时公开信息，以便于公众更好地安排其生产生活，参与和监督行政。对于后一类信息，由于其特定性，在没有特定主体申请时，政府不具有主动公开的义务。只有当特定公民基于生产、生活、科研等特殊需要，需要相关的信息服务，因而依法提出申请时，信息公开程序才会启动。这种分类方式既可以降低信息公开的成本，也能保障特定个人或者团体通过法定途径获得自己需要的相关信息。

对于应申请公开的信息范围，我国《政府信息公开条例》未作明确规定，只要求是基于其自身生产生活和科研等的特殊需要。因此，只要不属于法律明确规定的例外事项，对于主动公开范围之外的所有信息，公民均有权申请行政机关公开。至于是否应该公开，行政机关具有审查决定权。

(四) 政府信息不公开的范围

任何事物均有其两面性，政府信息的公开亦如此。政府信息在具有多种正面功能的同时，也具有某些负面功能。主要表现在：

第一，增加行政成本，降低行政效率。行政公开主要是为了促进公民参与及其参与的程度。但是，信息公开需要花费行政机关许多的财力、物力和人力，造成行政活动成本的增加和效率的降低。

第二，泄露国家机密、商业秘密，侵犯个人隐私。首先，政府手中掌控的有些信息涉及国家机密，这些信息的公开会给公共利益造成损害。其次，政府在管理过程中会收集大量事关商业秘密或个人隐私的信息，这些信息的公开会直接损害企业的经济效益和市场竞争力，对个人的隐私权造成伤害。

由于上述原因，行政的公开和保密并无定论，需要针对不同情况作出权衡。在公开的利益大于保密的利益时，应该坚持公开的原则，保护公民的知情权。如果公开对国家安全造成威胁，或者损害了企业或者个人应受保护的合法权益，从而对公共利益造成的负面影响大于从公开中所获得的利益，那么，这些信息就应该排除在公开范围之外。

从各国立法例看，对其不公开范围多采取列举的方式予以排除。我国在明确限定不予公开的信息范围之外，还设置了政府信息公布保密审查机制。

1. 政府信息公开保密审查机制

目前，我国规范保密制度的专门立法是1988年9月颁布的《保守国家秘密法》(以下简称《保密法》)和1987年制定、1996年修正的《档案法》。其中，《保密法》主要是规范国家秘密保护制度的法律,而《档案法》规范的范围较广,还包括社会组织、个人的历史性信息记录。除了这两部法律外,其他一些单行法规范中也有涉及保密事项的规定。例如,1995年国家工商局制定的《关于禁止侵犯商业秘密信息行为的若干规定》,1983年制定、1996年修正的《统计法》,1996年制定的《行政处罚法》等。这些法规范中分别规定了行政机关对商业秘密、个人隐私的保密义务。

这些有关信息保密义务的法规范,为了保护公共利益而对信息公开作出了具体的限制性规定。《政府信息公开条例》要求行政机关在信息公开之前,首先要根据已有的法规范,对拟公开对象的保密性进行审查。在出现法律适用的冲突、保密级别或者是否达到解密条件等问题无法确定是否公开时,需报有关主管部门或者同级保密部门决定。

另外,根据《政府信息公开条例》第8条的规定,公开政府信息,不得危及国家安全、公共安全、经济安全和社会稳定。政府在审查信息是否公开时,也需要根据这一项内容,进行总体性的考量。

2. 不予公开的信息范围

在要求设立政府信息公开保密审查机制之后,《政府信息公开条例》进一步明确了信息不公开的范围是涉及国家秘密、商业秘密和个人隐私的政府信息。这类信息,政府既不能主动公开,也不能依申请人的申请公开。

虽然均属于不予公开的信息范围,但是,由于商业秘密、个人隐私与国家机密之间存在的性质差异,所以,这两类信息在特殊情况下也可以公开。

首先,和国家机密相比,商业秘密和个人隐私的权利主体是私人,而非国家,其权利主体享有完全的处分权。因此,《政府信息公开条例》规定,如果权利主体同意,这两类信息也可以公开。即使权利主体不同意,行政机关认为不公开会给公共利益造成重大影响的,也可以例外地予以公开,例如,对于重大的经济违法案件,为了维护市场稳定,虽然这类案件涉及个人隐私,行政机关也有权决定公开。

其次,单就公民的个人信息而言,可以分为两类,一类是基于公民身份所拥有的信息,例如,个人的健康状况、婚姻状况、宗教信仰等。另一类是个人基于某种社会身份所形成的信息,特别是公民作为公务员所形成的相关个人信息。这些信息虽然也专属于该公务员个人,但是,它有时会成为判断公务员是否依法履行职责的一个尺度,因而具有了公益的色彩。在这种情况下,这些信息就不属于应保密的个人隐私。例如,韩国在在1981年就通过《公职人员道德法》建立了财产申报制度。我国在1995年也制定了《关于党政机关县(处)级以上领导干部收入申报的规定》(中办发[1995]8号),开始逐步建立和完善公务员特别是官员的财产申报制度。因此,这类特殊的个人信息也应属于政府公开的范围。

第三节 政府信息公开的程序

一、政府信息主动公开的程序

(一) 政府信息公开义务主体

政府信息公开义务主体,是指具体承担政府信息公开义务的行政机关,一般由应公开信息的制作主体或者保存主体承担。法律、法规有其他规定的,从其规定。

虽然政府信息的制作和保存机关是信息公开的义务主体,但是,由于信息公开是一项专业性强、工作量大、综合性程度高的工作,需要由专门的机构负责统一实施、管理。因此,我国《政府信息公开条例》要求各级人民政府以及县级以上人民政府的工作部门指定机构统一负责政府信息的公开。这不仅有利于信息公开制度本身的完善,也便于公民更为方便地获取信息。信息公开机构的主要职责是:具体承办本行政机关的政府信息公开事宜;维护和更新公开的信息;组织编制信息公开指南、目录和年度工作报告;对拟公开信息进行保密审查;其他与信息公开有关的事宜。①

（二）信息公开的方式和场所

1. 信息公开的方式

主动公开是基于社会的一般信息需求,具有针对面广、影响力大的特点,应尽量采取便于群众广泛知晓的方式进行。根据《政府信息公开条例》第15条的规定,主动公开的方式包括政府公报、政府网站、新闻发布会、报刊、广播、电视等多种途径。

政府公报是由各级政府办公厅主办的对外发行的政府刊物,集中登载国家的法律、法规、规章和政策文件。例如,《国务院公报》是由国务院办公厅编辑出版的、面向国内外公开发行的政府出版物,刊载的内容包括：国务院公布的行政法规和决定、命令等文件;国务院批准的有关机构调整、行政区划变动和人事任免的决定;国务院各部门公布的重要规章和文件;国务院领导同志批准登载的其他重要文件。我国《立法法》规定：在《国务院公报》上刊登的行政法规和规章文本为标准文本。在《国务院公报》上刊登的各类公文与正式文件具有同等效力。②

报刊、广播、电视等媒体方式是较为传统的信息公开方式,在传播政府法规政策方面发挥着基础性作用。一般来说,除了特别需要,普通民众翻看政府公报、主动查阅政府信息的情况并不多。因此,在日常生活中对信息公开发挥重要作用的就是媒体,许多重要的法规政策、重大的社会热点问题是通过媒体为民众所知晓的,一些重要的信息也是在媒体的关注和压力之下才得以公开。为保障媒体报道的客观性和准确性,充分发挥其纽带和平台作用,需拓宽对媒体的利用途径,健全政府信息发布途径的通畅和协调,保障行政机关之间、行政机关与媒体之间及时有效的沟通。

近年来,随着信息化的发展,电子政务稳步推进,政府网站逐渐成为信息传播的一种新的重要方式。和报刊等传统方式相比,政府网站的优势在于方便、快捷、低廉、信息量大。目前,我国中央和县以上各级人民政府及其主要工作部门几乎都建立了政府网站,它们在提高信息公开的实效性、推进政府与人民之间的交流和互动方面发挥着日益重要的作用。

2. 信息公开的场所

政府信息的集中地是国家档案馆和公共图书馆,因此,它们也成为信息公开的主要场所。其强大的信息管理、加工和发布能力,专业的管理设备和人员,都保证了公众可以方便、快捷地查阅到内容丰富的各类信息资料,实现资源的集中利用。

除了档案馆和图书馆外,行政机关还可以根据各自的能力和需要,设立公共信息场所,如综合服务中心、文件查询中心等,通过多渠道、多形式,为群众提供信息。

---

① 我国《政府信息公开条例》第4条。
② 参见中华人民共和国人民政府网站,http://www.gov.cn/ziliao/gbgg/jingtai/gbgg_gwygb_gywm.htm。

（三）公开时限

政府信息主动公开的时限有两种，一是一般时限，是自信息形成或者变更之日起 20 个工作日内予以公开。二是特殊时限，是指法律法规对于特定的信息公开时限有专门规定时，从其规定。

（四）行政机关不履行公开义务时的程序转换

对于政府应主动公开而未公开信息的，当事人应如何寻求救济？根据最高人民法院《关于审理政府信息公开行政案件若干问题的规定》（法释〔2011〕17 号）的规定，这种情况下，当事人不能直接向法院起诉，而应先向行政机关申请获取相关信息。对行政机关的答复或者逾期不予答复不服的，可以向人民法院提起诉讼。

二、依申请的政府信息公开程序

（一）公开请求权人

公开请求权人，是指有权利请求政府公开信息的人。公民的信息公开请求权源于知情权，是知情权的核心内容。知情权作为一项政治性权利，是指公民获得、知晓国家机关所掌握的信息的权利。近现代宪政国家强调人民主权原则，而代议制的民主制决定了参与是人民实现主权的主要方式。参与的前提是对政府相关信息的知情，如果政府封锁各种信息，不给予人民获取的机会，人民便无法有效地监督行政管理活动，人民主权原则便形同虚设。为此，许多国家都在宪法中对知情权作出了相关规定。但是，即使在宪法上有明确规定，也并不必然导致行政机关负有公开信息的义务，为了保障公民知情权的实现，必须通过法律制度予以保障，使公民具体地享有信息公开请求权。

基于知情权的普遍性，在界定信息公开请求权人的范围时，许多国家规定，不论是本国公民、法人，或者组织，还是外国人，均有权请求政府公开信息。也有些国家采取了将本国公民和外国公民区别对待的原则。[①]

根据《政府信息公开条例》，我国在规定依申请公开的程序时，将申请人的范围界定为具有生产、生活、科研等特殊需求的"公民、法人或者其他组织"，这表明依申请公开的请求权人应满足两个条件。

第一，信息公开请求权人是中国公民、法人或者其他组织，对于在华外国人和外国组织是否适用本条例，未作明确规定。根据国务院法制办副主任张穹在记者招待会上的发言，外国人和外国组织，可以通过主动公开的方式获取政府信息。其能否享有信息公开请求权，应该根据国际法规定的原则，按照对等的原则来进行处理。[②]

第二，信息公开请求权人应具有生产、生活、科研等方面的特殊需求。这意味着依申请公开是为了满足特定公民等自身在生产、生活和科研等方面的特殊信息需求，是行政机关对特殊需求主体的专门性服务。

（二）申请公开的信息范围

我国政府信息的公开既有主动方式，也有依申请方式，两者之间相互独立，相互补充，政

[①] 例如，韩国规定，本国国民有权请求公开信息。外国人的信息公开请求由总统特定。
[②] 参见曹康泰主编：《中华人民共和国政府信息公开条例读本》，人民出版社 2007 年版，第 21 页。

府主动公开的信息范围之外的所有其他信息，只要不属于保密范围，公民均可申请公开。①

我国《政府信息公开条例》第 13 条规定，除行政机关主动公开的信息外，公民可以根据自身生产、生活、科研等特殊需要，向国务院部门、地方各级人民政府及县以上地方政府部门申请公开相关信息。

（三）公开的程序

1. 申请

公民提出申请需满足以下要求：

（1）形式要件。申请应采用书面形式，其中既包括纸质方式，也可以通过互联网、电子邮件、传真等形式，发送数据电文形式的申请书。如果申请人采取上述任一种方式都确有困难的，也可以口头提出，由受理机关代为填写。

（2）内容要件。申请中除了要填写申请人的基本情况外，必须对申请公开的信息的内容以及希望以何种方式获得信息作出说明。政府信息数量庞杂，说明信息内容有助于减轻行政机关的工作成本，提高效率。为此，政府在事前的信息公开指南和目录的编制工作具有非常重要的作用。

2. 对申请的应答

申请人提交申请后，行政机关要进行审查，作出相应的公开或者不公开的处理决定。这其中要注意以下几个问题：

首先，只要属于应公开的范围，不论是已经主动公开的信息，还是只能依申请公开的信息，行政机关均有告知其取得方式的义务。申请机关不具有公开权限的，要告知申请人具有公开权限的行政机关。②

其次，申请公开的信息中可公开内容和不可公开内容混在一起时，如果不能区分处理的，应作出不公开决定。可以区分处理的，应作出部分公开、部分不公开的决定。③

再次，申请公开的事项如果涉及商业秘密和个人隐私，公开后可能损害第三方合法权益的，行政机关可以在征求第三人的意见的基础上，决定是否公开。行政机关违反第三人意愿决定公开的，仅限于行政机关认为不公开将对公益造成重大影响的情况，并且需要在决定作出后，将公开的信息内容和理由告知第三方。④

最后，对于申请内容不明确的，行政机关需告知予以补正。不过，政府信息纷繁复杂，有时当事人很难确定其内容。这时，行政机关的辅助和说明是非常必要的。不过，我国的《政府信息公开条例》尚未明确行政机关的这一义务。⑤

3. 实施

政府信息的提供应按照申请人要求的形式。为减少财政支出，降低工作成本，提供信息时，提供信息的费用由申请人自己承担，项目包括检索、复制、邮寄等，不允许行政机关收取

---

① 参见王名扬著：《美国行政法》（下册），中国法制出版社 1995 年版，第 970—971 页。日本的《信息公开法》第 2 条第 2 款也有相同的规定，参见日本电子政府综合窗口网站 http://law.e-gov.go.jp/cgi-bin/strsearch.cgi。
② 我国《政府信息公开条例》第 21 条第 1 款第 1 项、第 3 项。
③ 我国《政府信息公开条例》第 22 条。
④ 我国《政府信息公开条例》第 23 条。
⑤ 我国《政府信息公开条例》第 21 条第 1 款第 4 项。

成本费之外的其他费用。如果申请人确有困难,可依法定程序减免相关费用。①

第四节 政府信息公开的保障制度

为了保障信息公开工作的顺利实施,我国《政府信息公开条例》规定了多种保障制度和措施。

一、举报

根据《政府信息公开条例》第 33 条第 1 款的规定,公民、法人或者其他组织认为行政机关不依法履行信息公开义务的,可以向其上级行政机关、监察机关或者政府信息公开工作主管部门举报,由其进行调查处理。

二、行政复议与行政诉讼

这两种救济途径适用于公民、法人或者其他组织认为行政机关的行政行为侵犯其合法权益的情况下。政府信息公开工作中,当行政机关应公开而不公开,或者驳回公民请求公开的申请时,会侵害到公民的合法权利。有些时候,信息公开还会涉及第三人的权利,损害其利益。这些情况,公民均可依法通过行政复议或者行政诉讼的方式请求救济。由于行政复议和行政诉讼在制度设计上具有许多相似性,所以,此处仅以行政诉讼为例做一探讨。

目前,我国规范信息公开案件审理工作的,除了《行政诉讼法》,还包括最高人民法院《关于审理政府信息公开行政案件若干问题的规定》(法释〔2011〕17 号)。

(一)受案范围

根据《行政诉讼法》的规定,当事人对行政行为不服的,有权起诉。同时,法院受理法律、法规规定可以起诉的其他行政案件。根据《政府信息公开条例》第 33 条的规定,当事人认为行政机关在政府信息公开工作中的行政行为侵犯其合法权益的,有权提起行政诉讼。根据上述法律、法规的规定,最高人民法院进一步细化列举了下列可诉行为:(1)向行政机关申请获取政府信息,行政机关拒绝提供或者逾期不予答复的;(2)认为行政机关提供的政府信息不符合其在申请中要求的内容或者法律、法规规定的适当形式的;(3)认为行政机关主动公开或者依他人申请公开政府信息侵犯其商业秘密、个人隐私的;(4)认为行政机关提供的与其自身相关的政府信息记录不准确,要求该行政机关予以更正,该行政机关拒绝更正、逾期不予答复或者不予转送有权机关处理的;(5)认为行政机关在政府信息公开工作中的其他具体行政行为侵犯其合法权益的。

与此同时,规定针对下列行为起诉的,法院不予受理:(1)因申请内容不明确,行政机关要求申请人作出更改、补充且对申请人权利义务不产生实际影响的告知行为;(2)要求行政机关提供政府公报、报纸、杂志、书籍等公开出版物,行政机关予以拒绝的;(3)要求行政机关为其制作、搜集政府信息,或者对若干政府信息进行汇总、分析、加工,行政机关予以拒绝的;(4)行政程序中的当事人、利害关系人以政府信息公开名义申请查阅案卷材料,行政机关告知其应当按照相关法律、法规的规定办理的。

---

① 我国《政府信息公开条例》第 26 条、第 27 条、第 28 条。

（二）原告资格

信息公开中的原告问题主要涉及两类主体。

1. 行政机关应主动公开而不主动公开信息时公民的原告资格

原告资格的核心要件，是要与行政行为具有法律上的利害关系。一般来说，行政行为的相对人当然具有原告资格。所以，在依申请的政府信息公开中，要求行政机关公开特定信息的公民当然享有原告资格。但是，如果公民希望公开的信息属于行政机关应主动公开的范围，情况则有所不同。因为，在主动公开政府信息中，政府公开主要是为了公共利益，面向所有公众，当事人所获得的利益，属于"反射性利益"。然而，目前我国政府信息公开的实现情况并不理想，政府基于思想认识、人力、物力的不足，主动公开还需要诸多的推力，特别是社会公众的推力。为此，最高人民法院在司法解释中专门规定了信息公开程序的转换，从而较好地解决了这一问题。

2. 信息公开中第三人的原告资格

这里的第三人，是指政府公开商业秘密、个人隐私时所涉及的第三人。在依申请的信息公开过程中，有时会涉及第三人的企业秘密或个人隐私。该第三人的权益有可能会由于信息公开决定的作出受到侵害。虽然该第三人不是信息公开决定的相对人，但是，由于其和信息公开决定之间具有直接的利害关系，所以是具有原告资格的。

（三）审查深度

审查深度是信息公开行政案件中一个非常重要的问题。政府信息公开案件审理的核心问题，在于被申请信息应否公开，行政机关的不公开理由是否成立。由于这类问题多涉及政策性考量，法律、法规的规定往往模糊而不确定，行政机关在审查决定中享有广泛的裁量权，不决定公开的理由往往是被申请事项涉及国家秘密、商业秘密或者个人隐私。这些都给法院审理带来很大的困难，需要相关实体法规范的建立和完善。

三、其他保障制度

除了举报、行政复议和行政诉讼这些权利救济途径外，还可以通过行政监察、工作考核、评议和责任追究制度，监督行政机关履行职责，保障信息公开制度的落实。

另外，与这些事后保障制度相比，事前的信息管理工作也具有十分重要的保障作用。无论是信息的收集，还是信息的整理、分类、建档、编制目录，以及信息的及时更改和废弃，都对信息公开的顺利进行具有基础性作用，需要引起行政机关的充分重视。

第五编 | 行政救济法

第十五章　行政救济法概述
第十六章　行政复议
第十七章　行政诉讼
第十八章　行政补偿与行政赔偿

第十五章

行政救济法概述

第一节　行政争讼与救济体系

一、行政争讼

（一）争讼

所谓争讼经常被人们在两种含义上使用，一种是指法律上的争议，即当事人之间有关权利义务的、通过适用法律可以解决的纠纷。① 另一种是指上述法律上的争议被争议双方当事人诉诸有权的国家机关，该国家机关通过一定的程序，裁断解决纠纷所采用的方式或者手段。② 本章是在后一种意义上使用争讼一词的。

作为一种纠纷解决手段，争讼包含以下要素：

（1）启动条件。争讼的启动以存在法律上的争议为要件。所谓法律上的争议，是指争议所涉及的事项是被法律所预先规范和调整了的，因此，该争议可以通过适用法律解决。与法律问题无关的、通过适用法律无法解决的争议，例如单纯的政治矛盾、学术争议等不属于法律上争议的范围。

（2）裁决主体。争议的裁决主体是相对于争议当事人双方，处于中立立场的、为解决法律上的争议而设立的第三方主体，一般为国家机关。该国家机关可以依国家的权威，通过解释和适用法律，最终解决矛盾。

（3）程序要素。为保障裁决结果的权威性和公正性，争讼的审理要采取较为正式的程序，一般是采取两造对抗的形式，由裁决主体在听取双方当事人意见的基础上作出决定。

根据上述要求，行政诉讼、行政裁决等均属于典型的争讼。不过，有些时候，虽然不存在当事人之间的法律纠纷，但是，在针对一些内容复杂、影响重大的问题，需要特别保障裁断结果的准确性、公正性时，国家也会要求以正式的程序作出决定。例如，商标评审委员会对商标注册申请的审查，采取的就是争讼的程序。这种虽无争议、却以正式程序作出决定的活动过程或者手段，也被称为"形式性争讼"。③

---

① 参见日本最高法院 1954 年 2 月 11 日第一小法庭判决，载日本《最高法院民事判例集》第 8 卷第 2 号，第 419 页。
② 参见〔日〕田中二郎著：《行政争讼的法理》，日本有斐阁 1954 年版，第 3 页。
③ 参见同上。

（二）行政争讼

行政争讼属于争讼的一个种类，其目的是解决产生于行政法律关系中的各类纠纷。近现代法治要求行政机关的活动必须在法律的规范和控制之下，符合法律和公益的要求。然而，由于所有的行政活动都是由人作出的，出现违法和不当的行为在所难免。当这些违法、不当的行政职权行为侵害了私人的合法权益、损害了公共利益时，被侵权主体有权请求有权的国家机关予以裁决。这种针对行政权行使行为的不服申诉程序就是行政争讼。其中，由行政机关负责裁断的称为行政复议，由司法机关或者专门的行政法院负责裁断的称为行政诉讼。

除了针对行政争议的行政争讼之外，有些时候，行政机关对于当事人之间发生的、与行政管理活动密切相关的民事纠纷，也有权依法进行审查。和上述狭义的行政争讼不同的是，行政机关的这种纠纷裁决行为是行政法规范的第一次适用，而狭义的行政争讼是对行政机关已经作出的行政行为的审查，是行政法规范的第二次适用。不过，由于行政机关在作出这类裁决性的行政行为时往往采取准司法程序，因此，它也属于广义的行政争讼的一个组成部分。例如，在当事人之间对自然资源的权属产生纠纷时，行政机关就是以准司法的裁决程序作出决定的。

二、行政救济

（一）概述

"有权利必有救济"。行政活动的终极目的是为了保障公民权益，实现公共利益。如果行政机关违法、不当的职权行为给私人权益、公共利益造成损害，国家有义务设置相应的法律制度予以补救，这不仅是法治行政的必然体现，也是人民主权和人权保障原则的必然要求。这种由有权的国家机关所提供的行政法上的补救手段和制度，就是行政救济。①

（二）行政救济的功能

行政救济的功能定位关系到行政救济体系的架构。对此，主要存在两种对立的观点。

1. 权利救济说

权利救济说认为，人权保障是宪政体制的基本原则和价值追求，而对私人权利的损害主要来自国家、特别是行政权。行政救济制度的设置正是为了在私人权利受到行政权的违法侵害时予以救济。基于这种认识，权利救济说更重视救济机关的中立性和公正性，一般要求裁判机关独立于行政机关之外，裁判程序也多采用当事人主义，而且，只有个人权利受到侵害者才享有救济请求权。

2. 法秩序保护说

法秩序保护说也叫法规范维持说。这种观点认为，行政救济的功效在于监督和规范行政机关，督促其正确适用法律，依法履行职责，保证行政活动的展开符合法律目的。为扩大监督和审查力度，除了司法机关，行政机关也可成为裁决机关。为保障公益，裁判程序多采职权主义模式，对救济请求权人的资格限制较为宽松。

这两种观点不同的价值取向对于制度的架构会产生不同的影响，不同国家在不同的历史时期，根据本国的法律传统和社会需要，也曾经作出各有侧重的选择，并以此建构起具有

---

① 除了行政救济手段之外，还存在通过追究民事责任、刑事责任予以补救等其他方式。

本国特色的行政救济法律制度。不过,从实际情况看,行政机关的违法不当行为对私人权益和公共利益的损害往往是同时的,其在侵害私人权利的同时,也必然违背了法律所预设的目的,侵害了客观的法秩序。因此,不论是采取法秩序保护说的制度,还是采取权利救济说而建构的行政救济制度,其在客观效果上往往是兼具这两种功能的。

（三）行政救济体系

行政争议多种多样,从内容看,事项各不相同,从当事人看,请求有所差异,从救济主体看,能力各有所长。为此,有必要建立起统合的救济体系,对公民进行全面救济。

虽然各国行政救济体系的建构有所不同,但是,从内容看,总的可以分为两类,一类是行政争讼制度,一类是行政赔偿与行政补偿制度。行政争讼针对的是造成权益侵害的公权力行使行为,是通过撤销、变更违法不当的行为,责令行政机关履行义务,使受到损害的法律关系恢复到未受损害前的状态,避免损害状况继续向将来延续。而行政赔偿与行政补偿针对的是由于该违法的职权行为所导致的财产损失,是针对已经造成的财产损失的补救。这两类制度在内容、结果和逻辑上并存、交叉,相辅相成,分工合作,构成行政救济体系的主体内容。

除了行政争讼和行政赔偿与行政补偿这种以正式程序为特点的制度外,为了更为高效、快捷地解决纠纷,各国还普遍存在一些程序较为简易的制度,例如,我国的信访制度,日本和美国的替代性纠纷解决机制(ADR)等。它们也构成行政救济体系的一个组成部分,发挥着自己独有的救济功能。

根据现行法律制度,我国的行政救济体系可以用图 15-1 表示如下。

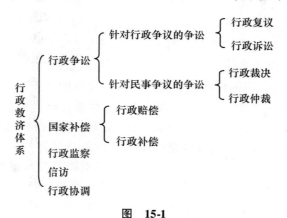

图 15-1

从我国的行政救济体系(参见图 15-1)可以看出,我国根据不同情况,设置了各有侧重的、具体的救济制度。其中,行政复议和行政诉讼侧重于权利保障,主要针对行政管理法律关系中的权力性行政行为。行政监察侧重于行政监督,其启动方式灵活,监察的事项和对象广泛。信访是一种非正式的纠纷解决途径,其特点在于简易、方便、快捷。而行政赔偿与行政补偿则专门针对由于行政机关的职权行为造成的财产损失的补救。除此之外,还有针对民事纠纷的行政裁决和行政仲裁。这些救济制度各有优势,各有侧重,通过相互补充,组合为一个功能较为完整的行政救济体系。

上述制度体系设立以来,在化解行政纠纷、构建法治社会方面起到了突出作用。然而,各制度之间的职能分工却由于复杂的社会原因产生了偏差。为此,2014年中共中央《关于全面推进依法治国若干重大问题的决定》中明确指出,要"健全社会矛盾纠纷预防化解机制,完善调解、仲裁、行政裁决、行政复议、诉讼等有机衔接、相互协调的多元化纠纷解决机制。加强行业性、专业性人民调解组织建设,完善人民调解、行政调解、司法调解联动工作体系。完善仲裁制度,提高仲裁公信力。健全行政裁决制度,强化行政机关解决同行政管理活动密切相关的民事纠纷功能。"这一指导原则对于完善我国的行政救济体系具有重要意义。

第二节 行政监察与信访

一、行政监察

（一）概述

所谓行政监察,是指由专门的国家机关对行政权行使的合法性、适当性予以监督和审查的制度,是专门的行政监督法律制度之一。

行政监察肇始于1809年瑞典的行政监察专员(Ombudaman)①制度,该国的行政监察专员由议会选出,依职权或者依申请对行政活动进行全面监察,监察专员有权向国会提交报告,对行政机关的违法、不当行为提出建议,直至提起刑事诉讼。迄今为止,监察专员制度在北欧、英国、日本等国都得到很好的利用,成为各国普遍采用的监督行政权的法律制度之一。

我国的行政监察制度起步较早,1990年12月9日,国务院发布了《行政监察条例》,实现了行政监察制度的法制化。1997年5月9日,全国人大常委会制定了《行政监察法》,并于2010年6月25日作出了修订,从而进一步促进了行政监察的法治化发展。

根据《行政监察法》,我国的行政监察部门是专门设立的、行使行政监察职能的机构,其作用是保证政令畅通,维护行政纪律,促进廉政建设,改善行政管理,提高行政效能,促进国家行政机关及其国家公务员依法行政。② 作为行政组织内部的自我监督机制,行政监察的对象非常广泛,包括四类单位和主体,具体是国家行政机关及其公务员,国家行政机关任命的其他人员,法律、法规授权的具有公共事务管理职能的组织及其从事公务的人员,以及国家行政机关依法委托从事公共事务管理活动的组织及其从事公务的人员。行政监察的内容为监察对象执法、廉政、效能的情况。公务员和行政机关任命的其他人员不服主管行政机关的行政处分决定的,也可以向监察机关提出申诉。除此之外,我国《行政监察法》还规定,公民对于任何行政机关、公务员和行政机关任命的其他人员的违纪行为,也有权向监察机关提出控告或者检举。

（二）监察机关的权限

根据我国《行政监察法》的规定,监察机关主要享有以下权限③:

---

① 该词的本义是,由议会选出的、以议会代理人的身份、代替公众监督行政机关是否适当地执行法定职责者。参见〔日〕盐野宏著:《行政法Ⅱ》,日本有斐阁2005年版,第56页。
② 参见我国《行政监察法》第1条。
③ 参见我国《行政监察法》第19—25条。

1. 调查权

监察机关有权对监察对象违反国家法律、法规和政策的行为,以及违反政纪的行为进行调查。可以要求被监察的部门和人员提供与监察事项有关的文件、资料、财务账目及其他有关的材料,可以查阅或者复制这些材料,并要求监察对象对有关事项予以说明和解释。

2. 建议权

经调查,监察机关认为存在违法违纪行为的,可以向有处理权的机关提出处理建议。有关部门无正当理由的,应当采纳。

3. 行政处分权

如果监察对象违反法律法规和政策、违反政纪,监察机关可给予其警告、记过、记大过、降级、撤职、开除等行政处分。

(三) 行政监察的程序

行政监察的启动方式有两种,监察机关既可以依职权主动启动监督程序,也可以依公民或者公务员的控告、申诉而启动程序。依职权立项、立案或者依申请受理案件后,监察机关可以行使调查、检查权。调查过程中要听取当事人的陈述和申辩,并根据调查结果,作出监察建议或者监察决定。监察机关依法提出的监察建议,以书面形式送达有关单位或者有关人员。有关部门无正当理由的,应当采纳。对监察决定不服的,可以自收到监察决定之日起30日内,向作出决定的监察机关申请复审;对复审决定仍不服的,可以向上一级监察机关申请复核。

(四) 行政监察存在的问题

作为行政机关内部的专门监督机制,行政监察对规范行政权的行使,防止和惩处权力滥用和腐败行为,维护私人的合法权益具有重要作用。不过,我国的行政监察制度中还存在一些问题,限制和降低了救济功能的实效性。其中最主要的,是监察机关缺乏独立性,监察结果效力不足。

我国《行政监察法》第3条明确规定,监察机关依法行使职权,不受其他行政部门、社会团体和个人的干涉。该规定虽然在法制层面确立了监察机关的独立地位,但是,第7条、第35条同时规定,县级以上地方各级人民政府监察机关负责本行政区域内的监察工作,对本级人民政府和上一级监察机关负责并报告工作。监察机关在作出重要的监察决定、提出重要的监察建议前,还必须报经本级人民政府和上一级监察机关同意。这些规定表明,我国的监察机关实行双重领导制,监察机关虽然有权对本级政府的工作部门进行监察,但却要同时接受本级政府的领导,这必然导致其监察工作受到诸多牵制,多年来的监察实践也充分证明了这一点。虽然作为内部监督机制,并不要求监察机关在组织形式上一定要独立于行政机关,但是,其独立的监察地位、独立的监察权限必须予以保障和加强,这样有助于激励监察部门放开手脚、积极履行法定的监察职能。

另外,监察结果缺乏实质约束力也是监察无力的重要原因之一。我国目前规定的监察结果有两种方式,一是提出监察建议,二是作出监察决定,但对监察建议和监察决定的形式、程序和保障缺乏明确规定,导致其对被监察对象难以形成实质上的压力。为解决这一问题,除了加强监察决定的执行力度外,还应认真落实《行政监察法》第27条的规定,加强对监察工作信息公开的力度,通过公开监察过程、公开调查报告和监察建议等方式,提高监察的公开化程度,增加被监察对象的自我约束,防止问题内部"消化",提高监察的实效性。

总之，和国外的行政监察制度相比，我国的行政监察尚没有很好地发挥出其专业、高效、全面的特点，和其他救济制度之间的衔接也显不足。为此，还需要进一步改进制度，设立更为方便的申诉、控告程序，提高公民对行政监察制度的利用程度，完善行政监察的运作程序，充分发挥行政监察的功效。

二、信访[①]

（一）概述

以权利抗衡权力、通过民主的方式监督和规范行政权是权利保障的一个重要途径。在我国，这一理念集中体现在信访制度中，它是典型的通过中国式民主解决纠纷、救济权利的制度。

所谓信访，本是群众来信来访的简称，它是指公民、法人或者其他组织采用书信、电子邮件、传真、电话、走访等多种形式，向各级人民政府、县级以上人民政府工作部门反映情况、提出建议、意见或者投诉请求，由行政机关依法予以处理的活动。[②]

信访制度形成于新中国成立之初，是公民进行政治参与的一种方式，目的是加强政府和群众之间的联系，防止官僚作风。从20世纪60年代开始，群众通过信访请求国家解决自己具体的纠纷和困难的比例越来越高，信访的权利救济色彩日渐浓重。随着民主法治观念的增强，1995年，国务院颁布《信访条例》，信访工作首次得以制度化。2005年，国务院修订了《信访条例》，加强了其人权保障色彩，进一步提高了其法治化、规范化程度。

（二）信访制度的内容

信访制度经历了一个漫长的发展阶段。根据我国现行法律制度的规定，信访制度主要包含以下内容：

1. 工作原则[③]

信访工作的原则包含两项，一是属地管理、分级负责、谁主管、谁负责原则；二是依法、及时、就地解决与疏导教育相结合原则。

属地管理、分级负责、谁主管、谁负责原则是对信访处理管理权限的规定，该规定从纵横两面明确了责任的确立方式。首先，在层级上，采属地原则，强调地方政府在信访处理工作中的主导作用，尽量将矛盾化解在基层。其次，在同级政府之间，将信访事项的性质和各个机关的职能挂钩，明确管理职责。

依法、及时、就地解决与疏导教育相结合原则强调信访的解决要标本兼治，它要求信访工作既要在形式上依法快速、高效地作出处理决定，同时，要通过解释、沟通、疏导，化解群众的对立情绪，从根本上彻底解决问题。

2. 信访主体

包括信访人和信访处理机关两类。

首先，信访人包括任何采用书信、电子邮件、传真、电话、走访等方式向行政机关反映情

[①] 根据提出对象的不同，信访可以分为向行政机关、向人大及其常委会、向法院和检察院提出的信访，此处所说的信访，专指向行政机关提出、由行政机关处理的信访活动。

[②] 参见我国《信访条例》第2条。

[③] 参见我国《信访条例》第4条。

况、提出建议或者投诉请求者。信访人可以是公民、法人,也可以是其他组织。

其次,信访处理机关是依法负责处理信访事宜的政府机构,包括县级以上人民政府设立的信访工作机构,以及各级人民政府信访机构之外的行政机关两类。①

3. 信访事项

信访的事项范围非常广泛,可以针对五类组织及其工作人员的所有职务行为。这五类主体包括行政机关和法律法规授权管理公共事务的组织及其工作人员、提供公共服务的企事业单位及其工作人员、行政机关任免或者派出到社会团体或者其他企事业单位中的人员、村委会、居委会及其成员。②

4. 信访程序

(1) 信访的提出。信访的提出方式多样,信访人可以选择采用书信、电子邮件、传真、电话、走访等多种形式提出信访请求。其中,提出投诉请求的,要写明信访人的姓名(名称)、住址、请求的内容、事实和理由。

(2) 受理。受理程序包括登记、初步审查和受理决定三个步骤,期限为15日。对属于信访事项和本机关处理决定范围的,应当予以受理;不属于本机关处理决定范围的,区分具体情况,转送有权机关处理。受理(不受理)决定要采用书面形式告知信访人。

(3) 处理和核查。处理程序要求贯彻公正原则,处理人员的选用要遵守回避原则,处理过程中,处理机关要听取信访人的陈述,对于重大、复杂、疑难事项,还可赋予信访人听证权。

信访的处理结果包括支持和不支持两种,这两种决定要求以书面形式作出。对于请求事由合理但缺乏法律依据的,处理机关要做好相关的解释工作。

信访人对处理结果不服的,可以请求原处理机关的上一级复查,对复查结果仍不服的,可以向复查机关的上一级机关请求复核。复核为最终的信访决定。

(三) 信访的功能

1. 正面功能

与行政复议、行政诉讼等正式的行政救济途径相比,信访具有极大的包容性。对于复议、诉讼难以解决的纠纷,可以通过信访予以处理。另外,信访程序简易,处理方式灵活,通过协商、沟通等手段的恰当使用,可以更好、更彻底地解决问题,权利救济的成本更低。另外,信访是反映日常工作情况的便捷途径,通过建立信访反馈与研究政策的联动机制,可以针对信访工作中发现的带有普遍性的社会矛盾,及时完善和调整相关政策。正是由于其程序上的便捷性和低门槛,近年来,它已经成为了近乎替代行政复议和行政诉讼制度的、公民重要的救济途径。

2. 负面功能

信访是一种非正式的纠纷解决机制,其程序的简易灵活性既是信访的优势,同时也为它带来许多问题。首先,非正式的协商、沟通等方式均建立在双方主体能力对等的基础上,而这恰恰是行政纠纷中最大的问题,导致人们对协商的合法性、公平性、有效性产生怀疑。其次,我国一直在努力建构法治社会,希望依法治国,以法统制权力,保障权利。而信访制度的

---

① 参见我国《信访条例》第2条、第21条。
② 参见我国《信访条例》第14条。

存在本身就游离在法治的边沿，其中包含有许多不稳定因素。① 近年来，涉诉信访的急剧增加已对规范、合法地解决纠纷的社会信念造成严重冲击。2014年3月19日，中共中央办公厅、国务院办公厅联合印发了《关于依法处理涉法涉诉信访问题的意见》，而信访过滤功能的恢复，有赖于行政救济体系整体运行的完善，特别是提高行政复议、行政诉讼制度的实效性，重建社会对司法救济体系的信心，是其中的关键所在。

第三节 行政仲裁与行政裁决

行政机关在实施管理过程中会触及许多民事纠纷，由于近代的自由主义思想以国家和市民社会的二元对立为前提，强调对市民社会自治权最大程度的尊重，行政权的行使被限制在维持秩序行政的狭小领域。因此，一般情况下，私人间的权利义务之争被交给私人自治或者司法机关予以解决，排除行政机关的介入。不过，从19世纪末到20世纪初开始，随着社会经济模式的转变，个人自给自足生活能力衰退，社会矛盾日趋复杂，政府开始积极介入社会生活，在社会生活中扮演更为主动的角色。其表现之一，就是行政机关对民事纠纷的介入。例如，英国的行政裁判所、美国的独立规制委员会、日本的行政委员会制度等，都是其具体表现形式。在我国，也存在以行政程序解决民事纠纷的机制，最主要的两种，就是行政仲裁和行政裁决。它们是依照法律的授权，通过行政程序、解决私人间争议的行政活动，是一种新的公力性私人权利救济途径。不过，由于在私人领域，私人自治始终是基础，所以，行政仲裁和行政裁决均需要以法律的明确授权为依据。

一、行政仲裁

（一）行政仲裁的概念

所谓仲裁，是指各方当事人自愿将他们之间发生的争议交给作为仲裁人的第三方，由其根据法律或者公平原则作出裁决，并约定自觉履行该裁决所确定的义务的一种制度。②

以进行仲裁机构的地位和性质不同为标准，可以把仲裁分为民间仲裁和行政仲裁两种。民间仲裁是指，由非官方的民间组织性质的仲裁机构，依当事人的仲裁协议对纠纷进行的仲裁。这种仲裁是民间性质的，不是代表国家实施解决争议的行为。而行政仲裁是指由行政机关设立的专门机构对纠纷进行的仲裁，是一种公力救济手段。

基于上述分析，可以对行政仲裁作出如下界定，行政仲裁是指行政机关设立的特定行政仲裁机构，依照仲裁程序，依法对双方当事人之间的特定民事纠纷予以裁决的制度。③ 目前，我国主要在劳动争议、人事争议④和农村承包合同纠纷中采用行政仲裁的方式。

（二）行政仲裁的特征

行政仲裁除了具有和一般仲裁共有的一些特性(如较为严格、正式的程序)外，还具有典

---

① 近年来，集体上访、越级上访、暴力上访等事件频频发生，已经成为影响社会秩序的一个不稳定因素。这种现象的发生当然并非全因信访制度本身，还有许多其他的复杂的社会原因，但是，信访制度本身法治化水平的不足无疑是诱使这一问题激化的原因之一。
② 参见肖永平编著：《中国仲裁法教程》，武汉大学出版社1997年版，第1页。
③ 参见姜明安主编：《行政法与行政诉讼法》，法律出版社2003年版，第141页。
④ 就二者的区别而言，劳动争议产生于企业和其员工之间，人事争议一般产生于事业单位与其工作人员之间。

型的行政性特征。

1. 仲裁主体的行政性

与一般仲裁机关不同，行政仲裁机关由行政机关设立。例如，人力资源与社会保障部 2010 年 1 月 20 日颁布的《劳动人事争议仲裁组织规则》（人社部令第 5 号）规定，劳动人事争议仲裁委员会由人民政府依法设立，专门处理劳动、人事争议案件。仲裁委员会经费依法由财政予以保障。其工作受人社机关的指导。2010 年 1 月 1 日实施的《农村土地承包经营纠纷调解仲裁法》第 12 条规定："农村土地承包仲裁委员会在当地人民政府指导下设立。设立农村土地承包仲裁委员会的，其日常工作由当地农村土地承包管理部门承担。"第 13 条规定，"农村土地承包仲裁委员会由当地人民政府及其有关部门代表、有关人民团体代表、农村集体经济组织代表、农民代表和法律、经济等相关专业人员兼任组成"。从这几部法律看，其设立和人员组成以及业务开展，都具有很强的行政性。

2. 仲裁事项的行政性

行政仲裁的事项一般和行政管理活动具有密切联系，为此，才有必要发挥行政机关的优势，通过其专业性特点更好、更快地解决纠纷。例如，不论是劳动合同的签订、劳动者权益的保障，还是土地的利用与保护，本就在人事与社会保障行政机关、土地管理机关的法定职责范围内，对于这类纠纷的解决，行政机关不论是在专业性上，还是在政策把握方面，相较其他组织，都具有优势。

3. 程序的强制性

这里的强制性是和民事仲裁中的自愿性相比较而言。和民间仲裁相比，行政仲裁不以争议的双方当事人之间在事前签订有仲裁协议、自愿选择仲裁方式为条件。例如，我国《劳动争议仲裁法》第 27 条、第 28 条规定，申请仲裁的时效期间为 1 年。仲裁时效期间从当事人知道或者应当知道其权利被侵害之日起计算。申请人只需提交书面申请即可，不需提交仲裁协议。

另外，行政仲裁还往往被设置为司法救济的前置程序，只有对仲裁裁决不服的，才可向法院起诉。① 这些都体现出行政权的特点，和民间仲裁的自愿原则截然不同。

（三）行政仲裁的作用

民事纠纷类型多样，而法律特别将某些特定的民事纠纷交由行政仲裁解决，是由于在这些领域，行政仲裁较之民间救济和司法救济具有更强的优势。

从目前我国所保留的行政仲裁的范围看，有的争议内容具有较强的政策性或者专业性，有的需要通过国家机关的介入，对弱势群体予以保护。例如，农村承包合同纠纷，这类纠纷中涉及集体土地的使用问题，与国家的土地承包政策、土地的使用和管理政策密切相关。裁决人不仅要熟知有关农村集体土地承包的相关政策和法规，还要对所争议土地的开发、利用的历史有较为清晰的掌握。在这些方面，土地管理部门的能力和经验明显优于民事主体甚至司法机关，有利于充分利用行政机关的资源，使问题得到清晰的解剖，解决方案符合政策要求。

另外，行政仲裁还便于行政机关在仲裁程序结束后，利用管理的便利条件，对仲裁决定的履行情况进行跟踪监督，督促当事人履行义务，或向相关主管部门提出改善建议，保证问

---

① 参见我国《劳动争议调解仲裁法》第 5 条。

题真正得到最终解决。

（四）我国现行的行政仲裁制度框架

《仲裁法》颁布之前，我国在民事纠纷裁决中一度广泛使用行政仲裁，内容涉及许多领域。如经济合同仲裁、消费纠纷仲裁、房屋拆迁纠纷仲裁、土地权属仲裁，等等。1994年《仲裁法》颁布实施后，许多既存的行政仲裁机构被撤、并、转，转为民间仲裁的性质。法律上的行政仲裁只剩下劳动争议仲裁和农业集体经济组织内部的农村承包合同纠纷仲裁。① 另外，一些地方还继续保留有事业单位内部的人事纠纷仲裁制度。② 2006年1月1日实施的《公务员法》以基本法的形式，明确了保障公务员权利的人事仲裁制度的合法性。

1. 劳动争议仲裁

劳动争议仲裁针对的是我国境内的企业、个体经济组织、民办非企业单位等组织（以下简称"用人单位"）与劳动者之间发生的劳动争议，它是我国最早建立的行政仲裁制度之一。我国《仲裁法》颁布后，根据其第77条的规定，保留劳动争议仲裁，并通过《劳动法》和《劳动争议仲裁法》得到进一步的明确和完善，劳动仲裁成为提起劳动争议诉讼的前置程序。

首先，劳动争议仲裁机构为劳动争议仲裁委员会，其组成人员为劳动行政部门代表、工会代表和企业方面的代表，仲裁规则由国务院劳动行政部门制定，工作受省级劳动行政部门的指导。

其次，申请劳动仲裁的时效期间为1年，自当事人知道或者应当知道权利被侵犯之日起算，申请不以仲裁协议为要件，在管辖上采属地原则，由管辖本区域的劳动争议仲裁委员会受理。

就仲裁程序而言，以公开为原则，但当事人可以协议选择不公开的方式。裁决以调解为先行程序，调解不成的应及时裁决。裁决实行一裁终局，当事人不服的，可依法起诉或者申请法院撤销裁决。③

2. 农村承包合同争议仲裁

农村土地承包合同争议仲裁是我国各地适用较为广泛的纠纷解决机制。我国《仲裁法》颁布之后，一些地方继续沿用过去制定的有关规定。④ 我国《土地承包法》颁布后，各地相继制定了地方性法规范，但是，目前仍缺乏国家层面的统一立法。

根据我国现行法律和各地区的实践做法，农村承包合同争议仲裁主要包括以下内容：

从和诉讼的关系看，仲裁是一个选择性程序。争议发生后，当事人可以选择仲裁，也可以直接起诉。⑤

从申请程序看，有的地区以存在仲裁协议为必要条件⑥，有的规定只需一方当事人提出

---

① 参见我国《仲裁法》第77条的规定。
② 例如，2003年5月1日起施行的《北京市人事争议仲裁办法》，针对的就是行政机关、事业单位与其工作人员之间的人事纠纷。
③ 对仲裁裁决请求司法救济的途径和程序，因当事人和事项不同而有所不同，详见我国《劳动争议仲裁法》第47—50条。
④ 例如，山东省1990年颁布的《山东省农村集体经济承包合同纠纷仲裁办法》，广东省在1992年颁布的《广东省农村承包合同纠纷仲裁办法》等。
⑤ 参见我国《土地承包法》第51条第2款。
⑥ 参见湖北省1996年颁布的《湖北省农村承包合同纠纷仲裁办法》，广东省1992年颁布的《广东省农村承包合同纠纷仲裁办法》。

申请即可。① 有的地区仲裁实行一裁终局,有的可以向上一级仲裁机关申请仲裁复议。②

总体来看,农村承包合同争议仲裁的制度架构较为零散,问题较多,为此,我国先后公布了《农村土地承包纠纷仲裁条例(讨论稿)》和《农村土地承包仲裁法(征求意见稿)》以及《农村土地承包纠纷仲裁试点设施建设项目组织实施办法》③,制度正逐步迈向完善。

3. 人事仲裁

我国《仲裁法》中虽然保留了劳动争议仲裁,却未提到人事仲裁,而事实上,这类仲裁相对于劳动争议更具特殊性,它针对的是事业单位与其工作人员之间的纠纷。随着人事制度改革的深化,人事争议日益增多,这些争议如果不能及时得到解决,势必损害当事人的合法权益,为此,1996年以来,国家人事部先后下发一系列文件,设立了行政性人事仲裁制度。④ 之后,各地也先后立法,建立人事仲裁制度。⑤ 2006年实施的《公务员法》以法律的形式,正式确立了人事争议仲裁制度的地位,明确了人事仲裁的基本内容。

第一,人事争议仲裁的范围是聘任制公务员与所在机关之间因履行聘任合同发生的争议,由于我国《公务员法》第106条规定:"法律、法规授权的具有公共事务管理职能的事业单位中除工勤人员以外的工作人员,经批准参照本法进行管理。"所以,法律、法规授权的具有公共事务管理职能的事业单位与其工作人员之间因履行聘任合同发生的争议,也在仲裁管辖范围之内。仅具有公共服务职能的事业单位不在其列。

第二,人事争议仲裁委员会根据需要设立,委员会成员由公务员主管部门的代表、聘用机关的代表、聘任制公务员的代表以及法律专家组成。

第三,人事仲裁是提起诉讼的前置程序,争议发生后,当事人可以自争议发生之日起60日内申请仲裁。对仲裁裁决不服的,可以向法院提起诉讼。

我国《公务员法》并未具体规定仲裁的裁决程序,因此,具体的裁决程序还有待通过制定实施细则或者办法予以细化。

二、行政裁决

(一) 行政裁决的概念

行政裁决本身是一个多义的概念,有时指依照准司法程序作出的行政行为,有时指对民事纠纷的处理行为。这里所说的是后一种意义上的行政裁决,是指行政机关依照法律、法规的授权,对当事人之间发生的、与行政管理活动密切相关的民事纠纷进行审查和裁定的行政行为。

和行政仲裁相比,行政裁决的主体就是行政机关,裁决行为是行政机关行使职权的表现形式之一。而行政仲裁的裁决机关一般为复合型机关,行政机关的工作人员只是仲裁委员会的组成人员之一,因此,行政仲裁机关作出的裁决行为不属于行政行为,具有更强的中立

---

① 参见山东省1990年颁布的《山东省农村集体经济承包合同纠纷仲裁办法》。
② 前者参见2005年吉林省颁布的《吉林省农村土地承包经营管理条例》,后者参见《广东省农村承包合同纠纷仲裁办法》。
③ 农经发[2005]22号。
④ 例如,人事部1996年5月24日下发的《关于成立人事部人事仲裁公正厅有关问题的通知》,1997年8月8日下发的《人事争议处理暂行规定》,1999年9月6日下发的《人事争议仲裁员管理办法》等。
⑤ 例如,1999年的《沈阳市人事争议仲裁暂行办法》,2003年北京市的《北京市人事争议仲裁办法》等。

性和事后救济的色彩。

(二) 行政裁决的特征①

(1) 行政裁决的争议是和行政管理活动密切相关的民事争议。基于私人自治理念,行政机关对民事争议的介入是有限度的,仅在特定领域,涉及较强的技术性、专业性问题时,才授权行政机关裁决。例如,专利、商标纠纷,环境污染损害赔偿纠纷,土地所有权和使用权纠纷等。

(2) 行政裁决主体必须是法律、法规明确授权的行政机关,未经法律、法规授权的,属于越权无效的行为。

(3) 行政裁决依申请启动,以当事人之间的协商调解为先行程序,行政机关不能主动干预。

(三) 行政裁决的分类

以行政裁决的对象为标准,可以将行政裁决分为权属纠纷裁决、侵权纠纷裁决和损害赔偿纠纷裁决。

1. 权属纠纷裁决

这类裁决针对的是双方当事人对某一财产的所有权或者使用权的归属产生的纠纷,以关于自然资源的权属纠纷为主要内容,例如,基于《土地管理法》《森林法》等的授权,对土地、森林、滩涂等自然资源的所有权和使用权纠纷的裁决。另外,也包括对其他财产如房屋的权属纠纷。这类纠纷的特点是政策性强,历史遗留问题多,往往以行政机关对所争议财产的权属确认为前提。在解决这类问题上,行政机关基于其长期的管理经验和专业能力,具有很强的优势。所以,在权利救济体系中,法律不仅将纠纷裁决权授予行政机关,而且裁决往往还是司法救济的前置程序。

2. 侵权纠纷裁决

这类裁决源于一方当事人的合法权益受到他方主体的不法侵害而引发的纠纷。对于侵权性质较轻、对社会危害不大的侵权行为引发的纠纷,当事人本可以自行协商解决,但是,也可以选择由行政管理部门予以裁决。这种规定在知识产权法规中普遍存在。例如,我国《商标法》第60条规定,由于第57条所列侵犯注册商标专用权行为之一,引起纠纷的,由当事人协商解决;不愿协商或者协商不成的,商标注册人或者利害关系人可以向人民法院起诉,也可以请求工商行政管理部门处理。工商行政管理部门认定侵权行为成立的,可以责令立即停止侵权行为。

3. 损害赔偿纠纷裁决

这是在一方当事人的合法权益受到损害后,要求侵权者予以赔偿而引发的纠纷。损害赔偿纠纷常常和行政纠纷纠葛在一起。有些时候,侵权行为不仅侵犯了私益,同时还违反了行政法规范,需要行政机关依法予以处罚。在这种情况下,侵权损害赔偿金额的确定往往和行政机关对违法事实的确认、侵权责任的认定联系在一起。如果由行政机关直接对赔偿金额予以裁决,就无需对事实问题再次予以确认,程序上非常便利。过去,这类损害赔偿纠纷往往交由行政机关裁决②,现在,许多立法已经作出修改,转而采用行政调解这一更注重当事

---

① 参见姜明安主编:《行政法与行政诉讼法》,法律出版社 2003 年版,第 143—144 页。
② 参见我国 1984 年《水污染防治法》第 41 条第 2 款。

人意思自治的方式。①

三、对我国行政仲裁和裁决制度的反思

从总体上来看,我国的行政仲裁和裁决制度处于一个日渐萎缩的状况,行政对民事纠纷的介入受到理论界和实践部门的许多质疑,在建设市场经济、发展市民社会的今天,人们似乎更倾向于通过对行政权的限制,促进晚熟的中国市民社会的发展和权利意识的苏醒。

应该说,这种观点有其深刻的历史和社会背景,值得关注。但是,凡事忌矫枉过正,对行政权的控制应该是从行政权面面俱到、事事皆管,转变为发挥优势、做好政府擅长、而个人难为之事。在社会飞速发展的今天,个人对国家的依赖已经是一个无可逃避的现实。要促进经济发展、建设法治社会,需要国家与社会的合力,缺少任何一方皆跛足难进。行政机关在人力、财力、物资设备条件等方面、在政策和法律的把握上具有优势,最大限度地利用这些资源,发挥行政机关在民事纠纷处理和权利救济上的积极作用,才是对公民权利最大的尊重。

第四节 行政协调及其他简易救济手段

一、行政协调

(一) 行政协调的概念

行政协调是一个范围极为广泛的用语,广义的行政协调,是指为了行政活动的顺利实施,以行政机关为一方主体所进行的所有协调活动。其中既包括行政机关之间所进行的协调,也包括行政机关和公民之间所进行的协调。例如,北京市2007年建立的"北京市招投标行政监督协调机制",就是通过各部门共同研究有关招投标行政监督的重要事项,加强沟通与协调,及时、有效地解决招投标行政监督过程中的矛盾和问题。② 除此之外,行政机关和公民之间的协调也是行政机关推行政务时经常采用的手段,例如,制定法规、政策前的广泛的听证、恳谈、协商会等。许多方式还为各国的行政程序法所吸收,成为行政公开、公民参与的重要手段之一。

狭义的行政协调针对的是具体的个案,它是在行政纠纷发生之后,行政机关和对方当事人通过协商、调解的方式,达成合意,从而解决争端的活动。按照使用的阶段的不同,可以将其分为行政程序中的协调和行政诉讼程序中的协调,后者常被称为行政诉讼中的调解或者和解③。本节所说的行政协调,指的正是狭义上的行政协调。

(二) 行政协调的特点

1. 行政协调是通过合意解决纠纷的双方活动

行政协调针对的是行政管理活动中,行政机关和公民之间就法律上的权利义务关系所产生的争议。对于行政纠纷,可以通过行政决定机关、行政复议机关或者法院,依照法定程序、适用法律法规,作出裁判。这些行为的一个典型特点,就是裁判决定的单方性,它是裁决

---

① 参见我国2008年修订的《水污染防治法》第86条、2007年修订的《道路交通安全法》第74条。
② 参见京发改〔2006〕628号。
③ 调解与和解的区别在于,调解是在第三方的主持之下进行的,如复议机关、法院,因此,受到更多的监督。从这一点来看,行政诉讼更适合采用调解的方式,以加强监督,保障公益和第三人利益。

机关单方意志的表现。作为纠纷的另一方当事人,虽然可以通过一定的程序表达自己的意见和观点,但是,最终的决定判断权仍在行政机关或者裁判主体。与之相比,行政协调的特点,在于最终的纠纷解决方案是在行政机关和公民协商一致的基础上形成的,是双方共同意志的体现。因此,可以说行政协调具有公法契约的性质。

2. 行政协调的目的是为了尽快恢复法的和平,实现经济效益

协调是民事活动中惯常采用的一种手法,其基于民事主体对自己权利义务所享有的处分权。然而行政活动不同,行政活动是行政机关依照法规范,在查明事实的基础上,适用法规范于具体案件的过程,法律保留是行政活动的基本原则。因此,即使出现行政纠纷,行政机关也必须按照法规范行使行政职权,平息行政纠纷。但是,有些时候,纠纷中的事实问题以及相关的法律问题模糊不清,难以查明,执意按照法定程序解决,费时费力,会导致法律关系长期处于不稳定状态,公民对行政机关产生埋怨和不信任。这种情况下,在法定条件下,合理地运用协调手段,有利于尽快化解矛盾,恢复法律关系的平稳,实现纠纷解决的经济性。

3. 行政协调是一种补充性的纠纷解决机制

行政活动事关公益,任意地使用行政协调容易对公益和第三人利益造成损害。不论何时何地,依法行政都是对行政权行使的基本要求。行政协调是在作出行政行为的法定要件存在不明确因素、且没有很好的解决方法时的一种退而求其次的选择。必须在符合法定要件时,才能例外地使用。

(三) 行政协调的容许性

对于行政过程和行政诉讼中能否采用行政协调,理论和实务界长期持否定态度。究其原因,在于行政权的不可处分原则。按照这一原则,行政权本非行政机关自身享有的权力,而是源于公民的委托。作为被委托人,行政机关只能依照立法机关制定的、作为公民意志体现的法规范规定的方式行使被委托的权力。也就是说,法规范本身规制着行政机关的行动,不存在由当事人相互交涉而采取行动的余地。例如,在税收行政领域,税法对于税率、税种均已作出详细而具体的规定,税务机关只能按照法律的规定,确定应缴纳税款的数额,而不能和纳税义务人讨价还价,任意决定应纳税额。与之相对,协调的最主要特征恰恰在于决定的作出是基于双方共同的意思。因此,行政协调和行政权的不可处分性似乎天生具有不相容性。

然而,行政活动是复杂多样的,按照依法行政的要求,任何行政决定的作出都应建立在事实确实充分的基础上。可是,有些情况下,由于各方面的原因,却会出现证据不足、案件事实难以查明,难以适用法律的情况。而行政机关的职责特点又决定了其必须作出处理。在这种无奈的状态下,应该说存在通过行政机关和相对人之间的协商、讨论、交涉,确定案件事实的余地。例如,药品监督管理机关在查处一个出售过期药品的药店时,发现其有两个账本,一个是应付检查的假账本,一个是记录进货价款等内容的真账本,不过形式极不规范,内容残缺不全,根据这个内部账本无法准确算出其非法所得的数额。而药商害怕重罚,拒不配合检查。在这种情况下,药商违法经营的事实和证据充分,但是,决定其违法情节的证据不充分。行政机关应该如何行为呢?在这里应该可以采用行政协调的方法,行政机关可在药商承认售假行为、并对数额作出一定交代的情况下,减轻处罚额度,并责令其今后建立健全进货记录,从而在较短时间内解决争端,消除和当事人之间的紧张关系,为今后的行政管理打下良好的基础。

综上所述,不能概括地说行政协调和行政权不可处分原则之间存在必然冲突。在特殊情况下,行政协调也具有合理性。在法的客观状况不明时,通过合意,行政机关可以通过接受相对方的具有一定公正性的要求,获得最接近客观真实的对法的状态的认定,进而适用法规范,作出行政决定。这种做法仍是遵循了法治行政的要求的。

(四)行政协调的适用条件

对于行政协调的适用条件,许多学者主张应该限制在裁量行为之中,羁束行为不得适用,因为只有在裁量行为中,行政机关才具有选择权。这种观点是对裁量行为的一种误解。所谓裁量行为,是基于行政活动的政策性、复杂性、专业性、多变性等特点,采用抽象的语言,对行政行为的要件和内容作出规定,以期行政机关根据具体情况,作出符合具体情况的判断。和羁束行为相比,它是将决定权由立法机关转交到了行政机关手中,行政机关所受到的立法限制减少。但是,不论是裁量行为还是羁束行为,作出行政行为的选择和裁量权始终在行政机关手中,即使在裁量行为中,也要根据并服从法律,而不能完全通过和相对方形成合意的形式来决定。所以,不能单纯以是否属于裁量行为来判断行政协调的可适用性。

近年来,随着社会转型的加剧、政府职能与行政执法方式的转变、公民权利理念的日渐成熟,参与式、协商式行政已经成为一种新的、重要的行政管理方式,受到政府的重视和社会的普遍认同。中央、地方和各部门纷纷制定文件,推行以行政调解为中心的行政协调行为模式。而在这一值得肯定的行政管理行为方式转变过程中,也出现了一些问题。结合行政协调的特点、性质,在采取这种纠纷解决方式时,应注意以下三方面问题:

1. 行政机关对于争议的案件具有管辖权

这一点强调的,是争议案件应在行政机关的管辖范围之内,行政机关对如何处理该案件具有完全的决定权,它必须具有在协调的内容范围内,针对争议对象,能够答应相对方要求的权能。如果行政机关作出决定还必须经过上级机关的批准,或者和其他机关协作、共同作出,就不能采用行政协调。

另外,该条件还要求行政机关具有履行对相对方作出的承诺的能力,如果承诺内容超出其职权范围,则该行政协调也是不合法的。例如,工商部门在调查制假售假案件中,发现相对方的行为已经达到了犯罪的程度。这时,行政机关就没有权力以不移交司法机关处理为条件,换取对方交代违法犯罪的事实。

2. 行政协调原则上适用于案件事实不清的情况

不论是行政程序中对纠纷的处理,还是在诉讼过程中作为被告作出新的行政行为,其都是行政机关行使公权力的行为,原则上应该依法查明事实,适用法律。这既是行政机关的职权,也是其职责,不容放弃。因此,只有在案件事实不清、证据不足的特定情况下,才赋予行政机关根据自己的主观性见解采取行为的权限,通过和相对方之间的协商,快速而和平地解决纠纷。

3. 行政协调不得损害公共利益和他人合法权益

一方面,行政权的行使是为了公共利益,因此,要防止行政机关放弃职权,任意让步,以至损害公益,或者胁迫相对方作出不真实的意思表示,损害公平原则。另一方面,行政行为经常具有复效性,会涉及其他利害关系人的利益。因此,要防止行政机关和相对方达成不正当交易,损害第三方的合法权益。

行政协调是行政纠纷解决机制中的制度之一,在强调民主行政、提高公民参与的今天,已经受到理论界和实务界的广泛关注。不过,由于行政协调自身的特殊性,在制度建构中要主要加强对协调过程的监督力度,使其在规范的轨道上发展。

二、综合性的简易救济手段——行政 ADR

行政 ADR 属于 ADR(替代性纠纷解决机制)的一种,是对非诉行纠纷解决方法的总称。广义上,本章所述的行政仲裁、行政协调、行政裁决等,都是行政 ADR 的一种。狭义上,仅限于行政机关对民事争议的解决。本章所论述的是广义上的行政 ADR。在这一部分,主要是对我国尚未适用或者鲜有适用的行政 ADR 的制度内容做一介绍。

(一) 产生背景

在行政救济体系中,虽然最受重视的始终是行政复议和行政诉讼。不过,行政诉讼成本高、效率低,行政复议本是一种较为简易、快捷的救济途径,但是,为了追求复议结果的权威性,各国的行政复议制度却不断呈现出准司法化的倾向,导致了复议的迟延和成本增加,与当初的设立目的发生矛盾。[①] 为解决这一问题,20 世纪末,原为私法纠纷解决机制的 ADR 开始逐渐扩展至行政法领域,成为解决行政纠纷的有效方式。1990 年,美国国会通过了《行政纠纷解决法》(Administrative Dispute Resolution Act)(编入《美国法典》第 5 编),赋予行政机关利用各种 ADR 程序解决纷争的概括性权力,实现了行政 ADR 的法制化,成为各国学习、借鉴的对象。

(二) 美国行政 ADR 的主要内容

1. 概念

所谓 ADR 就是指替代性纠纷解决机制,是对法院裁判程序的替代。根据《美国法典》第 571 条规定,它是指"为解决纷争中的争点,所使用的斡旋、交涉援助、调停、事实认定、简易审判、仲裁、利用监察专员以及这些程序的结合、也包括这以外的程序"。

该规定表明,首先,ADR 只是提供了一种通过合意解决纠纷的途径,不可能完全取代各种正式的行政程序。它仅是既有的纠纷解决手段的补充,是鼓励推行的纠纷解决方式,并非政府机关的义务。其次,ADR 是一个开放性概念,除了法律明确规定的形式外,新的、混合的形式均属于其机制之中。

2. 适用范围

ADR 的适用范围依当事人的合意确定。从目前的适用情况看,它不仅适用于解决个案争议的行政裁决过程中,还适用于行政规则、公共政策、管制标准的制定过程中。不过,根据《美国法典》第 572 条,六类情况排除在外,即:具先例价值的;与政策有关的、关系政策形成的重大问题;需保持既存政策一贯性的;对第三人(组织)产生重大影响的;需完全公开记录而适用本程序无法做到的;需保持能应对情况变化的管辖权的。

3. 中立的顾问

中立的顾问的设立是行政 ADR 的一大特点,类似于调解人,其身份不限,可以是政府的固定官员、职员、或者临时官员、职员,以及其他个人。但是,该顾问必须具有中立性,要与纠

---

① 这种倾向在我国和日本、美国的法律制度和改革方案中均有体现。参见〔日〕椎井光明著:《综合性的行政不服审查所的构想》,载《行政法的发展与变革 盐野宏古稀》下卷,日本有斐阁 2001 年版,第 1 页;〔日〕大桥真由美著:《行政纠纷处理的现代化构造》,日本弘文堂 2005 年版,第 138—146 页。

纷中的争点不存在一切公共的、金钱的或个人的利益关系。其作用主要是为合意的形成创造条件,提示解决方案,促使当事者接受解决方案。

4. 对于 ADR 程序中当事人提供、交换的信息,实行不公开原则

从上述内容可以看出,和其他行政救济途径相比,ADR 具有灵活性、非正式性的特点,它寻求的不是各类案件共同的程序标准,而是对当事人来说最适合的解决方法。因此,这种救济方式更尊重当事人的意愿,注重当事人的参与权和自我决定权,更符合现今对民主行政、回应型法的要求。目前,我国对行政 ADR 并未在立法上予以明确承认,但是,一方面,考虑到行政的复杂性、效率性,行政资源的有限性,以及对行政民主化的时代需求,鼓励行政机关和公民在协商合意基础上化解纠纷,实现公共和政策目标,无疑是有利于法治国家、和谐国家的实现,有利于公民权益和公共利益的共同实现的。

第十六章

行 政 复 议

第一节 行政复议概述

一、行政复议的概念和特征

（一）行政复议的概念

行政复议，是指公民、法人和其他组织认为行政主体的行政行为侵犯其合法权益，和行政主体之间发生争议，依法向行政复议机关提出申请，由行政复议机关依照法定程序，对引起争议的行政行为的合法性和适当性进行全面复查、审议并作出复议决定的法律制度。[①]

（二）行政复议的特征[②]

1. 申请人提起行政复议的前提是申请人与行政主体产生了行政争议

公民、法人和其他组织作为行政相对人，在行政管理活动中认为行政主体的行政行为侵害了其合法权益，和行政主体发生行政争议，与行政行为形成直接利害关系时，才能向行政复议机关申请行政复议。

2. 行政复议的双方当事人具有特定性，二者地位不能互换

在行政管理过程中，行政主体根据法律规定行使职权，可以直接作出行政决定或者采取强制措施。如果行政相对人对行政行为不服，无权自行改变行政行为，也不能拒绝履行行政行为所确定的义务，只能通过法定方式申请复议。因此在行政复议活动中，双方当事人具有特定性，即只有行政相对人才能作为行政复议的申请人，作出行政行为的行政主体只能是行政复议的被申请人。

3. 行政复议机关的专门性和多元化

根据法律规定，行政相对人如果不服行政主体的行政行为，可以向有管辖权的行政复议机关申请行政复议。行政复议机关应当依照法定程序，按照各自的分管领域和领导层级进行行政复议。

首先，行政复议机关按照法律规定和行政管理权限，只管辖特定类型的行政争议案件，如铁路复议机关只管辖铁路行政争议，税务复议机关只管辖税务行政争议。行政复议机关在管辖权方面和法院有显著区别，法院对行政争议具有一般性管辖权，只要符合法律规定的

---

① 参见杨建顺著：《行政规制与权利保障》，中国人民大学出版社 2007 年版，第 552 页。
② 同上书，第 554—556 页。

受案范围,法院都可以受理。行政复议机关之所以具有这种专门管辖权的特点,是和行政机关的专业性、部门性密不可分的。

其次,与法院组织系统的单一性相比,行政复议机关具有多元化的特点。我国法院的组织,从最高法院、高级法院、中级法院到基层法院,层次清晰,系统单一。① 与法院系统相比,行政复议机关呈现出多元化的特征,不仅各部门、各系统都有相对独立的行政复议机关,而且地方有省、市、县级的行政复议机关,中央不但有各部委行政复议机关,而且国务院也可以作为行政复议机关,作出最终裁决。

4. 行政复议应当按照法律规定的程序进行

行政复议必须遵循法律规定的程序,这种程序既不同于一般的行政程序,也不同于法院的司法程序,而是兼具二者优点的混合程序,表现为准司法性和行政性。

(1) 行政复议程序具有准司法性。在行政复议中,行政复议机关作为第三人解决行政主体和行政相对人之间的行政争议。由于行政争议的双方当事人是行政主体和行政相对人,为了依法维护行政相对人的合法权益,在大多数情况下,行政复议机关需要和作出行政行为的行政主体分离。当行政复议机关是作出行政行为的行政机关时,如我国《行政复议法》第14条规定:"对国务院部门或者省、自治区、直辖市人民政府的具体行政行为不服的,向作出该具体行政行为的国务院部门或者省、自治区、直辖市人民政府申请行政复议",这时行政机关应当在本机关内另行组织复议机构,并由作出行政行为的工作人员以外的人担任复议人员。将现代行政建立在公平、公正的基础上,是行政复议程序司法化的重要动因,也是行政复议准司法性要求的根本点和出发点。尽管行政复议机关从形式上作为第三人来裁断行政争议,但是它要么是作出行政行为的原机关,要么是其上一级机关,要么是法定的其他机关。归根结底复议机关还是行政机关,不是司法机关,它不像法院那样,由独立于双方当事人以外的第三人居间公正地解决纠纷。因此,行政复议程序具有准司法性,但还不是完全的司法程序。

(2) 行政复议程序具有行政性。行政复议机关审理行政争议时,要遵循行政性的基本要求,尽可能提高效率。因此独任制复议的情况较多,在判断、收集证据方面,都不如法院那样正式。另外,复议机构大多设置在行政主体之中,其复议活动或多或少要受到行政主体的影响,尤其是作出行政行为的行政主体作为复议机关时,起码从外观上往往难以确保复议决定的公平、公正性。因此,对于行政复议决定,还必须要给予相对人司法救济的途径。除法律另有规定以外,相对人对于违法或者不当的行政复议决定,可以提起行政诉讼,由法院进行审查,从而获得司法救济。

5. 行政复议实行全面审查

行政复议机关在行政复议过程中,对所争议的行政行为的合法性与合理性进行全面审查,并附带地对抽象行政行为进行有限制的审查。这与行政诉讼有明显的区别。在行政诉讼中,法院只对行政行为是否合法进行审查,出于对行政机关行政裁量权的尊重,一般不审查行政行为是否合理。

---

① 普通法院的设置具有这种显著的特点,但专门法院,如海事法院、军事法院、铁路法院等和普通法院相比,稍具特殊性。

二、行政复议的基本原则

行政复议的基本原则,是反映行政复议的精神实质,由法律规定的,贯穿于行政复议全过程,对行政复议具有普遍指导意义的基本行为准则。它体现了行政复议的立法目的,既能够规范行政主体的行为,也规范行政相对人参与行政复议的行为。

(一) 行政复议机关依法行使职权原则

(1) 行政复议权由行政复议机关行使。行政复议机关行使行政复议权,解决行政主体与行政相对人之间的行政争议。其他国家机关如人民法院也负责解决纠纷,社会团体以及其他组织如居民委员会、村民委员会也有一定的处理纠纷的功能,但是它们都不行使行政复议权。法律赋予行政复议机关以行政复议权,作为解决因行政行为引起的行政争议的权力,只能由行政复议机关行使。而且,行政复议机关以自己的名义进行行政复议,既不以具体承办行政复议工作的复议机构的名义进行,也不以具体承办人的名义进行。

(2) 行政复议机关应当依法行使职权。法律对行政复议机关行使复议权的权限和程序作了明确的规定,行政复议机关必须严格按照法律规定开展行政复议活动,及时纠正违法或者不当的行政行为,依法保护行政相对人的合法权益,保持社会稳定。

(3) 行政复议机关依法履行职责,不受其他机关、社会团体和个人的非法干涉。首先,我国虽然不实行三权分立制度,但是,权力机关、行政机关、审判机关和检察机关之间依照宪法与法律的规定,分别行使立法权、行政权、审判权和检察权。它们在各自职权范围内行使职权,其他国家机关应当予以尊重,权力机关和司法机关对行政复议的监督必须依照法定的程序进行。行政复议机关作为行政主体的一部分,必须接受权力机关的监督,遵守法律,服从权力机关作出的决定和命令。人民法院有权通过行政诉讼审查行政复议决定,检察机关依法进行的监督,社会团体和个人按照法定程序与途径表达对行政复议机关的意见,都不能认为是非法干预。其次,行政主体也存在着权限上的分工,上级行政主体不能代替下级行政主体去工作。上级行政主体对行政复议机关工作的干预,也必须依照法定权限和程序进行,而不能随意干预。[①]

(二) 合法原则

行政复议的合法原则是指行政复议过程中,复议机关应当按照法律规定的职权范围,依照法律规定的程序,对行政相对人申请复议的行政行为进行审查,根据审查情况作出行政复议决定。

(1) 行政复议机关主体合法。行政复议机关应当具有行政主体资格,依法成立并拥有法律、法规授予的行政复议权。行政复议机关只能在职权范围内接受行政相对人的申请,不能复议超越其管辖范围的案件。

(2) 行政复议程序合法。法律对行政复议机关开展复议活动规定了明确的程序,对复议机关行使职权的形式作了规范的要求。行政复议机关应当按照法律规定的方式、步骤、顺序和时限进行复议,才能确保行政复议活动依法进行。

(3) 行政复议依据合法。行政复议机关进行行政复议,应当遵循法律、行政法规、地方性法规、自治条例、单行条例、规章、上级行政机关依法制定和发布的具有普遍拘束力的决

[①] 参见杨建顺著:《行政规制与权利保障》,中国人民大学出版社2007年版,第559页。

定、命令。行政机关的内部规范性文件不能作为复议依据。

（三）及时原则

行政复议机关应当在法律规定的期限内,尽快审查行政复议案件,并作出相应的复议决定。行政复议贯彻及时原则,反映了行政复议自身的特点,体现了行政复议的内在要求,有利于保护行政相对人的合法权益,切实维护社会稳定。

（1）行政复议机关应当严格遵守法律规定的期限,确保行政复议行为能够在规定的期限内完成。如果法律对行政复议的期限没有作出明确规定,行政复议机关应当本着提高效率的精神尽快完成行政复议行为。如果行政复议机关不能在法律规定的期限内作出复议决定,应当按照法定程序报行政复议机关负责人批准,适当延长审理期限。

（2）行政复议机关应当敦促行政复议当事人遵守法定期限。行政复议本身要求以较高的效率来解决行政争议,而行政复议高效率的实现,没有行政复议当事人的配合,复议机关自身是难以完成的。因此,行政复议机关应当要求行政复议当事人在法律规定的期限内尽快完成有关程序行为。①

（四）便民原则

行政复议是法律为行政相对人提供的一种行政救济手段,与行政诉讼所提供的司法救济相比,具有及时、方便、经济等特点。行政复议机关应当采取方便申请人申请复议的方式与方法,确保相对人能够有效地行使复议申请权,切实保护其合法权益。行政复议机关通过依法办案,及时解决相对人与行政机关的行政争议,可以使大量的行政纠纷终止于行政系统内部,避免这些纠纷进入法院,从而有效减轻法院的负担。

（1）申请人不交复议申请费。行政复议机关接受申请,审查下级行政机关或者本机关的活动,对行政主体进行层级监督,能够及时纠正违法或不当的行政行为。申请人不交复议申请费,能够减轻经济负担,消除顾虑,及时申请行政复议,便于行政主体及时纠正行政管理中的违法或者不当行为,督促行政机关正确行使行政权,确保行政管理活动依法有序进行。

（2）申请人自由选择行政复议管辖机关。我国《行政复议法》第12条规定:"对县级以上地方各级人民政府工作部门的具体行政行为不服的,由申请人选择,可以向该部门的本级人民政府申请行政复议,也可以向上一级主管部门申请行政复议。"法律赋予复议申请人以行政复议选择权,让申请人自由选择行政复议管辖机关。这样既有利于复议申请人行使复议申请权,也便于行政复议机关审理案件,缩短复议周期,便于及时纠正违法或者不当的行政行为,保护行政相对人的合法权益。

（3）行政主体转送行政复议申请。根据我国《行政复议法》第15条第2款及第18条的规定,申请人对行政复议管辖机关不清楚的,可以向行政行为发生地的县级地方人民政府提出行政复议申请,由接受申请的县级地方人民政府依法转送有关行政复议机关,并告知申请人。法律作这样的规定,避免了申请人准确判断行政复议管辖机关的困难,有利于申请人及时提出行政复议申请。

（4）行政复议实行书面审理。我国《行政复议法》第22条规定:"行政复议原则上采取书面审查的办法,但是申请人提出要求或者行政复议机关负责法制工作的机构认为有必要

---

① 参见姜明安主编:《行政法与行政诉讼法》,北京大学出版社、高等教育出版社2007年版,第421页(章剑生执笔"行政复议概述")。

时,可以向有关组织和人员调查情况,听取申请人、被申请人和第三人的意见。"这种规定在一定程度上也方便了申请人,避免申请人来回奔波,能够减轻申请人的经济和精力负担。

(5) 行政相对人申请行政复议的形式多样。我国《行政复议法》第 11 条规定:"申请人申请行政复议,可以书面申请,也可以口头申请;口头申请的,行政复议机关应当当场记录申请人的基本情况、行政复议请求、申请行政复议的主要事实、理由和时间。"这样规定大大方便了申请人,采用书面申请有利于申请人准确详尽地表达复议要求,采用口头申请有利于文化知识和法律知识水平不高的申请人及时提起复议申请。

(6) 行政复议机关有较为丰富的行政管理经验。现代社会分工越来越细,行政机关进行行政管理的职权分工也呈现日渐专业化的趋势,这种专业化是实现行政高效率的重要保障之一。行政复议机关工作人员长期从事行政管理工作,具有丰富的管理经验和技术,能够在纷繁复杂的行政争议中及时找到症结,可以对当事人提出更有针对性的处理意见,利于当事人接受并达成协议。

(五) 对行政行为合法性、合理性全面审查原则

在国家权力体系中,行政机关与立法机关、司法机关的权力,各级行政机关之间的权力和职责,都有明确的分工。与行政诉讼审查行政行为的合法性不同,行政复议机关需要对行政行为的合法性、合理性(适当性)进行全面审查,才能有效地开展行政层级监督。

(1) 对行政行为的合法性进行审查。行政复议机关审查行政行为合法性的要件主要是:证据确凿充分;适用法律、法规正确;行政机关作出行政行为必须有法律的授权,并在法律授权范围内行使职权;行政机关作出行政行为,要符合法律、法规、规章规定的程序。复议机关审查行政行为是否合法,目的在于纠正违法行政行为,保护相对人的合法权益。行政复议机关通过纠正违法的行政行为,监督和促进行政主体依法行使职权。

(2) 对行政行为的合理性进行审查。随着政府行政管理范围的不断扩大,要适应纷繁复杂、变化多端的形势,政府就必须享有一定的裁量权,而且要求尽可能广泛地享有裁量权。从某种意义上说,行政裁量权是现代行政权的核心内容。行政裁量权的存在和扩大,一方面大大提高了行政效率,另一方面又为行政机关滥用行政权力提供了可乘之机。既然行政裁量权的存在和扩大是现代行政的必然要求,务实的选择就是考虑如何用法律来控制、规范它的行使,从而尽量减少行政裁量权可能带来的负面影响。合理行政的要求就是在这种情况下应运而生。对行政行为进行合理性审查,要求行政裁量权必须在法律规定的范围内行使。判断行政行为是否合理的标准是,该行政行为是否符合法律赋予行政主体裁量权的目的。合理行政不仅要求行政机关应当按照法律、法规规定的条件、种类和幅度范围实施行政管理,而且要求行政机关的行为符合法律的意图或者精神,符合公平正义等法律理性。行政主体行使法律所赋予的裁量权时,若违背了法律的目的,考虑了不相关的因素,或者没有考虑相关的因素,就是滥用职权,是不合理的。行政复议机关可以审查行政行为的合理性,变更或撤销该行政行为,并责令被申请人重新作出行政行为。[①]

三、行政复议的基本制度

我国行政复议主要包括以下基本制度:

---

① 参见杨建顺著:《行政规制与权利保障》,中国人民大学出版社 2007 年版,第 563 页。

（一）一级复议制度

一级复议制度，是指行政争议经过行政复议机关一次审理并作出复议决定后，复议程序即告终结，申请人对复议决定不服，也不能再向其他行政机关要求复议。复议决定如果是法律规定的终局复议决定，申请人必须履行复议决定；如果不是终局复议决定，申请人可以向法院提起行政诉讼。在行政复议中确立一级复议制度，主要考虑到：第一，尽快解决行政争议。行政复议制度终究是行政系统内部的一种自我纠错制度，这种自我纠错的制度因在行政系统内运行而难以做到完全客观、公正地审查被申请的行政行为。行政复议即使再增加次数，也难以摆脱行政自我纠错的缺陷，只会增加行政管理的成本，造成行政资源的浪费。第二，司法最终解决原则。法院作为国家司法机关，以独立的第三人身份解决法律争议，作为解决纠纷的最终途径，这是现代法治的一个基本命题。① 行政复议决定在大多数情况下不是终局决定，相对人如果对复议决定不服，可以依照法律规定向法院提起行政诉讼，由法院作出最终裁决。

行政复议在原则上实行一级复议制度，但是法律也规定了例外情况。我国《行政复议法》第14条规定："对国务院部门或者省、自治区、直辖市人民政府的具体行政行为不服的，向作出该具体行政行为的国务院部门或者省、自治区、直辖市人民政府申请行政复议。对行政复议决定不服的，可以向人民法院提起行政诉讼；也可以向国务院申请裁决，国务院依照本法的规定作出最终裁决。"这是司法最终解决原则的例外。当初规定对省、自治区、直辖市人民政府和国务院部门的行政行为不服申请复议的，由作出行政行为的政府或部门管辖，是考虑到国务院是最高国家行政机关，其主要职责是制定方针政策，从全局上处理行政事务，一般不宜、也难以处理大量的具体行政纠纷。如果规定国务院作为复议机关，可能会影响国务院的正常工作。然而，实践对这一理由提出越来越多的质疑——让省、自治区、直辖市人民政府和国务院各部委自己做自己的法官，难以保证行政复议的公正性，不利于保护行政相对人的合法权益；国务院作为最高行政机关，对下级行政机关具有最高的层级监督权，这是宪法赋予的权力。赋予国务院最终复议裁决权，有利于其发现并纠正各部委和省级政府违法或不当的行政行为，减少原行为主体为行政复议机关所带来的弊端，也能在各级政府中起到有错必纠的示范作用，从而能更好地保护申请人的合法权益。基于这样一种共识，我国《行政复议法》增加了国务院可以受理行政复议裁决申请的规定。

（二）书面复议制度

书面复议制度是指行政复议机关受理申请人的申请以后，对申请人提出的申请和被申请人的答辩意见，以及被申请人作出行政行为时的法律依据和证据进行书面审查，并且在此基础上作出行政复议决定的制度。我国《行政复议法》第22条规定，"行政复议原则上采取书面审查的办法"。根据这一规定，复议机关在复议行政案件时，根据申请人和被申请人提供的有关事实证据和材料（复议申请书、复议答辩书等）作出复议决定。书面复议不但可以提高行政复议的效率，尽快解决行政争议，而且对复议双方当事人而言，都有益处：复议申请人不用来回奔波，可以减轻其经济和精力负担；被申请人不必派人或亲自到场，可以节约一定的物力、财力和人力。

另一方面，由于采用书面复议制度，行政复议机关不传唤当事人，不公开审理案件，当事

---

① 参见姜明安主编：《行政法与行政诉讼法》，北京大学出版社、高等教育出版社2007年版，第421—422页。

人不当面进行对质,难以保证复议机关全面、准确地查明案件真相,并据以作出公平、公正的复议决定,这在一定程度上制约了行政复议公正解决行政争议的功能,不能充分发挥行政复议制度应有的作用。这是书面复议制度的不足之处。为了弥补书面复议制度的不足,我国《行政复议法》第22条同时规定:"申请人提出要求或者行政复议机关负责法制工作的机构认为有必要时,可以向有关组织和人员调查情况,听取申请人、被申请人和第三人的意见。"根据这一规定,复议机关在案情复杂、有较大影响或者认为仅仅通过书面审理难以作出复议决定等情况下,可以采用开庭形式直接审理。

(三) 行政复议不适用调解制度

行政复议不适用调解制度,是指行政复议机关审理行政争议时,依法对申请复议的行政行为是否合法与适当进行审查并作出复议决定,维持合法的行政行为,撤销违法的行政行为,变更不当的行政行为,对行政争议不予调解,也不能以调解的方式结案。我国原《行政复议条例》第8条对此有明确规定:"复议机关审理复议案件,不适用调解。"《行政复议法》未作这样明确的规定,但《行政复议法》第28条明确规定了复议决定的种类,这些种类包括维持决定、履行决定、撤销、变更、确认违法决定以及赔偿决定。从这些决定的种类来看,行政复议显然不能以调解方式结案。

行政复议之所以不适用调解,就在于调解建立在当事人可以自由处分自己权利的基础之上,它广泛应用于解决民事争议案件。我国建立了人民调解和司法调解制度,分别在民间和法院通过调解方式处理为数众多的民事纠纷,并且最高人民法院通过颁布司法解释实现了人民调解和司法调解的有效衔接。通过调解方式能够解决民事纠纷,是因为民事纠纷的当事人可以自由处分其民事权利,甚至能够让渡自己的部分或者全部民事权利。行政复议负责解决行政争议,行政争议的发生是行政相对人不服行政主体在行政管理过程中作出的行政行为,与行政主体行使行政权密不可分。行政复议实行不调解制度,是因为其所复议的行政争议不存在调解的基础。一般认为,行政主体是代表国家进行行政管理工作的,因而享有法律所赋予的行政权,体现了国家和人民的意志,其所作出的行政行为也就是国家意志的体现,是代表国家履行相应的法定职责,因而也就不存在用调解的方法处理行政复议案件的可能性。① 行政复议机关在审理复议案件时,应当坚持有错必纠的原则,依法对行政行为是否合法与适当进行全面审查,该维持的就维持,该撤销的就撤销,该改变的就改变,不得主持调解,也不得以调解方式结案,否则就有悖于行政复议的宗旨。② 不过,行政复议尽管对行政行为是否合法与适当进行全面审查时不适用调解,但对于行政复议案件中有关赔偿的部分可以对复议双方当事人进行调解,在征得当事人同意后达成调解协议。

(四) 行政复议不停止执行制度

我国《行政复议法》第21条规定,"行政复议期间具体行政行为不停止执行"。行政行为不因相对人申请行政复议而停止执行。这种制度的目的在于保证国家行政管理的连续性、有效性和效率性。其理论基础是行政行为的效力理论,即行政主体代表国家进行行政管理,行政行为一经作出,即具有公定力、拘束力和执行力等效力,在被有权机关撤销或者变更之前,都推定为合法有效。复议不停止执行制的另一理论基础是公权力优先理论或公务优

---

① 参见胡锦光、杨建顺、李元起著:《行政法专题研究》,中国人民大学出版社1998年版,第272页。
② 参见方世荣主编:《行政复议法学》,中国法制出版社2000年版,第87页。

先理论,即行政权力是一种公权力,其行使是为了维护公共利益。当行政相对人对行政权力的行使产生异议,即私权利与公权力发生冲突时,应优先使公权力得到实现。

应当注意的是,并非在任何情况下,行政复议期间都不停止执行行政行为,我国《行政复议法》第21条在确定复议期间行政行为不停止执行制度的同时,也规定了如下几种例外情况:

(1) 被申请人认为需要停止执行的。复议期间,作为被申请人的行政主体如果认为自己作出的行政行为错误而应停止执行,或不停止执行将给相对人造成难以挽回的损害时,可以停止执行。但是,行政行为停止执行后,它的其他法律效力并不因此而消灭,只是其执行力受到限制,该行政行为仍然是存在的,并不妨碍行政复议的继续进行。

(2) 行政复议机关认为需要停止执行的。行政复议机关在复议期间如果认为应暂停被申请复议的行政行为的执行,可以依法停止该行政行为的执行。行政复议机关作出停止执行被审查的行政行为的决定,并不标志着行政复议机关对整个行政行为全部情况的认定,更不意味着复议程序的终结。它实质上是一种保全措施。只要行政复议机关认为存在应该采取这种保全措施的情况,就可以作出停止执行决定。行政复议机关的这种权力,来自合法的授权,与它作为行政救济机关的性质密切联系。

(3) 申请人申请停止执行,行政复议机关认为其要求合理,决定停止执行的。申请人只有请求停止执行的权利,而是否停止行政行为的执行,决定权在行政复议机关。一般说来,行政复议机关批准申请人的请求,裁定停止行政行为的执行,要符合以下两个条件:行政行为的停止执行不会损害国家利益和社会公共利益;行政行为的执行可能会造成行政复议的被动或给私人带来无法弥补的损害。

(4) 法律规定停止执行的。《行政复议法》是行政复议的一般法,如果其他单行法规根据特定领域的需要规定了停止执行的情况,按照特别法优于一般法的原则,应作为复议期间不停止执行制度的例外处理。①

(五) 被申请人承担举证责任制度

我国《行政诉讼法》第34条规定:"被告对作出的具体行政行为负有举证责任,应当提供作出该具体行政行为的证据和所依据的规范性文件。"而《行政复议法》并没有明确规定被申请人承担举证责任的制度,只是通过第23条和第28条第4项,在实质上确立了这种制度。行政复议作为解决行政争议的补救制度,与行政诉讼有着本质上的共同性,其区别仅仅在于审查机关的性质和适用程序的正式性与非正式性。因此,行政诉讼中的被告负举证责任的一系列法理,亦适用于行政复议,即被申请人对其作出的行政行为负有举证责任。

根据我国《行政复议法》第28条的规定,被申请人不提出书面答复、不提交当初作出行政行为的证据、依据和其他有关材料的,其所作的行政行为将被视为没有证据、依据而被复议机关撤销、变更或者确认为违法。在行政管理领域,申请人处于弱者地位,举证责任有别于民事领域的"谁主张,谁举证",实行的是举证责任倒置。②

---

① 例如,我国《治安管理处罚法》第107条规定:"被处罚人不服行政拘留处罚决定,申请行政复议、提起行政诉讼的,可以向公安机关提出暂缓执行行政拘留的申请。公安机关认为暂缓执行行政拘留不致发生社会危险的,由被处罚人或者其近亲属提出符合本法第一百零八条规定条件的担保人,或者按每日行政拘留二百元的标准交纳保证金,行政拘留的处罚决定暂缓执行。"

② 参见杨建顺著:《行政规制与权利保障》,中国人民大学出版社2007年版,第569—570页。

第二节　行政复议的类型

我国各类行政主体的职权范围非常广泛,行政管理方式也各有不同,因而行政复议的范围也十分广泛。行政复议活动按照不同的标准,从不同的角度,可以作出不同的分类。

一、按照复议机关的分类

根据复议机关的不同,可以把行政复议分为:

(一) 上一级行政机关或者本级人民政府作为复议机关的行政复议

这是我国行政复议管辖中最主要的复议方式。我国《行政复议法》第12条规定:"对县级以上地方各级人民政府工作部门的具体行政行为不服的,由申请人选择,可以向该部门的本级人民政府申请行政复议,也可以向上一级主管部门申请行政复议。"按照组织法确定的行政层级关系,下级行政机关应当接受上级行政机关或者本级人民政府的领导和监督,上级行政机关或者本级人民政府有权纠正下级行政机关作出的不合法或者不合理的行政行为。因此,当事人对下级行政机关的行政行为不服,提出复议申请后,上一级行政机关或者本级人民政府作为复议机关,熟悉下级行政机关的管理方式和行政行为依据,有利于及时有效地确定行政行为是否合法合理,从而快速作出行政复议决定。

(二) 作出行政行为的行政机关作为复议机关的行政复议

我国《行政复议法》第14条规定:"对国务院部门或者省、自治区、直辖市人民政府的具体行政行为不服的,向作出该具体行政行为的国务院部门或者省、自治区、直辖市人民政府申请行政复议。"根据这条规定,复议机关和作出行政行为的机关是同一主体,复议机关既是行政争议的一方当事人,又是该争议的裁决人。由于这种复议是由行政机关审查本机关作出的行政行为是否合法或者合理,为了避免行政复议流于形式,节约行政成本,在实践中,行政机关往往规定,本机关法制部门负责行政复议,以区别于作出行政行为的部门,从而保证行政复议能够依法进行。

对行政复议作这种分类,要求公民、法人或者其他组织必须按照法律规定,向有行政复议管辖权的行政机关申请复议,如果申请人未按规定提出复议,则会导致复议申请无效,影响申请人及时维护自己的权益。

二、按照行政相对人的选择分类

依照法律规定,行政相对人对有些行政行为可以选择申请复议,对部分行政行为则没有选择的自由,必须先经过行政复议才能提起行政诉讼。按照行政相对人对复议是否具有选择权,行政复议可以分为:

(一) 选择复议

选择复议是指行政相对人既可以向复议机关申请复议,也可以依照《行政诉讼法》直接向人民法院提起行政诉讼。对此,我国《行政诉讼法》第44条作出了明确规定:"对属于人民法院受案范围的行政案件,公民、法人或者其他组织可以先向行政机关申请复议,对复议决定不服的,再向人民法院提起诉讼;也可以直接向人民法院提起诉讼。"我国多部法律对选择复议都作出了明确规定。① 按照这些法律的规定,行政相对人如果认为行政行为侵犯了自己的合法权益,既有向复议机关申请复议的权利,也有向人民法院提起行政诉讼的权利,在二者之间享有选择的自由。

行政相对人选择复议,分为两种情况:一种是行政相对人向复议机关提起行政复议,复议机关作出的复议决定不是终局裁决,如果行政相对人对复议决定不服,可以向人民法院提起行政诉讼。第二种情况是行政相对人在行政复议和行政诉讼之间只能选择一个,即相对人可以申请行政复议,由复议机关作出终局裁决,那么相对人就不能再提起行政诉讼;相对人也可以不申请行政复议,直接向人民法院提起行政诉讼。如我国《外国人入境出境管理法》第 29 条规定:"受公安机关罚款或者拘留处罚的外国人,对处罚不服的,在接到通知之日起 15 日内,可以向上一级公安机关提出申诉,由上一级公安机关作出最后的裁决,也可以直接向当地人民法院提起诉讼。"《公民出境入境管理法》第 15 条规定:"受公安机关拘留处罚的公民对处罚不服的,在接到通知之日起 15 日内,可以向上一级公安机关提出申诉,由上一级公安机关作出最后的裁决,也可以直接向当地人民法院提起诉讼。"

(二) 必经复议

必经复议是指行政相对人认为行政行为侵犯其合法权益的,必须先向复议机关申请行政复议,对复议决定不服,才能向人民法院提起行政诉讼。相对人不经过行政复议,就不能提起行政诉讼,行政复议是行政诉讼的必经程序,相对人在行政复议和行政诉讼之间没有选择的自由。

对行政复议作这种分类,有利于公民、法人或者其他组织按照法律规定正确行使复议申请权,并明白对复议决定如果不服,还可以提起行政诉讼,从而在最大程度上维护自己的利益。

三、按照复议决定的效力分类

行政复议决定分为终局决定和非终局决定,按照这个标准,行政复议分为终局复议和非终局复议。

(一) 终局复议

终局复议是指复议机关作出复议决定,该决定即产生法律效力,是最终的处理结果,相对人要受到该决定的约束,既不能再次申请复议,也不能向人民法院提起行政诉讼,寻求司法救济。我国行政机关根据法律作出的大多数复议决定是非终局决定,终局复议一般是作为特殊情况存在的。只有法律(狭义上的法律,即全国人民代表大会及其常务委员会制定的法律,不包括行政法规、地方性法规和行政规章)明确规定复议决定为最终裁决的复议才是终局复议。

(二) 非终局复议

非终局复议是指行政复议决定没有最终的法律效力,如果行政相对人不服该复议决定,可以依照法律规定在法定期限内向人民法院提起行政诉讼。行政复议毕竟是在行政机关体

---

① 例如,我国《治安管理处罚法》第 102 条规定:"被处罚人对治安管理处罚决定不服的,可以依法申请行政复议或者提起行政诉讼。"我国《税收征收管理法》第 8 条第 4 款规定:"纳税人、扣缴义务人对税务机关所作出的决定,享有陈述权、申辩权;依法享有申请行政复议、提起行政诉讼、请求国家赔偿等权利。"

系内解决行政相对人与行政主体的争议,如果相对人对复议决定不服,对于终局复议决定只能服从并执行,对于非终局复议,法律赋予相对人行政诉讼的权利,可以更有效地保护相对人的合法权益。因此,我国法律规定大多数行政复议是非终局复议,相对人不服行政复议决定,可以向人民法院提起行政诉讼,寻求司法救济。

对行政复议作这种分类,有利于公民、法人或者其他组织了解终局复议和非终局复议在法律效力上的区别,懂得自己所享有的诉权,从而穷尽法律救济途径,维护自己的合法权益。

第三节 行政复议的申请与受理

一、行政复议的申请

(一) 行政复议申请的概念

行政复议的申请,是指行政相对人认为行政行为侵犯其合法权益,依法向行政复议机关提出对该行政行为进行审查和处理的请求。从性质上讲,行政复议是一种依申请的行政行为,只有行政相对人提出申请,行政复议机关才能启动受理、审查程序。没有行政相对人的申请,复议机关不能主动进行行政复议。

(二) 行政复议申请的条件

根据我国《行政复议法》的规定,行政相对人申请行政复议,应当具备如下条件:

(1) 申请人适格。申请人必须与请求复议的行政行为有直接的利害关系,也就是说,只有行政相对人才能对行政行为申请复议。在特殊情况下,根据《行政复议法》第10条第2款的规定,有权申请行政复议的公民死亡的,其近亲属可以申请行政复议;有权申请行政复议的公民为无民事行为能力人或者限制民事行为能力人的,其法定代理人可以代为申请行政复议;有权申请行政复议的法人或者其他组织终止的,承受其权利的法人或者其他组织可以申请行政复议。在上述情况下,申请人的资格发生了转移,这是法律为了保护行政相对人的合法权益,赋予与行政相对人有特定关系的人以行政复议申请人的资格。

(2) 有明确的被申请人。在行政复议中,被申请人是不可或缺的复议参加人。没有被申请人,行政复议活动就无法进行。因此,行政相对人申请行政复议时必须明确指定被申请人,即作出行政行为侵犯其合法权益的行政主体。没有明确的被申请人,复议机关可以拒绝受理行政复议。如果复议机关受理后认为被申请人不合格,则可依法予以更换。

(3) 有具体的复议请求和事实根据。复议请求是申请人请求行政复议机关维护其合法权益时所要求的具体内容。申请人提出具体的复议请求,应当向行政复议机关明确表示要解决的主要问题以及所要达到的目的。案件不同,复议请求也各不相同。主要有请求撤销违法的行政行为,请求变更不适当的行政行为,请求复议机关责令被申请人重新作出行政行为,请求责令被申请人履行法定职责,请求确认行政行为违法或责令被申请人赔偿损失。根据《行政复议法》第7条的规定,申请人认为行政机关的行政行为所依据的规定不合法,在对行政行为申请行政复议时,可以一并向行政复议机关提出对该规定的审查申请。在提出复议请求时,申请人必须提出一定的事实根据,即行政行为违法或者不当的事实。否则,申请人在缺乏相应事实根据的情况下,不可能得到复议机关的支持。

(4) 属于行政复议范围。法律对行政复议的范围作了明确规定,申请人只有对法律规定范围内的行政行为才能申请复议,超出法律规定范围的事项,申请人不能申请复议,即使提起,复议机关也会拒绝受理。按照《行政复议法》第6条的规定,行政相对人对行政主体的下列行政行为不服,可以依法申请行政复议:行政处罚行为,包括警告、罚款、没收违法所得、没收非法财物、责令停产停业、暂扣或者吊销许可证、暂扣或者吊销执照、行政拘留等;行政强制措施,包括限制人身自由或者查封、扣押、冻结财产等;行政许可变更、中止、撤销行为;行政确权行为;侵犯合法的经营自主权行为;变更或者废止农业承包合同行为;要求行政相对人履行义务的行为;不依法办理行政许可的行为;不履行保护人身权利、财产权利、受教育权利的法定职责的行为;不依法发放抚恤金、社会保险金或者最低生活保障费的行为;其他行政行为。

(5) 属于受理复议机关管辖。《行政复议法》明确规定了复议管辖范围,因此,申请人必须向有法定管辖权的复议机关提出复议申请。复议机关对不属于自己管辖的复议案件,不予受理。如果申请人向无管辖权的复议机关申请复议,不会导致申请期限延误,申请人不丧失复议请求权。对不予受理的复议案件,复议机关应当告知申请人向有管辖权的复议机关提起申请。

(6) 法律、法规规定的其他条件。

(三) 申请复议的期限

申请人必须在法定期限内提出行政复议申请,如果超出法定期限,行政复议机关就会拒绝申请人的复议申请。我国《行政复议法》第9条规定:"公民、法人或者其他组织认为具体行政行为侵犯其合法权益的,可以自知道该具体行政行为之日起60日内提出行政复议申请;但是法律规定的申请期限超过60日的除外。"这说明复议申请的一般期限最少为60日,对于特殊情况,法律可以作出规定超过60日。行政复议申请应当在法定期限内提出,但是如果申请人由于不可抗力或者其他正当理由耽误法定申请期限的,申请期限可以顺延。

二、行政复议的受理

根据我国《行政复议法》规定,复议机关在收到复议申请后,应当在5日内对复议申请进行审查,并根据不同情况分别作出如下处理:

(1) 决定受理。复议机关对于符合行政复议申请条件并且没有向人民法院提起行政诉讼的复议申请,依法应当决定受理。

(2) 不予受理。复议机关对于不符合申请复议条件的复议申请,依法决定不予受理,并告知申请人不予受理的理由。复议机关应当制作不予受理决定书,送达申请人。对于请求内容有欠缺的复议申请,依法决定发还申请人并限期补正。如果申请人在期限内没有补正,则依法决定不予受理。

(3) 告知。复议机关对于符合行政复议法规定的行政复议申请,经过审查发现不属于本机关管辖的,应当告知申请人向有管辖权的行政复议机关提出复议申请。

(4) 转送复议申请。根据《行政复议法》第15条第2款规定,有第1款规定情形之一的,行政相对人可以直接向行政行为发生地的县级地方人民政府申请复议。接受行政复议申请的县级地方人民政府发现该申请属于其他行政复议机关受理的,应当自接到该行政复议申请之日起7日内,转送有关行政复议机关,并告知申请人。

第四节　行政复议的审理与决定

一、行政复议的审理

行政复议审理是行政复议机关对申请复议的案件进行实质性审查的活动。在这个阶段，复议机关通过审查案件事实和证据材料，全面审查行政行为的合法性和合理性。行政复议审理是行政复议程序的中心环节和核心阶段。

（一）审理方式

根据我国《行政复议法》的规定，行政复议原则上采取书面审查的办法。因此行政复议采取以书面审理为主、其他方式为辅的审理方式。复议机关采用书面审理方式时，只根据全部案卷材料进行审查，并作出复议决定。其特点是不需要通知当事人、证人，不需要经过辩论，不需要当面询问案情和质证各方面证据。[①] 这种审理方式简便快捷，体现了行政效率原则。复议机关认为必要或者申请人提出要求时，可以向有关组织和人员调查情况，听取申请人、被申请人和第三人的意见，或者采取听证方式，通过双方对争议的事实、法律依据进行质证、辩论，最后由复议机关作出决定。

（二）审理依据

根据行政法治的一般原理和行政复议实践情况，行政复议机关审理复议案件，应当以法律、行政法规、地方性法规、自治条例、单行条例、规章以及上级行政机关依法制定和发布的具有普遍约束力的决定、命令为依据，行政机关的内部规范性文件不能作为复议依据。

申请人在申请行政复议时，一并提出对作为行政行为依据的行政规范性文件进行审查的申请的，行政复议机关对行政规范性文件有权处理的，应当在30日内依法处理；无权处理的，应当在7日内按照法定程序转送有权处理的行政机关依法处理，有权处理的行政机关应当在60日内依法处理。另外，行政复议机关在对被申请人作出的行政行为进行审查时，认为行政行为的依据不合法，行政复议机关有权处理的，应当在30日内依法处理；无权处理的，应当在7日内按照法定程序转送有权处理的国家机关依法处理。处理期间，复议机关中止对行政行为的审查。

二、行政复议决定

行政复议机关通过对复议案件进行审理，在查清案件事实的基础上，根据事实和法律，根据不同情况应当作出相应的行政复议决定：

（1）维持决定。维持决定是指行政复议机关经过审理，确认被申请的行政行为合法，予以维持的决定。如果复议机关认为被申请的行政行为事实清楚，证据确凿，适用依据正确，程序合法，内容适当，应当依法作出复议决定，维持该行政行为。

（2）履行决定。履行决定是指行政复议机关经过审理，认为被申请人具有不履行或者拖延履行法定职责的情形，责令被申请人在一定期限内履行法定职责的决定。它主要适用于以下两种情况：第一，被申请人拒不履行法定职责，即行政主体明确拒绝履行职责，并且超

[①] 参见方世荣主编：《行政复议法学》，中国法制出版社2000年版，第205页。

过法定履行期限未履行;第二,被申请人拖延履行法定职责,即行政主体有意拖延办理法律未明确履行期限的有关事项。

（3）撤销、变更和确认违法决定。行政复议机关经过审理,认定被申请复议的行政行为具有如下法定情形之一的,依法作出撤销、变更或者确认该行为违法的决定:第一,主要事实不清、证据不足的;第二,适用依据错误的;第三,违反法定程序的;第四,超越职权或者滥用职权的;第五,行政行为明显不当的。

（4）责令重新作出行政行为。复议机关决定撤销或者确认该行政行为违法的,可以责令被申请人在一定期限内重新作出行政行为。如果行政复议机关责令被申请人重新作出行政行为,被申请人重新作出行政行为时要受到一定的限制,即不得以同一事实和理由作出与原行政行为相同或者基本相同的行政行为。法律作出这样规定,有利于保护行政相对人的合法权益,确保行政复议的公正性和严肃性。

（5）赔偿决定。根据我国《行政复议法》第29条规定,申请人在申请行政复议时一并提出行政赔偿请求的,行政复议机关经过审查,如果认为符合国家赔偿法的有关规定应予赔偿的,应在作出撤销、变更行政行为或者确认行政行为违法的决定时,同时作出责成被申请人依法给予申请人赔偿的决定。申请人在申请行政复议时如果没有提出行政赔偿请求,行政复议机关在依法决定撤销或者变更罚款、撤销违法集资、没收财物、征收财物、摊派费用以及对财产的查封、扣押、冻结等行政行为时,应当同时作出决定,责令被申请人返还申请人财产,解除对申请人财产的查封、扣押、冻结措施,或者赔偿相应价款。

行政复议机关作出复议决定后,应当制作行政复议决定书,送达当事人。申请人如果不服行政复议决定,可向有管辖权的法院依法提起行政诉讼。法律规定行政复议为终局裁决的,行政复议决定一经送达即发生法律效力。对于法律规定可以起诉的行政复议决定,当事人在法定期间内既不提起行政诉讼,也不履行行政复议决定,超过法定期间的,复议决定即具有强制执行的法律效力。[①]

[①] 参见姜明安主编:《行政法与行政诉讼法》,北京大学出版社、高等教育出版社2007年版,第446页(章剑生执笔"行政复议的程序")。

第十七章

行 政 诉 讼

第一节 行政诉讼制度概述

一、行政诉讼的概念与特征

（一）行政诉讼的概念

建立宪政制度的最终目的是保障公民权益，而对公民权益的侵犯主要来自国家权力。因此，从资产阶级革命之初至今，权力的分立和制衡就成为宪政制度体系架构中的核心内容。这一体系中，行政诉讼制度最具代表性，是规范国家行政权、保障公民权益的重要手段。

虽然同为宪政体制之一环，但是，由于法律文化、传统和法治发展水平的不同，各国行政诉讼制度的功能设置并不相同。有的单以解决行政权行使引起的"官民纠纷"为目的，有的则意图解决各类行政纠纷（如行政机关之间的纠纷、行政机关和公务员之间的纠纷等）；有的诉讼制度以个人权益损害为必要条件，有的兼具保护公益的使命。这些差异导致各国行政诉讼制度的体系架构和规则设定各具特色。[①] 我国《行政诉讼法》第1条规定："为保证人民法院公正、及时审理行政案件，解决行政争议，保护公民、法人和其他组织的合法权益，监督行政机关依法行使职权，根据宪法，制定本法。"第2条规定："公民、法人或者其他组织认为行政机关和行政机关工作人员的行政行为侵犯其合法权益，有权依照本法向人民法院提起诉讼。前款所称行政行为，包括法律、法规、规章授权的组织作出的行政行为。"这两条规定明确了我国行政诉讼的性质，确定了其制度功能。根据这两条规定，对我国的行政诉讼可作如下界定：所谓行政诉讼，是指公民、法人或者其他组织认为行政机关或者法律、法规、规章授权组织的行政行为侵犯其合法权益而不服时，依法定程序向法院起诉，由法院依法立案，并在当事人和其他诉讼参与人的参加下，依法对行政行为的合法性等争议进行审查并作出裁决的一系列活动或者制度。[②]

（二）行政诉讼的特征

根据现行法，我国行政诉讼制度具有如下特征：

1. 我国的行政诉讼属于主观诉讼

所谓主观诉讼，是指以保护私人权益为目的的诉讼。与之相对的，是以维护公益、保护

[①] 详细内容参见杨建顺著：《行政规制与权利保障》，中国人民大学出版社2007年版，第582—585页。
[②] 参见同上书，第588页。

行政合法性为目的的客观诉讼。主观诉讼以个人权益受损为诉讼要件,客观诉讼则需依据特别法的规定、符合特别法规定的诉讼要件。从我国行政诉讼制度的体系架构和审理规则与程序看,其根本目的是为了保护公民权益不受行政权的非法侵犯,属于主观诉讼。监督行政机关依法行使职权只是借由纠纷的解决而得以间接实现的目的。

2. 原告与被告恒定

作为主观诉讼,只有认为自身权益受到行政行为侵害的公民、法人或者其他组织才能向法院提起行政诉讼,请求审查行政行为的合法性。作出被诉行政行为的行政机关在诉讼中始终居于被告地位,不能以行政主体的身份作为原告向法院起诉。

3. 主管法院主要为普通法院

根据《宪法》第124条的规定,我国设立最高人民法院、地方各级人民法院和专门人民法院。其中,地方各级人民法院包括基层人民法院、中级人民法院和高级人民法院,属于普通法院,概括受理各类法律上的争讼案件。专门法院包括军事法院、海事法院、铁路法院和知识产权法院等,只受理法律规定的特定案件。原则上,行政案件属于普通法院的主管范围,当事人应依法向地方各级人民法院或者最高人民法院提起行政诉讼。例外的,根据全国人民代表大会常务委员会《关于在北京、上海、广州设立知识产权法院的决定》,专门法院中的知识产权法院也受理部分知识产权类行政案件。

4. 以行政行为的合法性为审查对象

首先,法院只受理对行政行为不服提起的诉讼,对高度政治性的国家行为、行政立法和行政机关制定规范性文件的行为、不具有权力性的行政指导等行政活动不服的,只能通过其他的救济途径解决。

其次,基于司法审查的有限性,法院原则上只能审查行政行为是否合法。对于行政行为是否合理,一般交由行政机关自行审查。其例外是对于明显不当的行政行为。如果法院经过审查,认为被诉行政行为明显不当,有权撤销该行政行为。

(三)行政诉讼制度的功能

根据《行政诉讼法》第1条的规定,我国的行政诉讼制度具有四项功能。

1. 保证人民法院公正、及时审理行政案件

不论是基于司法核心价值的要求,还是从我国的法律文化传统出发,实现司法公正都是行政诉讼制度的首要目标。特别是在解决官民纠纷的行政案件时,法院能否坚持以事实为根据、以法律为准绳、严格按照诉讼程序规则审理案件、解决纠纷,对于当今中国社会的稳定发展极为重要。其次,不论是行政权行使的连续性,还是权利救济的实效性,诉讼还必须追求效率。行政诉讼中立案、举证、审理、执行等环节的期限规定、简易程序的设立等都体现了对诉讼效率的要求。

2. 解决行政争议

作为纠纷解决制度,解决行政争议是行政诉讼制度的基本功能。行政诉讼属于行为之诉,一般情况下,它并不对当事人行政法上的权利义务作出直接裁决。从这一点来看,其在定分止争方面不如民事诉讼直接。为此,我国2014年修订的《行政诉讼法》中纳入了行政诉讼调解制度,设立了一般给付判决,扩大了变更判决的适用范围,并意图通过行民交叉案件一并审理等制度,提高行政诉讼化解纠纷的能力,实现"案结事了"。

3. 保护公民、法人和其他组织的合法权益

规范行政权是手段,行政诉讼的根本目的在于保护公民合法权益。这一要求自始至终贯穿和体现在行政诉讼的各个具体制度之中。行政诉讼法所要保护的,不但包括权利,还包括尚未法定化的、正当的利益。保护的对象不仅包括我国的公民、法人和其他组织,还包括在我国提起诉讼的外国人、无国籍人和外国组织。他们在我国进行行政诉讼,和中国公民享有同等的诉讼权利和义务。

4. 监督行政机关依法行使职权

对于国家行政权的规范,存在立法监督和司法监督两种重要手段。前者是通过制定组织法规范和行为法规范,在事前为行政权的行使设定法定的、规范的路径和手段。而法院则是通过事后审查,对业已违法的行政行为作出撤销、变更或者给付等判决,督促其纠正违法行为、依法行政。

二、行政诉讼法概述

(一)行政诉讼法的概念

行政诉讼法的概念有广狭两义。狭义的行政诉讼法专指行政诉讼法典。广义的行政诉讼法,是指规范行政诉讼活动、调整行政诉讼关系的所有法规范的总称,除了行政诉讼法典外,还包括宪法、民事诉讼法、行政实体法等其他法规范。

(二)行政诉讼法的渊源

行政诉讼法的渊源,是指行政诉讼法规范的存在形式。在我国,行政诉讼法的渊源包括以下几种:

1. 宪法

有关行政诉讼,《宪法》的规定基本上是原则性的,但也有一些较为具体的内容。例如,第5条关于国家机关的守法义务,第41条规定的公民享有的申诉、控告权和获得赔偿权等,都构成行政诉讼法的法源。

2. 法律

(1) 行政诉讼法。即1989年制定、1990年10月1日起实施的《行政诉讼法》,它较为详细、完整地规定了行政诉讼制度所特有的程序规则,是行政诉讼制度的基本法。该法在2014年进行了较为全面的修订,全国人民代表大会常务委员会《关于修改〈中华人民共和国行政诉讼法〉的决定》自2015年5月1日起实施。此次修改涉及诸多方面,重点有三个。一是进一步加强对公民权益的保护力度,例如扩大受案范围、实行登记立案制、增加判决种类、将简易程序和调解制度法定化等;二是防止行政干预,例如,新法在总则部分明确规定行政机关不得干预、阻碍法院受理案件,同时,确立行政首长出庭应诉制,加重行政机关藐视法庭的责任,扩大中级人民法院的管辖权限、实行跨区域管辖,等等;三是深化对行政权的监督力度,例如新设了对规范性文件的一并审查制度、扩大对行政裁量的审查范围、明确无效确认判决等。这些制度直面行政诉讼法实施过程中遇到的难题,必将对今后的行政诉讼审判实践产生积极的推进作用。

(2) 民事诉讼法。行政诉讼脱胎自民事诉讼制度,具有民事诉讼法特别法的属性。因此,从立法模式看,行政诉讼法所规定的程序基本上都是行政诉讼制度所特有的程序规则。对于行政诉讼法没有规定的其他普遍性程序规则,如期限的计算方式、送达等,依法直接适

用民事诉讼法的相关规定。

（3）其他法律。这里的法律包括各类行政实体法和程序法、民事法规范等。前者如《土地管理法》《治安管理处罚法》《行政许可法》《行政强制法》等；后者如《物权法》《合同法》等。这些法律是法院审理行政案件、作出裁判时所依据的重要法规范。

3. 法规、规章

法规包括行政法规和地方性法规，规章包括部门规章和地方政府规章，它们是行政行为所依据的重要法规范，也构成行政诉讼的法律渊源。

4. 法律解释

包括立法机关所作的立法解释和最高人民法院、最高人民检察院所作的司法解释两种，这其中，立法解释和所解释的立法具有同等效力。根据《立法法》第104条规定，最高人民法院和最高人民检察院有权作出属于审判、检察工作中具体应用法律的解释。例如，《执行行政诉讼法问题的解释》《适用行政诉讼法问题的解释》以及最高人民法院《关于行政诉讼证据若干问题的规定》（法释〔2002〕21号，以下简称《行政诉讼证据规定》）、最高人民法院、最高人民检察院《关于对民事审判活动与行政诉讼实行法律监督的若干意见（试行）》（高检会〔2011〕1号）等。这些司法解释主要针对司法实践中具有普遍性的、亟须统一法院审判规范的重大问题，是行政审判中的重要法源之一。

5. 国际条约

对于国际条约和协定，《行政诉讼法》没有专门规定。《民事诉讼法》第260条规定："中华人民共和国缔结或者参加的国际条约同本法有不同规定的，适用该国际条约的规定，但中华人民共和国声明保留的条款除外。"根据该条，除保留条款外，国际条约的效力优越于国内法。但应直接适用还是转化后间接适用，并无定论。一般认为，需转化为国内法之后才具有直接的效力。

（三）行政诉讼法的效力范围

1. 时间效力

时间效力是指行政诉讼法（广义）生效、失效的起止时间。

一般情况下，行政诉讼法自法律明确规定的实施之日起生效，自被废止或者撤销之日失效，或者自新法生效之日起自然失效。

关于法律的溯及力问题，首先，为了保障法律秩序的稳定，提高行为的可预测性，法律原则上不溯及既往。其次，为了更好地保护公民权利，新旧法之间产生冲突时，通常采取"实体从旧、程序从新"的原则。例如，最高人民法院《适用行政诉讼法问题的解释》第26条规定，2015年5月1日前起诉期限尚未届满的，适用修改后的《行政诉讼法》关于起诉期限的规定。而在具体解释、适用该原则时，一般应以是否有利于保护法律欲保护的当事人一方的合法权益为判断标准。

2. 空间效力

空间效力是指行政诉讼法在哪些领域内具有约束力。我国行政诉讼法适用于我国全部领域，包括领土、领空、领海以及领土延伸的所有空间。不过，香港、澳门作为特别行政区，享有高度自治权，需根据《香港特别行政区基本法》和《澳门特别行政区基本法》的有关规定办理。

三、行政诉讼法律关系

（一）行政诉讼法律关系的概念

所谓行政诉讼法律关系，是指经行政诉讼法的设定和调整，人民法院和诉讼当事人以及其他诉讼参加人和参与人之间，在行政诉讼活动过程中所形成的、以诉讼权利义务为内容的法律关系。

（二）行政诉讼法的构成要素

1. 行政诉讼法律关系的主体

行政诉讼法律关系的主体，是指在行政诉讼过程中，依法享有行政诉讼权利、承担行政诉讼义务的组织或者个人，具体包括职权主体、诉讼当事人、其他诉讼参加人和参与人。职权主体，是指作为审判主体的人民法院和作为法律监督主体的人民检察院，人民法院在行政诉讼中处于主导地位。当事人包括原告、被告、第三人，它们是行政诉讼法律关系中最基本的主体。其他诉讼参加人和参与人主要指诉讼代理人、证人、鉴定人、勘验人、翻译人员等。

2. 行政诉讼法律关系的客体

行政诉讼法律关系的客体，是指行政诉讼法律关系主体的权利义务所共同指向的对象。我国行政诉讼活动是围绕被诉行政行为的合法性展开的，所以，被诉行政行为的合法性即为行政诉讼法律关系的客体。

3. 行政诉讼法律关系的内容

行政诉讼法律关系的内容，是指行政诉讼法律关系主体在诉讼活动中所享有的诉讼权利和承担的诉讼义务。如职权主体在行政诉讼中依法享有审判权和监督权，以及依法公正、及时地审理案件等职责。诉讼当事人依法享有各种诉讼权利，同时必须履行遵守法庭纪律、执行法院判决的义务。

（三）行政诉讼法律关系的产生、变更和消灭

法律关系的产生以法规范的存在为前提，以法律事实的产生为条件，二者结合导致法律关系的产生、变更和消灭。

行政诉讼法规范对于何种条件下产生、变更或者消灭行政诉讼法律关系设定了条件。

法律事实包括能够引起一定的法律效果的法律行为和法律事件。法律行为是行政诉讼法律关系主体基于自己的意志实施的、能够导致行政诉讼法律关系产生、变更、消灭的行为。例如，起诉行为、举证行为、上诉行为等，均导致行政诉讼法律关系发生一定的变化。法律事件是指主体意志之外的导致法律关系产生、变更、消灭的事实。例如，有原告资格的公民的死亡，且其近亲属不愿继续诉讼的，导致行政诉讼法律关系终止。

四、行政诉讼法的基本原则

行政诉讼法的基本原则，是指由宪法和行政法规范赋予的、贯穿于行政诉讼活动的整个过程，对行政诉讼活动起指导和补充作用的基本精神和准则。

从实定法的角度看，我国《行政诉讼法》第3条至第11条明确列举了行政诉讼基本原则的内容。其中，第4条、第5条、第7条至第11条都是与其他诉讼制度共有的基本原则，例如，以事实为根据、以法律为准绳原则，辩论原则，两审终审原则等，只不过第4条关于行政审判权独立原则在行政诉讼中具有更为重要的意义。除此之外，能够称为行政诉讼所特有的原则的,只有第 3 条规定的保障起诉权利原则、第 6 条规定的行政行为的合法性审查原则。这两个原则反映了行政诉讼制度的基本特点,并对行政诉讼制度的体系架构和规则设定产生直接的指导作用。

(一) 保障起诉权利原则

起诉权利是一切诉讼权利的起点,受宪法保障。由于我国行政权一权独大、司法权受制于行政权的现实,行政诉讼一直在"立案难、审理难、执行难"的"三难"中艰难前行,为了回避后两个难题,许多法院干脆在立案环节就设法将案件拒之门外,所以,立案难、法院受理率低已经成为行政诉讼最受诟病的问题之一,极大影响了行政诉讼的救济实效,降低了法院的社会威信。为解决这一问题,中共十八届四中全会通过的《关于全面推进依法治国若干重大问题的决定》(以下简称《依法治国重大问题决定》)明确提出,要"改革法院案件受理制度,变立案审查制为立案登记制,对人民法院依法应该受理的案件,做到有案必立、有诉必理,保障当事人诉权"。2014 年修订的《行政诉讼法》也将保障当事人起诉权利作为重中之重,并将之确立为行政诉讼法的基本原则。为落实该原则,我国《行政诉讼法》设立了以下保障性制度:

1. 完善了有关起诉权利的规定

这些规定包括:(1) 延长起诉期限至 6 个月;(2) 规定了扣除期限,将因不可抗力或者其他非自身原因导致的被耽误时间不计算在起诉期限内;(3) 在书面起诉原则之外,规定可以口头起诉,方便当事人;(4) 完善了起诉阶段的救济权利,包括对不予立案裁定的上诉、对不接受起诉状等行为的投诉权等。

2. 明确了立案登记制

该制度的主要内容是:(1) 明确对符合条件的案件应予立案,规定对起诉要件的审查为形式审,只要形式符合法定条件即可受理;(2) 确立了当场立案、先予立案和向上一级法院的飞跃立案制度;(3) 明确了当事人起诉材料不全、有错误等情况下法院的释明义务和一次性告知义务;(4) 明确规定法院裁定不予立案或者驳回起诉时,应在裁定文书中说明理由。

3. 禁止行政机关干预受理

禁止行政干预是司法独立的基本要求。在我国宪政体制下,行政权和司法权之间相互分工、彼此制约,而这种制约需依照法定方式进行。而对行政案件的受理和审查,是司法机关的专属权限,法院具有排除其他机关和个人的独立判断权。不论是以打电话、作批示等形式,还是借地方性、部门性政策等方法过问、阻碍案件受理工作的,均属于违法行为。为此,《依法治国重大问题决定》明确规定:"建立领导干部干预司法活动、插手具体案件处理的记录、通报和责任追究制度……对干预司法机关办案的,给予党纪政纪处分;造成冤假错案或者其他严重后果的,依法追究刑事责任。"

(二) 行政行为的合法性审查原则

这一规定源于司法权的"有限审查"原则,其目的是保持行政权和司法权之间的合理关系,在坚持司法监督的同时,保障行政权的专属权限范围。该原则主要包括两项内容:

(1) 法院能够审查的行政活动范围仅限于行政行为,对于行政机关的其他活动形式,只能通过其他制度予以监督和审查。对于规范性文件,也只能通过附带审查的方式提请法院审查,而不能单独针对规范性文件的合法性提起诉讼。

(2) 对于行政行为,法院只能审查其是否合法。对于该行政行为是否合理、适当,原则上不能以法院的判断代替行政机关的判断。其例外情形是,对于明显不合理的行政行为,由于其已经严重违背了法律授权的本意,属于实质违法,因此,法院有权审查并撤销这类行为。

实际上,对于司法权的自我克制应该保持在一个什么范围内,并没有统一、明确的答案,因地、因时而异。我国过去对司法权的限制过严,监督力度不大。现行《行政诉讼法》对合理性审查的有限放开对于规范过于肆意的行政裁量权具有积极意义。

第二节 行政诉讼的类型

一、行政诉讼类型概述

(一) 行政诉讼类型的概念

所谓类型,是具有共同特征或者属性的事物所形成的种类或者类别。而类型化则是按照一定的标准,将对象划分为具有相同属性的类别的方法,它是架构和完善制度体系时经常采用的一种重要手段。

在法学领域,行政诉讼的类型化较之民事诉讼不仅形成得较晚,而且制度建构也更为复杂。即使如此,由于其独有的功能,行政诉讼类型化正逐渐成为各国行政诉讼制度发展的一个趋势。

结合各国的法律制度和理论,对行政诉讼类型可作如下界定:行政诉讼的诉讼类型,是指公民、法人或者其他组织可以向法院请求的、具有相同程序规则和同类裁判形式的诉讼种类或者形态。

按照上述定义,行政诉讼类型应该具有以下内涵:

(1) 从形式上,行政诉讼类型表现为公民、法人或者其他组织可得请求的、不同的诉讼种类,原告在起诉时,必须选择与自己诉求相一致的诉讼种类,超出诉讼类型范围请求救济的,难以获得法院的支持。

(2) 从实质性上,行政诉讼类型必须和诉讼程序规则的类型化相对应,每种诉讼类型都有其特有的诉讼程序规则和相应的判决形式。仅仅具有不同的判决种类,而未和特有的诉讼程序规则相对应的,不属于行政诉讼的类型化。

(二) 行政诉讼类型的划分

诉讼类型划分标准的确定,是行政诉讼类型化的首要问题。在各国制度实践中,多以原告的诉讼请求内容、诉讼对象、诉讼目的为标准,将行政诉讼划分为不同的类型。

1. 原告的诉讼请求内容标准

以原告的诉讼请求内容为标准,可以将行政诉讼划分为撤销之诉、确认之诉、给付之诉[1]、赋课义务之诉[2]等不同诉讼类型。

2. 诉讼对象标准

按照纠纷是否围绕行政权的行使产生,可以将行政诉讼划分为以行政权的行使为争议对象的行为之诉、以当事人之间的权利义务关系为争议对象的权利义务之诉两种。

行为之诉是行政诉讼的典型形态。它一般围绕被诉行政行为的合法性展开,撤销之诉、

---

[1] 这是要求行政机关为任何一种非行政行为之给付的诉讼类型。例如,给付金钱、答复、咨询等。参见[德]弗里德赫尔穆·胡芬著,莫光华译:《行政诉讼法》(第5版),法制出版社2003年版,第305—306页。
[2] 这是指以行政行为为给付内容的诉讼类型。例如日本《行政案件诉讼法》第3条第6款的规定。

变更之诉、给付之诉都属于行为之诉。

3. 诉讼目的标准

按照行政诉讼的目的,可以将行政诉讼划分为主观诉讼和客观诉讼。

主观诉讼是以救济个人的主观性权利为目的的诉讼类型。例如,撤销之诉、给付之诉等,它是行政诉讼的一般形态。

客观诉讼是为了维护客观的法律秩序、保障法的合法适用的诉讼类型。例如,法国的越权诉讼、美国的纳税人诉讼、日本的居民诉讼等。

(三) 行政诉讼类型化的意义

行政诉讼类型化是行政诉讼制度发展到一定阶段的产物,是诉讼制度和诉讼理论发展成熟的表现。从行政诉讼最早在法国出现开始,诉讼类型化一直是许多国家行政诉讼制度改革中的重要内容。总的来说,行政诉讼类型化具有以下两方面意义:

(1) 提高诉讼程序规则的规范性和合理性。

行政纠纷千差万别,而诉讼程序规则不可能与之一一对应。为了有效地解决这些纠纷,最有效的方式是按照不同案件之间的内在联系,将行政案件划分为不同的类型,确定与之相应的诉讼程序规则。这样既能做到有的放矢,更为高效、合理地解决各类纠纷,也能避免程序过为零散繁琐,提高程序规则的整体规范性。

(2) 提高审判效率和法律适用的统一性。

诉讼程序规则的基本功能是为法官审理案件提供法律依据。诉讼的类型化使得法官在接触到每个案件时,只需按照既定的类型标准,对案件的类型属性作出判断,诉讼程序的适用问题自然迎刃而解,从而有效减轻法官负担,提高审理效率,保障法律适用的统一性。

二、各国的行政诉讼类型制度

虽然行政诉讼类型化是一个国际性趋势,但是,在不同国家,行政诉讼的理论研究和制度建构却呈现出不同的样态,体现出行政诉讼类型化的复杂性。

(一) 德国

德国 1960 年的《行政法院法》在第 42 条第 1 款、第 43 条第 1 款、第 2 款明确规定了撤销诉讼、赋课义务诉讼、确认诉讼、形成诉讼、给付诉讼等诉讼类型。对于这些诉讼类型之间的关系,法律未作出明示。一般认为,这些诉讼类型之间并非并列的关系,而是按照一定的标准,形成层级不同的诉讼类型体系。① 其中,确认诉讼、形成诉讼和给付诉讼是最高层级的诉讼类型,在这一层级之下,作为形成诉讼的一种,规定了撤销诉讼;作为给付诉讼的一种,规定了赋课义务诉讼。因此,德国采取的,主要是以原告的诉讼请求为标准、对诉讼类型做概括划分的方法。

(二) 日本

根据日本 1962 年的《行政案件诉讼法》,日本的行政案件包括抗告诉讼、当事人诉讼、民众诉讼和机关诉讼。其中,抗告诉讼与当事人诉讼属于主观诉讼,民众诉讼和机关诉讼属于客观诉讼,划分标准是诉讼的性质。主观诉讼中,抗告诉讼和当事人诉讼的划分标准是诉讼

---

① 参见〔日〕南博方著:《纷争的行政解决手法》,日本有斐阁 1993 年版,第 57 页;〔日〕山本隆司著:《赋课义务诉讼和临时赋科义务、停止措施的活用(上)从德国法的视角》,载日本《自治研究》第 81 卷第 4 号,2005 年,第 73—80 页。

对象。抗告诉讼中还包括六类法定诉讼类型，其划分标准是原告的诉讼请求。

（三）英国和美国

在英国和美国，对诉讼类型的划分和令状制度密切相关。一个令状就是一种救济程序和手段，在实质上构成一种诉讼类型。

英国存在种类繁多的令状，在对行政机关的职权行为进行的司法审查领域，按照令状的来源和性质，一般可以将其划分为特权性的救济诉讼和私法上的救济诉讼两种。前者是一种公法上的救济，按照诉讼请求，又可以分为提审令（certiorari）、禁止令（prohibition）、执行令（mandamus）等。后者是传统的私法救济方式，按照原告的诉讼请求，可以分为阻止令（Injunction）和确认判决（declatory judgments）。因此，英国是以程序性质为标准，将对行政机关决定的审查分为特权性的救济诉讼和私法上的救济诉讼两种。再以原告的诉讼请求为标准，对每一大类诉讼类型作更为细致的划分。美国的情况和英国大体相似。

（四）法国

法国对行政诉讼类型的学理划分存在两种标准，一种是以法官的审判权大小为标准，将行政诉讼划分为完全管辖权诉讼、撤销诉讼、解释及审查行政决定的意义和合法性的诉讼、处罚诉讼。另一种是以诉讼标的性质为标准，将行政诉讼划分为客观诉讼和主观诉讼。

三、我国建立行政诉讼类型制度的初步尝试

（一）行政诉讼类型的法定化之争

诉讼类型化是诉讼制度发展到一定阶段的产物，经过几十年的司法实践，我国在行政诉讼实践和理论方面的积累已经较为丰硕，而现今，日益复杂的社会矛盾与多样化的诉讼需求，都要求行政诉讼制度作出更为有效的回应。行政诉讼的类型化可以说是解决这一问题的有效途径。

虽然学界的呼声很高，但我国2014年修订的《行政诉讼法》仍未明确实现诉讼类型的法定化，只在《适用行政诉讼法问题的解释》第2条规定了九种诉讼请求形式，这被部分学者视为是我国行政诉讼类型法定化的表现。不过，就诉讼类型理论而言，诉讼类型并非简单的判决类型化，也并非单纯的诉讼请求类型化，关键是以类型化的诉讼请求为基础的诉讼程序规则的类型化。例如，不同的诉讼类型（如撤销诉讼和无效确认诉讼）中，起诉期限、诉的利益、举证责任规则都有所区别，程序规则应随之不同。另外，即使《适用行政诉讼法问题的解释》确实确立了诉讼类型制度，这种诉讼基本结构体系的调整，也不宜由解决具体问题的司法解释承担，还需要由《行政诉讼法》予以明确。

（二）公益诉讼设立的可行性

公益诉讼是现代型行政诉讼的典型形态，属于客观诉讼的一种。公共利益是和私人利益相对而存在的概念，私益是公益得以形成的基础，公益则是私益存在、发展和实现的重要条件，没有公益，互有差异、矛盾冲突的私益将会互相伤害、抵消乃至毁灭。

传统上，公益主要是通过行政活动实现的，行政权行使过程中的违法、懈怠以及不当行使，必将对公益造成侵害。目前，违法行政侵害公益的现象突出表现于公共资源和公共财产的利用、环保、医药食品卫生管理、文物和文化遗产保护、重大公共安全设施的监管等领域。在这些领域设立公益诉讼的必要性不言而喻，但是，如何具体建构，却涉及多方面的问题，需要细致研究。

第一,从制度起源看,诉讼是为了解决具体的纠纷,而以起诉人的利己心为杠杆启动的权益保护方式。单纯的以公益为目的的诉讼,如果没有成熟的市民社会和健全的社会组织作支撑,可以说缺乏有效的、常态的启动装置。

第二,证据问题。公益诉讼往往出现在环保、土地、消费者权益保护等领域,事实认定多涉及专业性极强的问题,取证成本较高,对当事人的举证能力要求也较高。在已经设立的民事公益诉讼中,这一困难已经导致许多当事人知难而退、法院无案可审。

第三,法院的审理深度。法官是法律问题的专家,而公益诉讼多涉及政策考量、利益权衡,司法机关对这些问题的审查和判断无疑具有政策形成的作用。法院能否承担这一责任?其判断能在多大程度上代替行政机关的判断?这些都需要进一步具体分析。

为解决上述问题,党的十八届四中全会明确提出要充分发挥检察机关在纠正行政机关违法行使职权或者不行使职权的行为中的法律监督作用。2015年5月5日,中央全面深化改革领导小组第12次会议审议通过了《检察机关提起公益诉讼改革试点方案》。这将成为我国设立行政公益诉讼的一次极好尝试,并会为今后的立法提供宝贵的素材。

第三节 行政诉讼的起诉和立案

行政诉讼一般可以分为起诉、审判、执行三大阶段。其中,起诉是指公民、法人或者其他组织对行政机关的行政行为不服,因而向法院提起行政诉讼、请求法院审查被诉行政行为的合法性、保护自己合法权益的诉讼行为。

要启动司法程序,当事人的起诉应符合法定要件。根据我国《行政诉讼法》的规定,我国的起诉要件可以分为两部分。一部分是狭义的起诉要件,即《行政诉讼法》第49条规定的四项条件。当事人的起诉要被受理,必须符合这四项条件。本书因此将其称为"基本的起诉要件"。除了这四项条件外,当事人的起诉还应符合有关起诉期限、与复议的程序关系的规定。满足这六项条件的,案件才具有进入法院审判阶段、由法院作出裁判的资格。

一、基本的起诉要件

(一) 原告适格

行政诉讼的原告,是指因对行政行为不服,以自己名义向法院起诉,请求法院保护其合法权益的公民、法人或者其他组织。根据我国《行政诉讼法》第25条和第49条的规定,适格原告包括两类。一类是行政行为的相对人,另一类是与行政行为有利害关系的公民、法人或者其他组织。而判断原告是否适格的标准是"与行政行为具有利害关系"。

对于何为"与行政行为具有利害关系",可作如下解释:

(1) 这里的利害关系,指的是法律上的利害关系。只有具有法律上的利害关系,其和行政机关之间的纠纷才有可能构成一个"法律上的纠纷",才有可能属于法院的主管范围。不过,这里的法律应作广义解释。

(2) "与行政行为具有利害关系"要求当事人享有法律上的利益。这种利益既包括权利,如人身权、财产权等,也包括尚未被法定化的正当利益。而这种合法权益是否存在,首先应根据行政行为的依据法进行判断。在判断时,不仅要考虑行政行为所依据的具体条款,还应考虑依据法的立法宗旨和目的。其次,还应综合考虑和依据法相关的法律制度体系,判断该法律体系所欲保护的权益范围。

（3）"与行政行为具有利害关系"还要求当事人所主张的合法权益要和行政行为有关，行政行为和合法权益受损之间要具有因果关系。正是由于行政行为具有影响、调整当事人利益的效力，行政机关才具有了作出行政行为时照顾、考虑该利益的义务；在违反该义务时，权益主体才具有了针对该行政行为起诉的资格。

根据我国《行政诉讼法》和相关司法解释的规定，受害人、相邻权人、同行竞业者、农村土地承包人等、投资人等都具有原告资格。

一般情况下，原告资格为权益主体所专享，但是，根据法律规定，在两种情况下发生原告资格的转移：一是有权提起行政诉讼的公民死亡的，其近亲属可以作为原告提起诉讼；二是可提起行政诉讼的法人或者其他组织终止的，承受其权利的法人或者其他组织也可以提起诉讼。

原告资格原则上由本人行使，特殊情况下，也可以依法由他人代为行使。[①]

（二）有明确的被告

被告是作出了原告认为侵犯其合法权益的行政行为的行政机关以及被授权组织。他们经法院通知而以自己的名义应诉，受法院裁判的约束。根据我国《行政诉讼法》的规定，被告应符合三个条件：（1）是行政机关或者被法律、法规、规章授予行政权的组织；（2）作出了被诉行政行为，是该行政行为的责任主体；（3）是法院通知应诉的主体。

在确定适格被告时，应秉承以下原则：

（1）一般情况下，作出行政行为的行政机关为被告。这里的行政机关包括超出职权或者授权范围行使行政权的行政机关或被授权组织。"作出"的标志是在行政决定书上署名。

（2）作出行政行为的主体不具有行政主体资格时，对该行政行为承担法律责任的行政主体为被告。例如，行政机关将行政权委托给不具有行政主体资格的行政机构或其他组织，即使该机构或者组织以自己的名义作出行政行为，适格被告也是将行政权委托给其他组织的行政机关。

（3）经复议的案件：第一，复议机关维持原行政行为的，原行为机关和复议机关为共同被告；第二，复议机关改变原行政行为的，复议机关为被告；第三，复议机关不作为或者以复议申请不符合受理条件为由驳回复议申请的，原告具有选择权，对哪个行为不服而起诉，则该行为主体为被告。

（4）两个以上行政机关作出同一行政行为的，共同作出行政行为的行政机关是共同被告。

（三）属于人民法院的受案范围

行政机关行使行政权的方式多种多样，行使行政权的也并非仅有行政机关，由此产生了审查范围——受案范围的问题。所谓受案范围，是确定法院管辖权的事项标准，指的是法院受理行政诉讼案件的范围。

1. 规定模式

我国《行政诉讼法》对受案范围的规定包括如下内容：

（1）总则第 2 条规定，行政诉讼是因为当事人认为行政行为侵犯其合法权益所提起的

---

① 参见《执行行政诉讼法问题的解释》第 11 条、第 17 条、第 18 条。

诉讼。该条是关于受案范围的概括规定，对具体制度具有统摄作用。

（2）第二章是受案范围的专门章节。其中，第12条规定了法院应当受理的案件范围，第13条规定了不予受理的案件类型。

（3）第12条的肯定规定中，第1款第1项至第11项是对应当受理案件的具体列举。第12项是对应受理案件的概括性规定。该条第2款为准用性规范，明确其他法律、法规规定也属于行政诉讼受案范围的法律渊源。在肯定列举中，采取了两种列举标准，一种是对可诉的行政行为种类的列举，如行政处罚、行政强制、行政许可、行政征收等，二是对侵权状况的列举，如行政机关侵犯经营自主权的、行政机关不依法履约或者变更行政协议的。

第12条的肯定列举模式曾经受到广泛批评，认为应当以概括式的规定模式，为公民提供无遗漏的司法救济。不过，《行政诉讼法》这种规定方法，表明立法者在受案范围扩大幅度上的审慎态度，以及希望通过肯定列举的简明方式，先行化解现实中最典型、最突出的行政纠纷。

（4）根据第13条，国家行为、行政立法和规范性文件、行政机关内部的管理行为、行政终局裁决行为不可诉。

结合第2条、第12条和第13条的规定，行政诉讼受案范围的规定采取的是一般概括、肯定（肯定列举＋肯定概括）、否定列举的立法模式。

2. 行政行为的判断标准

具体的判断标准为"行政行为标准"。理解行政诉讼中的行政行为，应考虑两点，一是行为法学意义上的行政行为的含义，二是行政救济制度中的行政行为的含义。前者的归纳是为了在对行政活动方式科学分类的基础上，更有针对性地规范行政权。后者的存在是为了救济受到侵害的公民权益。在这一前提下，结合我国《行政诉讼法》的规定，被诉行政行为应包含两个核心要素：

（1）要件一：行政行为的权力性。为实现行政目标，行政机关需要采取多种行为方式。在这些行为中，行政行为是最典型的形态之一，也是行政法规范的主要对象。本书认为，行政行为是行政主体行使行政权所作出的具有法律后果的行为。这个概念一是排除了行政机关对内作出的行为，二是排除了行政机关作出的不具有法律后果的行为。

首先，行政行为是职权性行为。行政诉讼是司法权对行政权的审查，因此，行政行为的第一要件要求行政行为应是行政机关为了实现行政管理目标，对外行使行政职权所作出的行为。这类行为既包括单方性的行政行为，也包括双方性的行政合同；既包括行政作为，也包括行政不作为。而行政机关的民事行为、公务员的个人行为、法律法规授权主体在授权范围外依据章程等作出的行为，因不具有职权性，不属于行政行为。

其次，行政行为是能产生法律效果的行为。一般情况下，行政行为应是能够直接产生法律效果的行为，以此区别于间接产生法律后果的行政立法行为、行政机关制定规范性文件的行为。不过，在实践中，也常常遇到虽然不直接产生法律效力、但却对当事人权益产生直接影响的行为。例如，行政鉴定行为、行政证明行为等。行政鉴定书在现实中一般被视为证据，根据最高人民法院的司法解释，当事人不能直接对交通事故责任认定这类行为提起诉讼。而在民事诉讼中，法院又往往不经审查、直接依据交警部门的责任认定书作出裁判，因此，虽然这类行为不是典型的行政行为，但是，从权利救济的诉讼角度出发，有必要对这类行为作宽泛解释，承认其权力性。

另外,对于事实行为,如在行政强制中违法使用手铐、执勤时开枪致行人受伤等,应具体分析先行为和事实行为之间的关系。如果行政强制等先行行为违法,当事人应直接起诉先行为。如果先行为合法,当事人可就事实行为直接提起国家赔偿,不需对该事实行为提起诉讼。

根据上述标准,《行政诉讼法》列举了 11 种典型的行政纠纷形态,这些纠纷中涉及的行政行为类型包括行政处罚、行政强制、行政许可、行政征收与征用、行政给付、行政合同、行政不作为及其他侵犯当事人合法权益的行政行为。至于其他的行为形态,只要其属于行政机关的职权性行为,就符合了职权性要件。

(2) 要件二:行政行为调整的属于法定的"合法利益"。职权性导致了行政行为必然会对当事人的权益造成影响,但是,只有行政机关侵犯了当事人的合法权益的,才具有诉的利益。

首先,该要件排除了行政机关处分当事人违法利益的情形。例如,行政机关没收当事人赌资的处罚行为。但是,如果行政机关没收行为超出了"违法所得"的范围,则当事人可以就超出范围部分主张权利。

其次,合法权益中包括了权利和合法利益两部分。就权利而言,行政行为所调整的有可能涉及各种权利,而在原《行政诉讼法》中,只有调整当事人人身权、财产权的行政行为才是可诉的。2014 年修订的《行政诉讼法》扩大了受案范围,规定"行政机关侵犯其他人身权、财产权等合法权益的"行政行为都可诉。虽然有观点认为这里的"等"应为等内等,然而,根据对本条的特别修改,以及党的十八届四中全会关于加强人权司法保障的精神,这里的"等"适于理解为等外等,法院在具体案件中,应本着有利于当事人权益保护的原则进行解释。

就权益而言,应指的是尚未被法定化的正当利益。例如,当事人的环境性权益。这类利益虽然没有法定化,但属于公民应该享有的正当性利益。如果根据行政机关的行为法规范,可以推导出该利益属于行政机关在行使职权时应予考虑的利益,则属于《行政诉讼法》规定的合法利益。行政机关的行为侵害了这类利益的,应属于行政诉讼的受案范围。

3. 法院不予受理的案件范围

考虑到行为本身的特殊性以及与其他行政救济方式之间的分工,下列四类行为不属于行政诉讼的受案范围。

(1) 国家行为。主要包括国防和外交行为。将国家行为排除在受案范围之外是世界各国的通行做法。其原因在于案件的高度政治性,非法律所能有效解决。因此,司法不宜介入。

(2) 行政立法和行政机关制定规范性文件的行为。这类行为的特点在于其对当事人权益所产生的影响具有间接性。虽然学界普遍认为行政法规范是行政机关作出行政行为的依据,对当事人权益的影响更为广泛而长久,不过,由于这类行为不具有案件性,举证质证困难。另外,行政法规范的制定、特别是行政立法行为具有政策性、整体性特点,法院审理的难度较大。因此,此次立法采取了迂回救济的方式。允许当事人申请法院一并审查行政行为所依据的规范性文件。

(3) 行政机关的内部管理行为。行政机关对内作出的行为本不属于行政行为的范围,而是行政机关行使行政权的基础性准备活动。这种准备包括人力方面的准备,如公务员管理、上下层级管理等,也包括物力方面的准备,如修建办公场所、购置办公用品等。这类行为一般不会对行政管理环节中的当事人权益产生影响,因此,被排除在行政诉讼受案范围之外。然而,在人事管理中,对于行政机关开除公务员的行为,一般认为这类行为已经触及到公务员身份的有无,这时,被开除的公务员和行政机关之间不再是国家职务关系,这类行为应属于可诉的行政行为。

(4) 属于终局裁决的行政行为。这类行为本属于典型的行政行为,但是,根据现行法的规定,这类行为多存在于具有高度专业性的行政管理领域,或者已经经过两次复议且复议机关级别很高,一般认为不论是关于事实认定,还是法律解释与政策把握,行政机关在这类案件中都优于法院,因此,这类行为例外地被排除在受案范围之外。不过,基于"司法最终"原则,目前,规定行政终局裁决的,仅有行政复议法规定的两类行为,这类行为已经成为极其例外的特例。

(四) 属于受诉法院的管辖范围

管辖是法院受理第一审行政案件时的权限分工,分为级别管辖和地域管辖两种。

1. 级别管辖

级别管辖确立的是上下级法院之间的权限分工。我国级别管辖以基层法院受理一审案件为原则,中级法院对4类案件具有管辖权,分别是(1) 对国务院部门或者县级以上地方人民政府所作的行政行为提起诉讼的案件;(2) 海关处理的案件;(3) 本辖区内重大、复杂的案件;(4) 其他法律规定由中级人民法院管辖的案件。高级人民法院和最高人民法院分别受理本辖区和全国范围内重大、复杂的第一审行政案件。

为避免行政干预,可以根据案件的实际需要,对基层法院管辖原则予以调整。我国《行政诉讼法》第24条规定,上级法院有权审理下级法院管辖的案件;下级法院对其管辖的案件,认为需要由上级法院审理或者指定管辖的,可以报请上级法院决定。根据最高人民法院《关于行政案件管辖若干问题的规定》(法释[2008]1号,以下简称为《行政案件管辖问题规定》),当事人以案件重大复杂为由或者认为有管辖权的基层人民法院不宜行使管辖权,直接向中级人民法院起诉,中级人民法院可以决定提级管辖。

2. 地域管辖

地域管辖确立的是不同地域的、同一级法院之间的权限分工,可以分为一般地域管辖、特殊地域管辖两类。

(1) 一般地域管辖。这是指行政案件由最初作出行政行为的行政机关所在地法院管辖。经复议的案件,也可以由复议机关所在地人民法院管辖,原告享有选择权。

为改善行政审判司法环境,减少地方政府的干预,我国《行政诉讼法》规定,可通过两种方式对一般地域管辖原则进行调整:

第一,异地交叉管辖。这是指通过上级法院指定管辖的方式,由行政机关所在地之外的其他法院管辖。例如,《行政案件管辖问题规定》第2条规定,当事人以案件重大复杂为由或者认为有管辖权的基层人民法院不宜行使管辖权,直接向中级人民法院起诉,中级人民法院可以指定本辖区其他基层人民法院管辖。

第二,相对集中管辖。相对集中管辖是指将部分基层法院管辖的一审案件,通过上级法院统一指定的方式,交由其他基层法院集中管辖的制度。该模式最早见于浙江省丽水市中级人民法院的改革试点,后逐渐在全国推广。2013年,最高人民法院下发了《关于开展行政案件相对集中管辖试点工作的通知》,在全国开展试点。这一制度最终在2014年的修订的

《行政诉讼法》中被法定化,其第 18 条第 2 款规定,经最高人民法院批准,高级人民法院可以根据审判工作的实际情况,确定若干人民法院跨行政区域管辖行政案件。

(2) 特殊地域管辖。包括两类。一类是对限制人身自由的行政强制措施不服提起的诉讼,由被告所在地或者原告所在地法院管辖,原告具有选择权。① 另一类是因不动产而提起的行政诉讼,由不动产所在地法院享有专属管辖权。

级别管辖和地域管辖是确立法院管辖的基本原则,如果由于某些原因,就管辖权的归属产生争议的,可以通过移送管辖、指定管辖、管辖权移送的方式解决。②

二、起诉的其他要件

除了我国《行政诉讼法》第 49 条规定的起诉要件外,当事人起诉还必须满足下述条件:

(一) 符合行政复议和行政诉讼的程序关系

行政复议和行政诉讼都属于行政救济体系中的一环。根据我国法律,行政诉讼和行政复议在程序上有三种关系,即复议前置关系、选择关系以及以复议决定为最终裁决、排除行政诉讼的关系。原则上,当事人对于先行复议还是直接起诉享有选择权。不过,为了充分发挥特殊领域中行政机关的专业性优势,减轻法院事实认定方面的负担,有些情况下,法律、法规规定以复议为诉讼的前置程序。这时,当事人必须先向行政机关申请复议,对复议结果仍不服,方可向法院提起行政诉讼。当事人未经复议程序直接向法院起诉的,法院不予受理。

(二) 在法定的起诉期限内提起诉讼

为了保障行政效率,让不确定的法律状况尽快稳定,行政诉讼法专门设置了起诉期限制度。根据被诉行政行为的不同,起诉期限的计算分为以下几种情况:

1. 一般起诉期限

(1) 当事人直接向法院起诉的,当事人应当自知道或者应当知道作出行政行为之日起 6 个月内提出。

这里的"知道"不是一个主观性判断,需要能够证明当事人"知道"的客观证据。例如,行政决定送达后、当事人签收的,即为"知道";采用传真、电子邮件等能够确认其收悉的方式送达公告送达的,传真、电子邮件等到达当事人特定系统,即为"知道"。

"应当知道"是在行政机关没有送达或者错误送达等情况下,通过证据或者当事人的客观行为,例如,当事人就决定内容找行政机关交涉,判断出其已经知道的,即为"应当知道"。

(2) 当事人对复议决定不服或者对复议机关不作为不服起诉的,可以在收到复议决定书之日起 15 日内、或者在复议期满之日起 15 日内向人民法院提起诉讼。

(3) 当事人申请行政机关履行保护其合法权益的法定职责,行政机关在接到申请之日起两个月内不履行的,当事人可以起诉。这里的"两个月"指的是起算点,从起算点开始,仍适用 6 个月的起诉期限。但是,遇有紧急情况而行政机关不履行保护职责的,起算点不受两个月期限的限制。

在适用上述规定时要注意一个问题,即现实中存在的行政机关在作出行政行为时,未告

---

① 具体内容参见我国《行政诉讼法》第 19 条、《执行行政诉讼法问题的解释》第 9 条。
② 具体内容参见我国《行政诉讼法》第 22—24 条。

知当事人诉权或者起诉期限的,如何确定起诉期限的起算点。对此,《执行行政诉讼法问题的解释》第 41 条规定,这种情况下,起诉期限的起算点从当事人知道或者应当知道诉权或者起诉期限之日起计算。但从知道或者应当知道具体行政行为内容之日起最长不得超过 2 年。

2. 特殊起诉期限

特殊起诉期限,是指在法律有特别规定的情况下,依特别法的规定。这里的法律指的是狭义的"法律",不包括法律以下的法规、规章。

3. 最长起诉期限

起诉期限的起算点是"知道或者应当知道"之日,但是,即使行政机关疏忽或者恶意不告知当事人行政行为或诉权,法律秩序的安定也是诉讼法重要的价值取向。为此,我国《行政诉讼法》第 46 条第 2 款规定,因不动产提起诉讼的案件自行政行为作出之日起超过 20 年,其他案件自行政行为作出之日起超过 5 年提起诉讼的,人民法院不予受理。这是一个起点和终点皆客观而固定的不变期间。例如,当事人在行政行为作出后 4 年零 10 个月才知道行为内容的,必须在剩余的两个月内提起诉讼,而不能再适用 6 个月的起诉期限。

(三) 书面起诉原则

当事人起诉应递交起诉状。起诉状应符合以下条件:

(1) 应列明原告和被告;
(2) 陈述案件基本情况;
(3) 提出具体的诉讼请求;
(4) 附证据证明自己起诉合法;
(5) 按照被告人数提出起诉状的副本。

如当事人书写确有困难的,也可以口头方式起诉。

三、立案程序

以立案登记制解决"起诉难"是我国现行《行政诉讼法》的一个重点。过去,由于行政审判环境不佳,加之对起诉要件认识上的偏差,许多法院在起诉阶段就对案件进行实质审查,将许多本应受理的案件拒之门外。为此,我国现行《行政诉讼法》第 3 条开宗明义地指出,法院应保障当事人的起诉权利,对应当受理的案件依法受理,从而确立了行政诉讼法独特的"保障起诉权利原则"。同时,在具体制度中,改过去的立案审查制为立案登记制,明确了立案审查的形式审原则,理顺了相关程序规则。

(一) 立案登记制的概念

当事人起诉后,法院必然要进行审查。而作为和立案审查制相对应的立案登记制,并非指对当事人的起诉不予审查、一经起诉一律受理,而是指仅对当事人的起诉进行程序性的形式审查。只要当事人的起诉在形式上和程序上符合行政诉讼法规定的起诉要件,就应立案的制度。对此,我国《行政诉讼法》、最高人民法院《关于人民法院推行立案登记制改革的意见》《适用行政诉讼法问题的解释》都作出了全面的、详细的规定。

(二) 登记立案的范围

当事人提交起诉状后,如果符合行政诉讼法规定的起诉要件的,法院应当登记、立案。反之,如果存在下列情形之一的,不予登记立案:

(1) 违法起诉或者不符合法定起诉条件的；
(2) 诉讼已经终结的；
(3) 涉及危害国家主权和领土完整、危害国家安全、破坏国家统一和民族团结、破坏国家宗教政策的；
(4) 其他不属于人民法院主管的所诉事项。

(三) 登记立案的程序

(1) 当场立案与先予立案。只要起诉状内容符合法定起诉条件的，一律接收诉状，当场登记立案。当场不能判定是否符合法律规定的，应当接受起诉状，并在7天内决定是否立案。7日仍不能作出判断的，应先予立案。

(2) 法院的释明义务和一次性告知义务。法院发现起诉状内容不符合形式要件的，例如内容欠缺或者有其他错误，应当及时向当事人释明，并以书面形式一次性全面告知应当补正的材料和期限。在指定期限内经补正符合法律规定条件的，法院应登记立案。

(四) 起诉不符合起诉条件时的处理程序

对于不符合法律规定的起诉，应当依法裁决不予立案，并载明理由。当事人不服的，可以提起上诉。

(五) 当事人的救济权利

(1) 投诉权。对于不接收起诉状、接收起诉状后不出具书面凭证，以及不一次性告知当事人需要补正的起诉状内容的，当事人可以向上级法院投诉。

(2) 飞跃起诉权。法院既不立案，又不作出不予立案裁定的，当事人可以向上一级法院起诉，由其决定是否自行立案审理或者指定其他下级法院立案、审理。

第四节　行政诉讼的审理与裁判

同其他诉讼制度一样，行政诉讼分为一审程序、二审程序和审判监督程序。

一、一审程序

行政诉讼一审程序是指从人民法院立案到作出第一审裁判这一期间所遵循的诉讼程序。在行政诉讼中，一审程序是最基本、最重要的诉讼程序，是二审程序和审判监督程序的基础。

根据案件审理的难易程度，行政诉讼一审程序分为普通程序和简易程序。原则上，行政案件的审理适用普通程序，对于符合法定条件的案件，也可以适用简易程序审理，以提高诉讼效率。我国《行政诉讼法》设专节详细规定了普通程序的审理规则，在此基础上，另设节规定了只适用于简易程序的特别规则。对于在简易程序一节中没有规定的其他诉讼程序，适用普通程序的相关规定。

在一审程序中，当事人还可以申请一并解决相关民事争议、一并审查规范性文件。

(一) 行政诉讼一审的普通程序

1. 审理前的准备

审理前的准备是指人民法院为保证案件审理的顺利进行，在开庭审理之前依法所做的必要的准备工作，是法院审理案件的必经程序。

根据我国《行政诉讼法》和相关司法解释的规定,审理前的准备主要包括以下内容:组成合议庭、通知当事人应诉、发送诉讼文书、处理管辖异议、审查诉讼文书、调查收集证据、审查是否需要停止执行、先予执行、财产保全以及根据案件具体情况,决定诉的分离与合并,确定开庭审理的时间、地点,决定是否公开审理等。

2. 开庭审理

开庭审理,是指在人民法院合议庭的主持下,在当事人和其他诉讼参与人的参加下,以被诉行政行为的合法性为核心,审查核实证据、查明案件事实,并依法作出裁判的诉讼活动。第一审案件都应当开庭审理,不得进行书面审理。

开庭审理有公开审理与不公开审理两种方式。人民法院审理案件以公开审理为原则,不公开审理为例外。遇有下列两种情况时,法院可以不公开审理:

一是法定不公开审理。法院审理行政案件,涉及国家秘密、个人隐私以及其他法律另有规定的,应不予公开审理。

二是裁定不公开审理。法院审理行政案件,涉及商业秘密且当事人申请不公开审理的,法院有权根据案件情况,裁量决定是否公开审理。

开庭审理一般包括开庭准备、宣布开庭、法庭调查、法庭辩论、合议庭评议、宣读裁判等程序。其中最核心的是法庭调查环节。

法庭调查是审判人员在法庭上,在当事人和其他诉讼参与人的参加下,全面调查案件事实、审查判断各项证据的诉讼活动。法庭调查的核心环节是举证和质证,根据《行政诉讼证据规定》,证据应当在法庭上出示,并经庭审质证。未经庭审质证的证据,不能作为定案的依据。

法庭调查的核心是查明案件事实,而案件事实的建构依靠的是各方当事人提供的证据。行政诉讼证据形式法定,包括书证、物证、视听资料、电子数据、证人证言、当事人陈述、鉴定意见、勘验笔录和现场笔录八类。行政诉讼证据制度的主要内容包括两部分。

(1) 证据的收集与提交。

第一,证据的收集时间。我国关于行政行为是否合法的判断时间采取的是作出时标准,因此,行政诉讼证据是用于证明被诉行政行为在作出时是否合法。所以,被告的证据必须是在该行为作出时就已经收集并使用的,和行政过程中的证据具有重合性。基于这一要求,我国《行政诉讼法》第35条明确规定,在诉讼过程中,被告及其诉讼代理人不得自行向原告、第三人和证人收集证据。

这一原则的例外有两个,一是被告在作出行政行为时已经收集了证据,但因不可抗力等正当事由不能提供的,经人民法院准许,可以延期提供。二是原告或者第三人提出了其在行政处理程序中没有提出的理由或者证据的,经人民法院准许,被告可以补充证据。

第二,证据的收集主体。行政诉讼事关公益,对案件的客观真实性的了解要求较之民事诉讼更为强烈。因此,除当事人收集证据外,法院有权要求当事人提供或者补充证据。进而,法院还有权向行政机关以及其他组织、公民调取证据,从而呈现出一定的职权探知主义的色彩。不过,法院调取证据也受到一定的限制,根据《行政诉讼法》第40条,人民法院不得为证明被诉行政行为的合法性,调取被告在作出行政行为时未收集的证据,因为这违背了行政诉讼的客观性目的。

第三,证据的提交时间。当事人应在举证期限内提交证据。对于被告而言,应在提交答辩状时一并提交据以作出行政行为的证据。被告不提供或者无正当理由逾期提供证据的,视为被诉行政行为没有相应的证据。对原告而言,应在起诉时提供证明其起诉合法的证据,其他证据的提供时间为开庭审理前或者人民法院指定的证据交换之日。

(2) 举证责任及其分配。所谓举证责任,是指在诉讼中,当法官无法确定某种事实的存在时,根据法律的预设,由一方当事人承担败诉风险及不利后果的制度。诉讼过程中,原被告应尽量向法院举证,让法官支持自己的主张。如果在双方当事人举证的基础上,法官仍无法获得明确的心证,则必须由一方当事人承担败诉的后果。这种由于举证不利而引发的败诉风险,正是举证责任的核心。

行政诉讼的核心是被诉行政行为是否合法。根据我国《行政诉讼法》第34条,被告对作出的行政行为负有举证责任。这样的规定一是依法行政的基本要求,二是基于行政机关更为强大的举证能力。

在这里需要注意的是,被告的举证责任仅限于对被诉行政行为合法性的证明。如涉及其他问题,则按照法律的规定,由原被告分别承担相应的举证责任。根据我国《行政诉讼法》的规定,原告对三类事项承担举证责任。一是证明起诉符合法定条件,例如,在起诉被告不作为的案件中,原告对其提出申请的事实负有举证责任;二是在行政赔偿、补偿的案件中,原告对因行政行为造成的损害承担举证责任;三是其他应由原告承担举证责任的事项。

3. 审理期限

第一审行政案件的审理期限,是指法律对行政案件从立案之日起至裁判宣告之日止的期间要求。人民法院应当自立案之日起6个月内作出一审判决。鉴定、处理管辖争议或者异议、中止诉讼的时间不计算在内。有特殊情况需要延长的,应当直接报请高级人民法院批准;基层人民法院报请延长时,还应同时报中级人民法院备案。高级人民法院申请延长的,由最高人民法院批准。

(二) 简易程序

所谓简易程序,是和普通程序并存的、独立的审判程序。简易程序追求的是效率,一般适用于案情简单、当事人争议不大的案件。

1. 适用的审级

根据我国《行政诉讼法》第82条的规定,简易程序只适用于行政案件的一审程序,二审不适用简易程序。另外,对于二审法院裁定发回原审法院重新审理的案件、按照审判监督程序再审的案件,即使也适用一审程序规则,但是,基于这类案件明显的争议性特征,都不能适用简易程序。

2. 适用范围

根据我国《行政诉讼法》第82条的规定,简易程序适用于以下两种情形:(1) 法定情形。根据《行政诉讼法》的规定,适用简易程序要满足两个条件:第一,法院认为案件事实清楚、权利义务关系明确、争议不大;第二,审理的是下列三类案件之一:被诉行政行为是依法当场作出的;案件涉及款额2000元以下的;属于政府信息公开案件的。(2) 基于当事人合意的情形。即使不符合上述条件,若当事人各方均同意适用简易程序,法院也可以适用简易程序。

3. 审判组织与审理程序

适用简易程序的案件,实行独任审判制。担任审判的必须是审判员。适用简易程序的案件,一般应当一次开庭并当庭宣判,并在立案之日起45日内审结。

4. 简易程序向普通程序的转换

简易程序的适用以案情简单明了、当事人争议不大为前提,如果经过审理,发现案件并不满足这一条件的,应在简易程序审理期限届满之前转换为普通程序。对于转换为普通程序后,应如何计算审限,法律并未作出明确规定。为了防止利用程序转换规避审限,简易程序转为普通程序后,审理期限仍应以立案之日为起算标准,而不宜从转换之日起重新计算审期。

(三) 行民交叉案件一并审理程序

所谓行民交叉案件一并审理程序,是指人民法院在审理行政案件过程中,基于当事人的申请,一并审理与被诉行政行为相关的民事争议并作出裁判的诉讼程序。现实中,行政权的行使往往起因于民事纠纷,有时则会由于行政决定的作出导致民事法律关系发生变动。将有关联性的行民案件一并审理,有助于一次性解决争议,提高司法救济的实效性。

根据我国《行政诉讼法》和《适用行政诉讼法问题的解释》,该制度主要包括以下内容:

1. 适用条件

(1) 行政案件和民事案件之间存在内在的关联性。一并审理源于两个案件的内在关联性,例如,基于案件的先决问题、附属问题、基础法律关系等产生的关联性。这种关联性往往导致诉讼请求上的相互依存性,从而具有了合并审理的利益。(2) 适用范围限制为以行政许可、登记、征收、征用和行政机关对民事争议所作裁决为诉讼对象的行政诉讼中。具有关联性的行政争议和民事争议的范围实际上是非常广泛的,而根据关联程度的紧密性,现行法规定,只有在针对行政许可、登记、征收、征用和对民事争议的裁决所提起的行政诉讼中,才可以一并审理民事争议。(3) 当事人向法院提出一并处理的申请。一并审理程序的启动须基于当事人的申请,当事人未申请的,法院不得自行决定将两个案件合并审理。(4) 一并审理请求是在行政诉讼一审过程中提出的。一并审理申请的,应当在第一审开庭审理前提出;有正当理由的,也可以在法庭调查中提出。如果当事人直至二审才要求一并审理的,法院应告知当事人另行起诉,当事人的诉权并不受影响。

2. 对当事人申请的处理

经审查,当事人的申请符合法定条件的,法院应作出一并审理的决定。如果发现存在下列情形之一的,应作出不予准许的决定,并告知当事人可以依法通过其他渠道主张权利:(1) 法律规定应当由行政机关先行处理的;(2) 违反民事诉讼法专属管辖规定或者协议管辖约定的;(3) 已经申请仲裁或者提起民事诉讼的;(4) 其他不宜一并审理的民事争议。对不予准许的决定,当事人可以申请复议一次。

3. 一并审理的程序

(1) 立案方式。《适用行政诉讼法问题的解释》第 18 条规定,一般情况下,人民法院在行政诉讼中一并审理相关民事争议的,民事争议应当单独立案,由同一审判组织审理。如果审理行政机关对民事争议所作裁决的案件,一并审理民事争议的,不另行立案。(2) 审判组织。一并审理的两个案件均由受理行政案件的行政审判组织负责。(3) 审理规则。诉讼性质的差别决定了两个案件应分别适用各自的诉讼程序规则,特别是在民事诉讼中,要注意贯彻当事人意思自治原则和民事诉讼证据规则。(4) 裁判方式。合议庭应分别针对行政案件和民事案件作出裁判,不能在同一份法律文书上裁判。(5) 对一并审理裁判的上诉。如果当事人仅对行政裁判或者民事裁判不服提出上诉的,未上诉的裁判在上诉期满后即发生法律效力。第一审人民法院应当将全部案卷一并移送第二审人民法院,由行政审判庭审理。第二审人民法院发现未上诉的生效裁判确有错误的,应当按照审判监督程序再审。

(四) 对规范性文件的一并审查程序

按照行政诉讼受案范围的规定,当事人不能单独针对规范性文件提起诉讼。但是,由于规范性文件对行政行为的直接影响,因此,需要将这类文件纳入司法审查的范围。为此,我国2014年修订的《行政诉讼法》设立了对规范性文件的一并审查制度。

1. 审查对象

(1) 层级性。对当事人产生普遍约束力的法律规范存在多种形式,而能够被纳入司法审查范围的,限制为国务院部门和地方人民政府及其部门制定的规范性文件,排除对行政立法以及国务院制定的规范性文件的审查。(2) 关联性。该规范性文件必须是被诉行政行为所适用的依据,二者之间不具有适用关系的,法院不予受理。(3) 作为性。这里的被诉行政行为仅限于作为性行政行为,行政不作为不包括在内。

2. 一并审查申请的提起

(1) 提起方式。一并提起,即只能在提起行政诉讼时,对于行政行为所依据的规范性文件一并提出审查申请。单独向法院提起规范性文件审查之诉的,法院不予受理。(2) 提起的时间。与申请一并审理民事争议的时间要求相同,都应在一审开庭审理之前提出。有正当理由的,可以在法庭调查中提出。

3. 审查方式

(1) 审查的范围。作为附带性审查,行政行为的违法性和规范性文件条款的违法性之间应具有因果关系,行政行为由于所适用的该规范性文件违法,而对当事人的合法权益造成侵害。因此,对规范性文件的附带性审查和对行政行为的审查范围完全不同,对前者应限制为行政行为所适用的具体条款,该规范性文件的其他规定的合法性,因缺乏案件上的关联性,不宜审查。进而,对该规范性文件整体的合法性、该规范性文件的制定程序等均不予审查。(2) 审查的标准。作为下位法,规范性文件应根据上位法,在其职权范围内作出具体规定。因此,对规范性文件的审查主要集中在其是否违反了上位法的规定。[①]

4. 处理方式

(1) 不予适用。法院经过审查,认为行政行为所依据的规范性文件不合法的,不作为认定行政行为合法的依据,并应在裁判理由中阐明。(2) 提出处理建议和抄送。针对该违法的规范性文件,审理法院应当向该文件的制定机关提出处理建议,并可以抄送制定机关的同级人民政府或者上一级行政机关。

(五) 行政诉讼的审理依据

法院在审理行政案件时,需要解决两方面的问题。一是行政诉讼活动的程序性问题,二是被诉行政行为的合法性问题。而所谓行政审判依据,就是法院在解决上述两个问题时所适用的法规范,即人民法院在审理具体行政案件、审查被诉行政行为合法性并作出相应裁判过程中所依据的法规范。根据《行政诉讼法》,我国行政诉讼的审判依据法律法规、参照规章。

---

① 审查的标准可以参照2004年最高人民法院《关于审理行政案件适用法律规范问题的座谈会纪要》(法[2004][96号]第2条的规定。

1. 依据法律、法规

《行政诉讼法》第 63 条规定,法院审理行政案件,以法律和行政法规、地方性法规为依据。地方性法规适用于本行政区域内发生的案件。民族自治地方的案件,并以该民族自治地方的自治条例和单行条例为依据。

在理解法律、法规的这种依据效力时,应注意两个问题。第一,法院必须依据法律、法规,对案件作出裁判,无权对法律、法规的合法性进行审查。即使法官的判断和法律、法规的规定不同,法官也不能用自己的判断代替法律的规定。第二,这种直接适用并不意味着法院绝对没有选择权。对于同一个问题,当数个法律、法规之间存在冲突时,法院享有选择权。不过,法院只能按照法律冲突的解决规则,选择、适用适当的法规范,而非根据自己的主观判断作出选择。

2. 参照规章

规章包括部门规章和地方政府规章两类。其中地方性立法适用于制定主体所辖的行政区域。规章的"参照"效力,表明规章也是法院审理案件的依据之一,不过,其对法院的效力和法律、法规不同。法院在适用之前,有权审查规章是否合乎法律、法规。如果法院认为该规章不合法的,可以不予适用。

(六) 行政诉讼的判决

法院的裁判包括判决、裁定、决定三种。判决是人民法院审理行政案件,对案件的实体问题所作的权威性处理。裁定是法院对行政诉讼过程中的程序问题所作的处理。决定是法院对诉讼程序中的特殊问题所作的处理。

我国现行《行政诉讼法》的一个重点,是对判决种类的规范和扩展。根据该法第 69 条至第 78 条的规定,行政诉讼判决形式包括驳回诉讼请求判决、撤销判决、履行判决、一般给付判决、确认违法或者无效判决、变更判决以及针对行政合同的判决。作为附属判决的,包括责令重新作出行政行为、责令被告采取补救措施等。

1. 驳回诉讼请求判决

这最初是《执行行政诉讼法问题的解释》新增的判决种类,主要适用于法院认为原告诉讼请求没有依据、不予支持的情形。这一判决的确立主要是为了纠正过去的维持判决超出当事人诉求、固定行政行为效力的弊端。根据我国《行政诉讼法》第 69 条的规定,该判决适用于两种情况:(1) 行政行为证据确凿,适用法律、法规正确,符合法定程序的。这一规定要求法院要以对行政行为的全面审查为原则,不能仅仅围绕原告的诉讼请求进行审查。(2) 原告申请被告履行法定职责或者给付义务理由不成立的。这是针对给付请求作出的判决。对于当事人的给付请求,法院经审查认为被告负有给付义务的,判决履行。如果在审查中,原告无法证明其诉求成立的,法院可以判决驳回原告的诉讼请求。

2. 撤销判决

这是行政诉讼最典型的判决形式。适用于法院经审查,认为行政行为违法的情形。具体的违法情形包括以下几种情况:(1) 主要证据不足的;(2) 适用法律、法规错误的;(3) 违反法定程序的;(4) 超越职权的;(5) 明显不当的。

上面五种情况中,前四种都属于典型的合法性审查。第五种"明显不当"是对原《行政诉讼法》规定的"行政处罚显示公正"的扩展,目的是加大对行政裁量的审查力度。一般情况下,行政行为的适当性属于合理性问题,原则上,法院应尊重行政机关的专业判断。但是,如果行政行为的不合理性达到了"明显不当"的程度,应该说已经超越了法律授权的本意,属于实质违法行为,法院因此享有撤销权。

3. 履行判决

这是以行政行为为给付内容的判决种类,适用于被告负有法定义务、有能力履行而不履行或者拖延履行、且判决履行对原告仍有意义的情形。责令履行的具体内容,应根据案件的具体情况确定。如果经过审判,行政机关的义务内容是明确而且单义的,法院可以责令行政机关作出具有具体内容的行政行为;行政机关的义务内容难以确定,法院只能判决行政机关负有在一定期限内行为的义务,具体如何作为由行政机关自行决定。

4. 一般给付判决

这是2014年修订的《行政诉讼法》新增加的判决种类,和履行判决相比,一般给付判决主要是以财产、金钱、信息公开、行政机关的合同义务等为给付内容,主要适用于行政给付、因行政合同引发的纠纷等情形。

5. 确认判决

确认判决常常适用于对法律关系的确认。在行政诉讼中,确认判决主要围绕行政行为的效力展开。从和其他判决类型的关系看,确认判决是对其他判决形式的补充,主要起宣示性作用。

根据我国《行政诉讼法》,法院根据行政行为违法性程度,可以作出确认违法判决或者确认无效判决。

(1) 确认违法判决。根据《行政诉讼法》第74条的规定,确认违法判决适用于两种情况。第一种是行政行为虽然违法,但是,基于利益考量而不予撤销。例如,撤销会给公益造成重大损害的,或者程序违法程度轻微且未造成实际损害的。第二种是行政行为虽然违法,但是撤销或者履行不能、或者已经没有实际意义的。确认判决本身对当事人的救济都是不完全的,需要其他救济制度予以配合。

(2) 确认无效判决。这是针对行政行为的瑕疵达到重大且明显程度时的判决种类。对于何为"重大且明显",《行政诉讼法》第75条列举了两种情况。一是行政行为的实施主体不具有行政主体资格;二是行政行为没有依据的。另外,作出该判决有一个程序要件,就是原告申请确认行政行为无效。由于确认无效诉讼的证明难度较大,诉讼风险较高,原告如果不愿意申请确认无效的,法院应尊重原告的选择,可根据其诉求,作出撤销判决。

6. 变更判决

和其他判决种类相比,变更判决是最能体现法院能动性、对当事人救济最为直接、彻底的判决类型。由于这一判决实际上已经侵入了行政权的专属领域,原《行政诉讼法》中规定,仅在行政处罚显失公正时,才能例外地适用。然而,行政活动方式和内容是多种多样的,对于有些单纯的技术性问题,例如,款额的认定等,属于对客观性事实的认定,行政机关对此类事项没有太多的裁量权,法院可以以自己的判断代替行政机关的判断。因此,现行《行政诉讼法》第77条规定:"行政处罚明显不当,或者其他行政行为涉及对款额的确定、认定确有错误的,人民法院可以判决变更。"这里的"确有错误",要求行政机关的裁量幅度几乎收缩为零。

7. 针对行政合同的判决

对于行政合同的审查,和对行政行为的审查有很大差别,判决类型也有区别。由于行政机关侵权形式的多样性,法院的审理和裁判方式也应具有对应性。

（1）对于订立、履行行政合同过程中的行政行为,法院应按照行政诉讼的一般审理原则和裁判方式,进行合法性审查,可以作出撤销、确认或者履行判决。例如,行政机关单方解除合同的,当事人可以申请法院撤销。对于行政机关在监督检查过程中作出的行政处罚,当事人可以请求变更等。

（2）对于订立、履行行政合同过程中行政机关的履约行为,它们属于行政机关基于合同所承担的合同义务。行政机关不履行这类义务的,法院可以依照合同法的规定,作出相应的判决,如判决继续履行合同义务、判决采取补救措施、消除不利后果、判决赔偿或者补偿当事人损失等。

二、二审程序

二审程序是指当事人不服未生效的一审判决或裁定,在法定期限内向一审人民法院的上一级法院提起上诉,请求上一级法院进行审判,上一级法院依法对该上诉案件进行审理所适用的程序。

我国法律规定,人民法院审理案件实行两审终审制。除了最高人民法院所作出的第一审判决、裁定不能上诉外,当事人对地方各级人民法院所作出的一审裁判不服的,均可依法向其上一级人民法院提起上诉。

（一）上诉的提起条件

当事人提起上诉必须符合下列条件：

（1）主体条件。根据法律规定,上诉人和被上诉人必须是一审程序中的当事人。其中,上诉人是提起上诉的一方当事人,其他未上诉的当事人则是被上诉人。

（2）对象条件。上诉的对象是一审人民法院的判决或裁定。可上诉的判决包括所有类型的一审判决。可上诉的裁定包括不予受理的裁定、驳回起诉的裁定和管辖异议的裁定三种。

（3）上诉期限。上诉必须在法定期限内提起,其中,当事人不服第一审判决的,上诉期限为15日；当事人不服第一审裁定的,上诉期限为10日。

（4）上诉途径。原则上,上诉应当向原审人民法院提出,但也允许直接向二审法院提出。当事人直接向第二审人民法院上诉的,第二审人民法院应当在5日内将上诉状移交原审人民法院。

（二）上诉案件的审理

1. 审判组织

第二审人民法院审理行政案件必须组成合议庭,不适用独任审判方式。合议庭成员必须均为审判员。

2. 审理方式

二审以开庭审理为原则,书面审理为例外。法院经过阅卷、调查和询问当事人,对没有提出新的事实、证据或者理由,合议庭认为不需要开庭审理的,也可以不开庭审理。

3. 审理对象

第二审人民法院审理上诉案件实行全面审理原则,即应当对原审人民法院的判决、裁定和被诉行政行为进行全面审查,不受上诉人上诉请求的限制。

三、审判监督程序

审判监督程序又称再审程序,是指人民法院依法对已经发生法律效力的判决、裁定或者调解书进行再次审理的程序。再审程序不构成一个审级,是对两审终审制度的补充,只针对确实违法的生效判决、裁定的纠错制度。

再审必须符合法定事由。根据再审对象的不同,再审事由分为两种。一种是生效的判决和裁定存在我国《行政诉讼法》第91条规定的八种再审事由之一;二是生效的调解书违反自愿原则或者调解协议的内容违反法律,或者调解书损害国家利益、社会公共利益。当事人申请再审并不必然启动再审程序,而对于检察机关的抗诉,法院必须再审。

另外,针对现实中当事人不断申请再审、导致纠纷久拖不决的情况,最高人民法院规定,人民法院基于抗诉或者检察建议作出再审判决、裁定后,当事人申请再审的,人民法院不予立案。

第十八章

行政补偿与行政赔偿

第一节 国家补偿的理念与体系

一、国家补偿的理念

(一) 损失补偿

国家作为社会公共利益的代表,既是阶级统治的工具,也是社会生活的组织者。国家的职能主要表现为对内维持社会治安,征收税款保证国家机器的运转,对外巩固国防,防止和抵御外敌的侵略。此外,国家还要建立和维护公共产品,使社会公众能够普遍地享受其便利。① 国家为了履行社会职能、促进经济社会发展,要兴建医院、学校、公路、铁路、机场等公共设施,需要通过合法手段征收或者征用土地及其地上附着物。土地及其地上附着物被征收或者征用后,会给所有人或者使用权人造成财产损失。而近现代法治国家通过立法,普遍确立了保护公民财产权的原则和制度。国家既要保障公共设施建设的顺利推进,又要保证公民的财产权得到保护。国家兴建公共设施的这些合法行为是为了公共利益而实施的,因而应当由社会全体成员平等地分担费用。国家机关及其公务人员的合法行为给公民、组织的合法权益造成的损失,实际上是受害人在一般纳税负担以外的额外负担,这种负担不应由受害人个人承担,而应当平等地分配于社会全体成员,即由社会全体成员来填补损失,这才符合公平与正义原则。基于平等原则,国家征用个人财产,应当给予个人补偿。为了保证社会公众的身体健康,提高整个民族的身体素质,国家实施计划免疫、强制治疗等合法行为,导致个人的生命和健康遭受损害时,国家同样应当给予补偿。

(二) 基于结果责任的国家补偿

无论国家机关及其公务人员的行为合法或者违法,以及行为人有无故意或者过失,只要这些行为导致的损害为一般社会观念所不允许,国家就必须承担补偿责任。这就是基于结果责任的国家补偿。② 国家补偿的根据在于国家活动给个人带来无法避免的危险,此危险结果理应由国家承担。

二、国家补偿的体系

国家作为一个集合体,其权力与职能分别由不同的国家机关行使。现代国家将国家权

---

① 参见彭澎著:《政府角色论》,中国社会科学出版社2002年版,第45页。
② 参见〔日〕南博方著,杨建顺译:《行政法》,中国人民大学出版社2009年版,第151页。

力分为立法权、行政权和司法权,分别由不同的机关行使。按照补偿主体的不同,国家补偿相应地包括立法补偿、行政补偿和司法补偿三种方式。

(一) 立法补偿

立法补偿,是指立法机关因其合法行为或者无过错行为给公民、法人或者其他组织的合法权益造成特别损失,国家对其所受损失予以救济的制度。

立法机关是代议制机关,最主要的职权就是行使立法权。其立法活动的结果可能会对公民、法人或者其他组织的合法权益造成特别损失,对此损失应当由国家来予以补偿。由于立法活动一般不针对特定的公民、法人或者其他组织,立法补偿往往需要立法机关通过制定立法来对补偿作出规定。

(二) 行政补偿

行政补偿,也称行政损失补偿,是指行政主体及其工作人员因其合法行政行为给公民、法人或者其他组织的合法权益造成特别损失,国家对其所受损失予以救济的制度。

(三) 司法补偿

司法补偿,是指司法机关因其合法行为或者无过错行为给公民、法人或者其他组织的合法权益造成特别损失,国家对其所受损失予以救济的制度。

第二节 行 政 补 偿

一、行政补偿的概念

行政补偿,也称行政损失补偿,是指行政主体及其工作人员因其合法行政行为给公民、法人或者其他组织的合法权益造成特别损失,国家对其所受损失予以救济的制度。

许多国家都在宪法和法律中明确规定了行政补偿制度。近现代法治国家一方面规定财产权受宪法和法律保护,另一方面,为了公共利益的需要,通过立法规定必要时强制剥夺公民、法人或者其他组织的财产权,或者限制其财产权的行使。但是,为了实现公共利益,国家采取行政措施剥夺或者限制公民、法人或者其他组织的财产权,给被剥夺或被限制财产者增添了其他人所没有的额外负担,显然仅仅由他们承担这些代价是极不公平的。因此,为了避免行政活动带来极不公平的现象,在剥夺或者限制公民、法人或者其他组织的财产权时,现代法治国家建立行政补偿制度,由全体社会成员来负担由此而产生的损失,以寻求各种利益的平衡。行政补偿制度的建立,有利于调整公共利益和个体利益、全局利益和局部利益,是行政法治建设的一个重要内容。

传统学说认为,行政补偿要求行政主体及其工作人员行使行政权,作出行政行为,导致公民、法人及其他组织遭受经济上的特别损失,而且这种损失的发生与行政主体及其工作人员的行政权的行使之间具有因果关系。不过,关于导致损失的原因,现在已经不仅仅限于公权力的行使,行政合同中的补偿也是行政补偿,对合法地变更行政计划导致信赖利益的损失予以补偿也被作为行政补偿来理解。关于行政补偿的对象,传统学说将其限定于财产权上或称为经济上的损失,而现代学说和实践大大拓宽了其范围。例如,国家推行预防接种导致公民生命健康的损失,由于对人的征用导致身体、生命上的损失等,都被解释为行政补偿的对象。[①]

二、行政补偿的特征

行政补偿的特征体现为以下六个方面：

（1）行政补偿的前提是行政主体及其工作人员的合法行为导致特定个人或组织受到损失。行政补偿不同于行政赔偿，行政补偿是由行政主体及其工作人员的合法行为所引起的，而行政赔偿是由行政主体及其工作人员的违法行为所引起的，两者发生的基础不同。

（2）行政补偿的主体是国家，但行政补偿义务机关是合法行使职权导致特定个人或组织受到损失的行政主体。作出合法行政行为的行政主体工作人员不承担任何补偿义务，而且也不存在行政追偿问题。

（3）行政补偿的对象是特定的公民、法人或者其他组织。如果社会成员的合法权益因行政主体的合法行为均平等地受到损失，就不存在行政补偿问题。即不是所有公民或者组织受到损失都可以请求损失补偿，只有遭受"特别损失"才可以请求行政补偿。行政主体为了公共利益的需要，实施合法行为导致特定公民或者组织遭受特别损失，享受公共利益的全体社会成员应该共同负担这些损失。

（4）行政补偿的范围具有法定性。行政补偿资金来源于国家，因此行政补偿的范围一般由法律、法规、规章或者政策事先作出明确规定，即行政主体对遭受特别损失的公民、法人或者其他组织，要根据法律确定的范围给予行政补偿。

（5）行政补偿的方式具有多样性。和行政赔偿以支付赔偿金为主要方式不同，行政补偿可以采用更加多样化的方式。行政主体除支付补偿金、置换土地或者房屋以外，还可以在生产、生活、就学和就业等方面给予优待或者优惠措施。并且，行政主体还可以通过提供相关公共设施和相关信息、指导相关投资或者经营等方式，为相对人创造发展条件。

（6）行政补偿的资金来源于全体受益者。如前所述，尽管行政补偿的主体是国家，由造成损失的行政主体具体处理补偿事宜，但是，部分公民或者组织因合法行政行为遭受特别损失，为了保证社会公平，这些损失应当由全体受益者共同负担来给予补偿。

三、行政补偿的理论基础

国家承担行政补偿责任的理论基础是公共负担平等理论。这一理论最早由法国法学家提出，其影响已扩展到许多国家。这一理论认为，政府的活动是为了公共利益而实施的，因而其成本或费用应由社会全体成员平等分担。合法的行政行为给公民、组织的合法权益造成的损失，实际上是受害人在一般纳税负担以外的额外负担，这种负担不应由受害人个人承担，而应当平等地分配于社会全体成员，其分配方式就是国家以全体纳税人交纳的金钱补偿受害人所蒙受的损失。[②]

我国在传统上重视国家利益和集体利益，强调社会公共利益的优先性，忽视对个体利益的保护。如果社会公共利益和个人利益发生矛盾，个人利益要服从于社会公共利益，但这并

---

① 参见杨建顺著：《行政规制与权利保障》，中国人民大学出版社2007年版，第748页。
② 参见姜明安主编：《行政法与行政诉讼法》，北京大学出版社、高等教育出版社2005年版，第724页（湛中乐执笔"行政补偿"）。

不意味着发展社会经济文化事业一定要牺牲公民的个人权利,以损害公民的合法权利为代价。国家发展的根本任务是大力发展社会生产力,提高综合国力和人民的生活水平,每一个公民都应从中受益。自改革开放以来,我国开始重视对公民和社会组织合法权益的保护,注重社会公共利益和个人利益的协调发展。行政主体作为社会公共利益的代表者,在依法行政过程中其某些行为可能会造成公民和社会组织合法权益的损失,对这些因管理社会公共事务而导致的损害,由受害人自己承担是不公平的,代表社会公共利益的国家要对此承担补偿责任,由所有受益者来弥补受害人的损失,这样一方面可以使受害人尽快地弥补其损失,恢复正常的生活或者生产;另一方面可以督促行政主体更加谨慎地行使自己手中的权力,一旦对公民和社会组织造成损失,要将其控制在最低程度,避免给受害人造成更大的损失。

由于国家承担补偿责任的行为多属于合法行为或无过错行为,对社会多数公众来说,这些作为非但不能给公众造成损害,反而有益于社会公众,社会公众应当承担此类行为本身具有的风险性,这种风险责任应当由所有受益人共同分担。公共负担平等理论相对圆满地解决了国家补偿责任的本质属性问题,不但适于解释合法行为的补偿,而且也适于解释其他危险行为及特别损害行为的补偿问题。

四、行政补偿的范围

在经济社会发展过程中,国家为推动国民经济计划的实施,为了社会公共利益,在修筑道路、改造城市、发展经济文化设施而征用土地、拆迁房屋等活动中,必然会对公民和社会组织的财产和财产权利造成损失,在法律中规定行政补偿,对公民和社会组织所遭受的财产损失给予相应的补偿,这完全符合法治原则,体现了国家对公民和社会组织财产权的保护,也顺应了世界法治发展的潮流。和行政赔偿制度相比,我国在行政补偿方面没有制定统一的立法,而是散见于不同的法律法规之中,目前我国规定行政补偿的法律法规主要有:《宪法》《物权法》《中外合资经营企业法》《外资企业法》《台湾同胞投资保护法》《土地管理法》《人民警察法》《戒严法》《野生动物保护法》《城镇国有土地使用权出让和转让暂行条例》《国有土地上房屋征收与补偿条例》等。根据这些法律法规的规定,我国行政补偿的范围主要包括:

(一) 对国有化和征收的补偿

《中外合资经营企业法》《外资企业法》《台湾同胞投资保护法》对国有化和征收补偿作了明确规定,国家对合营企业、外资企业和台湾同胞投资者的投资不实行国有化和征收,在特殊情况下,根据社会公共利益的需要,对合营企业、外资企业和台湾同胞投资者的投资可以依照法定程序征收,并给予相应的补偿。

新中国成立之初,我国对境内的外资企业和财产以及官僚资本进行了国有化和征收,以此为基础取得了国家所有权,并根据我国当时的财力对外资企业和财产给予了适当补偿。改革开放以后,我国加强了对外交往和经济联系,通过立法,允许外国法人和自然人以及台湾同胞来大陆投资设厂,或者与我国企业合资办厂,对这些企业一般不实行国有化和征收,因为很显然它容易引起投资环境甚至双边关系的恶化。如果在非常特殊的情况下,确有必要根据社会公共利益的需要,对合营企业、外资企业和台湾同胞投资者的投资进行征收时,也会给境外投资者以相应的补偿。

(二) 土地征收征用补偿

土地征收征用补偿，是指国家依法征收集体所有的土地或者征用国有土地单位的土地，给被征地的单位及个人造成损失，按照法定的范围和标准，由使用土地的单位向被征地的单位及个人支付补偿费用。由于土地在经济社会发展中占有极为重要的地位，因此土地征用补偿制度是我国最主要也是最典型的行政补偿制度。《土地管理法》第47条规定了征用土地（主要是耕地）的补偿范围、补偿标准和补偿方式，是目前我国行政补偿制度中规定最为具体、最具有操作性的法律。《物权法》第42条第2款对土地征收作了原则性的规定："征收集体所有的土地，应当依法足额支付土地补偿费、安置补助费、地上附着物和青苗的补偿费等费用，安排被征地农民的社会保障费用，保障被征地农民的生活，维护被征地农民的合法权益。"

土地征收征用补偿要符合两个条件：一是要合法征收征用土地，国家征收征用土地必须是为进行经济文化建设、国防以及举办社会公共事业，并列入国家固定投资计划的或者准许建设的国家项目；二是土地征收征用的审批手续要合法、完备。只有符合上述两个条件的，才是合法征收征用土地，才有可能发生补偿法律关系。反之，则是非法占有土地，不发生行政补偿法律关系。当然，只有给被征地的单位及个人造成损失，并且损失与征收征用土地之间存在着直接因果关系的，才能给予补偿。

土地征收征用补偿的对象一般是被征地的单位和个人，法规范对补偿费用的使用作出了具体的限制性的规定。补偿费用不是由国家直接给付，而是由使用被征地的建设单位给付。

(三) 城市房屋拆迁补偿

在城市规划区内国有土地上实施房屋拆迁，由拆迁人依法对被拆人、房屋承租人等给予补偿、安置的制度，称为城市房屋拆迁补偿制度。其中拆迁人是指取得房屋拆迁许可证的单位。被拆迁人是指被拆迁房屋的所有人。国务院建设行政部门对全国城市房屋拆迁工作实施管理。县级以上地方人民政府负责管理房屋拆迁工作的部门（简称拆迁管理部门）对本行政区域内的城市房屋拆迁工作实施监督管理。

城市房屋拆迁补偿要符合三个条件：必须是出于社会公共利益的需要，而不能是为了满足个别人或者个别组织的利益；必须符合法定征收程序，对被拆迁人给予程序上的保障；必须事先给予充分的补偿，保障被征收人的居住条件。

我国法律法规对城市房屋拆迁（搬迁）补偿作了明确规定。1991年《城市房屋拆迁管理条例》全面系统地规定了城市房屋拆迁补偿制度。2001年《城市房屋拆迁管理条例》对该制度进一步予以完善。2011年国务院制定施行《国有土地上房屋征收与补偿条例》，同时废止了《城市房屋拆迁管理条例》，全面完善了国有土地上房屋征收与补偿制度。该条例规定，为了公共利益的需要，征收国有土地上单位、个人的房屋，应当对被征收房屋所有权人（以下称被征收人）给予公平补偿。房屋征收部门拟定征收补偿方案，报市、县级人民政府。市、县级人民政府应当组织有关部门对征收补偿方案进行论证并予以公布，征求公众意见。房屋征收部门与被征收人依照本条例的规定，就补偿方式、补偿金额和支付期限、用于产权调换房屋的地点和面积、搬迁费、临时安置费或者周转用房、停产停业损失、搬迁期限、过渡方式和过渡期限等事项，订立补偿协议。在征收补偿方案确定的签约期限内达不成补偿协议，或者被征收房屋所有权人不明确的，由房屋征收部门报请作出房屋征收决定的市、县级人民政府依照本条例的规定，按照征收补偿方案作出补偿决定，并在房屋征收范围内予以公告。被征收人在法定期限内不申请行政复议或者不提起行政诉讼,在补偿决定规定的期限内又不搬迁的,由作出房屋征收决定的市、县级人民政府依法申请人民法院强制执行。《物权法》第42条第3款对征收房屋的补偿作了规定:"征收单位、个人的房屋及其他不动产,应当依法给予拆迁补偿,维护被征收人的合法权益;征收个人住宅的,还应当保障被征收人的居住条件。"

(四) 公用征调补偿

行政机关为了公共利益,在国家处于紧急状态或者紧急需要的情况下,依照法律、法规及政策规定,强制取得公民、法人或者其他组织的财物或劳务,称为公用征调。行政机关依法征调公民、法人或者其他组织的财物或劳务后,给予被征调人一定的物质补偿,称为公用征调补偿。根据公用征调的目的,可分为军事征调补偿和民用征调补偿两大类:

1. 军事征调补偿

军事征调,是指用于满足国家处于紧急状态下的军事目的,军事机关依法征调财物或劳务的活动。军事机关依法征调财物或劳务后,对被征调人给予的补偿,称为军事征调补偿。军事征调补偿必须同时具备以下四个条件:必须是国家处于紧急状态之下;必须是军事机关或军事机关依法委托的组织依法征调;征调的物资和劳务必须用于军事目的;必须给被征调人造成直接经济损失,损失与征调之间存在法律上的因果关系。

2. 民事征调补偿

在国家处于紧急需要的情况下,为满足国家的紧急需要,主管行政机关依法强制取得公民、法人或者其他组织的财物或劳务的活动,称为民事征调。行政机关实施民事征调后,对被征调人给予的补偿,称为民事征调补偿。民事征调补偿必须同时具备以下四个条件:必须是国家处于紧急需要情况之下;必须是主管行政机关或其依法委托的组织依法征调;征调的财物和劳务必须用于紧急需要;必须给被征调人造成直接经济损失,并且损失与征调之间存在法律上的因果关系。

(五) 执行治安职务损失补偿

行政机关及其工作人员在依法执行治安职务时,给人民群众的合法权益造成损失,依照法律、法规规定给予遭受损失人的补偿,称为执行治安职务损失补偿。执行治安职务损失补偿必须具备以下四个条件:必须是行政机关及其工作人员在依法执行治安职务时造成的损失;必须是正在发生紧急危险或者紧急情况时造成的损失;必须是采取必要措施难以避免的损失(如果采取其他措施完全可以避免的,而未采取必要措施造成的损害,属于行政赔偿问题,而不发生行政补偿问题);必须造成直接的物质损害或者人身伤亡,并且,损失与执行治安职务行为有法律上的因果关系。可能得到的利益的损失,一般不予补偿;没有法律上的因果关系,虽造成损失亦不能给予补偿。

按照执行治安职务的行为性质,执行治安职务损失补偿大致有如下两种类型:制止犯罪、缉拿罪犯的损失补偿,是指行政机关及其工作人员在依法制止犯罪或者缉拿罪犯时,给周围群众造成误伤或给其财物造成误损,按照法律规定,给予的补偿;维护社会公共秩序的损失补偿,是指行政机关及其工作人员在依法维护社会公共秩序时,采取防止紧急危险发生的必要措施,给群众造成伤亡或者财产毁损,依照法律规定,给予的补偿。[①]

---

① 参见杨建顺著:《行政规制与权利保障》,中国人民大学出版社2007年版,第757—759页。

（六）行政主体合法的公务行为侵犯公民人身权的补偿

行政主体的合法行政行为或无过错行为导致公民的人身权受到损害,引起疾病、伤害、残疾、死亡的结果,国家均应予以补偿。应包括以下情形：

（1）国家合法采取的强制性行为,如接种疫苗、治疗等。国家为了预防某些疾病的发生(许多疾病在目前的科学技术条件下只能预防,不能治愈,如小儿麻痹症、狂犬病等),保护公民的身体健康和提高整个民族的身体素质,要求每个婴儿都接种疫苗。对于有些精神病患者、吸毒和患有严重传染病的人,为了控制和治疗他们的疾病,恢复其身体健康,避免其造成他人人身财产的损害和预防传染病的流行,国家对他们强制治疗,并与公众隔离。由于国家这些强制性行为造成公民人身损害,国家应给予补偿。

（2）公民协助执行公务而遭受人身损害。行政主体在执行公务活动中,公民协助行政主体而遭受伤害、残疾或死亡的后果。这其中有两种情形：一种是公民有义务协助行政主体执行公务；另一种是公民没有义务协助执行,而是应行政主体的要求或主动协助执行。如《人民警察法》第34条第2款规定:"公民和组织因协助人民警察执行职务,造成人身伤亡或者财产损失的,应当按照国家有关规定给予抚恤或者补偿。"无论是哪种情形,公民协助执行公务都是为了社会公共事务,对他们遭受的损失,国家应予以补偿。

（3）国家无过错的危险事故造成公民人身损害。如果行政主体从事的公务活动涉及高度的危险性,即使其履行了谨慎注意的义务,也可能给公民造成意外的损害,在这种情况下,不以行政主体主观是否有过错作为其承担责任的依据,而是以其所从事活动的危险性作为其承担责任的依据。因此,行政主体在执行公务活动中涉及高度危险的行为或事项,即使主观上并无过错,但如果给公民造成了人身损害,也应予补偿。如1999年国家在新疆维吾尔自治区乌鲁木齐市郊区运送弹药过程中发生爆炸,造成了人员伤亡和财产损失,国家对此应予以补偿。

五、行政补偿的程序

行政补偿程序是指因行政主体的合法行政行为遭受损失的特定个人或者组织取得补偿以及人民法院解决行政补偿纠纷的步骤、方式、顺序等。

（一）行政补偿的行政程序

行政主体及其工作人员因其合法行政行为给行政相对人的合法权益造成特别损失,导致行政补偿问题。行政主体和行政相对人是行政补偿的双方当事人,为了尽快弥补行政相对人的损失,双方可按照行政程序解决补偿问题。在行政补偿的行政程序中,又可分为行政主体主动补偿的程序和受损失者申请补偿的程序。

1. 行政主体主动补偿

当行政主体行政行为造成个人或者组织的特别损失后,行政主体应积极主动向受害人予以补偿,使其损失能够得到及时的弥补,并维持正常的生产和生活,以体现出对公民和组织人身权和财产权的尊重,保护公民和组织的合法权益。

2. 受损失者申请补偿

个人或者组织遭受损失时,可向作出行政行为的行政主体申请补偿。如果申请的公民死亡,其继承人和其他有扶养关系的亲属有权请求补偿；申请的法人或者其他组织终止,承受其权利的法人或者其他组织有权请求补偿。申请人应当提供相应的证据以确定补偿的数额,行政主体审核后报财政部门核拨后补偿给受损的个人或者组织。

（二）行政补偿诉讼程序

如果行政补偿的双方当事人没有达成补偿协议,按照司法最终解决纠纷的原则,受损失者依照行政程序,没有得到行政补偿或者认为行政主体没有依法给予足额补偿的,有权依法向人民法院提起行政诉讼,由人民法院对案件进行审理并依法作出裁判。

第三节　行政赔偿

一、行政赔偿的概念和特征

行政赔偿是指行政主体及其工作人员在执行职务的过程中,违法行使职权,侵犯公民、法人或其他组织的合法权益并造成损害,依法由国家向受害人承担赔偿责任的制度。

行政赔偿具有以下主要特征：

（1）行政赔偿是对于在行政管理活动中发生的国家侵权行为所造成的损害所给予的赔偿,即行政赔偿是由行政主体及其工作人员违法行使行政职权的行为引起的。这里包含两层含义：一是引起行政赔偿的行为必须是行政主体及其工作人员行使行政职权的行为,包括行政行为和事实行为；二是引起行政赔偿的行为是行政主体及其工作人员违法行使行政职权侵犯了行政相对人的合法权益的行为。发生在行政过程外的侵权行为引起的,则不属于行政赔偿的范畴。[①] 在行政管理活动中,行政主体及其工作人员合法地行使职权也可能给行政相对人的合法权益造成损失,但合法且适当的行政行为给相对人造成损失,属于行政补偿问题,而不是行政赔偿问题。

（2）行政赔偿中的侵权行为主体是行政主体及其工作人员。行政赔偿侵权行为主体的这种特定性,决定了行政赔偿不同于其他赔偿制度。就法律规定和司法实践而言,赔偿制度主要包括民事赔偿、行政赔偿和司法赔偿。民事赔偿的侵权行为主体是作为民事主体的公民、法人或者其他组织,司法赔偿的侵权行为主体则是行使司法权的国家机关及其工作人员。

（3）行政赔偿请求人是合法权益受到行政侵权行为损害的公民、法人和其他组织。相对人请求行政赔偿,必须是其合法权益受到实际损害,如果没有实际损害,则不存在赔偿问题。如果遭受损害的公民死亡,其继承人和其他有扶养关系的亲属有权要求赔偿；遭受损害的法人或者其他组织终止,承受其权利的法人或者其他组织有权要求赔偿。

（4）行政赔偿的责任主体是国家,但行政赔偿义务机关是造成损害的行政机关以及法律、法规授权的组织。国家之所以是行政赔偿的责任主体,是因为行政主体及其工作人员代表国家,以国家的名义开展行政管理活动,作出的行政行为的法律后果都归属于国家,行政侵权行为给行政相对人的合法权益造成的损害,自然应当由国家进行赔偿。国家为行政侵权行为承担赔偿责任,主要表现为行政赔偿费用由国家财政资金支付。但国家作为抽象的政治实体,无法亲自从事具体赔偿事务。我国《国家赔偿法》确立了赔偿义务机关的机制,国

[①] 姜明安主编：《行政法与行政诉讼法》,北京大学出版社、高等教育出版社2007年版,第630页（湛中乐执笔"行政赔偿与国家赔偿"）。

家通过赔偿义务机关承担侵权损害赔偿责任,确保了行政赔偿的可行性和可操作性。

二、行政赔偿的归责原则

行政赔偿的归责原则,是指判断国家应否对行政主体及其工作人员的行政侵权行为承担法律责任的最为根本的依据和标准。行政赔偿的归责原则对于确定行政赔偿责任的构成及免责条件、举证责任以及责任程度等都具有重大意义。

我国1994年颁布的《国家赔偿法》第2条第1款规定:"国家机关和国家机关工作人员违法行使职权侵犯公民、法人和其他组织的合法权益造成损害的,受害人有依照本法取得国家赔偿的权利。"不过,2010年修订的《国家赔偿法》第2条第1款规定:"国家机关和国家机关工作人员行使职权,有本法规定的侵犯公民、法人和其他组织合法权益的情形,造成损害的,受害人有依照本法取得国家赔偿的权利。"两项比较,删除了"违法"二字。因此,《国家赔偿法》抛弃了过去单一的违法归责原则,转而采取了多元归责原则。但是,根据《国家赔偿法》第二章"行政赔偿"部分的第3条和第4条的规定[①],国家只对行政主体及其工作人员违法行使职权的行为承担赔偿责任,如果行使职权的行为是合法行为,则国家不承担赔偿责任。所以,我国的行政赔偿仍然采取了违法归责原则。

我国《国家赔偿法》中的行政赔偿之所以采用违法归责原则,是因为人们普遍认为违法责任原则与其他原则相比有诸多优点,归纳起来主要有如下几个方面:

(1)违法责任原则与宪法的有关规定相一致,与依法治国、依法行政原则以及《行政诉讼法》确定的合法性审查原则相协调,有利于受害人获得行政赔偿,比较符合行政赔偿的特点。

(2)违法责任原则是客观归责原则,简单明了,易于接受,可操作性强,避免了过错责任原则在主观认定方面的困难,便于受害人取得行政赔偿。违法责任原则以行政机关及其工作人员等执行职务的行为合法与否作为国家是否承担赔偿责任的标准,只要行政机关和行政机关工作人员执行职务的行为是法律所禁止的,受害人的权益是受法律保护的,一旦发生损害,受害人就可以不问行为人主观上有无故意或过失,也无需证明行为人的主观状态,均可要求国家承担赔偿责任。

(3)违法责任原则以执行行政职务违法为承担赔偿责任的前提,避免了无过错责任原则忽视国家承担责任能力的有限性的弊端,有利于将国家赔偿责任与国家补偿责任区分开来,与中国目前的国力相适应。无过错责任原则不问行为人主观上有无故意或过失,只要发生损害就要承担赔偿责任。这种只强调损害结果,不区分执行行政职务行为合法与否的归责原则,与我国目前的国力状况不相适应。

---

① 我国《国家赔偿法》第3条规定:"行政机关及其工作人员在行使行政职权时有下列侵犯人身权情形之一的,受害人有取得赔偿的权利:(一)违法拘留或者违法采取限制公民人身自由的行政强制措施的;(二)非法拘禁或者以其他方法非法剥夺公民人身自由的;(三)以殴打、虐待等行为或者唆使、放纵他人以殴打、虐待等行为造成公民身体伤害或者死亡的;(四)违法使用武器、警械造成公民身体伤害或者死亡的;(五)造成公民身体伤害或者死亡的其他违法行为。"第4条规定:"行政机关及其工作人员在行使行政职权时有下列侵犯财产权情形之一的,受害人有取得赔偿的权利:(一)违法实施罚款、吊销许可证和执照、责令停产停业、没收财物等行政处罚的;(二)违法对财产采取查封、扣押、冻结等行政强制措施的;(三)违法征收、征用财产的;(四)造成财产损害的其他违法行为。"

三、行政赔偿的范围

行政赔偿范围这个法律概念可以有两个层次的意义,一是指国家承担行政赔偿责任的行为范围;二是指国家承担赔偿责任的损害范围和程度。前者指国家对哪些行为予以赔偿,对哪些行为可以免予赔偿或者不予赔偿。后者则指国家对哪类损害予以赔偿,是否包括对间接损害、精神损害予以赔偿等。我国《国家赔偿法》是在第一个层次意义上使用行政赔偿范围这个法律概念的。

在这层意义上,所谓行政赔偿范围,是指国家对行政机关及其工作人员违法行使职权给受害人造成的哪些损害应承担赔偿责任,并给予救济;对哪些损害免于承担赔偿责任或者不完全承担赔偿责任;受害人对哪些侵权行为可以行使行政赔偿请求权。可见,行政赔偿范围是行政赔偿制度的核心问题,它涉及国家在多大范围内对行政行为承担赔偿责任,更决定着受害人对哪些事项享有请求行政赔偿的权利,实际上也确定了人民法院解决行政赔偿纠纷案件的权力界限。

(一)国家应予赔偿的行政侵权损害范围

1. 对侵犯人身权的行政赔偿

人身权是与公民的人身密不可分的最基本的权利,是公民生存和发展的基础。如果行政主体及其工作人员侵犯公民人身权中的人身自由权、生命权和健康权,国家要承担赔偿责任。侵犯人身权一般有两种后果,一是造成财产损害,国家对此类损害一般予以赔偿。二是造成精神损害,给受害人造成精神痛苦。无论是侵犯人身权,还是侵犯财产权,都可能给受害人造成精神损害。对国家侵害公民人身权造成的精神损害,《国家赔偿法》规定不予赔偿。

我国《国家赔偿法》第3条对行政机关及其工作人员等在行使职权时违法侵犯人身权,受害人有权请求赔偿的情形作出了具体规定。

(1)人身自由权损害赔偿。行政主体及其工作人员违法拘留或者违法采取限制公民人身自由的行政强制措施,非法拘禁或者以其他方法非法剥夺公民人身自由,对受害人造成损害的,要给予赔偿。

(2)生命健康权损害赔偿。行政主体及其工作人员对于以殴打等暴力行为或者唆使他人以殴打等暴力行为造成公民身体伤害或者死亡的,违法使用武器、警械造成公民身体伤害或者死亡的,以及其他造成公民身体伤害或者死亡的违法行为,要给予赔偿。

2. 对财产损害的行政赔偿

行政主体及其工作人员在行使行政职权时侵犯财产权的,受害人有取得赔偿的权利。我国《国家赔偿法》第4条对侵害财产权的行为作出了较为详细的规定。根据该规定,侵犯财产权的违法行为包括:(1)违法实施罚款、吊销许可证和执照、责令停产停业、没收财物等行政处罚行为;(2)违法对财产采取查封、扣押、冻结等行政强制措施行为;(3)违反国家规定征收财物、摊派费用的行为;(4)造成财产损害的其他违法行为。国家对于行政主体及其工作人员的这些行为,要承担赔偿责任。

(二)国家不承担行政赔偿责任的行为

国家承担行政赔偿责任是有法定条件的,并非对受害人的所有损害都承担赔偿责任。我国《国家赔偿法》规定,如果损害是由行政机关工作人员的个人行为、受害人自己的行为或者法律规定的其他情形造成的,国家对此不承担赔偿责任。

1. 行政机关工作人员实施的与行使职权无关的个人行为

国家只对行政机关及其工作人员行使职权的行为承担赔偿责任,对于行政机关工作人员与行使职权无关的行为不承担赔偿责任。行政机关工作人员行使职权的行为是职务行为,其行为后果应该归属于国家,由此造成的损害应该由国家承担赔偿责任。行政机关工作人员与行使职权无关的行为属于个人行为,其行为后果应该归属于个人,由此所造成的损害,只能由行为人自己承担赔偿责任。

2. 因公民、法人和其他组织自己的行为致使损害发生

谁损害谁赔偿,这是法的一般原则。行政赔偿以行政侵权为前提。在某些特殊情况下,行政侵权虽然存在,但是,职务行为与损害后果之间并不存在法律上的因果关系或者不存在直接的因果关系,那么,不应由国家对该损害后果承担损害赔偿责任。一般说来,由于受害人公民、法人和其他组织自己的行为引起损害后果发生的,不能由国家对损害承担赔偿责任,而应该由受害人自负其责。①

3. 法律规定的其他情形

这是法律对国家不承担赔偿责任的概括性规定。按照我国《民法通则》的规定,对不可抗力造成受害人的损害,国家不承担赔偿责任。

四、行政赔偿请求人和行政赔偿义务机关

(一) 行政赔偿请求人

行政赔偿请求人,是指合法权益因行政主体及其工作人员违法行使行政职权遭受损害,依法要求国家给予行政赔偿的公民、法人或者其他组织。从我国《国家赔偿法》的规定来看,行政赔偿请求人因行政主体及其工作人员违法行政使其合法权益遭受实际损害,并且以自己的名义请求国家给予行政赔偿。

根据我国《国家赔偿法》第6条规定,行政赔偿请求人应该是受害人本人,即合法权益受到损害的公民、法人和其他组织。如果发生了特定情况,赔偿请求人的资格可以转移。根据法律规定,这种特定情况包括两种情形:一是受害的公民死亡,其继承人和其他有扶养关系的亲属有权请求赔偿;二是受害的法人或者其他组织终止,承受其权利的法人或者其他组织有权请求赔偿。

(二) 行政赔偿义务机关

行政赔偿义务机关,是指在行政赔偿中代表国家接受行政赔偿请求,参加行政赔偿诉讼,依法实际履行赔偿义务的行政机关和组织。

如前所述,赔偿义务机关不同于行政赔偿主体。在行政赔偿中,行政赔偿的主体是国家,而国家作为抽象的政治实体不能亲自承担具体赔偿事务,因此法律确立了赔偿义务机关制度,由赔偿义务机关代表国家受理赔偿义务请求,确认有关赔偿事项并具体实施有关赔偿事务。

按照我国《国家赔偿法》第7条、第8条的规定,行政赔偿义务机关包括行政机关和法律、法规授权的组织。

(1) 行政机关。行政赔偿的赔偿义务机关主要是行政机关。《国家赔偿法》对此规定了

---

① 参见杨建顺著:《行政规制与权利保障》,中国人民大学出版社2007年版,第724页。

如下五种情形:一是单个行政机关及其工作人员行使行政职权侵犯公民、法人和其他组织的合法权益并造成损害的,该行政机关为赔偿义务机关;二是两个以上行政机关共同行使行政职权时侵犯公民、法人和其他组织的合法权益并造成损害的,共同行使行政职权的行政机关为共同赔偿义务机关;三是受行政机关委托的组织或者个人在行使受委托的行政权力时侵犯公民、法人和其他组织的合法权益并造成损害的,委托的行政机关为赔偿义务机关;四是赔偿义务机关被撤销的,继续行使其职权的行政机关为赔偿义务机关,没有继续行使其职权的行政机关的,撤销该赔偿义务机关的行政机关为赔偿义务机关;五是经复议机关复议的,原则上以最初造成侵权行为的行政机关为赔偿义务机关。如果复议机关的复议决定加重了申请人的损害,复议机关对加重部分履行赔偿义务。复议机关进行行政复议,在本质上是一种行使行政权的行政行为,如果在复议决定中违法行使职权,加重申请人的损害,根据行政权责统一的原则,成为赔偿义务机关,要为其加重部分履行赔偿义务。

(2) 法律、法规授权的组织。法律、法规授权的组织违法行使行政职权,侵犯公民、法人或其他组织的合法权益并造成实际损害的,被授权的组织为赔偿义务机关。为了更好地处理日益繁杂的国家和社会公共事务,满足人民对政府更多的期待,我国除了由行政机关行使行政权力之外,法律、法规还授权行政机关以外的特定企业、事业单位以及社会组织从事行政管理。这些法律、法规授权的组织便获得了行政主体资格,以自己的名义开展行政管理活动,并且独立承担法律后果。如果这些组织违法行使行政职权,侵犯公民、法人和其他组织的合法权益并造成损害时,就成为赔偿义务机关。

五、行政赔偿程序

行政赔偿程序是指行政赔偿请求人向行政赔偿义务机关请求行政赔偿,行政赔偿义务机关处理行政赔偿申请,以及人民法院解决行政赔偿纠纷的步骤、方式、顺序、时限的总和。[①]

(一) 行政赔偿请求的提出

根据法律规定,行政赔偿请求人向行政赔偿义务机关提出行政赔偿请求,必须符合一定的要件,才能被行政赔偿义务机关接受并处理,最终实现行政赔偿请求权。

1. 提出行政赔偿请求的要件

(1) 行政赔偿请求人必须具有赔偿请求权。只有合法权益遭受行政主体及其工作人员违法行使行政职权的侵犯并造成损害时,公民、法人或者其他组织才有权向行政赔偿义务机关请求行政赔偿。如果没有行政赔偿请求权,公民、法人或者其他组织就不能要求行政赔偿。一般情况下,合法权益遭受损害的公民、法人和其他组织有权要求赔偿。如果有行政赔偿请求权的公民死亡,其赔偿请求权转移给其继承人和其他有扶养关系的亲属;受害的法人或者其他组织终止,继续承受其权利的法人或者其他组织有权要求赔偿。

(2) 必须有明确的行政赔偿义务机关。我国《国家赔偿法》明确规定了不同情况下的行政赔偿义务机关。行政赔偿请求人要实现赔偿请求权,应当根据自己的情况确定行政赔偿义务机关,按照法律规定提出行政赔偿请求。

(3) 行政赔偿请求必须属于法律规定的赔偿范围。如果受害人所遭受的损害不属于

[①] 姜明安主编:《行政法与行政诉讼法》,北京大学出版社、高等教育出版社2007年版,第701页(湛中乐执笔"行政赔偿程序")。

《国家赔偿法》与其他法律规定的行政赔偿的范围,则不能取得行政赔偿。

(4) 必须在法定期限内提出行政赔偿请求。为了督促公民、法人或者其他组织及时行使请求权,法律对行政赔偿请求权的期限作了明确的规定。行政赔偿请求人必须在法定期限内提出,一旦超过法定期限,受害人的行政赔偿请求权就失去了法律效力,不能获得行政赔偿。

2. 行政赔偿请求的方式

行政赔偿请求人向行政赔偿义务机关提出行政赔偿请求,原则上应当采用书面形式。如果赔偿请求人书写申请书确有困难的,可以委托他人代书,由本人确认无误后签名或者盖章。如果赔偿请求人委托他人代书也有困难的,也可以口头申请,由赔偿义务机关记入笔录,由申请人确认无误后签名或者盖章。行政赔偿请求人采用书面形式申请行政赔偿,可以准确反映自己的赔偿要求,利于赔偿义务机关收到申请后及时审查并作出处理。

行政赔偿请求人采用书面形式的,应当递交申请书,申请书应当载明以下法定事项:(1) 受害人的姓名、性别、年龄、工作单位和住所,法人或者其他组织的名称、住所和法定代表人或者主要负责人的姓名、职务;(2) 具体的要求、事实根据和理由;(3) 申请的年、月、日。

行政赔偿请求人要求赔偿,可以通过两种不同的程序提起。一种是先向赔偿义务机关提出行政赔偿请求,由赔偿义务机关先行处理,对其处理决定不服或者赔偿义务机关不予赔偿的,再申请行政复议,或者提起行政赔偿诉讼;另一种是可以在申请行政复议和提起行政诉讼时一并提出行政赔偿请求。

(二) 行政先行处理程序

行政先行处理,就是行政赔偿请求人在向法院提起行政赔偿诉讼之前,应当先向赔偿义务机关提出赔偿请求,由赔偿义务机关对赔偿问题作出处理决定。可见,行政赔偿的先行处理程序是在赔偿请求人单独提出赔偿请求时必须经过的、由行政赔偿义务机关先行处理的程序。行政赔偿的先行处理程序只适用于赔偿请求人单独提出赔偿请求方式的情形。如果行政赔偿请求人已申请行政复议或者提起行政诉讼,那么他可以在申请行政复议或提起行政诉讼的同时提出行政赔偿请求。只要单独提出行政赔偿请求,那么,赔偿请求人就不得越过行政赔偿义务机关先行处理程序而直接向行政赔偿复议机关或者行政赔偿诉讼机关要求处理。

行政赔偿请求人应该在法定的期限内,向赔偿义务机关提出行政赔偿申请。赔偿义务机关受理后经过审查,认为赔偿申请符合要求的,应当通知赔偿请求人,并在收到申请书之日起2个月内给予赔偿(就赔偿问题可以与请求人进行协商),赔偿义务机关逾期不予赔偿或者赔偿请求人对赔偿数额有异议的,赔偿请求人可以依照我国《行政复议法》的规定申请行政赔偿复议,也可以自期间届满之日起3个月内向人民法院提起诉讼。

(三) 行政赔偿诉讼

行政赔偿诉讼是人民法院根据行政赔偿申请人的诉讼请求,依照行政诉讼程序规则对赔偿请求人和赔偿义务机关的赔偿纠纷作出裁判的活动。和行政诉讼相比,行政赔偿诉讼有一些特殊规则。行政赔偿诉讼可以调解,而行政诉讼案件则不适用调解。在举证责任方面,行政赔偿诉讼不完全适用行政诉讼中"被告负举证责任"的规则,赔偿请求人应当对其诉讼请求和主张承担举证责任。行政赔偿诉讼的被告是特定的,即赔偿义务机关,违法行使行政职权的行政主体工作人员不能成为被告。[①]

六、行政追偿制度

(一) 行政追偿的含义

行政追偿,是指行政赔偿义务机关赔偿行政赔偿请求人的损失以后,依法责令有故意或者重大过失的工作人员、受委托的组织或者个人承担部分或者全部赔偿费用的法律制度。

我国原《行政诉讼法》第 68 条第 2 款规定:"行政机关赔偿损失后,应当责令有故意或者重大过失的行政机关工作人员承担部分或者全部赔偿费用。"现行《行政诉讼法》删除了原来关于追偿等的规定。现行《国家赔偿法》第 16 条第 1 款对此作了规定:"赔偿义务机关赔偿损失后,应当责令有故意或者重大过失的工作人员或者受委托的组织或者个人承担部分或者全部赔偿费用。"

行政主体及其工作人员代表国家实施行政管理,因违法行使行政职权给受害人造成损害的,国家要承担赔偿责任,由国库支付赔偿费用,赔偿义务机关负责处理具体赔偿事宜。但是,为了督促国家工作人员依法履行职责,慎重行使行政职权,尽力减少乃至避免侵犯公民、法人和其他组织的合法权益,我国法律在规定行政赔偿程序的同时,确立了行政追偿制度。

(二) 行政追偿的适用要件

根据以上规定,赔偿义务机关的追偿必须具备以下两个要件:

(1) 赔偿义务机关已对受害人给予赔偿。赔偿义务机关已对受害人给予赔偿,包括两种情形:其一是已经实际履行了相关的赔偿义务;其二是根据行政赔偿协议书、决定书或人民法院作出的已经发生法律效力的判决、裁定或调解书,赔偿义务机关的赔偿义务已经最终确定。根据我国《国家赔偿法》第 16 条规定,行使请求权的时间是"赔偿损失后"。从赔偿的实际操作过程来看,一旦赔偿义务机关的赔偿义务得以最终确定,其实际履行赔偿义务和行使求偿权则可以同时进行。

(2) 必须是行政机关工作人员、受委托的组织或者个人有故意或者重大过失。赔偿义务机关要行使追偿权,必须是侵权行为实施者在主观上有明显过错,即有故意或者重大过失。故意,是指造成损害的责任人员在履行行政职责时,明知自己的侵权行为会损害行政相对人的合法权益,却仍然希望或者放任这种结果发生的主观心理态度。重大过失,是指造成损害的责任人员在履行行政职责时,未能达到普通公民均应该注意并能够注意的标准,而造成公民、法人或者其他组织合法权益损害的主观心理状态。与轻微过失、一般过失相比,重大过失显然在主观上过错更大,性质更为严重。

只有同时具备以上两个要件,赔偿义务机关才能对行政机关工作人员、受委托的组织或者个人进行追偿。

(三) 行政追偿的性质与追偿金额

行政追偿,是指国家通过赔偿义务机关对因违法行使职权行为遭受损害的受害人承担了行政赔偿责任后,向有故意或者重大过失的侵权行为的直接实施者追究责任,要求其承担

[①] 参见姜明安主编:《行政法与行政诉讼法》,北京大学出版社、高等教育出版社 2005 年版,第 703 页(湛中乐执笔"行政赔偿程序")。

部分或者全部赔偿费用的制度。因此,追偿实际上是一种制裁。它的目的在于监督行政工作人员恪尽职守,依法行政,防止其滥用职权,而并不过分计较经济上的负担。因此,按照责任人员的主观过错程度,在不超过损害赔偿金额的限度内,赔偿义务机关有权要求其承担部分或者全部赔偿费用。

第四节 行政补偿制度的展望

改革开放以来,我国集中力量进行社会主义现代化建设,随着经济持续发展和社会全面繁荣,全国城镇化水平不断提高,大规模的土地征收征用和房屋拆迁工作随之而来,在这些领域必然产生行政补偿问题。行政补偿在制度建设方面积累了丰富的经验,在理论研究方面也取得了丰硕的成果。但是,随着2004年《宪法修正案》颁布实施,行政补偿制度建设和理论研究都面临着新的挑战,需要继续探索并加以完善。2013年11月,党的十八届三中全会发布《关于全面深化改革若干重大问题的决定》,明确提出破除制约城乡发展一体化的城乡二元结构,形成以工促农、以城带乡、工农互惠、城乡一体的新型工农城乡关系,让广大农民平等参与现代化进程、共同分享现代化成果。在城镇化快速发展的当今时代,农村大量的土地会被征收征用,各级政府需要积极发挥行政补偿制度的作用,从而做到既能够保证经济社会平稳发展,又能够充分保障农民的财产权益。

一、确立土地征收和土地征用补偿制度

根据宪法规定,我国土地实行社会主义公有制,包括全民所有制和集体所有制。城市的土地属于国家所有,即全民所有;农村和城市郊区的土地,除由法律规定属于国家所有的以外,属于集体所有,宅基地和自留地、自留山也属于集体所有。在土地征收征用制度上,我国《宪法》第10条第3款规定:"国家为了公共利益的需要,可以依照法律规定对土地实行征收或者征用并给予补偿。"在宪法条文中对土地征收征用补偿作出规定,表明在经济社会持续发展的新时代,国家对财产权的日益重视与保护。然而,在我国,行政征收一般是对税费的征收,是国家无偿取得的,而征用土地则是行政征用,是国家以单方行为有偿取得的。宪法规定国家可以依照法律规定对土地实行征收或者征用,意味着对现有的土地征用制度应当进行分类,一种是所有权的转移,一种是使用权的限制。[①]

为此,根据土地所有权和使用权的变化,国家应当确立土地征收和土地征用补偿制度:

(一)土地征收补偿制度

国家为了公共利益的需要,对集体所有的土地实行征收,变集体所有为国家所有,给被征地的单位及个人造成损失,应当对被征地的单位和个人给予补偿。国家征收集体所有的土地,改变了土地的所有权,不但要对土地的所有者给予补偿,还要对使用土地的个人给予补偿。新中国成立以后我国农村土地的所有权制度发生了很大变化,《共同纲领》和1954年《宪法》都确认了农民的土地所有权,在20世纪50年代对个体经济的社会主义改造中,国家号召农民以土地入股,组织具有社会主义性质的农业生产合作社,土地逐步变为集体所有

---

① 参见杨建顺著:《修宪后政府法制建设新课题》,载《法制日报》2004年3月24日。

了。① 尽管农村的土地属于集体所有,但大多数土地都分配到农民手中,由农民使用。因此,国家在征收农村和城市郊区集体所有的土地时,要给予土地所有者和使用者行政补偿,以弥补他们因土地征收而遭受的损失。

(二) 土地征用补偿制度

国家为了公共利益的需要,征用国有土地使用单位的土地,给被征地的单位及个人造成损失,应当对被征地的单位和个人给予补偿。城市的土地由国家所有,经土地管理部门批准,由单位和个人用于生产与生活,单位和个人对国有土地拥有使用权。国家对国有土地单位的土地予以征用,虽然并不改变土地的所有权,却改变了土地的使用权,自然会影响被征地单位和个人的生产生活,所以要对他们的损失给予补偿。

二、征收征用补偿必须是为了公共利益的需要

根据我国《宪法》的规定,国家必须是出于公共利益的需要,才能够对土地和公民的私有财产进行征收征用,这是财产征收征用制度的正当性所在。本来,依照财产权的属性,权利人可以自由支配自己的财产,尤其是所有权人更能够享有财产权的所有权能。但在社会国家时代,国家要致力于增强综合国力,满足人民群众不断增长的物质文化生活需求,利用公权力积极保护公民的生存权及享受健康文化生活的权利。要实现这个目标,行使公民财产权就必须要兼顾公共利益,必要时甚至要让位于公共需要,从而依法承担其社会义务。其实,这也不是我国的首创,德国早在 1919 年《魏玛宪法》中就规定所有权负有义务,其行使应同时有助于公共利益。该内容完整地被 1949 年德国《基本法》所继承,成为德国公益征收的宪法依据。德国《基本法》规定只有为了公共利益才能实施征收,公共利益是征收的根据和界限所在。由于公共利益的不确定性,立法机关应当在征收法中予以严格界定。②

但在实践中,由于法律没有明确规定征收征用中的公共利益范围,一些地方政府以公共利益的名义大肆征收征用土地、房屋进行商业开发,仅给予很低的补偿,致使征收征用被严重滥用,极大地损害了政府在人民群众中的形象。对此,国家应当通过立法,对公共利益作出明确界定,确保政府征收征用行为的合法性与正当性。

三、根据公平合理的原则确定补偿标准

我国现有法律对行政补偿的规定不一致,有的是"相应补偿",有的是"适当补偿"。从土地征收和房屋拆迁领域的补偿实践来看,一些地方政府为了降低征地和拆迁成本,与民争利,确定的补偿标准过低,致使土地被征收、房屋被拆迁的人无法保持原有的生活水平,产生大量群体性纠纷,引发了众多的社会矛盾。中共中央《关于全面深化改革若干重大问题的决定》提出要实现城乡发展一体化,推进城乡要素平等交换。保障农民公平分享土地增值收益,就是要允许集体经营性建设用地出让、租赁、入股,实行与国有土地同等入市、同权同价,改革征地制度,缩小征地范围,规范征地程序,建立兼顾国家、集体、个人的土地增值收益分配机制,提高农民在土地增值收益中的分配比例。

对于征收补偿问题,德国宪法法院的判例认为征收必须符合联邦《基本法》规定的形式

---

① 参见许崇德著:《中华人民共和国宪法史》,福建人民出版社 2003 年版,第 299 页。
② 参见〔德〕哈特穆特·毛雷尔著,高家伟译:《行政法学总论》,法律出版社 2000 年版,第 689 页。

要求,立法机关在规定征收的同时,如果没有规定补偿规则的,则构成违反宪法。[①] 因此,国家应当通过立法,本着公平合理的原则,明确规定补偿标准,最大限度地弥补被征地和被拆迁人所受的损失,帮助其继续生产生活,保障其生产生活水平不因土地征收和房屋拆迁而有所下降。

四、根据宪法要求,制定行政补偿统一立法

我国《宪法》规定,国家为了公共利益的需要,可以依法征收征用土地和公民的私有财产,并给予补偿。在国家的法律体系中,《宪法》是最高的价值判断,它规定国家生活各方面的根本制度、根本原则,是国家各种具体生活和制度的最终根据及渊源,具有根本的创制性。和其他法律规范的具体化规定相比,宪法规范具有极强的原则性,宪法规范面对它所应调整的广泛的社会关系,只能作出原则性的规定,既不可能也没有必要作出具体而详尽的规定。[②] 在大部分情况下,《宪法》只具有间接的法律效力,即在国家的立法机关通过立法活动(法律)将宪法的规定、原则及精神作了具体化的规定的情况下,对社会关系起直接调整和规范作用的是一般的法律规范,而非宪法规范。[③] 就财产保护而言,《宪法》只是原则性地规定了国家为了公共利益的需要可以对财产实行征收征用并给予补偿,至于其具体内容则有赖于立法机关制定相关法律予以实施,从而实现宪法规范的要求,最终达到保障财产权的目的。《物权法》秉承《宪法》的精神,对征收补偿制度作了原则性规定。

实践证明,仅有《宪法》和《物权法》对征收征用补偿作原则性规定是不够的。由于不存在专门系统的行政补偿法,因而也没有关于补偿标准的统一规定,完全靠政策调整则难免导致补偿标准的不稳定性;或者仅靠个别的、单行的法规范等零散的规定,则难免出现补偿标准的差异性。对侵害程度相同或者相似的情形予以不同的补偿,或者对侵害程度不同或者相差悬殊的情形予以相同的补偿,违反《宪法》所确定的"法律面前人人平等"原则的现象也就在所难免。因此,应当根据《宪法》的内容和精神,制定统一的行政补偿法,对行政补偿的原则、范围、标准、补偿程序及救济程序等问题作出统一规定,这既能规范行政主体依法给予行政补偿,也能有效地保护相对人的合法权益。

---

① 参见〔德〕汉斯·J.沃尔夫等著,高家伟译:《行政法》(第2卷),商务印书馆2002年版,第404页。
② 参见胡锦光著:《论宪法规范的基本特点》,载《中国人民大学学报》1996年第2期。
③ 参见胡锦光著:《中国宪法问题研究》,新华出版社1998年版,第67页。

主要参考文献

(以出版和发表时间为序)

一、著作

(一) 中文版著作

〔日〕美浓部达吉著,杨开甲译:《日本行政法撮要》(下卷),上海民智书局1933年版
王珉灿主编:《行政法概要》,法律出版社1983年版
应松年、朱维究著:《行政法学总论》,工人出版社1985年版
〔美〕伯纳德·施瓦茨著,徐炳译:《行政法》,群众出版社1986年版
〔日〕南博方著,杨建顺、周作彩译:《日本行政法》,中国人民大学出版社1988年版
罗豪才主编:《行政法学》,中国政法大学出版社1989年版
张焕光、胡建淼著:《行政法学原理》,劳动人事出版社1989年版
王名扬主编:《法、美、英、日行政法简明教程》,山西人民出版社1991年版
许崇德、皮纯协主编:《新中国行政法学研究综述》,法律出版社1991年版
张尚鷟主编:《走出低谷的中国行政法学——中国行政法学综述与评价》,中国政法大学出版社1991年版
张树义主编:《行政法学新论》,时事出版社1991年版
〔日〕和田英夫著,倪建民、潘世圣译:《现代行政法》,中国广播电视出版社1993年版
蔡志方著:《行政救济与行政法学》(二),台湾三民书局1993年版
姜明安主编:《外国行政法教程》,法律出版社1993年版
城仲模主编:《行政法之一般法律原则》(一),台湾三民书局1994年版
许宗力:《法与国家权力》(第2版),台湾月旦出版有限公司1995年版
王名扬著:《美国行政法》,中国法制出版社1995年版
〔日〕室井力编,吴微译:《日本现代行政法》,中国政法大学出版社1995年版
罗豪才主编:《行政法学》,北京大学出版社1996年版
陈春生著:《行政法之学理与体系》(一),台湾三民书局1996年版
〔美〕欧内斯特·盖尔霍恩、罗纳德·M.利文著,黄列译:《行政法和行政程序概要》,中国社会科学出版社1996年版
〔英〕威廉·韦德著,徐炳等译:《行政法》,中国大百科全书出版社1997年版
城仲模主编:《行政法之一般法律原则》(二),台湾三民书局1997年版
蔡志方著:《行政法三十六讲》(全新增订再版),台湾成功大学法律学研究所法学丛书编辑委员会编辑,1997年版
杨建顺著:《日本行政法通论》,中国法制出版社1998年版

主要参考文献

张正钊、韩大元主编:《比较行政法》,中国人民大学出版社1998年
应松年主编:《行政法学新论》,中国方正出版社1998年版
胡锦光、杨建顺、李元起著:《行政法专题研究》,中国人民大学出版社1998年版
刘宗德著:《行政法基本原理》,台湾学林文化事业有限公司1998年版
〔英〕丹宁著,李克强、杨百揆、刘庸安译:《法律的正当程序》,法律出版社1999年版
袁曙宏、方世荣、黎军著:《行政法律关系研究》,中国法制出版社1999年版
应松年主编:《外国行政程序法汇编》,中国法制出版社1999年版
王连昌主编:《行政法学》,中国政法大学出版社1999年版
蔡震荣著:《行政法理论与基本人权之保障》(第二版),台湾五南图书出版公司1999年版
李震山著:《行政法导论》,台湾三民书局1999年版
〔日〕盐野宏著,杨建顺译:《行政法》,法律出版社1999年版
〔德〕平特纳著,朱林译:《德国普通行政法》,中国政法大学出版社1999年版
张正钊主编:《行政法与行政诉讼法》,中国人民大学出版社1999年版
周佑勇著:《行政法原论》(修订版),中国方正出版社2000年版
〔德〕哈特穆特·毛雷尔著,高家伟译:《行政法学总论》,法律出版社2000年版
余凌云著:《行政契约论》,中国人民大学出版社2000年版
方世荣主编:《行政复议法学》,中国法制出版社2000年版
汤德宗著:《行政程序法论》,台湾元照出版公司2000年版
陈新民著:《德国公法学基础理论》(上、下),山东人民出版社2001年版
应松年、袁曙宏主编:《走向法治政府:依法行政理论研究与实证调查》,法律出版社2001年版
陈新民著:《公法学札记》,中国政法大学出版社2001年版
杨建顺编著:《日本国会》,华夏出版社2002年版
陈新民著:《中国行政法学原理》,中国政法大学出版社2002年版
〔德〕奥托·迈耶著,刘飞译:《德国行政法》,商务印书馆2002年版
〔德〕汉斯·沃尔夫、奥托·巴霍夫、罗尔夫·施托贝尔著,高家伟译:《行政法》(第一卷),商务印书馆2002年版
翁岳生编:《行政法》(上、下),中国法制出版社2002年版
葛克昌、林明锵主编:《行政法实务与理论》(一),台湾元照出版公司2003年版
赖恒盈著:《行政法律关系论之研究——行政法学方法论评析》,台湾元照出版公司2003年版
〔日〕美浓部达吉著,黄冯明译:《公法与私法》,中国政法大学出版社2003年版
姜明安主编:《行政法与行政诉讼法》,法律出版社2003年版
章剑生著:《行政程序法基本理论》,法律出版社2003年版
周汉华主编:《我国政务公开的实践与探索》,中国法制出版社2003年版
周汉华主编:《外国政府信息公开制度比较》,中国法制出版社2003年版
〔德〕弗里德赫尔穆·胡芬著,莫光华译:《行政诉讼法》(第5版),法制出版社2003年版
李建良、陈爱娥、陈春生、林三钦、林合民、黄启桢著:《行政法入门》(第二版),台湾元照出版公司2004年版
朱新力主编:《行政法学》,高等教育出版社2004年版
应松年主编:《当代中国行政法》(上、下),中国方正出版社2004年版
张越编著:《英国行政法》,中国政法大学出版社2004年版
〔德〕贝克著,何博闻译:《风险社会》,译林出版社2004年版
〔美〕肯尼思·F.沃伦著,王丛虎等译:《政治体制中的行政法》,中国人民大学出版社2005年版
吴庚著:《行政法之理论与实用》(增订八版),中国人民大学出版社2005年版

周佑勇著:《行政法基本原则》,武汉大学出版社 2005 年版
应松年主编:《行政法与行政诉讼法》,法律出版社 2005 年版
范扬著:《行政法总论》,中国方正出版社 2005 年版
〔日〕阿部照哉、池田政章、初宿正典、户松秀典编著,周宗宪译:《宪法:总论篇、统治机构篇》(上册),中国政法大学出版社 2006 年版
王名扬著:《英国行政法》,北京大学出版社 2007 年版
王名扬著:《法国行政法》,北京大学出版社 2007 年版
杨建顺著:《行政规制与权利保障》,中国人民大学出版社 2007 年版
杨建顺主编:《比较行政法——方法、规制与程序》,中国人民大学出版社 2007 年版
〔德〕米歇尔·施托莱斯著,雷勇译:《德国公法史(1800—1914)——国家法学说和行政学》,法律出版社 2007 年版
姜明安主编:《行政法与行政诉讼法》(第三版),北京大学出版社、高等教育出版社 2007 年版
陈敏著:《行政法总论》,自刊,2007 年版
曹康泰主编:《中华人民共和国政府信息公开条例读本》,人民出版社 2007 年版
〔英〕彼得·莱兰、戈登·安东尼著,杨伟东译:《英国行政法教材》(第 5 版),北京大学出版社 2007 年版
〔法〕让·里韦罗、让·瓦利纳著,鲁仁译:《法国行政法》,商务印书馆 2008 年版
杨建顺主编:《比较行政法——给付行政法原理及实证性研究》,中国人民大学出版社 2008 年版
〔日〕大桥洋一著,吕艳滨译:《行政法学的结构性变革》,中国人民大学出版社 2008 年版
〔日〕盐野宏著,杨建顺译:《行政法总论》,北京大学出版社 2008 年版
〔日〕盐野宏著,杨建顺译:《行政救济法》,北京大学出版社 2008 年版
〔日〕盐野宏著,杨建顺译:《行政组织法》,北京大学出版社 2008 年版
〔韩〕金东熙著,赵峰译:《行政法Ⅱ》(第 9 版),中国人民大学出版社 2008 年版
〔日〕南博方著,杨建顺译:《行政法》(第六版),中国人民大学出版社 2009 年版
姜明安、余凌云主编:《行政法》,科学出版社 2010 年版
姜明安主编:《行政法与行政诉讼法》(第五版),北京大学出版社、高等教育出版社 2011 年版
杨建顺:《行政强制法 18 讲》,中国法制出版社 2011 年版
杨建顺主编:《行政法总论》,中国人民大学出版社 2012 年版
赵银翠著:《行政过程中的民事纠纷解决机制研究》,法律出版社 2012 年版
王丹红著:《日本行政诉讼类型法定化制度研究》,法律出版社 2012 年版
李洪雷著:《行政法释义学:行政法学理的更新》,中国人民大学出版社 2014 年版
张步峰著:《正当行政程序研究》,清华大学出版社 2014 年版
徐以祥著:《行政法学视野下的公法权利理论问题研究》,中国人民大学出版社 2014 年版
〔日〕原田尚彦著,石龙潭译:《诉的利益》,中国政法大学出版社 2014 年版
〔日〕平冈久著,宇芳译:《行政立法与行政基准》,中国政法大学出版社 2014 年版
〔日〕小早川光郎著,王天华译:《行政诉讼的构造分析》,中国政法大学出版社 2014 年版
姜明安主编:《行政法与行政诉讼法》(第六版),北京大学出版社、高等教育出版社 2015 年版

(二) 外文版著作

〔日〕美浓部达吉著:《行政法撮要》(下卷),日本有斐阁 1932 年版
〔日〕美浓部达吉著:《日本行政法》(下卷),日本有斐阁 1940 年版
〔日〕田中二郎著:《行政争讼的法理》,日本有斐阁 1954 年版
〔日〕原龙之助著:《公物营造物法》,日本有斐阁 1974 年版

〔日〕雄川一郎、盐野宏、园部逸夫编:《公务员·公物》(现代行政法大系·9),日本有斐阁 1988 年版
〔日〕田中二郎著:《新版行政法》(中卷,全订第 2 版),日本弘文堂 1992 年版
〔日〕南博方著:《纷争的行政解决手法》,日本有斐阁 1993 年版
〔日〕桥本博之著:《行政诉讼改革》,日本弘文堂 2001 年版
〔日〕盐野宏著:《行政法Ⅰ》(第 4 版),日本有斐阁 2005 年版
〔日〕盐野宏著:《行政法Ⅱ》,日本有斐阁 2005 年版
〔日〕原田尚彦著:《行政法要论》,日本学阳书房 2005 年版
〔日〕大桥真由美著:《行政纠纷处理的现代化构造》,日本弘文堂 2005 年版
〔日〕宇贺克也著:《行政法概说Ⅲ行政组织法/公务员法/公物法》(第 3 版),日本有斐阁 2012 年版
〔日〕樱井敬子著:《行政救济法的精髓》,日本学阳书房 2013 年版
〔日〕宇贺克也著:《行政法概说Ⅰ行政法总论》(第 5 版),日本有斐阁 2015 年版
〔日〕宇贺克也著:《行政法概说Ⅱ行政救济法》(第 5 版),日本有斐阁 2015 年版
〔日〕樱井敬子、桥本博之著:《行政法》(第 4 版),日本弘文堂 2015 年版
〔日〕大桥真由美著:《由行政进行纷争处理的新动向——行政不服审查·ADR·苦情处理等的展开》,日本评论社 2015 年版
〔日〕芦部信喜著:《宪法》(第六版),高桥和之补订,日本岩波书店 2015 年版

K. C. Davis, *Discretionary Justice*: *A Preliminary Inquiry*, University of Illinois Press, 1971.

R. A. Cosgrove, *The Rule of Law*: *Albert Venn Dicey*, *Victorian Jurist*, Macmillan, 1980.

Kenneth Culp Davis, & Richard J. Pierce, *Administrative Law Treatise*, Vol. Ⅲ, Little, Brown and Company, 3rd Edition, 1994.

Lief Carter & Christine Harrington, *Administrative Law and Politics*, Addison Wesley Longman, Inc., 2000.

A. W. Bradley & K. D. Ewing, *Constitutional and Administrative Law* (13edn.), Longman 2003.

Colleen M. Flood, Lorne Sossin(ed.), *Administrative Law in Context*, Emond Montgomery Publications Linited, Toronto, Canada, 2008.

二、论文

(一) 中文版论文

陈之迈著:《英国宪法上的两大变迁——"委任立法制"及"行政司法制"》,载《清华学报》1934 年第 4 期

杨泉明、李敬军、袁吉亮著:《授权国务院的决定与委任立法》,载《吉林大学社会科学学报》1985 年第 5 期

〔日〕西冈久鞆著,贾前编译:《现代行政与法》,载《国外法学》1985 年第 5 期

杨建顺著:《市场经济与行政程序法》,载《行政法学研究》1994 年第 1 期

杨建顺著:《关于行政行为理论与问题的研究》,载《行政法学研究》1995 年第 9 期

杨海坤、郝益山著:《关于行政调查的讨论》,载《行政法学研究》2000 年第 2 期

汪全胜著:《德国委任立法制度探讨》,载《德国研究》2000 年第 4 期

何海波著:《通过判决发展法律——评田永案件中行政法原则的运用》,载罗豪才主编:《行政法论丛》(第 3 卷),法律出版社 2000 年版

杨海坤、章志远著:《宪法与行政法良性互动关系之思考》,载《东吴法学》2000 年号

王万华著:《行政程序法论》,载《行政法论丛》(第 3 卷),法律出版社 2000 年版

王锡锌著:《行政程序正义之基本要求解释:以行政程序为例》,载《行政法论丛》(第 3 卷),法律出版社 2000 年版

刘艺著：《高校被诉的行政法意义》，载《现代法学》2001年第2期

杨建顺著：《政务公开和参与型行政》（上），载《法制建设》2001年第5期

〔日〕南博方著，杨建顺译：《行政诉讼中和解的法理》（上、下），载《环球法律评论》2001年春季号、2001年冬季号

杨建顺著：《行政强制中的和解——三环家具城案的启示》，载《南通师范学院学报（哲学社会科学版）》2002年第1期

叶必丰著：《行政合理性原则的比较与实证研究》，载《江海学刊》2002年第6期

杨建顺著：《行政程序立法的构想及反思》，载《法学论坛》2002年第6期

杨建顺著：《论行政裁量与司法审查——兼及行政自我拘束原则的理论根据》，载《法商研究》2003年第1期

朱芒著：《论行政规定的性质》，载《中国法学》2003年第1期

王贵松著：《支配给付行政的三大基本原则研究》，载刘茂林主编《公法评论》（第1卷），北京大学出版社2003年版

杨建顺著：《修宪后政府法制建设新课题》，载《法制日报》2004年3月24日

杨建顺著：《行政裁量的运作及其监督》，载《法学研究》2004年第1期

刘艺著：《知情权的权利属性探讨》，载《现代法学》2004年第2期

高秦伟著：《正当行政程序的判断模式》，载《法商研究》2004年第4期

朱应平著：《澳大利亚委任立法制度研究》，载《人大研究》2004年第5期

刘艺著：《利益的行政法意义》，载《行政法学研究》2005年第1期

〔日〕恒川隆生著，朱芒译：《审查基准、程序性义务与成文法化——有关裁量自我拘束的一则参考资料》，载《公法研究》第3辑，商务印书馆2005年版

杨建顺著：《行政法上的公共利益辨析——〈宪法修正案〉与行政法政策学的方法论》，载《修宪之后的中国行政法——中国法学会行政法学研究会2004年论文集》，中国政法大学出版社2005年版

贾宇、舒洪水著：《论行政刑罚》，载《中国法学》2005年第1期

李建良著：《公法与私法的区别》（上）、（下），载《月旦法学教室》第5、6期，2005年3月、4月

朱芒著：《日本〈行政程序法〉中的裁量基准制度》，载《华东政法大学学报》2006年第1期

王天华著：《程序违法与实体审查——行政诉讼中行政程序违法的法律效果问题的一个侧面》，载罗豪才主编：《行政法论丛》（第9卷），法律出版社2006年版

王天华著：《裁量标准基本理论刍议》，载《浙江学刊》2006年第6期

杨寅著：《评全国首部协调和解行政案件的司法意见》，载《法治论丛》2007年7月第22卷第4期

高秦伟著：《行政法中的公法与私法》，载《江苏社会科学》2007年第2期

杨建顺著：《论经济规制立法的正统性》，载《法学家》2008年第6期

张步峰著：《福尔斯托霍夫给付行政理论的反民主倾向及其批判》，载杨建顺主编《比较行政法》，中国人民大学出版社2008年版

张步峰著：《论行政程序的功能》，载《中国人民大学学报》2009年第1期

王贵松著：《行政裁量的内在构造》，载《法学家》2009年第2期

赵银翠、杨建顺著：《行政过程中的民事纠纷解决机制研究》，载《法学家》2009年第3期

赵银翠著：《论行政行为说明理由》，载《法学杂志》2010年第1期

刘艺著：《公物法中的物、财产、产权》，载《浙江学刊》2010年第2期

张步峰著：《强制治疗精神疾病患者的程序法研究》，载《行政法学研究》2010年第4期

刘艺著：《给付行政的法律特质——以〈社会救助法〉（草案）为示例》，载《河北法学》（CSSCI扩展版）2010年第11期

刘艺著：《给付行政程序立法模式评析》，载《西南民族大学学报（人文社科版）》2011年第3期

刘艺著:《系统论视野下的行政法治与"服务型政府建设"》,载《西南政法大学学报》2011年第6期
杨建顺著:《行政法视野中的社会管理创新》,载《中国人民大学学报》2011年第1期
高秦伟著:《私人主体的行政法义务?》,载《中国法学》2011年第1期
杨建顺著:《司法裁判、裁执分离与征收补偿》,载《法律适用》2011年第3期
刘艺著:《给付行政程序立法模式评析》,载《西南民族大学学报(人文社科版)》2011年第3期
赵银翠著:《论行政调解的效力》,载《山西大学学报(哲学社会科学版)》2011年第3期
杨建顺著:《论科学、民主的行政立法》,载《法学杂志》2011年第4期
杨建顺著:《行政强制措施的实施程序》,载《法学杂志》2011年第6期
刘艺著:《系统论视野下的行政法治与"服务型政府建设"》,载《西南政法大学学报》2011年第6期
刘艺著:《民生立法视域下的给付行政程序辨析》,载《甘肃社会科学》2012年第1期
高秦伟著:《论欧盟法上的比例原则》,载《政法论丛》2012年第2期
王贵松著:《论行政裁量的司法审查强度》,载《法商研究》2012年第4期
杨建顺著:《〈行政诉讼法〉的修改与行政公益诉讼》,载《法律适用》2012年第6期
杨建顺著:《论〈行政诉讼法〉修改与法治行政理念》,载《政法论丛》2013年第1期
刘艺著:《行政裁量的司法控制模式》,载《法学家》2013年第4期
杨建顺著:《土地征收中的利益均衡论》,载《浙江社会科学》2013年第5期
刘艺著:《封闭与开放:论行政与行政法关系的两重维度》,载《南京社会科学》2013年第5期
张步峰著:《基于实定法解释的行政审批概念分析》,载《法学杂志》2013年第11期
杨建顺著:《论食品安全风险交流与生产经营者合法规范运营》,载《法学家》2014年第1期
杨建顺著:《行政诉讼集中管辖的悖论及其克服》,载《行政法学研究》2014年第4期
杨建顺著:《论给付行政裁量的规制完善》,载《哈尔滨工业大学学报(社会科学版)》2014年第5期
杨建顺著:《完善对行政机关行使职权的检察监督制度》,载《检察日报》2014年12月22日第3版"观点"
张步峰著:《违反法定程序的诉讼法律后果》,载《河北法学》2014年第11期
杨建顺著:《2014中国迈向特色社会主义宪政之路——从四中全会〈决定〉看2014年度宪政思潮》,载《人民论坛》2015年1月(下)
杨建顺著:《法律的生命力在于实施》,载《辽宁日报》2015年2月10日第A07版"理论"
杨建顺著:《行政诉讼制度实效性的期待与课题》,载《法学杂志》2015年第2期
王贵松著:《依法律行政原理的移植与嬗变》,载《法学研究》2015年第2期
刘艺著:《检察机关提起公益诉讼亟需厘清的几个问题》,载《学习时报》2015年8月27日
刘艺著:《准确理解和把握公益、诉讼、试点概念的内涵》,载《检察日报》2015年10月23日

(二) 外文版论文

〔日〕大桥洋一著:《法律保留学说的现代性课题》,载《国家学会杂志》1985年第98卷第3·4号
Rosenbloom, David H., The Evolution of the Administrative State and Transformations of Administrative Law, in *Handbook of Regulation and Administrative Law*, Marcel Dekker, Inc., 1994

第一版后记

《行政法总论》即将呈现给诸位读者,我和诸位编者心中充满了无限的喜悦,沉浸在"职业成就感"的享受之中。

原定于2年前出版的本书,现在真的就要脱稿了!我们心中可谓感慨万千,除了喜悦之外,还有一份为迟延交稿而惴惴不安的歉疚,更有诸多真挚的感谢!

为了编写一本好用的行政法学教科书,本书编者曾经企望在体系架构、体例安排和内容诠释上进行全面创新。为了实现该目标,编写工作一度紧锣密鼓地展开。我们经过反复讨论研究切磋,于2008年4月中旬确立了编写提纲和任务分工,5月底再度修改完善了编写提纲。在此基础上,诸位编者暑假期间全力以赴地投入了书稿编写工作。但是,或许是当初立意过高的缘故,以至于束缚了诸位编者展开畅想和写作,未能完成暑假结束时提交初稿的任务。于是,我们不得不在写作过程中对既定目标进行适度微调,将创新点限定在体系架构和体例安排上。为了使本书中体系和体例创新能够得到更充分论证,编写的速度也就不得不放慢。

接下来,编者按照各自的研究思路展开编写工作,将相应的研究成果转化、反映于本书之中,须有相应的时间,加之其间新的研究成果出现,编者又不断地进行修改,尤其是《行政强制法》的通过,使得相应部分的写作须作大幅度调整,有的编者数易其稿。

2011年1月,本书初定稿终于提交出版社。责编黄丽娟女士不辞辛劳,对本书初定稿进行全面审阅,圈点批注,提出诸多宝贵意见。

在责编审稿的同时,我们同样没有停止对初定稿的进一步修改、充实和完善。进而,根据责编的圈点批注,进行了全面修正处理。这项工作整整用了一年的时间。

从最初构思、开始写作,到初定稿写成,用了数年时间;从提交初稿到最终定稿,用了整一年的时间。我们企望编写一本好用的行政法学教科书,虽尽心尽力,但毕竟迟延太久。本书能够最终和读者见面,是出版社和出版社策划、责编的宽容、理解和鼎力支持的结果。我们首先要诚挚地感谢中国人民大学出版社!诚挚地感谢中国人民大学出版社策划杜宇峰女士!诚挚地感谢中国人民大学出版社责编黄丽娟女士!

借此机会,对刘艺和步峰两位副主编以及诸位编者的鼎力支持,表示诚挚的感谢!

杨建顺
2012年1月5日
于中国人民大学明德法学楼研究室

第二版后记

在诸位朋友的关心和支持下，《行政法总论》第二版终于可以定稿、付梓了！

感谢参加本书编写的诸位博士！你们拨冗完成修订稿，是《行政法总论》第二版的最重要保障。

感谢安明贤、吕武、彭波等访学老师！你们对本书的修订出版一直给予高度关注和大力支持。一句鼓励的话语，一个期盼的讯息，都让我感到肩负的责任，化作我致力推出新版的动力。

感谢中国人民大学法学院本科生2014级行政法与行政诉讼法1班（包括外语兼修班）的同学们！感谢黄硕博士和硕士生封蔚然同学！你们为《行政法总论》初版提出修改建议，为第二版的进一步完善提供了不少参考。

感谢我的妻子和助手陈衍珠女士！在我进行清样校对的全过程中，你承担了相关文献比对、筛查等资料确认工作，为我切实推进"全面审校"提供了支持。

衷心感谢丽华编辑！您为本书的策划出版做出了重要贡献，也为本书的打磨完善付出了诸多辛劳。您手写的5页书稿审读加工记录，既有从形式完善的角度对书稿提出的建议，也有从内容打磨的层面给予我珍贵的提示。尤其是您写下"请主编审……"的提示，为我全面审校相关内容提供了重要契机。不是要求赶着时间交稿，而是对我的迟延交稿一贯给予理解和支持，唯愿能够字斟句酌，打造精品。您的这种精益求精、认真负责的敬业精神，真的十分感人。我按照您的建议和批注，再度核对、校正了相关内容。这项工作是琐碎的，花费了不少精力和时间，以致让本书的出版比预定时间延迟了许多，也足以让本书增彩不少。或许本书依然难免存在不够理想之处，但是，您为本书坚持"确认、承继和发展"的学术理念提供了重要支撑。感谢丽华编辑的鼎力支持！

祈愿《行政法总论》第二版成为一部"好用的行政法学教科书"。

杨建顺
2016年6月16日
于北京世纪城寓所